미래는 어떻게 오는가

어제의 성공요인이 오늘의 실패요인이 될 수 있다!

미래는 어떻게 오는가

• 이재규 지음 •

21세기북스

"나는 경영학이라는 학문이 '진정한 인문예술로서의 경영'이 되
도록 초점을 맞추었다."

피터 드러커(Peter Ferdinand Drucker)는 말년에 자신이 사회에 가장
공헌한 것이 무엇인지 말해달라는 질문을 받자 서슴없이 그렇게 대
답했습니다. 드러커의 이런 대답은 깊은 사색에서 나온 것입니다. 드
러커는 일찍이 1986년 『경영의 프론티어』에서 '인문예술로서의 경
영'(Management as a Liberal Arts)이라는 말을 처음으로 사용했습니다.

"나는 처음부터 경영이 하나의 학문, 즉 학습되고 심지어 교육될
수 있는 조직화된 지식체계여야 한다고 생각했다. 『기업의 개념』
(1946)과 『경영의 실제』(1954)를 비롯해 『혁신과 기업가정신』(1985) 등
은 경영학을 확립하려고 쓴 것이다. 경영은 의학이 과학이 아닌 것처
럼 과학이 아니다. 경영과 의학 둘 다 실천(practice)이다. 하나의 별개
학문인 경영은 독일 사람들이 정신과학(Geisteswissenschaft)이라고 하는

것이다. 이해하기 어려운 이 독일어는 영어로는 '인문예술'(liberal arts)이라고 번역하는 것이 가장 좋을 것이다."

드러커는 『경영의 프론티어』를 펴내고 3년 후인 1989년 『새로운 현실』에서 '경영은 사회기능이자 인문예술'(Management as Social Function and Liberal Arts)이라고 다시 한 번 강조했습니다.

"경영은 새로운 사회기능을 수행하고 있다. 경영이 심각하게 도전을 받는 이유는 다름 아니라 사회기능을 폭넓게 수행하고 있기 때문이다. 동시에 경영은 인간에 관계되는 것이며, 인간의 가치관이나 성장이나 발전에 관계되는 것이다. 즉 그것은 인문예술이다. 경영은 사회구조나 지역사회와도 관계를 맺으며 영향을 준다. 이 점에서도 경영은 인문예술이다. 경영은 인간의 정신, 즉 좋든 나쁘든 인간의 본질과 깊이 관련되는 것이다."

사실 오늘날 경영대학을 포함하여 모든 교육기관은 사람들이 자기 자신의 생각을 명확히 전달하는 능력, 남과 함께 일하는 능력, 자신의 일과 공헌, 경력의 방향을 정하는 능력, 그리고 무엇보다 조직에서 자기 포부를 실현하고, 무엇인가를 성취하고, 스스로 가치관을 실현하는 그런 능력을 가르쳐주려고 하지 않습니다. 현대 경영학의 아버지 드러커는 이런 인문예술 능력은 '살아갈 가치가 있는 인생을 보내기 위한 열쇠'로써 일찍이 2,500년 전 소크라테스와 플라톤이 지적했다고 강조합니다.

따라서 드러커는 경영교육을 포함하여 오늘날 시행되고 있는 교육과 교육제도 전반을 걱정했고 오늘날과 같은 지식사회에서는, 과거의 지혜와 아름다움을 현재의 필요와 추악함을 해결하는 데 투입해야 한다고 강조했으며 그것이야말로 여러 학자가 세상을 위해서 해야 할 일임을 일깨워주었습니다.

지식에서 지식들로

19세기 말 두 가지 사건이 세상을 보는 눈을 바꿔주었습니다. 빌헬름 뢴트겐(Wilhelm Conrad Rontgen)은 X선을 발견하여 몸속을 들여다볼 수 있도록 했고, 지그문트 프로이트(Sigmund Freud)는 의식 속에는 우리가 의식하지 못하는 무의식이 있음을 밝혀냈습니다. 그런 관점에서 1950년대 드러커는 '토지와 자본과 노동' 대신에 '지식'이 '주요 생산요소'라는 새로운 사실을 밝혀냈습니다. 드러커가 인류에 대해 수행한 역할은 바로 그것입니다. 드러커는 『미래의 결단』(1995)에서 지식이 지식들로 이동하여 새로운 지식을 창출하는 과정을 자세히 설명하였습니다.

"나는 '지식'에 관해 언급해왔다. 그러나 적절한 용어는 '지식들'이다. 왜냐하면 지식사회의 지식은 초기 사회에서 지식으로 간주되던 것과는 근본적으로 다르며, 사실 아직도 지식으로 널리 인정되는 것과도 근본적으로 다르기 때문이다. 독일의 '일반교양'과 영미의 '인문교육'에 따른 지식은 개인의 한평생 직업과는 아무런 관련이 없다. 이러한 지식은 어떤 응용능력보다는 개인과 개인의 발전에 초점을 맞춘다. 그러나 지식사회에서는, 지식은 오직 응용을 위해서 존재한다.

지식사회의 중심적 노동력은 전문성이 매우 높은 사람들로 구성될 것이다. 사실, '만능인'(universal man)이라고 말하는 것은 잘못되었다. 우리가 만능인이라고 하는 사람은 점차 전문지식을 추가로 습득하는 방법을 배웠다. 특히 어떤 종류의 작업을 하다가도 다른 직무를 수행하는 데 필요한 전문지식을 재빨리 습득하는 능력을 갖춘 사람일 것이다. 예를 들면, 시장조사 담당자가 일반관리 업무를 맡는다거나, 간호사가 병원관리자로 승진하는 경우와 같이 말이다. 그러나 우리가 어떤 사람을 '만능인'이라고 지칭할 때 그것은 교육받은 사람이 아니라 어설픈 지식을 갖춘 학문애호가를 의미한다.

이 또한 새로운 것이다. 역사적으로 근로자들은 만능인들이었다. 그들은 해야만 하는 일들은 무엇이든 다했다. 농장에서, 가정에서, 가내수공업에서 말이다. 공장노동자들도 마찬가지였다. 제조업이 확장되고 지배적으로 된 것은 전문적 기술을 작업에서 분리하는 것을 습득했을 때, 즉 초기 산업사회의 숙련된 장인들을 19세기와 20세기의 반숙련 또는 미숙련 기계운전공으로 전환했을 때였다. 그러나 지식근로자들은 그들의 지식이 초보적이든 최첨단이든 간에, 지식이 적든 많든 간에 분명히 전문적이어야 한다. 응용되는 지식은 전문적일 때만 효과적이다. 진정 전문화되면 될수록 더욱 효과적이다.

지식에서 지식들로 이동하면 개인에게 엄청난 기회를 준다. 그것은 지식근로자로서 '경력'을 가지게 한다. 그러나 그것은 또한 많은 문제와 도전을 제공한다. 그것은 역사상 처음으로 지식이 있는 사람들은 같은 지적 기반을 소유하지 않은 사람들에게 자신들을 이해시키는 책임을 지라고 요구한다. 그것은 사람들에게 자신의 직무와 관련된 지식을 다른 분야와 다른 지식에 동화하는 방법을 배울 것을, 그것도 가능하면 일찍 배울 것을 요구한다. 그것은 특히 중요한 것이다. 어떤 지식 분야의 혁신은 그 분야 안에서가 아니라 밖에서 시작되는 경향이 있기 때문이다. 그것은 제품과 생산공정에서도 사실이다. 19세기와 20세기와는 아주 대조적으로, 오늘날 혁신들은 어떤 산업 또는 생산공정 이외에서 생겨나는 경향이 있다. 그것은 과학적 지식과 특정 학문 분야에서도 마찬가지다. 예를 들어 역사연구의 새로운 접근방법들은 경제학, 심리학, 그리고 고고학에서 나왔다. 이런 학문분야는 역사학자들이 그들의 전공과는 전혀 관련이 없다고 생각했던 것이고 역사연구에서 거의 이용하지 않았던 것들이다."

교육이 지식사회의 중심이다

드러커는 지식들의 응용과 연결로 새로운 지식을 창출하는 것을 강조하면서 다음과 같이 결론을 내렸습니다.

"지식에서 지식들로 이동하는 첫 번째 함의(含意)는 교육이 지식사회의 중심이 되고, 교육기관이 지식사회의 핵심 기관이 된다는 것이다. 모든 사람에게 필요한 지식이란 무엇인가? 모든 사람에게 필요한 지식들의 구성은 무엇인가? 배우고 가르치는 데 '품질'이란 무엇인가? 이런 모든 질문은 필연적으로 지식사회의 중심적인 관심사가 될 것이며, 중심적인 정치적 과제가 될 것이다. 사실, 지난 200~300년 동안 재산과 소득의 획득과 분배에서 정치가 차지했던 중심자리에(그래서 우리는 그 시대를 자본주의 시대라고 불렀는데), 이제는 정규적 지식의 습득과 활용이 들어서리라고 기대하는 것은 그렇게 황당한 일은 아닐 것이다.

역설적으로, 그것은 반드시 우리가 알고 있는 학교가 더욱더 중요하게 된다는 것을 의미하지는 않는다. 왜냐하면 지식사회에서는 분명히 점점 더 다양한 지식이, 특히 최신 지식은 정상적인 학업 연령이 훨씬 지나서도 요구될 것이며, 아마도 전통적인 학교에서는 취급하지 않는 교육과정을 통해서 학습될 것이다. 체계적인 평생교육은 직장에서 제공된다. 그러나 동시에 학교의 성과와 기본적 가치는 '교육자'에게만 맡겨두어도 되는 '전문적'인 것이라기보다는 점점 사회 전체의 관심사가 될 것이다.

우리는 또한 '교육받은 사람'의 의미를 재정의하게 될 여지가 매우 많다는 것을 예측할 수 있다. 전통적으로 그리고 특히 지난 200~300년 동안, 최소한 서구에서는(그리고 그때부터 일본에서도) 교육받은 사람이란 일련의 정규적 지식을 공유하는 사람이었다. 독일인들이 '일반교육'(Allgemein Bildung)이라 하는 것을 소유한 사람들이며, 영국인들이 (그리고 그들을 따라 19세기 미국사람들이) '인문교육'이라고 부르는 것을 소유한 사람들이다. '교육받은 사람'이란 점점 더 공부하는 법을 배운 사람이며, 평생 지속해서 공부하는 사람이며, 특히 정규적 교육방법으로 교육을 받는 사람이 될 것이다."

하지만 여전히 대부분 경영대학에서 예산편성 기법과 같은 일련의 기술로만 경영을 가르칩니다. 다른 것과 마찬가지로, 경영도 분명히 고유한 도구와 독자적인 기법을 갖고 있습니다. 물론 예산편성 기법이 중요하긴 하지만 소변검사가 의학의 진수가 아니듯이, 경영의 진수는 경영기법이나 절차가 아닙니다. 경영의 진수는 지식을 생산적인 것으로 만드는 것입니다. 바꾸어 말하면 경영이란 사회적인 기능입니다. 그리고 그 실행에서 경영은 진실로 하나의 '교양'입니다.

통합적 연구로서 경영

2009년 11월 7일 토요일 '드러커 탄생 100주년 기념일'(Drucker Centennial Day) 행사가 캘리포니아 클레어몬트대학교에서 열렸는데, 조 하우허(Joe Hough) 총장은 다음과 같이 개회 축사를 했습니다.

"작가, 컨설턴트, 교육자로서 드러커의 일생은 놀랍게도 75년이라는 긴 세월 이어졌고 그의 저서들은 현대 경영이론을 하나의 진지한 분과학문으로 격상시켰습니다. 드러커는 생전에 많은 영예를 누렸으며 국가로부터 2002년 민간인이 받을 수 있는 최고의 명예인 대통령 자유메달을 받았습니다.

드러커를 다른 많은 경영학자와 달리 특별히 취급하지 않을 수 없는 것은 드러커가 '기업이 그 자원을 어떻게 관리하는가?' 하는 것에만 관심을 둔 것이 아니라 '공적 조직과 사적 조직을 어떻게 하면 사회 속에서 도덕적으로나 윤리적으로 올바르게 운영할 수 있는가?' 하는 것에 관심을 두었기 때문입니다. 드러커는 교육의 가치, 개인의 책임, 기업의 사회적 책임을 중시했습니다. 그가 남긴 진정한 유산은 자신이 주장한 가치관을 일관성 있게 스스로 실천했고, 또한 기업과 사회와 개인의 생활에 그런 가치관을 널리 확산시켰다는 것입니다.

드러커는 1971년 우리 대학교에 부임했는데, 1987년 우리는 드러커의 이름을 따서 경영대학원을 신설했습니다. 드러커라는 한 인간의 존재와 그가 보여준 헌신은 우리 대학교의 지위와 명예와 인지도를 크게 높여주었습니다. 우리 대학은 '경영은 인문학이다'(Management is a liberal art)라는 드러커의 철학에 따라 경제학, 역사학, 사회이론, 법학, 과학을 종합적으로 가르치고 있으며, 드러커의 통합적 비전은 통합적 연구(transdisciplinary study)로 발전하고 있습니다.

우리는 드러커가 남긴 유산이 우리에게 무엇을 의미하는지, 그 유산을 우리의 일과 삶에 실천하기 위해 어떻게 힘을 모을지 생각해보아야 합니다. 그리고 오늘 여기 참석한 최고경영자들, 학자들, 작가들, 각계각층에서 여러분이 그런 과업에 동참해주시기를 부탁합니다."

이 책은 드러커의 경영사상을 널리 알리기 위해 전경련 산하 국제경영원(IMI)이 두 차례 개최한 '경영과 문사철예' 과정에서 필자가 강의한 것을 모은 것입니다.

강의 기회를 주신 정병철 IMI 원장과 한영섭 부원장에게 감사의 마음을 전합니다. 세미나에 동참하여 격려와 재정적 지원을 해주신 김재우 방송문화진흥회 이사장, 박호군 전 과학기술부장관, 아시아경제신문 권대우 회장, 신해룡 전 국회 예산처장, 이완영 전 대구지방노동청장, 민남규 자강산업 회장, 케이디캠 장흥진 사장과 민경웅 전무, 황용순 신도산업 회장과 황동욱 사장, (주)유도 유영희 회장과 유동진 이사, 김상래 성도GL 회장과 김교수 상무, 변재용 한솔교육 회장과 마승표 상무, 이순조 명승건축 회장, 정승일 세일음악문화재단 이사장, 김종욱 전 우리증권 회장, 오리온그룹 이화경 사장, 유한킴벌리 최규복 사장, JSB 최재정 사장, 강보형 이사, 서성교 이사, 21세기북스 이유남 이사, 홍순국 LG전자생산기술원장, 박은희 한국파마 사장, 인카인슈 최병채 사장, 네오미오 조용노 사장, 이경열 전 중소기업연수원장, 김주원 변호사, 임순완 세무사, 문정엽 고진모터스 사장, 송경모 뿌브아르경제연구소 소장, 박시영 휴맥스 상무, 권오성

한국그런포스펌프 상무, 권영환 한국섬유산업연합회 이사, 삼익 THK 손창수 전무와 김종수 상무, 김영헌 포스코창조아카데미 상무, 민병운 포스코 A&C 상무, 김동용 고려제강 부문장, 하영동 우리증권 상무, 하영목 LGCNS 상무, 노현석 삼일방적 실장, 석세스TV 박창조 사장, 동성바이오레인 천진호 사장, 카툰경영연구소 최윤규 대표, 강미은 숙명여대 교수에게 수고하셨다는 말씀을 드립니다.

그리고 강의록을 깔끔하게 책으로 만들어준 21세기북스 김영곤 사장과 임직원들에게 고마움을 표합니다.

2011년 7월

이재규

1주기를 맞이하여

이재규 전 대구대학교 총장은 2011년 7월 25일 이 책의 원고를 마지막 교정까지 하여 출판사에 보냈습니다. 그러고는 8월 8일 소천 하셨습니다. 고인은 드러커 사상을 전파하는 전도사로 기억되기를 바라며 투병 중에도 아무에게 알리지 말라 하시며 드러커 사상을 전파하기 위해 강의와 집필을 계속하셨습니다.

미래를 예측하는 가장 좋은 방법은 미래를 만드는 것이라는 드러커 박사님의 말씀대로 "나는 100권의 책을 출판할 것이다"라고 말씀하시곤 하신 고인은 일 년 동안 투병 생활을 하시면서도 "시간이 없다", "시간이 없다" 하시며 집필하는 데 열정을 쏟으셨지만 끝내 100권은 채우지 못하고 94권에 머물렀습니다. 이 책은 투병 중 마지막 혼을 담아 초인적으로 만든 책으로 소천하신 지 1주기에 맞춰 출판하게 되었습니다.

아마 지금쯤 하늘나라에서 그렇게 닮고 싶어 했던 드러커 박사님을 만나 "박사님 뵙고 싶어 모든 것 뒤로하고 달려왔습니다" 하며 말씀을 나누고 계신지도 모르겠습니다. 박사님 앞에 이 책을 내놓으면서 "박사님, 당신의 사상을 전파하려고 애를 많이 썼습니다"라고 하시겠지요. 그 말에 작은 위안을 삼아봅니다.

2012년 8월
고인의 안사람 이선희

사회기능이자 인문예술로서의 경영
경영은 인간의 삶의 수준을 높이는 이론과 실천이다

경영은 삶을 바꾸는 일이다

20세기 최후의 지식 르네상스인 피터 드러커는 떠났지만 그의 아이디어는 세계 여러 곳에서 꾸준히 확산되고 있다. 경영이란 근육과 육체 대신에 지식을 활용하고, 상식과 미신을 과학으로 대체하고, 억압과 명령을 협조로 바꾸고, 지위에 대한 복종을 책임으로 대체하는 역할을 수행한다. 그리고 지위로써의 권한을 성과에 기초한 권한으로 바꾸는 일을 한다.

드러커는 "성공적인 리더는 '내가 하고자 하는 것은 무엇인가?'라고 질문하지 않는다. 그들은 '마땅히 해야 할 일은 무엇인가?'라고 묻는다"라고 했다. 그렇다면 그가 남긴 유업은 과연 경영학인가? 삶을 바꾸는 일인가? 깊이 생각해보면 경영은 삶을 바꾸는 일이다.
(Management is life-changing work.)

그 어느 때보다도 지금 더

2009년 11월 8일 일요일 '드러커 탄생 100주년 기념주간' 폐막 행사가 클레어몬트대학교 개리슨 강당 앞에 설치한 천막에서 열렸다. 일본의 이토요카도백화점 회장 마사토시 이토 회장을 비롯해 여러 귀빈, 발표자, 그리고 많은 청중이 참석한 가운데 아이라 잭슨 원장의 폐회사, 도리스 여사의 간단한 인사말, 참가한 학생 대표의 소감발표 등이 있고 나서 뷔페식으로 점심식사가 이어졌다. 아이라 잭슨 원장은 폐회사에서 이렇게 말했다.

"재무적으로도 정치적으로도 전 세계가 위기와 혼란에 처해 있고 지식사회로의 불편한 이동이 계속되고 있는 오늘날, '목표를 달성하는 경영', '윤리적 리더십' 그리고 '사회적 책임'에 대한 드러커의 통찰이 지금처럼 필요한 때가 없었다. 간단히 말해 우리는 '드러커가 그 어느 때보다도 지금 더'(Drucker, now more than ever) 필요하다."

참가자들은 큰 박수로 호응했다.

모두 볼 수 있을 때까지 아무도 못 본 것을 미리 본 피터 드러커

캘리포니아 행사에 이어 11월 19일과 20일 이틀 동안 오스트리아 수도 빈의 슈바르첸베르크광장 앞에 있는 육중한 오스트리아 공업협회 건물에서 세미나가 진행되었다. 건물 외부에는 행사를 알리는 현수막도 없었다. 다만 건물 안에 포스터 한 장이 붙어 있을 뿐이었다. 그러나 고령에도 미망인 도리스 여사가 참석했고, 『마지막 통찰』의 저자 엘리자베트 하스 에더샤임, 미시건대학교의 C. K. 프라할라드 교수, 생갤랜대학교의 프레드문트 말릭 교수, 노스웨스턴대학교의 필립 코틀러, 그리고 '독일의 피터 드러커'로 불리는 헤르만 지몬 등 45명의 발표자가 여러 세션으로 나누어 발표했다.

유럽 사회복지정책연구센터 사무총장 베른트 마린(Bernd Marin) 박사는 "모두 볼 수 있을 때까지 아무도 못 본 것을 미리 본 피터 드러커"(Sehen was keiner sieht - bis alle es sehen. Seeing what nobody sees - until everyone can see it)라는 글에서 다음과 같이 썼다.

"드러커는 20세기의 주도적 경영사상가로서 빈 태생이고 위대한 학자로서 세계적으로 명성이 높는 사람인데도, 여기 그가 태어난 빈에서는 별로 알려지지 않은, 오스트리아의 잃어버린 아들이 아닌가 하는 생각이 든다……. 이 나라의 지식인들은 현대 경영학의 원칙들을 창안한 드러커를 모른다."

이론과 실천으로서 경영

드러커는 경영을 치유에 비유해 의사의 치료행위가 과학이 아닌 것처럼 경영자의 경영활동은 과학이 아니며 의학과 경영 둘 다 실천(practice)이라고 지적했다. 드러커는 경영이 오늘날 미국에서 이해되는 말처럼 과학(science)이 아니며 결코 과학이 될 수 없다고 주장했다.

"의학이 과학이 아닌 것처럼 경영은 과학이 아니다. 둘 다 실천이다. 실천은 대규모의 진정한 과학에서 자란다. 의학이 생물학, 화학, 물리학과 다른 많은 자연과학에서 정보를 얻듯이 경영은 경제학, 심리학, 수학, 정치이론, 역사와 철학에서 정보를 얻는다. 그러나 의학과 같이 경영 또한 그 자체의 권리로 자체의 가정, 자체의 목적, 자체의 도구, 자체의 성과 목표와 평가를 가진다."

'실천'으로서 경영은 매우 오래되었다. 역사상 가장 성공적인 경영자는 4,700년도 더 전에 처음으로 피라미드를, 어떤 전례도 없이 생각하고 설계해서 기록적인 시간 내에 건설한 이집트 사람인 것이 분명하다. 내구성이라는 관점에서 인간의 다른 어떤 업적과는 달리, 첫 번째 피리미드는 여전히 끄떡없이 서 있다.

그러나 '학문'으로서 경영은 겨우 50년밖에 되지 않았다. 그것은 제1차 세계대전 무렵 처음으로 어렴풋이 인식되었다. 그것은 제2차 세계대전까지는 나타나지도 않았으며, 그 뒤 미국에서 처음으로 출현하였다. 그때 이후로 빠르게 성장하는 새로운 기능이었으며 이에 관한 연구는 가장 빠르게 성장하는 새로운 학문분야였다. 지난 50~60년 동안 경영과 경영자들만큼 빠른 속도로 등장한 것은 없으며 단시간 안에 전 세계적으로 널리 퍼진 것도 없었다.

요컨대 경영을 실천하는 것은 인문예술의 영역이다. 드러커가 강조하는 경영자가 갖춰야 할 '인문예술 능력'은 다음과 같다.

첫째, 자신의 생각을 명확히 전하는 능력

둘째, 남과 함께 일하는 능력

셋째, 자신의 일과 공헌과 경력을 결정하는 능력

넷째, 무엇보다 조직에서 자신의 포부를 실현하고, 목표를 성취하고, 자신의 가치를 실현하는 능력

인문학이란 무엇인가?

인문학은 인간에 대한 학문이다. 휴머니티(Humanity)는 인간성, 인간적인 것을 탐구하는 학문이다. 인문학은 그리스 · 로마의 고전에서

시작되었으며, 중세 이후 신에 예속되었던 인간을 근세 르네상스 이후 인간을 재발견하는 과정에 고전을 재평가하게 되면서 근세 인문학이 태동했다.

Liberal Arts는 라틴어로 '자유교육'(artes liberales)을 의미했다. 아리스토텔레스는 자유교육을 (직업교육과 전문기술 교육이 아니라는 의미에서) 자유민에게 적합한 교육이라고 보았다. 중세에는 3학(trivium: 문법, 수사학, 논리학)과 4과(quadrivium: 산술, 기하, 음악, 천문학)를 묶어서 7자유학문(Septem artes liberales)이라고 했다.

르네상스 시대에는 정신과 신체의 완전한 발달을 추구하여 고어(古語)와 고문예(古文藝)도 포함했다.

예술이란 무엇인가?

예술(藝術)은 인간의 삶을 상징적인 방법으로 재현한 것이다. 예술에 대한 동서양의 정의는 서로 다르다. 동양에서 예술이라는 말은 고대부터 존재하였으며, 『후한서』(後漢書) 「안제기」(安帝紀)에 '백가예술'(百家藝術)이라는 기록이 나타난다.

예(藝)는 '심는다'(種·樹)는 뜻이 있으며, 기능(機能)과 기술(技術)을 의미한다. 그것은 고대 동양에서 사대부가 반드시 갖추어야 하는 기능이었다. 육예(六藝: 禮, 樂, 射, 御, 書, 數)에서 '예'는 인간적 결실을 얻기 위하여 필요한 기초 교양의 씨를 뿌리고 인격의 꽃을 피우는 수단으로 여겼던 만큼 거기에는 인격도야라는 의의도 있다.

술(術)은 '나라 안의 길'[邑中道]을 의미하며, 이 '길'[道, 途]은 어떤 곤란한 과제를 능숙하게 해결할 수 있는 실행방도(實行方途)로서 역시

'기술'을 의미한다.

이에 반해 예술에 대한 서양의 정의는, 예술(Art)은 원래 기술(Ars)과 같은 의미를 지닌 어휘로, 어떤 물건을 제작하는 기술능력을 가리켰다. 동양의 예술이라는 용어에 해당하는 그리스어 테크네(techne), 라틴어 아르스(ars), 영어 아트(art), 독일어 쿤스트(Kunst), 프랑스어 아르(art) 등도 일반적으로 일정한 과제를 해결해낼 수 있는 숙련된 능력 또는 활동으로서 '기술'을 의미하는 말로, 오늘날 기준으로 미적(美的) 의미에서의 예술이라는 뜻과 함께 '수공'(手工) 또는 '효용적 기술'의 의미를 포괄한다.

인문예술 활동수단

인문예술 활동수단으로는 말(언어), 문학, 철학, 예술활동을 손꼽을 수 있다. 우선 말(언어)이란 무엇인가? 말은 생각을 담는 그릇이다. 언어와 문자는 생각을 담는 그릇이다. 따라서 어떤 사람이 하는 말은 그의 생각이므로 반대로 나쁜 말과 해로운 말을 하는 사람은 나쁜 생각과 해로운 생각을 하는 사람으로 인식할 수 있다.

1927년, 프랑크푸르트 게네랄안처이거의 기자 드러커는 당시 독일 정치 무대에서 두각을 나타내고 있던 나치 당수 아돌프 히틀러(Adolf Hitler)와 그의 오른팔인 요제프 괴벨스(Paul Joseph Goebbels)의 연설을 여러 번 들었고 인터뷰도 직접 했다(히틀러인지 괴벨스인지는 확실치 않으나 드러커는 다음과 같이 회고했다). 나치는 어떤 연설에서 "우리들은 빵값 인상도 인하도 혹은 동결도 원치 않는다. 단지 나치에 의한 빵값을 원할 뿐이다"라고 호소하여 농민들의 갈채를 받았다. 그 말은 파시즘의 본질을 정확하게 나타내고 있었다.

괴벨스는 다음과 같은 연설도 했다. "농산물 가격의 인상으로 농민은 소득을 올리고, 빵값의 인하로 도시 노동자는 생활비를 줄이고, 빵 가게와 식료품가게 모두 더 많은 이익을 남길 것이다." 이 말은 분명 모순이었다. 그러나 청중은 그런 거짓 선전술에 열광했다. 신문기자들은 대부분 나치의 선전을 기껏 선거용 슬로건으로 받아들이고 있었다. 반면 드러커는 나치 등장을 심각하게 받아들였다. 드러커는 곧 파시즘의 폭풍이 불어닥칠 것으로 판단했다.

드러커는 동료 기자, 정계 인물, 산업계 리더들을 만날 때마다 나치의 위험성을 경고했다. 하지만 드러커는 오히려 주위 사람들에게서 '사람이 순진하기는…… 쯧쯧' 하고 타박을 받았다. 독일의 우익 정당들은 비천한 집안 출신인 히틀러를 다루는 것은 간단한 일이라고 생각하고 있었기 때문이다.

당시는 직장을 옮기기가 쉽지 않은 시절이었지만 드러커는 한시바삐 프랑크푸르트를 탈출해야겠다고 생각했다. 이런 마음 다짐을 할 무렵인 1933년 1월, 나치가 독일의 정권을 장악했다. (역사에 가정은 없다고 하지만) 만약 그 당시 독일 언론이 히틀러라는 인간을 좀 더 철저히 분석하고 위험성을 인식하여 나치의 정권 장악을 저지했더라면 역사는 달라졌을 것이다.

문학과 역사 그리고 철학과 예술이란 무엇인가?

이 책에서 사용하는 문사철예의 상호관계를 간단히 정리하면 다음과 같다. 문학은 언어로 아름다움을 표현하는 예술의 한 분야다.

문학은 인생의 진실을 드러내고자 하는 활동이다. 그렇다면 언어와 문학의 차이는 무엇인가? 문학은 언어로 아름다움을 창조하는 학문이고 언어는 문학의 도구다.

역사란 인간이 소유한 진정한 보물로서 인류 자신이 저지른, 수천 년 동안 한 돌 한 돌 쌓아올린 석탑 같은 실수라는 보물이다. 그래서 야코프 부르크하르트(Jacob Christoph Burckhardt)는, 역사는 삶의 스승(Historia vitae magistra)이라고 했다. E. H. 카(E. H. Carr)는 "역사는 과거와 현재의 대화"라고 했고, 조지 산타야나(George Santayana)는 "과거에서 배우지 못하는 사람은 그것을 되풀이할 수밖에 없다"라고 경고했다.

철학이란 무엇인가? 철학이란 인생의 진리를 탐구하는 행위다. 그러면 문학가, 예술가, 철학자의 관계는 어떻게 정립할 수 있을까?

문학가는 감성적 직관을 바탕으로 인생의 진실을 간접적으로 알려주고자 한다. 예술가는 보편적인 것을 직관(直觀)하여 종이, 그림물감, 돌, 소리, 기호 따위 물질적 재료로 표현하고 이것을 관상자(觀賞者)에게 제공한다. 철학자는 이성적 논리로 인생의 진실이 무엇인지 탐구한다.

지적 성실성

우리말로 번역하기 어려운 영어 단어 가운데 하나가 integrity다. 이 말은 흠없는 정직성(청렴결백)과 성실성(근면) 두 개념을 포함하고 있다. 그래서 나는 종종 이를 지적 성실성으로 번역한다.

『포브스』 로버트 렌츠너(Robert Lenzner) 기자는 드러커를 '여전히 마음이 가장 젊은 사람'이라고 규정하고는 그와 한 인터뷰를 "현실을 있는 그대로 인정하라"(Seeing things as they really are)라는 제목으로 1997년 3월 10일자에 게재했다. 렌츠너는 다음과 같은 논평을 곁들였다. "주목해야 할 점은 80줄이 넘은 드러커가 시대에 뒤떨어진 사람이 아니라는 것이다. 그의 정신이 50년 전과 마찬가지로 빈틈없고 유연한지는 알 수 없다. 그러나 그는, 다른 사람들은 오래 보지 못하고 알아차리지 못할 것들을 보는 능력은 잃어버리지 않은 것 같아 보인다."

렌츠너: 고인이 된 지 오래된 해리 트루먼(Harry Truman) 대통령과 살아 있는 잭 웰치(John Frances Welch Jr.)가 어떤 점에서 닮았는가? 이 두 사람은 아마도 알렉시스 드 토크빌(Alexis de Tocqueville) 이후 미국의 현실을 가장 지각적으로 관찰하는 사람(perceptive observer)인 드러커의 존경을 받고 있다는 점이다. 그런데 트루먼과 잭 웰치의 공통점은 무엇인가?

드러커: 그들은 희소한 자원을 공유하고 있다. 지적 성실성(intellectual integrity) 말이다.

렌츠너: 지적 성실성? 케케묵은 이야기 아닌가? 그것이야말로 모든 인간이 갖추어야 할 특성을 표현할 때 사용하는 말 아닌가?

드러커: 나는 그 말을, 세상을 당신이 원하는 대로 보는 것이 아니라 있는 그대로 보는 능력으로 정의한다.(I mean it as the ability to see the world as it is, not as you want to be.)

드러커가 지적하는 것은 트루먼과 웰치 둘 다 그들의 직무를 객관적인 관점에서 수행했다는 점이다. "그들은, 최고경영자는 조직의 주인이 아니라는 점을 이해했다. 최고경영자는 조직의 봉사자라는 것이다. 그들이 선출되었든 지명되었든 간에 조직이 정부이든 기업이든 병원이든 교회 교구든 간에 말이다. 자신의 개인적인 기호, 소망, 선호보다도 조직의 목적 달성을 우선적으로 취급하는 것은 최고경영자의 의무다."

렌츠너: 어떻게 그런 종류의 성실성을 발휘할 수 있는가?

드러커: 직무를 맡을 때, 다음과 같은 질문을 함으로써 그렇게 할 수 있다. 내가 맡은 조직에 가장 절실하게 필요한 것이 무엇인가, 그리고 그것을 수행하기 위해 내가 해야 할 첫 번째 과제와 의무는 무엇인가? 요컨대 '조직이 당신에게 해줄 수 있는 것이 무엇인가?'를 묻지 말라는 것이다. '조직을 위해 당신이 할 수 있는 것이 무엇인가?'(Ask what you can do for the institution) 하는 것이다. 이기적인 표현, 즉 의사결정을 할 때 '나'라는 표현을 삼가라는 것이다.

트루먼은 이 점을 잘 알고 있었고 그것이야말로 그를 위대한 대통령으로 만들었다. 프랭클린 루스벨트(Franklin Delano Roosevelt) 도 그 점은 마찬가지였다.

트루먼은 포츠담회의를 할 때 외교가 최우선 과제라는 사실을 인식하고 귀국했다. 그는 윈스턴 처칠(Sir Winston Churchill)과 조셉 스탈린(Joseph Stalin)에게 압도당했다. 처칠과 스탈린은 모두 트루먼과는 비교되지 않을 정도로 외교 문제에 해박했다. 따라서 그는 외교 문제를 배울 교육팀을 만들었다. 트루먼은 조지 마셜(George Marshall) 장군을 자주 만났고 당시 국무차관이던 딘 애치슨(Dean Acheson)과 매일 만났다. 트루먼의 경우, 그 당시의 지적 성실성이란 자신이 외교에 대해 도움을 받아야 한다는 사실을 솔직히 인정할 수 있었던 힘을 말한다.

> 드러커: "웰치는 젊은 사람으로서 GE의 현실을 관찰했고 그것을 신중히 검토했다. 그는 또한 '자신이 마땅히 해야 할 일이 무엇인가?'(What needs to be done?)라고 질문할 역량을 갖고 있었다. 다시 말해 '내가 하고 싶은 것은 무엇인가?'(What do I want to do?)라고 질문하지 않았다는 것이다."

물론 드러커 자신도 지적 성실성을 갖고 있다. 적어도 그의 추종자들은 그렇게 말한다. 사람들은 드러커를 신뢰한다. 잭 웰치는 고마움을 이렇게 표시했다.

"1981년에 있었던 일을 회고해 보면, GE의 구조조정에 대한 나의 기본적인 아이디어, 즉 업계의 1, 2등이 아닌 경우 처분한다는 것은 드러커에게서 얻었다."

인텔의 앤드류 그로버(Andrew Grover)는 그 자신이 이미 기업계의 영웅이지만 이렇게 말했다.

"드러커는 나의 영웅이다. 그는 매우 간결하게 생각하고 글을 쓴다. 그는 경영 유행어를 만들어내는 수많은 컨설턴트와는 다르다."

1980년대 드러커는 소설을 두 권 발표하는 놀라운 활동을 한다. 이것은 1970년대 발표한 『붓의 노래』와 함께 『경영의 프론티어』와

『새로운 현실』에서 "경영은 인문예술 활동이다"라고 선언하는 밑바탕 철학을 형성했다. 드러커는 『혁신과 기업가정신』이라는 혁신활동 지침서를 펴내는 한편, 『비영리단체의 경영』에도 관심을 가졌다.

피터 드러커의 문사철예 지식경영의 틀

드러커리언 되기

개인의 성공을 넘어 더 나은 사회를 위해 공헌

기업의 목적달성 수단: 마케팅과 혁신, 지식생산성 향상

기업의 목적 이해: 고객창조, 존속, 성장, 이익, 사회적 책임

경영 사상의 확립: 경영은 인간의 삶의 수준을 높이는 것

문학, 역사, 철학, 음악, 미술 등 인문예술과 자연과학 교양

제1장

무엇이 당신을
만드는가

지식사회의 이해와 지식근로자의 목표설정

지식사회와 지식혁명

지식사회의 두 가지 인프라는 고등교육을 받은 지식근로자와 컴퓨터와 인터넷 등 정보기술이다. 고등교육은 1944년 미국에서 제대군인원호법이 통과됨으로써 제2차 세계대전에 참전했다 귀환하여 실업자가 될 처지에 놓인 제대군인들에게 고등교육을 받게 한 데서 시작되었다. 지식은 오늘날 유일하게 의미 있는 자원이다. 새로운 의미의 지식은 실용성으로써의 지식이고 사회적 지위와 경제적 성과를 얻을 수 있는 수단으로써의 지식이다.

우리가 지금 지식이라고 규정하는 지식은 행동을 통해 스스로 증명한다. 그것은 행동하는 데 효과가 있는 정보이자 결과에 초점을 맞춘 정보다. 결과라는 것은 개인의 내면이 아니라 외면으로 드러나고 사회적 · 경제적으로 나타나며 지식 그 자체의 진보로도 나타난다. 어떤 것을 성취하려면 그 지식은 매우 전문화되어야만 한다. 이것이 바로 전통적인 지식, 즉 고대에서 시작하여 지금까지도 여전히 남아 있는 '인문교육'(liberal studies)이 그 지위를 기술이나 기능에 자리를 물려주게 된 이유다.

과거 기술이나 기능은 배울 수도 없고 가르칠 수도 없었다. 그뿐만 아니라 그것은 전혀 일반적인 원리를 내포하지 않았다. 그것은 학습이라기보다는 경험이었으며 학교 교육이라기보다는 도제훈련이었다. 그러나 오늘날 우리는 전문화된 지식을 장인기술(crafts)이라고 하지 않는다. 우리는 그것을 원리(principles)라고 한다. 이것은 지적 역사에서 기록된 어떤 것과도 견줄 수 있는 큰 변화다. 교양적 지식에서 전문적 지식으로 이전한 것은 지식에 새로운 사회를 창조할 힘을 주었다.

농부가 주요 노동력인 사회를 농업사회라 하고 임금노동자, 즉 산업노동자가 노동력의 중심인 사회를 산업사회라고 하듯이 지식근로자가 사회의 중심노동력인 시대를 지식사회라 해도 될 것이다.

오늘날 지식과 지식을 결합하는 지식혁명이 일어나고 있다. 이에 맞추어 지식은 어떤 새로운 지식이 필요한지, 그 지식이 적당한지, 그리고 지식이 효과를 내기 위해서는 무엇을 해야 하는지를 결정하기 위해 체계적이고도 의도적으로 적용되고 있다. 다른 말로 표현하면 지식은 '체계적 혁신'에 적용되고 있다.

드러커는 이런 식의 지식 패러다임의 변화를 지식혁명(knowledge revolution) 또는 경영혁명(management revolution)으로 표현했다. 지식의 역동성의 그전 두 단계, 즉 지식을 기계에 적용한 첫 번째 단계(산업혁명), 그리고 지식을 도구, 제조공정, 제품에 적용한 두 번째 단계(노동생산성혁명)와 마찬가지로 지식혁명은 온 지구를 휩쓸고 있다.

지식사회의 경영과 경영자

경영이 이처럼 빠르게 확산되면서 경영이란 실질적으로 무엇인가
하는 질문에 대한 대답이 달라지고 있다. 제2차 세계대전 직후 경영
자는 '부하들의 과업에 책임을 지는 사람'이라고 정의되었다. 다른
말로 하면 경영자란 보스(boss)였으며, 경영한다는 것은 지위와 권력
을 행사하는 것이었다. 이것은 아마도 사람들이 대부분 경영자나 경
영에 대해 말할 때 아직도 마음속으로 갖고 있는 정의일 것이다.

그러나 1950년대 초 경영자의 정의는 "경영자란 다른 사람들의
성과에 책임을 진다"로 바뀌었다. 지금은 이 정의 또한 너무나 편협한
것이 되었다. 올바른 정의는 "경영자란 지식의 적용과 성과에 책임을
진다"(responsible for the application and performance of knowledge)이다. 성과와
결과를 생산하기 위해 기존의 지식을 어떻게 잘 적용할 것인지 결정
하기 위해 지식을 공급하는 것이 사실상 우리가 말하는 경영이다.

경영자의 정의에 대한 변화가 의미하는 것은 지금 우리는 지식을
필수적인 자원으로 간주한다는 것이다. 토지, 노동, 자본은 이제 제
약요소에 지나지 않는다. 그것들 없이 지식은 아무것도 생산하지 못
한다. 그것들 없이는 경영 또한 아무 성과도 낼 수 없다. 하지만 지식
을 지식에 적용하는, 즉 효과적인 경영이 있으면 우리는 언제나 다른
자원들을 얻을 수 있다. 자본이 주요 생산요소인 사회를 자본주의 사
회(capitalist society)라고 칭한다면 지식이 주요 생산요소인 사회를 드러
커는 지식사회(knowledge society)라고 명명했다.

지식사회의 특성: 지식혁명에는 전쟁도, 혁명도, 저항도, 규제도 없다

드러커는 『넥스트 소사이어티』(2002)에서 '다음 사회의 모습'을 다음과 같이 묘사했다. 물론 드러커는 예언이나 예측이라는 말을 쓰지 않지만, 이미 일어난 어쩔 수 없는 변화들을 파악하고 앞날의 모습을 제시했다.

"다음 사회는 지식사회가 될 것이다. 지식이 지식사회의 핵심 자원일 것이고, 지식근로자가 노동력 가운데 지배적 집단이 될 것이다. 지식사회의 세 가지 주요 특성은 다음과 같을 것이다.

첫째, 국경이 없다. 왜냐하면 지식은 돈보다 훨씬 더 쉽사리 돌아다니기 때문이다.

둘째, 상승이동이 쉬워진다. 누구나 손쉽게 정규교육을 받을 수 있기 때문이다.

셋째, 성공뿐만 아니라 실패할 확률도 높다. 어떤 사람도 '생산수단들'을, 즉 어떤 직무를 수행하는 데 필요한 지식을 획득하고 휴대하고는 자신의 지식과 능력이 필요한 곳이면 전 세계 어디든지 접근해서 소속되거나 위탁 업무를 하청받을 수 있기 때문에 누구도 성공할 수 있는 사회가 된다. 그렇다고 해서 모두 승리할 수는 없다.

이런 세 가지 특성이 상승작용하여 지식사회를 고도 정보사회로 만들 터인데, 그 점은 조직에도, 개인에게도 마찬가지일 것이다.

지식혁명은 두 가지 중요한 속성이 있다. 하나는 생산요소가 지식이라는 것이고, 다른 하나는 그전의 두 혁명과는 달리 지식 확산에는 산업혁명에 대한 기계파괴운동과 공산당 선언, 생산성 혁명에 대한 노동조합의 저항과 자본가의 매도 같은 저항도 없고, 규제도 없다는 것이다. 고도 정보사회에서는 정부마저도 정보확산을 막을 수 없기 때문이다.

지식근로자의 목표설정: 무엇이 당신을 만드는가?

지식사회에서 지식근로자는 소위 새로운 유목민(new nomadic)처럼 살아가게 된다. 지식근로자는 기업에서든, 교육계에서든, 정치계에서든 적성이 맞는 분야를 스스로 판단해야 한다. 이제 성공은 과거처럼 타고난 신분에 구속되지 않는다.

"우리는 모두 기업가다." 개개인이 모두 진정 CEO인 시대가 도래한 것이다. 요컨대 지식사회에서 지식근로자는 자신의 인생 방향을 스스로 결정하고, 성공하든 실패하든 간에 결과에 책임을 져야 한다. 달리 말해 결정과 성과에 스스로 책임을 진다는 말이다. 따라서 지식사회에서 지식근로자의 경력은 목표설정에서 시작한다. 드러커가 "미래를 예측하는 가장 좋은 방법은 그 미래를 만들어버리는 것이다"(The best way to predict the future is to create it)라고 한 것은 그런 의미다.

경영자로서도, 한 개인으로서도 이 세상을 살아가는 데는 두 가지 방법이 있다. 하나는 닥치는 대로 사는 방법(adaptation to circumstances)이다. 사실 많은 사람이 환경, 역사, 사회, 정치, 가족, 남들의 이목을 의식하여 임기응변식으로 살아간다. 다른 하나는 앞서 말한 대로 자신의 미래를 만드는 것이다.

자신이 선택한 삶을 산 사람은 역사를 통틀어도 많지 않다. 개인의 할 일은 태어날 때부터 이미 정해져 있었거나 윗사람이 정해주었다. 그리고 어떤 사람이 맡은 일을 하기 위해 사용해야 할 방법 또한 대개 미리 정해져 있었다. 게다가 결과도 사전에 정해져 있었다. 이런 상황에서 '자기 자신의 일을 한다는 것'은 자유 선택 사항이 아니라 허가 사항이었다. 그것은 결과를 산출해내지 못한다. 그것은 어떤 기여도 하지 못한다.

그러나 지식근로자는 "내가 공헌해야 할 일은 무엇인가?" 그리고 "무엇이 당신을 만드는가?"라는 질문에서 출발한다면 자유를 만끽할 수 있다. 자유를 만끽할 수 있는 이유는 그것이 책임을 요구하기 때문이다.

죽은 뒤 어떤 사람으로 기억되기 바라는가?

인간의 궁극적 가치는 결국 어떤 사람으로 살다가 어떻게 죽는가 하는 것으로 표현된다. 그것은 기업도 마찬가지다. 드러커는 보통의 경영학자와 달리 가치에 기반을 두고 교육을 했다. 가치는 드러커가 리더들에게 조언할 때 가장 중요시한 요소였다. 가치를 바탕으로, 개인의 삶의 단계 혹은 조직의 활동단계에 따라 목표를 달성한다고 할 때(한 개인의 목표든 조직의 목표든 간에), 목표는 기차 시간표처럼 정확하게 규정되는 것은 아니다. 목표들은 배가 항해할 때 사용하는 나침반의 방위에 비유할 수 있다.

나침반이 없다면, 배는 항구를 찾을 수도, 그곳에 도착하는 시간을 추측할 수도 없다. 목표는 그런 것이다. 목표를 설정한 기업은 이미 나침반 없는 배 신세를 벗어났다. 더는 기후와 바람, 그리고 각종 사고에 자신의 운명을 방치하지 않는다. 도착해야 할 목적지를 향해 전진하기만 하면 된다.

드러커가 13세 되던 해 어느 날, 필리글러 신부는 교실에 들어서 자마자 학생들 하나하나에게 다음과 같이 질문했다.

"너는 죽은 후에 어떤 사람으로 기억되고 싶으냐?"

잠시 후 신부는 껄껄 웃으며 말했다.

"나는 너희가 내 질문에 대답할 수 있다고 생각하지 않았다. 그러나 너희가 50세가 되었을 때도 내 질문에 대답할 수 없다면, 너희는 인생을 헛살았다고 할 수 있을 것이다."

세월이 흘러 드러커와 친구들은 김나지움 졸업 60주년 동창회를 했다. 그날 모인 모든 친구는 한결같이 그 질문이 자신들을 완전히 바꿔놓았다고 말했다. 필자는 언젠가 드러커 박사에게 다음과 같이 질문했다.

"박사님이 어릴 때 필리글러 신부님이 학생들에게 던진 질문, 그리고 슘페터 임종 장면에서 박사님의 부친과 슘페터가 나눈 대화, 즉 '당신은 나중에 어떤 사람으로 기억되기를 바랍니까?'라는 것과 관련된 일화는 한국 독자들에게도 좋은 화두가 되고 있습니다(이어령 교수가 고별강연에서 이 일화를 인용했다). 박사님 자신은 어떻게 기억되기를 원하십니까?"

드러커 박사는 간단히 이렇게 대답했다.

"몇몇 사람이 목표를 달성하도록 도와준 사람으로 기억되기를 바랍니다."(I hope to be remembered for a man who helped several people achieve their goals.)

누군가의 삶에 변화를 일으킨 적이 있는가?

1949년 말, 캘리포니아대학교에서 은퇴한 드러커의 부친 아돌프 버트럼 드러커(Adolph Bertram Drucker)는 조지프 슘페터(Joseph Schumpeter)를 만나기 위해 드러커와 함께 슘페터가 치료를 받고 있는 뉴욕의 한 병원으로 갔다. 제2차 세계대전 직전 아돌프는 무역성 장관으로, 슘페터는 재무성 장관으로 재직했다. 그러나 슘페터가 1932년 미국으로 떠나고 드러커의 부친 역시 1938년 미국으로 이주했기 때문에 두 사람은 오랫동안 만나지 못했다. 그래서 할 이야기가 많았다. 어느 순간, 아돌프가 갑자기 껄껄 웃더니 슘페터에게 다음과 같이 물었다.

"슘페터 박사, 아직도 그 말을 하고 다니는가?"

슘페터는 30세 무렵 우쭐한 기분에 "나는 말이지, 유럽 미녀들의 최고의 연인, 유럽 최고의 승마선수, 세계 최고의 경제학자가 될 거야"라고 말한 적이 있다. 이 때문에 주변 사람들에게 부러움을 사기도 했지만 미움을 사기도 했다.

"그럼, 물론이지. 그 질문은 여전히 나에게 중요해. 나도 나이를 먹다 보니 이제 책이라든지 이론으로 기억되는 것만으로는 충분하지 않다는 것을 알게 되었네. 책과 이론이 사람의 삶을 진정으로 변화시키지 못한다면 그게 다 무슨 소용이 있겠나."

슘페터는 드러커 부자가 방문하고 며칠 뒤인 1950년 1월 8일 세상을 떠났다. 슘페터 병상에서 드러커는 문득 이런 생각이 들었다고 한다.

"슘페터가 아무리 위대한 경제학자라 해도, 은퇴 후에는 과연 무엇을 할 수 있었을 것인가?"

드러커는 유명해지는 것만이 그 사람의 인생을 저울질하는 유일한 척도는 아니라는 사실을 느꼈다. 드러커는 두 사람의 대화에서 세가지를 배웠다.

첫째, 사람은 자신이 어떤 사람으로 기억되기를 바라는지 질문해야 하고 대답을 준비해야 한다.

둘째, 나이가 들어가면서, 성숙해가면서, 세상의 변화에 맞춰 그 대답이 달라져야 한다.

셋째, 꼭 기억할 만한 가치가 있는 것 하나는 자신이 인간의 삶에 변화를 일으킨 적이 있는가 하는 것이었다.

과연 나는 가치 있는 일을 하는가?

일본에서 경영의 신이라고 불리는 마쓰시타 고노스케(松下幸之助) 이전의 인물 중에서 일본 경제의 거인을 둘 손꼽으라면, 미쓰비시중공업을 창업한 이와사키 야타로(岩崎彌太郎)와 일본 다이이치은행을 창업한 시부사와 에이이치(澁澤榮一)일 것이다. 야타로가 51세라는 젊은 나이로 먼저 죽을 때까지 20년 동안 이 두 사람은 "일본을 부강하게 하려면 어떻게 해야 하는가?"라는 주제를 두고 공개적으로 신랄한 입씨름을 벌이곤 했다.

야타로는 기업을 지속해서 성장시키려면 '이윤 극대화가 우선이다'라고 주장했다. 이에 대해 에이이치는 '인재 양성이 먼저다'라고 되받아쳤다. 오늘날 우리는 둘 다 옳았음을 알고 있다. 경제개발을 위해서는 자본의 생산성을 증대해야 한다. 우리는 한 경제가 조달할 수 있는 가용자본을 성장 기회로 끌어들여야만 한다. 우리는 또한 한 사회가 보유한 인간 에너지를 성장 기회로 끌어들여야만 한다.

야타로와 에이이치는 부유한 일본을 만들기보다는 강력하고 성취지향적인 일본을 만들기 위해 노력했다. 두 사람 모두 경제개발의 본질은 가난한 사람들을 부유하게 하는 것이 아니라, 가난한 사람들의 생산성을 높이는 것임을 알고 있었다. 일본은 야타로 방식으로, 즉 국내자본을 철저히 끌어들여 그것을 활용함으로써 경제개발을 이룩했다. 그 결과, 일본은 외국자본을 끌어들이거나 외국투자자에게 의존하지 않고도 자본 부족으로 애를 먹은 적이 없었다.

일본은 또한 야타로가 주장한 방법을 따라, 일본사람들의 에너지를 한데 모으고, 훈련하고, 그들의 능력을 한 점 낭비하지 않고 활용했다. 일본은 한 뛰어난 천재가 동원할 수 있는 모든 재능을 성장 기회에 투입했던 것이다.

어떤 결과를 산출해야 하는가?

드러커는 '내가 공헌해야 할 일은 무엇인가?'를 결정할 때는 다음과 같은 세 가지 요소가 서로 균형을 이룰 수 있도록 질문해야 한다고 말했다.

첫째, 상황이 요구하는 것이 무엇인가?

둘째, 나의 강점, 나의 성과 향상 방식, 나의 가치를 활용해 나는 어떤 필요한 분야에 최고로 이바지할 수 있는가?

마지막으로, 남다른 성과를 내기 위해서는 어떤 결과들을 산출해야 하는가?

이에 대한 대답들은 무엇을 하고, 어디서부터 시작하며, 어떻게 출발하고, 어떤 목표를 정해야 하며, 목표달성 기한은 언제까지인지 결론을 내려준다.

1927년 어느 날 함부르크에서 드러커는 19세기 이탈리아의 위대한 작곡가 주세페 베르디(Giuseppe Verdi)의 오페라를 관람했다. 그것은 베르디가 80세 되는 해인 1893년에 작곡한 최후의 희가극 오페라 「팔스타프」였다. 당시 겨우 18세였던 드러커에게 80세는 도저히 상상이 되지 않는 나이였다. 그때 드러커는 베르디가 인터뷰한 글을 읽었다.

어느 기자가 "19세기 최고의 오페라 작곡가로 인정받고 있고 이미 유명인이 된 선생님이, 그 나이에 힘들게 왜 또 오페라를 작곡하신 겁니까? 그것도 엄청나게 벅찬 주제를 놓고 말입니다"라고 묻자 베르디는 이렇게 대답했다.

"음악가로서 나는 일생 동안 완벽을 추구해왔네. 완벽하게 작곡하려 했지만 작곡을 마칠 때면 늘 아쉬움이 남았지. 분명 나는 완벽을 향해 한 번 더 도전해볼 의무가 있다고 생각하네."

베르디의 말, 즉 "나는 완벽을 향해 한 번 더 도전해볼 의무가 있다"는 말은 드러커에게 평생 잊을 수 없는 감동을 남겼다. 필자는 언젠가 드러커에게 이렇게 질문한 적이 있다.

"박사님이 쓰신 책 가운데 최고의 책은 무엇입니까?"

드러커는 웃으며 대답했다.

"다음에 나올 책(next book)이지요."

다음에 할 일은 무엇인가?

'내가 공헌해야 할 것은 무엇인가?'를 결정하기 위해서 던져야할 질문이 한 가지 있다. 먼 미래를 내다보는 것은 거의 불가능하다. 그렇지만 18개월이라는 시간은 어떤 사람이 작업계획을 세우거나 기여할 바를 비교적 분명히 정할 수 있으면서도 이를 꽤 구체화할 수 있는 긴 기간이다. 따라서 추가로 던져야 할 질문은 이렇다.

"다음 18개월에서 2년 사이에 어떤 결과를 성취해야만 하는가?"

이 질문에 대한 대답은 다른 몇 가지 사항과 균형을 이루지 않으면 안 된다. 결과들은 달성하기가 어려우면서 도달 가능한 범위 안에 있어야만 한다. 달성할 수 없는 결과를 노리는 것은 '야망'이 아니다. 그것은 바보 같은 행동이다. 그와 동시에 결과들은 의미 있는 것이어야 한다. 그것들은 뛰어나고 가시적이어야 하는 한편 가능하다면 측정할 수 있어야 한다.

무엇을 새로 배우고, 무엇을 버릴 것인가?

드러커는 자신을 교사이자 학생이라고 생각했다. 드러커는 매년 자신이 잘 모르는 특정한 새로운 주제를 설정하고 배웠다. "내가 신문사에 근무할 때 우리는 오전 6시부터 일했고 오후 2시 반, 그러니까 최종 편집이 인쇄에 들어가면 퇴근했다. 따라서 나는 오후와 저녁에는 혼자 억지로 공부를 했다. 국제관계와 국제법, 사회제도와 법률제도의 역사, 일반 역사, 재무 등을 공부했다. 차츰 나는 나름대로 공부방법을 개발하게 되었다. 나는 지금도 그대로 있다. 3년 또는 4년마다 다른 주제를 선택한다. 그것은 통계학, 중세 역사, 일본 미술 그리고 경제학이 될 수도 있다. 3년 정도 공부한다고 해서 그 주제를 완전히 터득할 수는 없지만 그 주제를 이해하는 데는 충분한 시간이다. 그런 식으로 나는 60여 년 이상 한 시기에 한 주제씩 공부하고 있다."

드러커는 또한 우리가 배운 것을 버려야 한다고 강조했다. 기존의 기술이나 방법론을 버리고 늘 새로운 대책과 새로운 기술을 배워야 한다. 새로운 기술을 학습(學習, learning)하려면 탈학습(脫學習, unlearning)이 필요하다는 말이다. 탈학습은 '고정관념을 탈피하라', '인식의 틀을 깨라'고 하는 말과 같은 의미이므로 간혹 폐기학습이라고도 불린다.

필름 사진의 대명사 코닥은 사진기술이 필름 없는 디지털 사진시대로 이동한 것을 몰랐다. 따라서 필름을 버리지 못하고 필름과 함께 몰락했다.

조직의 책임자가 어떤 종류의 팀을 다른 팀으로 변화시키는 것만큼 어려운 일도 없다. 팀을 변화시키려면 매우 어려운 학습인 탈학습이 필요하다. 탈학습은 사전적 의미로는 학습된 습관이나 행동을 학습 이전의 상태로 만들거나 소거하는 과정이다. 그러니까 '탈학습한다'는 말은 동사로는 '잊다', '고쳐 배우다', '버리다', '지식을 버리다' 등의 의미다.

무엇이 올바르고 바람직한 것인가?

개인이든 기업이든 간에 목표를 설정할 때는 '무엇이 올바르고 바람직한 것인가?' 하는 기준을 바탕으로 삼아야 한다. 편의주의나 경제 흐름을 바탕으로 설정해서는 안 된다. 달리 말해 기업경영을

'직관'에 의존할 수는 없다는 말이다. 현대 산업경제는 의사결정에서부터 그 결실을 거두기까지 시간이 오래 걸린다. 그런데 소수의 기업을 제외하고는 직관에 의존하는 경영자가 성공을 거둘 수 있는 회사는 없다.

목표에 도달하기 위해서는 장애물을 정면돌파할 것이 아니라 그 주변으로 우회할 수도 있다. 정면돌파 대신 장애물을 우회할 수 있는 능력은 목표를 달성하기 위한 필수 전략의 하나다. 불경기에는 목표를 달성하기 위한 발걸음이 상당히 늦어질 수 있다. 또 당분간 정체될 수도 있다. 그리고 경쟁자의 신제품 출하 같은 새로운 사태가 일어나 목표를 바꿀 수도 있다. 이것은 기업의 목표들을 끊임없이 재검토해야 하는 또 다른 이유다.

사람은 어떻게 배우는가?

앨프레드 슬로언(Alfred Sloan) 회장, 즉 GM을 세계 최대 기업이자 60여 년 동안 세계 최고의 성공적인 제조업체로 만든 그는 경영활동의 대부분을 소규모의 활기찬 회의로 수행했다. 회의가 끝나자마자 슬로언은 자기 사무실로 달려가서는 회의 참석자에게 몇 시간 동안 편지를 썼는데, 편지에는 회의 때 논의했던 핵심 질문과 제시된 문제점들, 회의에서 얻은 결론, 회의에서 다루지 않았지만 해결되지 않은 문제들을 언급했다.

런던에서 프리드버그은행에 근무할 때 드러커는 세 명의 파트너 가운데 나이가 가장 어린 파트너에게 매주 런던 증권시장의 동향을 분석하여 보고서를 제출했다. 간혹 그는 드러커와 마주앉아 세상을 보는 자신의 방식에 관해 이야기하곤 했다. 그는 같은 주제를 놓고 좋은 생각이 떠오를 때까지 계속 혼자 이야기했다. 드러커는 줄곧 이야기를 들었고, 파트너는 자신의 사고방식을 스스로 점검했다. 그는 그저 자신이 말하면서 생각을 정리할 수 있도록 자기 이야기를 들어줄 누군가가 필요했을 뿐이었다. 그런 그를 유심히 지켜보면서 드러커는 많은 것을 배웠다. 사람들이 무언가를 배우는 방법은 각각 다르며, 그중에는 자신이 말하는 과정에서 배우는 사람도 있다는 것이었다.

자아지식(self-knowledge)에 관한 중요한 모든 요소 가운데 가장 얻기 쉬운 것 하나가 바로 '당신은 어떤 식으로 배우는가?'라는 질문을 던지고 그에 답하는 것이다. 무엇인가를 배우는 데는 대개 여섯 가지 서로 다른 방법이 있다.

첫째, 강의를 듣거나 생각나는 것을 '즉각 기록하는 방식'으로 배우는 사람이 있다.

둘째, 회의나 강의 도중에는 아무런 기록도 하지 않고 '먼저 듣고 나중에 생각하고 정리하는 방식'으로 배우는 사람이 있다.

셋째, 자신이 말을 하고 '말하면서 그것을 스스로 정리하는 방식'으로 배우는 사람도 있다.

넷째, '다른 사람에게 가르치며' 자신도 배우는 사람이 있다. 교회에서 간증을 듣거나 우수 판매원의 판매비결 발표회에 가보면 그러한 사실을 알 수 있다.

다섯째, 소설가와 같이 '직접 글을 쓰면서 스스로 정리하는 방식'으로 배우는 사람도 있다.

여섯째, 예술가들처럼 '실제로 작업하면서' 배우는 사람도 있다.

롤 모델, 그 사람이라면 어떻게 했을까?

어느 병원에 새로 부임한 병원장이 첫 번째 간부 회의를 주재하던 중의 일이다. 다소 까다로운 문제 하나를 참석자들이 모두 만족하는 선에서 해결했다고 생각했는데 그때 한 참석자가 불쑥 다음과 같이 질문했다. "이것이 브라이언 간호사를 만족시켰을까요?"

그후 다시 논쟁이 벌어졌고 그 문제에 대해 한층 더 야심적인 해결책이 나올 때까지 논쟁이 계속되었다. 병원장이 나중에 안 사실이지만, 브라이언 간호사는 선임이었다. 그녀는 특별히 뛰어난 간호사도 아니었고 감독 직위에 오른 일도 없었다. 그러나 그녀는 담당 병동에서 환자 간호에 대해 새롭게 결정할 일이 생길 때마다 다음과 같이 질문했다.

"우리는 이 환자를 간호하는 데 최선을 다하고 있는가?"

브라이언 간호사가 근무하는 병동의 환자들은 회복 속도가 더 빨랐다. 차츰 세월이 흐르면서 병원 전체가 '브라이언 간호사의 규칙'을 채택해야 한다는 것을 깨달았다. 즉 다음과 같이 질문하는 것 말이다.

"우리는 이 병원의 목적에 적합한 최선의 공헌을 하고 있는가?"

2010년 일본의 직장인에서부터 학생에 이르기까지 드러커의 경영학에 푹 빠지게 한 책이 한 권 있는데 바로 『만약 고교 야구 여자 매니저가 드러커의 매니지먼트를 읽는다면』이다. 책 이름 중 만약이란 뜻의 일본어인 모시(もし)와 드러커의 일본식 발음인 도라(ドラ)를 합쳐 만든 『모시 도라』(もしドラ)로 더 잘 알려진 책이다. 여자고등학교에서 야구부의 매니저 보조 여학생 가와시마 미나미가 서점에서 우연히 발견한 드러커의 1973년 저서 『매니지먼트: 경영의 과업, 책임, 실제』를 읽고 경영이론과 철학을 야구부 운영에 접목한 결과 만년 꼴찌팀을 전국대회에 나가게 한다는 내용이다. 드러커가 누군지조차 몰랐던 야구부 선수들은, 조직의 존재 이유는 고객 창조이고, 고객을 창조하기 위해서는 시장을 창출해야 한다는 드러커의 주장을 받아들였다. 그리고 자신들이 무엇을 위해 야구를 해야 하는지 사명감을 깨달아 가는 과정을 소설처럼 엮었다. 『매니지먼트: 경영의 과업, 책임, 실제』가 던지는 주요 질문들은 다음과 같다.

"우리의 사업은 무엇인가?"

"우리의 고객은 누구인가?"

"고객은 어디에 있는가?"

"고객은 무엇을 가치 있는 것으로 보는가?"

"누가 우리의 고객이 되어야 하는가?"

"우리의 사업은 앞으로 무엇이 될 것인가?"

"우리의 사업은 무엇이 되어야 하는가?"

"회사와 우리 부서의 성과 혹은 실적에 가장 큰 영향을 주는 기회가 무엇인가?"

『모시 도라』는 2009년 12월 발매 이후 2011년 초까지 200만 부 이상이 팔렸다. 지난해 일본의 베스트셀러였던 무라카미 하루키(村上春樹)의 인기 소설 『1Q84』 1권보다도 더 많이 팔렸다.

이보다 앞서 영국의 파이낸셜 타임즈는 2009년 11월 24일자 신문에서 "드러커의 아이디어는 시간의 검증을 거치고 유효하다"라는 제목으로 특집기사를 게재했는데 "1974년 드러커의 『매니지먼트: 경영의 과업, 책임, 실제』가 알렉스 콤포트(Alex Comfort)의 『섹스의 즐거움』(The Joy of Sex)의 판매량을 능가했다"면서 경영서적이 일반인을 상대로 하는 통속적인 서적보다 더 많이 팔릴 만큼 경영에 대한 관심이 높아진 것은 드러커의 공헌이라고 했다.

늙은 고양이도 쥐를 잡는 새로운 방법을 배울 수 있는가?

기존의 사고방식에서 자유롭지 않으면 새로운 학습은 좀처럼 하기 어렵다. "늙은 고양이는 쥐를 잡는 새로운 기술을 배우기 힘들다"라는 속담이 있다. 늙은 고양이는 육체적으로 새 기술을 배우기도 힘들지만, 새로운 방법을 배울 필요를 못 느끼는 것도 사실이다. 기왕의 방법으로 잘 먹고 잘사는데 왜 그 기술을 버리고 돈과 시간과 노력을 들여 뭘 배워야 한단 말인가? 우리는 태어나서 고등교육을 마칠 때까지 20여 년 동안 정규교육에서 학습해온 것을, 그리고 독서, 체험, 사색으로 터득한 것을 버리기가 쉽지 않다.

하지만 고양이와 쥐의 관계는 별로 변하지 않을는지 모르지만, 세상과 사람, 사람과 사람 사이는 엄청나게 빠르게 변하기 때문에 잠시만 방심해도 어제의 승자가 오늘이나 내일은 패자가 될 수 있다. 그래서 일본의 사무라이 세계에는 이런 말이 있다.

"3승이면 1패한다."

이 말은 같은 방법으로 몇 번 이기면 상대방도 그 기술을 배우기 때문에 기존의 기술에 안주해서는 안 된다는 뜻이다. 그리고 이런 말도 있다.

"친구를 3일 만에 만나면 눈을 부릅뜨고 관찰하라."

이 말 역시 그 며칠 동안 경쟁자가 얼마나 변신했는지 파악하라는 것이다.

어떤 분야에서 나무랄 데가 없는가? 나의 강점은 무엇인가?

"평범한 사람이 비범한 일을 할 수 있게 하는 것이 곧 조직의 목적이다."

이것은 영국의 정치인 겸 런던경제대학 학장을 지낸 경제학자 윌리엄 베버리지(William Beveridge) 경이 즐겨 하던 말이다. 조직은 천재에게 의존할 수 없다. 이 세상에 천재의 공급은 늘 부족할 뿐 아니라 언제 공급될는지도 예측할 수도 없다. 그래서 평범한 사람들에게 그들 자신의 능력 이상으로 일하도록 하고, 구성원들의 역량이라면 그 무엇이라도 이끌어내고, 구성원들이 모두 그것을 이용하여 좀 더 많은, 그리고 더 큰 성과를 이룩하고 있는지는 조직을 평가하는 기준이 된다.

조직이 그 구성원들의 약점을 무력화하는가(약점이 강점 발휘를 방해하지 않도록) 하는 것 역시 조직을 평가하는 기준이 된다. 개인의 강점에, 다시 말해 개인이 할 수 없는 일이 아니라 할 수 있는 일에 초점을 맞추어야만 한다. 조직 정신이 실현되려면 조직 전체의 역량과 성과를 끊임없이 개선할 필요가 있다. 조직 정신(spirit in the organization)이 올바르게 실현되려면, 개개인이 자신의 우수한 능력을 발휘할 수 있도록 영역을 충분히 제공해야 한다. 우수한 능력이 발휘될 때마다 그것을 조직의 다른 모든 구성원이 생산적으로 이용할 수 있도록 알려야 하고, 장려해야 하고, 포상을 해주어야만 한다. 이것이 리더십이다. 조직 정신이 실현되려면 조직 전체의 역량과 성과를 끊임없이 개선할 필요가 있다. 어제의 훌륭한 성과는 오늘의 최저 필수기준이 되어야만 하고, 어제의 탁월한 성과는 오늘날에는 누구나 할 수 있는 당연한 것이 되어야만 한다.

위대한 성취자를 예로 들면 화가 부오나로티 미켈란젤로(Buonarroti Michelangelo), 작곡가 베르디, 첼리스트 파블로 카잘스(Pablo Casals), 그리고 드러커 등은 한시도 자기관리를 게을리하지 않았다. 그들은 타고난 능력이나 이룩한 성과 모두 너무 뛰어났기 때문에, 정상적인 인간 존재의 경계를 초월한 사람처럼 간주될 정도다. 하지만 자기 자신을 관리하는 법을 배우는 것은 가장 평범한 사람에게도 꼭 필요한 일이다. 특히 지식근로자들은 자기 자신을 스스로 관리해야만 하는데, 그들은 자신이 가장 크게 이바지할 수 있는 분야를 찾아 그곳에서 자신만의 터를 닦아야 한다. 그들은 자신을 개발하는 방법을 배워야 한다. 그들은 50여 년의 근로생활(25세에서 75세까지) 동안 육체적으로는 젊고, 정신적으로는 활기를 유지하는 법을 배워야만 한다. 그들은 자신이 하는 일을 어떻게, 언제 바꿔야 하는지를 알 수 있어야만 한다. 지식근로자는 자기 자신을 알기 위해 다음과 같은 새로운 질문에 엄숙히 답해야 한다.

첫째, 나는 누구인가? 내 강점은 무엇인가? 나는 어떻게 일하는가?

둘째, 나는 어디에 속하는가? 그리고 어디에 속해야 하는가?

셋째, 내가 이바지(또는 공헌)해야 할 것은 무엇인가?

넷째, 나는 어떤 관계 책임(Relation Responsibility)을 져야 하는가?

다섯째, 내 인생의 후반부를 어떻게 계획할 것인가?

이러한 다섯 가지 질문에 모두 답할 수 있다면 그 사람은 성공적인 삶을 살 수 있을 것이다.

미국 역사상 가장 위대한 지도자로 인정받는 에이브러햄 링컨(Abraham Lincoln, 미국의 제16대 대통령)은 1863년 남북전쟁 당시 신임 총사령관 율리시스 그랜트(Ulysses Simpson Grant, 미국의 제18대 대통령) 장군이 술을 좋아한다고 비난하는 말을 듣고 다음과 같이 말했다. "그랜트 장군이 좋아하는 술이 무엇인지 알면 다른 장군들에게도 한 통씩 보내줄 텐데."

켄터키와 일리노이 개척지에서 어린 시절을 보낸 링컨은 술과 술의 해독을 잘 알고 있었다. 그러나 모든 북군의 장군 가운데 유독 그랜트 장군만이 항상 전략계획을 제대로 세웠고 승리를 안겨주었다. 그랜트 장군이 사령관에 임명됨으로써 남북전쟁은 전환점을 맞이했다. 링컨이 그랜트를 지명한 것이 성공적이었던 이유는 링컨이 장군을 선택할 때 전장에서 검증된 장군의 능력, 즉 강점을 보고 판단했을 뿐 장군의 단점인 술을 마신다는 사실은 문제 삼지 않았기 때문이다. 이에 대해 드러커는 "링컨은 약점이 없는 사람보다는 전투에서 승리할 능력이 있는 사람을 장군으로 뽑았다"라고 말했다.

온갖 분야에서 모든 것을 다 잘하는 사람이란 존재하지 않는다. 인간의 지식, 경험, 능력 등 총체적 능력을 기준으로 평가해보면, 아무리 위대한 천재도 낙제생일 뿐이다. 세상에 '나무랄 데라고는 전혀 없는 사람' 같은 것은 없다. '어떤 분야에서 나무랄 데가 없는

가?'가 더 중요하고 알아야 할 필요가 있는 내용이다.

당신이 천국에 들어올 수 있는 자격은 무엇이오?

드러커는 자신에게 '현대 경영학의 아버지'라는 칭호를 안겨준 『경영의 실제』에서, 18세기 말 영국의 총리였던 소(小)피트(William Pitt, the Younger, 부친 대大피트William Pitt, the Elder도 총리를 지냈다)의 일화를 들려준다. 소피트는 유럽을 정복한 독재자 나폴레옹에 맞서 영국이 외로이 싸우던 암담한 시기에 45세 나이로 영국 총리가 되었다. 그는 영국 군대가 나폴레옹에게 당당하게 저항할 수 있도록 용기와 결단과 지도력을 발휘했다. 부패한 시대에 그는 철저하게 정직했고, 개인적으로 청렴성을 잃지 않았다. 그러나 애석하게도 그는 젊은 나이인 47세로 세상을 떴다. 피트는 천국에 갈 자격이 있다고 판단하여 스스로 천국 문 앞에 나타났다. 천국 문 열쇠를 가진 베드로가 물었다.

"정치가인 당신이 이곳에 들어올 수 있는 자격이 있다고 생각한 이유가 도대체 무엇이오?"

이에 대해 소피트는 자신이 뇌물을 받지도 첩을 두지도 그 외에도 자신이 하지 않은 많은 것을 일일이 열거했다. 지루하게 듣고 있던 베드로는 퉁명스럽게 말을 중단시켰다.

"나는 당신이 세상에서 '하지 않은 일들'에 대해서는 전혀 알 바 없소. 세상에서 '한 일들'을, 다시 말해 천국에 들어올 자격을 갖추었다고 할 만한 공적을 말하시오. 도대체 무슨 자격으로 이곳에 왔소?"

강점을 활용하기 위해서는 다음 사항에 유의해야 한다.

첫째(강점 집중), 자신의 강점에 집중하라. 지식근로자는 자신의 강점이 성과와 결과를 산출할 수 있는 분야에 자리를 잡아야 한다.

둘째(강점 보강), 자신의 강점을 개선하라. 탁월한 수학자는 타고난다. 그러나 거의 모든 사람이 삼각함수를 배울 수 있다.

셋째(인문교양 강화), 인문과 교양, 예술을 탐구하라.

넷째(사후관리), 사후관리로 목표달성과 성과향상을 가로막은 일이나 하지 못한 일을 알아내어 실천에 옮겨라. 산을 옮기는 것은 기도(祈禱)가 아니라 불도저다.

다섯째(예의), 상호 접촉하는, 움직이는 두 물체는 마찰을 유발하는 것이 자연법칙이다. 마주친 두 사람은 늘 갈등을 일으킨다. 예의는 움직이는 두 인간이 함께 일하도록 해주는 윤활유다. 그것은 '죄송합니다' 그리고 '고맙습니다'라고 인사하기, 상대방의 생일이나 이름 기억하기, 가족에 대한 안부 전하기 등과 같은 간단한 행동을 말한다.

여섯째(하지 말아야 할 일들), 지식근로자는 일하는 데 필요한 최소한의 능력을 갖추고 있지 않은 분야는 맡아서도, 그와 관련한 직책을 받아들여서도 안 된다. 애당초 하지 말아야 할 일들을 효율적으로 하는 것만큼 바보스러운 일은 없다.

일곱째(약점은 잊어라), 역량이 낮은 분야를 개선하는 데 노력을 허비해서는 안 된다. 그 대신 스스로 역량을 더욱 강화해 성취자가 되는 데 에너지와 자원, 시간을 투입해야 한다.

나는 어디에 속해야 하는가?

'나는 어디에 속해야 하는가?' 하는 질문은 내가 어떤 조직에서 무엇을 해야 하는지, 즉 내가 성과를 올릴 수 있는 장소와 방법을 알려준다. 여기서 해야 할 질문은 세 가지다.

첫째, 내가 마땅히 있어야 할 자리는 어딘가(Where do I belong)

둘째, 내가 공헌해야 할 것은 무엇인가(What do I contribute)

셋째, 그다음에 할 일은 무엇인가(Next, What do I do)

적재적소(適材適所)라는 말에 비춰볼 때 "나의 강점은 무엇인가?"라는 질문은 적재를, "나는 어디에 속해야 하는가?"라는 질문은 적소를 파악하기 위한 것이다. 지식근로자는 자신이 속해서는 안 될 곳을 결정할 수 있어야 한다. 대규모 조직에서 제대로 성과를 올리지 못하는 사람은 큰 조직에서 어떤 직위를 제안받을 경우 "아니요"라고 거절하는 법을 배워야 한다.

의사결정자로서 자신이 부족하다는 것을 배운 사람은 의사결정 능력이 필요한 과업을 제안받으면 "아니요"라고 대답할 수 있어야 한다.

'나는 훈수꾼인가 플레이어인가?' 다시 말해 '나는 의사결정자(decision maker)로서 결과를 얻는가 혹은 조언자(advisor)로서 결과를 얻는가?' 하는 질문은 자기 자신이 어떤 사람인지, 어떤 상황에서 성과를 올리기가 유리한지를 알 수 있게 해준다.

'2인자가 최고 지위로 승진했을 때 실패하는 이유는 무엇인가?' 많은 사람이 조언가로서 일할 때는 최상의 성과를 올리지만 최고의 위치에 올라가면 의사결정에 따르는 부담이나 압력을 견디지 못하고 힘들어하는 경우가 많다. 그와는 반대로 많은 사람이 스스로 생각하도록 압력을 넣는 역할을 하는 조언가를 필요로 한다.

참모는 결정자로, 결정자는 참모로 스스로 바꾸려고 노력하지 마라. 그것은 성공할 확률이 매우 낮은 일이다. 당신이 성과를 올리는 방법을 개선하기 위해 열심히 노력하라. 당신이 성과를 올리지 못하는 방법이나 나쁜 성과를 거두도록 하는 방법은 그것이 어떤 것이라해도 그를 개선하기 위해 노력하지 마라.

어떻게 성과를 올리는가?

정보수집 방법은 사람마다 다르다. 코시모 데 메디치(Cosimo de Medici)는 르네상스 시대 피렌체공화국의 지도자로서 가업인 메디치 은행을 크게 확장했다. 메디치는 어떻게 금융제국을 일으켰을까?

그는 아마 이 질문에 다음과 같이 대답했을는지 모르겠다.

"눈이 나를 만들었다."

높은 식견과 지식을 자랑했던 코시모는 문맹이었던 샤를마뉴 대제나 칭기즈칸과는 반대로 은행과 관련된 수많은 보고서를 일일이 직접 검토하고 확인했다. '은행'(bank)이라는 단어는 '의자'(bench)라는 의미의 이탈리아어 'banco'에서 유래했다. 당시 이탈리아 은행의 비품이라곤 의자와 책상, 그리고 금과 은을 측정하기 위한 저울이 전부였다. 따라서 파산을 의미하는 'bankruptcy'는 원리금을 돌려받지 못한 고객들이 그런 은행에 몰려가서 의자를 때려 부수었다는 의미다.

메디치 가문의 부흥은 코시모의 손자인 로렌초 데 메디치 대에 와서 절정에 이른다. '위대한 로렌초'(Lorenzo il Magnifico)라 불리는 그는 르네상스 역사상 가장 유명한 지도자이자 시인으로 르네상스 시대에 메디치 가문을 가장 중심적인 위치에 올려놓았다. 로렌초는 르네상스 시대에서 빠질 수 없는 예술가들, 즉 산드로 보티첼리(Sandro Botticelli), 레오나르도 다 빈치(Leonardo da Vinci), 미켈란젤로 등을 후원했다. 그러나 로렌초가 피렌체를 통치하던 시절부터 메디치은행은 쇠퇴하기 시작한다. 모두가 로렌초의 잘못은 아니었다. 도시 경제력의 변화에 따라 피렌체가 국제금융에서 차지하고 있던 최고 자리를 잃어갔기 때문이었다. 하지만 로렌초는 조부와 달리 은행 장부를 일일이 검토·대조하는 일에는 관심이 없었던 것이 사실이다. 조부는 읽는 자였지만, 로렌초는 듣는 자였다. 게다가 로렌초에게 정보를 제공하는 은행 관리자는 오랫동안 거짓말을 하고 있었다.

샤를마뉴 대제와 칭기즈칸은 문맹이었다. 그런 샤를마뉴 대제와 칭기즈칸이 어떻게 세계를 정복할 수 있었을까? 샤를마뉴 대제는 부하와 스파이들의 말을 경청했다. 그리고 학교도 세웠다. 마찬가지로 칭기즈칸은 각지 전문가들에게서 중국에서 유럽, 아라비아에 이르는 넓은 영토의 사정을 전해 들었다. 칭기즈칸은 나중에 이렇게 말했다.

"내 귀가 나를 만들었다."

많은 사람이 스스로 어떤 식으로 성과를 올리는지를 잘 알지 못하는 이유는 아마도 학교가 학생들에게 공부 잘하는 방법은 오직 한 가지밖에 없다고 가르쳤기 때문일 것이다. '나는 어떻게 성과를 올리는가?' 하는 것은 특히 지식근로자의 경우에는 '내 강점은 무엇인가?' 하는 것만큼이나 중요한 질문이다.

일하는 스타일은 사람마다 다르다

'나는 어떻게 성과를 올리는가?' 그리고 '나는 어떤 식으로 배우는가?'라는 것은 지식근로자가 해야 할 질문 가운데서도 가장 중요한 것이다. 그러나 그 두 가지만으로는 충분하지 않다.

자기 자신을 관리하기 위해서는 "나는 다른 사람들과 함께 어울려 일을 잘하는 스타일인가? 혹은 혼자 일하는 스타일인가?"라고 질문해봐야만 한다. 그리고 자신이 다른 사람들과 함께 일을 잘한다는 사실을 알았다면, 그 사람은 "나는 어떤 관계(relationship)에 놓일 때 다른 사람들과 잘 어울려 일하는가?"라고 질문해야 한다.

"나는 스트레스를 받으면서도 일을 잘하는가 혹은 매우 구조화된 작업환경이나 예측 가능한 환경을 더 좋아하는가?"라는 질문에 대답하는 것은 스스로 어떤 식으로 성과를 올리는지를 파악하는 데 도움이 된다.

또 다른 개인적 특성으로는, 어떤 사람이 거대한 조직의 일부분으로 일할 때 일을 가장 잘하는지 혹은 작은 조직에서 어느 정도 위치에 설 때 일을 가장 잘하는지를 구분해야 한다. 두 종류의 조직 모두에서 일을 잘하는 사람은 거의 없다. 대규모 조직, 예컨대 GE 또는 시티뱅크에서 크게 성공을 거뒀던 사람이 규모가 작은 조직으로 옮겨가서는 실패하는 경우가 많다. 반대로 소규모 조직에서 계속해서 매우 뛰어난 성과를 올린 사람이 대규모 조직으로 일자리를 옮기자마자 실패를 거듭하기도 한다.

처음부터 안 해도 될 일은 무엇인가?

어느 대기업 사장의 이야기다. 그는 사장이 된 뒤 2년 동안 크리스마스와 정월 초하루를 빼고 매일 저녁 외식을 했다. 모든 저녁 식사는 회사 일과 관계되는 공식행사로 몇 시간씩 계속되는 만찬이었다. 그렇다고 참석하지 않을 도리도 없었다. 그것이 30년 근속사원의 퇴직기념 모임이든 회사 사업과 관련이 있는 주의 주지사들을 위한 만찬이든 간에 사장으로서 빠질 수 없었던 것이다. 의전행사는 분명 그가 해야 할 일 가운데 하나다.

모든 지식근로자의 생활에는 이와 비슷한 시간 낭비 요소들이 많이 있다. 생산성 향상에 아무런 도움이 되지 않지만 무시할 수도 없는 일에 그들의 시간을 할애하도록 강요당한다. 그러므로 모든 직무는 그것이 경영자의 직무든, 하급 직원의 것이든 간에 목표달성에 전혀 소용없는 또는 하찮은 일들에, 어찌 됐든 하지 않을 수 없는 일들에 시간을 들이지 않을 수 없다.

하지만 시간 관리를 하지 않으면 결국 우리는 아무런 성과도 거두지 못하고 죽고 만다.

카리스마란 무엇인가?

'카리스마'(charism, charisma)라는 용어는 신학적으로는 성령의 은사(恩賜) 또는 신이 내린 능력[神授能力]을 의미한다. 이 용어가 자주 쓰이게 된 것은 독일의 사회학자 막스 베버(Max Weber)가 『경제와 사회』(Wirtschaft und Gesellschaft, 1921)에서 카리스마적 권위를 전통적·법률적 권위와 구별되는 형태의 권위로 정의한 뒤부터다. 일반적인 의미로는 대중적이고 사람을 끌어당기는 힘을 가진 사람들을 카리스마가 있다고 표현한다. 그것은 추종자들이 지도자가 갖추고 있다고 믿는 경이로운 속성이나 마력적인 힘 또는 사람을 강하게 끌어당기는 인격적인 특성을 의미한다.

일반적으로 카리스마가 있다는 것은 좋은 의미로 사용하지만 드러커는 자신의 여러 저서에서 예컨대 나폴레옹, 히틀러, 스탈린 등 카리스마 있는 리더는 궁극적으로 인류에게 재앙을 가져다주므로 경계해야 한다고 경고했다.

드러커는 어느 대규모 은행의 인적자원 담당 부사장의 전화를 받았다.

"드러커 박사님, 어떻게 하면 카리스마 있는 리더십을 습득할 수 있는지, 세미나를 해주실 수 있겠습니까?"

드러커는 다음과 같이 길게 설명했다.

"리더십은 그 자체로는 좋은 것도 바람직한 것도 아니다. 그것은 하나의 수단이다. 그러므로 중요한 것은 그것이 어떤 목적을 위한 리더십인가 하는 것이다. 금세기의 악당 3인방 스탈린, 히틀러, 마오쩌둥보다 더 카리스마 있는 지도자는 없다. 이들은 역사에 기록되어 있는 바와 같이 인류에게 엄청난 범죄를 저질렀고 또한 고통을 준 잘못된 지도자들이었다.

목표를 달성하는 리더십(effective leadership)은 카리스마에 의존하는 것이 아니다. 아이젠하워(Dwight Eisenhower), 마셜, 트루먼은 뛰어난 지도자였음에도 정작 그 누구도 카리스마라고 할 것을 갖고 있지 않았다. 제2차 세계대전 후 서독을 재건한 콘라드 아데나워(Konrad Adenauer)

총리도 마찬가지였다. 일리노이 주 미개척지 출신 링컨은 카리스마 있는 성격과 거리가 멀었다. 그리고 놀랍게도 제1차 세계대전과 제2차 세계대전 때 비통한 마음으로 패배를 되씹었던 처칠에게는 카리스마라곤 거의 없었다. 중요한 것은 처칠이 결국 옳았음이 판명되었다는 사실이다. 아마도 존 케네디(John F. Kennedy) 대통령은 백악관을 차지한 사람 가운데 가장 카리스마 있는 인물이었는지도 모른다. 그렇지만 케네디만큼 성과를 적게 거둔 대통령을 찾기 어렵다.

카리스마는 지도자들에게 잘못 행동하도록 하는 원인이 된다. 그것은 그들을 융통성 없는 존재로 만들며, 스스로 오류를 저지르지 않는 존재라고 굳게 믿게 하며 변화할 수 없게 한다. 그것이 바로 스탈린, 히틀러, 마오쩌둥에게 일어났던 일들이다. 알렉산더 대왕이 헛된 실패를 맛보지 않은 까닭은 그가 너무 일찍 죽었기 때문이라는 것은 고대 역사 연구에서 하나의 상식으로 통한다. 카리스마 그 자체는 지도자로서 목표달성 능력을 보장해주지 않는다."

잘못된 지도자는 어떤 사람인가?

잘못된 지도자는 동료와 부하들의 힘을 두려워하기 때문에 항상 유능한 동료와 부하들을 숙청한다. 스탈린을 비롯한 모든 독재자가 그랬다. 리더가 가장 심각하게 비판을 당해야 하는 경우는, 스탈린 사망 직후 러시아처럼 혹은 여러 회사의 경우에서 볼 수 있는 것처럼 그가 그 자리를 떠나거나 사망하자마자 조직이 붕괴하는 경우다. 잘못된 지도자는 자신들이 우주를 통제하지 않는다는 사실을 알지 못한다. 예컨대 스탈린주의자들, 히틀러주의자들, 마오쩌둥주의자들이 그런 망상에 사로잡혀 있었다.

반면 목표를 달성하는 리더는 유능한 동료를 원하며, 동료를 격려하고 밀어주는 한편 그들을 자랑으로 여긴다. 또 리더는 주위에 유능한 사람들을 두고 싶어 한다. 그러나 이런 현상이 심해지면 개인으로서는 공허감에 사로잡힐 수도 있다. 예를 들면, 더글러스 맥아더(Douglas MacArthur) 장군은 거의 병적인 상태에까지 도달한 적이 있다. 링컨과 트루먼은 둘 다 열등감에 빠질 지경까지 이르렀다. 그럼에도 맥아더, 링컨, 트루먼 세 사람은 모두 자신들의 주위에 유능하고, 독립심이 강하며, 자신감이 넘치는 인사들을 두기를 원했다. 이들과는 성격이 아주 달랐던 아이젠하워도 유럽연합군 총사령관일 때 이들과 마찬가지로 행동했다.

물론 목표를 달성하는 리더는 그렇게 하는 경우 위험이 따른다는 사실도 잘 알고 있다. 즉 유능한 사람은 늘 야심을 품고 있다는 사실을 알고 있다는 뜻이다. 그러나 그는 그것이 범인을 등용하는 것보다는 훨씬 덜 위험하다는 것 역시 알고 있다.

내가 하고 싶은 일이 아니라 마땅히 해야 할 일이 무엇인가?

트루먼은 루스벨트 대통령이 급서한 뒤 대통령직을 승계했다. 트루먼은 포츠담회의에서 미국의 최우선 과제는 외교라는 사실을 깨달았다. 처칠과 스탈린은 모두 트루먼과는 비교되지 않을 정도로 외교 문제에 해박했다. 사실 루스벨트가 트루먼을 부통령으로 지명한 것은 그가 국내 문제 전문가였기 때문이다.

그런 시골뜨기 트루먼은 어떻게 성공적인 대통령이 되었을까?

시골뜨기 트루먼에게는 지적 성실성이 있었다. 지적 성실성이란 스스로 외교 문제를 해결해나가기 위해 타인의 도움을 받아야 한다는 사실을 인정할 수 있었던 힘을 말한다. 트루먼은 하고 싶은 일(국내 문제)을 한 것이 아니라, 해야만 하는 일(국제 문제)을 했다. 그것이야 말로 그를 위대한 대통령으로 만든 비결이다.

웰치처럼 기적의 경영자라 불리는 사람들에게 카리스마나 비전 또는 초능력 같은 것을 갖고 있느냐고 물으면 그들은 그러한 것의 존재를 완강히 부인한다. 그들은 경영할 때 먼저 진단과 분석을 실시한다. 그들은 목표달성과 빠른 성장을 위해서는 기업이론에 대한 심각한 재조명이 필요하다는 것을 인정한다. 그들은 예기치 못한 실패를 부하직원의 무능력이나 사고 따위로 간주하지 않고 '시스템 실패'의 한 징후로 파악한다. 그들은 예기치 못한 성공을 자신의 업적으로 돌리지 않고 기업이론의 가정들에 대한 도전으로 여긴다.

지식사회에서 성공적인 경력이란 결코 '계획된 것'이 아니다. 사람들은 자신의 강점, 자신이 일하는 방식, 자신의 가치를 알고 있으므로, 성공적 경력이란 기회를 맞이할 준비가 된 사람들만이 이뤄나갈 수 있다. 왜냐하면 자신이 어디에 속하는지 알게 되면 다른 일에는 평범하기 짝이 없는 보통 사람들마저도 한 분야에서 열심히 하면 뛰어난 성취자가 될 수 있기 때문이다.

1960년대에 지식근로자들은 스스로 다음과 같은 질문을 던졌다.
"내가 '하고자 하는 것'(want to do)은 무엇인가?"
그에 대한 답변은 이랬다.
"'자기 자신의 일을 하는 것'(doing one's own thing)이 곧 공헌하는 길이다."

오늘날의 지식근로자는 다음과 같이 질문하는 것을 배워야 한다.

"내가 마땅히 '공헌해야 할 것'(should contribute)은 무엇인가?"

그런 다음에는 또 이렇게 질문해야 한다.

"그것은 나의 강점에 부합하는가? 그것은 내가 원하는 일인가? 그것으로 보람을 느끼고 도전의식을 느끼는가?"

* 주요 교재: 『무엇이 당신을 만드는가』, 『자기경영노트』, 『프로페셔널의 조건』

제2장

경영과 문학

피터 드러커의 통찰력과 선견력은 문학에서 나왔다

드러커는 자신의 논지를 전개할 때 역사와 사회의 관찰자들, 즉
고전 작가들의 눈을 빌려 왔다. 특히 동시대를 예리하게 분석한 작가
들의 시선을 빌려 왔고 그것을 필요에 따라 인용하거나 비판했다. 두
번째 강의 내용은 필자가 드러커의 저술에 등장하는 소설과 작가를
찾아서 정리한 것이다. 필자는 드러커의 통찰력과 선견력은 문학에
서 나왔다고 결론 내렸다.

『경제인의 종말』: 전체주의의 기원(1939)―유럽은 왜 자유와 평등을 포
기했는가?

　　고대 그리스 · 로마의 헬레니즘과 유대 기독교의 헤브라이즘 이
래, 자유(freedom)와 평등(equality)은 유럽을 지탱하는 두 가지 기본 개

• 인용한 주요 책들: 히틀러의 『나의 투쟁』(Mein Kampf, 1925~1927) 외

념이었다. 그런데도 유럽이 히틀러의 나치즘과 베니토 무솔리니(Benito Mussolini)의 파시즘에 자유와 평등을 제물로 바치고, 전체주의로 귀의(歸依)한 이유를 드러커는 1939년 『경제인의 종말』에서 잘 분석했다.

드러커는 독일 정계에 갓 등장한 히틀러가 쓴 『나의 투쟁』(제1차 세계대전 때 독일 패망에 대한 배신감과 민족주의 이데올로기를 표현하면서 아리아인을 천재 민족으로, 유대인을 기생동물로 규정했다. 능숙한 선동으로 초국수주의자, 반유대주의자, 반민주주의자, 반마르크스주의자, 군부 등 독일 내 불만세력들을 사로잡았다)을 읽었고, 히틀러와 괴벨스를 실제로 관찰했다. 당시로서는 유럽의 대중이 요구하는 강력한 기적(일자리와 의식주 해결)을, 악마가 정복한 세계의 감당할 수 없는 공포(전쟁과 대공황과 실업)를 완화할 수 있는 강력한 기적을 일으킬 능력이 있는 것은 오직 히틀러와 무솔리니라는 거짓 마법사뿐이었다.

사람들이 마법사를 마법사로 부르는 이유는 그가 모든 이성적 전통으로는 알려지지 않은, 모든 논리 법칙과는 어긋나는 초자연적 방법으로 초자연적 기적을 일으키기 때문이다.

파시즘에 대한 가장 위험하고도 가장 바보 같은 설명이 곧 프로파간다(선전) 이론이다. 우선, 파시즘이 승리하기 바로 직전까지 (그리고 이탈리아에서는 그 뒤에) 사실상 모든 프로파간다 수단은 파시즘에 강경하게 반대하는 사람들의 손에 있었다는 사실을 알고도 프로파간다 때문에 파시즘이 권력을 잡았다는 사실을 인정하는 사람은 없다. 그당시 발행부수가 많은 신문 가운데 히틀러와 무솔리니를 조롱하지 않는 신문은 단 하나도 없었던 반면, 나치와 파시스트 신문들은 구독

자가 없어서 파산 직전에 있었다. 독일에서 라디오 방송은 국영이었
는데 나치를 비난하는 방송을 거듭해서 내보냈다. 신문과 방송보다
도 더욱 강력한 수단으로서 기존의 교회들은 설교시간과 고백실이라
는 그 엄청나고 직접적인 영향력을 파시즘과 나치즘을 공격하기 위
해 이용했다.

그러나 이것은 대중은 프로파간다에 중독되었다고 하는 것을 파
시즘을 공격하는 논리로 사용함으로써 스스로 현혹당할 수 있는 단
견에 비하면 사소한 문제다. 왜냐하면 그 주장은 오직 파시즘을 지원
하는 논리가 되기 때문이다.

『기업의 개념』(1946)—사유재산만 제거하면 유토피아가 되는가?

드러커는 『기업의 개념』에서 '이익'과 관련된 논의에 토머스 모
어(Thomas More)를 끌어들인다. 이익추구는 원죄(原罪)라고 설파하고,
또 그것 때문에 아담과 이브가 에덴동산에서 쫓겨났다고 처음 설명
한 것은 모어의 『유토피아』다. 유토피아라는 말은 '없다'(ou)와 '장
소'(topos)를 의미하는 그리스어를 합성해 만든 단어로, '어디에도 없
는 곳'이라는 모순된 말이다.

모어는 유토피아의 모습을 이렇게 그렸다.

"사유재산이 존재하는 한, 그리고 화폐가 모든 것의 척도가 되는
한, 사회는 정의롭고도 행복하게 통치될 수 없다. 인간의 삶에서 가
장 중요한 자원을 사악한 사람들이 소유하는 곳에 정의가 존재할 수

• 인용한 주요 책들: 모어의 『유토피아』(Utopia, 1516)

없기 때문이다."

요컨대 모어의 주장은 '재산이 평등'하지 않으면 유토피아라고 할 수 없다는 것이다. 그런데 모어는 명백한 사실을 끝내 놓치고 있다. 명예와 고위 직위를 차지하기 위한 경쟁은 즉각 야망과 갈등과 파벌주의, 그리고 권력과 명성에 대한 탐욕을 불러일으킨다는 것 말이다. (모어는 이익추구 동기를 타파함으로써 야망과 갈등과 파벌주의, 그리고 권력과 명성에 대한 탐욕 등은 자동으로 제거했다고 생각했다.)

모어는 플라톤주의자였는데 플라톤은 권력의 속성을 모어보다도 더 잘 알고 있었다. 플라톤은 『공화국』에서, 야망과 갈등과 파벌주의와 권력과 명성에 대한 탐욕 등은 자동으로 없어지는 것이 아니므로, 어떤 사람이 야망이 없어지도록 충분히 늙기 전까지는 통치자 직위에 앉지 못하게 해야 한다고 주장했다. 하지만 『공화국』의 내용이 좀 더 현실이라고 하기 어렵다. 역사에서 보면 사람들이 매우 늙을 때까지 권력에서 배제된 곳이면 그곳이 어디든 권력, 야망, 지배력, 그리고 파벌주의가 생리적으로 지나치다고 할 정도로 증가되기 때문이다.

고고인류학자들의 조사로는 사유재산을 금하고 재산을 공유하는 원시부족들은 많다. 하지만 그런 곳이라고 해서 모두 자동으로 공산주의(communism)가 되지는 않았다. 높은 자리를 차지하기 위한 경쟁은 더욱더 치열해지기 때문이다. 사유재산을 금지하면 공동체가 형성된다고 하는 것은 틀렸다.

『경영의 실제』(1954)─행복은 물질적 소비수준이 향상되면 달성된다

경제 발전은 인간생활의 향상과 사회정의를 실현하는 가장 강력한 원동력이 될 수 있다는 신념을 단적으로 표현하는 것이다. 이는 300여 년 전, 『걸리버 여행기』를 쓴 영국의 풍자작가 조너선 스위프트(Jonathan Swift)가 "그전까지는 홀잎식물만 자라던 곳에 겹잎식물을 자라게 하는 자는 그가 누구이든 간에, 어떤 명상적 철학자나 형이상학적 체계의 창시자보다도 인류의 진보에 더 크게 공헌한 사람으로 대접받아야 한다"라고 말한 것과 같다.

드러커는 반(反)유물론자였는데, 그 이유를 『경영의 실제』에서 다음과 같이 밝혔다. "물질은 인간정신을 발전시키기 위하여 이용될 수 있으며, 또 당연히 이용되어야만 한다는 신념은 인류 정신사에서 오래된 다른 한 축인 유물론과는 전혀 다른 것이다. 사실 (경영자가 물질을 이용하여 인간의 생활을 향상할 수 있다는) 그런 신념은 우리가 철학 용어로 항상 이해하고 있는 유물론과는 양립할 수 없다. 경영자, 즉 자원을 생산적으로 변환시키는 사람, 다시 말해 경제를 조직적으로 발전시키는 특별한 책임을 진 사회기관은 현대사회의 기본적 시대정신을 반영하고 있는 것이다."

드러커는 인간의 삶에서 정신활동은 물론이고 물질적 소비수준 향상이 중요하다는 사실을 『경영의 실제』 이후로도 『매니지먼트: 경영의 과업, 책임, 실제』(1973)와 『보이지 않는 혁명─어떻게 연금기금 혁명이 미국에서 일어났는가?』(1976) 등에서 지적하고 있다.

• 인용한 주요 책들: 스위프트의 『걸리버 여행기』(1726)

『단절의 시대: 변화하는 우리 사회를 위한 지침서』(1968)—지식기반 사회의 도래

1770년 요한 볼프강 폰 괴테(Johann Wolfgang von Goethe)가 갓 20세가 되어 『젊은 베르테르의 슬픔』을 처음으로 출판했을 때까지만 해도 '청년기'라는 말이 없었다. 『젊은 베르테르의 슬픔』이 제임스 와트(James Watt)의 증기기관, 스미스의 『국부론』, 그리고 서구 상업혁명의 주류였던 도시 중류계급의 출현을 가져온 것과 동시대에 이루어졌다는 것은 우연이 아니다. 청년기는 필연적으로 자기의 능력과 자기에게 기대되고 허용된 것이 불일치해 충돌하는 시기다.

지식사회의 중심적 '도덕적 문제'는 교육받은 사람들(the learned), 즉 지식인들(men of knowledge)의 책임과 관련된 문제일 것이다. 역사적 관점으로 볼 때 지식인들은 권력을 보유하지 않았다. 적어도 서양에서는 그랬다. 그들은 한갓 장식물에 지나지 않았다. 만약 그들이 권력의 자리에서 어떤 역할을 한 적이 있다면 그것은 궁중의 어릿광대 역할뿐이었다. '펜은 칼보다 강하다'는 격언은, 역사를 통틀어 적합한 사례가 거의 없으며 기껏 '지식계급은 아편이다'라고 지칭될 뿐이었다.

지식은 그 자체로 좋은 것이었다. 지식은 고통받는 자에게는 위안이었고, 획득할 수 있는 부자들에게는 즐거움이었다. 그러나 지식은 권력이 아니었다. 최근까지도 지식이 제공할 수 있는 단 하나의 사회적 지위는 권력자의 하수인 역할뿐이었다. 옥스퍼드대학교와 케

• 인용한 주요 책들: 괴테의 『젊은 베르테르의 슬픔』(1772), 스미스의 『국부론』(1776), 트롤로프의 『존 칼디게이트』(1877), 톨스토이의 『안나 카레니나』(1875~1877)

임브리지대학교는 19세기 중반까지도 목사를 양성했고, 다른 유럽 대학들은 관료를 양성했다. 미국의 경영대학들은 설립된 지 한 세기도 채 안 되었지만 기업가(entrepreneur)를 개발하는 것이 아니라 잘 훈련된 사무원(well-trained clerks)을 양성하고 있다. 그러나 지금은 지식이 권력을 보유하고 있다. 지식은 경력을 쌓을 기회와 상승이동의 길을 좌지우지한다. 과학자들과 학자들은 더는 단순히 사회에 '달라 붙어 있는 것'(on tap)이 아니라 사회의 '상층부에 존재'(on top)하고 있다. 말을 하면 정책 입안가들은 듣는다. 교육받은 사람들은 더는 가난하지도 않다. 오히려 그 반대로, 그들은 지식사회에서 진정한 '자본가들'이다. 그러나 권력과 부(富)는 책임을 동반한다.

과거에 조직의 규모는 작았다. 앤서니 트롤로프(Anthony Trollope)의 소설 『존 칼디게이트』에는 빅토리아 시대 영국의 홈 오피스에 대해 매력적으로 묘사하고 있다. 이 소설은 1879년 출판되었다. 그 당시는 홈 오피스가 선구자 노릇을 하면서 영국의 지방정부가 대규모로 혁신하던 시기였다. 하지만 트롤로프도 공무원이었으므로 그 당시 영국정부의 행태에 익숙했는데 그가 묘사한 홈 오피스는 본질적으로 한 명이 일하는 것으로 그 사람은 철저히 무명이었지만 권한은 높아서 비서 몇 명을 데리고 지방 장관 직속으로 일했다.

톨스토이가 소설 『안나 카레니나』에서 안나의 무능한 남편이자 힘깨나 쓰는 관료의 공직 생활을 묘사한 것으로 미루어 보면, 차르가 지배하는 러시아의 관료주의도 분명 그다지 다를 바가 없었다. 심지어 그 후 제1차 세계대전 이전까지도 정부기관은 여전히 본질적으로 한 명 또는 몇몇 숙달된 사람이 각각 일하는 정도였다.

오스트리아-헝가리 이중 제국이 정부 관료들을 너무 적게 쓴다고 비난하는 사람은 없었다. 1897년 선친이 관료가 되었을 때만 해도 열 명이나 되는 '신사들'과 함께 일했는데, 그들은 각자 따로 업무가 있었다. 각자 늙었지만 강력한 상관에게 보고했으며, 그 상관은 직접 장관에게 보고했다. 더 많은 관료를 채용하기에는 단지 충분한 인적 자원이 없었던 것이다. 오늘날 오스트리아는 1900년의 제국과 비교하면 규모가 10분의 1에 불과하지만, 선친이 일했던 그 부서에 대졸자 500명을 채용하고 있으며, 그들은 대부분 개별적으로 일하는 것이 아니라 팀으로 일한다.

오늘날 지식근로자는 1750년 혹은 1900년의 '자유 전문직업'의 후예가 아니라는 말이다. 오늘날 지식근로자는 어제의 종업원, 즉 숙련이든 미숙련이든 간에 육체노동자의 후계자다. 그것은 지식근로자의 전통과 종업원으로서 그의 지위 사이에 해결할 수 없는 갈등을 야기한다. 비록 지식근로자는 '노동자'는 아니지만, 그리고 분명 '프롤레타리아'도 아니지만 여전히 하나의 '종업원'이다. 무엇을 하라고 지시를 받는 사람을 부하라고 한다면, 그런 점에서 그는 '부하'는 아니다. 오히려 그는 자신의 지식을 적용하고, 판단력을 활용하고, 책임감 있는 리더십을 발휘하기 때문에 급료를 받는다. 하지만 그는 '상사'를 모시고 있다. 사실, 그는 생산성을 올리기 위해서라도 상사가 필요하다. 그리고 상사는 대개 같은 분야의 한 구성원이 아니라 분야나 전문성이 무엇인가 하는 것과는 관계없이 지식근로자의 업무를 계획하고, 조직하고, 통합하고, 측정하는 독특한 능력을 갖추고 있는 '경영자'다.

오늘날 지식근로자는 지식사회의 진정한 '자본가'인 동시에 자신의 직업에 의존하는 사람이기도 하다. 오늘날 사회의 교육받은 중산층으로서 직업을 가진 지식근로자는 집합적으로, 예컨대 연금 기금이나 투자 신탁 등을 통해 생산수단을 소유한다.

『매니지먼트: 경영의 과업, 책임, 실제』(1973) ― 경영백과사전

'일'(work)은 아주 오랜 세월 인간의 의식에서 중심적인 자리를 차지했다. 인간을 도구 제작자로 정의할 수는 없지만 도구를 만드는 일, 다시 말해 체계적이고 목적에 맞으며 조직적인 작업 수행 방식을 만드는 일은 인간만의 고유하고 구체적인 활동이다. 그래서 일은 수천 년 동안 인간에게 대단히 중요한 관심사였다.

노동에 관한 관심은 언제나 있었지만, 산업혁명 시대에 들어서자 중심적인 문제로 불거지기 시작했다. 지난 200년 동안 경제이론과 사회이론은 노동을 중심으로 삼았다. 마르크스주의는 생산수단, 다시 말해 작업수단을 통제하는 방식에 따라 사회구조가 형성된다며 역사를 지나치게 단순화하고 있다. 노동을 이론의 중심으로 삼는 것은 마르크스주의만이 아니다. 고전경제학자들의 이론이나 19세기 초 프랑스 철학자들의 이론, 또는 지난 200년 동안 존재한 다른 '이론들' 역시 노동을 중심으로 삼는다.

그러나 노동이 인간 활동에서 중심을 차지하는 것은 분명할지라도 노동에 대한 체계적인 연구는 19세기 후반에 들어서야 비로소 시

• 인용한 주요 책들: 『성서』, 단테의 『신곡』(1321), 헤시오도스의 『일과 나날』

작되었다. 프레더릭 테일러(Frederick Winslow Taylor)는 역사상 최초로 노동을 체계적으로 관찰하고 연구해야 할 대상으로 바라본 인물이다. 선진국의 대규모 노동 계층을 역사상 그 어느 때보다도 유복한 수준으로 끌어올린 엄청난 풍요의 물결은 테일러의 『과학적 관리법』에 힘입은 바가 크다. 하지만 그럴듯한 미사여구는 많아도 근무에 대한 체계적이고 진지한 연구는 몇 가지 측면에만 한정되어 있었다.

서구의 전통이 시작된 순간부터 일에 관한 관심은 늘 존재했다. 『성서』의 기록을 빌리면 일은 원죄를 저지른 인간에게 내리는 신의 징벌이자 비천한 상태를 견딜 수 있게 해주는 신의 선물이다. 그리스 문명의 초기에 시인 헤시오도스(Hesiodos, Hesiod)가 지은 위대한 서사시 『일과 나날』(Work and Days, Erga Kai Hemera)은 인간의 상태와 삶을 정의할 때 '나날'보다는 '일'을 우선시한다. 헤시오도스는 삶은 '시간을 가로지르는 노동'이라고 말한다.

일은 비개인적이고 객관적인 대상이다. 일은 과업이다. 그것은 '해야 할 그 무엇'이다. 따라서 물질에 적용되는 규칙이 일에도 적용된다. 일은 논리를 지닌다. 일을 수행하기 위해서는 분석과 통합, 통제가 필요하다.

물론 테일러는 육체노동에 대해 연구한 것이다. 그러나 그의 분석은 육체노동은 물론이고 완전히 무형적인 노동에도 적용된다. 신출내기 작가가 본격적인 글쓰기를 시작하기 전에 '아웃라인'을 작성해야 하듯이 과학경영도 아웃라인을 마련해야 하기 때문이다. 지난 수백 년 동안 가장 발전적이고 완전한 과학경영 사례를 개발한 사람들은 산업엔지니어가 아니었다. 그것은 바로 알파벳이다. 알파벳이 있기에 우리는 몇 개의 반복적이고 단순한 상징을 이용해서 언어를 글로 표현할 수 있다.

중세 미학에서는 예술 작품이 문자, 은유, 알레고리, 상징 중 네 개는 아니라 하더라도 최소한 세 개 수준에서 의사소통이 이루어진다고 믿었다. 이 이론을 가장 의도적으로 예술적 실천에 옮긴 작품이 알리기에리 단테(Alighieri Dante)의 『신곡』(Divina Commedia)이었다. '정보'를 계량화가 가능한 것으로 정의한다면, 『신곡』에는 정보라고 할 만한 내용이 전혀 들어 있지 않다. 그러나 이 책은 모호하고 동화에서부터 형이상학의 위대한 통합 작품으로까지 다양한 수준에서 이해할 수 있으므로 수많은 세대에 걸쳐 압도적인 예술 작품으로 독자들과 즉각적으로 의사소통을 한다. 그런 점에서 볼 때 의사소통은 정보에 의존하지 않는 것 같다. 진정으로 가장 완벽한 의사소통은 어떤 논리도 필요 없이 순수한 '경험 공유'일 것이다. 인식이 정보보다 우선이다.

드러커는 『사람과 성과』(1977)에서 허만 멜빌의 해양소설 『모비 딕』(1851), 프레더릭 무리아트(Captain Frederick Marryat)의 소설, 리처드 다나(Richard Henry Dana Jr.)의 『마스트 앞에서의 2년』(Two Years Before the Mast)에서 묘사된 것을 바탕으로 인간의 생산성이 꾸준히 향상되어 왔음을 밝혔다.

『방관자의 모험』(1978) — 자서전

드러커는 자서전 성격의 저서 『방관자의 모험』에서 많은 작가와 음악가, 그리고 미술가를 언급하고 있다. 드러커는 교사의 역할을 설명하면서 베토벤 시대의 작곡가 겸 피아니스트 안톤 디아벨리(Anton Diabelli), 그리고 자신의 할머니에게 피아노를 가르친 클라라 슈만(Clara Schumann)을 우수한 피아노 교사의 전형으로 손꼽았다.

드러커는 20세기 초 빈의 모습을 아르투르 슈니츨러(Arthur Schnitzler)가 『라 론다』(La Ronde, 윤무)에서 묘사한 섹스 베드 뮤지컬과 비슷했다고 회고한다.

"당시 빈에서 섹스는 문자 그대로 자유경쟁 방식이었다."

그리고 기업의 등장에 대해 신클레어 루이스(Sinclair Lewis)가 1916년 『직업』에서 묘사한 글을 인용했다.

"요즘 젊은이들은 신부나 병사 또는 판사 같은 명예를 추구하지 않는다. 다만 사무실의 근로자일 뿐이다. 기업의 근로자들은 러디어드 키플링(Rudyard Kipling)의 소설에 나오는 멋지고 우아한 정글 속의 장교들처럼, 군인들의 서류가 아니라 통신원들의 서류를 뒤지고 있다."

드러커는 『방관자의 모험』에서 그 외에도 프란츠 카프카(Franz Kafka)의 『아메리카』, 찰스 디킨스(Charles Dickens)의 『마틴 추즐위트』, 오노레 드 발자크(Honoré de Balzac)의 『인간희극』, 그리고 괴테의 『파우

• 인용한 주요 책들: 슈니츨러의 『라 론다』(1896~1897), 루이스의 『직업』(1916), 키플링, 카프카의 『아메리카』(1927), 디킨스의 『마틴 추즐위트』(1843~1844), 발자크의 『인간희극』(1842), 괴테의 『파우스트』(1790~1831)

스트』 등을 인용한다.

드러커는 자신을 괴테의 『파우스트』(Faust, 1831)에 나오는 인물 린체우스(Lynceus)와 동일시했다. 『파우스트』의 마지막 장에서 악마 메피스토펠레스와 계약한 파우스트는 금지된 말을 중얼거린다.

"멈춰라! 시간은 정말 아름다워."

파우스트가 정상에 도달하기 직전, 전망탑 꼭대기에서 망을 보던 린체우스는 큰 소리로 자기 자신을 소개한다.

"보기 위해 태어났다는 것은 바깥을 내다보기만 하도록 운명 지어졌다는 뜻이야."(Zum Sehen geboren, Zum Schauen bestellt.)

린체우스는 저 멀리서 무슨 일이 일어나는지, 그리고 여기에는 무엇이 곧 닥쳐올지 알려주기 시작했다. 드러커는 자기 자신은 관찰자(observer)이지 참가자(participant)가 아니며, 직접 참여하지 않기 때문에 한층 더 예리하게 관찰할 수 있다고 했다. 세계가 당면하고 있는 것이 무엇인지, 그리고 희미하게 나타나고 있는 것이 무엇인지 관찰하고 보고하는 것이 바로 지금까지 드러커가 수행한 일이다.

『격변기의 경영』(1980)—보는 만큼 보인다

드러커는 현대의 인구변화가 가져오는 격변 현상을 윌리엄 셰익스피어(William Shakespeare)가 희곡 『템페스트』(The Tempest)에서 공기의 정령 에어리얼이 부르는 노래를 인용하여 sea-change(바닷속에서의 엄청난 변화)에 비유했다.

• 인용한 주요 책들: 셰익스피어의 희곡 『템페스트』(1610~1611)

『템페스트』는 1610년에서 1611년에 셰익스피어가 집필한 작품이다. 밀라노의 공작 프로스페로는 동생 안토니오가 나폴리의 왕 알론소와 함께 짠 계략에 빠져 딸 미란다와 함께 어느 바다로 추방당한다. 프로스페로는 한 섬에 당도하여 12년간 살게 된다. 이 섬은 마녀 시코락스가 공기의 정령 에어리얼을 부리며 다스리고 있었으나 프로스페로가 섬에 당도하기 전에 시코락스는 이미 사망하여 그의 아들 켈리반이 에어리얼을 부리고 있었다.

12년 후 프로스페로는 밀라노의 왕이 된 동생 안토니오와 나폴리의 왕 알론소가 탄 배를 발견한다. 분노에 찬 프로스페로는 켈리반과 에어리얼에게 그들을 잡아오라고 명하고 마법의 힘으로 폭풍을 일으킨다.

안토니오와 알론소 일행은 난파되어 간신히 섬에 상륙하지만 뿔뿔이 흩어진다. 한편 알론소의 아들 페르디난드는 홀로 섬에 상륙하여 미란다를 만나게 되고 한눈에 사랑에 빠진다. 난파당한 사람들은 서로 자신만이 살아남았다고 생각하며 섬을 헤매다 결국 모두 프로스페로의 암굴에 모이게 되고 프로스페로는 예전의 밀라노 공작 모습으로 이들 앞에 나타난다.

프로스페로가 배신자들을 용서하는 것으로 극이 막을 내리는 것으로 끝난다면 『템페스트』는 셰익스피어의 많은 작품 가운데 하나로만 끝났을지도 모른다. 셰익스피어는 극의 결말에 하나의 이야기를 더 넣어 『템페스트』를 걸작으로 만들었다. 에필로그에서 주인공 프로스페로는 자신이 배신자들을 곤경에 빠뜨리게 했던 모든 행위에 대해 연극 관람자들에게 용서를 구한다. 마치 주기도문의 한 구절을 연상케 하는, 프로스페로가 용서를 구하는 구절은 다음과 같다.

"여러분이 지은 죄를 용서받듯이, 여러분의 관대함으로 저를 놓아주십시오."

배신자들에게 복수하는 것은 주인공에게 정당화될 수도 있는 행위이지만 주인공은 연극을 관람한 사람들에게 그 행위에 대한 용서를 구하는 것이다.

『최후의 가능한 세상』(1982)—피터 드러커의 최초의 소설

드러커는 경영학을 비롯하여 사회과학과 인문학 분야에 많은 저술을 남겼지만 끝내 아쉬웠던 '기본은 문필가'라는 생각을 실현하기 위해 말년에 소설을 두 권 쓴다. 드러커는 스스로 작가로 여겼고, 73세와 75세에 소설을 한 편씩 발표했다. 1982년에 발표한 『최후의 가능한 세상』은 드러커가 쓴 최초의 픽션이다. 드러커는 1978년에 자전적 소설이라고 할 수 있는 『방관자의 모험』을 발표했고, 다음 해에는 일본화에 대한 평론집인 『붓의 노래』를 발표했다.

2004년 11월 18일 95세 생일을 맞은 후 일본인 편집자 마키노 요우(牧野 洋)와 드러커가 팩스를 주고받으며 대담 형태로 쓴 「나의 이력서」의 1회분 소제목은 '기본은 문필가'였다. 이 대담을 나중에 소책자로 펴내면서 드러커는 서문에 이렇게 말했다.

"문필가의 인생 자체가 의미 있고 중요하게 간주하는 경우는 없

• 인용한 주요 책들과 인물: 볼테르의 철학소설 『캉디드 혹은 낙천주의자』(1759), 비스마르크, 마르크스, 디즈레일리, 말러, 모건, 모네, 발트뮐러, 클림트

다. 중요한 것은 그의 저술, 즉 업적이다. 문필가로서 내 인생도 예외는 아니다."

드러커가 태어난 도시 빈은 예나 지금이나 음악의 도시다. 그러나 빈 출신이라고 해서 모두 클래식을 좋아하는 것은 아니지만, 드러커는 빈에서는 물론이고 함부르크에서도 일부러 시간을 내어 음악을 들었다고 『방관자의 모험』에 술회하고 있다. 드러커는 자신의 말마따나 음악이 귀에 들리지 않았기 때문에, 음악을 직업으로 생각한 적은 없지만 드러커가 태어나기 몇 년 전 사망한 당대의 유명한 작곡가 안토닌 드보르자크(Antonin Dvořák)의 실내악, 특히 현악 4중주를 좋아했다.

드러커는 물질적으로 살아가기 위해 컨설턴트와 가르치는 일과 저술하는 일을 하면서도 마음속에는 언젠가, 오스트리아 제국 산하 프라하에서 태어나 빈에서 활동했고 미국으로 건너가 교향곡 제9번 「신세계로부터」, 현악 4중주곡 「아메리카」를 작곡한 드보르자크처럼 고향을 그리워하는 글을 쓰려고 했는지도 모른다.

현악 4중주가 정식 장르로 등장하게 된 것은 18세기 중엽 '교향곡의 아버지이자 현악 4중주의 아버지'로 불리는 요제프 하이든(Joseph Haydn)이 현악 4중주를 4악장으로 구성하고부터다. 제1악장은 빠르거나 느린 소나타 형식, 제2악장은 느린 리트 형식 혹은 변주곡, 제3악장은 미뉴에트 혹은 스케르조, 제4악장은 아주 빠른 소나타 형식 혹은 론도 형식의 피날레 순으로 되어 있다.

드러커는 바이올린 두 개와 비올라와 첼로 등 현악기 하나하나는 제 목소리를 내지만 전체적으로는 조화로운 소리를 내는, 그러나 관현악처럼 우렁차지는 않은 실내악 같은 소설을 구상했다. 그리고 1982년 73세 때 소설 『최후의 가능한 세상』을 발표했다. 일본에서는 번역 제목을 아예 『최후의 4중주』로 했다.

첫 번째 소설의 제목 『최후의 가능한 세상』은 볼테르(Voltaire)의 철학소설 『캉디드 혹은 낙천주의자』(Candide ou l'optimisme, 1759)의 한 구절에서 따왔다. 주인공 캉디드는 스승 팡글로스의 가르침대로, 심지어 자신에게 닥친 불행조차도 최상의 상태로 존재해 '세상은 최선으로 이루어져 있다'(the best of all possible worlds)고 믿는 인물이다.

드러커가 묘사한 소설의 시대와 배경은 1906년 런던인데, 자신의 소설에서 묘사한 세상이 제1차 세계대전 직전의 에드워드 시대인지 혹은 그 이전 시대인지는 독자의 판단에 맡긴다고 했다. 1906년의 런던은 현악 4중주 전체의 테마다. 세 명의 등장인물, 즉 오스트리아의 부유한 귀족으로 런던 주재 대사로 부임해 있는 소비에스키, 은행가 힌튼, 또 다른 은행가 모젠탈, 그리고 마지막 장 '음악에'(An Die Musik)서는 그들 사이에 얽힌 이야기를 종합한다.

이 소설의 주인공들이 대화에 올리는 사람들은 오토 폰 비스마르크(Otto von Bismarck), 카를 마르크스(Karl Marx), 벤저민 디즈레일리(Benjamin Disraeli), 구스타프 말러(Gustav Mahler), 존 피어폰트 모건(John Pierpont Morgan), 클로드 모네(Claude Monet), 페르디난트 발트뮐러(Ferdinand Georg Waldmüller), 구스타프 클림트(Gustav Klimt) 등인데, 독자는 드러커의 박식함을 즐길 수 있다.

이 책은 널리 읽히지는 않았으나 샌프란시스코 크로니클은 "마치 잉그마르 베리히만(Ingmar Bergman)의 영화처럼 일련의 플래시백은 감동적이다"라고, 시카고 트리뷴은 "드러커가 묘사한 에드워드 시대의 황혼은 매력적이다"라고, 존 바크함은 리뷰에서 "드러커는 대규모 산업사회로 이동할 무렵의 금융과 재무 전문가로서, 당시 상류계급의 삶을 잘 묘사했다. 그들이 소유하고 즐기는 미술품과 음악에 대한 설명은 마치 우리가 사는 집 건넌방에서 일어나는 일처럼 생생하다"라고 평했다.

『선에의 유혹』(1984)—두 번째 소설

드러커는 소설 『선에의 유혹』에서 사소하지만 오래도록 복잡하게 얽힌 갈등이 일으킨 조직의 위기는 이해하기도 해결하기도 어렵다고 했다. 이 소설은 도덕적 모호함, 인간의 무력함, 미국 대학과 가톨릭 대학의 내부를 잘 묘사하고 있다.

드러커는 두 번째 소설 『선에의 유혹』에서, 장기간 성공적으로 성장해온 대학 기관의 구성원들이 겪는 갈등을 묘사했다. 조직 내 갈등 문제는 경영학에서 비교적 중요하게 다루는 이슈이고 또 생생하게 사례를 들어 설명해야 하지만, 일반적인 저서에 포함되기는 적절하지 않다고 생각했는지 드러커는 이를 소설로 꾸몄다. 일본에서는 『善에의 誘惑』이라는 제목으로 출판했다.

세인트 제롬대학교의 카리스마 넘치는 하인즈 치머만 총장 신부는 아직은 경험이 부족하고 무능한 신임 교수의 문제를 해결하는 과정에 20여 년 동안 성장해오면서 쌓인 긴장을 풀어놓는다. 긴장을 풀면서 최초 희생자는 역설적으로 총장 신부 자신이고 두 번째 희생자는 충실한 여비서다.

그녀는 상사와 스캔들이 있는 것으로 오해받는다. 총장 신부와 가까운 신경과 의사가 그 문제를 해결하려 작은 찻잔 속의 태풍으로 착각하고 끼어들었다가 큰 소용돌이 속에 갇히고 만다.

『혁신과 기업가정신』(1985)—기업과 조직이 살아남는 법

오늘날 혁신 기회의 창문이 점점 더 좁아진다고 일반적으로 믿고 있다. 그러나 그것은 새로운 지식의 등장에서 기술, 제품, 그리고 프로세스로 전환하는 리드 타임이 훨씬 더 짧아졌다는 일반적인 믿음 만큼이나 그릇된 생각이다.

1830년 조지 스티븐슨(George Stephenson)의 기차 '로켓'이 최초로 상업용 철도 노선을 달리기 시작한 지 몇 년 안에 영국에서는 100개도 더 되는 철도 회사가 창업되었다. 그로부터 10년 동안 철도는 '첨단산업'이었고, 철도 기업가들은 매스컴의 주목을 받는 '미디어의 총아'였다. 그 시기의 투기 열풍은 디킨스의 『리틀 도리트』(Little Dorrit, 1855~1857)에 통렬하게 풍자되었다. 돌이켜보면 그 당시 모습은 오늘날 실리콘 밸리의 투기 열풍과 크게 다르지 않다. 그러나 1835년경, 그 '창문'은 꽉 닫히고 말았다. 그 후 지금까지 영국은 철도를 새로 가설하기 위한 투자를 전혀 하지 않았다.

오늘날 그 '창문'이 점점 더 복잡해지고 있다는 데는 의문이 있을 수 없다. 1830년대 철도 붐은 영국에 국한되었다. 그 후 모든 국가가 이웃 나라의 전례와는 별 관계없이 독자적으로 지역별로 철도 건설

• 인용한 주요 책과 인물들: 디킨스의 『리틀 도리트』, 제퍼슨, 괴테

붐을 겪었다.

전기장치 산업 붐은 25년 뒤 자동차 산업 붐이 그랬듯이 이미 국경을 넘어 확대되었다. 하지만 전기장치와 자동차 산업의 확대 현상은 둘 다 당시 공업이 발달한 국가들에 한정되었다.

'공업이 발달했다'는 표현은 오늘날 한층 더 많은 대상 국가를 포함하고 있다. 오늘날 매우 많은 국가가 100년 전에는 불과 몇 개 국가만 소유하던 것을 갖고 있다. 즉 교육훈련을 받은 다양한 지식근로자를 말이다. 그들은 지식에 기초한 혁신 가운데 어떤 분야라도 즉시 참여할 수 있고, 특히 과학에 기초한 혁신 혹은 기술에 기초한 혁신에 투입될 수 있다.

"어느 세대나 그 세대를 위한 새로운 혁명이 필요하다."(Every generation needs a new revolution.)

이는 토머스 제퍼슨(Thomas Jefferson)이 자신의 긴 생애를 마감할 무렵 내린 결론이었다. 같은 시대, 독일의 위대한 시인 괴테도 비록 극단적인 보수주의자였지만, 만년에 읊은 시에서는 같은 심정을 토로했다.

"한때는 그다지도 합리적이었던 것이 이제는 무의미해지고, 은혜는 재앙의 씨앗이 될지니."(Vernunft wird Unsinn. Wohltat, Plage.)

제퍼슨과 괴테 둘 다 계몽주의와 프랑스혁명의 유산에 대해 그들 세대가 품고 있는 환멸을 이런 식으로 표현했다. 그러나 그들은 당시 그 위대한 빛나는 약속, 즉 진정 가난한 사람들 그리고 장애인들을 위해 독일 제국에서 처음 시도된 복지국가(the Welfare State)가 150년이 지난 오늘날 우리 세대의 유산이 된 사실을 꼭 그대로 표현하고 있는

지도 모른다.

복지국가는 지금 원래 취지를 상실하고 '모든 사람을 위한 기득권'이 되었고, 직접 생산 활동을 담당하는 사람들에게 더 큰 부담이 되고 있다. 조직, 제도, 정책은 제품, 프로세스, 서비스와 마찬가지로 궁극적으로 자신들의 역할을 다하고도 더 오래 살아남는 법이다. 그 것들은 자신들의 목적을 성취한 때에도 그렇고 목적달성에 실패한 때에도 그렇다.

한번 만들어진 메커니즘은 계속 움직이는 것인지도 모른다. 그러나 그런 메커니즘들을 설계할 때 바탕이 되었던 전제들은 이미 그 타당성을 잃어버렸다. 예를 들면 지난 100여 년 동안 모든 선진국에서 의료보호제도와 연금제도를 설계할 때 사용했던 인구통계 특성에 관한 전제가 그렇다. 그 결과 합리성은 무의미한 것이 되고 은혜는 재앙의 씨앗이 되고 있다.

『프런티어의 조건』(1986)—시들지 않는 지혜를 담고 있는 실무적인 지침서

경영(management)에서 가장 잘 간직되는 비밀은 경영이론과 경영원칙을 처음으로 체계적으로 적용한 곳이 비즈니스 분야가 아니라는 것이다. 바로 공공부문이다. 미국에서 최초로 체계적이고 섬세하게 경영원칙을 적용한 것은, 특히 그것이 경영의 적용이라는 것을 완

• 인용한 주요 책과 인물들: 토마스 만의 『부덴부로크 일가』, 메인 경의 『고대법』, 핸리 애덤스의 『민주주의』, 브룩스 애덤스의 『민주적 교조의 퇴보』, 코몬스, 라테나우, 에이이치, 루에거, 무솔리니, 코디너, 볼테르

전히 의식하고 적용한 때는 시어도어 루스벨트(Theodore Roosebelt)의 전쟁장관이었던 엘리후 루트(Elihu Root, 1912년 노벨 평화상 수상)가 미 육군을 재조직한 때였다.

그러나 아무도 19세기의 삼사분기에 나타난 새로운 영리 조직이 오래되고 전통적인 '비즈니스 회사'(business firm)의 직접적인 후손임을 혼동하지 않았다. 전통적인 '비즈니스 회사'란, 1850년대와 1860년대에 출판된 찰스 디킨스의 인기 소설에 나오는 나이든 형제와 한 명의 서기로 구성되는 '회계사무소'(accounting house)라든가, 1906년에 출판된 토마스 만(Thomas Mann)의 『부덴부로크 일가』 등 다른 많은 19세기 소설에서 나오는 가게를 말한다.

새로운 비즈니스 회사, 예컨대 남북전쟁 이후 미국에서 발달한 장거리 철도, 유럽에서 발달한 겸업은행(Universal Bank) 또는 J. P. 모건이 20세기 전환점에 만들어낸 U. S. 스틸 같은 트러스트 등은 '소유자'들이 운영하지 않았다. 실제로 그런 기업은 소유자가 없었고 주주들만 있었다.

이런 새로운 미국의 주식회사(corporation), 이 새로운 프랑스의 익명회사(Societe Anonyme), 이 새로운 독일식 주식회사(Aktiengesellschaft)는 새로운 군대, 새로운 대학, 새로운 병원이 어떤 모습인지 보여주는 하나의 개혁으로는 충분히 설명되지 않는다. 그것은 확실히 하나의 진정한 혁신이었다. 그리고 이 혁신은 새로운 일자리를 제공하게 되었는데, 처음에는 급속히 성장하는 도시 프롤레타리아를 위해서 점차로 교육받은 사람들을 위해 일자리를 제공하였다.

그러나 이 새로운 개념의 위상은 사회에서 전례가 없었다. 그것은 수백 년 만에 등장한 최초의 새롭고 자율적인 제도이고, 사회에 존재하지만 국민국가의 중앙정부와 무관한 파워센터(power center)를 창조한 최초의 것이었다. 이것은 하나의 위반(違反), 즉 19세기(그리고 20세기 정치 과학자들이 여전히 고수하는) '역사의 법칙'으로 간주하던 모든 것의 위반이자 하나의 스캔들이었다.

1860년경에 그 시대의 주요 사회 과학자 중 한 사람인 영국인 헨리 메인(Henry Maine) 경은 그의 저서 『고대법』에서 역사 발전은 '신분에서 계약으로' 바뀐다는 구절을 만들었다. 이것만큼 인기가 있고 널리 용인된 구절은 거의 없다. 그럼에도 메인이 역사 법칙이 사회에서 모든 자율적인 파워센터를 제거하라 요구한다고 주장한 바로 그 시간에 영리 기업이 생겨났다. 그리고 처음부터 이것은 분명히 사회의 파워센터였고 확실히 자율적이었다.

당대 많은 사람은 기업을 이해할 수 없을 정도로 자연스럽지 못한 사태발전이자 무서운 음모로 인식했다. 미국이 낳은 최초의 위대한 사회 역사가이자 작가인 헨리 애덤스(Henry Adams)는 자신이 유리시스 그랜트 정부 시절에 저술한 중요한 소설 『민주주의』에서, 기업이 가진 새로운 경제권력은 스스로를 타락시키고, 그다음에는 정치적 과정과 정부, 사회를 타락시키는 것으로 묘사한다. 애덤스의 동생인 브룩스 애덤스(Brooks Adams)는 수십 년 뒤에, 일찍이 미국에서 출판된 인기 있는 정치 저서 가운데 하나인 『민주적 교조의 퇴보』(The Generation of the Democratic Dogma)에서 이 주제에 대하여 더 많이 논의하였다.

위스콘신대학교 경제학 교수 존 코몬스(John R. Commons)도 같은 방침을 가지고 있었다. 코몬스는 위스콘신 주 진보적 운동의 막후 브레인으로서, 후에 뉴딜이 가져온 사회적·정치적 혁신으로 발전한 대부분의 '개혁'을 제안한 아버지다. 그리고 그는 '미국 기업 노동조합의 아버지'로 인정받는다. 그는 기업이 개인과 동일한 '법인격'(legal personality)을 부여받은 것은 변호사들이 미국 수정 헌법 제14조(1866년 노예를 미국시민으로 인정한 수정 헌법으로, 끝 부분에는 적법절차 조항과 평등 조항 같은 중요한 조항들이 있는 전거다)를 왜곡한 것으로 보고 영리 기업을 비난하였다.

대서양을 가로질러 독일의 발터 라테나우(Walter Rathenau)도 마찬가지로 영리 기업이 급진적이고도 새로운 것, 유행하는 정치적·사회적 이론과 전혀 맞지 않는 어떤 것이자 참으로 심각한 하나의 사회 문제라고 느꼈다. 그는 매우 크고 새로운 주식회사 AGE의 성공적인 최고경영자였다. 그리고 나중에 그가 새로운 바이마르공화국의 외상으로 재직 중인 1922년에 암살되었을 때 나치의 최초 희생자들 가운데 한 명이 되었다.

일본에서 비즈니스를 설립하고 현대 일본을 건설하기 위하여 1870년대 전도유망한 공직을 떠난 에이이치 또한 영리 기업에서 아주 새롭고 독특하고 도전적인 어떤 것을 보았다. 그는 유교적 윤리를 불어넣음으로써 그것을 길들이려고 노력하였고, 제2차 세계대전 이후 발달한 일본의 대기업은 대부분 에이이치가 만든 기업의 전례를 따라 만들어졌다.

그 밖의 모든 곳에서 새로운 영리 기업은 똑같이 급진적이고 위험한 혁신으로 보였다. 예를 들면 오스트리아에서 여전히 유럽대륙

내 정치를 지배하고 있는 기독교정당 창설자 칼 뤼거(Karl Lueger)는 불법적인 주식회사에 대항하여 정직하고 명예로운 소규모 기업가들, 즉 상점 주인과 수공업장인을 방어하는 연설을 하여 1897년에 빈 시장으로 선출되었다.

몇 년 뒤 무명의 이탈리아 언론인 무솔리니는 '영혼 없는 주식회사'를 비난함으로써 전국적으로 유명해지게 되었다.

불가피하게 경영에 관한 관심은 경영에 적대적이건 우호적이건 간에 영리 기업에 집중되었다. 경영이 다른 기관에 아무리 많이 적용되고 있다 하더라도, 가시적이고, 현저하며, 논의의 여지가 있고, 무엇보다도 새롭고 따라서 의미 있는 것은 영리 기업이었다.

그러나 1870년대 초기의 대형 기업에서 경영이 생겨난 이후 거의 100년간 경영이 모든 사회기관과 연관이 있다는 것은 분명하다.

자유주의적 국가의 신조는 아직도 미국 대학의 정치학과와 법과대학에서 가르치고 있다. 자유주의적 국가 신조에 따르면 모든 조직화된 권력은 하나의 중앙정부에 있다. 그러나 조직 사회는 다원주의 사회다. 지배적인 신조에 대한 공개적인 도전에서 다원주의 사회는 다양한 조직과 파워센터를 포함한다. 그리고 각각은 경영자를 가지고 관리되어야 한다.

실제로 정부조차 점차 거의 자발적인 파워센터의 다원주의적 집단이 되고 있는데 이것은 미국 헌법에 입각한 정부조직과는 매우 다르다. 예를 들면 공무원 집단이 있다. 공무원을 효과적으로 통제했던 미국의 마지막 대통령은 50년 전의 루스벨트였다. 영국은 처칠이었고 러시아는 스탈린이었다. 그들의 집권 시대 이후 모든 주요 국가에서 공무원은 자체적으로 체제가 확립되었고 군대 또한 마찬가지였다.

19세기 '자유주의 국가'는 어쩔수 없이 정당들을 인정해야만 했다. 그러나 그 정당들의 목적은 정권 획득이었고 정부 기구 내의 기관차였으며 그것 없이는 존재도 합법성도 없었다.

그런 목적으로는 새로운 다원주의 기관에 생명을 불어넣지 못한다. 즉 중세 유럽이나 중세 일본의 오래된 다원주의 기구(왕과 봉건 귀족, 자유 시민, 장인, 주교의 관할구와 대수도원)는 그 자체로 정부였다. 이들 각각은 할 수 있는 한 정부의 권력을 많이 행사하려고 하였다. 각각은 세금을 부과하였고 관세를 징수하였다. 각각은 법을 제정하고 자체 법원을 설립하여 운영할 권리를 부여받으려고 애썼다. 각각은 기사작위, 귀족 계급의 증명서 또는 시민 칭호를 수여하려고 노력하였다. 그리고 그들 모두 자체 화폐를 주조할 권리를 얻고자 하였다.

그러나 오늘날 다원적 제도의 목적은 '비정부적인 업무'(nongovernmental), 즉 제품과 서비스를 만들어 판매하고 일자리와 임금을 보호하며 아픈 사람을 치유하고 젊은이를 교육하는 일 등을 하는 것이다. 각각은 단지 정부가 하는 것과 다른 어떤 것을 하기 위하여 또는 실제로 정부가 할 필요가 없도록 어떤 것을 하기 위하여 존재한다.

권력은 합법적이어야 한다. 그렇지 않으면 그것은 힘만 갖고 있을 뿐 아무런 권한을 갖지 못하게 된다. 권력이 합법적이기 위해서는 비록 권력에 복종하는 사람들이 절대적으로 받아들이지는 않는다 하더라도, 그것을 초월하여 진정한 가치로서 받아들여지는 어떤 것에 바탕을 두어야 한다. 만약 권력 자체가 목적이 되면 권력은 전제정치가 되고 불법적인 데다 폭정으로 이어진다.

경영자는 조직이 어떻든 간에 그 직무를 수행할 힘이 있어야 한다. 그런 점에서 가톨릭 교구, 대학, 병원, 노동조합과 비즈니스기업들 사이에는 차이가 거의 없다. 그리고 이런 기구들의 각 통치기관은 권력을 가져야 하므로 그것은 합법성을 가져야만 한다.

수십 년 전 경영 연구가 진지하게 시작되었을 때, 당시 GE의 최고경영자인 랄프 코디너(Ralph Cordiner, 회장 재임 1950~1958)는 회사 최고경영자의 책임을 재설정하려고 노력하였다. 그는 오늘날 이해관계자 혹은 기업구성원들로 불리는 '주주, 종업원, 고객, 공급업자와 공장지역의 최고 이익을 위하여 회사가 수탁자'가 되어야 하는 것에 관하여 말했다. 슬로건으로서 이것은 인기를 얻었다. 무수히 많은 다른 미국 회사는 그것을 그들 회사의 사훈에 기재하였다.

그들은 '다른 이해관계자들의 이해 최적균형'(the best-balanced interest of these different stakeholders)이 도대체 무엇을 의미하는지, 그런 목적에 대한 성과를 판단하는 방법과 그것에 대한 책임을 어떻게 정하는지 깊이 고려하지 않았다. 그의 말은 좋은 의도로만 남아 있었다. 그러나 좋은 의도는 권력을 합법적으로 하는 데 충분하지 않다. 사실 권력의 근거로 좋은 의도는 '계몽된 전제군주'(enlightened despot)의 특성을 기술한다. 그러나 계몽된 전제주의는 결코 성공할 수 없다.

『새로운 현실』(1989)—동유럽의 몰락과 소련의 해체를 예견하다

드러커는 『새로운 현실』에서 일하는 사람들의 모습이 어떻게 달라졌는지 설명하면서 헨리 제임스(Henry James)와 디킨스, 트롤로프, 그리고 엘리아스 카네티(Elias Canetti)를 집중적으로 인용한다.

헨리 제임스는 철학자 윌리엄 제임스(William James)의 동생으로, 미국 뉴욕에서 출생하였으나 1915년 영국으로 귀화한 영국의 소설가다. 근대 사실주의 문학의 지도자로, 이상한 환경과 처지에 놓인 일반인의 심리를 다루는 데 뛰어났다. 헨리 제임스는 영미 문학의 대표로 불려도 손색이 없을 만큼 독자들이 많은 작가다. 미국 문학 역사상 '가장 영향력 있는 작가'라는 평단의 평가처럼 그의 작품은 천재적인 서술 기법과 균형감을 보여준다.

헨리 제임스는 어릴 때부터 아버지를 따라서 여러 차례 유럽 여행을 했다. 1862년에 하버드대학교 법학부에 입학하였으나, 얼마 뒤에는 문학에 뜻을 두고 단편소설과 비평을 써서 신진 작가로 인정받게 되었다. 그러나 유럽에 대한 동경을 누를 길 없어 드디어 1875년에는 고국을 떠나 파리로 가서 이반 세르게예비치 투르게네프(Ivan Sergeevich Turgenev), 귀스타브 플로베르(Gustave Flaubert) 등과 알게 되었고, 특히 투르게네프에게서 소설에서 중요한 것은 줄거리가 아니라 작중인물이라는 것을 배우게 된다.

1876년에는 런던으로 가서 정착했으며 그의 본격적인 창작 활동

• 인용한 주요 책과 인물들: 헨리 제임스의 『카사마시마 공주』, 디킨스의 『니콜라스 니클비』와 『돔비 부자(父子)』, 트롤로프, 카네티, 몰리에르, 발자크의 소설, 구스타프 프라이타크, 트롤로프의 『올리 팜』(1862)

은 이때 시작되었다. 최초의 장편소설 『로데릭 허드슨』(Roderick Hudson)을 발표하였고 계속하여 『미국인』(The American, 1877), 『데이지 밀러』(Daisy Miller, 1879), '영어로 쓴 뛰어난 소설'의 하나로 평가받은 장편 『어떤 부인의 초상』(The Portrait of a Lady, 1880~1881)과 『나사의 회전』(The Turn of Screw, 1898)을 발표했다. 사회소설에 관심이 있어 『카사마시마 공주』(The Princess Casamassima, 1886) 등을 발표하였고 희곡도 몇 편 썼다.

오늘날 선진국에서는 압도적으로 많은 사람이 조직을 위해 일하고 있다. 선진국에서는 100년 전 최대 피고용자 집단이었던 집안일꾼 따위는 이제 사실상 거의 소멸하고 말았다. 또 비공산권 선진국에서는 100년 전보다 농업생산이 비약적으로 증대했음에도 농업을 전업으로 삼아서 생계를 꾸려나가는 전업 농민은 노동인구의 3퍼센트에서 5퍼센트에 불과하다. 더욱이 오늘날 노동인구의 중심은 노동자라고 하기보다 조직에서 일하는 '종업원'이다. 헨리 제임스가 그의 작품에서 종종 묘사한 프롤레타리아의 후예인 공장노동자는 집안일꾼과 농민과 더불어 역사의 저편으로 사라졌다. 새로운 노동자는 지식근로자다.

기업, 정부기관의 관리자는 매니지먼트가 가져다준 엄청난 영향을 충분히 이해하지 못하고 있다. 그들은 대부분 17세기 프랑스의 대표적 극작가 몰리에르(Molière)의 희곡 『상인귀족』의 등장인물 주르당, 즉 다른 사람이 써준 글을 그대로 읽으며 여인에게 구애하는 주인공이 자기가 어떤 문체를 말하는지 모르는 것처럼 말이다.

대기업이 모습을 드러내기 시작한 1870년경에 오늘날과 같은 매니지먼트의 발전을 예견할 수 있었던 기업인은 별로 없었다. 선견지명이 없었다기보다 전례가 없었기 때문이다. 당시 유일하고 항구적인 대규모 조직은 군대뿐이었다. 따라서 철도, 백화점, 은행 등 대규모 조직은 군대를 모델로 할 수밖에 없었다. 그리하여 명령과 통제 모델이 100년간 지속되었다.

'주권국가'(sovereign state)가 승리를 선언한 바로 그때 근대 기업이라는 전혀 새로운 권력의 중심이 등장했다. 미국의 철도회사와 독일의 이른바 유니버설 뱅크가 출현한 것이다. 물론 기업은 수세기 전부터 있었다. 그러나 근대 기업은 그전까지 기업과는 전혀 다른 이질적인 존재였다. 규모도 훨씬 컸다.

디킨스의 두 걸작 소설 『니콜라스 니클비』와 『돔비 부자(父子)』는 당시 기업을 무대로 했다. 『돔비 부자』의 무대인 대은행은 소유주, 악당 지배인, 사무원 두 명이 구성원의 전부였다. 『니콜라스 니클비』의 경우 오너 두 명, 성실한 직원 한 명, 그리고 알코올 중독자인 다른 직원 한 명이 구성원의 전부였다. 발자크의 소설과 구스타프 프라이타크(Gustav Freytag)의 소설에 나오는 기업의 규모도 동일하다.

근대 기업이 탄생한 몇 년 뒤에는 또 하나의 다원주의적인 사회적 기관이 나타났다. 바로 근대 관료기구다. 그 규모와 힘이 급속하게 증대하기 시작한 것은 1875년에서 1880년 사이였다. 이 근대 관료기구는 이전의 관료기구와는 딴판이었다. 그것은 시티뱅크, IBM, 지멘스, 소니 등 오늘날의 세계적 대기업이 디킨스의 돔비은행과 딴판인 이질적 기업인 것과 같다.

트롤로프의 1862년 소설 『올리 팜』(Orley Farm)에 등장하는 당시 영국 정부의 내무부는 국회의원 겸 장관, 사무차관과 사무원 네 명 등 여섯 명이 구성원의 전부였다. 톨스토이의 『안나 카레니나』에 나오는 관료기구 역시 그 방대한 규모 때문에 비난을 받지만 실제 규모는 『올리 팜』과 비슷했다.

트롤로프는 낮에는 우체국 직원으로 일하면서(영국 전역에서 볼 수 있는 빨간 우체통도 트롤로프가 발명했다.), 아침마다 출근 전에 2시간 30분씩 글을 썼다. 그것은 매우 엄격한 규칙이었다. 2시간 30분이 지나면 어떤 문장을 쓰는 도중이었더라도 거기서 중단하고 이튿날 아침까지 미뤄두었다. 그리고 600쪽에 달하는 대작을 완성하고도 아직 15분이 남으면 원고에 '끝'이라고 써서 옆으로 밀어두고선 다음 책을 쓰기 시작했다.

다원사회에서 소수파는 소수이기 때문에 힘을 발휘한다. 그 힘의 근원은 수에 있는 것이 아니라 그들이 내세운 단일목적에 있다. 그역할은 대부분 무엇인가를 생산하는 데 있는 것이 아니다. 그것은 무엇을 중지하고 저지하고 꼼짝하지 못하게 하는 데 있다. 이것이 오늘날 선진국의 정치과정을 지배하기 시작한 새로운 '대중운동'이다. 오늘날 선진국에서 맹위를 떨치며 정치를 마비시키고 있는 것이 이 대중운동이라는 이름의 단일목적을 지닌 압력집단이다.

프로이트는 세상에 알려진 초기부터 언제나 물의의 대상이었다. 그러나 프로이트가 그릇된 문제를 다루고 있다고 공격한 사람은 숱한 비판자 중 단 한 사람뿐이다. 1981년 노벨문학상 수상작가 카네티는 60년쯤, 전 빈의 전혀 이름 없는 작가였을 때부터 프로이트가 개인의 정서적 장애에 관해서만 연구하는 데 대해 맹렬히 공격했다.

카네티는 20세기에 들어와서 심리학의 중심 문제는 개인이 아니라고 주장했다. 그것은 정치적 집단이 나타내는 새로운 진행성 질환, 즉 '대중운동'이라고 말했다. 그 당시는 아직 아무도 대중심리의 역학을 연구하지 않았고 대중의 행동을 설명하지 못했다. 따라서 치료 따위도 할 수 없었다. 그러나 카네티가 주장한 대로 20세기의 나머지 세월을 지배한 것은 바로 이 대중운동이다. 치료할 수 있을 것으로 생각한 대상을 연구했다고 해서 프로이트를 비난한다면 그것은 지나친 일일 것이다. 그러나 카네티는 핵심을 찌르고 있었다. 확실히 그 후 대중운동은 20세기 중심적 정치현상이 되었다.

카네티는 때마침 히틀러가 권력을 장악하는 중에 이 점을 지적했다. 그러나 그는 이미 그 이전 독일의 학교에서 공부하고 있을 때 두 개의 고도로 조직된 극히 소규모의 반(半)무장집단이 권력을 탈취하려는 것을 목격하고 대중운동이라는 문제를 의식하게 되었다. 하나는 1919년 뮌헨에서의 공산주의자들 움직임이고, 또 하나는 그 4년 뒤인 나치의 봉기였다. 독일에서 이 두 운동은 모두 실패로 끝났다.

그러나 그 무렵, 카네티가 말한 바로는 독일 밖에서 꼭 마찬가지로 완전히 조직된 작은 단일목적 집단의 대중운동이 성공을 거두고 있었다. 러시아에서 블라디미르 일리치 레닌(Vladimir Ilich Lenin)의 운동과 이탈리아에서 무솔리니의 운동이 그것이다.

「생태학적 비전」(1993)

만약 "사회는 어떻게 가능한가?"라는 질문부터 하면서, "인간의 실존은 어떻게 가능한가?"를 질문하지 않는다면, 필연적으로 개인의 실존과 자유에 대해 소극적 개념, 즉 개인의 자유는 곧 사회를 혼란에 빠뜨리지 않는 그 무엇이라는 데 도달한다. 따라서 자유라는 것은 스스로는 아무런 기능도 없어 자율적 존재가 아닌 그 무엇이 되고 만다. 그것은 편의상 사용한 것, 정치 전략상의 문제 혹은 선동가의 표어가 되고 만다. 그것은 중요한 것이 아니다.

그렇지만 자유를 기능이 없는 그 무엇으로 정의하는 것은 자유의 실존을 거부하는 것이다. 어떤 것이라도 기능이 없으면 사회에서 살아남을 수 없기 때문이다. 그러나 19세기 사람들은 자유의 소유라는 개념을 너무도 확고하게 믿었기 때문에 이런 현실을 인식하지 못했다.

지금 우리는 19세기 사람들이 잘못했다는 것을 배웠다. 나치즘과 공산주의는 수업료가 비싼 교육이었다. 그것은 우리가 감당할 수 있는 것보다 훨씬 더 비싼 교육이었다. 그러나 적어도 우리는 만약 "사회는 어떻게 가능한가?"라는 질문에만 스스로 국한한다면, 자유를 얻을 수 없다는 것을 배우고 있다.

19세기는 근본적으로 다른 질문, 즉 "사회는 어떻게 가능한가?"가 중심이 되었다. 장 자크 루소(Jean-Jacques Rousseau)도, 게오르크 헤겔(Georg Wilhelm Friedrich Hegel)도, 그리고 고전파 경제학파도 그 질문을 했다. 마르크스가 하나의 답을 제시했다. 자유주의적 프로테스탄티즘(liberal Protestantism)이 다른 하나의 답을 했다. 그러나 질문 방식이 어떻든 간에, 항상 그것은 "인간의 실존은 사회 바깥에서만 가능하

• 인용한 주요 인물들: 루소, 키르케고르, 니체

다"라는 것을 거부하는 대답으로 이어져야만 한다.

　루소는 이에 대해, 전반적인 진보 시대라는 관점에서 대답을 정형화했다. 인간의 실존이 무엇이든 간에, 개인의 자유, 권리 그리고 의무가 무엇이든 간에, 개개인의 생활 의미가 무엇이든 간에 말이다. 그 모든 것은 사회의 생존이라는 객관적 필요에 따라 사회가 결정한다. 달리 표현하면 개인은 자율적 존재가 아니다. 개인의 존재 방식은 사회에 따라 규정된다.

　드러커는 쇠렌 키르케고르(Søren Kierkegaard)와 루소가 서구 세계를 이끌고 갈 방향을 간파한 19세기 사상가였음을 설명하려는 것이 아니었다. 그 당시 로맨티시스트들(Romanticists, 18~19세기 유럽의 한 사조로, 초이성적인 것 그리고 영원한 것을 추구했으며, 고전주의와 대립)도 있었는데, 그들 가운데 일부는, 특히 프랑스의 로맨티시스트들은 앞으로 무엇이 닥쳐올지를 감지하고 있었다. 프리드리히 니체(Friedrich Nietzsche)의 무익하고도 자살적인 반란도 있었다. 자신의 거대한 힘으로 자신만을 거꾸러뜨린 삼손 같은 니체 말이다.

　그 누구보다도 발자크가 있었는데, 그는 인간의 실존이 더는 가능하지 않은 사회를 분석했고 단테의 것보다 더 끔찍한 지옥을 묘사했다. 발자크가 묘사한 지옥은 단테와 달리 그 위에 죄를 씻을 연옥마저 없었다. 그러나 비록 그들 모두 "인간의 실존은 어떻게 가능한가?"라고 질문했지만 대답은 키르케고르만 했다.

『자본주의 이후의 사회』(1993)—자본주의를 넘어

사회를 전환한 전례 없는 빠른 변화의 속도는 사회적 긴장과 갈등을 유발하였다. 우리는 19세기 초 공장근로자들이 산업사회 이전의 시골에 사는 토지가 없는 농부들보다 더 못살았거나 더 형편없이 취급되었다는 보편적인 신념은 진실이 아니라는 것을 지금은 알고 있다. 의심할 것도 없이 그들은 못살았고 거칠게 다루어졌다. 그러나 그들이 공장으로 모여든 것은 늘 변함없고 짓눌리고 굶주렸던 시골 사회의 밑바탕에서 사는 것보다는 그래도 공장에서 일하는 것이 낫다는 것을 알았기 때문이다. 그들은 공장에서 한층 더 나은 '생활의 질'을 경험했다.

1700년에 시작하여 그 후 믿을 수 없이 짧은 기간인 50년 동안에 기술이 발명되었다. 기술(technology)은 장인이 가진 비밀스러운 기능인 '테크네'(techne), 그리고 지식을 조직하고 체계화하고 목적지향적으로 정리하는 것을 뜻하는 '로지'(logy)를 조합하여 만든 말이다.

최초의 기술학교인 프랑스의 토목전문대학교는 1747년에 세워졌고 뒤이어 1770년경 독일에서 최초의 농업학교가 세워졌으며 1776년에는 광산학교가 설립되었다. 1794년에는 최초의 공과대학으로서 프랑스의 에콜폴리테크니크(Ecole Polytechnique)가 설립되었는데 이때부터 직업으로서 기술자가 등장하게 되었다. 1820년과 1850년 사이 의학교육과 의료실습이 체계적인 기술로 합쳐졌다.

• 인용한 주요 책과 인물들: 디드로, 달랑베르, 오스틴, 발자크, 디킨스의 『어려운 시절』, 블레이크의 서사시 「새로운 예루살렘」, 제임스의 『카사마시마 공주』, 헤시오도스, 베르길리우스, 포스터

기능(skill)에서 기술(technology)로 넘어가는 이 거대한 변화의 위대한 기록은 드니 디드로(Denis Diderot)와 장 달랑베르(Jean d'Alembert)가 1751년에서 1772년에 편집한 역사상 중요한 책 가운데 하나인 『백과사전』에 남아 있다. 이 유명한 『백과사전』은 모든 장인의 지식을 조직하여 체계적인 모양을 갖추려고 시도하였다. 그리하여 도제가 아닌 사람들도 '기술자'가 되는 길을 열어주려는 것이었다. 『백과사전』에 나오는 항목들이, 예를 들면 실을 뽑고 베를 짜는 기능들을 장인이 쓴 것이 아니라는 사실은 결코 돌발사건이 아니었다. 그 항목들은 '정보전문가'가 쓴 것이다. 여기서 말하는 정보전문가란 분석가로서, 수학자로서, 논리학자로서 훈련된 그 당시의 석학들로서 볼테르와 루소도 주요한 기고자였다.

　『백과사전』이 의도한 바는 물질세계의 효과적인 결과는 체계적인 분석·지식의 체계적·목적지향적 적용을 통해 도구, 제조공정, 제품 등을 얻을 수 있다는 것이다. 『백과사전』은 또한 어떤 기술로 물건을 만드는 원리를 다른 분야에도 적용할 수 있다는 것을 설명하였다. 그러나 그것은 전통적 지식인과 전통적 장인에게는 받아들여질 수 없는 금기였다. 『백과사전』은 경험을 지식으로 바꾸고, 도제제도 대신 교과서를 만들고, 비밀주의를 공개적인 방법으로 전환하고, 지식을 응용할 수 있게 했던 것이다. 이런 것들이 우리가 말하는 '산업혁명', 즉 기술에 의한 사회와 문명의 세계적인 전환의 본질들이었다. 산업혁명, 바꾸어 말해 기계와 공장 시스템은 똑같이 큰 저항을 받지 않고 빨리 보급되었다.

　스미스의 『국부론』은 와트가 완전한 증기기관에 대해 특허를 얻은 1776년에 출판되었다. 그럼에도 『국부론』은 기계나 공장 또는 산업적 생산에 대하여 실제적인 관심을 기울이지 않았다. 『국부론』이 설명한 생산은 여전히 장인기술 중심이다.

나폴레옹 전쟁이 끝난 지 40년이 지나서도 예민하게 사회를 관찰하는 사람들조차 공장이나 기계를 사회의 중심적 현상으로 보지 않았다. 공장이나 기계는 데이비드 리카도(David Ricardo)의 경제학에서는 아무런 역할을 하지 못하고 있다.

더욱 놀라운 것은 가장 통찰력 있는 영국의 사회비평가 겸 소설가인 제인 오스틴(Jane Austin)의 소설에는 공장이나 공장근로자뿐만 아니라 은행 같은 것이 전혀 등장하지 않는다는 것이다. 그녀가 속한 사회는 완전히(간혹 그렇게 표현되는) '부르주아 사회'였다. 그러나 그 사회는 완전히 산업사회 이전 사회로 시골 유지들과 소작인들의 모임, 교구 목사들과 해군 장교들, 변호사들, 장인들, 그리고 가게 점원들의 사회였다.

오히려 멀리 떨어져 있는 미국에서 알렉산더 해밀턴(Alexander Hamilton)만이 기계식 생산이 빠르게 경제활동의 중심이 될 것임을 일찍이 감지하였다. 그러나 해밀턴 추종자 가운데 몇 명만이 해밀턴의 1791년 저서 『제조에 대한 보고서』에 대해 그것도 그가 죽은 지 한참 지나고 나서야 관심을 가졌다.

그러나 1830년경 은행가와 증권거래인이 지배하는 프랑스의 자본주의 사회를 묘사한 발자크의 소설은 베스트셀러였다. 그리고 그로부터 15년이 지난 뒤 자본주의, 공장생산 시스템, 기계 등은 디킨스의 후기 소설의 중심 배경이 되었고 새로운 계급들, 즉 자본가와 프롤레타리아가 등장하였다.

디킨스의 1852년 작품 『황폐한 집』은 새로운 사회 그리고 그것이 가져온 긴장감이 시골 대지주 집사의 능력 있는 두 아들 형제 사이에 대조적으로 나타나는 것을 묘사했다. 하나는 북쪽으로 가서 대자본가가 되는데 지주와 싸우고 그들의 권력을 부숴버리기 위해 국회의원이 될 것을 꿈꾼다. 다른 하나는 파산하여 아무런 능력이 없는 찌든 '신사계급'으로 충실히 남아 있기로 한다.

디킨스의 1854년 작품 『어려운 시절』(Hard Times)는 그때까지 나온 소설 가운데 가장 영향력 있는 최초의 산업소설로 면방직공장에서 일어난 치열한 스트라이크와 철저한 계급투쟁을 묘사하고 있다.

우리는 그것을 처음부터 알고 있었어야만 했다. 공장지대에서는 유아사망률이 급속히 떨어지고 수명은 길어졌는데 그것이 산업사회가 진행되는 동안 유럽에서 인구가 엄청나게 증가한 계기가 되었다. 그러나 지금 우리는 제2차 세계대전 이후 제3세계에서 그런 예를 보고 있다. 많은 브라질 사람과 페루 사람이 리우데자네이루와 리마의 빈민가로 몰려들고 있다. 그곳에 사는 것이 아무리 어렵다 하더라도 브라질과 페루의 농업지역에 사는 것보다는 훨씬 낫다. 인도 사람들은 "봄베이에서 가장 가난한 거지라도 시골농부보다는 잘 먹는다"라고 말한다.

윌리엄 블레이크(William Blake)가 유명한 서사시 「새로운 예루살렘」에서 표현한 '악마가 깃든 방앗간'으로부터 해방하고자 희망했던 '영국의 푸르고 즐거운 땅'은 사실 시골의 거대한 빈민굴이었던 것이다.

그러나 산업화라는 것은 처음부터 마르크스의 그 유명한 '착취'가 아니라 물질적 수단의 개선을 의미하였는데 변화 속도가 너무나 빨라서 큰 충격을 불러온 것이다. 새로운 계급, 즉 '프롤레타리아'는 마르크스가 만든 용어로 표현하면 '소외'되었다.

프롤레타리아의 소외는 불가피하게 착취로 이어진다고 마르크스는 예언하였다. 왜냐하면 프롤레타리아는 그들의 생존을 전적으로 자본가들이 소유하고 통제하는 '생산수단'에 의존했기 때문이다. 또 마르크스는 자본주의는 점점 더 소수의 강력한 자본가에게 소유권을 집중시키고 힘없는 프롤레타리아를 끝없이 착취하며 결국 그 힘에 부쳐서 스스로 무너져 몇 남지 않은 자본가들은 '잃을 것이란 쇠사슬밖에 없는' 프롤레타리아로부터 타도될 것이라고 예언했다.

우리는 지금 마르크스가 엉터리 예언자였다는 것을 알고 있다. 사실상 그가 예언했던 것과는 정반대 현상이 일어났기 때문이다. 그러나 이것은 뒷날의 얘기다. 비록 그의 예언에 공감하지는 않았겠지만 마르크스와 같은 시대 사람들은 거의 모두 자본주의에 대한 견해에는 동의하였다. 심지어 마르크스 반대자들도 '자본주의의 고유한 내재적 모순'에 대한 그의 분석을 받아들였다. 아마도 19세기 가장 대표적 자본가였던 미국의 은행가 J. P. 모건처럼 많은 사람은 군대가 나서서 프롤레타리아 폭도들을 막아야 한다고 확신하였다.

여러 분야의 진보주의자는 개혁과 개선이 필요하다고 믿고 있었다. 그러나 실질적으로 19세기 후반의 모든 지식인은 마르크스와 견해를 같이하여 자본주의 사회는 계급투쟁이 불가피한 사회라고 확신했으며 1910년까지는 적어도 유럽의 (일본에서도 역시) 거의 모든 '지식인'이 사회주의에 경도되었다.

19세기 영국의 위대한 보수당 정치인 디즈레일리는 자본주의 사회를 마르크스가 이해했던 것과 아주 흡사하게 보았다. 디즈레일리의 맞수로 보수정치인인 독일의 비스마르크 역시 같은 생각을 했는데, 그것이 1880년 이후 비스마르크에게 사회보장법을 제정해서 궁극적으로 20세기 복지국가를 만든 법 제정을 촉진했다.

보수적 사회비평가이자 소설가인 제임스는 미국의 부(富)와 유럽 귀족에 대한 연대기 작가다. 그는 계급투쟁과 계급투쟁이 가져올 공포에 완전히 사로잡혀 가장 대표적인 소설 『카사마시마 공주』의 중심 주제로 다루었다. 제임스는 이 소설을 마르크스가 죽은 1883년에 썼다.

그러면 무엇이 마르크스와 마르크스주의를 패배시켰는가? 1950년 쯤 되어서는 많은 사람이 마르크스주의는 도덕적으로나 경제적으로나 실패했다는 것을 알았다. 드러커는 그보다 훨씬 전인 1939년 『경제인의 종말』에서 이를 주장한 바 있다.

그러나 마르크스주의는 여전히 대부분의 사람에게는 하나의 일관성 있는 이데올로기였다. 세상 사람들은 마르크스주의를 무적이라고 생각하였다. 그리고 '반(反)마르크스주의자들'은 많았으나 '비(非)마르크스주의자들'은 없었다. '비마르크스주의자'는 지금 우리 모두 알고 있듯이, 마르크스주의가 적절하지 않다고 생각하는 사람들이다. 사회주의를 격렬하게 반대하는 사람들조차도 여전히 사회주의가 대세가 될 것이라고 확신했다.

서방세계를 통틀어 신보수주의의 아버지격인 오스트리아 출신 영국 경제학자 프리드드리히 하이에크(Friedrich von Hayek)는 1944년 『노예의 길』에서 사회주의는 불가피하게 노예화를 의미한다고 주장하였다. 하이에크가 말한 바로는 '민주주의적 사회주의'라는 것은 없으며, '전제주의적 사회주의'만이 있다는 것이다.

그러나 1944년, 하이에크는 마르크스주의가 살아남지 못한다고 주장하지 않았다. 반대로, 하이에크는 마르크스주의가 살아남을 수 있을지도 모른다고 보고 그것을 매우 두려워했다. 그러나 40년 뒤에 쓴 마지막 저서 『치명적 환상』(1988)에서 마르크스주의는 절대로 살아남을 수 없었다고 주장하였다. 하지만 하이에크가 이 책을 출판했던 때는 거의 모든 사람이 그리고 특히 공산주의 국가의 모든 사람이 이미 똑같은 결론에 도달해 있었다.

그러면 무엇이 '자본주의의 불가피한 내재적 모순', '프롤레타리아의 소외와 착취' 그리고 '프롤레타리아 계급' 그 자체를 한꺼번에 무너뜨렸는가? 그것은 바로 노동생산성 혁명이다.

산업혁명이 시작되면서 지식이 그 의미를 바꾼 뒤부터 지식은 도구와 제조공정과 제품에 적용되기 시작하였다. 이것은 오늘날에도 여전히 대부분 사람에게 '기술'이 의미하는 것이며, 기술학교에서 배우는 것들이다. 그러나 마르크스가 죽기 2년 전에 노동생산성 혁명이 시작되었다. 1881년, 미국인 테일러는 최초로 지식을 작업의 연구와 작업의 분석에 적용하였으며 작업을 과학화하였다.

작업, 즉 일은 오랫동안 인류와 같이 있었다. 사실상 모든 동물은 살기 위해 일을 해야만 한다. 그러나 오랫동안 서양에서는 일의 존엄성은 입에 발린 소리에 지나지 않았다.

호메로스(Homeros, Homer)의 서사시가 나온 지 약 100년 뒤에 『일과 나날』이라는 그리스에서 두 번째로 오래된 책이 나왔다. 이 책은 헤시오도스가 일하는 농부를 노래한 것이다. 아름다운 로마의 시 가운데 하나인 베르길리우스(Vergilius, Virgil)의 『권농가』는 농사꾼의 일과를 노래한 것이다.

비록 동양의 전통문학에서는 일과 관련된 작품이 없지만, 고대 중국의 황제들은 일 년에 한 번씩 쌀농사를 축복하기 위해 쟁기를 잡았다. 그러나 서양과 동양 어느 쪽에서도, 일과 관련된 문학은 순수히 상징적인 것이었다.

헤시오도스도 베르길리우스도 농부가 하는 것을 있는 그대로 보지 않았다. 기록된 역사 속에서는 누구도 그렇게 보지 않았다. 그뿐만 아니라 일에 관한 역사는 없다. 지식에 관한 모든 철학적 논의에도 불구하고 이를 다룬 역사 또한 없다. 일의 역사와 지식의 역사 모두 다음 세대, 적어도 다음 세기에는 중요한 연구분야가 되어야만 한다.

일은 교육받은 사람들이, 잘사는 사람들이, 권위 있는 사람들이 관심을 기울일 그런 것이 아니었다. 일은 노예들이나 하는 것이었다. 작업자가 생산량을 더 늘리기 위한 단 하나의 방법은 더 오래 일하거나 더 열심히 일하는 것뿐이라는 사실은 '모두 알고 있었다'. 마르크스 역시 19세기의 다른 모든 경제학자나 기술자와 마찬가지로 그러한 신념을 갖고 있었다.

그러나 테일러에 대한 악평은 많은 부분이 정확하게 말하면 지식을 작업연구에 적용하였기 때문에 나왔다. 지식을 작업연구에 적용한 것은 그 당시 노동조합에는 금기였다. 노동조합은 테일러에 대하여 미국 역사상 가장 사악한 인격 말살운동을 전개하였다. 노동조합에서 본 테일러의 죄는 그가 세상에는 '숙련을 요구하는 작업'은 없다고 한 것이었다. 육체노동에는 '작업'만 있다. 모든 작업은 똑같은 방법으로 분석할 수 있다. 그러므로 작업 분석이 보여주는 대로, 그것이 수행되어야 하는 방식대로 작업할 의사가 있는 어떤 노동자도 '일류의 시민'이 되고, '최상급의 임금'을 받을 자격이 있다. 이들이 받는 임금은 오랫동안 도제수업을 받은 숙련노동자가 받는 것과 같거나 더 많았다.

테일러의 주장, 즉 모든 육체적 작업은 그것이 숙련을 요구하는 것이든 단순작업이든 간에, 지식을 적용함으로써 분석되고 재조직될 수 있다는 것은 당시 사람들 눈에는 터무니없는 일로 보였다. 사실 장인들이 가진 기능을 비법으로 생각한 지는 아주 오래되었다. 그런 생각은 1941년 히틀러에게 대미선전포고를 하도록 고무하였다. 미국이 유럽에 병력을 충분히 배치하기 위해서는 이들을 수송할 대규모 수송선이 필요했다. 그 당시 미국은 상선을 거의 갖고 있지 않았고, 상선을 호위할 구축함도 없었다. 히틀러는 한 걸음 더 나아가 현대전에는 정밀렌즈가 대량으로 필요한데도 미국에는 숙련된 렌즈공이 없다고 생각했다.

배우고 가르치는 일에서는 도구에 초점을 맞추어야만 한다. 도구의 용도는 최종 결과에, 과업에, 그리고 작업에 초점을 맞추어야 한다. '다만 연결을'(only connect)이라는 말은 영국의 위대한 소설가 에드워드 모건 포스터(E. M. Forster)의 줄기찬 충고였다. 포스트는 상징적·암시적인 수법을 써서 인간의 내면세계를 그렸다. 영국적인 자유주의와 민주주의 전통의 보존자인 동시에 영국 중산계급의 지적 속물성을 비판하였으며, 사회와 문명의 냉철한 관찰자였다. 그러나 그의 관심은 사회비판보다 인간성의 탐구에 있었다. '다만 연결을' 은 내내 위대한 소설가의 비결이었다. 그것은 위대한 예술가의 비결이었을 뿐만 아니라 위대한 과학자들, 즉 찰스 다윈(Charles Darwin), 닐스 보어(Niels Bohr), 알베르트 아인슈타인(Albert Einstein)의 비결이기도 했다. 보어는 덴마크의 이론물리학자로 전기 양자론을 제창하였고 원자구조론에서 주기율표의 합리적인 설명을 이끌어냈다.

연결할 수 있는 능력에 관한 한 그들의 수준은 천부적인 것으로서 우리들이 '천재'라고 하는 그런 신비의 일부분일지도 모른다. 그러나 대체로 말해 연결하고 그래서 기존 지식들의 산출량을 올리는 것은 개인, 팀, 또는 조직 전체가 배울 수 있다. 결국 그것은 가르칠 수 있어야만 한다.

『대변화 시대의 경영』(1995)―시대를 초월한 그리고 시의 적절한 충고

드러커는 어떤 현상을 설명할 때 한 가지 용어를 사용하여 정곡을 찔렀다. 'Weltbeglücker'는 영국의 비국교도들, 야당인사들, 체제 반항자들, 그리고 무심한 방관자들, 예를 들면 유대인, 부르주아, 러시아의 부농들 또는 지식인들을 없애버림으로써 지상에 천국을 건설하려는 사람들을 지칭하는, 슬프게도 번역하기 곤란한 독일어다. 드

• 인용한 주요 책과 인물들: 헤시오도스의 『일과 나날』, 베르길리우스의 『권농가』, 홍수전의 난, 의화단 사건, 디킨스의 『어려운 시절』, 마르크스의 『공산당 선언』, 하웁트만의 『베 짜는 사람』, 골드스미스의 명시 『버려진 마을』, 브레이크의 시 『악마의 공장』

러커는 이 단어를 이렇게 사용했다.

"20세기 지상천국의 창립자들(Weltbeglücker)이 인류에게 자행한 이런 학살은 나중에 밝혀진 바와 같이 오직 무분별한 살인과 공포를 불러왔을 뿐이다. 금세기의 3대 천재적 악마인 히틀러, 스탈린, 마오쩌둥은 파괴했다. 그러나 그들은 지상낙원은커녕 아무것도 창조하지 못했다."

진정 20세기가 증명한 것이 있다면 그것은 정치는 무용하다는 것이다. 역사적 결정주의를 맹신하는 사람들마저도, 신문의 머리기사를 장식하는 정치적인 사건들에 의해 야기된 20세기 사회적인 변혁 또는 사회적인 변혁으로 발생한 신문의 머리기사를 설명하는 데 애를 먹을 것이다. 그러나 지속해서 진정 영구적으로 효과를 냈던 것은 사회적 변혁들이다. 마치 해상에는 허리케인이 휘몰아치지만 바닷속 깊숙이 흐르는 해류 같은 사회적인 변혁들 말이다.

1900년경 모든 선진국에서 두 번째로 큰 인구 집단과 노동력 집단은 가사를 돌보는 동거 하인들이었다. 그들의 존재는 농부들과 마찬가지로 '자연의 법칙'만큼이나 자연스럽게 여겨졌다. 1910년 영국에서 인구조사를 할 때 하인 세 명을 고용하지 못하는 가정은 '중하층 계급'으로 분류되었다. 그러나 하인들이 단 한 번이라도 데모나 항의 시위했다는 기록은 어느 시대, 어느 곳에서도 찾아볼 수 없다.

농부와 하인은 사회의 가장 '큰' 집단일 뿐만 아니라 가장 오래된 사회적 집단이기도 했다. 오랜 기간 그들은 경제와 사회의 기초였으며, '문명'의 기초였다. 하인들은 그들이 노예였든 기술을 배우기 위해 심부름을 하는 자였든 고용되었든 간에 농부들보다 실질적으로 몇천 년 앞서 존재했다. 『구약성서』에 나오는 족장들은 정착한 농부라기보다는 이곳저곳으로 옮겨 다니는 유목민의 우두머리였다. 그들은 수많은 하인을 여러 용도로 거느리고 있었다.

대도시라는 것은 새로운 것이 아니다. 니네베와 바빌론은 매우 큰 도시였으며 예수와 카이사르 시대보다도 200년이나 앞선 중국 한 나라의 수도 또한 매우 큰 도시였다. 그러나 이러한 도시들은 농촌이라는 바다 한가운데 존재하는 하나의 작은 섬이었다. 그것은 1900년경의 사회에서도 마찬가지였다. 비록 파리, 런던, 뉴욕, 보스턴, 도쿄 등이 잘 알려졌고 사람들이 가고 싶어 하는 곳이었지만 말이다.

헤시오도스가 쓴 『일과 나날』이나 베르길리우스가 쓴 『권농가』 등에서 묘사한 바에 따르면 도시들이란 '기생충'이고 농민들이 '진정한 국가'라는 생각이 일반적으로 받아들여졌다.

1900년의 사회는 아직도 농부와 하인을 중심으로 조직되어 있었고, 그들은 헤시오도스와 베르길리우스 시대 그들의 조상이 살았던 것과 똑같은 방식으로 살았다. 똑같은 연장을 갖고 똑같은 일을 하면서 말이다.

2000년 선진사회에서는, 농부들은 거의 사라지고 존재도 회고의 대상일 뿐이며 동거 하인들은 회고하고 싶지도 않은 존재가 되어 있다. 그럼에도 자유시장 체제를 갖춘 선진국들에서 일어난 이런 엄청난 변화들은 내란을 거치지 않고 달성되었다. 그리고 그것은 사실 거의 완벽하고 조용히 달성되었다.

농촌인구가 거의 제로에 가깝게 줄어들었기 때문에, 이제 완전히 도시인이 된 프랑스 사람들은 오히려 프랑스는 '전원 문화'를 갖춘

'전원 국가'가 되어야 한다고 큰 소리로 떠들고 있다.

변혁이 별다른 소용돌이를 일으키지 않은 주된 이유는 1900년에 이르러서 제조업에 종사하는 새로운 계층인 블루칼라, 즉 마르크스의 프롤레타리아가 사회적으로 지배적 위치를 차지했기 때문이다.

농부들은 훨씬 자주 반란을 일으켰다. 1700년에 시작된 일본의 도쿠가와 시대, 1700년에 시작된 중국의 왕조시대만큼 빈번하게 농민반란이 있었던 곳도 없다. 그러나 19세기 중국에서 일어난 두 번의 농민혁명, 즉 꽤 오래 지속되었고 국가체제를 전복시킬 뻔했던 태평천국(1850~1864, 홍수전이 주도해 청조에 저항한 사건)과 의화단(義和團) 사건(1848~1900, 청일전쟁 후 외국배척을 위한 결사)을 제외하고 역사상 모든 농민혁명은 몇 주일 동안 피를 흘리는 충돌이 있은 다음 실패로 끝났다. 역사가 보여주는 것과 같이 농부들은 조직화되기가 매우 힘들고 조직화되었어도 유지되기가 어렵다. 그것이 바로 마르크스가 농부들을 경멸한 이유이기도 하다.

새로운 계층, 즉 제조업의 생산직 블루칼라들은 사람들 눈에 매우 잘 띄는 집단이다. 이것이 바로 그들을 '계층'으로 만들어주었다. 그들은 억지로라도 촘촘히 집단을 형성하여 도시에 모여 살았다. 파리 외곽의 생드니에서, 베를린의 웨딩에서, 빈의 오타크린에서, 랭커셔의 섬유 마을에서, 피츠버그 외곽 철강 도시에서 그리고 고베에서 말이다. 블루칼라들은 곧 훌륭하게 조직될 수 있음이 증명되었는데, 노동자들은 공장에 근무하게 되자마자 재빨리 첫 번째 파업을 하였다.

1854년 출판된 디킨스의 비참한 산업소설, 즉 면방직공장에서 일어나는 살인적 노동 갈등에 관한 이야기를 다룬 『어려운 시절』은 마르크스와 엥겔스가 『공산당 선언』을 발표한 지 6년 만에 발표되었다.

1900년에 이르러서는, 마르크스가 겨우 몇십 년 전에 예언했던 것과 달리 블루칼라들이 사회의 다수가 될 수 없다는 것이 자명해졌다. 그래서 그들은 수적인 면에서 자본가들을 압도할 수 없었다. 그럼에도 제1차 세계대전 전 가장 영향력 있는 급진적인 작가이자 한때는 마르크스주의자였던 프랑스의 혁명적 조합주의자 조르주 소렐(Georges Sorel)은 자신의 1906년의 주장, 즉 프롤레타리아가 그들의 조직을 이용해 전면적인 폭력적 파업을 벌여 기존의 질서를 무너뜨리고 권력을 잡아야 한다는 주장이 사회적으로 폭넓게 수용되고 있다는 것을 알았다.

레닌은 소렐의 주장에 기초하여 마르크스주의를 수정하고 이를 1917~1918년 러시아의 혁명전략으로 이용하였다. 그로부터 10년 후 레닌뿐만 아니라 무솔리니와 히틀러 그리고 마오쩌둥도 소렐의 논문에 기초하여 그들의 전략을 짰다. '권력은 총구에서 나온다'는 마오쩌둥의 유명한 말은 바로 소렐의 말을 인용한 것이다. 블루칼라는 1900년 '사회적 문제'가 되었는데, 그것은 블루칼라가 역사상 처음으로 조직될 수 있으며, 또한 조직된 채 유지될 수 있었던 최초의 '하층계급'이었기 때문이다.

역사상 블루칼라 노동자 계급보다 더 빠르게 성장한 계급은 없었다. 그리고 역사상 그들보다 더 빠르게 쇠퇴한 계급도 없었다.

1883년, 마르크스가 사망한 그해에도, '프롤레타리아들'은 산업 노동자 가운데서 여전히 소수에 지나지 않았다. 그 당시 다수의 산업 노동자는 기껏해야 20~30명을 고용하는 조그마한 수공업 공장에서 일하는 숙련공들이었다.

19세기의 최고 '프롤레타리아' 소설에 등장하는 주인공 같지도 않은 주인공 가운데는 마르크스가 죽은 지 3년 뒤인 1886년에 제임스가 출판한 『카사마시마 공주』에 나오는 주인공들이 있는데, 한 명은 매우 숙련된 기술을 보유한 제책업자이고, 다른 한 명은 역시 기술수준이 높은 약사였다.

마찬가지로, 게르하르트 하웁트만(Gerhart Hauptmann)의 소설 『베짜는 사람』(Die Weber)의 주인공들은 공장에서가 아니라 여전히 자신의 집에서 일하는 숙련공들이었다. 1892년에 발표된 이 작품은 유일하게 성공한 '프롤레타리아' 연극이다. 이 작품으로 하웁트만은 1912년 노벨문학상을 받았다.

1900년에 이르러 '산업노동자'는 수백 명을 고용하고 있는 공장의 '기계운전공'과 동의어가 되었다. 이러한 공장노동자들은 진정 마르크스의 프롤레타리아로서 사회적 지위도 없고 정치적 권력도 없으며 경제적 능력과 구매력도 없었다. 1907년 포드자동차가 내놓은 승용차 모델 T는 너무나 싸서 노동자들도 살 수 있었다는 것은 널리 알려진 신화다. 그러나 자동차 가격 750달러는 당시 미국 기계공들의 '연간 총소득'의 세 배를 넘는 것이었다. 하루 일당이 70~80센트였으니 말이다. 그래도 그 당시 미국의 기계공들은 세계에서 임금을 가장 많이 받는 산업노동자들이었다.

제조업의 블루칼라들은 '계층', 즉 응집력이 강하고, 쉽게 눈에 띄며, 분명히 구분되고, 자의식이 뚜렷한 집단이라기보다는, 또 다른 하나의 '압력집단'이 될 것이다. 산업노동자들의 성쇠를 기록하는 연대기 작가들은 폭력적인 사건을 강조하는 경향이 있다. 특히 파업자들과 경찰 사이에 충돌이 있었던 미국의 풀먼 파업 같은 것들에 대해 말이다. 풀먼 파업은 1894년 5~7월에 일어난 대규모 파업으로 시카고 소재 풀먼 팰레스 자동차 회사가 급료를 25퍼센트 삭감하면서 전국적으로 동정 파업이 일어났는데 당시 그로버 클리블랜드(Grover Cleveland) 대통령은 2,000명의 연방군을 파견했다. 그 이유는 아마도 사회주의, 무정부주의 그리고 공산주의를 주창하는 이론가와 지도자들이, 마르크스에서 시작하여 1960년대의 허버트 마르쿠제(Herbert Marcuse)에 이르기까지 끊임없이 '혁명'과 '폭력'에 관해 집필하고 역설했기 때문일 것이다. 실질적으로 산업노동자들은 놀랍게도 '비폭력적'으로 증가했다.

금세기의 엄청난 폭력들, 즉 두 차례 세계대전, 내란, 대학살, 인종청소 등은 아래로부터의 폭력이라기보다는 위로부터의 폭력이었다. 그리고 그것들은 사회 변혁과 연결되지 않았다.

17~18세기 영국에서 농부를 농토에서 내몰았던 '인클로저 운동'(Enclosure Movement, 공유지의 사유화 운동)은 매우 한정된 지역에서 일어났다. 그러나 그것들은 간혹 심각하고도 폭력적인 사태를 빚었다. 또 그것들은 널리 알려졌으며 작가, 시인, 정치가 그리고 일반대중이 격렬하게 논의했다. 그 가운데 1770년 올리버 골드스미스(Oliver Goldsmith)의 명시 「버려진 마을」(The Deserted Village)이 하나의 예인데, 이 시는 1800년 영국에서 가장 널리 알려지고 가장 많이 인용되었다.

마찬가지로 19세기 초, 동부 프로이센에서 대규모 농업을 위해 소작농들을 농토에서 쫓아낸 '토지수용령'(Bauernlegen)은 정치적·문화적으로 심각한 반향을 불러일으켰다. 그러나 19세기 말에 시작되어 지속해서 계속된 훨씬 큰 '이농현상'은 통계학자들 외에는 누구의 관심도 끌지 못했다.

제1차 세계대전이 끝난 뒤 시작된 똑같은 규모의 대량 '서비스 이탈' 현상은 통계학자들마저도 거의 눈치채지 못했다. 모두 자발적으로 토지와 집안일에서 탈출했다. 농부와 하인들은 '밀려'나지도 '대체'되지도 않았다. 그들은 그들이 할 수 있는 한 최대한 빨리 공장으로 일하러 갔다. 공장의 일거리는 그들이 소유하지 않은 기술이나 새로운 지식을 요구하지도 않았다.

그와는 반대로 농부들은 대량생산 공장의 기계운전공보다도 훨씬 많은 기술을 보유하고 있었다. 그리고 그 점은 하인도 마찬가지였다. 확실히, 제1차 세계대전 전까지 공장의 일이란 임금이 보잘것없는 그런 것이었다. 그러나 그것은 농업 또는 가사노동보다는 많았다. 역사책은 초기 공장의 불결, 산업노동자의 빈곤, 그리고 그들의 착취에 대해 기록하고 있다. 진정 그들은 더러운 환경에서 일했고 빈곤 속에서 살았으며 착취당했다. 그러나 그들은 농장 또는 가정에서 고용되어 있을 때보다 잘살았으며 더 나은 대접을 받았다. 농부와 하인이 공장에서 일하게 되면서부터 유아사망률이 낮아진 것이 그 증거다.

역사적으로 도시는 스스로 재생된 적이 없다. 도시가 존재하기 위해서는 농촌에서 사람들이 지속해서 유입되어야만 한다. 이것은 19세기 중반까지도 사실이었다.

그러나 공장의 고용이 확대되자 도시는 인구증가의 중심지가 되었다. 부분적으로 그것은 새로운 공중위생 대책의 결과였다. 깨끗한

물 공급, 쓰레기 수거와 처리, 유행병 격리와 예방접종 등 말이다. 이러한 대책들은 대부분 도시에서 효과적이었는데, 역효과를 내었거나 최소한 전통적인 도시를 전염병 온상지로 만들었던 인구증가 위험을 내포하고 있었다. 그러나 산업화가 확대됨에 따라 유아사망률이 급격하게 떨어지게 된 가장 큰 이유는 확실히 공장이 가져다준 생활조건의 개선 덕분이었다. 더 좋은 집, 더 좋은 영양상태, 줄어든 일의 양과 사고들 말이다.

유아사망률이 감소하면서 인구가 폭발적으로 증가한 것은 오직 하나의 사건과 상관관계가 있다. 그것은 바로 산업화다.

초기 공장은 정말로 블레이크의 시처럼 「악마의 공장」 같았다. 그렇다고 해서 농촌이 블레이크가 노래한 것처럼 '푸르고 쾌적하지'는 않았다. 그것은 보기에는 멋있었지만 악마들이 우글거리는 빈민가와 훨씬 더 가까웠다.

지식사회는 '종업원 사회'다. 전통적인 사회, 즉 제조업과 제조업에 근무하는 블루칼라들이 등장하기 전의 사회는 독립적인 구성원들로 이뤄진 사회가 아니었다. 제퍼슨의 독립적인 소농장사회, 즉 각자가 가족단위 농장을 소유하고 부인과 자녀들 이외에는 어떠한 도움을 받지 않고 경작하는 독립적인 소농장사회는 결코 환상 이상의 것은 아니었다.

역사적으로 대부분 사람은 의존적이었다. 그러나 그들은 조직을 위하여 일하지 않았다. 그들은 주인을 위하여 일했다. 노예, 농노, 농장에 고용된 머슴으로서, 가내수공업의 도제와 직공으로서, 상인의 보조자 또는 판매원으로서, 자유가 있든 없든 간에 가정의 하인으로서 등 그 예는 많다. 그들은 '주인'을 위해 일했다. 제조업의 블루칼라가 처음 생겼을 때 그들은 여전히 '주인'을 위하여 일하였다.

디킨스의 『어려운 시절』에 나오는 근로자들은 '소유주'를 위해서 일했다. 그들은 '공장'을 위해서 일하지 않았다. 겨우 19세기 말경에 이르러 개인적인 소유자보다는 공장이 고용주가 되었다. 그리고 20세기가 되어서야 공장보다는 회사가 고용주가 되었다. 오직 금세기에 들어서 '주인'(master)이 '상사'(boss)로 대체되었으며, 상사 자신도 100명 중 99명은 종업원이었으며, 그 또한 상사를 한 사람 모시고 있었다.

지식근로자들은 '상사'를 모시는 '종업원'이자 '종업원'을 거느리는 '상사'가 될 수도 있다.

『넥스트 소사이어티』(2002)─최후의 전망

드러커는 자신이 직접 쓴 최후의 책이라고도 할 수 있는 『넥스트 소사이어티』에서 많은 문학가를 언급하며 자신의 논제를 전개한다. 우선 공동체 문제를 다루었다.

시골생활에서 공동체는 개인에게 당연한 것이었다. 공동체는 그것이 가족이든 종교이든 사회 계층이든 또는 인도의 카스트 같은 계급이든 간에 하나의 현실이다. 농촌사회에는 이동성이 거의 없으며, 그곳에 있는 것이라고는 거의 쇠퇴하는 것뿐이다. 우리가 살고 있는

• 인용한 주요 책과 인물들: 헤시오도스의 『노동과 나날』, 단테의 『신곡』, 베르길리우스의 『권농가』, 세네카, 마에케나스, 호라티우스, 디킨스의 『황폐한 집』, 엘리엇의 『미들마치』, 발자크의 『인간희곡』, 카프카

지금까지도 시골 공동체는 목가적으로 묘사되고 있다. 그러나 현실은 언제나 어느 정도 차이가 있게 마련이다. 왜냐하면 농촌사회의 공동체란 실제로는 강제적이고 강압적이기 때문이다.

농경시대 그리스 사회의 모습은 수천 년 동안 서유럽 사람들의 동경의 대상이었다. 기원전 8세기경 그리스의 위대한 시인 헤시오도스가 쓴 『노동과 나날』은 시골 생활과 농부의 생활을 낭만적으로 묘사했다. 그리스 교훈시의 아버지로 불리는 헤시오도스가 쓴 작품으로써 완전한 형태로 남아 있는 서사시는 신들의 전설을 다룬 『신통기』(神通記, Theogony)와 『노동과 나날』 두 편이다.

기원전 1세기경 베르길리우스는 로마의 시성(詩聖)이라 불리는 뛰어난 시인으로 전 유럽 사람의 추앙을 받았다. 그는 단테가 『신곡』에서 저승의 안내자로 선정할 만큼 위대한 시인이었다. 베르길리우스가 우리에게 남겨준 아름다운 농경시 『권농가』는 이탈리아의 전통적 농촌 생활을 복구할 것을 강력히 호소한 작품이다. 교훈시의 형식을 취한 이 시는 뒤에 루키우스 세네카(Lucius Seneca)가 말한 대로 "농부들을 가르치기 위해서가 아니라 독자들을 즐겁게 하려고 씌어졌다." 실제적인 가르침(밭갈이, 나무 키우기, 가축 돌보기, 벌치기 등)은 자연에 대한 생생한 통찰력으로 제시되어 있으며 이탈리아 농촌의 아름다움(제2권 136행 이하)이나 추수가 끝난 뒤 농부의 기쁨(제2권 458행 이하) 같은 주제로 매우 치밀하고 시적인 산문들이 끼어들곤 한다.

『권농가』는 각권의 서두에서 아우구스투스 황제 휘하의 재상 중 한 사람으로서 대표적 예술 후원자였던 가이우스 마에케나스(Gaius Maecenas)에게 헌정되었다. 마에케나스는 아우구스투스 황제의 친척인 데다 유산을 많이 상속받은 사람이었다. 황제의 고문관으로서 피정복지의 법률과 행정을 정비했다. 세리를 정식 관리로 임명하고 급료를 주었다. 따라서 가렴주구는 사라졌다. 요컨대 마에케나스는 유능한 행정가였다.

그러나 그런 업적 정도였다면 그의 이름이 세계 역사에 한 줄 올라가기 힘들었을 것이다. 마에케나스는 그리스에서 유물을 대량으로 수집하여 로마의 저택에 전시했다. 그리고 베르길리우스와 호라티우스(Horatius) 등 많은 시인에게 농장과 영지를 제공하고 재정적으로 후원하면서 황제를 찬양하는 글을 발표하도록 유도했다. 그런 연유로 훗날 마에케나스의 이름은 대가를 바라지 않고 문화예술 활동을 지원하는 개인이나 기업 또는 이러한 활동을 말하는 메세나(Mecenat)로 남아 있다. 그 무렵 베르길리우스가 속해 있던 모임은 일종의 궁정모임이었는데 사랑하는 조국이 예전의 영광을 되찾자고 주장한 베르길리우스의 열망은 농토를 재건하고 도시에 대한 압박을 줄이고자 하는 로마의 국가적 요구와도 일치했다.

'가족의 위기'는 오늘날 우리가 알고 있는 것과는 달리 제2차 세계대전 이후에 일어난 것이 아니었다. 그 위기는 산업혁명과 함께 시작되었다. 그리고 사실상 그것은 산업혁명과 공장제도에 반대하는 사람들의 표준적 쟁점이 되었다. 노동과 가족의 분리현상, 그리고 그것이 노동과 가족 둘 다에게 미친 영향에 대해 가장 잘 묘사한 것은 아마도 디킨스의 『어려운 시절』일 것이다.

철도는 산업혁명을 일으킨 진정한 혁명 요소였는데, 그 이유는 철도가 새로운 경제의 장을 열었을 뿐만 아니라 '심리적 지리'(mental geography)를 급속히 변화시켰기 때문이다. 인류 역사상 처음으로 사람들은 진정한 이동능력을 갖게 되었다. 역사상 처음으로 일반 사람들의 시야를 세계로 확대시켰다. 그 당시 사람들은 사람의 심리에 근본적인 변화가 일어났음을 즉각 깨달았다. 이런 현상은, 전환기를 맞은 산업혁명 당시 사회상을 가장 잘 묘사한 영국의 여성 소설가 조지 엘리엇(George Eliot)의 1872년 소설 『미들마치』(Middlemarch)에 잘 나타나 있다.

엘리엇의 본명은 메리 앤 에번스(Mary Anne Evans)로 부친은 신실한 건축가 겸 지주를 위한 토지관리인이었다. 엘리엇은 『애덤 비드』(1859)의 애덤을 비롯하여 여러 곳에서 부친을 모델로 삼았다. 소녀 시절 그녀는 복음주의의 열렬한 신봉자였으나 차츰 당시 새로운 사상에 접하면서 과학주의와 실증주의에 입각한 사상을 품게 되자 재래의 기독교와 절연한다. 그러나 그녀의 도덕관을 이루는 바탕에는 종교적인 심정이 일관하고 있다. 1854년 이후 처자식이 있는 조지 루이스(Gorge Louis)와 동거를 하면서 세상의 비난을 받았으나 엘리엇이라는 필명으로 『플로스 강(江)의 물레방아』(1860), 『미들마치』(1871~1872) 등의 걸작을 발표해 작가로서 위치가 확고부동하게 된다. 그녀의 소설은 사실주의 기법을 따르고 있지만 내용은 사람이 사는 방식에 관하여 그녀만의 독특한 철학을 구체화했다.

기술적 측면으로 보면 철도가 등장한 뒤 떠오른 새로운 산업들은 증기기관이나 산업혁명과는 별로 관련이 없는 업종들이었다. 새로운 산업들은 산업혁명의 '피를 이어받은 자손들'이 아니었다. 그러나 그것들은 산업혁명의 '정신적 자손'이었다. 그것들은 오직 산업혁명이 창조해낸 의식구조가 있었기 때문에 그리고 산업혁명이 개발한 기술들이 있었기 때문에 가능할 수 있었다. 그 의식구조는 발명과 혁신을 진정 열광적으로 받아들이는 것이었다.

1850년대로 접어들자 영국은 우월한 지위를 잃어버리기 시작했다. 또 산업과 경제에서 차지하던 입지가 흔들리기 시작했는데, 처음에는 미국에, 그리고 그다음에는 독일에 밀리기 시작했다. 영국이 뒤처진 주된 이유가 경제도 기술도 아니라는 것은 다들 인정하는 사실이었다. 주된 이유는 사회적인 것이었다. 경제적으로, 특히 재정적으로 영국은 제1차 세계대전까지 강대국의 지위를 지켰다. 기술적으로도 영국은 19세기 동안 자신의 위치를 지켰다. 현대 화학산업의 첫 번째인 합성염료는 영국에서 발명되었고 증기터빈도 마찬가지였다. 그러나 영국은 사회적으로 기술자를 높이 평가하지 않았다. 기술자는 절대로 '신사'(gentleman)가 될 수 없었다. 영국인들은 인도에 최고 수준의 공업계 학교를 세웠지만, 본국에는 그런 학교를 세우지 않았다. 사실 다른 어떤 나라도 '과학자'(scientist)를 영국보다 우대하지 않았다. 그리고 영국은 19세기 내내 물리학에서 주도권을 보유했는데 제임스 클러크 맥스웰(James Clerk Maxwell)과 마이클 패러데이(Michael Faraday)부터 어니스트 러더퍼드(Ernest Rutherford, 1871~1937)에 이르기까지 모두 최고 권위자로 인정받았다.

그 반면 기술자들은 '장사꾼' 지위에 머물렀다. 예를 들면 디킨스는 1853년의 소설 『황폐한 집』에서 벼락출세한 제철업자를 노골적으로 경멸했다.

영국은 벤처 자본가를 양성하지도 않았다. 그들이야말로 예상치 못한 사업, 증명이 안 된 사업에 투자할 자본과 그럴 마음이 있는 자본가들이었는데 말이다. 1840년대 프랑스의 발명품이자 발자크의 기념비적 소설 『인간희곡』(La Comedie humaine)에서 처음으로 묘사된 벤처 자본가는 미국에서는 J. P. 모건이 제도화했다. 그리고 같은 무렵 독일과 일본에서는 겸업은행을 통해 제도화했다.

드러커는 이 책의 인터뷰에서 재미있는 일화를 소개했다.

질문자: 의료 분야로 되돌아가서, 일부에서 미국의 의료 문제는 시장에 맡기면 저절로 해결된다고 주장한다. 이익을 남길 기회가 거의 없는 시골 병원을 고려하면, 그런 주장이 타당한가?

드러커: 아니다. 의료 분야를 시장에 맡기는 것은 올바른 처방이 아니다. 나는 의료카드를 항상 내 책상 위에 놓아둔다. 나는 전국 규모의 의료기관 두 곳을 컨설팅하고 있는데, 하나는 50년 동안, 다른 하나는 30년 동안 해오고 있다. 미국의 의료제도가 특별히 잘못되고 있다는 주장은 옳지 않다. 그것은 혼란에 빠져 있을 뿐이다. 그 이유는 미국의 의료제도가 1900년 때의 통계에 기초하기 때문이다.

그다음, 건강관리 활동 가운데는 진정 현대 의학이 필요한 부분이 20퍼센트는 된다. 일부러 충격적인 사실을 말하겠다. 항생제가 개발된 이후 의료 분야의 발전은 수명 증가에는 아무런 기여도 하지 않았다. 물론 일부 소수 인구집단에 대해 놀랄 만한 성과를 냈지만, 통계적으로는 큰 의미가 없었다. 수명에 가장 큰 변화를 가져온 분야는 노동력 분야였다. 내가 태어났을 당시 사람들은 95퍼센트가 육체로 일하는 직무에 종사했다. 대부분 위험한 일이었을 뿐 아니라 육체적으로 고달픈 일이었다. 카프카가 누구인지 알고 있나?

질문자: 물론 알고 있다.

드러커: 당신은 카프카를 위대한 작가로만 알고 있지 않은가? 안전모를 발명한 사람이 바로 카프카다. 그는 또한 공장시설 검사 활동과 보상관리 분야에서 전문가였다. 카프카는 지금은 체코 공화국이 되었지만 제1차 세계대전 전까지는 보헤미아와 모라비아 공화국으로 불린 지역에서 종업원 보상관리와 공장 안전관리자로 근무했다. 카프카 바로 이웃에 오스트리아인으로서 그 역시 종업원 보상관리와 공장 안전관리 최고 책임자로 일한 쿠피어(Dr. Kupier)라는 의사가 살았는데, 그는 우리 친척의 이웃이기도 했다. 카프카는 쿠피어의 우상이었다.

　카프카가 빈 외곽에서 폐결핵으로 죽을 고비를 맞고 있을 때 쿠피어는 매일 아침 5시에 일어나 두 시간 동안 자전거를 타고 카프카를 문병한 뒤 다시 기차를 타고 자신의 일터로 갔다. 카프카가 사망한 뒤 카프카가 작가였다는 사실이 밝혀지자 쿠피어보다 더 놀란 사람은 없었다. 카프카는 안전모를 발명한 공로를 인정받아 내가 기억하기로는 1912년 미국 안전협회로부터 금메달을 받았다. 체코의 제철소는 안전모 덕분에 처음으로 종업원 1,000명당 사망자 수가 25명 이내로 줄어들었다.

* 주요 교재: 『한 권으로 읽는 피터 드러커 명저 39권』

제3장

경영과 역사

역사변동의 원동력은 지식이다

드러커의 역사관: 연속과 변화

부르크하르트는 역사학이란 무엇보다도 역사의 맨 처음이 언제였는지 밝힐 수 없고 따라서 그 종말도 말할 수 없는 매우 불확실한 분야라고 보았다. 드러커는 부르크하르트의 이런 견해를 받아들였다.

드러커는 『경제인의 종말』에서 '경제인 모델'(economic man model)이 종말을 맞고 자본주의가 수정될 것으로 내다보았지만 마르크스처럼 공산주의가 역사의 귀결이라고 보지는 않았다. 오히려 마르크스주의의 실패야말로 나치즘과 파시즘이 등장한 이유라고 분석했다.

드러커는 프랜시스 후쿠야마(Francis Fukuyama)가 『역사의 종말』에서 주장한 자유민주주의의 영원한 승리도 받아들이지 않았다. 따라서 드러커의 역사관은 종말론도 아니다. 드러커는 지식과 기술을 중시하고 사회의 제반 문제는 새로운 지식과 기술의 등장으로 궁극적으로는 좋은 방향으로 진전된다고 보았기 때문에 퇴보사관도 물론 아니다.

드러커는 역사의 진행을 '연속과 변화'(continuity and discontinuity)의 과정으로 보았다. 하나의 역사는 다음 역사로 넘어갈 때 역사의 경계(historical divide)를 지나 일정 기간 혼란과 변화 기간(transition period)을 겪거나 단절의 시대(the age of discontinuity)를 겪은 뒤 장기간 연속 상태가 지속된다고 보았다. 이는 일견 순환사관과 유사한 듯 보이지만, 드러커는 인류 역사는 인류에게 좋은 방향으로 진보한다는 견해를 유지했다. 따라서 드러커의 역사관은 종말론, 퇴보사관, 순환사관을 제외하고 남은 진보사관에 가깝긴 하지만 역사의 연속과 변화를 강조했다는 점에서 구별된다.

역사의 원동력

역사를 움직이는 원동력(추동력 혹은 원인)은 무엇인가? 공중에 떠 있는 모든 물체가 땅으로 내려앉고, 지상의 모든 구축물이 궁극적으로 허물어지는 이유와 원인을 아이작 뉴턴(Isaac Newton)은 중력에서 찾았다. 같은 논리로 많은 역사철학자는 역사운동의 법칙을 찾으려고 노력했다. 도대체 역사를 움직이는 힘은 무엇인가?

이에 대한 대답으로 우선 '하느님'(혹은 신)이 피조물인 인간과 사회를 움직인다(역사한다)고 설득하려 한다. 요컨대 기독교 사관은 역사의 원동력이 '하느님의 계획'이라고 한다. 중국의 일부 역사가는, 고대부터 국가의 흥망성쇠는 모두 '전쟁'에 의해 결정되었고, 전쟁을 통해 화합과 단결이 이루어졌으며, 여러 차례 민족 융합이 있었고, 제자백가 사상의 원류도 부국강병이기 때문에 '전쟁'을 역사 발전의 원동력으로 본다.

지나간 역사를 살펴보면, 개별 인간들은 역사를 지배했는가 혹은 지배당했는가 하는 질문도 가능하다. 먼저 '개인'이 그 원동력이라고 주장하는 사람들이 있는데, 예컨대 역사는 카이사르, 칭기즈칸, 세종대왕, 나폴레옹 등 영웅의 활동으로 창조된다고 설명한다. 다시 말해 역사의 법칙이 개인을 지배하는 것이 아니라, 개인(영웅)이 역사를 자신이 원하는 방향으로 이끈다는 주장이다. 이런 관점을 '영웅사관'(the Heroic View of History)이라 한다. 이에 대해 영웅이란 사회 환경의 산물에 지나지 않으며, 역사는 다수의 민중이 역사를 창조하고 움직인다는 역사관을 '민중사관'이라고 한다.

톰마소 캄파넬라(Tommaso Campanella)와 잠바티스타 비코(Giambattista Vico)는 역사에는, 물리학에서 일정 시간 간격으로 반복되는 운동을 말하는 주기운동(periodic motion)이 있어서 그것이 문화의 성쇠를 지배한다는 이론을 제시했다. 이 이론을 주창한 현대의 대표적인 학자는 오스발트 슈펭글러(Oswald Spengler)다. 슈펭글러는 『서구의 몰락』(The Decline of the West, 1918~1922)에서 이 이론을 유럽의 현실에 적용하여 각 시대의 문명이 불가피하게 소멸한다고 주장했다.

프랑스대혁명 시대 귀족의 후예로서 자유사상가였던 토크빌은 상아탑의 학자들에게 19세기의 위대한 역사가 중 한 사람으로 널리 인정을 받는다. 토크빌은 역사가이자 사회학자일 뿐 아니라, 형이상역사가이기도 하다. 그의 형이상역사(形而上歷史, metahistory)는 철학적인 동시에 종교적이다. 토크빌은 참된 자유보다 평등을 더 중시하는 근대 사회가 겪게 될 여러 전개 과정을 서술한 자신의 저술 『미국의 민주주의』(De la démocratie)에서 '역사의 종교적 의미에 대한 신념'과 역사가의 종교적 사명을 강조하였다.

부르크하르트는 국가, 종교, 문화를 역사의 세 가지 잠재력으로 보고, 움직이는 것(문화)이 고정된 두 잠재력(국가와 종교)에 미치는 작용을 관찰한다. 역사를 관찰하면 되풀이되는 것, 항상 있는 것, 전형적인 것으로 분류할 수 있다는 것이다.

독일의 사회학자 베버는 자본주의의 발달은 '프로테스탄트 윤리', 즉 금욕, 근면, 절약 정신으로 가능했다고 분석했다. 다시 말해 부지런히 일하고, 그 결과로 얻은 소득을 절약하는 프로테스탄트 윤리가 프로테스탄트 자본주의 국가를 발달시켰다는 것이다. 20세기 초 발표된 베버의 이론은 지금 대부분 부정되고 있다. 베버의 주장에는 납득할 만한 충분한 증거가 없기 때문이다. 특히 프랑스의 기호학자 장 보드리야르(Jean Baudrillard)는 베버의 이런 생각이 자본주의가 부를 어떻게 축적하는지를 간과하고 있다고 비판했다. 만약 자신이 만든 상품이 팔리지 않는다면, 자본주의는 부를 축적할 수조차 없을 것이기 때문이다. 결국 상품을 부단히 소비하게 해야 자본주의는 부를 축적할 수 있다는 것이 보드리야르의 최종 분석이었다. 보드리야르는 '소비'가 역사 발전의 원동력이라고 보았는데, 이것은 위대한 경제학자 존 메이너드 케인스(John Maynard Keynes)의 유효수요론과 비슷하다.

아널드 조지프 토인비(Arnold Joseph Toynbee)는 문명들이 각각 자기 앞에 놓인 장애(도전)를 극복(응전)함으로써 독특한 성격을 획득한다고 보았으며, 토인비와 더불어 20세기 영국을 대표하는 문화사가 크리스토퍼 도슨(Christopher Henry Dawson)은 역사 발전을 '종교와 문화 사이의 관계'로 규정지었다. 도슨의 지적 스펙트럼은 넓어서 사회학, 인류학, 철학 그리고 역사학을 아울렀고 인류 문명이 당면한 문제에 대해 예리한 통찰력을 보였다. 영국 케임브리지대학교 역사학 교수였던 존 액턴(John Emerich Acton)은 '자유 개념'에 초점을 맞춰 역사를 연구했는데, 그는 "권력은 부패하기 쉽다. 절대적 권력은 절대적으로 부패한다"(Power tends to corrupt and absolute power corrupts absolutely)라는 유명한 말을 남겼다.

미래학자 앨빈 토플러(Alvin Toffler)는 1980년 『제3의 물결』을 통해 역사 발전을 크게 세 단계로 구분하여, 제1의 물결(농업혁명과 농업사회), 제2의 물결(산업혁명과 산업사회), 제3의 물결(정보혁명과 정보사회)로 나누었다. 그러나 그 이후 사회에 대해서는 논의가 없다. 제임스 매클렐란 3세(James McClellan III)와 해럴드 도른(Herold Dorn)은 『세계 역사와 과학과 기술』(1999)에서 인류의 역사는 '기술'이 근본적인 추진력이었다고 밝혔으며, 특히 과학과 산업의 강한 연결은 산업혁명 이후에 등장한 비교적 새로운 현상으로 기술했다.

UC 데이비스 경제학 교수 그레고리 클라크(Gregory Clark)는 산업혁명이 왜 유독 영국에서 일어났는가 하는 질문을 제기하고 그 해답을 '인구구조의 변화'에서 찾았다. 영국은 부유층의 출산율이 높았고, 부유층의 가치가 문화와 유전자에 반영되면서 사회 전반에 파급되었기 때문이라고 주장했다.

역사철학자들이 주장한 것들을 매우 단순화하는 오류를 범할 위험도 있지만, 역사의 원동력은 크게 정신인가 물질인가 하는 관점,

즉 관념론과 유물론으로 분류할 수 있다. 헤겔은 역사의 원동력은 인간의 절대정신(absolute Geist, 인간 이성)이라고 보았다. 역사란 절대정신이 실현되는 과정이고, 절대정신은 역사를 이성적인 방향으로 나아가도록 한다고 주장했다. 이를 관념론적 역사관(the Idealist Conception of History) 혹은 유심사관(唯心史觀)이라고 한다.

반면 마르크스는 역사의 원동력은 이성 같은 정신적 활동이 아니라 물질적 활동, 즉 생산력(총생산능력)과 생산관계(사회 구성원들 사이에 생산수단의 소유관계) 같은 경제적 이해관계가 역사를 일정한 방향으로 나아가도록 하는 원동력이라고 주장했다. 이를 유물론적 역사관(the Materialist Conception of History) 혹은 유물사관(唯物史觀)이라고 한다(이 용어를 직접 사용한 사람은 엥겔스다).

마르크스는 헤겔처럼 역사에는 일정한 법칙이 존재하며, 역사는 더 좋은 방향으로 진보한다는 입장이었다. 그러나 역사 발전의 원동력에 대해서는 헤겔과 달랐다. 마르크스는, 인간은 생존하기 위해 물질적 생산을 해야 하며, 이 활동이 경제적 토대, 즉 하부구조가 되어 정치, 법률, 종교, 사상 같은 상부구조를 결정한다고 보았다. 이와 같이 경제적 활동의 결과가 사회구조를 결정하고 사회계급을 형성한다고 보는 역사관을 역사적 유물론(historical materialism) 혹은 경제결정론(economic determinism)이라고 한다. 다시 말해 유물론은 정신을 부정하고 물질적 원리만 주장하는 철학으로서, 정신은 고도로 조직된 물질인 뇌의 소산이며, 인식은 뇌에 의한 사물현상의 반영이라고 주장한다.

마르크스는 헤겔의 변증법을 역사 발전에 적용하여 인간사회는 원시 공산사회 → 봉건사회 → 자본주의 사회 → 사회주의 사회라는 변증법적 도식에 따라 발전하며, 각 시대는 그 내재적 모순에 의해 붕괴되고 새로운 제도로 이행하므로, 자본주의 사회도 변증법적 유물론의 원리에 따라 필연적으로 소멸하여 결국은 사회주의와 공산주의 사회로 옮겨갈 것이라고 생각했다. 요컨대 마르크스는 자본주의가 역사의 필요성에 따라 등장했으므로 조만간 역사적으로 그 수명이 다하여 붕괴할 것이고 이상적인 사회주의가 건설된다고 했다.

지식 패러다임 이동의 세 단계

과거에 지식은 언제나 사유재산(private goods)이었고, 자기수양의 도구였다. 1750년경 어느 한순간에, 지식은 공공재산(public goods)이 되어 보편적이고 실용적인 것이 되었다. 지식에 대한 패러다임의 변화, 즉 지식의 의미변화와 적용변화(이하 지식 패러다임 이동)는 지금까지 세 단계를 거치고 있다.

지식 패러다임 이동의 첫 번째 단계는 1750~1880년 사이 130년 동안으로, 지식이 작업도구와 제조공정과 제품에 적용(knowledge was applied to tools, processes, products)되어 자본생산성(capital productivity)을 크게 향상시켰다. 그런 시대를 일반 역사에서는 산업혁명(industrial revolution)이라고 한다. 그러나 지식의 의미변화의 첫 번째 단계에서 마르크스가 말하는 '노동의 소외'와 '새로운 계급의 등장'과 '계급투쟁', 그리고 궁극적으로는 공산주의를 잉태하였다.

두 번째 단계는 1880~1950년 사이 70년 동안으로, 지식이 작업 그 자체에 적용(knowledge was applied to work)되어 노동생산성(labor productivity)을 크게 향상시켰다. 1881년 프레더릭 테일러(Frederick Winslow Taylor)는 일하는 과정에 (작업연구, 작업분석, 시간연구 등) 과학적 관리법을 적용하였고, 제2차 세계대전 무렵 노동생산성은 절정기에 이르렀다. 그에 따른 생산성혁명(productivity revolution)은 70여 년 만에 프롤레타리아를 거의 부르주아로 바꾸어놓았다. 그리하여 생산성혁명은 계급투쟁과 공산주의를 패배시켰던 것이다.

세 번째 단계는 제2차 세계대전 후에 시작되었다. 1944년 미국의 제대군인원호법(GI Bill of Rights) 이후 고등교육을 받은 지식근로자들이 노동력의 중심이 되었고, 컴퓨터와 인터넷 등을 도구로 삼은 지식 근로자는 지식을 다른 지식들에 적용(knowledge is being applied to knowledge itself)하여 지식생산성을 높이고 있었다. 이것이 지식혁명(knowledge revolution) 혹은 경영혁명(management revolution)이다.

제1차 세계대전 말경인 1920년대만 하더라도 귀족이나 성직자들을 제외한 일반 사람에게 고등교육은 전혀 의미 없는 것이었다. 제대군인들에게서 열광적인 환영을 받은 제대군인원호법이 지식사회로의 이동을 예고하였다. 미래의 역사학자들은 제대군인원호법의 통과를 20세기 가장 중요한 사건으로 취급해야 할지도 모른다.

여기서 말하는 경영혁명은 제임스 번햄(James Burnham)의 『경영자혁명』(Managerial Revolution, 1941)과는 무관하다. 번햄은 자본주의 사회가 오래가지 못할 것이고 경영전문가가 사회를 지배할 것이라고 보았다. 드러커가 말하는 경영혁명은 경영자가 지식과 지식을 결합하여 새로운 지식을 창출하는 과업을 수행하는 것을 의미한다.

드러커의 시대구분

역사에는 수백 년마다 한 번씩 급격한 전환이 일어난다. 수십 년에 걸쳐 사회는 사회 자체를 다시 조정한다. 세계를 보는 관점, 기본적 가치관, 사회적·정치적 구조, 예술을 보는 관점, 그리고 주요한 사회적 기관들을 재조직한다. 그리하여 50~70여 년 동안 전환기가 지난 뒤에는 완전히 새로운 세상이 되어버리고 만다. 그래서 새로 태어나는 아이들은 그들의 조부모가 살았던 세상, 그들의 부모가 태어났던 세상을 전혀 상상할 수도 없게 된다.

일단 그런 경계를 건너고 나면, 사회적·정치적 풍경은 일변한다. 사회적·정치적 기후도 달라지고, 사회적·정치적 언어도 마찬가지로 변한다. "새로운 현실이 시작되고, 새로운 역사가 펼쳐지는 것이다."

다른 시대나 새로운 현실 혹은 전환기를 역사가들에 따라 다양하게 분류한다. 그래서 다음과 같은 말이 나오게 된다.

"역사연구의 모든 노력은 시대구분으로 귀착된다."

서양의 역사는 대체로 다음과 같이 시대구분을 한다.

고대 시대(the ancient times): 5세기 말 서로마의 몰락까지
중세 시대(the Middle Ages 혹은 the medieval times): 6~15세기
르네상스 시대(Renaissance): 14~17세기
근대 시대(the Modern Age): 15~19세기
현대 시대(the Present Age 혹은 contemporary): 20세기 이후

드러커는 역사적 시대구분을 '지식의 의미와 기능 변화'라는 관점에 초점을 맞추었다. 드러커의 역사관은 '연속과 변화를 바탕으로 하는 진보 역사관'이다. 인류는 지식의 적용으로 정신적으로나 물질적으로 좀 더 나은 시대를 열어간다고 보았다.

하나의 사회를 다른 사회와 구분하여 명명할 때, 예컨대 수렵채집사회, 농업사회, 산업사회라고 부를 때는 그 구분 기준이 무엇인가 하는 질문을 할 수 있다. 그 경우 각 사회의 중심 노동력이 그 기준이 된다. 수렵채집사회는 사냥꾼, 농업사회는 농부, 산업사회는 육체노동자가 중심 노동력이었다. 드러커는 산업사회 다음의 사회는 지식근로자를 중심 노동력으로 파악하였다. 드러커는 1993년 『자본주의 이후의 사회』에서 '지식의 의미와 기능 변화'라는 관점에서 사회와 인류의 발전을 다음과 같이 구분했다.

1) 지식이 주로 인간의 내부에 적용되어 자기 자신을 알고, 인격을 연마하는 목적으로 사용된 고대 사회에서 산업혁명 이전 시대

2) 지식이 처음으로 인간 외부의 기계, 도구, 프로세스, 상품 등에 적용되어 자본생산성을 향상한 산업혁명(Industrial Revolution) 시대(18세기 중반~19세기 후반)

3) 지식이 인간의 일하는 방식, 즉 생산방식에 적용되어 육체노동자의 생산성을 향상시킨 노동생산성 혁명(Labor Productivity Revolution) 시대(19세기 후반~20세기 중반)

4) 20세기 후반부터는 노동생산성 향상 경쟁이 끝나고, 지식이 다른 지식과 결합하여 또 다른 지식을 창출하는 지식혁명(Knowledge

Revolution) 혹은 지식생산성 혁명(Knowledge Productivity Revolution) 시대로 구분했다.

1. 지식이 인간 내면에 적용된 시대: 고대에서 산업혁명 직전 까지

고대 동서양의 지식관

1750년 이전에는 서양에서도 동양에서도 모두 지식은 항상 존재 (being)에 적용되는 것으로 생각되었다(간단히 말해 지식의 의미는 자기수양 과 체념의 도구였다). 먼저 고대 서양의 경우를 보면, 소크라테스(Socrates) 를 비롯한 그리스의 철학자들은 지식의 유일한 기능은 자기 자신을 아는 것(know thyself)이라고 했고, 한 인간으로서 지적으로 도덕적으로 정신적으로 성장시키는 것을 지식의 기능으로 생각했다.

소크라테스에 필적할 철학자 프로타고라스(Protagoras)와 소피스트 들은 지식의 목적은 "무엇을 어떻게 말해야 하는지를 알게 하여 자 신의 목적을 달성하게 하는 것"이라고 생각했고 "인간은 만물의 척 도다"라고 주장했다. 요컨대 지식은 논리이고, 문법이고, 수사학(修辭 學)이었다. 이것은 나중에 중세 학문연구의 핵심인 삼학(三學)과 7자 유 학문(Septem artes liberales, 문법, 수사, 논리, 산수, 기하, 음악, 천문)으로 발전 했다.

소크라테스와 프로타고라스는 지식에 대한 정의는 서로 다르게 내렸으나, 두 사람에게 공통적인 것은 지식은 무엇을 만들고 운반하고 보관하는 데 소용되는 것, 즉 삶의 수준을 높이기 위해 무엇을 할 수 있는 실용적인 능력(ability to do)을 의미하지 않았다. 실용적인 것은 지식이 아니라 하나의 기능(skill)으로서 그리스어로 'techne'(테크네)인데, techne는 장인(匠人)이 자연을 가공하는 기술을 의미했다.

techne는 지식을 의미하는 'episteme'와는 구분된다. 호메로스(BC 9세기~8세기) 시절 '집 짓는 목수의 솜씨'에서 비롯한 개념인 techne는 훗날 예술(art)의 범위로 넓어졌다. 플라톤(Platon)은 techne를 '대상의 근본적인 원인과 원리를 정확하게 아는 것'으로 정의했다. 플라톤은 『국가』에서 (예술 혹은 기술이라는 관점에서) techne를 평화와 질서, 그리고 이성과 법률이 최고의 행동인 좋은 국가에 대한 위협으로 간주했다. "신사는 손톱 끝에 기름 때가 있으면 안 된다"라는 영국의 속담은 여기서 유래한 것이다. 아리스토텔레스는 techne를 인간이 자연을 불완전하게나마 모방하는 기술로 정의를 내리고, 최초의 학문분류 체계에서 이것을 오늘날 공학의 의미로 사용하는 에피스테메 포이에티케(episteme poietike, 제작학)의 범주에 포함시켰다. 여기서 포이에티케는 '만들다'라는 동사 poiein에서 나온 poie와 기술(tike)을 뜻한다. 이는 공학적 기술만이 아니라 시학과 수사학을 포함하는 개념이었다. 따라서 (아리스토텔레스 이후) techne가 예술로 이해될 수 있는 길이 열렸다. 말하자면 오늘날 우리가 예술로 부르는 것들을 고대에는 기술과 분리하지 않았다. 이어서 드러커는 다음과 같이 서술한다.

고대 동양에서도 지식에 관해 거의 비슷한 두 가지 이론이 있었다. 노자(老子)를 비롯한 도가(道家)와 선승(禪僧)들에게 지식이란 '자기 자신을 아는 것'이고, 깨달음과 지혜에 이르는 길이었다. 노자 『도덕경』 1장의 첫 문장은 "말로 표현할 수 있는 도는 참된 도가 아니다"로 시작하고, 38장의 첫 문장은 "최상의 덕은 스스로 덕이 있다고 여기지 않으니, 이 때문에 덕이 있는 것이다"로 시작한다.

같은 무렵 공자(孔子)를 비롯한 유학자(儒學者)에게 지식이란 '자신이 무엇을 말해야 하는가, 그리고 그것을 어떻게 말해야 하는가를 알고, 입신양명하여 세속적으로 출세하는 방법을 익히는 것'이었다. 『논어』 「자장」(子張) 편에서 이를 "이미 관직에 나아간 자가 일을 훌륭하게 해내려면 계속 배워야 하고, 배우는 자가 뛰어나면 관직에 나아간다"(仕而優則學, 學而優則仕)라고 표현했으며, 유학에서 가르치는 6예는 중세의 7자유학문과 유사하다.

이와 같이 지식이 무엇인가 하는 것에 대해 도가와 유학자는 극명하게 달랐지만, 지식이 의미하지 않는 것이 무엇인가 하는 것에 대해 그들은 완전히 일치했다. 지식은 실용적인 것, 즉 무엇을 만들어 인간의 생활수준을 높이는 것이 아니었다. 요컨대 지식의 의미는 '자기 자신을 알고 자기 자신을 표현하는 것'이었고, 지식은 오직 '인간의 내면'에 적용되었다.

생각하는 인간과 일하는 인간

인류의 조상은 진화를 거듭해오면서 불의 발견, 도구의 사용, 쟁기 같은 농기계의 발명, 수레바퀴와 도르래의 고안 등 적은 시간에 일을 더 많이, 쉽게 하려고 온갖 지혜를 짜냈다. 그러나 당시 기준으로 '지식 있는 사람들'(learned people)은 대체로 일하는 방식을 개선하는 데는 무관심했다. '지식 있는 사람들'은 본질적으로 그 수가 적었을 뿐만 아니라, 그들에게는 들판이나 논에서 일하는 것보다 더 중요한 것이 있었다. 국가를 운영하거나, 전쟁에 나가거나, 신(神)의 뜻이 무엇인지 생각하거나, 학문과 자기 수양을 하는 등 한층 더 고상한 것에만 관심을 기울였다.

신성로마제국 황제이자 오스트리아의 왕 요제프 2세는 계몽군주로서 노동의 자유에 관한 칙령을 공포하는 등 개혁정책을 펼치고 있었다. 1782년 농사철이 시작되는 3월 어느 날, 농부들이 봄 농사일에 분주한 빈 근처 들판에 나타난 요제프 2세 황제는 마차에서 내려 경작지 가운데 있는 쟁기를 집어 들었다. 농부들은 일제히 환호성을 터뜨렸다. 하지만 그것이 형식적이라는 사실은 누구나 알고 있었다. 현대의 국가 지도자들도 그런 상징적인, 그러나 해를 끼치지는 않는 쇼를 하곤 한다.

중국에서는 자신이 일하지 않는 계층임을 표시하기 위해 손톱을 길게 길렀다. 유럽에서는 자신이 물건을 직접 지니고 다니지 않는다는 표시로 윗옷에는 아예 주머니가 없었다. 물건을 들고 다니는 일은 하인이 할 일이었다. 우리나라에도 양반집에서는 글 읽는 소리와 아이들 우는 소리가 들려야 했다. 만약 양반이나 주인이 직접 논밭에 나오거나 마님이 부엌에 들어오면 머슴과 하녀는 "왜 우리 일을 빼앗지?" 하고 반발했다. 동서양을 막론하고 일이란 노예나 머슴이나 하인이 하는 것이었다.

개개인은 먹고살기 위해 일하고 남은 시간은 여가와 창작활동을 하는 데 쓴다. 그리고 사회 전체적으로도 식량생산 활동에 투입할 인력을 우선적으로 배정하고 남은 인력은 신전을 짓거나 공업생산 활동을 하거나 노역에서 벗어나 창작활동에 전념하는 인구집단이 된다. 예컨대 국가의 관리, 성직자, 교사, 의사, 법률가, 예술가 등이다. 달리 말하면 비생산 인구가 증가하는 것이다.

어떤 문명이든 그 문명권에서 주로 재배하는 식용작물이 하나씩 있다. 프랑스의 경제 역사가 페르낭 브로델(Fernand Braudel)은 이를 문명작물이라고 명명했다. 대체로 서양은 밀, 동양은 벼, 그리고 남미의 인디오는 옥수수였다. 봄에 식용작물 한 알을 심어 가을에 몇 알을 거두는가 하는 것을 산출비율이라고 한다. 서양에서는 16세기까지는 밀의 산출비율이 1 대 5였다. 그중 한 알은 다음 해 씨앗으로 남기고 네 알을 먹었다. 산출비율이 1 대 10이 되는 단계를 농업혁명이라고 하는데, 영국의 경우 18세기에 이 단계에 들어갔고, 농사에서 해방된 인력 20~30퍼센트는 공업생산에, 즉 산업혁명을 위한 노동력으로 전환되었다. 동양의 벼농사는 산출비율이 1 대 50이나 되었지만 농업활동을 위한 인구밀집 현상, 관개시설 유지 등 많은 인구를 먹여 살려야 했기 때문에 인구 이동이 적었고, 그 결과 공업활동을 위한 노동력으로 전환하는 것도 늦었다. 옥수수의 경우 산출비율이 1 대 800이었다. 옥수수 농사는 손도 거의 가지 않았다. 따라서 농사일에서 벗어난 남미 인디오들의 남는 일손은 일찍부터 피라미드를 짓는 데 동원할 수 있었다.

고대 그리스: 지식의 목적은 생활수준의 향상이 아니었다

고대 그리스 시대에는 물질적 욕구를 멸시했다. 기술적 연구는 지식인들에게 무가치한 것이며 과학의 목적은 적용이 아니라 명상이었던 것은 분명하다. 플라톤은 사물의 본질인 이데아를 찾는 활동, 즉 이성의 추상적인 활동만을 중요하게 여겼기 때문에 과학지식을 실용적인 문제 해결에 적용하는 데는 어떠한 타협도 하지 않았다. 아르키메데스(Archimedes)는 플라톤보다 더하였다. 비록 그가 과학지식을 군사와 병참활동 등 어느 정도 현실에 '적용'하기는 했지만, 수량적 계산의 정확성을 입증한 후에는 기계를 파괴해버렸다.

그리스인들은 물질적인 욕구와 실제적인 삶의 향상을 경멸하였고 지적 활동의 목표를 명상에 두었다. (노예제도로) 수작업을 경시했고 무력 사용을 거부했으며 자연에 대해 경외감을 품고 있었다. 그리스인들이 기술활동을 탐탁하게 여기지 않은 이유는 기술활동이 무력의 잔인한 측면을 나타내고 중용의 결핍을 의미하였기 때문이다. 그리스인들이 생각하는 최고의 가치는 절제(self-control)였다. 기술에 대한 거부는 자아성취, 운명에 대한 인식, 주어진 삶의 수용이라는 점에서 고의적이고도 긍정적인 행위였다. 따라서 생리적 욕구를 직접적으로 해결하는 가장 순수한 기술들만이 허용되었다. 지식에 대한 태도가 이런 식의 사회에서는 물질적 욕구들이 결코 우위를 점할 수 없었다.

고대의 지도자는 지식의 보급을 막았다

313년 로마제국의 황제 콘스탄티누스(Constantinus)는 밀라노 칙령(Edict of Milan)으로 기독교를 공인했다. 이로써 로마는 기독교 국가(Christendom)가 되었다. 기독교의 융성은 과학자와 철학자에게 도움이 되지 않았다. 기독교는 사악한 인간들에 대한 벌로 종말이 온다고 생각했고, 모든 신기한 과학적 지식도 천당에 가면 아무런 쓸모가 없으므로 우주 만물의 원리를 밝히려는 연구를 장려하지 않았다.

심지어 세속의 지식과 과학을 이단으로 여겨서, 415년 알렉산드리아의 키릴 주교(Cyrill of Heliopolis)는 세라피스(Serapis) 사원의 장서를 불태웠다. 진시황의 분서갱유(焚書坑儒)도 같은 목적이었다. 그리고 지도자는 백성을 가르치지도 않았다.

1500년에서 1650년 사이 서양은 신기술, 즉 인쇄된 책을 중심으로 학교제도를 다시 조직하였는데, 확실히 이것은 서양이 세계의 주도권을 확보하게 되는 중요하고도 유일한 요인이 되었다. 이슬람제국과 중국 모두 점차 서양에 뒤처지다가 결국 서양에 무릎을 꿇게 된 것은, 크게 보면 신기술을 중심으로 한 교육제도의 재설계를 거부했던 결과다. 물론 이슬람과 중국은 인쇄술을 받아들였다(중국에서는 비록 활판인쇄는 아니더라도 몇 세기 동안 책을 인쇄하고 있었다).

그러나 이슬람과 중국 모두 신기술을 교육에는 적용하지 않았으며 인쇄된 책을 배우고 가르치는 도구로 채택하지 않았다. 이슬람 종교 지도자들은 기계적으로 외우고 암송하는 방식을 고집했다. 그들은 인쇄된 책을 권위에 대한 도전으로 보았는데, 이것은 엄밀히 말하면 학생이 혼자서 배울 수 있게 책이 도와주기 때문이었다.

중국에서는 유학자들 역시 같은 이유로 인쇄된 책을 거부하고 붓으로 저술하기를 고집했다. 인쇄된 책은 중국문화의 핵심적 전통과는 양립할 수 없었다. 즉 서예에 통달하는 것은 지도자로서 자격을 갖추는 것이었고, 이로써 백성이 지식에 접근하지 못하게 하려는 의도가 있었다.

아우구스티누스: 하느님에 의한 구원

아우구스티누스(Aurelius Augustinus)가 쓴 22권으로 된 『신국』(神國, *De Civitate Dei*)은 고대 로마가 몰락한 것은 기독교를 공인함으로써 로마 이교도의 많은 신을 버렸기 때문에 벌을 받은 것이라는 이교도의 주장을 반박하고 기독교를 옹호하기 위한 저술이다. 아우구스티누스는 기독교를 정당화하기 위해 『신국』의 많은 부분을 할애하여 "기독교인들은 선민들이다"라고 공언하였다. 그러나 선민의 관심의 초점은 세속적으로 잘사는 행위가 아닌 다른 것들이었다. 아우구스티누스가 말하는 신국은 기독교 국가이고, 다른 하나는 이교도 국가나 세속국가(Civitas mundi)다. 신의 나라와 세속국가가 서로 얽혀 있지만 결국 신의 나라가 승리한다고 주장했다. 『신국』의 철학은 "참된 철학자는 하느님을 사랑하는 자다"로 요약되는데, 이것은 종교적인 운명론이다.

아우구스티누스는 『신약성서』의 기독교 교리와 그리스의 플라톤 철학을 결합했다. 플라톤주의는 인간의 내면이 외면보다 우월하다고 생각했고, 궁극적 실재에 도달하는 정신은 인간의 가장 깊은 자아의 중심에 있다고 믿었다. 하느님에게 돌아가려면 육체에서 떠나야 한다는 것이었다. 그것은 「로마서」 13장 14절의 내용과 같다.

"주 예수 그리스도로 온몸을 무장하십시오. 그리고 육체의 정욕을 만족시키려는 생각은 아예 하지 마십시오."

아우구스티누스의 사상은 중세 로마 가톨릭 교회를 지배했고, 르네상스 시대에는 프로테스탄트를 낳았다. 그 후 기독교는 기반이 흔들리기 시작하였고 다른 영향력 있는 것들에 의해 침식되기 시작하였다.

플라톤과 마찬가지로 아우구스티누스는 참된 지식을 만드는 능력을 밖에서 찾지 않았다. 아우구스티누스는 교사가 할 일은 학생이 이미 알고 있되 다만 의식하지 못하는 것을 스스로 찾도록 도와주는 것이라고 보았다. 그런 직관적 지식의 예로 수학적 명제와 도덕가치의 인식을 들었다. 아우구스티누스는 내재적이며 동시에 초월적이고도 변하지 않는 빛인 하느님은 우리의 직관을 통해 진리와 선을 알려주는 근원이므로, 합리적인 추리의 결론으로 얻어지는 것이 아니라고 생각했다. 그것은 신비한 체험이요 환상이며 왔다가 사라지는 접촉이었다.

중세

고대 로마제국의 멸망을 언제로 보는가. 즉 395년 동서 로마의 분할, 476년 서로마제국 몰락, 1453년 비잔티움제국 멸망 등 어느 것을 택하느냐는 이 책의 논의거리가 아니다. 어쨌거나 476년 서로마제국이 멸망했을 때, 아리스토텔레스의 사상도 운명을 같이했고, 12세기까지는 다시 등장하지 않았다.

서양은 그 후 14세기까지 공식적으로 기독교 세계였다. 4세기에서 14세기에 걸친 소위 기독교 시대에는 기술의 관점에서 로마 기술의 붕괴를 볼 수 있다. 예컨대 도시건설, 산업, 교통뿐만 아니라 조직 분야까지 그렇다. 그것은 기독교인들이 기술활동을 너무나 경멸적으로 인간의 적이라고 간주하였기 때문이다. 특히 4세기부터 10세기까지는 기술에 대해 완전히 망각했을 뿐 아니라 기술이 반기독교적인 논쟁의 핵심이 되는 암흑의 시대(Dark Age)였다(물론 중세 시대는 암흑시대가 아니었다는 주장도 있다).

서로마제국이 멸망하자 서유럽에서는 잉글랜드, 프랑크, 독일 지방이 번창했고, 지중해 지방에서는 베네치아와 제노바 두 공화국이 세력을 얻었다. 그들은 모두 기독교 국가이고, 종교적으로는 로마 가톨릭 교회의 영향 아래 있었다. 그리고 서로마제국이 멸망한 후 서유럽에는 오랫동안 새로운 로마제국이 탄생하는 데 필요한 몇 가지 조건이 형성되고 있었다.

첫째, 이탈리아 서쪽에는 '세계적이고 영원한 로마제국'이라는 관념이 비록 정치적인 현실성은 없었는데도 여전히 존속했다.

둘째, 콘스탄티누스 황제가 기독교로 개종한 뒤 서유럽 여러 민족의 다수가 '기독교 왕권' 또는 '기독교도의 로마제국'이라는 관념을 갖고 있었다. 기독교도들은 로마제국을 세계의 마지막 국가로 설정하고 기독교적 종말론의 틀 속에 포함하여 세계의 종말이 곧 신의 나라로 들어가는 입구라고 생각했다.

셋째, 새로운 로마제국을 세우는 데 충분한 권력과 지위를 지닌 인물, 즉 프랑크 왕 샤를마뉴(Charlemagne, 재위 800~814)가 나타났다. 800년 샤를마뉴 황제가 대관식을 함으로써 드디어 신성로마제국(Sacrum Romanum Imperium, Holy Roman Empire, Heiliges Romisches Reich)이 창건되었다.

유럽에 과학이 서서히 보급된 데는 샤를마뉴 황제의 영향이 컸다. 샤를마뉴 황제는 글을 읽지 못했기 때문에 교육의 필요성을 절실히 느꼈다. 787년 그의 명령으로 수도원에 학교가 생겼고, 이 수도원 학교들이 발전하여 대학이 된다.

중세 신성로마제국은 교황청과 함께 서유럽에서 지위가 가장 높고 중요한 자리에 있었다. 그러나 신성로마제국의 역사를 제국 구성국들의 역사와 혼동하거나 동일시해서는 안 된다. 제국을 구성한 각 영토는 각자 자국의 정체성을 유지했고, 역대 신성로마제국 황제는 대관식 때 각자 자기가 속한 나라의 왕관을 썼다.

샤를마뉴 황제부터 1806년 신성로마제국의 마지막 황제 오스트리아의 프란츠 2세(Franz II)가 스스로 물러날 때까지 1,000년 동안 신성로마제국 황제 자리를 두고 우여곡절이 많았다. 처음에는 카롤링거 왕조의 프랑크족 황제가, 나중에는 호엔슈타우펜 왕조를 비롯한 독일인 황제가, 그리고 후기에는 합스부르크 왕가가 신성로마제국의 영토를 통치했다.

프랑스의 기술사회학자 자크 엘륄(Jacques Ellul)에 따르면, 10세기에서 14세기까지는 사회에 활기가 넘치고 결속력이 있었으며, 발전의 시기였으나 기술에 대한 의지는 전혀 없는 시기였다. 조직의 관점에서 그 당시는 문자 그대로 무정부적이었고 비기술적인 사회였다. 그 시기는 '비자본주의적'(a-capitalistic)이면서 '비기술적'(a-technical)인 시기였다. 12세기 초 동양의 영향력 아래 매우 미약한 기술운동이 그 형태를 잡아가기 시작했다. 서양 문명의 기술적인 자극은 처음에는 유대인과 베네치아 상인, 그 후에는 십자군을 매개로 동방에서 유입되었다. 비록 그렇다 하더라도, 그것은 예술분야를 제외하고는 단순히 본 것을 모방하는 수준에 그쳤다.

건축기술이 발전하였지만 그것은 기술 발달의 결과가 아니라 종교적인 충동에 따른 것이었다. 건축기술을 제외한 농업과 산업 분야에서도 기술이 발달하지 않았다. 농업과 산업활동을 개선하려는 노력은 거의 하지 않았다. 역사 서술에 중요한 계기가 되는 군사 분야에서도 마찬가지였다. 전투는 가장 기초적인 형태, 즉 양쪽에서 일렬로 정렬한 다음 백병전으로 싸우는 형태였다.

그러나 중세는 단 한 가지 새롭고 완벽한 기술, 즉 스콜라 철학의 지적 추론기술을 낳았다. 스콜라 철학은 가톨릭 교회 부속학교에서 교회 교리의 학문적 근거를 체계적으로 확립하기 위하여 이루어진 기독교 변증(辨證)의 철학이었다.

고대 철학의 전통적 권위에 의존해 주로 아리스토텔레스와 플라톤의 철학을 원용하여 학문의 체계를 세우려 하였는데 토마스 아퀴나스(Saint Thomas Aquinas)가 집대성하였다. 하지만 그토록 놀라운 수단을 가진 스콜라 철학은 결국에는 극단적으로 형식주의가 되어버렸다. 스콜라 철학자들이 놀라운 지적 능력이 있었는데도 몇 세기 동안 지적인 측면과 역사적인 측면에서는 어떠한 성취도 발견할 수 없다. 따라서 서양의 기술적 운동은 기독교의 지배적인 영향력 밖에서 발달하였다.

역사적 사회계급: 봉건기사와 수공업장인

마르크스를 비롯하여 19세기 지식인들은 기계의 등장으로 촉발된 산업혁명이 '생산양식'을 바꾼 최초의 계기라고 믿었다. 그 생산양식의 변화는 사회구조를 바꾸고 새로운 계급들, '자본가 계급'과 '프롤레타리아 계급'을 만들었다고 주장했다. 그러나 이런 생각은 타당하지 않다. 700년에서 1100년 사이 유럽에는 기술이 변화하면서 두 개의 새로운 계급이 나타났는데, 하나는 봉건기사(騎士) 계급이고 다른 하나는 도시의 수공업장인 계급이다.

먼저 700년경 중앙아시아에서 발명되어 유럽으로 전파된 고정 등자(固定橙子)는 기사 계급의 등장을 가능하게 하였다. 등자는 기사들을 말 잔등에 앉아서 싸울 수 있도록 하였다. 등자가 없이는 말 위에서 창이나 칼을 휘두를 수 없었고 대궁을 쏜 기사들은 뉴턴의 제2법칙, 즉 '모든 작용에는 반작용이 있다'는 것에 따라 곧바로 나뒹굴어 떨어졌기 때문이다. 몇백 년 동안 기사는 무적의 '전쟁기계'였다. 그러나 그 전쟁기계는 역사의 한 페이지에 새롭게 등장한 개념인 '군농(軍農)복합체'에 부양되어야만 했다. 독일 사람들은 금세기 직전까지 군농복합체를 기사령(騎士領, Rittergut)이라고 했다. 기사의 영지에는 법적 지위가 부여되었고 경제적 · 정치적 특권이 주어졌으며 그 전쟁기계(즉 기사, 종자, 말 세 필, 그리고 12~15명의 마부)를 먹여 살리는 데 필요한 식량을 생산하기 위해 적어도 농가 50가구 또는 농민 200명을 데리고 있었다. 바꾸어 말하면, 등자는 봉건제도를 창조한 것이다.

수공업장인 계급은 1100년경 수차와 풍차를 진정한 기계로 만들어 고대사회가 동력원으로 사용하던 인간의 근육을 대신해 처음으로 무생물의 동력, 즉 물과 바람을 이용하면서 등장했다. 고대사회의 장인은 노예였다. 그러나 최초의 '기계시대'에서 장인, 즉 중세 유럽의 장인은 도시의 지배계층이 되었고, '자치도시의 공민'이 되었다. 그들은 유럽에 독특한 길드도시를 만들었고, 고딕양식과 르네상스를 창조하였다. 등자, 수차, 풍차 같은 혁신적인 도구들은 구대륙의 구석구석까지 빠르게 보급되었다. 그러나 초기 산업혁명 시대 장인들의 지위향상은 완전히 하나의 유럽적 현상으로 남아 있었고 다른 세계로 퍼져 나가지 않았다. 다만 일본만 1100년경 장인의 지위가 향상되고 있었는데, 자긍심 높고 독립적인 장인들은 존경을 받았다. 그들은 1600년쯤에는 꽤 많은 권력도 소유하였다. 일본의 무사들은 말을 탈 때 등자를 채웠으나 전쟁 때는 계속 보병 중심으로 싸웠다. 중세 시대 일본의 통치자들은 보병 지휘관, 즉 '사무라이'였다. 사무라이는 농민에게서 세금을 거두었지만 봉건 영지는 없었다. 중국에서, 인도에서, 이슬람 세계에서 그 신기술은 아무런 사회적 영향을 주지 못했다.

십자군전쟁과 교역기술

흔히 5세기 중엽에서 11세기에 이르는 중세 유럽을 암흑시대라고 표현한다. 하지만 중세의 역사 가운데 오늘날 무역활동, 상거래, 인간의 조직행동과 관련하여 많은 교훈을 준 사건 중 하나가 십자군전쟁(1096~1291)이다. 유럽 전체가 함께 시작한 십자군전쟁은 결국 실패로 끝난다. 그러나 유럽이 기독교 신앙이라는 명목 아래 하나로 뭉칠 수 있음을 보여준 것은 큰 소득이었다. 중세의 문화는 봉건제도와 기독교 문화로 집약된다. 그런데 십자군전쟁은 봉건제도의 꽃인 기사 계급을 몰락시키고 정신적 지주였던 기독교 교회를 약화시키면서 중세의 몰락을 재촉하는 계기가 되었다.

일반적으로 생각하는 것과는 달리, 중세 사람들 역시 물질을 탐하였다. 중세 사람들도 소유에 집착했고 탐욕스러웠다. 일부 역사가들이 주장하는 말, 즉 십자군 원정은 유사 이래 가장 큰 쇼핑여행이었다는 표현은 옳은 말이다. 중세에 그들이 가난을 선택했기 때문에 가난한 것이 아니었다. 소비할 제품이 없었을 뿐이다. 게다가 이슬람 세력이 헬레니즘 세계와 지중해 연안을 정복하면서 중세 유럽 사람들은 그들의 오래된 부의 생산지에 접근하지 못하게 되었다. 이런 현실적 문제를 해결하려는 것이 십자군전쟁의 숨은 원인이다. 크리스토퍼 콜럼버스(Christoper Columbus)가 신대륙을 찾아 나선 것은 이슬람 세력이 막아버린 동양으로 가는 통로 대신에 해로를 찾으려는 것이었다.

기사제도가 발전하면서 기독교도로서 이상적인 기사상(騎士像)이 널리 퍼졌다. 교회를 존경하고, 영주와 주군에게 충성하며, 개인의 명예를 지키는 이상적인 기사상이 만들어졌다. 이런 이상형에 가까운 기사가 나타난 것은 11세기 말 유럽 기독교 지역의 기사들이 성지 순례자를 보호한다는 공동 목표 아래 모인 십자군전쟁 때였다. 십자군전쟁에 참가한 최초의 기사단 가운데는 예루살렘의 구호기사단(救護騎士團)과 성전기사단(聖殿騎士團), 그리고 특수 목적을 수행하는 기사단, 예컨대 나병환자 병원을 지키는 특별임무를 맡은 성 라자루스 기사단(Knights of St. Lazarus) 등이 있었다. 기사단은 교회의 직제를 본떠 기사단장을 비롯해 수도원장, 분단장, 일반기사로 구성되었다. 기사단의 기사 수와 재물이 늘어남에 따라 그들은 차츰 종교적 목적은 제쳐두고 정치활동을 벌이게 되었다.

십자군전쟁은 세계사에 여러모로 큰 획을 그었다. 상업의 역사에도 큰 의미를 던졌다. 십자군전쟁으로 교황과 교회의 권위는 떨어졌고 십자군전쟁에 적극 참여한 제후와 기사들은 자신들의 영지를 돌보지 못해 몰락한 경우가 많았다. 반면 도시의 상인 계급과 국왕의 힘은 더욱 강력해졌다. 특히 영국과 프랑스의 왕권은 확고해졌다. 십자군전쟁의 길목에 있던 여러 상업도시, 예컨대 베네치아와 제노아와 피렌체 등은 물자 조달과 군대 이동을 이용해 부를 축적하게 되어 결과적으로 이탈리아 반도 전체가 부강해지게 되었다. 유럽의 상인들은 동방의 물건들, 즉 향수, 후추, 양탄자, 비단, 유리병 등을 싸게 구입하여 유럽에다 비싸게 팔았다. 게다가 국왕도 지방 제후들의 세력을 약화시키기 위해 상인 계급과 손을 잡음으로써 상인들은 세력을 더욱더 넓혀갔다.

토마스 아퀴나스: 상인은 덕을 행하는 자다

백성에게는 검소한 생활을 하라고 강조한 국가 지도자와 종교 지도자들은 대체로 사치를 했고, 왕궁과 교회는 웅장했다. 백성은 자신들도 저렇게 잘 살아보고 싶다고 생각하였다. 상업에 대한 교회 지도자들의 생각도 차츰 변했다. 중세 시대 위대한 신학자 아퀴나스는 "이웃에 봉사하기 위해 물품을 사고파는 사람들은 덕을 행하는 자다"라고 말했다. 이 말은 물질적 풍요에 대한 아우구스티누스의 생각과는 정반대다.

나중의 일이지만 문학에서도 물질적인 소비수준의 향상을 칭송하게 된다. 괴테는 『빌헬름 마이스터의 수업시대』에서 이렇게 표현했다.

"나로서는 진정한 상인의 정신보다 더 널리 퍼져 있는, 그리고 더 널리 퍼져야 할 정신이 있는지 알지 못하겠다."

괴테와 쌍벽을 이루는 프리드리히 실러(Johann Friedrich von Schiller)도 "신이여, 상인은 당신의 것입니다!"라며 상인을 신성한 존재로 칭송하였다.

요컨대 중세까지 종교는 자유로운 과학 연구를 방해하고 있었다. 그러나 13세기에 아퀴나스는 아리스토텔레스의 과학과 종교의 접합을 모색하였다. 아퀴나스는 『신학대전』(Summa Theologiae), 『이단 논박대전』(Summa contra gentiles) 등에서 라틴 신학을 고전적으로 체계화하였고, 교회 전례에서 사용되는 아름다운 찬송가를 지었다. 아리스토텔레스의 이론에는 신이 세상을 창조하지 않았으며, 기적도 일어나지 않았고, 사람이 죽은 뒤에 영혼이 남지 않는다는 내용이 포함되어 있다고 생각한 교황 그레고리우스 10세(Gregorius X, 재위 1271~1276)는 1274년 신학 문제에 최고의 관할권을 가지고 있던 파리 기독교 신학자들의 의견을 받아들여, 219가지 과학 명제들에 단죄령을 내렸다. 그 가운데 아퀴나스의 명제가 12개나 포함되어 있었다. 그러자 일부 학자는 아리스토텔레스의 이론을 교황의 구미에 맞도록 바꾸었다.

초기 기독교 역사 이래 12세기까지 기독교 교부들은, 특히 아우구스티누스는 주로 플라톤 사상에 경도되어 있었다. 그러나 아퀴나스는 알베르투스 마그누스(Albertus Magnus)와 로저 베이컨(Roger Bacon)의 지도를 받아 새로 발견한 아리스토텔레스의 저작들을 연구한 뒤 창조와 하느님의 섭리를 다룬 형이상학 분야에서 그의 영향을 받아 그의 철학을 기독교 사상에 통합했다. 따라서 인간을 타락한 존재로 보는 전통적인 아우구스티누스 사상을 따르는 기독교 지식인들과 끊임없이 논쟁했다. 1274년 아퀴나스는 라틴 교회와 그리스 교회의 분열을 치유하기 위한 제2차 리옹 공의회에 참석하라는 그레고리우스 10세의 부름을 받고 리옹으로 가던 중 병에 걸려 죽었다.

역사의 전환기

유럽의 중세도시는 고대 로마 시대의 도시가 부활하거나 영주의 허가로 새롭게 탄생한 것들이다. 중세도시는 외부 침략으로부터 방어가 중요했기 때문에 도시가 형성될 때 급수, 방위, 교통 등 지리적 조건을 중시했다. 따라서 도시 주변에는 보루를 굳게 쌓게 되고, 그 안에 또다시 성벽을 쌓아 올린 보루형(堡壘型) 성곽도시이거나, 구릉 정상(丘陵頂上)이나 도서(島嶼) 같은 지형이 불규칙한 땅에 세워져 도시 형태가 비형식적이었다.

새로 등장한 길드 중심의 중세 유럽 도시는 봉건영주가 도시 주민에게 수여하는 특권과 자치권의 내용을 명기한 특허장(charter)을 보유했고, 방어 · 행정 · 경제 · 종교 등의 기능을 보유했다. 각각의 기능은 고유한 상징적 · 물리적 공간을 갖고 있었는데, 도시 행정의 중심이자 도시 방어 기능을 수행하는 성채(城砦), 도시 내외부를 구분한 성곽(城郭), 시민의 경제활동을 상징하는 공공장소로서 시장, 도시 외부의 먼 곳에서도 눈에 쉽게 띄는 높은 건축물인 대성당 등으로 구분되었다.

대체로 지명 중에 접미사로 -berg, -burg, -bourg, -burgh 등이 붙은 것들이 그런 도시다. 예컨대 하이델베르크(Heidelberg), 함부르크(Hamburg), 잘츠부르크(Salzburg), 스트라스부르(Strasbourg), 에든버러(Edinburgh) 등이다. 중산층이란 뜻의 부르주아지(bourgeoisie)의 형용사는 부르주아(bourgois)인데, 이것은 원래 프랑스어로 성(城)을 의미하는 bourg에서 유래한 단어다.

르네상스: 중세를 마감하는 전환기

1455년 요하네스 구텐베르크(Johannes Gutenberg)가 활판인쇄술을 발명하고 책을 인쇄하게 된 때부터 루터가 종교개혁을 한 1517년에 이르는 60여 년 동안은 또 다른 전환기였다. 이 기간은 르네상스의 전성시대로, 피렌체를 비롯한 도시의 지식인과 예술가는 고대 그리스와 로마를 다시 발견했고(르네상스라는 말 자체가 고대 그리스·로마를 되살렸다는 의미다), 1492년 콜럼버스가 신대륙을 발견했으며, 다빈치가 해부학을 재발견해 인체에 대한 과학적 의문이 제기되었고, 서양세계에 아라비아 숫자가 전반적으로 보급되었으며, 로마군단 이후 최강인 에스파냐 보병대가 한동안 그 위용을 떨쳤다.

중세 유럽의 군사강국들은 귀족이 지휘하는 대규모 기사단을 보유하고 있었으나 토양이 척박한 에스파냐는 말 사육에 불리했기 때문에 유럽의 다른 나라들에 비해 상대적으로 기사 계급의 발전이 뒤처졌다. 따라서 에스파냐에선 보병이 전력의 중심이 될 수밖에 없었고, 귀족 계급이 보병으로 복무하는 것을 수치스러운 일로 여기지 않았다. 또 15세기 말 에스파냐의 곤살로 데 코르도바(Gonzalo de Cordoba)가 화승총을 개발했다. 에스파냐어로 연대를 뜻하는 테르시오(Tercio)는 3,000명의 병사로 이루어졌는데, 대략 25~30퍼센트가 화승총을 장비한 총병이고 나머지는 장창을 가진 창병으로 구성되었다. 테르시오 보병 편제 덕에 에스파냐는 100년 가까이 유럽 최강의 군대를 유지할 수 있었다.

다시 말해, 1520년경에 살았던 사람들은 그들의 조부모가 살았고 그들의 부모가 태어난 1450년경의 세상을 누구도 상상할 수 없었다. 하지만 자신들이 살던 시대가 전환기였음을 동시대 사람들은 잘 몰랐다.

1455~1517년의 전환기, 즉 중세와 르네상스를 근대로 바꾼 전환기를 이해하기 위한 최초의 성공적인 시도는 전환기 끝 무렵에 나타났다. 그것은 1510년에서 1514년 사이 니콜라우스 코페르니쿠스 (Nicolaus Copernicus)가 발표한 태양중심설(heliocentric view of the heavens)에 관한 소책자들, 니콜로 마키아벨리(Niccolo Machiavelli)가 1513년에 출판한 『군주론』, 1510년에서 1512년 사이 르네상스의 모든 예술을 종합하고 그것을 초월한 미켈란젤로의 시스틴 채플의 천장벽화, 그리고 1550년대에 있었던 트리엔트 공의회(Council of Trient, 1545~1563년 이탈리아 북부 트리엔트에서 열린 가톨릭 교회의 공의회로 종교개혁자들에게 지적당한 폐습을 개혁하고 근대 가톨릭 교회의 입장을 공고히 하였다)를 통한 가톨릭 교회 재건 등이 새로운 전환 시대를 이해하고 적응하려는 시도들이었다.

르네상스 시대 인문주의자 마키아벨리는 인간이 세상을 살아간다는 차원에서 그때까지 강조해온 하느님 대신에 인간을 강조했는데, 인간이 하느님을 닮아서 본질적으로 선하다고 볼 것이 아니라 본질적으로 악하다고 인식했기 때문이다. 마키아벨리는 인간이 서로 갈등하는 원인은 물질적 수단을 획득하려는 욕구 때문이라는 사실을 제대로 파악했다. 따라서 인간에게 선한 행동을 하도록 하려면 도덕적 훈련이 필요하다는 사실을 알았다. 마키아벨리 또한 인간은 미래를 예측할 수 없으므로 자신이 부를 얼마나 많이 쌓으면 충분한지를 알지 못하고, 필요하든 필요하지 않든 간에 물질적 수단을 계속 확보하려는 성향이 있다고 보았다. 그리고 기독교적 운명결정론을 거부했다.

마키아벨리의 이런 사상은 한 세기 뒤 토머스 홉스(Thomas Hobbes)에게 이어졌다. 홉스는 사회에는 사람들 사이에 재산을 획득하기 위해 벌이는 폭력적 투쟁을 평화적으로 규제하는 공명정대한 감시기구, 즉 리바이어던 같은 강력한 권력이 필요하다고 역설했다. 홉스는 국가를 사회와 구분한 최초의 철학자였다.

계몽주의와 계몽사상가

18세기에 접어들면서 유럽 사회에는 세상을 세속적·과학적 관점에서 바라보는 세계관이 싹텄다. 계몽주의(Enlightenment)는 1784년 이마누엘 칸트(Immanuel Kant)가 『계몽이란 무엇인가?』(Answer to the Question: What is Enlightenment?)를 발표한 뒤부터 정신사상사에서 족보를 가진 하나의 용어가 되었다.

칸트는 이렇게 말했다. "계몽이란 인간이 자신의 삶을 결정하는 능력이자 타인의 속박에서 해방되는 것이며, 성숙해진 인간이 무엇을 할 것인지 결정하는 데 그것이 선하든 악하든 기존의 가치에 지나치게 기대지 않는 상태다."

계몽주의의 핵심은 이성(理性, reason)이며, 인간은 이성의 힘으로 우주를 이해하고 자신의 상황을 개선할 수 있다는 사회사상이다. 계몽(啓蒙)이란, 자각이 없는 인간에게 이성의 빛을 던져주고 편견과 미망에서 빠져나오게 한다는 뜻을 내포하고 있다. 그리고 계몽은 신학에 대응하는 의미로 철학을 의미하기도 한다. 여기서 철학이란 굳이 형이상학을 뜻하는 것이 아니라 넓은 의미에서 인간세계와 자연과 인생에 관한 지혜와 교양을 나타낸다.

신학이 죽음과 내세(來世)를 주제로 하지만 계몽사상은 삶의 문제를 다룬다. 따라서 계몽사상은 "어떻게 살 것인가?"라는 궁극적인 질문에 더하여 "지상에서 어떻게 행복해질 것인가?"라는 과제를 방법적으로 해결하려 했다. 이런 점에서 계몽사상은 18세기 모든 문학운동과 사상활동의 밑바탕이 되었으며 유럽 각국에 싹트기 시작한 시민정신의 형성에 매개자 역할을 했다.

계몽사상 또는 계몽주의는 인간이 그때까지 이룩한 문화와 문명에 도취되어 인간의 지성 혹은 이성의 힘을 빌려 자연과 인간관계, 사회와 정치문제를 낙관적으로 관찰하고 이해하려는 운동이자 시대정신이다. 이런 시대정신은 인간의 존엄성과 자유를 강조함으로써 유럽의 중세 시대를 지배한 기독교 신학의 독단(獨斷, dogma)에서 벗어나려는 것이었다. 계몽주의는 전통적인 기독교 교리에서 벗어난 자유주의 신학에 영향을 주었으며, '하느님의 책'이라고 불리던 성경을 자유롭게 비평하고 모국어로 번역하는 토양이 되었다.

프랜시스 베이컨(Francis Bacon)은 영국의 대법관으로서 모든 지식에 두루 통달했는데, 사변적인 중세적 연구방법을 거부했다. 베이컨은 정치학에서 종교를 분리했다. 새 지식은 경험적·실험적 연구로 증명되어야 한다고 주장하고 생활에 필요한 '실용지식'을 강조했다. 베이컨에게 '지식의 목적'은 형이상학적 증명이나 지적 호기심의 충족이 아니라 인간의 생활조건을 향상하는 것이었다.

르네 데카르트(René Descartes)는 모든 형태의 지식을 방법적으로 의심하고 나선 스콜라 학파의 철학자로서 "나는 생각한다. 그러므로 나는 존재한다"라고 주장하면서 아리스토텔레스의 권위주의에 최초로 반대한 근대철학의 아버지다. 요컨대 계몽주의가 등장한 기원은 전통을 의문시하는 유럽인의 기질에 있었다.

18세기 계몽주의를 실질적으로 연 사람은 영국의 경험론 철학자 존 로크(John Locke)였고, 프랑스의 몽테스키외(Montesquieu), 볼테르, 루소, 디드로, 달랑베르, 그리고 독일의 프리드리히 멜키오르 그림(Friedrich Melchior Grimm), 칸트 등을 계몽철학자로 분류할 수 있다.

프랑스혁명 후 감옥에 갇힌 루이 16세가 우연히 볼테르와 루소의 저술들을 읽고서 "내 왕국을 쓰러뜨린 것은 바로 이 두 놈이다"라고 외쳤다는 이야기가 있다. 볼테르라는 이름은 항상 강렬한 반응을 불러일으켰다. 말년에 그는 루소 추종자들에게도 비난을 받았다. 그런 상황은 괴테의 말에서 잘 나타난다.

"볼테르와 더불어 한 시대가 끝났고 루소와 더불어 또 한 시대가 시작되었다."

루소는 청년시절 바랑 남작부인의 집사로 일하면서 철학자, 문인, 음악가가 되기 위해 공부할 기회를 얻었다. 루소는 30세 때 파리에 와서 디드로를 만난 뒤 디드로가 편집장으로 있는 프랑스 『백과전서』(The Encyclopedia)의 기고자가 되었고, 계몽철학자 중에서 중심역할을 했다. 루소는 몇 년 동안 『백과전서』의 음악 분야를 맡았다. 루소는 당시 유명한 작곡가 장 필리프 라모(Jean-Philippe Rameau)와 이 문제를 두고 논쟁을 벌였다.

루소는 악(惡)의 출현과 관련해서 자연은 책임이 없으며 사회에 문제가 있다고 주장했다. 루소가 보기에 이것이 인간불평등을 향한 첫걸음이자 악을 향한 첫걸음이었다. 루소의 『사회계약론』은 "인간은 자유롭게 태어났으나 모든 곳에서 사슬에 묶여 있다"라는 유명한 문장으로 시작해서 인간이 사슬에 묶여 있을 필요가 없다는 주장으로 나아간다. 개인은 의지를 지닌 존재이기 때문에 스스로 정한 규칙에 복종함으로써 자유로울 수 있다. 그에 반해서 사회는 서로 다른 의지를 지닌 개인들의 집합이기 때문에 개별의지들 사이에는 갈등이 있다. 루소는 시민사회를 일반의지에 의해 통합된 인위적 존재라고 보았다. 일반의지는 각 구성원의 의지로 분산되지 않으며 공공적·국가적 이익을 지향한다. 시민사회 구성원이 되겠다는 협약 아래 모든 사람은 자신과 자신의 권리를 남김없이 공동체에 양도해야 한다고 본 점에서 루소의 생각은 홉스의 사상과 비슷하다. 루소는 플라톤과 마찬가지로 민중이 대부분 어리석다는 점을 인정했다.

2. 지식이 작업도구, 제조공정, 제품에 적용된 시대(1750~1880)

『백과전서』와 기술학교: 장인기술의 비밀을 벗기다

1700년경부터 50년 동안 많은 기술이 발명되었다. 1750~1800년, 영국은 특허를 공개하여 누구든지 지식을 도구와 제품과 제조공정에 적용하는 것을 허용했다. 그 결과 영국에서는 한 세기 동안 새로운 기계들이 폭발적으로 발명되었을 뿐만 아니라 기술의 비밀과 폐쇄성에 종지부를 찍게 되었다.

'기술'을 뜻하는 '테크놀로지'(technology)라는 용어는 장인이 가진 비밀스러운 기능인 '테크네'(techne)와 지식을 체계화하고 정리하는 것을 뜻하는 '로지'(logy)의 조합어다. 비밀스러운 기능에서 보편적인 원리인 기술로 넘어가는 이 거대한 변화를 기록한 것이 바로 1751~1780년 디드로와 달랑베르 등이 편집한 『백과전서』다.

『백과전서』는 1728년 이프레임 체임버스(Ephraim Chambers)가 『사이클로피디아: 예술과학 대사전』(Cyclopaedia: An Universal Dictionary of Arts and Science)을 런던에서 출판하여 성공하자 이에 고무되어 제작되었다. 원래는 출판업자 앙드레 르 브르통(André Le Breton)이 체임버스의 『사이클로피디아: 예술과학 대사전』을 번역해 다섯 권짜리 프랑스어판으로 제작하려던 것이었으나 번역 작업이 실패하자 독자적인 백과사전 제작에 착수하여 1745년 달랑베르를, 1746년 디드로를 편집인으로 끌어들였다.

디드로는 사전의 편집과 제작에 필요한 3,000~4,000개의 도판 만드는 일을 직접 지휘 감독했다. 이 도판들은 상업미술과 그 발달 과정을 생생하게 보여준다. 1780년 35권으로 된 초판이 완성되었다. 『백과전서』는 그 출발부터 보수적인 성직자들과 정부 관리들의 반대에 부딪혔다. 예수회의 검열을 받았고 비밀경찰은 『백과전서』 기고자들을 미행했다. 1752년 『백과전서』 시리즈 중 몇 권은 프랑스 최고 행정재판소에서 발행 정지 명령을 내렸으며, 1759년에는 공식적인 비난과 함께 출판허가를 취소당하기도 했다. 논쟁을 불러일으킬 만

한 일부 원고는 식자공들이 알아서 없애버리기도 했다. 『백과전서』는 초판이 나온 지 50년 후인 1832년 마지막 권이 출간되어 총 166권으로 완성되었다.

『백과전서』에 나오는 항목들이, 예를 들면, 실을 뽑고 베를 짜는 기능을 장인이 쓰지 않았다는 것은 결코 우연한 돌발사건이 아니었다. 그 항목들은 '정보전문가'가 쓴 것이다. 여기서 말하는 정보전문가는 그 당시의 석학들로서, 볼테르와 루소를 비롯한 계몽주의 철학자들도 주요한 기고자들이었다. 『백과전서』가 의도한 바는 물질세계의 효과적인 결과, 즉 작업도구, 제조공정, 제품 등은 체계적인 분석과 지식을 목적지향적으로 적용하여 얻을 수 있다는 것이었다. 『백과전서』는 또한 어떤 기술로 물건을 만드는 원리는 다른 분야에도 그 기술을 적용할 수 있다고 설명하였다. 그러나 그것은 전통적 지식인과 전통적 수공업장인에게는 받아들여질 수 없는 금기였다.

요컨대 『백과전서』의 목적은 기존의 모든 장인의 지식을 집대성하고 체계화하여 '도제 수련'을 받지 않은 사람들도 '기술자'가 될 수 있는 길을 열어주려는 것이었다.

알브레히트 폰 할러(Albrecht von Haller)는 1757~1766년에 여덟 권의 의학 백과사전 『인체생리학』을 발표하여 인체의 신경과 근육활동에 대한 이해를 높이고 실험생리학의 기초를 확립했다. 영국의 에드워드 제너(Eward Jenner)가 천연두 백신에 관한 논문 『우두 백신의 원인과 결과에 관한 연구』를 자비로 출판한 것은 30년 뒤인 1798년의 일이다. 그 후 각국은 종두법을 도입함으로써 마침내 이 질병은 사라졌다.

18세기 중반부터 실용적 지식인 기술을 가르치는 대학들이 등장했다. 1747년 프랑스 최초의 기술학교인 토목전문대학이 세워졌고, 1770년경 독일 최초의 농업학교가 세워졌으며, 1776년에는 광산학교가 설립되었다. 1794년에는 프랑스 최초의 공과대학으로서 에콜 폴리테크니크를 설립했는데 이로써 직업 기술자가 처음으로 등장하게 되었다. 1820~1850년에 의학교육과 의료실습이 체계적인 기술로 합쳐지게 된다.

산업혁명의 밑바탕이 된 『백과전서』와 기술학교는 몇백 년 동안 개발된 기능, 즉 장인기술의 비밀을 한데 묶고 정리하고 출판하고 보급했다. 『백과전서』와 기술학교는 경험을 지식으로 바꾸고, 도제제도 대신 교과서로 가르치고, 비밀주의를 공개적인 방법으로 전환하여, 지식의 응용을 가능케 했던 것이다. 이런 것들이 우리가 말하는 산업혁명, 즉 '기술에 의한 사회와 문명의 세계적인 전환'의 본질들이었다. 그러므로 현대 자본주의가 불가피하게 되고 지배적이 되게 한 것은 바로 이 지식의 의미변화와 적용변화다.

애덤 스미스의 경제인 모델: 인간은 지상에서 물질적으로 풍요하게 살 수 있다

스미스는 톰 페인(Tom Paine)과 프랑스 혁명가들의 정신적 지주였고, 마르크스에게 영감을 준 경제학의 선구자다. 하지만 스미스는 중상주의 영국을 '장사치의 나라'(nation of shopkeepers)라는 경멸적인 용어로 표현했고, 대표적 저서 『국부론』에서는 "시민 정부는 사실상 가난한 사람으로부터 부자를 지키기 위해 수립되었다"라고 분석했다.

스미스의 인간 사상은 '이기주의'로 요약된다. "'자기사랑'(自愛)

이라는 사적 동기가 공공의 이익을 증대시킨다"라는 원리는, 사회에는 개개인의 이기심이 충돌하고 경쟁하는 가운데 '보이지 않는 손'에 의해 자연도태가 일어나고 새로운 경제 질서가 형성된다는 것이다. 이런 생각은 부자의 경제적 역할을 강조한 버나드 맨더빌(Bernard de Mandeville)의 영향을 많이 받았다. 맨더빌의 '부자의 사치'라는 측면은 스미스의 1759년 저서 『도덕 감정론』에서 비난해야 마땅했다. 하지만 스미스의 도덕적 의식에는 '유익한 사치'라는 맨더빌의 이론뿐 아니라 표현법이 스며들어 있었다.

"인간은 어떻게 옳고 그름을 판단하는가?"

스미스는 『도덕 감정론』에서 먼저 『리바이어던』의 저자 홉스와 맨더빌의 영혼에 경의를 표하면서 이렇게 적었다.

"인간이 아무리 이기적일 수밖에 없다 하더라도, 인간 본성에는 다른 사람의 운명에 관심을 가지고 다른 사람의 행복이 그에게 꼭 필요한 것이 되게 하는 어떤 원리가 분명히 있다."

스미스 이전 사람들은 일반적으로는 자기 행동의 도덕성을 검토한 뒤 그것을 토대로 다른 사람의 행동을 판단한다고 생각해왔다. 그런데 스미스가 이를 뒤집었다. 스미스는 다른 사람의 도덕성을 먼저 판단한 다음 눈을 돌려 자신을 판단한다고 주장했다. 이것이 그의 첫 번째 혁신이었다.

맨더빌은 1705년 『붕붕거리는 벌통』(The Grumbling Hive)이라는 작은 풍자시집을 발간하였다. 그 후 1714년 이 책을 '개인의 악덕이 공익이 된다'는 부제가 달린 『꿀벌의 우화』(The Fable of the Bees: or, Private Vices, Publick Virtues)로 개정 보완하여 출판하였다. 이 책은 가난한 자들을 게으르게 만드는 자선활동보다 고용을 유발하는 사치성 소비가 훨씬 낫다는 내용을 담고 있다.

"인간은 사치와 쾌락에 대한 욕망 때문에 소비를 촉진한다. 그 결과 생산자는 투자를 늘리고 생산을 증대하기 때문에 사치와 쾌락은 경제활동에 지속적 자극을 주는 촉매제이고, 개인의 악덕이 상업사회의 번영과 경제성장을 좌우하는 근원이다."

"국가에서 사치를 일거에 추방해버린다면 포목상, 실내 장식업자, 재단사를 비롯한 많은 사람이 반년 안에 굶어 죽을 것이다."

이런 주장은 당시 영국사회에 상당한 충격을 안겨주었지만 경제학자들에게는 큰 호응을 받았다.

맨더빌의 요점은 우리가 미덕이라고 알고 있는 것은 모두 이기심에서 나온다는 것이었다. 개인은 자기 이익을 추구하든 칭찬을 바라든, 결국은 자신이 좋다고 생각하여 행동한다. 그러나 경제학자들이 간혹 주장하는 것처럼 맨더빌의 논지가 세상 모든 악이 사회에 모두 이득이 된다는 뜻은 아니었다. 사치는 개인의 도덕적 능력과 국가의 부를 모두 좀먹는다고 하여 고대나 현대 할 것 없이 늘 비난의 대상이지만, 따지고 보면 사치는 산업을 움직이고 가난한 남녀들을 고용하게 만드는, 현대사회에 없어서는 안 될 필수 요소다. 맨더빌의 저서들은 동시대 사상가들에게 큰 관심과 논쟁의 대상이었다. 그의 사후에도 문학, 철학, 심리학, 정치학, 사회학 등의 분야에서 지속적인 관심의 대상이 되었고, 현대경제학에도 적지 않은 영향을 미쳤다. 그는 20세기 대공황 시대 케인스에게 중요한 아이디어의 원천을 제공한 선구자였다.

근대 서구사회는 '생리적 욕구를 넘어서는 소비'에 대해 철학적 관심을 갖게 되었다. 볼테르도 "넘치는 것도 있어야 한다"라고 말했다. 구체적으로 밝히면 (별로 필요한 것도 아닌 예쁜 구두를 보고) "저 구두를 가지지 못하면 죽어버릴 거야"라고 말하는 시대가 된 것이다. 인간은 자갈밭에서 다이아몬드나 루비를 찾아낸다. 육체가 필요로 하는 것은 만족시킬 수 있지만, 정신적 욕구는 스미스의 표현처럼 도대체 끝을 모르는 것 같다. 스미스는 『국부론』에서 "인간의 행복은 유한한 자원과 무한한 욕망을 어떻게 조화시키느냐에 달려 있다"라고 주장하면서 결국 소비재 생산수준의 증가가 곧 국가의 부를 증가시키고 개인의 행복한 생활의 기초가 된다고 설파했다.

스미스 경제학의 핵심은 '자유경쟁'과 '분업'인데, 그런 점에서 스미스는 경영관리의 여러 문제와 개념에 관해 처음으로 글을 쓴 사람이기도 했다. 스미스의 분업이론은 찰스 배비지(Charles Babbage)를 비롯한 경영관리 선구자들에게 영향을 주었고, 프레더릭 테일러(Frederick Taylor)와 헨리 포드(Henry Ford)에게 계승되어 작업 단순화, 작업연구, 시간연구로 이어져 대량생산 방식으로 확대되었다.

스미스는 높은 임금을 주장했다. 임금이 높아야 힘든 일을 마다하지 않게 되고, 결혼도 하고 자식을 행복하게 해줄 수 있다고 생각했기 때문이다. 그러나 그것은 부차적인 이유이고, 국민 전체의 의식주를 제공하는 노동자들이 자신의 노동에서 나온 생산물 중에서 스스로도 잘 먹고, 잘 입고, 좋은 집에서 살 수 있을 만큼의 몫을 가질 수 있어야 공평하다는 것이 요지였다. 스미스는 장자 상속법, 독점, 담합, 각종 금지조항, 관세, 수출 장려금 등이 인위적으로 시장가격을 올린다며 그것들을 반대했다.

토머스 제퍼슨: 물질적 풍요를 강조한 독립정신

고대 시대(그리스·로마의 철학자)에서 중세 시대(아우구스티누스 등)까지 사람들은 지상에서는 물질적으로 잘살 수 없을 것이라고 생각했다. 그러나 중세 말기 아퀴나스에 이르러 사람이 더 잘살 수 있기 위한 상업활동을 인정하게 되었다. 스미스는 사람이 부를 축적하고 잘살 수 있는 구체적인 방법을 제시하기에 이른다. 산업혁명 이전까지는 국가와 종교가 장악하고 있던 경제를 스미스가 자유로운 경제의 장으로 개방한 것이다. 다시 말해, 기업가정신을 가진 민간 기업가에게 경제의 주도권을 이전한 것이다. 스미스의 경제인(economic man) 모델은 자유시대 경제적 독트린의 첫 번째 산물이었다.

벤저민 프랭클린(Benjamin Franklin)과 함께 미국의 독립선언서를 기초한 토머스 제퍼슨은 독립정신을 '삶, 자유, 행복'(life, freedom, happiness)을 이상으로 삼았다. 그런데 여기서 행복은 물질적 풍요 없이는 불가능하다. 미국에서 자본주의를 도입하는 이유다. 훗날 드러커는 기독교에 뿌리를 두고 개인의 존엄성에 역점을 둔 미국식 사회철학이야말로 미국을 가장 물질적이면서도 가장 이상적인 사회로 만든 요인이라고 지적했다.

제퍼슨의 이상은 1789년 프랑스혁명 도중 혁명가들이 내세운 구호인 '자유, 평등, 박애'로 이어졌다. 시민혁명(미국의 독립전쟁과 프랑스대혁명)은 물자를 직접 생산하는 사람들이 왕과 귀족과 고위 사제들, 즉 국민의 혈세를 낭비하는 전통적인 권위에 반발하여 무력으로 일으킨 봉기다.

미국의 제3대 대통령 제퍼슨이 정치적 개혁자인 동시에, 과학자이기도 하고 발명가이기도 한 것은 우연한 일이 아니었다. 제퍼슨은 대통령 자리에 있을 때 특허국장을 겸임했다. 제퍼슨은 '정부라는 기관'이라는 표현을 썼고 정부를 일종의 기계로 간주했다.

프랑스대혁명과 부르주아 민주주의 반혁명

프랑스대혁명에 이어 공포정치 시대를 연 막시밀리앙 로베스피에르(Maximilien Robespierre)는 1793년 혁명정부의 통치기관인 공안위원회를 장악했는데, 그가 주도한 피의 공포정치는 대중의 복수심과 평등의식에 기초한 포퓰리즘의 한 변형이었다. 로베스피에르 역시 그다음 해 일어난 테르미도르 반동 때 축출되어 처형당했다. 역사는 반복되는 것인가?

포퓰리즘은 되풀이되었다. 포퓰리즘은 1890년대 미국에서 결성된 포퓰리스트당(Populist Party), 즉 인민당(People's Party)에 그 기원을 두고 있다. 인민당은 미국의 민주당과 공화당에 대항하기 위해 농민과 노동조합원들을 규합하여 설립한 제3당이다. 경제적 합리성을 무시하고 좌파 과격주의 정책을 전면에 내세웠다. 독재 성향이 있는 정치가는 국민에게 직접 호소하기를 좋아하고 대중적 지지를 권력의 기반으로 삼는 법이다. 아르헨티나의 후안 페론(Juan Perón)이 대표적이다. 그들은 사회에 대한 불만과 원한을 조직화하여 사람들을 '내 편과 적'으로 갈라놓는다. 나중의 일이지만 선동을 주요 무기로 정권을 잡은 후 제2차 세계대전을 일으킨 히틀러의 나치즘은 포퓰리즘의 극단적인 예다. 공짜로 빵을 나누어주든 피의 공포정치를 하든 간에 포퓰리즘은 모두 권력을 잡고 유지하기 위한 인기정책이다.

독재자의 등장과 전제정치의 맹공격에 맞설 수 있는 유일한 반격은 자유민주주의 사회가 새로운 힘을 발산하도록 하는 것이다. 그런 새로운 힘을 발산하도록 하는 일이 마음대로 되는 것은 아니다. 왜냐하면 새로운 질서를 만드는 데 지름길은 없기 때문이다. 하지만 프랑스대혁명이 진행되는 동안 영국의 대응은 시사하는 바가 크다.

1789년 프랑스대혁명 직전 영국은 자국의 해외식민 제국을 상실했다. 1783년 11월 25일 조지 워싱턴(George Washington)이 이끄는 미국 독립혁명군은 뉴욕에 개선했다. 영국사회는 영국의회, 영국정부와 마찬가지로 부패했다. 모든 사회계층이 영국왕실을 혐오했다. 하층계급은 그 당시 첫발을 내디딘 산업혁명에 공공연히 반발했다. 산업과 무역은 도산 직전이었다.

그 반면, 프로이센은 프리드리히 2세의 주도면밀한 산업정책에 힘입어 국가의 힘이 최고조에 달한 것처럼 보였다. 프로이센은 오스트리아와 주변 강국에 맞서 외교전략과 전쟁을 이용해 영토를 확장하고 유럽 최강의 군사대국이 되었다. 프리드리히 2세는 신성로마제국 해체와 독일 통일을 이루는 데 주도적 역할을 했다. 모든 종교에 관용적인 정책을 폈고 보통교육을 확대했으며 성문헌법도 제정했다. 정치분야에서는 스스로 국가의 첫 번째 종이라고 자처하면서 전제정치에 인간적인 자비로움을 접목하려고 시도하여 절대계몽 군주로 평가받았다. 군사적으로 나폴레옹에 버금가는 위대한 지도자 중 한 사람으로 손꼽혔다.

1789년 프랑스대혁명이 일어나자 영국의 모든 사람이 영국에서도 당장 혁명이 일어날 것이라고 예상했다. 그러나 영국의 정치인 겸 철학자 에드먼드 버크(Edmund Burke)는 그런 모든 부패 아래에서도 내적 힘이 존재한다는 것을 꿰뚫어보았다. 버크는 혁명에 적대감을 느끼고 『프랑스혁명에 관한 성찰론』(Reflections on the Revolution in France)을 집필했다. 버크는 프랑스대혁명의 진행 과정을 논하면서 그 지도자들의 성격과 동기와 정책들을 분석했다. '인간의 권리와 민중의 통치'라는 혁명의 개념들을 집중 겨냥하여 단순한 수의 지배에 바탕을 둔 민주주의가 초래할 위험들을 역설했다. 버크는 혁명의 도덕적 열기와 정치 재건이라는 거창한 투기 계획들이 전통과 전래의 가치들을 평가절하하고 애써 획득한 사회의 물질적 · 정신적 자원들을 무분별하게 파괴하고 있다고 주장했다.

버크는 이런 '무분별에 대응하는 분별력'의 표본으로 영국 헌법의 모범과 가치를 내세웠다. 영국 헌법은 지속성과 비조직적인 성장을 추구하며 순전히 이론적인 혁신이나 추상적인 권리보다 전통적인 지혜, 관례와 시효에 의해 획득되는 권리를 옹호했다. 하지만 버크는 모든 계층에 산재한 패배주의자들에게서 바보 취급을 받았다. 결국 영국의회는 버크와 윌리엄 피트(William Pitt)의 내각을 지지했다.

프랑스대혁명 후 나폴레옹 전쟁이 발발하자 굳건할 것 같았던 프로이센은 곧 나폴레옹에게 패했으며, 영국 혼자만 유럽사회에서 굳건히 서 있었다. 비록 영국이 저항하지 못하고 사회적 · 도덕적으로 붕괴했다고 해도, 나폴레옹이 쌓아 올린 제국이 조만간 산산조각 날 것은 불문가지였다. 그러나 영국이 산업혁명으로 부르주아 민주주의라는 새롭고 근본적인 힘을 개발하지 않았다면, 나폴레옹이 사망하거나 실각한 후 유럽은 (본받을 사회질서가 없기 때문에) 다음 한 세대 동안은 틀림없이 나폴레옹 휘하 장군들끼리 차고 받는 축구공 신세가 되어 끝없는 전쟁, 가난, 고통, 그리고 야만적인 박해가 연출되었을 것이다.

어쨌든 20여 년 동안 치른 나폴레옹 전쟁 기간에 영국은 18세기의 사회를 역사적으로 연속시키고는 19세기를 위한 새로운 사회를 개발했다. 다시 말해 영국은 산업혁명을 통해 그다음 100년 동안 세계의 강국이 되었고, 유럽의 모범이 되었으며, 19세기 내내 상상도 못할 경제적·영토적 확장을 가능하게 한 기초를 다졌다.

물론 버크도 사회 변화는 결코 있어서는 안 되는 것이라고 보지는 않았다. 사회 변화는 불가피하고도 바람직하다고 보았다. 버크는 미국 독립혁명을 지지했다. 그러나 사회 전체의 개혁을 추진하는 수단은 기존의 사회생활을 대대적으로 뜯어고치는 투기적인 계획에 기초할 것이 아니라, 변화의 세부적인 진행과 구체적인 가능성에 기초해야 한다고 했다. 또 그것은 어떤 목적을 지나치게 강조하는 나머지 다른 목적들을 희생해서는 안 된다고 했다.

요컨대 버크의 희망은, 혁명은 (프랑스대혁명처럼 '자유와 평등'과 같은 특정의 목표를 실현하는 데 있는 것이 아니라) 사회를 발전시키기 위해 존재하는 선한 생활의 다양한 요소를 강화하고 조화시키는 데 있다고 보았다. 신분과 계층구조의 효용과 사회생활에서 정치의 한계에 대한 버크의 설득력 있는 저술은 영국에서 오랫동안 널리 존중되었다. 그리고 프랑스혁명을 비난하는 버크의 저서들은 그 시대 유럽의 반혁명 사상을 고취하는 데 중요한 역할을 했다.

증기기관과 기술의 확산

와트와 매슈 볼턴(Matthew Boulton)이 합작하여 세운 증기기관제조
회사 소호공장(Soho Foundry)은 1775년에서 1800년까지 318대의 증기
기관을 만들었다. 이들 증기기관은 각각 방직부문, 광산과 수직갱도,
제련공장, 제분공장과 맥주공장 등에서 사용하였다.

1800년 사업을 자식들에게 물려주고 은퇴할 즈음 와트와 볼턴은
영국에서 손꼽히는 부자 반열에 올라섰으며, 영국 또한 유럽 전체 석
탄 생산량의 다섯 배에 달하는 연간 1억 5,000만 톤의 석탄을 캐낼
수 있게 되었다. 그러나 와트와 볼턴은 더 큰 기회를 놓쳤다. 두 사람
이 합작으로 운영하는 공장에 또 다른 천부적인 발명가 윌리엄 머독
(William Murdock)이라는 사람이 있었다. 철도가 개설되기 40년 전인
1780년대 머독은 이미 증기기관차의 설계도를 완성하여 두 사람에
게 설명했지만, 와트는 '앞으로도 바퀴 달린 마차가 계속해서 사용
될 것'이라면서 머독의 제안을 거절했던 것이다. 와트는 일생에서 한
가지 목적에만 관심을 두었다. 토머스 뉴커먼(Thomas Newcomen)이 발
명한 증기기관을 이용해 광산에서 물을 뽑아내는 것이었다.

그러나 영국의 한 철강기술자는 와트가 새로 설계한 증기기관을
화로에 공기를 불어넣는 데 사용할 수 있다고 생각하고는 와트가 만
든 두 번째 증기기관을 구입하였다. 그리고 와트의 동료 볼턴은 증기
기관을 모든 종류의 산업공정에, 특히 그 당시에 가장 큰 산업이었던
섬유산업에 동력 공급원으로 사용하도록 독려하였다.

그로부터 35년 후 미국인 로버트 풀턴(Robert Fulton)은 뉴욕의 허드 슨 강에 최초로 기선을 띄웠다. 20년이 더 지난 뒤 증기기관은 바퀴 를 달고 자동차로 태어났다. 그리고 1840년경부터 1850년까지 증기 기관은 유리 제조공정에서부터 인쇄물 제조공정에 이르기까지 모든 단순 제조공정을 바꾸어놓았다. 증기기관은 육로와 해상에서 원거리 수송을 가능하게 하였고 농업을 변화시키기 시작했다. 당시 증기기 관은 티베트, 네팔, 그리고 열대 아프리카 깊숙한 곳을 제외하고 지 구상 거의 모든 곳에 침투하였다.

산업혁명 시기의 발명품들은 즉각 국경을 넘어가 사용할 수 있는 모든 수공업과 산업에 적용되었다. 산업혁명은 먼저 면직물공업 분 야에서 시작되었다. 17세기 영국 동인도회사가 수입한 인도산 면직 물은 영국에서 생산하는 모직물보다 값싸고 실용적이기 때문에 수요 가 점점 늘어났다. 면사는 양모보다 품질이 일정해서 기계화가 쉬웠 을 뿐만 아니라 영국의 식민지 인도와 북아메리카에서 면화를 쉽게 확보할 수 있었다.

면사 수요가 늘자 잇달아 새로운 방적기가 발명되었다. 제임스 하그리브스(James Hargreaves), 리처드 아크라이트(Sir Richard Arkwright), 새 뮤얼 크럼프턴(Samuel Crompton) 등이 방적기를 개량했으며, 1785년 에 드먼드 카트라이트(Edmund Cartwright)는 동력으로 움직이는 역직기(力 織機)의 특허를 얻었다.

카트라이트의 방적기는 수차로 작동했기 때문에 수력방적기라고 도 불렸다. 그의 방적기는 공정을 연속 배치해 숙련공이 필요 없었 다. 아크라이트는 방적기 발명도 중요하지만 동력기계의 이용과 생산방식에 공장체계를 도입한 것이 더 큰 업적으로 평가된다. 그 후 면의류 제조는 잉글랜드 북부에서 주요 산업으로 정착되었다. 한편 미국의 엘리 휘트니(Eli Whitney)는 1793년 면화에서 씨를 빼내는 조면기(繰綿機)를 발명해 미국 남부에 면화재배를 급속도로 확산시키는 데 크게 기여했다.

1829년 조지 스티븐슨(George Stephenson)은 철도를 발명했다. 1830년 세계 최초로 영국의 리버풀과 맨체스터 사이에 철도가 놓였고 13톤 무게의 로켓호가 시속 19킬로미터로 달렸다. 최고 시속은 48킬로미터였고, 왕복 80킬로미터를 별 무리 없이 달렸다. 그것은 영국의 경제, 사회, 정치를 완전히 바꾸어놓았다. 하지만 철도를 왜 그렇게 늦게 발명했는지 그 이유는 알 수 없다. 탄광에서 수레를 옮기기 위해 철로를 사용한 것은 훨씬 전의 일이다. 그 당시 석탄을 실은 수레를 사람이나 말이 끄는 것보다 수레에 증기기관을 달아서 움직이는 것이 편하다는 것은 너무도 분명한 사실 아닌가? 증기기관은 이미 1780년대부터 상용화되고 있었는데 말이다.

게다가 철도는 광산에 설치된 철로와 수레에서 발전한 것이 아니었다. 철도는 아주 독자적으로 개발되었다. 화물을 운반하기 위해 고안된 것도 아니었다. 오히려 철도는 상당 기간 승객수송 수단으로만 여겨졌다. 그로부터 30년 뒤, 미국에서 비로소 화물운반에 철도를 이용하기 시작했다. 철도가 등장하고 5년 안에, 서구 세계는 역사상 가장 큰 호황을 누렸다. 철도건설 붐 덕분이었다. 1830년대에 시작된 유럽의 철도 붐은 경제 역사상 가장 끔찍한 불황이 닥쳤던 1850년대 후반까지 약 30년 동안 계속되었다. 1860년대에 오늘날의 주요 철도망 대부분이 건설되었다. 독일의 사회학자 베르너 좀바르트 (Werner Sombart)는 "철도산업은 군대와 비슷해서, 상사가 말하는 동안 꼼짝도 않고 똑바로 서 있어야 하는 남자 75만 명을 먹여 살린다"라고 했다. 밤새 유럽 대륙을 횡단하는 침대열차는 유럽 국가들 사이에 인터내셔널리즘을 확산하기도 했지만 민족주의 정신도 고취했다. 유럽의 철도산업은 곧 국가의 긍지였으며 국가 간의 자존심 경쟁 대상이었다.

철도는 산업혁명을 일으킨 진정한 혁명 요소였다. 그 이유는 철도가 새로운 경제의 장을 열었을 뿐만 아니라, 사람들의 '심리적 지리'(mental geography)를 급속히 단축했기 때문이다. 철도 덕분에 인류 역사상 처음으로 사람들은 제대로 된 이동수단을 갖게 되었다. 역사상 왕족이나 귀족 또는 무역상인이 아닌 일반인의 시야를 세계로까지 확대했다. 그 당시 사람들은 인간의 심리에 근본적인 변화가 일어났음을 즉각 깨달았다. 브로델은 『프랑스의 정체성』(The Identity of France, 1986)에서 다음과 같이 지적했다.

"프랑스를 하나의 국가 그리고 하나의 문화로 만든 것은 철도였다. 철도가 등장하기 이전까지 프랑스는 서로 고립된 지역의 집합으로써 정치적으로만 통합되어 있었다."

철도는 산업혁명을 기정사실화했다. 처음에는 '혁명'이었던 것이 '일상생활'이 된 것이다. 산업혁명이 일으킨 호황은 거의 100년 동안이나 지속되었다.

수천 명의 소액 투자자들이 철도산업에 투자할 수 있게 된 것은 주식회사 제도의 발전 때문이었다. 유한책임 제도의 도입은 투자자들이 어떤 기업에 투자한 돈 이상으로 손해 보는 것을 막아주었고, 경영자를 자본가에게서 적절히 분리해주었다. 그것은 경영자에게 좀 더 큰 권한을 안겨주었다. 영국에서는 1855년 법률로 유한책임을 규정하기 시작했고, 그런 종류의 회사 이름 뒤에는 유한책임회사라는 의미로 'Limited'라는 단어를 꼭 넣도록 했다. 많은 회사가 파산했기 때문에 그런 제도가 등장하자마자 효과를 본 것은 아니었다. 그러나 합작회사는 훨씬 안전한 투자처가 되었으며 전문경영인의 역할은 한층 더 커졌다.

자본가와 은행가와 기업가

현대 자본주의가 경제활동 전반을 지배할 수 있었던 이유는 바로 '지식의 의미와 기능의 변화'로 기술이 장인의 기능 중심(craft-based)에서 체계적인 기술 중심(technology-based)으로 변했기 때문이다. 새로운 기계와 기술은 생산의 집중화, 즉 공장의 등장을 의미했다. 대량생산을 위한 지식은 수천 또는 수만 개의 소규모 개인 작업장이나 시골마을의 가내수공업 공장에서는 적용할 수 없었다. 지식을 생산활동에 적용하기 위해서는, 하나의 큰 지붕 아래 생산시설을 집중하는 대규모 공장이 필요했다. 또 새로운 기술은 수력이든 증기력이든 대규모 동력이 필요했는데 동력은 한군데에 집중될 수밖에 없었다. 즉 공장이 필요했다. 산업혁명 초기 기술변화는 장인들이 도저히 감당할 수 없는 많은 자본이 필요했다.

그전까지 개인 자본가들, 즉 상업으로 부를 축적한 상인들은 늘 사회의 '조역'에 머물러 있었다. 1750년까지 대규모 사업은 개인에 의한 것이 아니라 정부에 의한 것이었다. 구대륙에 최초로 생긴 가장 큰 제조업체는 베네치아 정부가 소유한 군수공장이었다. 18세기의 '제조공장들', 예를 들면 드레스덴의 마이센(Meissen)과 프랑스의 세브르(Sevres) 도자기 공장은 여전히 정부 소유였다.

생산방식이 수공업장인 중심에서 기계 중심으로 변하게 되자 기계 구입과 공장 건설에 필요한 자본을 가진 개인 자본가들이 순식간에 경제와 사회의 '주역'으로 등장하게 되었다. 그리고 산업혁명 결과 증가한 이윤은 당연히 자본가들의 몫으로 돌아갔다. 1830년경 서양에는 대규모 개인 자본가 기업이 나타나기 시작했다.

대규모 개인 자본가의 등장과 더불어 영국에서는 금융업이 발전하기 시작했다. 베어링은행(Barings Bank)은 1762년 프랜시스 베어링(Francis Baring)이 런던에서 시작한 상업은행으로, 1792년 영국이 프랑스와 전쟁할 때 전비를 조달하는 창구역할을 했으며, 1802년 미국이 프랑스로부터 루이지애나 주를 매입할 때 자금을 대출해주었다. 베어링은행은 1865년 남북전쟁 종전 때까지 미국의 해외 무역자금 조달과 채권매각의 유일한 창구였다. 베어링은행은 로스차일드 가문이 대두하기까지 런던 금융계를 지배했으며, 이후 양가가 세력을 다투었다.

런던이 국제금융의 중심가가 된 데에는 나탄 로스차일드(Nathan Rothschild)의 힘이 컸다. 나폴레옹 전쟁 이후 로스차일드는 유럽 국가들과 남미의 신흥 독립국가들에게 채권발행 방식으로 자금을 제공하는 자본시장을 창설했다. 그 채권은 런던에서 인수되고, 런던에서 발매되고, 런던증권거래소에서만 거래되었다. 그리고 로스차일드는 영국 정부에 400만 파운드를 대출해주어 영국이 수에즈운하회사의 대주주가 될 수 있도록 했다.

금융 분야에 큰 영향을 준 기업가적 혁신(entrepreneurial innovation)은 프랑스의 사회철학자 클로드 생시몽(Claude Henri Comte de Saint-Simon)의 이론적 가설을 토대로 만든 은행이다. 생시몽은 장 바티스트 세(Jean Baptiste Say)의 기업가 개념을 토대로 자본의 창조적 역할(creative role of capital)이라는 철학적 체계를 개발했다.

1800년경 프랑스의 경제학자 세는 "기업가는 경제적 자원을 생산성과 수익성이 낮은 곳에서 좀 더 높은 곳으로 이동시킨다"라고 말했다. 다시 말하면 기존의 것과 다른 방식으로 일하고 새로운 사업을 시도하려는 것이다. 지금까지 설명한 증기기관, 섬유산업, 철도와 해운과 철강, 그리고 금융 분야의 창업자들은 말할 것도 없고, 뒤퐁 화학을 창업한 프랑스 중농주의 경제학자 뒤퐁 드 느무르(Pierre Samuel du Pont de Nemours)의 아들들, 해운업과 철도사업의 코르넬리우스 밴더빌트(Cornelius Vanderbilt), 자동차가 등장하기 전 등유(kerosene)에서 시작한 석유업의 존 록펠러(John Davidson Rockefeller) 등은 기업가정신을 발휘한 대표적인 기업인들이었다. 그들은 "고객이 바라는 '가치'가 무엇인가?"를 질문하고는 자원의 생산성을 급격하게 향상시켰고 새로운 시장과 고객을 창출했다. 이것이 바로 기업가정신이다.

기계숭배와 기계파괴

인간은 오래전부터 자기를 위해 다른 누군가에게 일을 시켰다. 처음에는 노예와 농노에게 숙식을 제공하고 거의 공짜로 일을 시켰다.

노예제와 농노제가 폐지된 뒤에는 머슴과 하인과 가정부에게 일을 시키고는 자신은 여가를 즐겼다. 노예는 상당히 오랫동안 주요 노동력이었다. 프랑스는 1848년 노예제를 폐지했고, 포르투갈은 1858년, 네덜란드는 1863년, 그리고 러시아의 차르 알렉산드르 2세(Alexander II)는 1863년 농노를 해방했다. 노예해방의 기치를 내걸고 미국이 남북전쟁을 치른 것은 1861~1865년이었다. 차츰 머슴과 하인과 가정부도 비싸지자 좀 더 싸게 일을 시킬 수 있는 수단이 필요했다. 그것이 과학을 이용하여 기계를 만들게 된 계기가 되었다.

산업사회 초기에는 기업가도 지식인도 혁명가도 모두 기계의 매력에 사로잡혀 있었다. 기계는 인간의 노동을 대체하는 것이었다. 기계화는 노동의 효율성을 높인다. 예컨대 수레바퀴, 수레, 철도, 범선, 증기선, 자동차 등은 인간의 발을 대체한 것이다. 수력, 증기력, 증기기관, 발전기 등은 인간의 근육을 대체한 것이다. 불도저는 인간의 팔을 대체한 것이다. 컴퓨터는 인간의 머리를 대체한 것이다.

산업사회 초기, 사람들은 대부분 증기기관, 시계, 직조기, 펌프, 피스톤 등에 정신을 빼앗겼다. 뉴턴은 천체를 관측한 결과, 우주 전체가 거대한 시계처럼 정확하고 규칙적으로 운행하고 있다는 것을 발견했다. 토플러식으로 표현하여 제2물결 문명은 인과(因果)의 수수께끼에 대한 대답을 뉴턴의 만유인력의 법칙에서 찾았다.

프랑스의 의사이자 철학자인 쥘리앵 라메트리(Julien Lamettrie)는 1748년 『인간기계론』을 발표하여 인간 자체가 하나의 기계라고 단언했다. 스미스는 기계론적인 견해를 경제 분야에 적용했다. 스미스는 경제도 하나의 체계며, 그 체계는 "많은 면에서 기계와 비슷하다"라고 말했다. 미국 헌법 자체가 거대한 시계처럼 각종 부품의 견제와 균형 아래 성립되어 있었다. 미국의 제4대 대통령 제임스 매디슨(James Madison)은 미국 헌법을 둘러싼 논의를 설명할 때 '시스템(system)을 다시 설계할 필요가 있다', '정치권력의 구조(structure)를 바꾼다', '몇 번이고 여과장치(filtering)를 통해서 관료를 선발해야 한다' 등 정치적 표현에 기계공들이 사용하는 용어를 썼다.

그러나 기계에 대한 반발도 많았다. 중세가 막을 내릴 즈음 수공업자조합, 즉 길드가 오히려 반(反)자동화 운동에 나섰다. 산업혁명 이후에도 줄곧 인간과 기계의 괴리에 대한 우려의 목소리가 있어왔다. 가정과 기업 사이에도 그랬고 기업의 기능과 기업의 구조 사이에도 그랬으며 분화냐 통합이냐 사이에서도 그랬다.

기계 도입으로 일자리를 잃은 영국의 노동자들이 1811년, 정체불명의 지도자 네드 러드(Ned Ludd)의 주도 아래 집단을 조직하여 스스로를 러다이트(Luddites)라고 칭하면서 영국 각지에서 기계장치를 파괴하고 돌아다녔다. 소위 기계파괴운동(Luddite Movement)이 일어난 것이다. 당시 나폴레옹 전쟁의 영향으로 실업자가 증가하였고 임금은 체불되었으며 물가는 급등했다. 기계에 의한 대량생산과 저가생산이 수공업 숙련노동자의 임금을 깎아내렸다. 수공업 노동자들은 실업과 생활고의 원인을 기계 탓으로 돌리고 '기계파괴운동'을 일으킨 것이다. 기계파괴운동은 처음에는 노팅엄의 직물공장에서 시작하여 랭커셔, 체셔, 요크셔 등 영국 북부의 여러 도시로 번져갔다. 사실 그들이 실업과 기아에 허덕이게 된 원인은 '말 못하는 기계'에 있는 것이 아니라 이 기계를 소유하고 있는 자본가의 탐욕 때문이었다.

기술과 자본주의 양쪽 모두에 대한 저항은 있었지만, 그런 것들은 국지적이었고, 몇 주일 또는 잘해야 몇 달간밖에 지속되지 않았으며, 폭동이 자본주의의 보급속도와 범위를 지체시키지도 않았다. 산업혁명, 바꾸어 말해 기계와 공장 시스템은 똑같이 빨리, 그렇게 큰 저항을 받지 않고 보급되었다. 1838년 토머스 칼라일(Thomas Carlyle)은 "우리 시대는 어느 면으로 보나 기계의 시대(Age of Machinery)다"라고 비통해 했다.

기술의 보급 속도와 범위

1750년경 시작된 산업혁명은 전례가 없을 정도로 확산 속도가 빨랐고 파급 범위가 넓었다. 과거 역사에 나타나는 모든 자본주의(과거의 자본주의와 과거의 산업혁명)는 사회의 한 요소로 존재했다. 그러나 1750년경 일어난 산업혁명과 현대의 자본주의는 그 자체가 사회가 되어 '산업사회'를 만들었다. '자본주의'는 지구상의 일부 작은 지역에만 한정된 것이 아니라, 1750년부터 1850년까지 역사적으로 보면 짧은 기간인 100년 동안에 서북부 유럽 전체에 퍼져나갔다. 그 후 50년 동안에 걸쳐 인류가 사는 지구 구석구석에까지 전파되어갔다.

과거의 자본주의는 수적으로 적은 사회의 일부 계층에만 한정되었다. 귀족들, 지주들, 군인들, 농부들, 전문직업인들, 장인들, 노동자들까지도 자본주의와 별로 관련이 없었다. 현대의 '자본주의'는 과거 역사의 자본주의와 달리 그것이 퍼져나간 곳이면 구대륙은 물론이고 어디든지 곧바로 사회의 모든 집단에 스며들었으며 그 사회를 변화시켰다.

1750년경의 자본가와 프롤레타리아는 아직도 극소수 집단이었다. 마르크스식으로 표현하면, 프롤레타리아는 사실상 공장노동자들인데, 1750년경에는 공장이 거의 없었다. 1850년경의 자본가와 프롤레타리아는 서유럽에서 사회적 힘을 가진 계급이 되었으며 서로서로 적대적이었다. 자본주의와 현대기술이 스며든 곳이면 어디든지, 그들 두 계급은 지배적 계층으로 등장하였다.

일본에서 전환은 1867년의 메이지 유신(明治維新)부터 1894년의 중일전쟁까지 채 30년이 걸리지 않는 기간에 일어났다. 중국의 상하이나 홍콩, 인도의 캘커타나 봄베이, 제정러시아에서도 그렇게 오래 걸리지는 않았다. 자본주의와 산업혁명은 미국의 역사학자 데이비드 랜드스(David S. Landes)가 『자유인 프로메테우스』(1969)에서 설명한 것과 같이 확산 속도와 파급 범위로 세계 문명을 창조하였다.

산업혁명은 경제혁명인 동시에 사회혁명이었다. 농업사회의 경우 영국사회는 귀족을 포함한 지주계급과 농민이라는 계급 외에 산업 부르주아(bourgeois, the moneyed class, 유산계급)와 임노동자(wage worker)라는 두 계급을 새로 탄생시켰다. 따라서 영국에는 전통적인 지배계급인 지주계급(gentry)을 비롯하여, 세 개의 사회계급이 존재하게 되었다. 귀족으로서 상류계급이던 지주와 중산계급인 부르주아는 둘 다 유산계급이 되어 서로 이해관계가 맞았다.

산업혁명은 17세기까지 총인구의 4분의 3을 차지하던 농업인구를 감소시키고 도시주민의 비율을 높였다. 산업혁명은 가족구조에도 변화를 가져왔다. 가장 큰 문제는 일정한 시간 집중적인 노동을 해야 하므로 과거와 전혀 다른 단위로 가족이 편성되어야 했다. 핵가족(核

家族)이 보편화되었고 가족의 유대가 현저하게 약해지게 되었다. 산업혁명 이전 농업사회에서는 농업노동 자체가 일상생활과 축제, 여가생활과 통합되었던 것에 비해 이제는 자본가에게 제공하는 임노동, 즉 근로시간(working hours)과 비근로시간(non-working hours)의 구분이 명확해진 것이다. 따라서 노동자로서는 당연히 노동시간의 단축을 요구하게 되었다.

산업혁명이 가져온 다른 주요 변화는 도시화였다. 산업혁명은 정치에도 변화를 가져왔다. 1832년 부르주아의 정치 참여가 인정되어 제1차 선거법을 개정했다. 1835년에는 도시자치법이 제정되어 도시 행정의 근대화에 초석을 놓았다. 1846년에는 곡물 보호무역정책인 곡물법이 폐지되었다. 이것은 노동자들에게 높은 임금을 지급해야 했던 제조업자들이 지주들에게 승리를 거두었음을 의미했다.

생산수단의 소유형태에도 변화가 있었다. 19세기 산업혁명의 특징인 소수 자본가의 자본 독점상태가 20세기에 들어와서는 개인이나 보험회사 같은 기관들이 기업들의 주식을 매입함으로써 생산수단의 소유권이 넓게 분산되었다. 유럽의 일부 국가는 기간산업 부문들을 공영화했다. 예컨대 1887~1900년 빈 시장 뤼거는 빈의 전차회사·전기회사·가스회사를 몰수하여 시 소유로 만들었다. 사회주의의 확산을 막기 위해 노력했던 비스마르크처럼 뤼거 시장도 사회주의자는 아니었다. 두 사람 모두 일반 시민 전체의 이익 증진을 우선으로 했다.

당시 공장노동자에게 제일 먼저 요구된 것은 정해진 시간에 출근하는 일이었다. 특히 일관작업 노동자의 경우가 그랬다. 남자든 여자든 간에 기계나 책상 앞에서 기계적인 반복작업을 싫증내지 않고 성실하게 수행할 수 있는 인내심을 길러야만 했다. 이런 이유로 19세기 중반 이후 여러 나라에서는 교육제도가 꾸준히 발달했다. '교육은 생명과 자유 다음으로 인류에게 주어진 축복'으로 여겨졌다. 취학연령은 계속 내려갔고 재학기간은 길어졌다. 의무교육 기간도 당연히 연장되었다. 그 후 학교는 여러 세대에 걸쳐 젊은이를 규격화해서 전동기계와 일관작업에 어울리는 획일적인 노동자를 양성했다. 노동자를 위한 교육과 핵가족제도는 젊은이들이 산업사회에서 유능한 역할을 다하기 위한 사전 준비인 셈이었다.

새로운 사회권력 법인의 등장

산업사회가 된 곳은 예외 없이 '핵가족', '대중교육', '거대기업'이라는 세 가지 특징이 나타났다. 사람들은 핵가족의 한 사람으로서 성장하고 공장노동에 순응하게끔 집단으로 학교 교육을 받고 사기업이든 공기업이든 대기업에 들어가서 일하게 되었다.

산업혁명으로 등장한 개인 기업은 창업자가 사망하면 자동으로 해산하는 것이 아니라 후손이나 전문경영자에 의해 계속 존속했다. 따라서 기업은 죽지 않는 인간, 즉 법인(法人)으로 취급되었다. 최초의 투자자가 사망해도 회사는 다른 투자자에 의해 계속 살아남게 되었다. 이것은 기업에서 본다면 투자계획을 장기적으로 세울 수 있게 되었음을 의미했다. 일찍이 생각할 수 없었던 거대한 사업에도 손댈 수 있게 된 것이다.

19세기 중반 철도사업은 다른 어떤 기업보다도 규모가 컸다.

1850년경 미국에서 자본금 25만 달러 이상의 공장은 41개뿐이었다. 이에 비해 1860년 뉴욕센트럴철도회사의 자본금은 3,000만 달러였다. 이 정도의 대규모 기업을 운영하려면 새로운 경영기법이 필요했다. 따라서 초기 철도경영자는 경영관리에 필요한 새 기법을 개발해야 했다. 그들은 운임과 운행스케줄을 규격화하고 몇백 킬로미터나 되는 열차 운행을 동시화하고 새로운 업무를 부서별로 분업화했다. 자본과 노동력을 집중했고 노선망을 확대했다. 그리고 이런 모든 것을 통합하기 위해 정보와 명령이 중앙집권화된 새로운 조직을 만들어야 했다.

1901년에는 US스틸이 세계 최초로 매출액 10억 달러 기업으로 등장했다. 산업사회 이전에는 상상도 못할 정도의 엄청난 자본집중이었다. 20세기 초 미국 컬럼비아대학교 총장이자 나중에 노벨평화상을 받은 철학자 니콜라스 버틀러(Nicholas M. Butler)는 이런 주장을 했다.

"주식회사야말로 근대사에서 가장 뛰어난 걸작품이다. 증기기관이나 전기마저도 주식회사의 지원이 없었더라면 나타나지 못했을 것이다."

주식회사는 몇몇 사람이 힘을 합해 돈을 벌기 위해 만들어낸 조직이다. 그 몇몇 사람을 주주라고 한다. 1844년 당시 영국 상무장관이던 윌리엄 글래드스턴(William E. Gladstone) 총리가 합작회사법(Joint Stock Companies Act)을 통과시켜 복잡한 절차 없이 등록만 하면 회사를 설립할 수 있도록 했다. 그러나 논란의 대상이 된 주주들의 유한책임에 관해서는 명쾌한 내용을 담고 있지 않았다. 1856년 주식회사 설립에 걸림돌이 된 장애물을 포함하여 유한책임법에서 열거하는 모든 까다로운 요소까지 완전히 제거함으로써 합작회사법에 새로운 이정표를 세운 사람은 로버트 로(Robert Lowe)였다. 1862년 영국에서는 회사법(Companies Act)이 제정되었다. 로는 글래드스턴 총리의 제1차 내각(1868~1874)에서 재무장관과 내무장관을 지냈고, 하원의원 시절(1856~1857)에는 주식회사 투자자들의 유한책임 원리를 정관에 명시하도록 했다. 누군가에게 '근대 기업의 아버지'라는 존칭을 붙인다면 로는 진정 유망한 후보가 될 것이다.

마르크스의 사회주의: 사회에 의한 구원

스미스의 고전경제학은 게오르크 프리드리히 리스트(Georg Friedrich List)를 비롯한 독일의 역사학파뿐만 아니라 마르크스의 사회주의 경제학에도 크게 비판을 받았다. 이때부터 경제학은 양분되었고 전 세계는 자본주의 대 공산주의로 나뉘었다.

서구 자본주의는 19세기 중엽 전성기를 맞았으나 산업혁명의 성숙과 더불어 점차 모순을 드러내게 되었다. 1760~1830년에 걸친 영국의 산업혁명과 이보다 30~50년 뒤진 프랑스와 독일, 그리고 미국의 산업혁명은 기계에 의한 대규모 공장 시스템을 가능하게 했다. 동시에 자본가와 노동자 계급의 대립이 표면화되었다. 빈부격차는 커졌다. 게다가 프랑스혁명의 영향으로 노동 계급의 해방의식, 자본주의의 내재적 모순이 계속 드러나자 고전경제학은 이론적 개편이 불가피하게 되었다.

영국의 자본주의 경제학은 사회주의자들에게 철학 · 역사 · 사회·경제 이론의 모든 면에 걸쳐 맹렬한 공격을 받게 되었는데 마르크스에 이르러 그 절정에 이르렀다. 마르크스의 친구이자 후원자인 엥겔스는 영국 맨체스터에서 상당히 규모가 큰 방적공장을 직접 경영했다. 1845년 엥겔스는 영국의 산업화 과정을 관찰하고 산업혁명이 가져온 변화에 대해 특히 어두운 면에 놀라움을 감추지 않고 '인류 역사상 유례를 찾아볼 수 없는 사건'이라고 말했다.

"60년 전 또는 80년 전에는 모든 나라가 비슷했다. 작은 도시들, 소규모 단순 작업, 많은 농부가 있었다. 이제는 350만 인구의 대도시, 거대한 공장의 도시들, 기계로 생산하는 사업체, 밀집해서 살고 있는 도시민들, 한 도시의 3분의 2가 공장에서 일하면서 전혀 다른 계층으로 구성되어 있다. 과거와는 다른 도덕과 욕구를 안고 사는 전혀 다른 나라다."

마르크스는 산업혁명 이후 발달하던 자본주의 사회는 '자본주의의 불가피한 내재적 모순'이 발생하고, '프롤레타리아의 소외와 착취' 때문에 변증법적 유물론의 원리에 따라 필연적으로 파멸되어 결국 사회주의를 거쳐 공산주의 사회로 옮겨가게 될 것이라고 생각하였다. 요컨대 마르크스는, 인간사회는 역사적으로 원시 공산사회(正) → 봉건사회(反) → 자본주의 사회(合) → 사회주의 사회(反, 능력껏 생산하고 능력껏 분배한다) → 공산주의 사회(合, 능력껏 생산하고 필요에 따라 분배한다)라는 변증법적 도식에 따라 발전·완성한다고 예언했다. 그 과정에 자본주의 사회의 자본가들은 자본주의적 제도를 고수하기 위해 온갖 수단을 동원할 것이므로, 노동자 계급은 혁명으로 자본가 계급을 타도하고 프롤레타리아 계급이 지배하는 '계급 없고 사유재산 없는 사회', 즉 300년도 더 전에 모어가 말한 유토피아를 지상에 건설해야 한다고 주장하였다.

마르크스는 "역사는 '가진 자'와 '못 가진 자' 사이의 오랜 투쟁"이라고 생각했다. 기계의 보급으로 자본가 계급은 더욱더 부유해지고 노동자 계급은 더욱더 가난해진다고 주장했다. 궁극적으로 한 사람이 세계의 모든 부를 소유하고 나머지 사람은 모두 피고용인이 된다고까지 예언했다. 마르크스는 유럽의 마지막 혁명이 일어난 1848년 "세계의 노동자들이여 단결하여 투쟁하자!"고 선동했다. 그러나 제1차 세계대전으로 마르크스의 예언은 빗나가고 말았다. 세계의 노동자들은 노동자의 이익을 위해 뭉친 것이 아니라 총칼을 들고는 다른 국가의 역시 총을 든 노동자들에게 총을 쏘았던 것이다.

'계급 없는 공산주의 사회'는 '하느님에 의한 구원'을 대체하는 사상으로서 지상에서 유토피아를 다시 건설하겠다는 약속이었다. 하지만 지금 우리는 마르크스의 예언이 틀렸다는 점과 실제로 정반대의 현상이 일어났다는 사실을 알고 있다.

복지제도와 노동운동

"자본주의는 점점 더 소수의 강력한 자본가에게 소유권을 집중하고 힘없는 프롤레타리아를 끝없이 착취한 결과 드디어 힘이 부쳐 스스로 무너질 것이고, 몇 안 남은 자본가들은 '잃을 것이란 쇠사슬밖에 없는' 프롤레타리아들에게 타도될 것이다."

당시 많은 지식인은 이러한 마르크스의 예언에 쏠려 있었다.

19세기 영국의 위대한 보수당 정치인 디즈레일리는 자본주의 사회를 마르크스가 이해했던 것과 아주 흡사하게 보고 있었다. 그 결과 디즈레일리는 1875년 공중보건에 관한 복잡한 법을 성문화했고, 1874년 노동착취를 방지하기 위한 공장법과 노동자 단체의 법적 지위를 명확하게 해준 노동조합법도 제정했다.

디즈레일리의 맞수 보수 정치인인 독일의 비스마르크 역시 같은 생각을 하고 있었는데, 그것이 1880년 이후 비스마르크에게 사회보장법을 제정하도록, 그리고 궁극적으로 20세기 복지국가를 만들도록 촉진하였던 것이다.

보수적 사회비평가이자 소설가인 제임스는 미국의 부(富)와 유럽 귀족에 대한 연대기 작가이기도 했는데, 그는 계급투쟁과 계급투쟁이 가져올 공포에 철저히 사로잡혀 마르크스가 죽은 지 3년 후인 1886년 그의 가장 대표적인 소설 『카사마시마 공주』에서 중심 주제로 다루었다.

산업혁명으로 촉발된, 전에 없이 빠른 사회적 변화는 긴장과 갈등을 유발했지만 도시의 공장지대에서 유아사망률은 급속히 내려갔고, 수명은 길어졌으며, 산업혁명이 진행되는 동안 유럽에는 인구가 엄청나게 증가하게 되었다. 지금 제3세계에서 또다시 그런 현상을 볼 수 있다.

사람들은 종종 자신들이 누리게 된 경제적 발전에 대해 반란을 일으켰다. 1811년 영국에서 일어난 기계파괴운동은 물론이고, 1846년 영국의 곡물법 폐지에 반대한 지주들의 데모, 1848년 독일 슐레지엔 지역의 리넨공장 직공들의 데모에서 보듯이 경제적 발전에 대한 반대는 경제적 발전으로 가장 덕을 보았을 바로 그 계층의 사람들에게서 항상 나왔다. 그 뒤를 조종하고 개인적인 권력을 도모하는 사람들이 있었던 것은 물론이다.

기계파괴운동 전후로, 경제적 약자인 노동자들은 단결과 단체행동으로 자신들의 처지를 타개하려 했다. 영국에서는 18세기 중반 무렵 노동자조합이 출현했다. 노동자가 직업별로 결합하는 과정은 목면 산업의 숙련노동자 사이에서 가장 먼저 시작되었고, 1770~1780년대에는 견직공과 편직물공들 사이에서 활발히 진행되었다. 18세기의 마지막 20년 동안 초기형태의 노동조합이 잇달아 만들어졌다.

노동자의 단결에 두려움을 느낀 영국의 고용주들은 자신의 이익을 옹호하기 위해 1800년 의회를 통해 노동자의 조직활동을 엄격히 제한하는 단결금지법을 만들었다. 단결금지법은 첫째, 조합을 결성하거나 가입하는 것, 둘째, 사용자에게 임금이나 근로조건들을 향상시키기 위하여 작업을 이탈하는 것(파업), 셋째, 앞의 이유를 위해 작업을 그만두도록 작업자를 설득하거나 그런 목적을 위해 어떤 회합에 참석하도록 작업자를 설득하는 것 등을 범죄로 규정했다. 또 그런 목적을 증진하기 위해 자금을 지원하는 것도 범죄에 해당되었다. 요컨대 19세기 초 영국에서는 파업과 노동조합 결성을 금지했다. 19세기 초 4반세기(1800~1824)는 가장 혹독한 박해와 탄압의 시대였다.

19세기 중반 영국에서는 직능별 노조가 많이 설립되었는데, 1868년 각 직능 노조 대표들이 처음으로 노동조합회의(Trades Union Congress, TUC)를 구성하기 위해 소집되었다. 그 첫 모임의 목적은 정부 압력에 대처하고 의회에서 노조의 영향력을 높이는 방법에 대해 서로 정보를 교환할 협의체를 구성하기 위해서였다. 그 이후 TUC라는 이니

셜은 노조 대표들의 연차회의와 영국 노동조합들의 최고 단체를 뜻하는 용어로 사용되어왔다. TUC는 자신들의 노동조합 활동을 보호해줄 법적 안전장치를 추구했고 임금이나 근로조건 등 노동자들의 사회적·법적 위치를 개선하기 위해 투쟁했다. 그 과정에서 노동자 대표위원회를 구성하였는데, 이 기구는 1906년 노동당(the Labour Party)으로 발전했다.

1906년 집권한 자유당 정부는 파업과 폐업 등 산업쟁의와 실업, 빈곤문제 등 심각한 사회문제에 직면하게 되자 개인 책임 원칙에 입각한 종래의 빈민구제 정책으로는 부족하다고 판단하고 국민 전체를 대상으로 한 사회복지 입법을 추진하게 되었다. 그 당시 재무상이던 로이드 조지(Lloyd George)는 의료보험 제도에 깊은 관심을 가져 이미 의료보험 제도를 실시하고 있는 독일을 직접 방문한 바 있으며, 무역상이었던 처칠은 실업보험 제도의 도입을 추진했다. 1911년 국민보험법(National Insurance Act)이 제정되어 보험료를 납부하는 기여방식에 따른 의료보험과 실업보험을 실시하였다. 이 법을 실시함에 따라 영국 사회보장제도의 중점은 종래의 공적 부조에서 사회보험으로 전환되었다. 연금제도는 1908년 노령연금법(The Old Age Pensions Act)이 제정되면서 국가재정으로 70세 이상 저소득 노인에게 연금을 지급하는 공적 부조 방식으로 시행되었다. 보험료를 납부하는 기여방식에 따른 본격적인 연금제도는 1925년 미망인, 고아 및 노령연금법이 제정되면서 비로소 실시되었는데 독일, 스웨덴 등에 비하여 연금제도 도입이 늦었다고 할 수 있다.

독일은 유럽 여러 나라 중 비교적 늦은 1871년에야 국가의 통일을 달성하였고, 산업화도 1870년대가 되어서야 착수하였으나 비교적 빠르게 경제성장을 이룩하여 20세기 초반에는 유럽 제일의 경제대국으로 부상하게 된다. 1880년대에 들어와 산업화가 본격화되면서 분배 불공정 문제가 제기되었고, 도시화에 따라 주택난과 물가고(物價高)가 겹쳐 근로자들이 조직화함에 따라 노동운동이 점차 격화되었다. 또 사회주의자들의 활동이 본격화되어 사회주의자들이 선거를 거쳐 의회에까지 진출하게 되었다.

이러한 현상에 체제상 위협을 느낀 재상 비스마르크는 강경책과 회유책을 동시에 사용했다. 한편으로 1878년 사회주의 규제법(Sozialistengeserz)을 제정하여 사회주의 운동을 규제하면서, 다른 한편으로 사회주의 운동에 가담하지 않는 노동자에게는 복지향상을 약속하였다. 이와 같이 경제적 약자에 대하여 국가가 보호자 역할을 자처하고 예방적 현대화 정책(preventive modernization)을 실시했다.

독일은 1880년대 세계 최초로 본격적인 사회보험 입법을 추진하여 1883년 의료보험법, 1884년 산업재해보험법, 1889년 연금보험법을 제정하였다. 1880년대 독일의 세 가지 사회보험 제도에서 비롯된 복지 관련 제도는 각 국가 간의 정치적 · 경제적 · 사회적 · 문화적 차이가 있는데도 전 유럽으로 확산되어 거의 모든 유럽 국가에서 복지국가의 가장 핵심적 제도로 정착되었다. 유럽과는 이질성이 높은 미국과 캐나다에서는 복지 관련 제도들이 다소 늦은 1930년대 대공황기에 도입되었다.

3. 지식이 작업방식과 육체노동에 적용된 시대(1880~1950)

마르크스가 보지 못한 것과 테일러가 본 것: 소득수준 향상으로 인간은 평등해질 수 있다

마르크스가 죽기 2년 전 지식이 두 번째로 그 의미를 바꾸어 작업 자체에 적용되었다. 즉 노동생산성 혁명이 시작된 것이다. 1881년, 테일러는 최초로 시간연구(time study), 작업연구(work study), 작업분석(task analysis)에 지식을 적용했고 시간연구로 작업을 과학화했다. 우리는 그것을 과학적 관리법(Scientific Management)이라고 한다.

마르크스와 19세기 다른 모든 경제학자 또는 19세기의 기술자들은 개인의 노동생산성은 바뀌지 않는다고 생각했다. 그러나 테일러는 일하는 방식을 과학적으로 바꾸면 노동생산성을 향상시킬 수 있다고 생각했고, 작업에 과학적 지식을 적용한 결과 노동생산성은 실제로 폭발적으로 증가되었다. 테일러 시대에는 '생산성'(productivity)이라는 용어 자체도 사용하지 않았다. 사실 제2차 세계대전 전 미국에서 처음 사용할 때까지만 해도 생산성이라는 말은 쓰이지 않았다. 가장 권위 있는 영어사전인 옥스퍼드사전에도 1950년 판까지는 '생산성'이라는 용어를 현대적 의미로 설명하지 않았다.

테일러가 지식을 작업에 적용하고부터 몇 년 안에 생산성은 매년 3.5~4퍼센트씩 증가하기 시작했다. 그것은 18년마다 생산성이 두 배씩 증가한다는 것을 의미한다. 테일러 이후 모든 선진국에서 생산성은 거의 50배나 증가했다. 이런 사상 초유의 생산성 증가야말로 노동자들의 생활수준과 삶의 질 향상의 근원이 되었다.

증가된 생산성 중 절반 정도는 좀 더 높은 생활수준을 의미하는 소비재 구매력 증가로 나타났고 나머지는 여가시간의 증가, 건강관리, 교육비 증가로 나타났다. 선진국 근로자들은 1910년경까지는 적어도 연간 3,000시간이나 일했다. 지금은 일을 가장 많이 한다는 우리나라 사람들도 연간 2,000시간 이하로 일하고 있다. 그들은 20세기 초의 생산수준과 비교하면 시간당 50배나 더 생산하는 것이다. 증가된 생산성의 상당한 몫은 건강을 돌보는 데 쓰였는데, GNP 대비 거의 제로에 가까웠던 병원비 지출이 8~12퍼센트에 이르렀으며, GNP 대비 2퍼센트 수준이었던 교육비 지출도 10퍼센트 또는 그 이상으로 늘어났다.

드러커는 이런 현상을 다음과 같이 짧게 설명한다.

"과학적 영농과 과학적 관리법은 인류의 생활수준을 향상시킨 진정한 의미의 영웅들이다. 그것들은 근로수명을 연장한 두 가지 주요 요소다."

1880년에서 1920년 사이가 지식 패러다임이 바뀌는 전환기였다는 사실을 최초로 인식한 사람은 테일러의 사상을 '과학적 관리법'이라고 이름 붙여준 루이스 브랜다이스(Louis D. Brandeis)다. 그는 인권에 대해 진보적 시각을 지닌 미국의 대법관으로, 테일러 지지자였다.

그러나 육체노동자에 대한 테일러의 접근이 옳았고, 마르크스주의가 도덕적으로나 경제적으로나 실패했다는 것을 파악하는 데는 시간이 좀 더 걸렸는데, 드러커는 1939년 『경제인의 종말』에서 마르크스주의의 실패를 예견했다. 1944년 신보수주의의 아버지격인 하이에크는 『예속의 길』(The Road to Serfdom)에서 사회주의는 불가피하게 노예화를 의미한다고 주장했다. 다시 말해 '민주주의적 사회주의'라는 것은 없으며, '전제주의적 사회주의'뿐이라는 것을 알았다. 그로부터 40년 뒤 쓴 마지막 저서 『치명적 환상』(The Fatal Deceit, 1988)에서 그는 마르크스주의는 절대로 살아남을 수 없다고 주장했다. 그러나 하이에크가 이 책을 출판했던 때는 모든 사람이, 특히 공산주의 국가의 모든 사람이 이미 같은 결론에 도달해 있었다.

무엇이 테일러에게 작업연구를 시작하게 했는가? 그것은 19세기 후반, 자본가와 노동자 사이에 깊어가는 갈등을 보고 느낀 충격 때문이었다. 테일러는 마르크스가 보았고, 디즈레일리와 비스마르크와 제임스도 노동자의 고단한 삶을 보았다. 그러나 테일러는 그들 모두가 보지 못했던 것, 즉 계급갈등은 불필요하다는 것도 보았다. 테일러는 노동자의 생산성을 높여 그들이 임금을 꽤 넉넉히 받을 수 있게 하겠다고 마음먹었다. 그렇게만 된다면 자본가와 노동자의 갈등은 자연히 사라질 것이라고 생각했다.

마르크스가 『공산당 선언』을 발표하여 '가진 자를 타도하라!'고 주장한 것이 1848년이고, 테일러가 과학적 관리법으로 노동생산성을 향상하여 모두 잘살 수 있다고 생각한 것이 1881년인 것을 보면, 사회계급 간의 인식 차이가 수십 년이라는 시차 뒤에야 해소되는 것처럼 보인다.

테일러를 자극한 것은 능률이 아니었다. 또한 소유주를 위해 이익을 창조하는 것도 아니었다. 테일러는 생산성의 열매를 가장 많이 가지고 가는 것은 소유주가 아니라 노동자라는 생각을 죽을 때까지 하고 있었다. 그의 관심사는 '소유주와 노동자, 즉 자본가와 프롤레타리아가 다 함께 생산성 향상에 관심을 갖고, 지식을 작업에 적용하는 사회를 만드는 것'이었다. 테일러의 가장 대표적인 작업분석인 삽으로 모래를 푸는 일은 사실 지식인들이 중요하게 여기지도 좋아할 일도 아니었다. 그런 일은 아랫것들이나 하는 것이고 지식인들이 할 일이 아니라고 생각했다. 지적 역사(知的歷史)에서 테일러보다 더 큰 영향을 준 인물은 거의 없었다. 그리고 테일러만큼 의도적으로 왜곡된 사람도 없었으며 한결같이 잘못 인용되는 사람도 없다. 그러나 드러커는 『자본주의 이후의 사회』에서 "간혹 다윈, 마르크스, 프로이트는 현대 세계를 창조한 삼위일체로 인용되고 있다. 만약 이 세상에 정의라는 것이 있다면, 마르크스는 빼내고 테일러를 대신 집어넣어야만 한다"라고 주장했다.

마르크스의 사상과 경제이론(노동가치설, 잉여가치, 이윤율 하락, 자본축적 과정, 산업예비군, 공황, 자본주의의 쇠퇴론 등)은 여러 사람이 비판했다. 마르크스는 노동을 물리적 측면에서만 보았고, 인간자본(human capital)이라는 주요 개념을 인식하지 못했다. 마르크스의 노동가치설은 자본, 기술, 경영관리 능력 등 다른 생산요소들이 가치 증가에 기여한 중요성을 무시하고 있다. 잉여가치 창출은 노동과 자본, 기술과 관리의 복합적 산물인데, 마르크스는 잉여가치를 오직 노동가치로만 생각하였다. 현대 경제는 과학의 진보에 따라 기술적 혁신에 결정적인 영향을 받고 있으며, 새로운 중간계층인 생산기술자들의 등장을 테일러는 보았지만 마르크스는 보지 못하였다.

보이는 손: 대규모 조직은 기술이다

제1차 세계대전이 끝날 무렵 20세기적 기업 형태가 거의 완성되었다. 미국의 기업구조에서 19세기적 요소는 거의 사라졌다. 점진적으로 성장했던 가족기업과 지역기업들은 철도 네트워크, 기업합병, 조립라인 때문에 몰락의 길을 걸어야 했다. 대기업 경영자들은 '보이지 않는 손'에 의해 분업이 이뤄지고 수요와 공급의 균형을 맞춘다는 스미스의 자유기업 이론에 도전했다. 그들은 대량시장에서 전문화된 제품을 계획하고 조정함으로써 '보이는 손'(visible hand)의 역할을 했고 또 그것이 한층 더 효율적임을 증명함으로써 자생력 있는 기관이 되었다.

토인비는 20세기는 '기술의 시대'에서 '조직의 시대'로 전이되는 시점에 와 있다고 말한 바 있다. 그러나 토인비가 '조직'이라 부르는 것, 그리고 번햄이 '경영행위'(managerial action)라고 부르는 것은 사회적 · 경제적 · 행정적인 분야에 적용되는 기술이다. 번햄이 경영혁명(The Managerial Revolution)이라는 용어를 사용한 것은 모든 분야의 엄청나게 많은 조직을 염두에 둔 것이다.

"조직이란 효과적이고 경제적인 방법으로 합의된 목적을 달성하기 위해 그들의 모든 활동의 조정과 결합을 통해 개인이나 집단에게 적합한 과업을 분배하는 것과 관련된 일련의 과정이다."

영국 라운트리 회사의 최고경영자이자 경영학자였던 올리버 셸던(Oliver Sheldon)은 이렇게 말했다. 조직도 한 가지 기술이라는 말이다.

계층형 조직(hierarchical organization, 피라미드식 조직)은 지난 100년간에 걸쳐 형성되었다. 앨프레드 챈들러(Alfred D. Chandler)에 따르면 경영계층은 산업시대 초기의 개인기업에서 발전한 것이다. 1880년대와 1890년대에 계층형 조직은 미국, 유럽, 아시아 등의 지역에서 나타나기 시작했다. 미국의 철도회사와 전신회사들은 지리적으로 방대한 영역을 관할할 수 있는 조직을 만들어야만 했다. 이러한 시대에는 '시장 메커니즘의 보이지 않는 손'을 대신해서 '보이는 손'이 근대 산업의 유통을 조정하고 자원을 배분하고 방향을 결정하게 되었다고 챈들러는 적고 있다.

대기업으로 성장한 엑슨, 코닥, IBM, NCR 등의 경영자는 이제 기업의 창업자나 그 후손들이 아니다. 이들 기업은 방대한 생산물을 미국 전역과 세계로 유통하기 위해 관리조직을 갖춰야 했다. 또 규모의 이익을 달성하는 데 규격화와 치밀한 계획과 스케줄 작성이 불가피했다. 합병, 트러스트, 기타 전략을 통해 많은 기업이 한쪽에서는 제품 유통을, 다른 한쪽에서는 원자재 확보의 방향으로 확대해갔다. 이러한 수직적 통합이 원가를 줄이고 이익을 증대하며 미래 경쟁상대에 대한 진입 장벽이 되었다. 다시 말해서 M&A는 결코 새로운 개념이 아니다.

대공황과 토목사업

제1차 세계대전이 끝나고 1920년대 미국은 번영과 평화의 시기였다. 거리는 영화스타, 재즈, 자동차로 넘쳤다. 중절모자에다 멋지게 차려입은 갱들을 영화 스크린이 아니라 뉴욕거리와 식당에서 직접 볼 수 있었다. 1920년 웨스팅하우스는 방송사를 만들어 처음으로 상업광고와 재즈를 전파에 실었다. 제조업 생산량은 10년간 64퍼센트나 늘었고, 미국인 5명당 한 명에게 자동차가 있었다. 사실상 1가구 1자동차 시대가 실현된 것이었다. 이 시대 미국의 번영은 참으로 놀라운 것이었다.

1920년대 미국의 주식시장에 '하락'이란 단어는 아예 존재하지 않았다. 미국 내 기업과 개인들 모두 전례 없이 투자를 확대함에 따라, 미국 증권시장에 상장된 기업들의 주식가치는 급격히 상승했다. 실업은 거의 존재하지 않았고, 모든 사람이 돈을 풍부하게 갖고 있는 것처럼 보였다. 증권중개회사들은 좀 더 많은 주식을 판매하려는 판촉전략의 일환으로, 잠재적 주식구매자들에게 주식가격의 일부만 증거금으로 내고 나머지 금액은 신용으로 구입할 수 있도록 해주었다. 당시 주식 가치가 순식간에 구매가격의 두 배 혹은 세 배가 되는 일이 다반사였으므로 이런 관행이 계속될 수 있었다.

1925~1929년에 뉴욕증권거래소에서 거래된 주식의 시가총액은 두 배로 늘어났다. 특히 1928년 겨울에는 대부분의 주가가 두세 배로 뛰어올랐다. "촛불은 꺼지기 직전에 가장 밝다"라는 말을 증명이라도 하듯이 말이다. 1928년 미국 대통령 후보였던 허버트 후버(Herbert Hoover)는 "신의 가호로 미국에서 빈곤이 곧 소멸되는 것을 보게 될 것"이라고 장담했다. 그러나 1920년대가 저물어가면서 미국의 번영에 그늘이 생기기 시작했다. 미국 경제에는 내면적으로 거대한 신용팽창이라는 거품현상이 형성되고 있었던 것이다. 유럽에서는 전쟁의 후유증에서 회복한 농부들이 다시 농작물을 수확하기 시작했다. 따라서 미국 농산물에 대한 수요는 급격히 떨어지기 시작했다. 1920년대 후반 미국은 경제 위기를 수습하기 위해 해외에 투자한 채

권을 거둬들이기 시작했다. 그리고 미국으로 인구가 유입되지 않도록 갑자기 이민자를 제한했다. 1900~1914년에 전 세계로부터 1,500만 명, 1915~1929년에 550만 명의 이민자를 받아들이며 세계의 경제발전을 이끈 미국은 1930~1945년에는 75만 명을 받아들였을 뿐이다.

공장에는 재고가 쌓여서 기업들은 제품 생산량을 줄이거나 아예 공장 문을 닫았다. 일거리가 없는 종업원들에게 감원선풍이 불어닥쳤다. 상품은 너무 많고 그것을 살 만한 능력이 있는 사람은 너무 적었다. 상점과 창고에는 물건이 주체하지 못할 만큼 쌓여 있는데도 사람들은 굶주렸다. 1929년 10월 24일 목요일, 거품은 마침내 터졌다. 미국 시민들이 소유하고 있던 주식과 채권이 모조리 휴지조각으로 변하고 말았다. 미국 경제의 불황은 곧 전 세계로 확산되었다.

공황은 자본주의 경제체제에만 나타나는 현상이다. 공황이 일어나는 이유는 사회 전체의 구매력을 감안하지 않고 자본가들이 이윤을 추구하기 위해 상품을 생산하기 때문이다. 상품의 가격이 떨어지면 생산량을 줄이고, 가격이 오르면 생산량을 늘린다. 상품의 수요와 공급이 소위 '보이지 않는 손'에 의해 균형을 이룰 때는 별 문제가 없지만 균형이 깨지는 순간, 현실은 악몽으로 바뀌는 것이다.

하늘을 찌를 정도로 높은 초고층 건물을 뜻하는 마천루(摩天樓)라는 말을 미국에서 사용하기 시작한 것은 1880년대였다. 초고층 건축형태는 사회발전과 기술발달이 동시에 맞물려 일어난 합작품이었다. 도시에서 상업활동이 증대함에 따라 이를 수용할 공간이 필요했고, 백화점 건물에 고객용 엘리베이터를 설치하면서 5층 이상 높은 건물을 건설할 수 있다는 것이 확인되었다. 초고층 빌딩이란 정면에서 본 건물의 수평 입면과 건물의 높이와의 비율이 최소한 5 대 1 이상인 것을 말하는데, 1885년 윌리엄 르 배런 제니(William Le Baron Jenney)가 철골구조(iron beam) 공법으로 시카고에 지은 높이 55미터의 12층 홈 인슈어런스 빌딩이 그 효시로 알려져 있다. 기술적으로 초고층 건물은 강한 바람을 버텨낼 수 있어야 한다. 산업혁명 덕분에 실용화 단계에 접어든 강철이 그것을 가능하게 해주었다. 게다가 엘리사 오티스(Elisha Graves Otis)가 1857년 개발한 고속 엘리베이터가 실용화되고 있었다.

시카고는 당시 급성장하던 철도산업의 핵심도시이자 상공업 중심지로 번성 중이어서 인구가 급격하게 늘고 있었다. 마천루는 거대 기업의 상징이다. 1891년 시카고에 16층짜리 모나독 빌딩이 세워졌다. 설계사 루이스 설리반(Louis Sullivan)은 다음과 같이 썼다.

"엄청난 벽돌더미가 깎아지른 듯하지만 튼튼하게 올라갔다."

그 뒤를 따라 회사들과 건축가들 모두 점점 더 높은 건물을 세우려고 경쟁하는 한편, 상업용 건물은 우아할 수 없다는 고정관념을 깨뜨렸다. 시카고에서 첫선을 보인 고층건물이 본격적으로 꽃을 피운 곳은 맨해튼이었다. 1900년대에 들어오면서 맨해튼이 미국의 경제 중심지로 떠올랐기 때문이다. 상업건축으로 시작된 마천루는 미국에서 발달하여 점차 세계로 퍼져나가 주거용으로도 쓰이고 있다. 초고층 건물은 경쟁적으로 몇 차례 단계를 거치며 발전했다. 단순히 높아졌을 뿐만 아니라 화려한 고전 건물 양식을 도입하는 등 미적인 측면에서도 발전했다.

1931년, 102층 381미터의 엠파이어스테이트 빌딩이 그 모습을 드러냈다. 수용인원 1만 8,000명, 분당 360미터 속도로 오르내리는 엘리베이터 65대, 화장실 2,500개, 계단 1,860개가 있는 세계 최고의 빌딩이 탄생한 것이다. 이런 빌딩들이 건설되던 때 미국은 대공황 시기로 실업자들에게 일자리를 제공하여 재기할 기회를 주려는 의도가 있었다. 당시 케인스는 경기변동의 원인을 공급 측면보다는 수요 측면에 있다고 진단하고 재정금융 정책을 통해 불황을 타개할 수 있다고 주장했다. 맨해튼의 빌딩과 후버댐, 그리고 TVA 등은 케인스 처방의 일환이었다. 그러나 엠파이어스테이트 빌딩은 오랫동안 높은 공실률을 보여 한동안 엠프티(empty) 빌딩이란 불명예스러운 소리를 들었다.

자본주의와 공산주의의 실패, 나치즘과 파시즘의 등장

스미스 이래, 사회적 질서와 신조로서 자본주의는 자유롭고도 평등한 사회에 사는 개인에게 경제적 진보가 궁극적으로 자유와 평등을 제공한다는 믿음을 주었다. 다시 말해 인간의 목적달성은 현세에서 이루어진다고 표현하는 것이다. 자본주의는 자유롭고도 평등한 사회는 사회 행동의 최고 규범으로서 사적 이익을 촉진해 이룩할 수 있다고 기대한다(마르크스주의는 그런 사회는 사적 이익의 철폐로 이룩할 수 있다고 기대한다).

자본주의의 신조(capitalist creed)는, 이상적인 자유 평등 사회를 자동으로 실현할 수 있는 수단으로서 이익 동기를 적극적으로 평가한 최초의 유일한 사회적 신조였다. 그 이전의 모든 신조는 사적 이익 동기를 사회적으로 파괴적인, 혹은 적어도 중립적인 것으로 간주했다. 그러므로 자본주의는 무엇보다도 경제 활동 우선순위를 높게 유지해야 한다. 경제적 진보는 천년왕국을 지상에 세운다는 약속을 실천하는 것이므로, 사회의 모든 에너지는 경제적 목적의 증진에 집중되어야 한다. 이것이 바로 자본주의다.

경제 시스템으로서 자본주의는 끊임없는 가격 인하와 노동시간의 지속적 단축을 실현하면서도 재화 생산량을 계속해서 증가시키고 있으므로, 자본주의는 실패하지 않은 것은 말할 것도 없거니와, 더 황당할 수 없는 꿈 이상으로 성공을 거두었다.

1942년 슘페터는 『자본주의, 사회주의, 민주주의』에서 자본주의는 자신이 탄생을 도왔고 실현 가능하도록 만든 민주주의 때문에 붕괴될 것이라고 주장했다. '천년왕국을 지상에 세운다'는 사회적 목적이 없으면 자본주의는 아무런 의미도 없으며 합리화될 수도 없을 뿐 아니라 존립할 여지도 없다. 경제 시스템으로서 성공한 자본주의가 실패했다면 이런 사회적 목적달성 측면에서 실패한 것이다.

경제적 측면으로만 보면, 사회주의 시스템은 효율성과 생산성의 기적을 낳을 수 있을지도 모른다. 하지만 실제로 그것은 인류가 일찍이 경험해본 적이 없는, 본질적으로 적대적인 계급들로 구성된 가장 경직되고도 복합적인 모습을 한 사회가 되고 만다. 사회주의 국가는 진정한 자유를 확립하는 대신, 비록 말로는 농노가 수혜자라고 선언할지라도, 순수한 봉건주의 사회를 다시 만들고 말았다.

12세기와 13세기 초, 즉 봉건주의 시대, 피라미드식 계급적 사회 구조는 그 당시 사회를 형성했던 신조에 따라 합리화되었다. 그러나

'계급 없는 사회'를 지향하는 사회주의 국가의 새로운 사회적 계층, 즉 공산당 간부와 테크노크라트 계급은 어떤 이유로도 합리화될 수 없다. 따라서 그런 사회가 바로 사회주의가 가져온 불가피한 결과라는 사실이 밝혀지자, '미래 사회 질서의 모범'으로 인식된 마르크스주의자의 신조(Marxist creed)에 대한 기본적인 신뢰가 근본적으로 무너졌던 것이다.

평등이라는 사회적 목적 달성에 실패한 자본주의와 계급 없는 사회 달성에 실패한 사회주의, 그리고 불황과 실업에 따른 사회적 혼란은 1930년대의 가장 큰 특징인 파시즘과 나치즘 등 전제적 국가주의의 대두를 부채질했다. 1933년 1월 독일 총리가 된 히틀러는 의사당 방화사건(2월)과 총선거(3월)를 거치며 국민과 국가를 보호하기 위한 비상 대권을 거머쥐었다. 그는 유럽 최대 채무국이었던 독일이 대공황으로 겪게 된 곤경을 바탕으로 '독일의 영광 재현'을 내걸고 사회 통제와 군비 확장을 추진했다.

1922년 파시스트 군단을 동원해 정권 장악에 성공한 이탈리아의 무솔리니는 로마제국 부활을 꿈꾸며 1935년 에티오피아를 정복했다. 아시아에서는 또 하나의 강대국으로 부상한 일본이 군부 주도로 1931년 만주사변을 일으키면서 중국 대륙 침략을 본격화했다. 전체주의는 사회주의 국가에서도 마찬가지였다. 1924년 레닌이 사망한 뒤 치열한 권력 투쟁을 거쳐 정권 장악에 성공한 스탈린은 급격한 공업화 정책과 함께 1934~1939년 약 300만 명을 처형하는 피의 대숙청을 벌였다.

히틀러가 마침내 1938년 오스트리아와 체코슬로바키아를 점령

하고 1939년 폴란드를 침공함으로써 또 한 차례 세계대전에 불을 댕겼다. 이에 앞서 아시아에서도 1937년 일본이 중국에 선전포고를 함으로써 인류는 역사상 가장 참혹한 전쟁의 소용돌이에 휘말리게 되었다. 6년간 계속된 이 전쟁에서 약 6,500만 명이 죽었는데, 그중 5,000만 명이 민간인이었다. 제1차 세계대전으로 처음 등장한 독가스, 탱크, 그리고 각종 신무기들이 계속 성능과 위력을 더해갔고, 전쟁 기술과 전술도 발전을 거듭했다. 전쟁이 끝나갈 무렵 등장한 원자폭탄은 대량 살상 무기 개발의 절정을 이루었다.

　1939~1941년의 군사작전이 순조롭게 출발하자 히틀러의 계획에는 유럽, 서아시아, 아프리카가 포함되었고 마침내 미국을 포함해 전 세계적인 지배체제를 꿈꾸게 되었다. 이런 터무니없는 희망은 거의 6년간의 전쟁 끝에 1945년 독일이 패함으로써 사라졌다. 제2차 세계대전은 어떤 의미에서 제1차 세계대전의 양상을 되풀이한 것이었다. 즉 전쟁 초기에 독일은 대단한 승리를 거두었으며, 그 결과 대규모 대(對)독일 연합전선을 만들었고, 독일은 무절제한 행위와 욕심 때문에 결국 전쟁에서 패했다는 점 등이 그것이다. 대중운동으로서 국가사회주의는 1945년 4월 30일 히틀러가 자살함으로써 사실상 대단원의 막을 내리게 된다.

4. 지식이 지식에 적용되는 시대(1950~21세기)

노동생산성의 종말

1750~1880년 사이, 즉 산업사회의 첫 번째 기간에 기계를 비롯한 자본에 대한 투자는 엄청난 성과를 올렸다. 그러나 그 기간 노동자의 생산성은 조금도 달라지지 않았다. 따라서 노동자의 소득은 전혀 늘어나지 않았고 작업시간도 줄어들지 않았다. 그 뒤 1881~1950년까지 70여 년 동안 나타난 폭발적인 생산성 향상은 지식을 작업방식에 적용한 결과였다. 그것이 바로 과학적 관리법이 가져온 진정한 혁명이다. 드러커는 과학적 관리법에 따른 노동생산성의 획기적 증가를 산업혁명과 구분하여 생산성 혁명(productivity revolution)이라고 규정했다.

테일러가 작업연구를 시작했을 무렵, 제조현장, 농장, 광산, 운송업 등에서 일하는 작업자 열 명 중 아홉 명은 물건을 생산하고 운반하는 육체적인 일을 하고 있었다. 따라서 작업방식을 혁신해 육체노동자의 생산성을 향상시킬 수 있었다. 1950년대에도 모든 선진국에서 육체노동자들이 여전히 다수를 차지했지만 1990년에는 전체 노동력의 5분의 1로 줄어들었다. 앞으로는 10분의 1이 채 안 될 것이다. 따라서 이제 육체노동 생산성 혁명은 끝났다. 제조업, 농업, 광업, 운송업 등에 종사하는 육체노동자들의 생산성 증가로는 더 이상 부를 창조할 수 없다.

20세기 전반에 우리는 농부들의 쇠퇴와 육체노동자들의 등장을 보았고, 20세기 후반에는 육체노동자의 쇠퇴를 보았다. 21세기에는 지식근로자의 등장을 보게 될 것이다.

새로운 경쟁자의 등장과 유산비용

20세기 후반이 되자 시애틀에는 각종 회사가 등장하면서 명석하고도 야심찬 젊은이들이 모여들었다. 그들의 무기는 삼림이라는 천연자원이 아니라 두뇌였다. 그들은 소프트웨어를 개발했고, 바이오 기술, 휴대전화, 닌텐도 게임을 개발했다. 그들은 새로운 종류의 회사를 만들었던 것이다. 그것은 보잉 같은 거대한 구조를 갖고 있는 조직이 아니라 아메바나 해파리 같이 고정적인 형태가 없는 조직이었다.

그중 하나가 바로 마이크로소프트(MS)다. 1975년 갓 스물이 된 두 청년 빌 게이츠(William Bill Gates)와 폴 앨런(Paul Allen)은 개인용 컴퓨터(PC)를 위한 기초 프로그램 언어인 베이직(BASIC)을 완성해 엘테어 마이크로컴퓨터 제조회사인 MITS에 팔았다. 그들은 곧 마이크로컴퓨터의 Micro와 소프트웨어의 Soft를 합해 'Microsoft'라는 이름의 회사를 설립했다. 창업 초기부터 근무한 대부분의 MS 종업원들은 모두 백만장자가 되었다. 그러나 MS 사무실은 수백 명의 백만장자와 수십 명의 억만장자가 일하는 곳이라고 느낄 만한 특별한 것이 하나도 없다. "대부분 그런 것을 생각할 시간도 없다"라고 어느 직원이 말했다.

미국인의 삶의 질을 향상시킨 유통혁명의 선구자 시어스(Sears)는 100년의 기업 역사를 이어오면서 숱한 경영혁신에 성공했고, 위대한 전문경영인을 배출했다. 그러나 시어스는 한때 자사 종업원이었던 샘 월튼(Samuel Walton)이 세운 월마트에 추월당하고 말았다. 시어스의 경쟁자는 미국 내에서 등장했지만 자동차 산업은 도요타, 현대자동차 등 외국 기업들로부터 심각한 도전을 받고 있다.

파이낸셜 타임즈는 2005년 "올 들어 미국에서 생긴 '추락한 천사'(fallen angels)가 모두 15개사로 지난해 같은 기간의 11개사보다 많이 증가했다"라고 보도했다. 추락한 천사란 투자적격 등급을 상실한 기업을 뜻한다. GM과 포드가 동시에 정크본드 수준으로 신용등급이 하락되면서 이 용어가 언론에서 사용되었다. 역대 추락 천사 중 최대 규모 부채(2,918억 달러)를 가진 GM의 신용등급 하락은 미국 경제에 크나큰 충격을 주었다. 특히 부품 · 판매 등 직 · 간접 분야 종사자 90만 명을 거느린 매출액 1,930억 달러의 공룡기업이라는 점에서 GM 사태는 미국정부로서도 좌시할 수 없는 중대한 사안이었다. GM이 이렇게 된 이유는 단순했다. 회사 형편에는 아랑곳없이 자신들의 이익 챙기기와 복지 추구에 급급했던 노조 행태가 위기를 불러온 것이다. "회사가 이익을 내든 못 내든 납득할 만한 보상을 해주지 않으면 설비 가동률을 80퍼센트 밑으로 떨어뜨릴 수 없고 해고도 할 수 없다"라는 과거에 맺은 노사협약 때문이다. 그 노사협약에 따르면 생산라인이 멈춰도 2년마다 이뤄지는 고용 재계약 때까지 회사는 놀고 있는 근로자들에게 임금을 지급함은 물론, 의료보험과 연금을 부담하도록 되어 있다. 매출이 줄고 적자가 커지는 상황에서는 소위 유산비용(legacy cost, 회사가 종업원뿐 아니라 퇴직자, 그리고 그 가족의 평생을 위해 부담하는 의료보험과 연금 비용)을 감당하기가 버겁고 이 때문에 글로벌 경쟁에서 살아남을 힘을 갈수록 잃고 있다. GM이 이 유산비용을 부담하려면 자동차 한 대당 약 1,600달러씩, 연간 56억 달러(5조 6,000억 원)를 지출해야 하는 상황이다.

케인스와 슘페터

20세기의 위대한 경제학자 케인스와 슘페터는 1883년 같은 해에 태어났는데, 둘 다 오랫동안 인정받아 온 경제학설에 도전했다.

두 사람은 경제적 현실을 다르게 보았고, 경제학을 상당히 다르게 규정했다. 이런 차이들은 오늘날 세계 경제를 이해하는 데 매우 중요하다. 케인스의 핵심 질문은 19세기 경제학자들의 질문, 즉 "어떻게 하면 경제에 평형과 안정상태를 유지할 수 있는가?" 하는 것이었다. 케인스는 19세기 경제학자들과 같은 질문을 했지만, 전례 없이 대담하게 그들이 내놓은 해답들을 하나같이 뒤집어버렸다. 특히 국가 전체 경제를 대상으로 하는 마크로 경제가 주된 것이지 개인과 기업은 경제의 방향을 결정하지 못한다고 주장했으며, 고용은 수요의 함수라고 보았다. 케인스는 '경제학자 왕'(economist king)이 단 몇 가지 간단한 통화정책, 예컨대 적자재정, 이자율, 신용한도, 혹은 통화유통량 등을 조작함으로써 완전고용과 번영과 안정이 보장된 영구적인 균형을 유지할 수 있다는 결론에 도달했다. 하지만 슘페터는 화폐경제를 수행할 사람은 경제학자가 아니라 정치인이나 장군들일 것이라고 내다보았고, 그것은 독재자에게 문을 열어주는 것임을 알았다.

1936년 케인스는『고용 이자 및 화폐의 일반이론』에서 다음과 같이 서술하고 있다.

"일반 대중의 심리를 불변으로 간주한다면, 전체로서 산출고와 고용수준은 투자량에 의존한다고 요약할 수 있다……. 물론 나는 진단만이 아니라 치료법에 대해서도 흥미를 갖고 있으므로 내 저술의 많은 페이지를 치료법에 바쳤다."

그 치료법이 바로 공급보다 수요를 강조하는, 즉 유효수요 부족을 해소하여 대공황을 막으려는 것이었다. 하지만 케인스의 처방이 대공황을 중단시킨 것이 아니라는 것은 주지의 사실이다.

고전경제학은 혁신(innovation)을 경제체계 외부에 존재하는 것으로 보았는데, 그 점은 케인스도 마찬가지였다. 슘페터는 그들과는 반대로 혁신을, 즉 오래되고 진부한 곳에 투자된 자원을 새롭고 좀 더 생산적인 곳으로 이동시키는 기업가정신을 경제학의 본질이자 현대 경제에서 가장 확실한 요소라고 간주했다. 고전경제학자들은 이윤은 위험부담자(risk taker)에 대한 인센티브(incentive)로서 필요하다고 지적했다. 하지만 이 경우 이윤은 진정한 의미의 뇌물이 아닐까? 그렇다면 이윤은 도덕적으로 정당성을 부여받을 수 없지 않은가?

이윤 인센티브설이 가진 도덕적 근거의 취약성은 마르크스에게 자본가를 사악하고도 부도덕한 사람으로 매도하고, 자본가는 아무런 기능을 수행하지 못하므로 자본가의 급속한 소멸은 '불가피한 것'이라고 쉽사리 단언하도록 했던 것이다.

슘페터는 케인스의 해답들 모두가 하나같이 오답이라고 지적했다. 예컨대 케인스의 가정(假定) 중 하나는 "화폐의 유통속도는 일정하고, 개인이나 기업에 의해 단기적으로는 변하지 않는다"는 것이다. 케인스식 처방이 최초로 미국에서 뉴딜 초기에 적용되었을 때, 그것은 얼핏 보기에 제대로 작동하는 것처럼 보였다. 그러나 그 뒤

1935년 경 소비자와 기업은 불과 몇 개월 만에 화폐의 유통속도를 급격히 낮추었고, 그 결과 정부의 적자재정 지출을 바탕으로 회복된 경제를 무산시켰으며, 1937년 주식시장은 두 번째로 큰 붕괴를 맞았다. 비슷한 사례는 역사상 몇 건 더 발생했다.

슘페터는 타계하기 며칠 전 미국 경제학회장으로서 발표할 연설문을 수정하고 있었다. 그가 쓴 마지막 문장은 이렇다.

"자본주의가 정체하게 될 것이라는 예측은 어쩌면 옳을지도 모른다……. 만약 공적 부문으로부터 충분한 지원을 받게 되면 말이다."

슘페터의 경제발전 이론은 이윤이 경제적 기능을 수행하도록 한다. 변화와 혁신을 기초로 하는 경제에서 이윤은 마르크스 이론과 달리 노동자에게서 착취한 '잉여가치'가 아니다. 그 반대로 이윤은 노동자를 위한 일자리 제공과 노동소득의 유일한 원천이다.

1942년 『자본주의, 사회주의, 민주주의』에서 슘페터는 "자본주의는 그 자체의 성공 때문에 붕괴될 것이다"라고 충격적인 주장을 했다. 자본주의는 정부관료, 지식인, 교수, 변호사, 저널리스트 등을 양성했는데, 이들은 모두 자본주의가 제공한 경제적 혜택의 수혜자이기도 하지만 자본주의에 기생(寄生)하는 사람들이다. 하지만 이들 중 상당수는 부(富)의 창출 윤리, 저축 윤리, 경제적 생산성 향상을 위한 부의 분배 윤리를 거부한다. 슘페터는 자신이 자본주의의 탄생을 도왔고 자본주의를 실현 가능하도록 만든 민주주의 때문에 오히려 자본주의가 붕괴될 것이라는 주장을 폈다. 왜냐하면 민주주의에서 정부는 인기를 얻기 위해 생산자의 소득을 비생산자에게 점차 이전할 것이며, 저축을 통해 내일을 위한 자본으로 축적해두어야 할 소득을 소비지출로 차츰 이전할 것이고, 그 결과 민주주의 체제 아래 있는 정부는 점증하는 인플레 압력을 받게 될 것이기 때문이다. 궁극적으로 슘페터는 인플레는 민주주의와 자본주의 모두를 파괴할 것이라고 예언했다. 1942년 슘페터가 이런 주장했을 때 거의 모든 사람이 비웃었지만, 오늘날 이 문제는 민주주의의, 그리고 마찬가지로 자유시장 경제의 중심 문제로 등장하고 있다.

피 흘리는 전쟁 없이 조용히 진행되는 지식혁명

우리는 정보혁명이라는 진실로 혁명적인 것의 영향을 이제 막 피부로 느끼기 시작했다. 그러나 그 충격에 기름을 부은 것이 '정보' 그 자체는 아니다. 그것은 '인공지능'(artificial intelligence)에서 비롯된 것도 아니다. 그것은 의사결정, 정책 또는 전략 수립에 활용하는 컴퓨터나 자료처리 기법에서 비롯된 것도 아니다. 그것은 실질적으로 아무도 예견하지 못했으며, 몇십 년 전만 해도 사람들 입에 오르내리지도 않았던 것, 즉 전자상거래(e-commerce)에서 비롯되었다. 전자상거래는 범세계적으로 상품, 서비스, 그리고 놀랍게도 관리업무와 전문직업까지 유통시키는 하나의 주요한, 궁극적으로는 가장 중요한 통로가 될 인터넷의 폭발적인 증가 때문에 가능해졌다. 산업혁명 시대 철도는 거리를 단축시켰지만, 인터넷은 아예 거리를 없애버렸다.

1950년경 새로운 '기적', 즉 컴퓨터가 등장했을 때, 그 주요 시장에 대한 전망은 군대와 과학 계산 분야, 예컨대 천문학 분야일 것이라는 생각이 압도적이었다. 그러나 그 당시에도 몇몇 사람은 컴퓨터는 기업에서 주요한 적용 영역을 찾을 것이고, 따라서 기업 경영에 큰 영향을 줄 것으로 내다보았다. 그런 주장을 편 사람들은 또한 기업 경영 분야에서 컴퓨터는 급여업무나 전화요금 청구 등과 같은 잡다한 서류를 매우 빠른 속도로 계산하는 기계 이상의 역할을 할 것으로 내다보았다. 구체적인 분야에 대해서는 물론, '전문가들'이 언제나 그런 것처럼, 생각이 서로 달랐던 우리는 의견 일치를 보지 못했다. 그러나 의견이 달랐던 우리마저도 한 가지 사실에는 생각이 같았다. 컴퓨터는 기업정책, 기업전략, 그리고 기업의사결정에 최고로 그리고 최초로 영향을 미칠 것이라는 데는 의견의 일치를 보았다. 즉 컴퓨터가 경영자의 업무를 혁신할 것이라는 점을 말이다.

정보기술이 제공해주는 자료에 대해 최고경영자가 느낀 실망이 새로운 차세대 정보혁명을 촉발하고 있다. 정보기술론자들(information technologists)은, 특히 기업의 최고 정보책임자들(CIO)은 회계자료는 그들의 동료들(즉 최고경영자들)에게 필요한 것이 아니라는 사실을 인식했다. 그리고 기업의 최고경영자들은 지난 수십 년 동안 "우리들이 임무를 수행하기 위해서는 어떤 정보 개념이 필요한가?"라고 차례로 질문하기 시작했다. 지금 그들은 그들에게 필요한 정보를 제공하는 전통적 정보 제공자, 즉 회계사를 요구하기 시작했다. 그것들은 자료(data)가 아니라 정보(information)를 제공하는 것을 목표로 한다. 그리고 그것들은 최고경영자를 위해 고안되었고, 최고경영자의 임무 그리고 최고경영자의 의사결정에 필요한 정보를 제공하기 위해 디자인되었다.

의료건강 분야에서도 비슷하게 개념 이동이 일어날 것 같다. 건강의 개념은 질병과의 싸움에서 육체적 · 정신적 기능의 유지로 바뀔 것 같다. 물론 질병과의 싸움은 의료분야의 중요한 부분으로 남아 있다. 그러나 그것은 논리학자들이 말하는 소위 부분집합에 지나지 않는다. 전통적인 의료 건강 제공자들, 즉 병원과 일반의사 가운데 어느 것도 이런 변화를 거스를 수 없을 것 같으며, 확실한 것은 현재의 형태와 기능으로는 이런 변화를 극복할 수 없다. 따라서 교육과 의료 및 건강 분야에서도 기업의 경우와 마찬가지로 중심은 IT(information technology)의 'T'(technology)에서 'I'(information)로 이동할 것이다.

1989년 동구의 몰락과 1991년 소련의 해체: 사회에 의한 구원의 종말

노동생산성 시대가 완료되고 지식생산성 시대로 넘어가는 최초의 시점을 1944년 제대군인원호법이 통과된 때라고 본다면 전환기는 언제 완성되었느냐에 다소 혼란이 있다. 정보와 지식의 확산으로 1989년 11월 9일 베를린 장벽이 붕괴되었고, 1991년 12월 25일 소비에트연방이 해체되어 마르크스 사회주의는 명실상부하게 종말을 고했다.

이때를 지식에 기초한 사회를 만드는 전환기가 완성된 시기로 볼 수 있다. 에릭 홉스봄(Eric Hobsbawm)은 20세기를 제1차 세계대전이 발발한 1914년에서 소련이 해체된 1991년까지라고 했다. 드러커는 1993년 『자본주의 이후의 사회』를 출판했다.

도덕적으로, 정치적으로, 그리고 경제적으로 마르크스주의의 파산과 공산주의 정치체제의 붕괴는 1989년 프랜시스 후쿠야마가 쓴 그의 논문에서 밝힌 것과 같은 '역사의 종말'이 아니다. 자유시장에 가장 충실한 신봉자들마저도 자본주의가 이겼다고 큰소리치기를 분명히 망설이고 있다.

그러나 1989년과 1991년의 사건들은 어떤 '한 역사의 종말'을 의미한 것은 확실했다. 드러커는 이것을 『새로운 현실』에서 '사회에 의한 구원의 신념'(the belief in salvation by society)의 종말, 즉 국가와 사회가 평등을 기초로 한 지상의 유토피아를 개인에게 제공한다는 사상의 종말이라고 불렀다.

프랑스혁명 이후 '사회에 의한 구원'은, 처음에는 서구에서 지배적인 신념이 되었고, 제2차 세계대전 후부터는 전 세계로 퍼져나갔다. 그러나 '사회에 의한 구원'은 '반종교적'인 체하였으나, 사실 그것은 종교적 신념이다. 그 목적은 종교적인 것으로 '새로운 인간'을 창조하여 지상에 하느님의 왕국을 건설하려는 것이었다. 물론 그 수단은 비영성적이었고, 술을 금했으며, 유대인을 죽이라고 했고, 일반적인 정신분석 방식을 받아들였으며, 사유재산을 철폐하는 것 등이었다.

경제체제로서 공산주의는 붕괴되고 말았다. 공산주의는 부를 창조하는 대신에 빈곤만 창조하였다. 경제적 평등을 창조한 것이 아니라 미증유의 경제적 특권을 누리는 각종 노멘클라투라(nomenclatura, 사회주의 국가의 지배관료 체제 혹은 소련의 특권계급. 본인과 가족을 합쳐 300만가량으로 추산되며, 높은 봉급, 고급 아파트와 별장을 보유하며 다차족이라고 불리기도 한다)를 양산하였다.

사회체제로서 공산주의는 영웅들을 가지고 있었다. 그러나 신앙으로서 마르크스주의는 단 한 명의 성인(聖人)도 갖지 못했다. 인간은 구원받을 수 없는 존재인지도 모른다. 확실히 신앙으로서 마르크스주의의 붕괴는 사회에 의한 구원이라는 신념의 종말을 의미한다. 다음에 무엇이 나타날지 우리는 모른다. 지금은 자본주의와 마르크스주의 둘 다 모두 빠른 속도로 새롭고도 매우 다른 사회로 대체되고 있다.

*주요 교재: 『지식역사』, 『역사에서 경영을 만나다』, 『자본주의 이후의 사회』

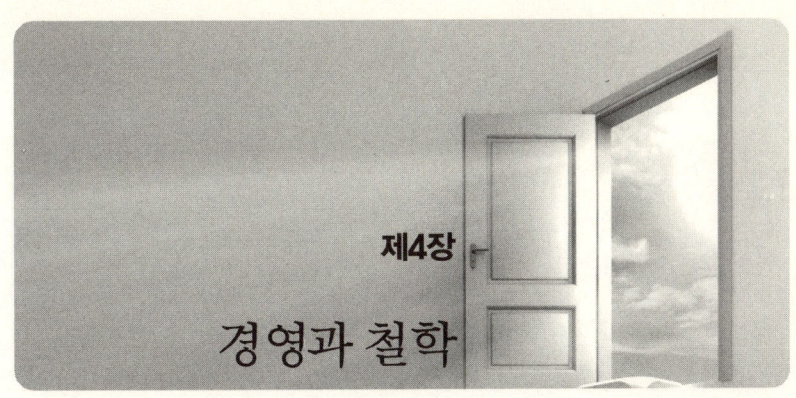

제4장

경영과 철학

지식근로자, 어떻게 살 것인가

1. 개인의 구원은 어떻게 가능한가

사회 속의 인간

만약 사회가 개인이 전적으로 사회 속에서 살기를 바란다면, 사회는 개인이 절망감에 빠지지 않고 죽을 수 있도록 해주지 않으면 안된다. 사회는 오직 하나의 방법으로만 그렇게 할 수 있다. 개인의 삶을 무의미하게 만드는 것 말이다.

당신이 어떤 특정한 종(種)에 속하는 나무에 매달린 나뭇잎에 지나지 않는다면, 비유적으로 사회라는 육체의 체세포라면, 그 경우 당신의 죽음은 진정한 죽음이 아니다. 당신은 그것을 집단 재생(collective regeneration) 과정이라 불러야 마땅할 것이다.

개인의 삶은 없다

그 경우 물론 당신 인생은 진정한 삶이 아니다. 그것은 집단적 삶이라는 관점을 제외하고는 아무런 의미도 없는 집단적 삶에 포함된 하나의 기능적 과정에 지나지 않는다. 그러므로 키르케고르가 100년도 더 전에 지적했듯이, 인간의 실존을 사회 속의 실존으로 규정짓는 낙관론은 즉각 절망으로 이어진다.

그리고 이 절망은 오직 전체주의로 연결될 뿐이다. 왜냐하면 전체주의는 인생은 무의미하다는 것, 그리고 개인은 존재하지 않는다는 것을 확인하는 데에서 출발하기 때문이다.

전체주의적 신조가 강조하는 것은 '어떻게 사는가?'가 아니라, '사회의 영광을 위해 개인은 어떻게 죽는가?'이므로, 죽음을 참을 만한 것으로 만들기 위해서는 개인의 삶을 가치 없고 무의미한 것으로 만들지 않으면 안 되었다.

(인간의 실존을 사회 속의 실존으로 규정짓는) 낙관론적 신조는, 지상에서의 삶을 모든 것으로 인식하는 데서 출발하였으므로, 자기희생을 통한 나치 영광의 제고를 인간이 의미 있게 존재할 수 있는 유일한 행동으로 느끼게 했다. 절망이 삶의 본질 그 자체가 되고 만 것이다.

「창세기」 18장과 22장

1절 여호와께서 마므레의 상수리나무들이 있는 곳에서 아브라함에게 나타나시니라, 8절 아브라함이 엉긴 젖과 우유와 하인이 요리한 송아지를 가져다가 그들 앞에 차려놓고 나무 아래에 모셨음에 그들이 먹으니라, 10절 그가 이르시되 내년 이맘때 내가 반드시 네게로 돌아오리니 네 아내 사라에게 아들이 있으리라 하시니 사라가 그 뒤 장막문에서 들었더라, 11절 아브라함과 사라는 나이가 많아 늙었고 사라에게는 여성의 생리가 끊어졌는지라, 12절 사라가 속으로 웃고 이르되 내가 노쇠하였고 내 주인도 늙었으니 내게 무슨 즐거움이 있으리요, 14절 여호와께 능하지 못한 일이 있겠느냐 기한이 이를 때에 내가 네게로 돌아오리니 사라에게 아들이 있으리라.

「창세기」 제22장 1절 이런 일이 있은 뒤, 하느님께서 아브라함을 시험해보시려고 "아브라함아!" 하고 부르시자, 그가 "예, 여기 있습니다" 하고 대답하였다. 2절 하느님께서 말씀하셨다. "너의 아들, 네가 사랑하는 외아들 이삭을 데리고 모리야 땅으로 가거라. 그곳, 내가 너에게 일러주는 산에서 그를 나에게 번제물로 바쳐라."

6절 그리고 나서 아브라함은 번제물을 사를 장작을 가져다 아들 이삭에게 지우고, 자기는 손에 불과 칼을 들었다. 그렇게 둘은 함께 걸어갔다. 7절 이삭이 아버지 아브라함에게 "아버지!" 하고 부르자, 그가 "얘야, 왜 그러느냐?" 하고 대답하였다. 이삭이 "불과 장작은 여기 있는데, 번제물로 바칠 양은 어디에 있습니까?" 하고 묻자, 8절 아브라함이 "얘야, 번제물로 바칠 양은 하느님께서 손수 마련하실 거란다" 하고 대답하였다. 둘은 계속 함께 걸어갔다.

9절 그들이 하느님께서 아브라함에게 말씀하신 곳에 다다르자, 아브라함은 그곳에 제단을 쌓고 장작을 얹어놓았다. 그리고 나서 아들 이삭을 묶어 제단 장작 위에 올려놓았다. 10절 아브라함이 손을 뻗쳐 칼을 잡고 자기 아들을 죽이려고 하였다. 11절 그때 주님의 천사가 하늘에서 "아브라함아, 아브라함아!" 하고 그를 불렀다. 그가

"예, 여기 있습니다" 하고 대답하자, 12절 천사가 말하였다. "그 아이에게 손대지 마라. 그에게 아무 해도 입히지 마라. 네가 너의 아들, 너의 외아들까지 나를 위하여 아끼지 않았으니, 네가 하느님을 경외하는 줄을 이제 내가 알았다."

페스트와 신앙표현

피렌체에서 메디치 가문의 창시자 조반니 디 비치(Giovanni di Bicci)가 관여한 최초의 건설사업은, 피렌체 두오모 정문 앞에 있는 산 조반니 바티스테로(San Giovanni Battistero), 즉 세례당에 새로운 문을 다는 작업이었다.

이 세례당은 250년 전부터 있었던 것으로 규모는 작지만 피렌체에서 가장 오래되고 아름다운 대리석 성당으로서, 단테도 세례를 받은 유서 깊은 건물이다.

이 세례당에는 1336년 안드레아 피사노(Andrea Pisano)가 성인들의 일대기를 양각한 청동문 하나가 남쪽에 있었다. 세례자 요한의 생애를 다룬 스무 개의 네 잎 장식 패널과 역천사(力天使)를 새긴 여덟 개의 패널로 이루어져 있으며 인물 부분은 도금되어 브론즈 바탕의 표면과 대비를 이룬다.

1400년 피렌체에 페스트가 다시 창궐했다. 1348년 유럽을 휩쓴 역병을 이미 경험한 터라 시뇨리아와 상인조합은 페스트가 더 이상 퍼지지 않도록 하느님께 공물을 봉헌하기로 결정했다. 그들은 고심 끝에 피사노가 만든 문과 비슷한 청동문을 만들어 세례당 북쪽에 달기로 결정하고, 1401년 이탈리아에서 가장 뛰어난 예술가를 대상으로 설계를 공모했다.

주제는 '이삭의 희생'(Sacrifice of Isaac)이었다. 모두 일곱 명이 공모에 참석했고 최종적으로 세 명이 결선에 올라왔다. 이때 조반니는 심사위원을 맡았다. 세 명의 결선 후보는 그야말로 르네상스의 기초를 닦은 뛰어난 사람들이었다. 시에나 출신의 야코포 델라 퀘르시아(Jacopo della Quercia), 피렌체 출신의 로렌초 기베르티(Lorenzo Ghiberti)와 필리포 브루넬레스키(Filippo Brunelleschi)가 그들이었다.

저항하는 이삭과 순종하는 이삭

기베르티의 설계도는 아무런 저항 없이 아브라함을 향해 무릎을 꿇은 이삭이 섬세하게 묘사되어 있는, 살인과 구원의 무언극이었다. 그 반면 브루넬레스키의 것은 고개를 뒤로 젖힌 이삭이 입을 벌리고 비명을 지르면서 도망가려는 듯이 한 발은 앞쪽에, 다른 한 발은 뒤에 버틴 반항적이고도 역동적인 작품이었다. 미켈란젤로의 정신적 스승 퀘르시아의 설계도는 애석하게도 오늘날 전해지지 않는다.

당연히 심사위원들 사이에 뜨거운 논란이 있었다. 결국 기베르티의 작품과 브루넬레스키의 것이 공동 우승하게 되었다.

공동 작업이 제안되자 이에 분개한 브루넬레스키는 로마로 떠나버리고 만다. 그러나 다행히 브루넬레스키가 만든 작품은 바르젤로 국립박물관에 소장되어 있다.

이게 바로 천국으로 가는 문이야!

기베르티의 목표수준은 매우 높았다. 기베르티는 완벽한 부조를 만들기 위해 마음에 들지 않는 작품들을 수없이 폐기하고 작업을 되풀이하였다. 그사이 세월이 흘렀다. 아무리 성스러운 목적을 갖고 있다 해도 기껏 문짝 하나에 무려 20년 이상이 걸리다니 하는 소리가 들려왔다. 그러나 '완벽'이란 쉽게 찾아오는 것이 아니었다.

기베르티가 만든 청동문은 어쩌면 하느님께 복종한 아브라함이 아니었을까? 아니라면 그토록 긴 세월을 바쳐 완벽한 작품을 만들 생각을 하도록 한 것은 무엇이었을까? 돈이었을까, 명성이었을까, 그것도 아니면 일에 대한 욕심이었을까?

1424년 피렌체 시당국은 기베르티의 작품에 크게 만족하였고 성대한 봉헌식을 치렀다. 그뿐만 아니라 기베르티에게 동쪽 문도 의뢰했다. 이번에는 황금빛 청동문이었다. 동문을 만드는 데는 무려 28년이 걸렸다. 동문까지 완성했을 무렵 그의 나이는 73세였다. 처음 작업에 공모했을 때 23세 청년이었던 기베르티는 이제 아무런 기력도 없었다. 동문을 완성하고 3년 후 그는 죽었다. 기베르티도 진정 이 문을 그냥 두고 세상을 떠나기가 아쉬웠는지 자신과 아들의 얼굴을 문틀에 남겼다.

어느 날 아르노 강에서 수영을 마친 미켈란젤로는 대성당 뒤편에서 동료 도제들을 만났다. 그들은 『구약성서』에 나오는 사람, 동물, 도시, 산과 궁전들로 층층이 메워진 열 개의 찬란한 패널로 장식된 기베르티의 두 번째 청동문의 순금 조각을 음미했다. 어느 도제 하나가 조각에 정신이 팔려 있는 미켈란젤로에게 물었다.

"네 생각에 이 조각은 어떠냐?"

미켈란젤로가 말했다.

"이게 바로 천국으로 가는 문이야!"

그 후 사람들은 이 문을 「천국의 문」(Porta del Paradiso)으로 부르게 되었다. 또 몇백 년이 지난 후 이 청동문을 본 프랑스의 문호 알렉상드르 뒤마(Alexandre Dumas)는 감탄했다.

"이 기이한 청동문 하나를 만들기 위해 온 생애를 보냈구나!"

기베르티의 완벽한 작업 과정은 다른 하나의 값진 유산을 남겼다. 당연히 기베르티의 공방은 수십 년 동안 일을 배우고 도와주는 많은 도제로 가득 찼으며, 더 바랄 것 없는 훌륭한 예술학교였다. 이때 배운 기예와 기량으로 스승을 능가하는 명성을 얻게 되는 조각가와 화가가 있었는데 도나텔로(Donatello)와 마사초(Massacio)가 바로 그들이다.

키르케고르와 드러커

드러커는 덴마크의 종교사상가 키르케고르를 지혜가 샘솟는 현대적인 인물이자, 현대 정치에 적합한 현대 사상가라고 생각했다. 키르케고르는 1813년 코펜하겐에서 자수성가한 부친의 7남매 중 막내아들로 태어났다. 키르케고르가 보기에 부친은 평생 죄의식에 시달릴 만한 죄를 두 가지 저질렀다. 하나는 부친 미카엘이 6남매를 낳아준 첫 번째 부인이 사망하자마자, 당시 덴마크 교회법은 재혼을 금지하고 있었는데도 이를 어기면서까지 집안의 하녀와 재혼했고, 게다가 결혼 두 달 만에 자신을 낳았다는 것이다. 어떤 학자는 부친이 강

간에 의한 어쩔 수 없는 결혼을 한 것이라 보기도 한다.

다른 하나는 부친은 정통 루터파로 평생 경건하게 살았지만, 젊은 시절 양치기를 할 때 언젠가 추위와 배고픔을 못 이겨 신을 저주한 일이 있었다. 부친은 신을 저주한 죄로 받게 될 벌을 늘 두려워했고, 이 사건이 결국 자신의 삶 전체를 재앙으로 채우는 원인이 될 것이라고 굳게 믿었다. 부친은 82세까지 살았는데, 그 긴 생애 동안 두 부인이 먼저 죽고, 일곱 자식 중 차례로 여섯 명이 죽는 것을 보며 괴로워했다. 그러니까 부친은 자신의 장수를 축복이 아니라 저주로 간주했다.

키르케고르는 코펜하겐대학교의 신학과 학생이던 22세 때 자신의 출생 비밀과 부친의 과거 행위를 전해 듣고 큰 충격을 받았다. 그는 아버지를 원망하고 경멸하면서 방탕과 절망의 길로 빠져들었다. 키르케고르는 아버지의 잘못으로 인한 신의 저주가 자신의 집안과 삶에 깊이 뿌리 박혀 내려오고 있다고 확신했다. 부친의 죄의식은 엄격한 종교교육을 받은 키르케고르에게 아브라함의 아들 이삭이 그랬던 것처럼 아버지의 죄를 대신 속죄할 희생물로 여기게 만들었다.

키르케고르의 삶에서 부친이 저지른 '죄의 극복'이라는 과제가 따라다닌 것처럼, 드러커의 삶에는 '나치의 그림자'가 평생 붙어 다녔다.

아브라함과 이삭

키르케고르의 저서 가운데 『공포와 전율』(Fear and Trembling)이라는 얇은 책이 하나 있는데, 드러커는 이 책에서 키르케고르가 제기한 다음과 같은 질문을 특히 좋아한다고 했다.

"아브라함이 늦게 얻은 적자, 눈에 넣어도 아프지 않을 이삭을 희생할 의도를 갖는 것과 일반적인 의미의 살인을 하려는 것을 구분해 주는 것은 무엇인가? 만약 아브라함이 제물을 바칠 의도가 전혀 없었고, 오직 하느님에 대한 자신의 복종심만 표시하려 했다면, 그 경우에 아브라함을 진정 살인자라고 할 수는 없을 테지만, 그러나 그는 경멸스러운 인간이 되었을 것이다. 사기꾼과 거짓말쟁이처럼 말이다.

아브라함은 의로운 인간이었다. 하느님의 명령은 그에게는 주저 없이 집행해야 할 절대적 명령이었다. 그리고 우리는 아브라함이 이삭을 자기 자신보다도 더 사랑했다는 것을 알고 있다. 키르케고르가 제기한 질문에 대한 답은 아브라함은 신앙이 있다는 것이다.

아브라함은 하느님을 통해 불가능한 것이 가능하게 된다는 것을 믿었다. 그래서 아브라함은 하느님의 명령을 따를 수 있었고 이삭을 살릴 수 있었던 것이다."

신앙이란 무엇인가?

신앙이란 하느님을 통해 불가능한 것이 가능하게 된다는, 하느님을 통해 현재 시간과 영원한 생명이 하나가 된다는, 그리고 삶과 죽음이 의미 있게 된다는 확신이다. 신앙이란 인간은 창조물이라서 자율적인 존재가 아니며, 주인이 아니며, 목적이 아니며, 그리고 중심이 아니라는 것을, 그러면서도 책임을 져야 하며 또한 자유로운 존재라는 것을 인식하는 것이다.

신앙이란, 하느님은 언제나 인간과 함께 존재한다는 것, 심지어

'우리가 죽는 순간'에도 하느님이 함께 있다는 것을 확신하는 것이다. 다시 말해 인간의 본질적 고독을 받아들이는 것이다.

아브라함 이야기는 오직 신앙을 통해서만 가능한 인간의 실존에 관한 보편적 상징이다. 신앙을 통해서 개인은 보편적인 실존이 되고, 고립된 실존이기를 중단하고, 의미 있는 절대적 실존이 된다. 그러므로 신앙을 통해서만 진정한 윤리가 가능하게 된다. 그리고 신앙을 통해서만 사회 속의 실존은 의미를 갖게 되고, 진정한 박애 속의 실존이 된다.

신앙이란 오늘날 너무도 자주 그럴듯하게 언급되는 소위 '신비스러운 체험'이 아니다. 신앙은 다만 절망을 통해, 고난을 통해, 고통스럽고도 끊임없는 투쟁으로 체험할 수 있다. 신앙은 비합리적인 것, 감정적인 것 혹은 자연발생적인 것이 아니다. 신앙은 진지한 사색과 학습의 결과로, 확고한 원칙의 결과로, 완벽한 절제의 결과로, 겸손의 결과로, 그리고 더 높은 한 절대적 의지에 대해 자신을 복종한 결과로 얻게 된다. 성 바울은 하느님과 자신의 통합이라는 내적 인식을 희망이라고 말했지만, 모든 사람은 신앙을 체험할 수 있다. 왜냐하면 모든 사람은 절망을 느끼기 때문이다.

키르케고르는 종교적 경험에 관한 한 서구의 위대한 전통 속에 우뚝 서 있다. 성 어거스틴과 성 보나벤투라(St. Bonaventura), 마틴 루터(Martin Luther), 존 오브 크로스(St. John of the Cross, 에스파냐의 신비주의자로서 맨발의 카르멜회 창시), 그리고 블레즈 파스칼(Blaise Pascal)의 전통을 잇고 있다. 키르케고르를 그 전통 가운데서도 독자적으로 자리매김하도록 하는 것은, 그리고 오늘날 키르케고르에게 우선적으로 매력을 느끼도록 하는 것은 키르케고르가 신앙을 가진 사람들, 즉 기독교인들에게 시간과 영원 속의 삶의 의미를 일깨워주기 때문이다.

키르케고르가 '현대적'인 것은 그가 심리학, 미학 그리고 변증법의 현대적 용어를 구사하기 때문이 아니라, 현대 서구의 고유한 질병, 즉 인간 실존의 붕괴, 정신적 삶과 육체적 삶의 동시성의 부정, 정신적 삶과 육체적 삶에서 하나가 다른 하나에 대한 의미의 부정 문제에 깊은 관심을 가졌기 때문이다.

지상에서 행복하게 살려는 마음가짐이 필요하다

키르케고르는 쉬운 길을 제시하지는 않는다. 키르케고르는 이성(理性, reason)과 교조(敎條, dogma)보다는 종교적 체험에 초점을 맞춘 모든 종교적 사상가 가운데, 정신세계에서의 삶을 너무도 지나치게 강조했으며, 그 결과 인간의 실존을 구성하는 두 기둥을 하나의 전체로 통합하는 데 실패하고 만 사람이라고 할 수 있다.

하지만 키르케고르는 문제만 본 것이 아니었다. 그는 또한 자신의 삶과 저서에서 인간의 실존, 즉 긴장 속에서만 존재하는 실존이라는 현실에서 도피할 수 없다는 것을 보여주었다. 키르케고르의 방대한 저술 가운데 처음부터 익명이 아닌 자신의 이름으로 출판한 것은 『교화하는 담론』(Edifying Discoures, 성경 주석)뿐인데, 이 책에서 키르케고르는 신앙은 사회적 목적달성에 기여한다는 것을 설명했다.

키르케고르는 덴마크 국교회와 고위 성직자가 도덕과 전통을 박애와 신앙과 혼동한 데 대해 맹렬히 비난하면서 혼자 치열하게 전쟁을 벌였다. 그 결과 덴마크 국교회를 변화시키지는 못했지만 많은 성직자와 개인의 태도를 수정하였고, 교회와 관계를 단절하도록 만들었다. 키르케고르는 기독교를 전파할 소명은 느끼지 않았지만 그것의 진정한 모습이 무엇인지 이해시키려는 의무감은 확실히 느끼고 있었다.

비록 키르케고르의 신앙이 인간의 실존에 불가피한 무서운 고독, 고립 그리고 부조화를 극복할 수는 없지만, 신앙은 인간의 실존을 의미 있는 것으로 만듦으로써, 인간의 실존을 참을 수 있는 것으로 만들 수는 있다.

전체주의 교조를 기반으로 하는 철학은 인간에게 죽을 각오를 하도록 해준다. 이런 철학이 갖는 힘을 과소평가하는 것은 위험하다. 왜냐하면 슬픔과 고뇌의 시대, 파국과 공포의 시대(즉 1940년대 후반 드러커가 이 글을 쓰던 시대), 사람이 두려움 없이 죽을 수 있다는 것은 위대한 것이기 때문이다. 하지만 그것만으로 충분하지 않다.

키르케고르의 신앙 역시 인간에게 죽을 각오를 하도록 한다는 점에서 마찬가지다. 그러나 키르케고르의 신앙은 그와 동시에 인간에게 (지상에서 행복하게) 사는 것이 중요하다는 사실을 일깨워주고 그렇게 살아가도록 해준다.

2. 보수주의 국가이론

보수주의의 아버지 에드먼드 버크

버크는 영국의 정치인이자 철학자로서 보수주의의 대부로 널리 알려져 있다. 그의 대표작은 1790년에 펴낸 『프랑스혁명에 관한 성찰』이다.

버크의 경력은 정치이론가로서가 아니라 현실정치인으로서 시작되었다. 버크는 1729년 아일랜드 더블린에서 부유한 가문의 일원으로 태어나 당대 최고의 교육(트리니티칼리지)을 받고 성장했다. 대학 시절엔 법학을 전공했지만 문학에 대한 관심도 높았다. 1750년 런던으로 건너온 버크는 당시 휘그당 지도자 찰스 로킹엄(Charles Rockingham)의 비서로 정계에 진출했다. 훗날 로킹엄이 총리로 선출되자 그의 후원을 받아 브리스틀에서 하원의원에 당선되었다. 이후 그는 거의 30년 동안 정치인으로 의회에서 활동했다.

버크의 정치이론은 도서관에서 만들어진 것이 아니라 그가 맞닥뜨린 현실정치에서 연마되었고, 그의 입장은 다분히 그가 속해 있던 온건개혁파 정당인 휘그당의 정치적 견해를 대변하고 구체화하기 위해 만들어졌다. 예를 들면 버크가 영국 왕실을 비판하고, 아메리카 식민지 정책을 비판한 것들이 그런 사례다.

반면 프랑스대혁명을 이끈 지도자들은 현실정치인이라기보다는 정치이론가(계몽주의)들이었다. 계몽을 통한 이성의 발현이라는 계몽주의의 이성적 낙관론은 노회한 현실정치인의 경험적 진실과 전문성(실용주의)과는 거리가 멀었다.

초기의 버크는 온건한 자유주의자 입장을 견지해왔다. 그런 버크에게 하나의 변곡점을 제공한 것은 국내 상황이 아니라 프랑스대혁명이었다. 프랑스대혁명의 진행과정을 지켜본 유럽의 지식인 중 상당수는 보편적으로 반감을 품었다. 당시 상황에서 보면 왕의 목을 자르고, 다수의 무지몽매한 자들이 정치권력을 행사한다는 것은, 국왕한 사람만 견제하는 것에 비해 훨씬 더 어렵고 난해한 작업으로 간주되었다.

1789년 프랑스대혁명은 종교와 분리된 민주주의 이데올로기를 채택하면서 평등을 강조했다. 프랑스대혁명 이후 권력을 잡게 된 로베스피에르가 공포정치를 하던 끝에 결국 1794년 '테르미도르의 반동'으로 살해당했다. 혁명의 변동 폭이 컸던 만큼 반동하는 힘 역시 매우 클 수밖에 없었다.

테르미도르의 반동은 프랑스대혁명 이후 권력을 잡게 된 로베스피에르가 국가를 억압하는 공포정치 끝에 결국 살해당한 사건이다. 로베스피에르는 공포정치로 민심이 너무 멀어지는 것을 막기 위해 '최고 존재의 제전' 건립을 시행했다. 그러나 그런 정치색 짙은 행사로 민심은 돌아오지 않았다.

1794년 7월 초에 행동은 개시되었고 혁명파 정치인들은 이 사건으로 강경한 로베스피에르가 자신들을 제거할 것이라고 두려워했다. 7월 26일, 로베스피에르가 공회에 나타나 반혁명파를 숙청하겠다고 말하자, 일부 의원은 "반혁명파가 누구냐? 이름을 밝혀라!"라고 저항했다. 다음 날 즉 7월 27일 반로베스피에르파(대부분이 지롱드파)는 행동을 개시하여 로베스피에르를 체포해 처형하기로 했다. 로베스피에르와 정치적 동료였던 이들조차도 그를 배신했고 이 배신자들도 반로베스피에르파에게 숙청된다.

로베스피에르의 죽음으로 혁명 주도권은 부르주아 계층, 지롱드파의 온건파들이 쥐게 되었고, 총재 정부, 통령 정부, 나폴레옹의 등장까지 테르미도르의 반동을 기점으로 새로운 국면이 나타났다.

보수주의의 방법론

그 결과에 놀란 자유주의 정치세력은 보수화되었고, 이에 따라 보수주의 정치철학은 갑작스럽게 전성기를 맞이하게 되었다. 버크가 미국의 독립 혹은 시민혁명을 지지한 데 비해 프랑스대혁명에 격렬히 반대했던 이유는 미국의 시민혁명에 비해 프랑스대혁명이 훨씬 더 급진적이고 과격했기 때문이다. 버크의 표변은 자유주의가 평등주의와 결정적으로 이반되는 현상을 공개적으로 드러냈다.

프랑스혁명을 주도한 급진파는 토지 재분배는 물론 교회의 특권을 폐지하고자 했다(물론 이때 교회는 가톨릭 교회다). 그에 비해 미국은 신교도들이 종교의 자유를 찾아 만든 이민자의 나라답게 대통령의 취임선서는 오늘날까지 성경에 손을 얹고 한다.

미국은 중앙정부인 연방정부보다 각각의 주정부 권한이 강했으나, 프랑스는 중앙집권적인 왕정에 통치되었기 때문에 혁명은 그 본래 의미인 아래로부터의 변화인 동시에 위로부터 급격하게 전파되었다.

프랑스대혁명에 대(大)자가 붙은 까닭은 이전의 상식들(앙시앵 레짐)

과 결별하는 거대한 문화혁명의 성격도 함께 지니고 있었기 때문이다. 변동 폭이 컸던 만큼 반동하는 힘 역시 매우 클 수밖에 없었다.

보수주의적 반혁명의 방법론은 그 원리가 과거에 중요했던 것과 마찬가지로 오늘날 우리에게 중요하다는 것이다. 오늘날 많은 정치 관련 기고가와 정치학자는 원리가 전부이고 방법론 같은 것은 필요하지 않다고 생각한다. 이것은 정치의 본질에 대한, 그리고 정치 행동에 대한 기본적인 오해의 산물이다. 제도적 뒷받침이 없는 원리는 원리가 없는 제도가 효과를 보지 못하는 것과 마찬가지로, 정치적으로 효과가 없고 사회 질서에 폐해를 끼친다. 방법론은 그들에게 원리만큼이나 중요했다. 그리고 그들의 성공은 그들의 원리와 마찬가지로 그들의 방법론 덕분이었다.

영국과 미국의 보수주의자들이 사용한 방법은 결국 다음 세 가지로 요약할 수 있다.

첫째, 유럽 대륙이 프랑스혁명으로 피를 흘릴 때 영국의 정치가들은 비록 보수주의이긴 했지만, 과거를 복구하지 않았을 뿐만 아니라 복원하려는 의도도 없었다. 그들은 과거를 이상향으로 그리워한 적이 한 번도 없었다. 그리고 그들이 살고 있는 현세에 대한 환상에 푹 빠져 있지도 않았다. 그들은 사회적 현실이 이미 변했다는 것을 알았다. 그들은 자신들이 할 일이 오래된 원리에 기초하여 새로운 사회를 통합하는 것 외에 다른 무엇이 있다고 상상해본 적이 없었을 것이다. 그들은 이미 일어난 현실을 바꾸기 위한 어떤 시도도 장려하지 않았을 것이다.

따라서 영국의 보수당원들은 과거 보수주의자들이라기보다는 현재와 미래의 보수주의자들인 셈이다. 그들은 미래 문제를 해결하려 했지 과거를 해결하려 하지 않았으며, 다음에 올 혁명을 극복하려 했지 최근의 혁명을 극복하려 하지 않았다.

둘째, 그들은 미래의 청사진이라든가 만병통치약 같은 것을 믿지 않았다는 것이다. 그들은 폭넓은 일반 원리의 틀을 신봉했다. 그러고는 그 점만은 양보하지 않았다. 하지만 그들은 제도적 해결책은 그것이 실제로 작동할 때에만, 다시 말해 그것이 사회문제를 실질적으로 해결할 때에만 받아들일 수 있다는 것도 알고 있었다. 그들은 또한 사실상 모든 견고한 제도적 도구는 실제로 모든 이상적인 목적달성에 공헌할 수 있다는 것도 알았다.

그들은 자신들의 신조에 대해서는 교조주의자들이었지만, 일상생활 정치에서는 극단적으로 실용주의적이었다. 그들은 이상적이거나 완벽한 정치구조를 세우려고 노력하지 않았다. 그들은 실질적인 해결책을 모색하는 구체적 상황에서는 심지어 스스로 모순에 빠지는 것도 감수할 정도였다. 그들이 바란 것은 당면한 문제를 풀어줄 해결책이었다. 그 해결책이 기본 원리라는 주요한 틀을 벗어나지 않는 한 말이다.

셋째, 보수주의 반혁명이 사용한 방법론으로서 마지막은 버크가 명명한 '처방'(prescription)이라 불리는 것이다. 그것은 '전통의 신성함'과는 아무런 관계가 없다. 버크 자신은 전통과 선례가 기능을 제대로 발휘하지 못하면 냉정하게 그것들을 무시했다. '처방'은 불완전한 인간 원리에 대처하는 정치 방법론 분야의 한 표현 방식이다.

그것은 간단히 말해 '인간은 미래를 미리 볼 수 없다는 것'이다.

인간은 자신이 어디로 가는지 모른다. 그가 알 수 있는 것, 이해할 수 있는 것이라고는 오직 역사적으로 성장해온 실제적인 사회뿐이다. 따라서 인간은 자신의 정치적·사회적 행동의 기반으로서 이상 사회를 전제로 할 것이 아니라, 기존의 정치적·사회적 현실을 택하지 않으면 안 된다. 인간은 완벽한 제도적 도구들을 절대로 발명할 수 없다. 따라서 인간은 이상적인 일을 하기 위해 새로운 도구를 발명하려 하기보다는 오래된 도구에 의존하는 것이 더 좋다. 우리는 오래된 도구가 작동되는 방법, 그것이 할 수 있는 것과 할 수 없는 것, 그것을 사용하는 방법, 그리고 그것을 어느 정도까지 신뢰할 수 있는지를 알고 있다.

그런 반면, 우리는 새로운 도구들에 대해서는 아무것도 모른다. '처방'은 인간의 불완전성에 대한 표현만으로 끝나는 것이 아니다. 그것은 모든 사회는 오랜 역사적 성장의 결과라는 사실을 인식했다.

보수주의 방법론을 요약하면, 첫째, 우리는 과거를 복원할 수 없고, 오래된 산업사회 이전의 중상주의 체제로 되돌아가려고 노력하기보다는 새로운 산업사회적 현실을 수용해야 한다는 인식이 필요하다. 둘째, 청사진과 만병통치약을 단념하고, 긴박한 문제에 대한 작동 가능한 부분적이고 불완전한 해결책이라도 찾는다는 겸손하고도 덜 화려한 과제에 만족하는 의지가 필요하다. 셋째, 우리는 오직 우리가 가진 것만을 사용할 수 있고 우리가 가고자 하는 곳에서가 아니라 서 있는 자리에서 출발해야 한다는 것을 아는 지혜가 필요하다.

프리드리히 율리우스 슈탈의 보수주의적 국가이론

드러커는 기자와 강사 그리고 기고자 노릇을 하면서 언제까지나 우물쭈물하며 독일에 머물러 있지 않을 구실을 생각해냈다. 그리고 이 결심에 따라 책을 한 권 썼다. 그것은 소책자로서, 독일의 보수주의적 정치철학자 프리드리히 율리우스 슈탈(Friedrich Julius Stahl)을 주제로 한 것이었다. 슈탈은 개종한 유대인으로서 쇠퇴하는 루터파 기독교의 신학이론을 재건하였다. 그리고 그는 헤겔의 뒤를 이어 베를린 대학교 철학교수가 되었다(그러나 철학적 입장은 헤겔과 반대였다).

격동의 1930년대에 보수주의와 애국주의를 바탕으로 '독일 보수주의의 아버지'로 불리는 프리드리히 율리우스 슈탈에 관한 논문은 나치에 대한 정면공격이었던 셈이다. 드러커는 어차피 독일을 탈출한다면 저널리스트로서 자신의 처지를 명확하게 하고 제몫을 다한 사람으로 인정받고 싶었던 것이다. 「프리드리히 율리우스 슈탈: 보수주의적 국가이론과 역사 발전」이라는 제목의 소책자를 완성하는 데는 몇 주일밖에 걸리지 않았다.

1933년 2월 26일 정오, 프랑크푸르트에 온 지 약 4년 1개월 만에 드러커는 프랑크푸르트에서 빈으로 떠나는 열차에 타고 있었다. 정확히 말하면 떠나는 것이 아니라 탈출이었다. 32쪽짜리 소책자는 1933년 4월 26일 『법과 정치』 시리즈 100호 기념호로 출판되었다. 책은 드러커의 의도대로 금방 나치의 눈에 띄었고, 즉각 판매금지 처분이 내려졌고 불태워졌다. 그로부터 4년 뒤 출판된 드러커의 두 번째 수필 『독일에 거주하는 유대인에 대한 질문』도 같은 운명을 겪었다. 유일하게 남아 있는 이 책 한 권은 오스트리아 국립 문서보관소에 보관되어 있는데, 표지에는 나치의 인장이 선명하게 찍혀 있다.

드러커는 「프리드리히 율리우스 슈탈: 보수주의적 국가이론과 역사 발전」에서 당시 독일에서 일어난 사상 논쟁의 와중에, 그리고 정치적 대결 과정에 반복적으로 서로 매우 다른 진영에서도, 새로운 '살아 있는 보수주의'(living Conservatism)가 요청되고 있음을 듣고 있다고 전제하며 자신의 생각을 펼쳤다. 드러커는 다음과 같이 설명했다.

"사실 '살아 있는 보수주의'가 무엇을 의미하는지, 그리고 보수주의가 수행해야 할 과제가 무엇이어야 하는지는 대체로 명확하지가 않다. 하지만 유럽 역사상 최후의 위대한 보수주의 체제에 관심을 갖는 것, 그리고 프로테스탄티즘 영역에서는 유일한 보수주의 체제 이론인 프리드리히 율리우스 슈탈의 이론에 관심을 갖는 것은 분명 충분한 이유가 있다."

슈탈은 '살아 있는 보수주의'를 수단으로 하여 복고주의(Restoration)와 혁명(Revolution)이라는 비생산적이고도 경직적인 반테제(antithesis, 변증법적으로 정반대 상황을 의미함)를 극복하려고 시도했다. 그리하여 대재난을 회피하려고 시도했다. 슈탈은 자신의 지적 생애 동안 네 가지 분야에서 복고주의의 대안을 찾으려 했다.

첫째, 형이상학 분야에서 슈탈은 '하느님의 창조적 개성'(the creative personality of God)이라는 첫 번째 원칙을 통해 통일성과 다원성이라는 정반대 상황을 극복하려 했다. 동시에 이것은 우리가 대립(polarity 또는 양극성)이라 명명할 수 있는 원칙을 통해 헤겔의 변증법(Hegel's dialectic)을 극복하고 있음을 표현했다.

둘째, 윤리학 분야에서, 슈탈은 '도덕적 왕국'(moral kingdom)이라는 개념을 통해 '내외부적으로 향한 의지'(inner and outer-directed will)라는 반테제, 즉 권위와 자유라는 반테제를 해체하고 극복했다.

셋째, 역사철학에서, 슈탈은 자연법과 역사학파(한 나라의 경제상황은 그 나라의 총체적인 역사적 경험의 결과물로 이해되어야 한다고 주장하는 경제학파)의 반테제, 그리고 이성(reason)과 하늘의 섭리(heavenly disposition)라는 반테제를 '역사적 관점에서 본 법철학'이라는 관점, 즉 '(하느님의) 세계 계획이라는 제약 아래 자유로운 인간 행동'이라는 개념을 통해 극복하려 했다.

마지막으로 정치학에서, 슈탈은 '순수한 입헌군주국'을 건설함으로써 혁명과 복고주의의 반테제를 극복하고, 민주주의와 봉건제도 혹은 절대 왕정의 반테제를 극복하려 했다.

슈탈이 해결해야만 하는 과제에는 다음과 같은 것이 필요하다. 슈탈은 '동시대의 모든 살아 있는 세력 집단들'(all the living forces of the age)이 자신들과 세상을 파괴하는 무익한 전쟁에 개입하는 대신, 공동의 목적을 위해 통합되는 정치 형태를 발견해야만 했다. 이 과제는 모든 세력 집단을 가장 세분화된 분파마저도 최고 원칙에 입각하여 존재하는 좀 더 수준 높은 불변의 질서와 체제에 통합하고 기초를 둠으로써 해결할 수 있다.

모든 구성요소를 좀 더 수준 높은 질서로 통합하지 않고는, 그것들을 영원한 목표와 목적에 종속시키지 않고는, 세상에는 살아 있는 조직 대신에 생명 없는 기계가 있을 뿐이고, 새로운 통일 대신에 타협뿐이며, 새로운 공동체 대신에 새로운 조직만 있을 뿐이다.

슈탈은 이런 최고 원칙을 종교적인 원칙으로 인식했다. 종교적 경험은 그에게 역사학파와 만나는 길을 열어주었으며, 역사학파는 슈탈의 이론에 하나의 결정적인 역할을 하게 된다. 종교적 경험은 슈탈에게 그의 이론의 두 번째 결정적인 영향요인인 헤겔의 사상에 접하도록 했고, 그의 이론이 발전해나갈 방향을 제시했다.

그러나 헤겔에 대한 접근과 비판은 슈탈에게는 두 가지 영원한 세력인 이성주의(rationalism, 또는 합리주의)와 비이성주의(irrationalism, 또는 비합리주의) 사이에 커다란 지적 갈등을 겪게 되는 계기가 되었다.

한 사람을 위한 임의적인 권력은 나머지 모든 사람의 자유를 빼앗는 것이다

보수주의적 국가이론은, 역사적으로 발전한 정치와 양심의 자유 (정치적 자결의 자유), 의사표현을 할 권리, 수적으로 계속 늘어나는 사회적 계층들이 정치적 권력을 나눌 권리, 개인의 자유 등을 단순히 용인하는 데 그치는 것이 아니라 실질적으로 인정하고 방어해야만 한다는 이론이다.

그러나 역사 발전이 인정을 받으려면 그 역사 발전이 합법성이 있다는 근거를 확보해야만 한다. 죄 많은 인간은 확고한 권위를 필요로 하며, 그들을 국가와 교회에 묶어두기 위한 기반으로서 인간의 욕구와 약점에 대한 지식은 긴밀하고도 규모가 큰 가족, 군대, 국가 그리고 종교로 구성된 공동체와의 결합이 필요하다.

그러므로 보수주의적 국가이론과 정치적 자유는 그것이 더 높은 공동체적 의무를 고수하는 경우에만 가치가 있다는 사실을 알고 있다. 그렇지 않으면 결과는 자기 파괴적이고 무정부적이며, 불가피하게 독재주의와 전제주의로 이어지게 된다. 한 개인에게 주어지는 완전한 자유라는 것은, 즉 한 사람을 위한 임의적인 권력(arbitrary power for one man, Willkür)은 모든 사람을 위한 자발적인 자기억제 대신에 나머지 모든 사람의 자유를 빼앗는 것(lack of freedom for all the rest)이다.

모든 의무의 해체도 마찬가지다. 예를 들면 양심의 자유도 마찬가지다. 만약 양심의 자유가 세속의 방종으로, '이 지상 왕국'으로, 유물론의 숭배와 인간 이성에 대한 숭배로, 볼세비즘의 유사 계층으로 전락하지 않으려면, 신앙의 안전과 의무 속에 머물러야만 한다. 이런 필요성은 또한 국가 그 자체에 대한 보수주의적 국가이론의 입장을 결정한다.

보수주의적 국가이론은 그것이 수행할 의무를 표시하는 것이기 때문에 의무를 표시하는 동안에는 국가를 인정하지 않을 수 없다. 그러나 보수주의적 국가이론은 또한 국가가 유일한 의무가 되는 것을, 다시 말해 '전체 국가'(total state)가 되는 것을 예방해야만 한다. 왜냐하면 국가는 이 세상의 질서이고, 영원한 질서의 해체로 나타난 기구이고, 인간의 목적과 의미를 가진 왕국이기 때문이다.

(드러커는 소책자에서 다음과 같이 결론을 내렸다.) 이런 의미와 목적은, 만약 권력이 하느님과 불변의 질서와 연계되지 않으면, 만약 권력이 세상에 대한 하느님의 계획과 연결되지 않으면 그것은 사악하고 타락한 것이며 파괴적이다. 보수주의적 국가이론이 이 무거운 의무를 항상 깨닫고 있는 한, 그리고 최고 질서 아래에서 모든 세력이 새로운 통일체 속에 묶여 있다는 것을 거듭 알고 있는 한, 그것은 그 앞에, 특히 독일에서, 그리고 특히 지금의 독일에 큰 과제를 안고 있다.

드러커의 나치에 대한 예측과 결과

독일을 탈출한 드러커는 영국을 거쳐 1937년 미국에 정착했는데, 1939년 초 뉴욕(런던에서는 1938년 말)에서 일반 대중을 상대로 하는 최초의 저술 『경제인의 종말: 전체주의의 기원』(The end of economic man: the origins of totalitarianism)을 출판했다. 드러커는 이 책에서 「프리드리히 율리우스 슈탈: 보수주의적 국가이론과 역사 발전」 결론 부분에서 우려했던 분석들이 현실로 드러나서 전체주의가 독일에서 정치권력을 잡고, 그 결과 개인이 국가에 종속된 사실을 밝혔다. 이어서 유럽의 미래를 진단하고 전망했다.

보수주의적 국가이론은 국가가 '전체 국가'가 되는 것을 예방해야만 한다는 주장과 한 개인에게 주어지는 완전한 자유는, 즉 한 사람을 위한 임의적인 권력은 나머지 모든 사람의 자유를 빼앗는 것이라는 주장은 각각 나치 전체주의와 히틀러의 등장을 암시하는 것이었고, 결국 이 소책자는 나치 눈에 벗어나 금서가 되었으며, 나중의 일이지만 이 소책자의 분석과 진단과 통찰과 같이 독일은 전체주의의 노예가 되고 말았다.

드러커는 이 소책자 이후에도 계속 관찰해 전체주의 뿌리는 루소의 '이상적 사회'에서 시작하여, 로베스피에르의 '공포정치', 마르크스의 '계급 없는 사회', 히틀러의 '국가 사회주의', 즉 나치즘으로 이어져 '사회에 의한 구제' 사상이 형성되었으나 결국 동구의 몰락과 소련의 해체로 '사회에 의한 구제' 사상이 종말을 맞았다고 분석했다.

드러커는 전체주의가 등장한 원인을 사회적 · 경제적 관점에서 분석했다. 자본주의 체제와 그에 대한 거부로 등장한 공산주의 체제 모두 목표로 내세운 '자유롭고 평등한 사회'(free and equal society)를 달성하지 못하자 대중은 실망했고, 전쟁(1914~1918)과 공황(1929년 이후)과 실업에 지친 대중이 '일자리와 의식주만 해결해주면 자유와 평등을 포기하겠다'고 체념하는데, 전체주의는 그 틈을 이용하여 군국주의 경제(totalitarian Wehrwirtschaft)를 통한 완전고용을 제시하며 정권을 잡았다는 논지를 펼쳤다.

자본주의는 평등이라는 사회적 목적을 달성하지 못했다

자본가들과 자본주의를 옹호하는 사람들은 경제 확대와 성장은 그 자체가 목적이 아니라는 사실을 망각하고 있다. 경제 확대와 성장은 오직 사회적·경제적 평등이라는 사회적 목적을 달성하기 위한 수단이다. 경제 발전은 천년왕국을 지상에 세운다는 약속을 실천하는 것이다. 이것이 바로 자본주의다. 따라서 사회적 목적이 없으면 자본주의는 아무런 의미도 없으며, 정당화될 수도 없을 뿐 아니라 존립할 여지도 없다.

모순된 현상이지만 자본주의에 대한 반대는 경제적 자유를 도입해 가장 덕을 보았을 바로 그 계층의 사람들에게서 항상 나왔다. 경제적 자유를 통해 평등을 실현하겠다는 약속을 지키지 못함에 따라 물질적으로 번성했는데도 사회 시스템으로서 자본주의에 대한 신뢰는 산산이 깨졌다. 프롤레타리아는 물론이고, 자본주의를 통해 경제적·사회적으로 가장 큰 혜택을 누렸던 바로 그 중산층도 자본주의에 등을 돌렸다. 기능공과 농노들이 경제적 자유를 받아들인 것은 오직 그것이 궁극적으로 사회적·경제적 평등을 이룩한다고, 즉 사회적 목적 달성을 약속했기 때문이다. 그들은 종종 자신들이 누리게 된 해방에 반란을 일으켰다.

예를 들면 1811년 산업혁명 당시 영국에서 일어난 기계파괴운동, 1846년 영국의 곡물법 폐지와 아일랜드 농부들의 곡물폭동, 1848년 독일 슐레지엔 지역의 리넨공장 직공들의 데모, 1906년 러시아의 공동 촌락 농지를 경제적 자유와 경제발전을 위한다는 명목 아래 개인 농지로 전환한 표트르 스톨리핀(Pyotr Stolypin)의 농지개혁이 있은 후 일어난 러시아 농부들의 반란 등인데, 이 모든 반대 투쟁은 평화적이든 강압적이든 간에 자본주의가 평등을 달성하겠다는 약속을 하고야 평정되었다.

1904년부터 1911년까지 제정러시아 총리를 지낸 스톨리핀은 농업분야를 중심으로 지방자치의 근대화, 사법·중앙행정기구에 걸치는 광범한 개혁을 실행하였다. 망명시절 레닌에게 "나는 살아서는 러시아혁명을 볼 것 같지가 않아"라고 장탄식을 하게 만든 사람이 바로 스톨리핀이었다. 그러나 1911년 스톨리핀이 암살당한 지 6년 뒤인 1917년 2월 로마노프 황가는 러시아혁명으로 무너졌다.

사회적 목적이 중요하다는 것과 자본주의에 대한 믿음이 어느 정도 파괴되었는지를 둘 다 증명하는 가장 크고도 결정적인 증거는 유럽의 노동계층이 마르크스가 주장하는 '대중의 빈곤화'라는 명제를 복음의 진리처럼 받아들인 데 있다. 이 명제가 틀렸다는 것이 사실로 드러났음에도 대중은 마르크스의 주장에 대한 신뢰를 전혀 거두어들이지 않았다. 왜냐하면 그 명제가 의도한 것은 노동자에게 자신은 점점 더 불평등해지고 프롤레타리아 계급에서 빠져나와 상승 이동할 기회가 점점 줄어든다는 것을 느끼도록 하려는 것뿐이었기 때문이다.

중하층 계급이 자식들을 대학에 보내려는 이유

자유평등 사회의 달성이라는 점에서, 자본주의는 평등을 달성하지 못했다. 경제발전은 평등을 보장하지 않을 뿐 아니라, '동등한 기회'라는 형식적 평등도 보장하지 못한다. 그 대신 경제발전은 프티 부르주아(Petit-bourgeois)라는 새롭지만 극도로 경직되고 불평등한 계급을 창출했다. 게다가 프롤레타리아 계급에서 졸업하고 프티 부르주아 계급으로 진입하는 것은 적어도 유럽에서는 프롤레타리아가 기업가 계급(entrepreneur class)으로 성장하는 것만큼이나 어렵다. 비록 현대 공업사회의 계급들이 법적으로 세습되는 것은 아니지만, 실제로 계급은 거의 그렇게 해서 형성되었다.

평등을 보장하겠다는 약속이 가장 중요하다는 사실은 중하층 계급 사람들이 그들의 자식들을 대학에 보내려고 애처롭게 노력하는 현상을 보면 알 수 있다. 그들은 필시 자본주의 경제의 바깥 영역에서 택할 수 있는 (대학 졸업 후 갖게 되는) 전문직업을, 기업 영역에서는 프롤레타리아로서 그들 자신과 자식들이 실현할 수 없는 평등을 달성할 수 있는 통로로 생각하는 것이다. 유럽의 대학 졸업자들은 이것 역시 환상에 지나지 않는다는 것을 알게 되자 아예 자본주의로부터 등을 돌리고 말았다.

사회주의의 근본 강령은, 자본주의는 자본의 집중과 대량생산 방식을 채택해 점점 더 규모가 큰 생산단위로 통합되므로 몇몇 착취자를 제외하면 필연적으로 모두 프롤레타리아처럼 동등해지는 사회구조로 발전한다고 주장한다. 따라서 소수의 착취자가 가진 재산을 몰수하게 되면 자동으로 계급 없는 사회(classless society)로 나아가게 되는 것이다. 달리 표현하면, 생산단위가 커지게 된다면 특권을 누리는 자본가 계급들의 숫자도 당연히 감소하게 될 것이고, 그렇게 되면 궁극적으로 모든 생산도구가 하나의 생산단위가 되는데, 이때 특권을 누리는 소수의 착취자를 제거하면, 생산단위는 노동자 공동체(community of workers)가 소유하고 노동자 공동체를 위해 운영될 것이므로 불평등과 특권은 한꺼번에 제거된다는 것이다.

계급 없는 사회는 허구였고, 중간계급은 더 증가했으며 만국의 노동자는 단결하지 않았다

마르크스주의는 1776년 『국부론』이 출판된 지 72년 뒤인 1848년 마르크스와 엥겔스가 『공산당 선언』을 통해 불평등하고 자유가 없는 자본주의 사회를 극복하고 계급 없는 사회를 만들어 지상에서 자유와 평등을 실현하겠다는 약속을 하면서 등장했지만 계급 없는 사회를 만들지 못하고 몰락한다.

생산시설의 완벽한 사회화(complete socialization of production capacity, 즉 사유재산이 없는 공산주의화)와 함께, 특권을 가진 소수 착취자는 줄어드는 대신 중간관리 계층(테크노크라트)의 수와 규모가 너무도 엄청나게 증가하여 최하층 비숙련노동자들을 수적으로 압도하게 된다. 그들은 비숙련노동자들의 이름으로, 그리고 명목상으로 비숙련노동자들의 이익을 위해 사회적 · 경제적 조직을 계획하고, 설계하고, 감독하고, 관리한다. 하지만 사회주의에서는 새로운 계급이 등장하고 고착되어 계급 없는 사회가 아니라 새로운 계급사회가 된다.

마르크스 자신을 필두로 하여 마르크스주의자들은 그런 중간계층 문제 때문에 골머리를 앓았다. 마르크스 자신은 이런 문제를 해결하기를 포기했다. 이 문제에 대해 스스로 만족할 만한 해결책을 제시하지 못한 것이야말로 마르크스가 『자본론』의 결론 부분을 기술하지 않은 이유라고 하는 사실은 일반적으로 알려져 있다.

그러나 마르크스주의의 경제적 약속이 달성되지 않았다 해도 사회적 평등 약속이 실현될 수 있다고 보이는 한, 심지어 마르크스 경제학을 따르는 지역에서 철저하게 경제파탄이 일어난다 해도, 마르크스 이념에 대한 신뢰를 흔들지 못할 것이다. 결국 마르크스주의는 혁명을 통해 자본주의의 불평등을 극복하겠다고 약속한 신질서의 복음이라는 위치에서 기껏 자본주의 내부의 단순한 반대자로 전락했다. 사회주의는 반대자로서는 매우 효과적이다. 그러나 반대를 위한 반대로 자신의 기력을 모두 소진하는 사회운동이 호소력과 유효성을 확보하려면 그것이 반대하는 제도, 즉 자본주의가 존재해야 한다.

파시즘은 유럽의 정신적 · 사회적 질서가 붕괴한 결과로 등장했다. 유럽이 붕괴하는 데 결정적인 역할을 한 것은 마르크스 사회주의에 대한 믿음의 실패다. 다시 말해, 마르크스주의는 자본주의를 무너뜨리고 신질서를 형성할 능력이 없다는 것이 증명되었기 때문이다. 실제로는 특권을 누리는 남다른 사람들(공산주의 국가의 권력 엘리트들과 테크노크라트)의 수는 생산단위의 규모 증가와 비교하여 거의 기하급

수적으로 증가한다. 특권을 누리는 중간관리자는 독립적인 기업가가 아니라 좀 덜 불평등한 프롤레타리아다. 급여를 많이 받는 대기업 사장과 쥐꼬리만 한 급여를 받는 회계원 사이에는 수석 디자이너에서 조립라인의 반숙련 감독직까지 의존적인 부르주아 계급(dependent bourgeois class)이 엄청나게 많이 존재한다. 그들 가운데 그 누구도 마르크스주의 체제에서 '부르주아'를 규정할 때 사용하는 말인 '이윤 착취'에 관심을 두지 않는다.

'만국의 노동자여 단결하라!'는 마르크스의 주장, 즉 국제공산주의의 구호는 1914년 세계대전이 발발한 날 막을 내렸다고 할 수 있다. 바로 그날 각국의 노동자 집단들이 자국의 이익과 신념을 바탕으로 국내에서 형성한 애국연대는 노동자 계급의 국제연대(international solidarity)보다 훨씬 더 강하다는 것이 분명해진 것이다.

각국의 노동자들로 구성된 각국의 군대는 역시 노동자들로 구성된 상대국의 군대에게 총을 쏘았다. 국제 노동자들은 단결한 것이 아니라 서로 생사를 건 전쟁을 치렀다. 그것은 마르크스주의가 주장하는 노동자 계급의 국제연대를 거부하는 것이었다. 사회주의는 만국의 노동자가 단결하고 계급 없는 사회를 만들고 새로운 질서를 만든다는 주장을 철회하지 않을 수 없었다.

영웅적 인간: 대중의 사회적 질투심을 만족시킨 나치의 전략

히틀러와 무솔리니의 사회적 · 정치적 이념체계는 인간의 본성을 '영웅적 인간'(heroic man)으로 인식하고 출발한다. 전체주의가 시종일관 주장하는 새로운 사회관은 전쟁을 합법적으로, 그리고 최고의 목적으로 수용하지 않으면 신기루에 지나지 않는다.

나치는 독일의 농민계급을 '독일 민족의 생물학적 중추'로서 특별한 지위를 인정했고 사회적 우월성마저 느끼도록 했다. 농민이 민족의 생물학적 중추라면, 노동자는 '정신적 중추'였다. 노동자는 전체주의 사회가 개발하려고 노력하는 자신의 경제적 신분과는 전혀 별도로 취급되는 새로운 인간의 개념이었다. 즉 자신을 희생할 각오가 되어 있고, 자기 규제와 금욕으로 '내적 평등성'이 확립된 영웅적 인간 개념 말이다. 그 결과 모든 사람이 '노동자이자 병사'가 되는 것이다.

중산층 계급도 역시 그들의 평등하고 당연한 사회적 지위를 다른 비경제적 특성을 통해 획득했다. 중산층은 '민족 문화의 기수(旗手)'로 선포되었다. 산업계의 기업가 계급은 전체주의 사회에서 지도자 개개인이 준수해야 하는 영웅적 리더십 원칙에 따라 그들이 담당할 사회적 지위를 받았다. 준군사적 조직들, 예컨대 파시스트 시민군, 돌격대, 친위대, 히틀러 청년단, 그리고 각종 여성 조직도 마찬가지로 비경제적 목적에 이용되었다. 파시스트 시민군뿐만 아니라 나치의 돌격대에게 제공되는 가장 큰 배려는 그들은 자신들의 출신계급 성분에 전혀 관계없이 승진할 수 있다는 점이었다.

모든 계급의 사회적 질투심을 만족시키기 위한 이런 시도들은, 그리고 각각의 사회 영역마다 비경제적 우월성을 무한정으로 제공하려는 시도들은 자본주의 강령이나 사회주의 강령의 관점으로는 측정할 수 있는 것보다도 훨씬 더 성공적이었다. 그런 시도들은 하층계급들 사이에 사회적 평등감정을 진실로 느낄 수 있도록 하는 길을 깊숙이 확실하게 걸어갔다.

그런 시도들에 대해 확실히 신뢰를 보내지 않는 유일한 계급은, 그래서 자신들이 경제적으로 획득한 지위 대신에 새로운 비경제적인 사회적 우월성으로 대체하려는 의사가 없는 계급은 혁신 기업가와 일반 사업자 계급뿐이었다. 혁신 기업가와 일반 사업자는 새로운 비경제적 보상은 명예로운 직위라는 빈껍데기만 남겨두고 자신들이 누리는 경제적 실체를 박탈하려는 시도라는 사실을 일찍이 눈치채고 있었다.

그러나 영웅적 인간관은 사회에 대해서는 목적과 의미를 제공할 수 없다. 왜냐하면 영웅적 인간관은 생을 부정하기 때문이고 희생의 자기정당화는 사회를 부정할 뿐만 아니라 파괴하기 때문이다. 무솔리니의 '위험하게 살아라!'(Live dangerously!)라고 하는 슬로건도 개인에게 적용할 때는 괜찮을지도 모른다. 그러나 무엇보다 사회는 계속해서 유지되어야만 하는데, 안전하게 유지되어야만 한다는 것을 의미한다. 만약 개인이 자살하는 것에서 자신의 만족감을 찾고 성취감을 느낀다면 사회는 전혀 의미를 가질 수 없게 된다. 결국 사회 실존의 유일한 합법적 형태로서 무질서 상태가 등장하지 않을 수 없게 된다. 바로 이런 내적 모순이 파시스트가 창조하려고 시도하는 새로운 질서를 좌절시킨 것이다.

전체주의 국가 붕괴의 길: 후계자 문제

지도자(히틀러, 무솔리니, 스탈린)가 무오류적 존재로 수용되어야 하면 할수록 지도자는 자신이 항상 옳다는 믿음을 유지하기가 더욱더 어려워진다. 따라서 지도자가 취약해질수록 체제도 함께 취약해진다. 기적은 성공률이 높아지면서 자주 되풀이되어야 하고 기적을 보여주는 기간은 점점 더 단축되어야만 한다. 기적에 대한 믿음은 그동안 줄곧 더 뜨거워진다. 대중에게 지도자에 대한 믿음이 필요하면 할수록 대중은 그 믿음이 부과하는 긴장과 그 믿음이 갑작스럽게 붕괴될 위험을 한층 더 느끼게 된다.

전체주의의 지도자 원칙은 과거 유럽에 존재했던 모든 형태의 1인 지배체제와도 다르다. 과거 지도자는 자신의 지배권한을 신(神)이 지배하는 세상에서 신이 부여한 권한에 기초했든, 군대의 힘에 기초했든, 혹은 사람들의 위임에 기초했든 간에 자신의 지배에 항상 사회적 재가(裁可)를 받았다. 하지만 전체주의의 독재자는 어떤 재가도 받지 않는다. 전체주의의 지도자가 자신은 신에 대해 책임을 진다고 공언한 것은 공허한 말에 지나지 않는다. 왜냐하면 전체주의의 지도자도 추종자들도 신을 믿지 않기 때문이다.

전체주의의 지도자가 주장하는 '대중으로부터의 위임'도 마찬가지로 의미가 없다. 왜냐하면 그는 대중이 자신들의 지도자를 선택할 권리를 인정하지 않기 때문이다. 지도자가 주장하는 지배권의 유일한 근거와 그의 지위와 권한에 대한 유일한 승인 근거는 그가 보통 사람들을 초월하여 존재한다는 것뿐이다.

전체주의 지도자는 근본적으로 해결할 수 없는 전체주의 사회의 갈등에 대한 해결책을 직접 찾는 악마와 같다. 지도자의 권한은 지도자가 대중이 절망에서 탈출하기를 간절히 바란다는 믿음을 그들에게 상기시킬 수 있는 한 정당화된다. 따라서 전체주의는 절망을 계속 생산한다. 사회의 기초를 지도자의 악마적 본성을 믿는 종교적 신앙에 두는 것은, 1인 독재체제의 지도자가 죽은 뒤 어떤 문제가 발생할 것인가 하는 질문을 하게 한다(드러커의 이런 예측대로 무솔리니, 히틀러, 스탈린 등 전체주의 지도자들은 후계자 없이 죽었다).

불가사의한 대중심리: 거짓말은 파시즘의 매력이다

나치 프로파간다의 신뢰성에 대해 나치당 내부에서 일어난 모순을 잘 보여주는 한 예가 복스하임 문서(Boxheim Document)다. 히틀러가 권력을 잡기 몇 년 전, 일단의 청년 나치당원들이 다가올 나치국가의 미래상을 묘사하려고 노력했는데, 그 내용을 담은 문서가 경솔하게 공개되었다. 그 문서는 청년 나치당원들이 나치당의 공식적인 프로그램과 히틀러의 연설과 저서 내용을 그대로 따랐음을 보여주고 있다. 문서의 결론에서 내린 예언은 놀라울 정도로 정확했다.

이 문서가 출판되자마자 많은 사람이, 특히 나치 당원들이 그것을 엉터리라고 코웃음 쳤다. 그 당시 드러커는 나치 추종자들을 상대로, 예컨대 학생들, 소규모 가게 주인들, 사무원들, 그리고 실업자들과 이야기를 나누었다. 그들 가운데 그 문서가 주장하는 것은 엉터리라고 생각했고 나치의 강령과 신조가 실제로 실현될 것으로 믿거나 실현되어야 한다고 진실로 믿는 사람들은 바보나 무식한 사람들뿐이라고 생각하지 않는 사람은 단 한 명도 없었다. 모든 나치 추종자와 나치당을 위해서라면 목숨도 내놓을 작정이었던 그들이 만장일치로 내린 진지한 결론은 다음과 같았다.

"그런 조건 아래 사람이 산다는 것은 불가능하고 참을 수도 없다."

우연히 밝혀진 복스하임 문서에서 히틀러는 권력을 잡는 데 비합법적인 방법은 배제한다고 했다. 그러나 1931년 11월 사법관시보 베르너 베스트(Werner Best) 박사가 주도한 일단의 청년 나치당원은 나치가 권력을 잡기 위해서는 테러, 살인, 스트라이크, 사보타지, 명령위반 등이 불가피하다고 주장했다. 이에 대해 제국법원은 재판을 했으나 1932년 10월 재판을 중지하고 베스트를 휴직시키는 데 그쳤다.

더 놀라운 사실은 대다수 나치가 인종차별적 반유대주의(racial anti-Semitism)를 그다지 진지하게 생각하지 않았다는 점이다. 그들은 "반유대주의는 유권자들을 끌어모으기 위한 선전 문구에 지나지 않아!"라는 말을 상투적으로 했고, 실제로 그들은 그렇게 믿고 있었다.

전쟁이냐 평화냐 하는 핵심적인 문제에서도 같은 모순이 나타났다. 독일 사람들이 다른 유럽 사람들과 마찬가지로 전쟁을 두려워했다는 것은 1933년 이전에는 의심할 바 없는 사실이었다. 그러나 1938년 후반이 되자 히틀러의 외교정책이 전쟁을 염두에 두고 장기적으로 펼쳐지고 있다는 것은 모든 독일 사람이 보기에 분명했다. 하지만 정작 나치들은 히틀러의 평화적 강령을 여전히 믿고 있었다.

일반 대중은 히틀러가 한 여러 약속 중에서 하나의 약속은 다른 하나의 약속과 서로 양립불가능하다는 것을 알아챘어야만 했다. 독일 역사상 가장 비참했던 노동쟁의인 1932년 베를린 지역 금속노동자 데모는 어떤가? 데모를 중단하라는 노동조합 지도자의 지시에도 나치는 공산주의자들과 힘을 합쳐 노동자들의 데모를 지원했다. 그런 한편으로, 같은 시기에 히틀러는 산업자본가로서 계급의식이 특별히 강한 금속제조업자들을 상대로 한 공개연설에서 나치가 정권을 잡으면 그들이 다시 공장의 주인이 되게 하겠다고 주장했다. 결과는 노동자들 반과 산업자본가들 대부분이 나치 지지자로 전향했다. 그러나 프로파간다가 베를린의 금속제조업자들이나 노동자들에게 그런 모순을 간과하거나 잊도록 하지는 못했다.

3. 전체주의는 종말을 맞았는가

전체주의는 완전히 사라진 악몽이 아니다

오늘날 양차 대전 사이의 시기와 특히 1930년대를 여전히 자신과 '동시대'로 생각하는 사람들은, 다시 말해 악몽에서 깨어난 다음 날 아침 속에서 사는 사람들은 급속히 줄어들고 있다. 지금 60대 혹은 그보다 어린 사람들 누구에게나 1930년대는 자신들과 관계가 없는 '지나간 역사'다. 그러므로 60대 혹은 그보다 어린 사람들에게는 양차 대전 사이의 시기를, 특히 1930년대를 어떻게 설명할 것이냐는 질문은 의미 있고 이해하기 쉬운, 매우 중요한 질문이다. 따라서 드러커가 『경제인의 종말』에서 꾀했던 시도는 다시 의미를 갖게 된다.

『경제인의 종말』이 처음 출판된 뒤 1930년대 말의 전체주의에 대해 이해하고 설명하려는 시도가 없었던 이유 중 하나는 아마도 그런 시도가 불필요한 것으로 보였기 때문이었을 것이다. 우리는 전체주의라는 특수한 질병은 치료를 마쳤고 더는 관계가 없다고 생각했다. 이런 믿음은 서구에서만 공통적이고 히틀러와 그의 나치당에게만 적용되는 것이 아니었다. 소련에서도 너무도 많은 사람이 '스탈린 시대는 다시 돌아올 수 없다'고 확실히 믿고 있다.

21세기 초에도 많은 위험과 공포가 존재한다는 사실은 분명하다. 그러나 많은 사람이 히틀러식의 그리고 스탈린식의 전체주의는 21세기의 위험과 공포 속에는 분명 포함되지 않는다고 생각한다. 그러니 앞으로 되풀이되지 않을 어떤 것에 대해 고민할 필요가 어디 있겠는가? 하지만 우리는 그렇게 확신할 수 있을까? 혹은 전체주의가 다시 우리에게 전염될지도 모른다는, 다시 우리를 압도할지도 모른다는 징후는 우리 주변에 없는가?

우리 시대의 문제들은 1930년대의 그것들과 매우 다르고, 우리 현실도 마찬가지다. 하지만 우리 시대의 문제들에 우리가 보인 반응 중 일부는 불길하게도, 유럽을 히틀러의 전체주의로, 그리고 급기야 제2차 세계대전으로 몰고 간 '대중의 절망'을 반영하고 있다고 생각한다. 예컨대 일부 집단, 백인이든 흑인이든 간에 인종차별주의자들뿐만 아니라 소위 좌파 '행동주의' 학생들 일부는 그 행동이 놀라울 정도로 히틀러의 돌격대와 닮았다. 마르쿠제는 마르크스주의적 비판철학과 20세기 서구사회에 대한 프로이트적 심리학 분석으로 인기가 있었는데, 특히 1968년 유럽과 미국 대학에서 일어난 반체제 학생운동을 추진한 좌익급진파 학생들에게 그랬다.

또 다른 일부 집단은 어떤 사람에게도 발언의 자유를 포함하여 어떤 권리도 허용하지 않거나, 인격말살 운동을 벌이거나, 파괴와 야만적인 행동을 즐긴다. 그런 집단들이 사용하는 수사학을 보면 히틀러의 연설과 가증스러울 정도로 닮았고, 권좌에 있던 마지막 10년간 (1966~1976) 문화대혁명을 일으켰던 마오쩌둥(1893~1976)의 선동과 유사하다. 히틀러와 마오쩌둥과 마르쿠제 같은 증오의 예언자들에게 공통적인 것은 음산한 허무주의다.

오늘날에도 관찰되는 허무주의적 행동 집단의 직계 조상은 1910년에서 1930년 사이 일어난 '독일의 청년 운동'이다. 독일의 청년 운동은 이상적인 '사회주의'로 출발했으나 히틀러에게 가장 광신적인 핵심 추종자들을 공급하는 것으로 끝났다는 사실을 우리는 기억해야만 한다. 무엇보다도 그런 집단들은 '우익'이든 '좌익'이든 간에, 전체주의자들과 마찬가지로 체제에 대한 거부만이 적극적인 정책이라고 믿고 있으며, 동정심을 갖는 것을 약한 사람이나 할 짓으로 여기고, 권력을 추구하기 위해 이상주의를 조작하는 것을 '이상적'으로 생각한다.

인종차별주의자들과 좌파 '행동주의' 학생들은 1930~1940년대 경험한 것에서 커다란 교훈을 배우지 못했다. 증오가 절망에 대한 해답이 아니라는 사실을 배우지 못했다는 말이다. '오늘날의 허무주의적 행동 집단' 역시 이상주의로 출발했는지는 모르지만 결국 새로운 광신자에게 추종자들을 공급하고 말 것이다.

또 다른 최종해결책을 방지하기 위해

『경제인의 종말』이 다룬 문제들이 60년 전의 문제인 것은 명백하다. 그러나 오늘날에도 적용할 수 있는 한 가지 교훈은 허무주의로 도피함으로써 문제를 회피하는 것은 전제정치를 하려는 과대망상 환자를 초대하는 원인이 된다는 것이다. 『경제인의 종말』은 전체주의자들은 아무것도 해결하지 못한다는 것을 보여준다. 전체주의 아래에서는 문제들이 훨씬 더 악화되고 세상은 더욱더 악몽 같은 삶이 되고 만다. 분명히 말하건대, 우리가 살고 있는 세상은 아마도 우리 이전의 모든 사회도 그러했겠지만 비정상적이다. 하지만 과대망상 환자를 초빙하는 것이 비정상적인 세상을 고치는 치료법은 아니다. 그 반대로 비정상적인 환경에서 참고 살아가기 위해 필요한 것은 정신건강의 회복이다.

『경제인의 종말』에서 드러커는 1920년대의 사회를 옹호하려거나 그 당시의 문제와 질병과 해악을 변명하려고 시도하지 않았다. 하지만 드러커는 '기존 질서'의 전면적 부정이 초래할 결과가 무엇인지, 다시 말해 '부정하는 것' 자체가 적절한 대답이라거나 어쨌든 대답이라고 믿는 것이 가져올 결과가 무엇인지 보여주려고 노력했다.

어제의 전체주의의 역동성을 이해하는 것은 우리가 오늘날을 더 잘 이해하는 데 도움이 될 것이고, 어제의 것이 재발하는 것을 예방하는 데 도움이 될 것이다. 드러커가 무엇보다도 바란 것은, 오늘의 젊은이들은 어제의 전체주의의 역동성을 이해함으로써 그들의 이상주의, 세상의 공포에 대한 순수한 고뇌, 그리고 좀 더 나은 멋진 내일에 대한 희구를 건설적인 행동으로 표출하는 데 도움이 되리라는 것이다. 60년 전 그들의 선배들처럼 전체주의적 허무주의에 빠지지 않고서 말이다. 왜냐하면 전체주의적 허무주의가 이끄는 길의 끝에는 가스실과 살인수용소를 갖춘 또 다른 히틀러와 또 다른 '최종해결책'(유대인 학살)만이 있을 뿐이기 때문이다.

비록 70년 전에 출판되었지만 『경제인의 종말』은 여전히 많은 사람이 읽고 있고 인용되고 있다. 하지만 좀 더 많은 일반 독자층이 이

책을 접할 수 있도록 해야 할 시점이 왔다고 생각한다. 이 책은 젊은 이들에게 그들의 부모 세대가 인생에서 겪은 대재난을 피하기 위해서는 마땅히 알았어야만 하는 것을 이해하도록 도움을 주는 데 그치지 않는다. 이 책은 오늘날의 세대가 인생에서 겪을 수 있는 또 다른 대재난을 피하는 데 도움을 줄 것이다.

* 주요 교재: 「보수주의 철학자 피터 드러커」, 「경제인의 종말」, 「이노베이터의 조건」, 「경영의 지배」

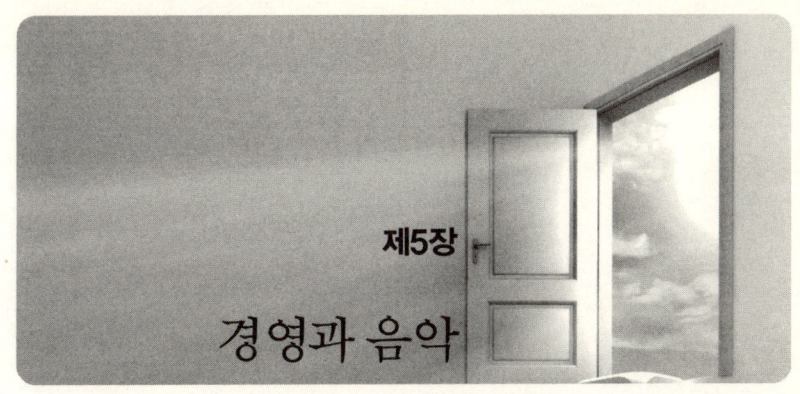

제5장

경영과 음악

드러커는 모차르트 음악에서 고객 만족 경영을 배웠다

1. 피터 드러커의 음악적 환경

모차르트와 드러커

드러커는 『자기경영노트』에서 일반 사람들은 볼프강 아마데우스 모차르트(Wolfgang Amadeus Mozart)가 일하는 방법을 따라 해서는 안 된다고 했다.

"목표를 달성하는 방법 중 '비결'이라고 할 만한 것 하나를 소개하면, 그것은 '집중'하는 것이다. 목표를 달성하는 사람들은 중요한 것부터 먼저 하고, 한 번에 한 가지 일만 수행한다……. 진정 인간은 놀라울 정도로 다양한 능력을 갖고 있다. 인간은 하나의 '다목적 도구'다. 그러나 인간의 위대한 다양성을 생산적으로 사용하기 위해서는 개개인의 다양한 능력을 한 가지 과업에 집중시켜야 한다. 성과를 낼 수 있는 단 한 가지 과업에 온갖 능력을 연결하는 것이 바로 집중이다.

물론 모차르트 같은 사람도 있다. 그는 주문받은 오페라, 교향곡, 춤곡 등 각기 다른 장르의 음악을 동시에 작곡했고, 그것들은 모두 걸작이었다. 그러나 그는 세상에 알려진 유일한 예외다. 다작했던 다른 일류 작곡가들은, 예를 들면, 바하, 헨델, 하이든, 베르디 등은 한 번에 한 작품씩 작곡했다. 그들은 그들이 작곡하는 작품을 완성하기 전에는 다른 작품을 시작하지 않았다. 적어도 하던 일을 잠시 중단하고 그것을 서랍 속에 넣고 나서야 비로소 새 작품을 시작했다.

지식근로자들은 자신들이 '모차르트적 지식근로자'처럼 되기를 바랄 수는 없을 것이다."

음악의 도시 빈

드러커가 태어난 빈은 뭐니 뭐니 해도 음악의 도시다. 마리아 테레지아(Maria Theresia) 여제는 오스트리아 왕위에 오른 직후 미하엘러 광장의 비어 있는 궁정 발레하우스를 오페라와 연극 극장으로 개조하여 두 좌석만 로열석으로 지정해놓고 나머지 좌석들은 정해진 요금을 내면 누구나 공연을 즐길 수 있도록 과감한 조치를 취했다.

이 극장에서 1762년 크리스토퍼 글룩(Christopher Gluck)의 첫 오페라 「오르페오와 에우리디케」(Orfeo ed Euridice)가 초연되었다. 그 후 빈은 유럽의 대표적 음악 도시로 이름을 떨쳐왔다. 모차르트와 루트비히 베토벤(Ludwig van Beethoven)이 묻힌 곳, 가곡의 왕 프란츠 슈베르트(Franz Peter Schubert)가 태어나 일생을 보낸 곳, 19세기의 마지막 거장 요하네스 브람스(Johannes Brahms)가 1862년부터 평생을 살았던 곳 빈.

나폴레옹 전쟁이 끝나고 구질서(ancien regime)가 복구되자, 빈은 마치 막혀 있던 물꼬가 트인 것처럼 온통 '가벼운 음악'으로 넘쳐흐르게 되었다. '왈츠의 왕' 요한 슈트라우스(Johann Strauss Jr.)는 새로운 독자적 왈츠 양식인 '연주회 왈츠'를 낳았다. 그의 작품에는 인생을 찬미하는 빈의 독특한 분위기가 담겨 있었다. 슈트라우스는 자신의 악단과 관객들의 흥을 북돋우기 위해 일어서서 활기찬 몸놀림과 두드러진 몸짓으로 바이올린을 연주하곤 했는데, 이런 그의 모습은 훗날 선 자세로 연주하는 바이올리니스트의 원형이 되었다.

교향악단 조직

드러커가 태어나기 직전 빈에는 '세기말'의 음악적 분위기를 가장 잘 구현한 작곡가로 구스타프 말러(Gustav Mahler)가 활동하고 있었다. 말러는 1897년 37세의 나이로 빈 궁정의 오페라 감독직을 맡았다. 오스트리아-헝가리 이중 제국 시대, 빈 궁정의 오페라 감독은 당시 음악계에서 가장 높은 지위였다. 1906년, 말러가 이끄는 빈 궁정 오페라극장은 모차르트 탄생 150주년을 맞아 그해 상반기에 모차르트의 걸작 오페라를 집중적으로 상연함으로써 천재 작곡가의 위대함을 널리 알렸다.

드러커는 1987년 한 강의에서 말러가 교향악단 조직을 형성한 사례를 들려주었다.

"인류가 100여 년 전 처음으로 대규모 조직을 만들어낸 이후 가장 성공적인 대규모 조직이 무엇인가를 찾아보면, 그것은 대규모 교향악단이다. 우리는 지금 교향악단 조직으로 이동하는 중인데, 거기에는 경영계층수가 훨씬 더 적으며 매우 많은 전문가가 함께 근무한다.

트라이앵글 연주자는 바순 연주자가 되고자 하는 야심이 없고, 제1바이올리니스트가 된 사람은 단 한 명도 없었다. 그는 좀 더 나은 트라이앵글 연주자가 되길 바란다. 그런 식으로 오늘날 미국의 컴퓨터 전문가들은 마케팅 담당 부사장이 되고자 하는 야심 없이 그저 좀 더 큰 컴퓨터를 운영하고자 한다.

교향악단에 전문가들이 많은데, 그들은 악보를 매개로 조화를 이룬다. 여기 좋은 사례가 있는데, 그런 일을 하는 방법을 말러가 우리에게 가르쳐주었다. 말러는 빈 필하모닉을 맡았을 때 문자 그대로 현대 교향악단을 창조했다.

말러는 교향악단의 계약서에 단원들은 닷새 저녁을 연주해야 한다는 조항을 삽입하고는 다음과 같이 말했다.

'이 조항에는 말이야, 일주일에 닷새는 의무적으로 출근해야 한다고 나와 있지만 실제 연주는 네 번만 하네. 다섯 번째 저녁에는 무대를 떠나 청중석에 앉아서 음악을 들어야 한다는 것이네.'

어떻게 하든 우리는 조직 구성원들에게 압력을 가해 그들이 '음악을 듣는 것과 같은 곳'으로 이동하도록 해야만 하는데, 그 방법은 태스크포스를 짜거나 한 가지 전문 분야에서 떠나 다른 분야도 맡게 하거나 어쩌면 학교로 다시 보내는 것도 한 방법이다."

구스타프 말러의 임종

말러는 임종이 가까워지자 이렇게 유언했다.

"나를 찾아오는 이는 내가 누군지 이미 알고 올 것이고, 나머지는 내가 누군지 알려고 하지 않을 것이니 묘비에 다른 말은 쓰지 마라."

1911년 5월 18일 천둥이 치는 날, 말러는 부인의 이름 '알마'를 연속하여 부르다가 마지막으로 "Mozart" "Little Mozart"를 두 번 외치며 죽음을 맞았다. 말러의 교향곡 1번, 일명 「거인」을 들어보라. 그렇게 심란하고 난폭한 음악을 만들었던 말러도 결국에는 티 없이 맑고 순한 모차르트에게 손을 내밀었다.

말러의 시신은 빈의 북서쪽 외곽에 있는 그린칭 지역 공동묘지로 옮겨졌다. 5월 22일, 빗속에서 치러진 장례식은 말러의 유언대로 연설이나 장례음악 없이 진행되었다. 그런데 관을 내려놓자 갑자기 비가 그치고 하늘에 무지개가 보였다고 한다. 비석에는 그의 이름만 새겨져 있다.

말러의 무덤은 드러커의 집을 설계한 요제프 호프만(Josef Hoffman)이 디자인했다. 그리고 말러가 잠든 공동묘지는 드러커의 집에서 얼마 떨어지지 않는 곳에 있다.

피아니스트 할머니

드러커를 르네상스적 인물로 키운 사람, 특히 음악과 교육 그리고 사회생활에서 예의의 필요성이라는 측면에서 영향을 준 사람은 현명하고도 극성스러운 할머니 베르타 본드(Bertha Bond)였다. 드러커의 할머니는 젊은 시절 피아니스트였는데 슈만의 제자로 스승의 요청에 따라 브람스 앞에서 피아노를 몇 번 연주한 것을 생애 최고의 자랑스러운 추억거리로 삼고 있었다. 음악적으로 브람스와는 대조적이었던 말러의 지휘 아래 연주한 적도 있었다. 그것은 말러가 1897

년 빈 궁정 오페라 감독직을 맡은 직후였다.

물론 당시는 양가의 자녀가 공개적인 연주가가 된다는 것은 흔한 일은 아니었다. 그렇지만 할머니는 할아버지가 먼저 타계하고, 자신이 병상에 눕기 직전까지 자선음악회에서 자주 연주했다. 고위 공무원이었던 드러커의 부친이 해외여행을 할 때면 할머니는 억지로 손자를 데리고 따라가곤 했다. 부친이 물었다.

"어머니, 왜 피터를 부다페스트에 데리고 가지 않으면 안 됩니까?"

할머니는 천천히 대답했다.

"그건 말이지, 내가 옆에서 감시하지 않으면 피터 녀석이 피아노 연습을 하려고 하지 않거든. 원래 재능이 없는 데다 2주일이나 연습을 안 한다면 어떻게 되겠어."

아르투르 슈나벨

드러커는 어렸을 때 음악 시간에 피아노 선생에게서 실망스러운 말을 들었다.

"너는 아무래도 모차르트를 아르투르 슈나벨(Arthur Schnabel)처럼 연주할 수는 없을 게다. 그렇다 해도 네가 악보를 슈나벨이 연주하는 방식으로 연주하지 못할 이유는 세상 어디에도 없단다."

그 피아노 선생이 말은 안 했지만, 이어서 하고 싶었던 말은 이랬을 것이다.

"심지어 위대한 피아니스트 슈나벨마저도 악보를 보고 연습을 하지 않았다면, 그리고 그것을 계속 연습하지 않는다면 모차르트를 제대로 연주하지 못했을 것이다."

드러커는 그 유명한 슈나벨을 잠깐이지만 실제로 만난 적이 있었다. 당시 슈나벨은 연주자로 성공할 확률이 높은 재능 있는 피아니스트만 몇 명 골라 가르치고 있었다. 이미 연주자로서 데뷔하여 기량을 발휘하고 있던 드러커의 학교 친구 누나가 슈나벨에게서 정규 레슨을 받는 것을 옆에서 볼 수 있도록 허락을 받아주었다.

하지만 드러커가 이 행운을 잡을 수 있었던 실질적인 이유는 슈나벨이 1920년대 초에는 그다지 유명하지 않았기 때문이다. 그가 명성을 떨친 것은 히틀러 정권 아래 있는 독일을 떠나, 미국으로 간 후부터다.

친구의 누나가 피아노 치는 것을 본 슈나벨은 다음과 같이 꾸짖었다.

"너는 이 두 곡을 매우 능숙하게 연주했다. 하지만 너는 자신이 들은 대로는 연주하지 않았어. 들었다고 생각한 것을 연주했지. 사실대로 말하면 그런 연주법은 가짜다."

슈나벨은 직접 피아노를 연주하고는 이렇게 타일렀다.

"네게도 들리니? 그럼 됐어. 들리는 것을 연주해야만 진짜로 피아노를 치는 것이거든."

장점을 살리기 위한 연습

드러커는 연습의 중요성과 연습방법에 대해 『자본주의 이후의 사회』에서 다음과 같이 말했다.

"피아노 건반을 두들기는 것보다 더 지루한 일은 없다. 그러나 명성을 날리고 연주활동이 많은 피아니스트일수록, 그들은 더욱더 열심히, 시간 나는 대로, 매일 매일, 한 주도 빠지지 않고 연습하지 않으면 안 된다.

피아니스트들은 연주기술을 아주 조금이라도 향상하기 위해서는 여러 달 동안 같은 악보를 보고 계속 건반을 두들겨야 한다. 그러고 나서야 연습은 비로소 그들에게 이미 마음의 귀로 듣고 있는 음악적 성과를 얻도록 해준다.

성취가 성취를 낳는 것이다. 그러나 이러한 성취는 어떤 사람이 특별히 잘하지 않는 분야의 일을 나아지게 하지는 않는다. 어떤 사람에게 동기를 부여해주는 성취감이라는 것은 그 사람이 이미 잘하고 있는 분야의 일을 더욱더 잘하도록 해준다.

성취수준은 학생의 장점에 맞추어야 한다. 지난 수천 년 동안 예술의 스승과 스포츠 지도자를 포함하여 모든 지도자가 그랬던 것처럼 말이다. 사실, 학생의 장점을 찾아 그것을 목표에 집중하도록 하는 것이 바로 교사와 교습법에 대한 가장 올바른 정의(定義)다.

이것은 서양 역사상 위대한 교사 가운데 한 사람인 히포의 성 어거스틴(St. Augustine of Hippo)의 주장이기도 하다. 학교와 교사들은 물론 이것을 알고 있다. 그러나 그들은 좀처럼 학생의 장점에 맞추어 교육하지 않았다. 반대로 그들은 필연적으로 학생의 약점에 초점을 맞추었다."

너는 피아니스트가 아니라 음악가야

기교적 표현을 외면하고 음악을 진지하게 추구하기로 정평이 나 있는 슈나벨은, 지금은 폴란드 영토이지만 당시 합스부르크 왕가가 다스리던 오스트리아-헝가리 이중 제국의 슐레지엔 지방에서 태어났다. 그는 일곱 살에 피아노를 배웠는데 그의 스승은 유명한 테오도르 레셰츠키(Theodor Leschetizky)였다. 레셰츠키는 슈나벨에게 이렇게 말했다.

"너는 절대로 피아니스트는 되지 못할 것이다. 너는 음악가야."
(You will never be a pianist. You are a musician.)

슈나벨은 이 말을 가슴에 새기고 프란츠 리스트(Franz Liszt) 같은 기교파 작곡가들의 연주는 될 수 있는 대로 피하고 모차르트, 베토벤, 슈베르트 등 독일 고전음악을 주로 연주했다. 언제나 엄숙하고 진지했던 슈나벨은 사후에 출판된 자서전 『내 삶과 음악』(My Life and Music, 1961)에 이런 일화를 기록했다.

"누군가 '청중에 대해서 어떻게 생각하느냐'고 질문하기에, 나는 간단히 대답했지. '세상에는 두 종류의 청중이 있다. 하나는 기침을 하는 사람들, 다른 하나는 기침을 안 하는 사람들이지.'"

슈나벨과 클렘페러

1930년대 슈나벨이 미국에서 활동하던 어느 날, 그는 괴짜 지휘자 오토 클렘페러(Otto Klemperer)와 베토벤 협주곡 제5번 「황제」의 리허설을 하고 있었다. 피아노 앞에 앉은 슈나벨이 갑자기 오케스트라 단원들에게 직접 "좀 더 빠른 템포로 반주하라"는 신호를 보냈다. 클렘페러는 불쾌하다는 듯이 즉시 리허설을 중단하고는 신경질적으로 말을 내뱉었다.

"슈나벨 씨, 지휘자는 여기 있소. 클렘페러가 여기 있단 말이오!"

슈나벨이 되받았다.

"그래요? 슈나벨도 여기 있는데 그렇다면 베토벤은 어디 있소?"

슈나벨의 반격에 괴팍한 대지휘자도 할말을 잃었다.

사족을 붙이면, 슈나벨의 스승 레셰츠키는 칼 체르니(Carl Czerny)에게서 피아노를 배운 천재 피아니스트로서, 14세부터 이미 유명한 피아노 교사가 되었다. 피아노 교습책의 저자로 유명한 음악이론가 체르니는 안토니오 살리에리(Antonio Salieri)와 베토벤에게서 피아노를 배웠다.

빌헬름 박하우스

20세기 최고의 피아니스트는 누구인가? 이에 대한 사람들의 대답은 저마다 다를 것이다. 그러나 그 후보군 안에 빌헬름 박하우스(Wilhelm Backhaus)는 당연히 포함될 것이다.

'건반 위의 사자'(Lion of the keyboard)라는 별명을 가진 엄숙한 얼굴의 박하우스 집에는 아주 슬픈 표정을 짓고 있는 한 광부 그림이 걸려 있었다. 누군가 그것을 보고 질문했다.

"선생님, 왜 저런 그림을 걸어놓으셨습니까?"

박하우스는 항상 이렇게 대답했다.

"저 그림은 내가 하는 일이 그가 하는 일보다 더 힘들지 않다는 것을 일깨워 주기 때문이네."

85세에 숨을 거두기 직전까지 4,000회 이상 콘서트에 출연했던 박하우스. 어느 날 연주가 끝난 뒤 한 음악잡지의 기자가 물었다.

"선생님, 연주하지 않을 때에는 주로 무슨 일을 하십니까?"

물끄러미 기자를 쳐다보던 박하우스는 무슨 그런 이상한 질문이 있느냐는 표정으로 퉁명스럽게 대답했다.

"연주하지 않을 땐 연습하지."

파블로 카살스

위대한 첼리스트 파블로 카살스(Pablo Casals)는 말년에도 끊임없이 연습을 했다. 어느 날 연습하는 모습을 본 기자가 질문했다.

"선생님께서는 역사상 가장 위대한 첼리스트로 손꼽히는 분입니다. 그런 선생님께서 아직도 하루에 여섯 시간씩 연습한다고 들었는데, 이유가 무엇입니까?"

카살스는 활을 내려놓고 대답했다.

"왜냐하면 나는 지금도 연습을 해서 조금씩 발전한다고 생각하기 때문이네."

파데레프스키

이그나치 파데레프스키(Ignacy Paderewski)는 세속적인 의미에서 볼 때 음악가로서 가장 출세한 사람이다. 그는 폴란드의 초대 총리 겸 외무장관이었다. 파데레프스키는 피아니스트로서 쇼팽, 베토벤, 바흐 연주에 뛰어났으며, 작곡가로서도 몇 편의 오페라와 교향곡, 피아노곡을 작곡했다. 연주자로서 파데레프스키는 연습벌레였다고 한다. 한 친구가 그에게 물었다.

"왜 그렇게 매일 열심히 연습하지?"

파데레프스키가 대답했다.

"하루를 연습하지 않으면 내가 알고, 이틀을 연습하지 않으면 평론가들이 알지. 사흘을 연습하지 않으면 관객들까지 알게 돼."

얼마 전 한국계 미국인 바이올리니스트 사라 장도 기자회견 중에 이 에피소드를 인용했다.

사람들은 배우는 방법이 서로 다르다

베토벤은 엄청난 양의 작곡 스케치북을 남겼다. 그렇지만 그는 실제로 작곡할 때는 스케치북을 단 한 번도 쳐다보지 않았다고 한다. 그 말을 들은 누군가 이렇게 물었다.

"그렇다면 당신은 도대체 왜 스케치북에 곡을 쓰는 겁니까?"

베토벤은 이렇게 대답했다.

"악상이 생각날 때 즉시 기록해두지 않으면 금방 잊어버리니까요. 악상을 스케치북에 기록하면 절대 잊어버리지 않지요. 그러니 스케치북을 다시 볼 필요가 없지 않겠어요."

안톤 베베른에게 작곡을 배운 드러커

클래식 음악역사에서는 하이든, 모차르트, 베토벤이 빈에서 활동하던 18세기 중엽에서 19세기 초엽 시기를 '빈 고전악파'라고 한다. 19세기 말에서 20세기 초 빈에서 함께 활동한 아널드 쇤베르크(Arnold Schoenberg), 안톤 베베른(Anton Webern) 그리고 알반 베르크(Alban Berg)를 음악역사에서는 '신(新) 빈악파'라고 한다.

드러커는 1981년 한 강의에서 다음과 같이 말했다.

"우리는 시스템 내에서 무엇을 개선한다고 말하기 전에 시스템을 완벽하게 이해해야만 한다. 운율이 제대로 잡힌 소네트(sonnet)를 쓰는 것을 배운 뒤가 아니면 아직은 자유시(自由詩)를 쓸 수 없을 것이다. 젊을 때 나는 현대 작곡가로서 우수한 작곡가 중 한 분인 오스트리아의 베베른에게 작곡을 배웠다.

(나는 하마터면 작곡가가 될 뻔했다.) 나는 베베른이, 그가 작곡하는 종류의 작품을 내가 작곡하는 것을 허용할 것으로 생각했다. 그런데 그는 이렇게 말했다. '이보게, 피터, 네 마음대로 변주곡을 쓰고 있구나. 요제프 하이든은 작곡을 시작한 지 30년이 지나서야 변주곡을 썼어. 무엇보다 넌 절대로 하이든이 될 수 없을 거야. 네가 변주곡 작곡법을 배운 지는 겨우 30일이니까.'

나는 곧 정통 변주곡을 작곡하는 방법을 배워야만 했다. 1년 동안 내가 열심히 작곡 공부를 마치자 그는 이렇게 말했다. '이제는 마음대로 한번 해봐. 하지만 주의해서 작곡해.'

그 후 나는 작품을 하나 제출했는데, 그는 또 이렇게 말했다. '내 생각이 틀렸군. 너는 아직 준비가 덜 됐어.'"

베베른이 제대로 본 것이었다. 그 뒤 드러커는 음악가가 될 수도 있겠다는 생각은 접었다고 한다.

2. 주식회사 모차르트의 고객창조

패밀리 비즈니스 '주식회사 모차르트'의 창업

모차르트가 처음 공개 연주를 한 것은 여섯 살 무렵이다. 1761년 잘츠부르크대학교가 개최한 축제에서 그는 잘츠부르크의 귀족 자녀들과 어울려 춤도 추고 피아노도 연주했다. 굳이 말하자면 요즘 유치원 학예회 정도였을 것이다. 아이들이 건반악기를 다루는 능력이 뛰어나다는 것을 확실히 인식한 모차르트의 부친 레오폴트는 장기적 목표를 세웠다. 그의 마음속에는 야심이 싹트기 시작했다.

레오폴트는 두 아이를 데리고 유럽의 여러 궁정에서 공연하기로 계획을 세웠다. 신동들은 흥행사만 잘 만나면 상업성이 높다. 그 당시 유럽에서는 어느 도시에서 신동이 나타나 가장 영향력 있는 군주의 궁정에서 연주가 성사되면 그다음 서열의 귀족이 그 신동을 자신의 궁정에 순서대로 초청하는 것이 하나의 관례였다. 레오폴트는 그 임무를 한편으로는 자신의 미래를 위해, 다른 한편으로는 자식들의 미래를 위해 수행했다. 그것은 아버지로서의 자부심이기도 했고, 기적의 아이를 둔 부모가 갖는 사회적 의무감 내지 사회적 책임이기도 했다.

"이 아이는 다른 아이들과는 확실히 다르다. 하느님이 세상에 내린 선물이야. 우리만 독차지할 수는 없어. 다른 사람들도 이 아이의 연주를 들어봐야 해."

1762년 드디어 가족기업 주식회사 모차르트(Mozart Inc.)가 탄생했다. 레오폴트는 주문을 받고 연주계획을 짜고 자금을 관리하고 운영하는 가족기업의 매니저가 되었고, 모차르트와 그의 누나 난네를은 음악시장의 상품이 되었으며, 어머니는 뒷바라지를 하는 스태프가 되었다. 굳이 설명하자면 엑스트라로 하인과 마부도 있었다. 레오폴트는 최초의 계획을 부인에게 알렸다.

"뮌헨으로 가서 막시밀리안 3세 요제프 선제후 앞에서 연주하면 대단한 반응을 불러일으킬 것이오. 뮌헨에서 반응이 좋으면 신성로마제국 황제 폐하에게까지 소문이 흘러들어갈 것이오. 그렇게 되면 난네를과 모차르트의 앞길이 활짝 열릴 것이오. 앞으로 모차르트 가문이 유럽을 정복하게 될 것이오!"

레오폴트의 예언은 반은 맞았고 반을 틀렸다. 모차르트가 유럽은 정복했으나 모차르트 가문은 사라졌으니 말이다.

산업혁명의 도시 런던

모차르트 가족은 4월 19일, 프랑스 칼레에서 배를 타고 도버 해협을 건너 4월 23일 런던에 도착했다. 아이들은 뱃멀미를 심하게 했다. 모차르트 가족은 런던에서 15개월가량 보냈다. 이곳에서의 생활은 대체로 파리에서의 생활과 유사했고 레오폴트는 같은 기간 베르사유에서 번 돈의 반밖에 벌지 못했다.

당시 영국은 독일 하노버 선제후 출신 조지 3세(George III)와 역시 독일 출신 샬로테(Charlotte) 왕비가 국민의 사랑을 받고 있었다. 조지 3세는 7년 전쟁의 승리로 말미암아 영국을 유럽의 주요 열강으로 부상하게 했지만, 말년에는 간헐적으로 정신이상 증세를 보여 왕세자 웨일스 공(후의 조지 4세)이 섭정했다.

1764년 모차르트가 여덟 살 때 방문한 런던은, 산업혁명을 추진하고 있었고 인도에서 북미까지 식민지를 확장하고 있었기 때문에 부유하고도 활기가 넘쳤다. 프랑스와 영국을 비교하자면 프랑스는 계몽사상과 정치혁명의 나라였고, 영국은 산업혁명의 나라였다. 물론 영국은 명예혁명으로 정치혁명을 이미 한 차례 겪은 뒤였다. 산업사회는 임금을 받는 대가로 자신의 노동을 파는 육체노동자가 인구의 중심인 사회다. 육체노동자들이 대규모 공장에서 함께 일하게 되면 집단적인 힘이 생기고 그것을 실현하는 것이 바로 스트라이크 혹은 데모다.

1764년 4월에서 1765년 7월까지 영국에 체류하는 동안 모차르트는 그런 사회적 소요사태가 발생하는 것도 종종 보았다. 런던 사람들은 프랑스산 값싼 수입품에 저항하는 영국 방직공들의 반란 소식에 동요하고 있었다. 영국정부에게 당장 급한 것은 검은 깃발을 흔들며 몰려드는 시위대를 몰아내는 것이었다. 산업혁명의 중심도시 런던은 데모와 스트라이크로 오랫동안 몸살을 앓아야 했다. 그 당시 그런 광경을 본 어린 모차르트는 아버지에게 물었다.

"아버지, 저렇게 해도 되는 건가요?"

"아니, 저러면 안 되는 거란다."

산업혁명: 음악의 대량생산

하나의 혁신은 새로운 혁신들을 불러온다는 사실은 무척 흥미롭다. 산업혁명 시대 최초 산업인 섬유산업을 발전시킨 위대한 발명 가운데 맨 먼저 나온 것은 존 케이(John Kay)가 1733년에 발명한 플라잉 셔틀(flying shuttle)이다. 1760년대 플라잉 셔틀이 면직물 공업에 응용되면서 직물 생산이 크게 증가하자 면사의 수요도 늘었다. 면사의 수요가 증가하자 잇달아 새로운 방적기가 발명되었다.

모차르트와 동시대 발명가들인 하그리브스, 아크라이트, 크럼프턴 등이 방적기를 나날이 개량하였다. 섬유산업이 빠르게 발전하자, 생산 조직에도 혁신이 필요하게 되었다. 그래서 노동자들을 한곳에 모아놓고 분업으로 생산성을 높이는 공장제도가 도입되었다. 새로운 기술은 생산의 집중화, 즉 공장의 등장을 의미하였다. 새로운 기술은 수력이든 증기력이든 대규모 동력이 필요했는데 동력은 한군데에 집중될 수밖에 없었다. 즉 공장이 필요했던 것이다.

모차르트가 런던을 방문한 것은 그 무렵이었다. 요컨대 산업혁명은 상품을 대량생산하는 것인데, 모차르트의 음악이 하이든의 음악보다 규모가 더 커진 것은 음악의 대량생산이라 할 수 있다.

대중을 위한 연주회

레오폴트는 런던에서 좋은 일이 많이 생길 것으로 기대했지만 일은 생각과 달리 풀리지 않았다. 그들이 도착한 4월은 런던의 음악시즌이 끝나는 시점이었다. 대부분의 귀족이 도시를 떠나 시골의 영지로 휴가를 떠나는 시기였다. 국왕은 한 번이라도 만난 사람은 잘 기억하는 편이어서 마차로 공원을 지나가다가 그곳을 산책하던 모차르트 가족에게 다정하게 손을 흔들어주었다. 레오폴트는 감격했고 우쭐해했다. 하지만 돈벌이라는 관점에서는 그다지 만족스럽지 못했다. 조지 3세는 지극히 절약형 인물이었고, 왕비는 한술 더 떠 하인을 중고서점에 보내 더 싼 책을 구입해오도록 했다.

6월이 되면서 레오폴트는 국왕의 탄생일과 함께 시작될 음악 스케줄을 계획했다. 레오폴트는 조지 3세의 생일 다음 날인 6월 5일 스프링 가든에서 공개연주회를 했고 큰 성공을 거두었다. 식민지 인도 개척에 공이 큰 클라이브 남작(Robert Clive, 1st Baron Clive) 저택에서도 연주를 했다.

6월 29일에는 런던 남서쪽 첼시를 가로지르는 템스 강가의 대규모 실내 정원 라넬라 가든에서 열린 자선음악회에서 연주를 했다. 시골 영지에서 귀경한 귀족들은 모차르트의 연주 한 곡을 듣기 위하여 2분의 1기니씩 지불했는데, 레오폴트는 3시간 만에 100기니를 벌어들였다고 의기양양하게 기록했다.

전통과 혁신, 천재의 창의력과 일반 대중의 귀

드러커는 사회는 혁명이 아니라 연속과 변화를 통해 발전된다고 했다. 레오폴트는 모차르트에게 전통과 혁신 사이에서 적절히 균형을 잡도록 가르쳤다. 레오폴트는 마케팅 전략을 바꾸어 목표 시장을 구세대 청중에서 신세대 청중으로 바꾸었다. 고객을 왕족과 귀족에서 부르주아 중산층, 가게 주인, 전문가 그룹, 각 분야의 장인 등으로 폭을 넓혔다.

레오폴트는 일주일에 5일, 하루에 세 시간씩 지방의 여관에서 공개 연주회를 했다. 처음에는 한 곡에 2분의 1기니였으나, 나중에는 5실링(1기니는 21실링)으로 내렸다. 이제 난네를은 열세 살, 모차르트는 아홉 살이 되었다. 신동이라고 할 나이를 넘어서고 있었다. 따라서 레오폴트는 아이들의 나이를 한 살씩 줄여서 선전했다. 모차르트가 나이에 비해 키가 작았기 때문에 그것은 잘 먹혀들었다. 레오폴트는 하겐아우어에게 보내는 편지에 이렇게 썼다.

"잘츠부르크 시절 보인 재능은 지금의 것과 비교하면 그림자에 지나지 않습니다. 지금 모차르트의 실력은 아무도 상상할 수 없을 정도로 발전했습니다. 여덟 살 아들이 40세 어른의 능력을 지니고 있습니다."

모차르트, 브렌네르 패스를 지나다

이탈리아 북쪽 롬바르디아 평원은 합스부르크 제국의 주요 영토였고 도로도 잘 정비되어 있었기 때문에 오스트리아와 이탈리아 사이 알프스의 관문 브렌네르 패스를 제외하면 모든 길을 마차를 타고 편히 갈 수 있었다.

필자는 2001년 드러커의 저서 중 『이노베이터의 조건』을 번역하면서 브렌네르 패스를 처음 접했다. 그 뒤 나는 이곳을 실제로 찾아간 적이 있다. 몇 구절을 그대로 인용한다.

"심지어 가장 평탄한 들판에도 산꼭대기로 올라가는 길목이 있고, 그다음에는 새로운 골짜기로 내려가는 고갯길들이 있다. 그런 고갯길들은 대부분 지형상의 변화일 뿐으로, 골짜기 양쪽으로 기후, 언어, 문화에서는 그 차이가 거의 미미하거나 전혀 차이가 없다. 그러나 어떤 고갯길은 다르다. 그것들은 진정한 경계다.

오스트리아 인스부르크 남쪽에 위치한 높이 1,371미터의 알프스 고갯길로 오스트리아와 이탈리아 사이의 국경을 이루는 지리상 요충

지인 브렌네르 패스는 알프스로 향하는 여러 고갯길 가운데 가장 나지막하고 평탄한 곳이다. 하지만 아주 옛날부터 이 고갯길은 지중해 문화와 북유럽 문화 사이를 가르는 경계선 노릇을 했다.

역사도 마찬가지로 그런 경계를 갖고 있다. 그것 역시 별로 거창하지 않고, 그 당시 사람들에게 거의 주목받지 못하는 경향이 있다. 하지만 일단 그런 경계를 건너고 나면, 사회적·정치적 풍경은 일변한다. 새로운 현실(new reality)이 시작되는 것이다."

모차르트가 브렌네르 패스를 지나 돌아온다는 것은, 드러커가 말한 경계선의 의미를 갖고 있다. 모차르트가 어릴 때 빈에서 데뷔했을 때 그곳에서 발탁되었다면, 뮌헨이나 만하임에 정착했다면, 파리나 런던에서 궁정음악가가 되었다면 모차르트는 걸작인 이탈리아적 오페라를 쓸 수 없었을 것이다.

고객창조와 고객 만족을 위한 피드백

일본에서 '경영의 신'으로 불리는 마쓰시타 고노스케(松下幸之助)는 이런 말들을 남겼다.

"경영자들은 종합예술가다. 작품은 혼자서 만드는 경우도 있고 많은 사람이 협력해서 만드는 경우도 있다. 예술은 대단히 범위가 넓다. 작품에는 진리가 살아나야 하며, 선(善)도 미(美)도 살아나야 한다. 그렇지 않으면 졸작이 되고 예술작품이 되지 않는다. 그런 경영은 소용이 없다."

"광고는 좋은 제품을 만들었다는 것을 사회에 전달하는 것이며, 그것은 의무다."

"신상품을 결정할 때 척도는 소비자가 무엇을 원하느냐에 있다. 나는 항상 거기에서 출발한다."

고노스케는 기업이 이익을 올리는 것이 곧 사회에 봉사하는 증거라고 생각했다. 그래서 그는 이렇게 말했다.

"이익은 그 사업이 사회에 공헌하고 있느냐 어떠냐의 결과다. 이익이 나지 않는 것은 그 사업이나 제품이 사회에 공헌하고 있지 않다는 증거다."

고노스케의 이런 말은 드러커의 "기업의 목적은 고객창조다"라는 주장과 같으며, "고객이 왕이다"라는 말로 변형되어 사용되고 있다. 어찌 보면 모차르트는 고노스케에 앞서 돈벌이의 가치를, 광고의 중요성을, 그리고 기업의 목적은 고객창조라는 사실을 알고 있었던 것이다.

모차르트 가족은 3년 반에 걸쳐 유럽의 70여 개 도시를 경유하거나 체류한 뒤 1766년 11월 29일 잘츠부르크로 돌아온다. 이 여행에서 모차르트는 고객을 창출했고 고객을 만족시켰다. 모차르트는 기존의 음악들에 만족하지 않았다. 그는 놀이하듯 새로운 것들을 배웠다. 모차르트는 악기를 연주하고 귀로 들으면서 직접적인 방식으로 음악을 배웠다. 모차르트는 음악을 음악 자체에서 배웠지, 음악가들에게서 배운 것이 아니었다. 여러 오페라를 들으며 배웠다. 실내악과 교향곡을 연주하면서 배웠다. 그리고 악보를 보면서, 이야기하며 배웠다. 모차르트는 식사할 때는 테이블 위에서 마치 피아노를 치듯 손가락을 움직였고, 나중에 빈에 있을 때는 친구들과 당구를 치다가도 악상이 떠오르면 옆방으로 가서 바로 악보에 곡을 적었다.

모차르트는 집중력과 기억력 측면에서 초인적 역량이 있었던 것 같다. 하지만 증거에 따르면 모차르트는 정상적인 방법에 따라, 피아노 건반을 두들기며 악보에다 일일이 기록하며 힘들여 작곡했다. 모차르트의 악보를 보면 필체는 분명하고 자신감 있게 기록한 것이 사실이지만, 종종 실수도 했다.

다빈치는 스스로에게 했던 질문들을 노트에 기록한 뒤 전부 보관하고 있었다. 모차르트 역시 그랬다. 다빈치와 모차르트는 새로운 무엇을 시도할 때 먼저 목표를 기록해두고, 그다음에 (6개월 혹은 1년) 시간이 지나면 과연 "이 결정으로 얻은 결과는 무엇인가?"라고 다시 질문했다.

당시 이탈리아 오페라 아리아들은 공연에 등장할 개별 가수의 특성과 요구에 맞춰 작곡되는 것이 상례였다. 그래서 모차르트는 아리아 일곱 곡과 한 곡의 이중창을 다시 쓴 적도 있었고, 어떤 곡은 가수가 만족할 때까지 네 번이나 고쳐 쓰기도 했다.

모차르트는 파리에 머물 때는 파리 시민들이 환호를 터뜨릴 만한 순간들을 정확히 계산하고 강렬한 음정의 대비를 절묘하게 활용했다. 과연 그의 계산은 틀리지 않았다. 이제 모차르트는 고객의 귀를 만족시키는 작곡을 하게 된 것이다.

모차르트는 만하임에서 알로이지아(Aloysia)를 염두에 두고 연주회용 아리아 「아를칸드로 나는 고백합니다, K. 294」를 작곡했고, 나이 차이를 떠나 친구가 된 노년의 테너 안톤 라프(Anton Raaff)를 위해 아리아 「만일 내 입술을 믿지 않으면, K. 295」도 작곡했다.

모차르트는 베토벤과는 달리 인간의 한계에 도전하는 곡은 쓰지 않았다. 모차르트가 특정 가수를 염두에 두고 아리아나 가곡을 작곡할 때는 마치 재단사가 고객 몸에 맞추어 옷을 재단하듯이 가수의 성향과 목소리에 맞게 작곡했다. 나중에 「돈 조반니」에서는 오타비오 역을 맡은 가수의 사정에 따라 아리아를 다시 작곡했고, 「코지 판 투테」를 공연할 때는 여주인공 도라벨라 역을 알로이지아가 맡을 때와 루이사 빌뇌브(Luisa Villeneuve)가 할 때 각각 다른 노래를 주었다.

폐기 전략

모차르트는 세상에는 끈기보다 더 중요하고 어려운 것이 있다는 사실을 배웠다. 그것은 바로 '포기'였다. 이것은 드러커의 '폐기 전략'과 같다. 드러커는 자신에게 경영상담을 하러 온 고객에게 종종 다음과 같은 말로 실마리를 풀어나갔다.

"근래에 새로 시작한 사업 대신에, 근래에 폐기한 사업, 프로젝트, 제품부터 말해주세요."

이는 슘페터의 창조적 파괴(creative destruction)와 유사한 아이디어로서 드러커가 즐겨 말하는 '체계적 폐기'(systematic abandonment)다. 요컨대 새로운 사업을 하기 위해서는 자본과 시간을 투입해야 하는데 그런 자원을 조달하기 위해서는 외부에서 차입할 것이 아니라, 기존의 사업에서 성과를 달성하지 못한 것들을 먼저 폐기하고, 시간을 확보하고, 그곳에 투입된 지식근로자를 차출해야 한다는 것이다.

서곡과 2막 피날레만 제외하면 거의 완성된 「차이데」는 오늘날에도 주인공 후궁의 이름을 따서 「차이데」라고 하는데, 실제로 완성되었다면 모차르트는 아마도 원작 대본의 제목을 따라 「후궁」(Das Serail)

이라고 명명했을지도 모른다. 이 곡은 모차르트가 죽은 뒤 콘스탄체가 1799년 모차르트의 유작 중에서 발견하여 1866년 프랑크푸르트에서 처음 공연되었다.

푸시킨, 림스키코르사코프, 밀로스 포르만

영화 「아마데우스」 때문이지만, 우리는 살리에리가 모차르트를 시기했고 심지어 독살했다고 오해하고 있지만, 그것은 실제로는 근거가 희박한 얘기다. 십수 년 전 경영기법 리엔지니어링(reengineering)을 널리 유행시킨 MIT대학교의 마이클 해머(Michael Hammer) 교수는 현대 경영학의 아버지 드러커의 업적을 칭송하면서 다음과 같이 말했다.

"도스토옙스키는 '러시아 근대문학은 아버지 고골리와 어머니 푸시킨에게서 나왔다'고 한 적이 있는데 비유적으로 말하면 현대 경영학은 드러커에게서 나왔다."

필자가 해머의 말을 인용한 이유는 알렉산데르 세르게예비치 푸시킨(Aleksandr Sergeevich Pushkin)과 관련된 이야기 때문이다. 살리에리는 1790년 모차르트가 작곡한 오페라 「코지 판 투테」의 공연 문제를 두고 그 내용이 궁정극장에서 공연하기에 부적절하다고 제동을 걸었다. 그로부터 1년 뒤 모차르트가 숨지자 두 사람의 갈등은 그때부터 유럽의 궁정에서 화젯거리가 되었다.

1825년 살리에리가 죽자 푸시킨은 1830년 단편소설 「모차르트와 살리에리」를 발표했는데, 그 주요 내용은 살리에리가 모차르트를 독살했다는 것이다. 이 이야기는 불에 기름을 부은 듯 곧 유럽 전역으로 퍼졌다. 이를 바탕으로 1898년 니콜라이 안드레예비치 림스키코르사코프(Nikolai Andreevich Rimskii-Korsakov)는 오페라 「모차르트와 살리에리」를 선보였고, 영국 극작가 피터 셰퍼(Peter Shaffer)는 1979년 연극 「아마데우스」를 만들었으며, 밀로스 포르만(Milos Forman) 감독은 1984년 영화 「아마데우스」를 제작했다.

영화 「아마데우스」는 상업적으로도 대성공을 거두었을 뿐 아니라 전 세계적으로 모차르트 붐을 일으켰다. 그러나 정직하게 말해 푸시킨에서 포르만까지 이 영화 제작에 관련된 사람들은 본의 아니게 살리에리를 몹시 왜곡했다.

살리에리를 위한 변명

살리에리는 어린 모차르트의 피아노 연주를 듣고 다음과 같이 말했다고 전해진다.

"저 녀석의 수명이 길면 길수록 우리의 수명은 짧아질 게야."

살리에리가 모차르트를 시기하고 질투하여 모차르트를 훼방놓았다는 것이나 살리에리가 모차르트를 도왔다고 하는 주장은 모두 중요한 일이 아니다. 같은 길을 가는 삶에 경쟁은 필수적이니까 말이다. 오히려 살리에리가 가진 명성, 부, 궁정 지위 때문에 모차르트가 살리에리를 시기하고 질투했을지도 모른다. 1781년 여름 뷔르템베르크공국의 엘리자베스 공주(Elisabeth of Wurttemberg, 프란츠 2세와는 1788년 결혼했다)의 피아노 교사를 뽑는 피아노 경연에서 살리에리와 모차르트가 실력을 겨루었다. 사람들은 살리에리의 손을 들어주었다. 하지만 살리에리는 미소를 지으며 정중하고 예의바르게 말했다.

"이번에는 제가 뽑혔지만 다음에는 선생 차례가 될 겁니다."

살리에리는 이탈리아 레나고에서 태어나 모차르트보다 4년 뒤인 1766년 빈 궁정에 처음 초청되었고, 1788년 궁정작곡가로 임명되었으며, 사망 직전인 1824년까지 그 지위에 있었다. 빈 음악계에서 살리에리는 성공한 사람이었다. 모차르트처럼 말썽을 부리거나 문제를 일으키는 사람이 아니었고, 세상물정을 잘 알았으며, 처신도 잘했다. 살리에리가 나타나면 사람들은 존경하는 마음으로 길을 비켜 주곤 했다.

음악 생산자 모차르트 '음악은 돈이다'

1791년 8월 25일, 모차르트는 「티토 황제의 자비」의 총보 중 마지막 몇 장을 들고 프라하로 떠났다. 프라하는 '모차르트의 도시'였다. 프라하의 오케스트라는 '모차르트의 오케스트라'였다. 프라하에 몇 번이나 왔던가? 다섯 번이다. 두 번은 장기간 머물렀다. 「돈 조반니」와 「피가로의 결혼」 공연 때였다. 두 번은 베를린으로 가는 도중과 오는 도중이었다. 프라하는 이번이 가장 훌륭하고 아름다웠다.

9월 6일 화요일 성 비투스 성당에서 대관식이 거행되었다. 같은 날 저녁 7시 반, 프라하의 국립극장 스타보브스키 디발도 극장에서 궁정 인사들이 모두 참석한 가운데 자신의 적들을 너그러이 용서하는 황제의 모습을 그린 2막짜리 오페라 세리아 「티토 황제의 자비, K. 621」가 공연되었다.

「티토 황제의 자비」로 200두카트, 「마술피리」로 100두카트, 「레퀴엠」으로 선불 50두카트. 모차르트는 돈만 준다면 마치 멍에를 걸머진 소처럼 들판으로 나갔다. 잘츠부르크의 콜로레도 대주교를 떠난 일을 제외하면, 모차르트는 자기 입장을 분명하게 밝힌 적이 없다. 그의 인생은 언제나 '이것도 되고 저것도 된다'는 식이었다. 모차르트는 오페라 세리아도, 오페라 부파도, 음악극도, 징슈필도 모두 할 줄 알았다. 교향곡과 협주곡, 독주곡은 말할 것도 없었다.

모차르트는 작곡을 안 해본 장르가 없다. 말하자면 모차르트는 음악 생산자였다. 어떤 사람이 모차르트에게 이렇게 질문했다고 치자.

"모차르트 선생, 도대체 음악이란 무엇입니까?"

모차르트는 아마 이렇게 대답했을 것이다.

"음악은 돈입니다."

음악에 대한 모차르트의 관점은 미술에 대한 피카소의 관점에 영향을 주었는지도 모른다. 어떤 사람이 피카소에게 물었다.

"피카소 선생, 도대체 미술이란 무엇입니까?"

피카소가 대답했다.

"미술은 돈입니다."

피카소는 미술을 통해 돈을 만졌지만 안타깝게도 모차르트는 그렇지 못했다.

인간에 대한 모차르트의 비전: 「마술피리」

1791년 9월 중순 프라하에서 돌아온 모차르트는 「마술피리」에 전념했고 9월 28일 「마술피리」 서곡을 끝냈다. 모차르트는 여섯 달 만에 대작 오페라 두 편을 완성했다. 9월 6일에는 프라하에서 「티토 황제의 자비」가 초연되었고, 9월 30일에는 빈에서 「마술피리」가 초연되었다.

저녁 7시, 극장 안은 서민들과 아이들로 가득 찼다. 모차르트의 신곡 오페라에 관심이 있어서 온 사람은 별로 없고, 대부분 쉬카네더의 신작 요정 이야기를 즐기러 온 관객들이었다. 잔뜩 긴장한 모차르트는 위대한 비전의 회합에 어울릴 위엄을 갖추고 「마술피리」의 장대한 서곡을 지휘하기 시작했다.

제1막 막이 내렸으나 박수갈채는 미미했다. 모차르트는 절망했다. 쉬카네더가 격려의 말을 했다. 제2막부터 사람들은 반응을 보이기 시작했다. 제3막이 끝나자 갈채가 터지고 극장은 환호의 도가니로 변했다. 여기저기서 모차르트 이름을 부르기 시작했다.

아버지의 이름이 너무 무거웠던 모차르트 2세, 53세로 생을 마감하다

어머니 콘스탄체가 타계한 지 2년 뒤인 1844년 7월 29일, 모차르트 2세는 53세로 체코의 온천도시 칼스바트에서 사망했다. 모든 유산은 요제피네에게 유증되었고, 요제피네는 모차르트와 관련된 모든 유품을 모차르테움에 기증했다.

모차르트 2세는 평가받을 만한 작곡가였다. 비록 오늘날 자주 연주되지는 않지만 그는 비교적 많은 작품을 작곡했고 에른스트 파우어(Ernst Pauer) 등 제자도 두었다. 천재 아버지라는 커다란 장벽이 없었다면 아마 후세에서 좀 더 인정받았을 것이다. 물론 그는 하이든, 모차르트, 베토벤 같은 실험자는 아니었다. 모차르트 2세는 1802년 11세에 피아노 4중주곡을 작곡한 이래 피아노, 바이올린, 금관악기, 성악 등 다수의 작품을 남겼다.

모차르트 2세는 결혼도 하지 않았고 자식도 없었다. 아버지의 큰 그림자는 그가 죽은 뒤에도 깊게 드리웠다. 그의 묘비에는 이렇게 적혀 있다.

"그의 아버지의 이름이 그의 비명(碑銘)을 대신한다. 아버지에 대한 존경심은 그의 인생의 전부였다."

모차르트의 장남 카를 토마스(Karl Thomas)는 잘츠부르크로 돌아오라는 모차르테움 관계자들의 권유를 물리치고 계속 밀라노에 머물렀다. 하지만 1856년 잘츠부르크에서 개최된 모차르트 탄생 100주년 기념행사에는 참석했다. 그것이 마지막이었다.

토마스는 밀라노와 밀라노 근교 카베사초 별장에서 조용히 지내다가 1858년 10월 31일 74세로 세상을 마감했다. 결혼도 하지 않았고 자식도 없었다. 레오폴트의 야심으로 시작한 '주식회사 모차르트'는 모차르트대에 전성기를 이루고, 토마스대에서 종말을 맞게 되었다. 자신의 평범함 때문에 모차르트 브랜드의 가치가 떨어지지 않도록 하려는 것이었는지도 모른다.

패밀리 비즈니스가 성공하려면

아일랜드의 족보학자 존 버크(John Burke)는 『가문의 흥망성쇠』에서 부자나 귀족들에게 닥친 불운이 가난한 자들에게 닥친 불운보다 더 엄청나다는 사실을 보여주고 있다. 예를 들면 1215년 6월 15일, 영국의 존 왕이 귀족들의 강압에 따라 승인한 헌장 마그나 카르타를 집행하도록 임명된 약 30명의 남작 가문 중에서 현재 상원에 후손을 남겨놓은 가문은 단 하나도 없다. 그런 옛 귀족 가문들은 내전과 반란 등으로 명맥이 끊어지고 후손들은 뿔뿔이 흩어진 것이다. 물론 그 후손들은 오늘날에도 살아남아 서민층에 끼어 있을 게 분명하다. 신분과 재산은 이처럼 무상하기 짝이 없다. 새로운 가문이 옛 가문의 자리를 대신 차지하고 옛 가문은 보통 사람들의 계급 속으로 사라진다. 그 어떤 계급도 영원할 수는 없다. 강자도 언젠가는 망하고 약자도 언젠가는 흥하게 되어 있다.

우리 속담에 '부자는 망해도 3년은 간다'라는 말이 있지만, '부자 3대 못 간다'라는 말도 있다. 1세대 창업과 2세대 확장기를 거친 부자들이 3대쯤에 이르러선 무능, 허영, 낭비 등으로 몰락의 길에 들어서는 것이다. 그 점은 유럽의 기업가문도 마찬가지다.

18~19세기 유럽 전역에 걸쳐 가족기업들이 빠르게 대규모로 생겨났다. 1929년 노벨문학상 수상작 토마스 만의 소설 『부덴브로크 일가』는 19세기 독일의 가족기업이 급속도로 성장하고 서서히 몰락하는 과정을 그렸다. 창업자의 손자인 시의원 토마스 부덴브로크는 회사 창립 100주년을 깊은 슬픔으로 맞이하게 된다. 동업자들에게 사기를 당하고, 철도와 관세동맹이라는 새로운 변화에 적응하지 못해 당황한다. 그의 아들은 사업을 이어받기에는 너무 연약했다. 결국 조상 대대로 내려오던 대저택은 경쟁자에게 팔렸고, 부덴브로크는 고심하다가 죽고, 회사는 해산된다.

소설과 드라마에 등장하는 거창한 저택은 하나의 상징이다. 그것은 처음에는 물질적 성공의 상징이지만 나중에는 몰락의 상징이 된다. 만은 다음과 같은 독일의 격언을 인용했다.

"집을 짓고 나면, 죽음이 찾아오지."

3대를 넘어

가족기업을 4대에 이르기까지 성공적으로 운영하게 되면, 하나의 법칙으로, 가족기업으로는 그 수명을 다하게 된다. 왜냐하면, 그 가문에서 가장 유능한 자라 하더라도 그 자신의 장래를 회사에 헌신하기보다는 스스로의 관심사 또는 전문 경력을 추구하기를 원하기 때문이다. 또 그때쯤이면, 가문 구성원들이 너무나 많아서 소유권도 분산된다. 제4대째 가족 구성원들이 갖고 있는 회사의 주식들은 '소유권'이 아니라 그저 '투자'가 되어버린다. 그들은 그들의 재산을 가족기업에 집중하기보다는 분산하기를 원할 것이므로, 가족기업을 팔아버리거나 공개할 것을 원한다.

따라서 가족이 경영하는 기업들이 창업자 세대를 지나 3대째 번성하고 운영되는 것은 원칙이라기보다는 예외라고 할 수 있다. 드러커는 가족이 경영하는 기업과 가족 주주들이 지속 가능하려면 다음과 같은 가족기업 관리원칙을 지켜야만 한다고 조언했다.

"패밀리 비즈니스는 패밀리가 '비즈니스'에 봉사할 때만 패밀리도 비즈니스도 살아남을 수 있다."

가족기업이 가족을 위해 경영된다면 기업도 가족도 살아남을 수 없다. '가족이 경영하는 기업'의 핵심 키워드는 '가족'이 아니라 '기업'이어야 한다. 이 주장을 '주식회사 모차르트'에 대입해보자. 레오폴트는 '주식회사 모차르트'의 창업자였다. 모차르트는 독립 자유음악가가 되어 '주식회사 모차르트'의 CEO 겸 이노베이터로서 음악 사업을 융성하게 했지만, 후계자를 양성하거나 지명하지 못하고 죽었다. 모차르트 사후 기업가정신을 발휘한 사람은 미망인 콘스탄체였다.

콘스탄체는 여러 사람에게 모차르트의 전기를 만들도록 했고, 모차르트 작곡 전집을 출판했다. 그러나 큰아들 토마스와 작은아들 모차르트 2세가 모차르트의 이름을 이어갈 만한 재능과 역량이 없다는 것을 파악하고는 '주식회사 모차르트'의 유산을 잘츠부르크의 모차르테움에 맡겼다. 그리하여 콘스탄체는 모차르트의 이름과 작품이 지속 가능한 것이 되도록 했다.

'주식회사 모차르트'의 3대째인 두 아들은 모차르트 전기와 모차르트 악보에 대한 지적재산권을 요구하지 않았고 인류에게 행인지 불행인지 후손을 남기지도 않았다. 그리하여 모차르트 비즈니스는 영원히 지속 가능한 비즈니스가 된 것이다.

'일용할 양식'에는 '음악'도 포함된다

모차르트 음악을 좋아하는 사람들은, 모차르트는 하늘에서 내려와 약 30년 동안 천상의 선율을 오선지에 척척 옮겨 적고는 다시 하늘나라로 올라간 천재라는 인상을 갖고 있다. 틀린 말이 아니다. 개신교 신학자 카를 바르트(Karl Barth)는 이렇게 말할 정도였으니까.

"모차르트를 신동으로 여기는 것은 본질을 제대로 본 것입니다. 모차르트는 음악의 모든 기법을 배우고 그것을 끊임없이 연습했으므로 음악기법으로 청중을 짜증스럽게 하지 않았으며 음표 하나도 귀에 거슬리는 경우가 없습니다. 따라서 우리는 언제나 반복해서 모차르트 음악을 즐길 수 있습니다."

바르트는 또 다음과 같이 말했다.

"만약 내가 천국에 간다면 우선 (하느님께 경배 드리고 다음에는) 모차르트를 만나 안부를 묻고 그다음에 비로소 아우구스티누스, 아퀴나스, 루터, 칼뱅, 슐라이어마허의 안부를 묻고 싶습니다……. '우리의 일용할 양식'에는 '음악'도 포함됩니다. 나는 모차르트의 음악을 즐겨 듣습니다. 그것이 젊은 모차르트이건 나이 든 모차르트이건 상관없이 오직 모차르트를 듣습니다……. 아침, 점심, 저녁으로 말입니다."

최초의 교향곡

1765년 2월 21일 여덟 살짜리 모차르트는 헤이마켓소극장에서 「교향곡 제1번, K. 16」을 선보였다. 이 무렵 런던에 체재하던 법관이자 고고학자 겸 박물학자 데인즈 베링턴(Daines Barrington)이 모차르트의 천재성을 시험하고는 레오폴트에게 말했다.

"레오폴트 씨, 당신 아들은 정말 천재예요. 당신 얘기는 전혀 거짓이 아니었소. 학술원에 내가 직접 보고서를 제출하겠소."

무엇이 모차르트를 만들었는가?

필자는 어느 날 피아니스트 김주영 씨가 진행하는 해설이 있는 음악회에 갔는데, 그는 방금 모차르트의 「바이올린 소나타 K. 304」를 함께 연주한 바이올리니스트 민유경 양에게 이렇게 질문했다.

"모차르트 음악을 어떻게 생각하십니까?"

민유경 양은 잠시 머뭇거리더니 다음과 같이 대답했다.

"모차르트를 '듣는 사람들'은 모차르트는 어떻게 해서 저런 음악을 '작곡할 수 있었는가?'에 감탄하는 것 같아요. 반대로 모차르트를 연주하는 저 같은 사람은 '도대체 모차르트는 어떤 사람이었을까?'를 생각해봅니다."

인간 모차르트에 관한 많은 것은 왜곡이거나 허구다. 모차르트는 증류수처럼 불순물 없이 투명하고 전혀 흠이 없는 인간은 아니었다. 모차르트는 정상적인 교육과 훈련을 받지 않았고 천상의 영감을 받아 작곡했다거나, 머리에 떠오르는 악상을 쉽게 악보에 옮겼다거나, 작곡을 자신의 내적 만족을 위해서나 후대를 위해 했다거나 하는 것은 모차르트의 천재성을 부각하기 위한 왜곡이다. 그리고 모차르트가 가난했다거나, 영화 「아마데우스」에서 보는 것과 같이 천박했다거나 하는 것은 허구다.

모차르트는 매우 훌륭한 음악교육과 한 시민으로서 좋은 훈육을 받았다. 타고난 재능도 컸지만 연습과 훈련을 끊임없이 했다. 그리고 모차르트의 성공은 부친 레오폴트의 전략이 주효했다. 모차르트의 부친 레오폴트는 당시 최고 지식인이었고, 야심 많은 계몽주의 음악가였다. 레오폴트는 함께 여행하면서 모차르트에게 세상을 보여주고 그를 철저하게 가르쳤다. 지금도 여행이란 곧 돈이 드는 것인데, 18세기엔 더 말할 나위가 없다. 레오폴트의 전략은 바로 여행이었다. 모차르트는 35년 11개월(1756. 1. 27 ~ 1791. 12. 5), 즉 1만 3,097일을 살았는데, 그 가운데 10년도 더 되는 3,720일을 유럽 10개국, 그리고 204개 도시를 여행했다. 1769년 12월 13일을 시작으로 1773년 3월 13일까지 세 차례에 걸쳐 이탈리아의 도시 51개를 여행했다. 모차르트가 당시 유럽에서 가보지 않은 국가는 예카테리나 2세가 다스리던 러시아와 에스파냐 정도였다. 모차르트는 전업 작곡가 겸 연주자로서 자신의 음악을 팔러 다녔고, 배우기 위해 스승과 선배 작곡가들을 찾아가 만났다.

따라서 모차르트에게 "무엇이 당신을 만들었습니까?"라고 질문하면, 그는 "나를 만든 것은 여행이다"라고 대답했을 확률이 가장 높다.

모차르트를 좋아한 괴테, 그러나 두 사람은 직접 만나지는 못했다

1763년 6월, 유럽 연주여행을 떠난 모차르트 가족은 7월 초 라인 강을 따라 계속 북쪽으로 갔다. 하이델베르크 고성에서는 22만 1,726리터나 들어가는 거대한 포도주통을 구경했다. 마인츠에서 마차를 맡기고 프랑크푸르트까지 여객선을 타고 갔다. 8월 18일, 연주회가 개최되었고 장내는 청중의 열기로 고조되었다. 그러나 한 귀부인은 연주회 내내 한숨을 내쉬었고, 한 곡이 끝날 때마다 이마를 찡그리며 옆자리 친구들에게 말했다.

"정말 이해할 수 없군요. 저렇게 어린 일곱 살짜리 아이를 전시용으로 내돌리다니. 아이에게 해로울 것이 틀림없어요."

연주회가 끝나고 박수갈채가 쏟아졌다. 그러나 예의 그 부인은 이렇게 말했다.

"우리 괴테가 천재가 아니라는 사실이 정말 다행이야. 저런 고생을 안 해도 되고."

괴테 역시 마인츠 혹은 프랑크푸르트에서 모차르트의 연주를 보았고 8월 25일 간단한 기록을 남겼다.

"사물의 본질을 표현해내고자 우리가 그동안 쏟아부은 모든 노력은 모차르트가 세상에 나타나면서 곧바로 헛수고가 되어버렸다."

괴테의 시에 곡을 붙인 「제비꽃」

6월이 되면 유럽에도 봄을 지나 여름의 길목이 열리고, 들판 가득 제비꽃이 피어난다. 1785년 6월, 모차르트는 괴테의 시를 바탕으로 가곡 「제비꽃, K. 476」을 작곡했다. 물론 모차르트는 생전에 괴테를 만난 적이 없기 때문에 괴테를 의식하여 곡을 쓴 것은 아니다.

"꽃은 어여쁜 양치기 소녀가 자신을 따서, 입고 있는 블라우스에 달아주기를 희망한다. 하지만 소녀는 꽃을 미처 보지 못하고 그만 밟아버리고 만다. 제비꽃은 치명상을 입었으면서도 어떤 원망도 내비치지 않는다. 오히려 여전히 자기 마음을 앗아간 그 아리따운 소녀 때문에 죽게 된 기쁨을 노래한다."

모차르트가 죽고 1년 뒤인 1792년 바이마르에서 「돈 조반니」 공연을 본 괴테는 실러에게 쓴 편지에서 이렇게 말했다.

"「돈 조반니」는 지금까지 유례가 없는 작품이네. 모차르트가 죽고 없으니 이런 오페라는 다시 볼 수 없게 되었어."

고객을 잊지 않은 모차르트

1771년 15세가 된 모차르트는 부친과 함께 이탈리아를 두 번째 여행했는데, 8월 17일 오후에 두 사람은 알라에 도착했다. 알라는 로베레토와 베로나 사이에 있는 직물산업이 발달한 소규모 교역 도시로서 역마차역이 있는 교통의 요지다. 이곳은 예술 후원자 조반니와 피에트로 피치니 형제의 도시이기도 하다. 이날 저녁 모차르트 부자는 비아 산 카테리나에 있는 팔라초 피치니에 체류하며 연주를 했는데, 그 뒤 이탈리아를 오가는 길에 두 사람은 자주 이곳에 들렀고, 피치니 형제는 두 사람을 잘 대접했다. 팔라초 피치니의 외벽 벽화를 보면 중세 지방 귀족의 삶의 수준을 가늠케 해준다.

이 지역은 마르치미노 품종의 와인을 생산하는데 이탈리아 포도 산지 품평에 따르면 '점잖은 맛'으로 평가되고 있다. 모차르트는 「돈 조반니」 피날레 부분 첫머리에서 돈 조반니와 레포렐로가 이중창을 부를 때 "부어라 와인을! 맛좋은 마르치미노 와인을"이라는 대사를 넣어 이때의 경험을 잊지 않았음을 보여준다.

(피날레 부분: 돈 조반니 저택) 돈 조반니는 악사들에게 주악을 명령하고 레포렐로에게 심부름을 하도록 말한다. 조반니가 식사를 시작한다. 조반니는 노래 부른다. "Versa il vino! Eccellente marzimino!"

레포렐로도 감추어둔 음식을 숨어서 먹기 시작한다. 여기서 악사들은 「피가로의 결혼」에 나오는 그 유명한 피가로의 아리아 "이제는 날지 못하리"(non piu andrai)의 멜로디가 나온다.

고객 만족 음악

모차르트는 고객이 다르면 음악도 달라져야 한다는 것을 배웠다. 이탈리아 여행에서 돌아오면서 부친은 모차르트에게 물었다.

"이탈리아에서 만난 작곡가들에 대해서는 어떻게 생각하느냐?"

모차르트는 또렷이 대답했다.

"청중이 달라서 그런지, 사회 분위기가 그래서인지는 몰라도 뮌헨, 만하임, 파리, 런던, 그리고 빈에서 만난 음악가들과는 많이 다른 것 같아요. 음악이 좀 더 밝고 코믹하고 가볍고 화려했어요. 아버지,

시대가 달라지면서 건축물이 달라졌어요. 내 음악도 그래야 되겠지요?"

모차르트의 음악은 청중, 즉 고객에 따라, 장소에 따라, 가수에 따라 달라졌다. 궁중이나 귀족의 연회에서 사용되는 음악, 일반 대중을 위한 예약 연주회용 작품, 초기 메타스타시오형 오페라, 다폰테 3부작, 그리고 「마술피리」 등 상황에 적합한 음악으로 나타났다. 모차르트는 국가와 도시마다 고객 취향에 맞게 작곡했다. 예를 들면 다음과 같다.

오스트리아 린츠의 툰 백작을 위해서는 「린츠 교향곡, K. 425」을, 파리에서는 파리 사람들이 좋아할 「파리 교향곡, K. 297」을, 프라하 사람들을 위해서는 「프라하 교향곡, K. 504」을 작곡했다.

음악의 혁신

청중은 늘 새로운 것을 요구했기 때문에 모차르트는 연주 중에도 틈나는 대로 새로운 작품을 작곡했다. 그것은 음악의 혁신이었다. 혁신이란 없던 것을 새로 만들거나 기존의 것을 다르게 만드는 것이다.

1784년 4월 1일, 모차르트는 궁정극장에서 개최한 음악회에서 「피아노와 목관악기를 위한 5중주, K. 452」를 발표했는데, 이 작품은 큰 호평을 받았다. 4월 10일 모차르트는 레오폴트에게 이런 편지를 썼다.

"저는 규모가 큰 협주곡 두 곡과 5중주곡 한 곡을 썼습니다. 저는 이 곡들이 제 삶에서 지금까지 썼던 작품 가운데 최고라고 생각합니다."

고객의 연주 능력에 맞게 작곡

모차르트는 1777년 1월 당시 잘츠부르크에 체류 중이던 프랑스인 여류 피아니스트 빅투아르 제나미(Victoire Jenamy)를 위해 「피아노 협주곡 제9번, K. 271」을 작곡했는데, 이 곡은 피아노 음악 역사에서 큰 전환점을 이룬 작품으로, 내용이나 피아니스트와 오케스트라의 관계를 정립한 측면에서, 근대적 대협주곡의 시대를 열었다.

모차르트는 어떤 곡을 헌정할 때는 연주자 역량을 고려했는데, 모차르트가 이런 난이도 높은 피아노곡을 작곡할 수 있었던 것은 제나미의 연주실력이 워낙 뛰어났기 때문이다.

1778년 12월, 모차르트는 첫사랑 알로이지아에게 행운을 빌면서 이별의 인사를 했다. 그리고 글룩의 오페라 「알체스테」의 아리아 '테살리아 사람들아'를 개작한 연주용 아리아 「불멸의 신들이여, 저는 바라지 않습니다, K. 316」를 선물했다.

이 노래는 알로이지아의 목소리에 맞춘 것인데, 고음이 테너의 최고음이라고 할 수 있는 하이 C보다 무려 4음이나 더 높은 G였다.

「마술피리」 제2막 밤의 여왕이 부르는 저 유명한 아리아 '나의 가슴 분노로 불타올라'가 F인 것을 감안하면, 이 대목은 알로이지아의 가창력이 매우 훌륭했음을 증명하는 것이다.

가장 유명한 디베르티멘토

18세기 음악 중에서 각종 사교 모임이나 오락 목적으로 밝은 내용과 밝은 분위기를 가볍게 표현하는 음악 장르가 있었다. 대개 귀족이나 부유한 집안의 행사를 위해 작곡되었다. 작곡가에 따라 세레나데, 나흐트무지크, 카사치온, 노투르노, 디베르티멘토, 행진곡 등의 명칭을 붙였다.

대표적인 세레나데가 소야곡(小夜曲), 즉 '밤의 세레나데'를 뜻하는 일명 '아이네 클라이네 나흐트무지크'(Eine kleine Nachtmusik)인 「세레나데 제13번 G장조, K. 525」다. 이 곡은 모차르트가 빈에서 1787년에 작곡한 실내악곡이다.

1782년 5월 8일과 29일 모차르트가 부친에게 보낸 편지에 「로비니히 음악」이라는 말이 나오는데, 모차르트는 잘츠부르크의 귀족 게오르크 로비니히의 아들딸과 친하게 지냈다고 한다. 특히 3악장 미뉴에트는 모차르트의 가장 유명한 미뉴에트로 손꼽힌다.

하이든, 모차르트는 내가 아는 가장 위대한 작곡가

모차르트의 부친 레오폴트가 빈에 온 다음 날인 1785년 2월 12일, 모차르트는 하이든과 바르톨로마우스 틴티 백작, 그의 동생인 안톤 틴티와 더불어 최근에 작곡한 현악 4중주 세 곡을 연주했다. 하이든은 바이올린 활을 내려놓으며 레오폴트에게 말했다.

"하느님의 영광과 남자로서 명예를 걸고 말씀드리지만 아드님은 개인적으로 보나 평판으로 보나 제가 아는 한 가장 위대한 작곡가입니다."

모차르트, 나를 지도해준 하이든에게 이 곡을 바친다

모차르트는 1770년 3월 최초의 현악 4중주곡 「로디」를 작곡한 뒤 1790년까지 모두 스물세 곡의 현악 4중주곡을 작곡했는데, 열세 곡의 초기작품과 빈에 정착한 후 열 곡의 걸작으로 분류된다. 모차르트는 1781년부터 1785년에 걸쳐 작곡한 여섯 개의 현악 4중주곡(K. 387, K. 421, K. 428, K. 458, K. 464, K. 465)을 하이든에 대한 존경심의 표현으로 「하이든 4중주곡, 제14~제19번」이라는 제목으로 출판했다. 1785년 9월 1일 모차르트는 「하이든 4중주」 여섯 곡을 아르타리아출판사에 넘기면서 다음과 같은 헌정사를 첨부했다.

"나의 친한 벗 하이든에게. 넓은 세상 속으로 자신의 아들들을 떠나보낼 것을 결심한 아버지는…… 자신을 지도해준 그 벗에게 아들들을 맡기려고 합니다……. 여기 그 여섯 아들이 있습니다……. 그대의 관대한 우정을 소중히 여기고 있는 저에게 그 우정을 이어나가기를 바라는 바입니다.

친애하는 벗, 당신께 더없이 성실한 벗 W. A. Mozart.

1785년 9월 1일."

모차르트의 맛을 알게 되면 다른 음악가에게 만족하기가 대단히 어렵다

최초의 모차르트 전기 작가 중 한 사람인 프라하대학교 교수 프란츠 니메체크(Franz Niemetschek)는 모차르트가 죽고 7년 뒤에 다음과 같이 말했다.

"모차르트의 맛을 알게 되면 다른 음악가에게 만족하기가 '대단히' 어려워진다."

나는 죽는 날까지 모차르트 숭배자다

베토벤은 이렇게 말했다.

"나는 죽는 날까지 모차르트 숭배자라고 스스로 생각한다."

베토벤은 1792년 빈에 정착한 뒤 어릴 때 친구 엘레오노레와는 평생 만나지 못했다. 1793년 베토벤은 빈에서 엘레오노레에게 「피가로의 결혼」의 주제곡 "백작께서 춤을 추신다면"(Se vuol ballare)에 의한 12변주곡 「WoO 40」과 「소나타 WoO 51」을 헌정하면서 편지를 쓴다.

"빈에 온 지도 1년이 다 되어가는데 이제야 편지를 보내는군요. 하지만 당신은 언제나 내 생각 속에 있었소……. 여기 당신에게 헌정하는 것을 보냅니다. 그저 이 작품이 당신에게 중요하고 가치 있는 것이 되기를 바랄 뿐이오……. 당신을 향한 나의 존경과 우정, 그리고 당신 가족을 변함없이 생각하는 증표로 바칩니다.

1793년 11월 2일 빈에서."

베토벤은 모차르트의 「피아노 협주곡 제24번, K. 491, 1786」을 듣고 이렇게 말했다.

"저런 곡은 나는 절대로 쓸 수 없다."

이건 천사의 음악이다

슈베르트는 19세 때인 1816년, 모차르트의 「플루트 4중주곡 D장조」(K. 285)를 듣고 자신의 일기장에 이렇게 적었다.

"오늘은 밝고 빛나는 아름다운 날로, 내 일생 동안 잊을 수 없을 것이다. 모차르트 음악의 매혹적인 음향이 지금도 멀리서 들려오는 듯하다. 내 영혼에 새겨진 아름다운 영상은 언제 어떤 상황에 있을지라도 지워지지 않을 것이며 언제까지나 우리 나날에 쾌적한 자극을 줄 것이다. 아 불멸의 모차르트여."

모차르트의 「교향곡 제40번, K. 550」을 들은 슈베르트는 이렇게 말했다.

"이건 천사의 음악이다."

아니, 내 것 말고 더 좋은 거

쇼팽(Frederic Chopin)은 임종 무렵 문병 온 친구에게 피아노를 쳐달라고 했다. 친구는 쇼팽의 곡을 쳤다. 그러자 쇼팽은 이렇게 말했다.

"아니, 내 것 말고 더 좋은 거……. 모차르트 피아노곡 말이야."

모차르트를 성인으로 받든 키르케고르

실존주의 철학의 토대를 마련한 19세기 덴마크 철학자 키르케고르는 베를린 유학 시절 모차르트의 「돈 조반니」와 괴테의 「파우스트」에 특히 열광했다. 그는 육체의 쾌락을 일삼는 돈 조반니와 정신적 방황을 대표하는 파우스트가 인간의 두 가지 대립되는 모습을 대변한다고 생각했다.

신학자 바르트는 키르케고르가 모차르트를 얼마나 사랑했는지에 대해 1955년 2월 13일 일요일판 노이에 취르허 차이퉁에 다음과 같은 일화를 전했다.

"키르케고르는 성당의 성물 관리자에서부터 추기경에 이르기까지 모든 성직자를 부추겨 세상의 모든 위대한 사람 가운데 모차르트를 최고 인물로 인정해야 한다고 주장했다. 만약 그렇지 않을 경우에 자기는 '기독교'에서 탈퇴하여 '오직 모차르트만을 최고로 숭배하며 유일하게 숭배하는' 신흥종교를 만들 것이라고 거의 협박조로 말했다."

키르케고르가 「돈 조반니」를 높이 평가했지만, 반세기 전 1788년 11월 빈의 청중은 「돈 조반니」를 너무 어렵다고 생각했다. 빈의 음악 평단은 「돈 조반니」는 "일부러 유별나게 튀려는 취향이 강한 난해한 음악이다", "불필요하게 많은 음표 때문에 관객은 혼란스럽다"라는 등 신랄하게 혹평했다.

모차르트에 대한 구노의 표현

오페라 「파우스트」를 작곡한 샤를 구노(Charles Gounod)는 그가 모차르트를 알기 전과 후의 표현을 다음과 같이 했다.

"나는……."

"나와 모차르트는……."

"모차르트와 나는……."

"모차르트는……"(드디어 '나는'이라는 말이 아예 빠져버린다).

이런 사람이 이전에 살아 있었다니요

슈만의 부인으로 당대의 가장 뛰어난 피아니스트로 활동한 클라라 슈만(Clara Schumann)은 어느 날 모차르트의 「피아노 소나타 C장조, K. 457」를 연주하고 나서 브람스에게 이런 편지를 보냈다.

"모차르트의 아다지오는 너무 훌륭해서 흘러넘치는 눈물을 억제할 수 없었습니다. 특히 C장조의 아다지오는 밑바닥에서부터 마음을 뒤흔드는 것 같아 이걸 연주하고 있으면 천국의 기쁨에 온몸이 흘러내립니다. 이런 사람이 이전에 살아 있었다니요. 나는 지금 온 세상을 꼭 안아주고 싶은 심정입니다."

아마도 클라라 슈만 외에도 수많은 연주자와 음악애호가가 모차르트 협주곡의 느린 악장에서 이런 느낌과 감동을 받지 않았을까 싶다.

모차르트는 햇살이란 말일세

드보르작은 뉴욕 국민음악원장으로 근무(1892~1895)하면서 「신세계」를 작곡했는데, 어느 날 강의를 하던 도중 학생들에게 질문했다.

"모차르트란 무엇이라고 생각하는가?"

학생들이 아무 대답이 없자 드보르작은 창문을 열고 이렇게 말했다.

"모차르트는 저 태양과 같은 존재네. 모차르트는 햇살이란 말일세."

모차르트는 지금까지 나타난 음악의 천재 중에서 가장 완벽하다

이탈리아 토스카나 지방 소도시 엠폴리는 다빈치의 고향으로 유명하지만, 그곳에서 태어난 또 다른 유명인사가 바로 작곡가 겸 피아니스트 페루초 부소니(Ferruccio Busoni)다. 부소니는 모차르트를 두고 이런 말을 했다.

"모차르트는 지금까지 나타난 음악의 천재 중에서 가장 완벽하다. 그는 빛과 그림자를 조정한다. 그는 정열적이고 우주적이다. 그는 말을 많이 하지만 결코 지나치게 말하지 않는다. 그는 소년처럼 젊고 노인처럼 현명하다. 그토록 인상적인 그의 미소는 지금도 우리들을 조명하고 정화한다."

모차르트의 아름다움을 제대로 이해하려면 세월이 필요하지요

한 음악기자가 브루노 발터(Bruno Walter)에게 질문했다.

"다른 사람들은 젊었을 때 모차르트를 연주하는데, 당신은 왜 늙어서 모차르트를 연주하는가?"

발터는 이렇게 대답했다.

"모차르트의 아름다움을 제대로 이해하려면 세월이 필요하지요."

죽음의 의미는 더 이상 모차르트를 들을 수 없다는 것

제자가 아인슈타인에게 물었다.

"선생님, 죽음이란 무엇입니까?"

아인슈타인은 이렇게 말했다.

"나에게 죽음의 의미는 더 이상 모차르트를 들을 수 없다는 것이다."

불치병을 앓고 있던 어느 음악애호가는 아인슈타인의 말을 뒤집어 이렇게 말했다.

"내게 생명이 더 허락된다는 것은 모차르트를 더 들을 수 있다는 것과 같습니다……. 다른 의미는 없습니다."

어느 대학 교수는 수필에서 이렇게 썼다.

"내가 귀양을 가게 되어 딱 한 가지 오락거리만 허용된다면, 나는 모차르트의 음반을 들고 가겠다."

모차르트는 아예 하늘에서 내려왔어

지휘자 요제프 크리프스(Josef Krips)는 이렇게 말했다.

"우리 중 간혹 매우 열심히 노력해서 하늘로 다가가는 사람이 있지만, 모차르트는 아예 하늘에서 내려왔어."

1773년 1월, 17세의 모차르트는 마지막 이탈리아 여행 중 주문받은 오페라 「루치오 실라」를 작곡하면서도 틈나는 대로 다른 장르의 작품을 작곡했다. 그것이 바로 「밀라노 4중주」와 모테트 「엑술타테 유빌라테」(Exsultate, jubilate, K. 165)다.

독창 모테트 「엑술타테 유빌라테」는 모차르트가 밀라노로 여행 중이던 1772년 말과 1773년 초 겨울에 작곡한 것인데, 1773년 1월 17일 밀라노의 비아 산 안토니오 5번지에 있는, 사람들이 테아티네 교회라고 부르는 산 안토니오 아바테 성당에서 개최된 카스트라토 가수 베난치오 라우치니(Venanzio Rauzzini)의 독창회는 청중에게 천상의 희열을 느끼게 하는 데 모자람이 없었다.

알레그리의 「미제레레」

그레고리오 알레그리(Gregorio Allegri)의 「미제레레」는 바티칸의 시스틴 경당에서 부활절 성주간의 수, 목, 금요일의 밤 미사 혹은 새벽 미사에서 불려졌다. 성주간 미사를 테네브레(tenebrae)라고 하는데, 각각 게세마네, 골고다, 그리고 무덤이라는 제목으로 성주간 마지막 3

일의 의미를 되새긴다. 테네브레의 의미는 '어두움'이다. 미사가 진행되는 동안 촛불이 하나씩 꺼지고 「미제레레」가 연주된다. 마지막 촛불마저 꺼지고 나면 미사는 끝난다.

알레그리의 작품은 소수가 남아 있긴 하지만 그는 이 한 곡만으로도 음악사에 영원히 기억되는 작곡가가 되었다. 우르바노 8세는 이 곡에 감명을 받아 악보를 시스틴 경당 밖으로 반출하는 사람은 파문하겠다고 엄명을 내렸다. 실제로 1770년까지 「미제레레」의 악보는 외부로 유출되지 않았기 때문에 이 음악을 듣고자 하는 사람은 바티칸 성당까지 일부러 찾아와야만 했다. 1787년 시스틴 경당에서 이 곡을 직접 들은 괴테는 그때의 경험을 1817년 출판한 『이탈리아 여행기』에서 언급하고 있다.

1770년 4월 11일 수요일, 이탈리아를 여행 중이던 14세의 모차르트는 아버지와 함께 성베드로 대성당에서 개최되는 성주간의 테네브레 미사에 참석하여 시스틴 경당 성가대가 노래하는 이 곡을 들었다. 모차르트는 노래를 기억했다가 숙소에 돌아와서 그대로 오선지에 옮겼다. 나중에 모차르트는 이 작품에 영향을 받아 「미제레레, K. 85」를 작곡했다.

「미제레레」는 중세에 가장 많이 불린 시편송(詩篇頌, Psalms)으로, 제목은 구약 「시편」 51편(불가타역 시편 50편) 첫 구절 'Miserere mei Deus'(주여 나를 불쌍하게 여기소서)에서 따온 것이다. 바흐, 헨리 퍼셀(Henrry Purcell), 모차르트, 가에타노 도니체티(Gaetano Donizetti), 샤를 구노, 졸탄 코다이(Zoltán Kodály) 등이 작곡했으며 작곡된 곡의 수는 50여 곡에 이른다.

모차르트의 음악이 모든 음악 중에서 최고다

피아니스트인 블라디미르 호로비츠(Vladimir Horowitz)는 이렇게 말했다.

"모차르트의 음악이 모든 음악 중에서 최고다."

아이들에게는 너무 쉽고, 전문 연주가들에게는 너무 어렵다

모차르트는 1778년 3월 하순부터 6개월 동안 파리에 머물렀는데, 당시 모차르트가 가르친 학생들은 작곡가 미상의 「아, 어머니께 말씀드리죠」(Ah, vous dirai-je, Maman)라는 샹송을 즐겨 불렀다. 가사의 내용은 젊은 딸이 사랑하는 연인을 어머니에게 고백하는 것이었다. 모차르트가 이 곡을 변주곡으로 만들었는데, 우리나라에서는 「반짝 반짝 작은 별」로 불리는 노래의 변주곡이다.

피아노를 배운 지 얼마 되지도 않은 아이들도 「반짝 반짝 작은 별」을 쉽게 친다. 하지만 피아니스트가 「아, 어머니께 말씀드리죠」를 완벽하게 치는 것이 얼마나 어려울지 생각해보라.

슈나벨은 이렇게 말했다.

"모차르트의 피아노 소나타는 아이들에게는 너무 쉽고, 전문 연주가들에게는 너무 어렵다."

모차르트 안에는 숨을 곳이 없다

안네조피 무터(Anne-Sophie Mutter)는 1970년대 등장한 천재 소녀 바이올리니스트였다. 1977년 13세에 카라얀이 주도하는 잘츠부르크 부활절 축제에서 역시 카라얀의 지휘 아래 데뷔 공연을 성공적으로 치렀다. 이어 베를린 필과 한 협연은 까다롭기로 명성이 자자한 독일 음악평론가들의 찬사를 받았다. 카라얀은 무터를 세계 3대 여류 바이올리니스트의 하나라고 말했다.

여담이지만 연주자들에 대한 카라얀의 평은 무서운 힘을 발휘한다. 예컨대 카라얀이 조수미를 '신이 내린 목소리'라고 평했는데, 그 뒤부터 조수미의 연주 팸플릿에는 이 말이 자주 인용된다.

2006년 예술의 전당에서 연주회를 앞둔 무터와 인터뷰한 내용이 재미있어 글을 퍼왔다.

기자: '현대음악이 모차르트보다 더 쉽다'고 한 적이 있습니다. 왜 쉽나요?

무터: 모차르트의 작품은 오랫동안 사랑받아 왔고, 수많은 거장이 연주했죠. 그만큼 전통도 쌓였고요. 그러니 제 연주에 대한 기대치도 커질 수밖에 없습니다. 전통이란 때론 큰 부담으로 작용합니다. 모차르트를 새롭게 해석해 자기만의 언어로 소화하기 위해서는 이 부담을 떨쳐내는 게 필수적입니다. 모차르트 음악은 단순합니다. 그래서 오히려 이해하기 어려워요. 협주곡은 물론이고 소나타도 음표가 너무 적습니다. 정말 너무너무 적어요! 그 때문에 어린 연주자들은 이렇게 생각하곤 하죠. '오, 음표가 적네. 그럼 쉽겠네.' 하지만 사실은 정반대예요. 모차르트 안에는 숨을 곳이 없습니다. 모든 음표가 개별적으로 특정한 가치를 갖기 때문이죠. 모차르트를 탁월하게 연주하는 사람보다 차이콥스키나 라흐마니노프를 잘 연주하는 사람이 더 많게 느껴지는 것도 같은 이유입니다.

내 예술이 쉽사리 이루어진 것으로 생각하는 사람들은 나를 잘못 알고 있다

모차르트는 생전에 이렇게 말했다.

"내 예술이 쉽사리 이루어진 것으로 생각하는 사람들은 나를 잘 못 알고 있다. 아무도 나만큼 많은 시간과 생각을 작곡에 바치지 않았을 것이다. 유명 작곡가의 작품 중 내가 여러 번 반복해서 공부하지 않은 작품이라고는 없다."

모차르트는 당대 음악가들뿐만 아니라 바흐와 헨델의 작품에서 영향을 받았다. 모차르트는 조반니 파이시엘로(Giovanni Paisiello)의 「철학자의 거드름」을 바탕으로 하여 여섯 개의 피아노 변주곡을 만들었고(K. 398), 글룩의 「메카의 순례」를 바탕으로 열 개의 피아노 변주곡(K. 455)을 만들었다. 1789년 3월, 모차르트는 고트프리트 스비텐(Gotfried van Swieten) 남작의 요청에 따라 헨델의 「메시아 편곡, K. 572」의 기악 부분을 편곡하고 지휘했다.

오늘 고생하지 않기 위해 지금까지 엄청나게 연습했습니다

어느 날 연주에서 모차르트가 연주해야 할 피아노 악보가 제대로 준비되지 않았다. 모차르트는 악보 없이 기억을 되살려 연주했는데, 이 광경을 본 청중은 입을 다물지 못했다는 일화가 전해온다. 이때 충격을 받은 한 피아니스트가 모차르트에게 이렇게 말했다.

"그 어려운 곡을 어떻게 그리 쉽게 연주하십니까?"

"오늘 고생하지 않기 위해 지금까지 엄청나게 연습했습니다."

모차르트를 떠나 다시 모차르트에게로

1791년 10월 13일, 모차르트는 살리에리가 「마술피리」를 구경하러 오겠다고 좌석 두 개를 부탁해오는 바람에 매우 놀랐다. 살리에리가 그의 카타리나 카발리에리와 함께 극장으로 왔다. 살리에리는 「마술피리」의 아리아가 끝날 때마다 "브라보!"를 외쳤다. 살리에리는 속으로 감탄의 말을 하지 않을 수 없었다.

"밤의 여왕의 아리아! 저렇게 엄청난 곡을! 오, 모차르트!"

돌아오는 마차 안에서 살리에리가 모차르트에게 말했다.

"모차르트, 나는 늘 자네가 부러웠다네. 중국 속담에는 '세상에 남자로 태어났다면 공을 세워야 하고, 그 결과 말과 글을 남겨야 하고, 후손을 남겨야 하고, 그리고 자신의 세계에서 한 번이라도 '아니요'라는 말을 해보아야 한다는 말이 있다네. 다른 것은 몰라도 자네는 자네의 영주에게, 그리고 자네의 아버지에게 '아니요'라는 말을 해보았지. 나는 유감스럽게도 한 번도 그렇게 해본 적이 없다네. 세상이 바뀌고 있으니 황제도 왕도 아마 지구상에서 사라지겠지. 내가 쓴 오페라도……. 그러나 자네의 것은 남겠지……."

마차 안에서 살리에리가 모차르트에게 마지막으로 질문했다.

"자네의 다음 작품은 무엇인가?"

"레퀴엠."

우리는 모차르트의 「K. 1」에서부터 「K. 626」까지 섭렵했다. 흔히 클래식은 모차르트에서 시작한다고 한다. 그리고 달콤한 모차르트를 떠나 바흐, 헨델, 베토벤, 슈베르트, 쇼팽, 브람스, 바그너, 브루크너, 말러 등으로 옮겨간다고 한다.

그러나 그 뒤 사람들은 다시 모차르트에게로 되돌아온다.

"모차르트를 떠나 다시 모차르트에게로."

영화의 완성도를 높인 모차르트의 음악

1967년 개봉된(우리나라에서는 1988년) 「엘비라 마디간」은 서커스에서 줄 타는 처녀와 젊은 유부남 장교의 뜨거운 사랑과 비극을 다룬 영화로, 19세기 덴마크 숲 속에서 권총 자살한 남녀의 실화를 바탕으로 만든 전형적인 통속영화다.

「엘비라 마디간」의 대사는 일반 영화의 10퍼센트쯤 된다. 말없이 숲 속을 걷는 젊은 남녀가 하고 싶은 말을 모차르트의 「피아노협주곡 제21번 2악장」이 대신해준다. 「엘비라 마디간」은 이 곡으로 유명해졌고, 칸 영화제에서 18세 여주인공 피아 데게르마르크는 데뷔작으로 여우주연상을 수상했다. 「피아노협주곡 제21번 2악장」은 당시 빌보드 차트 상위 랭킹에 올랐다.

쇼생크 탈출

「피가로의 결혼」 제3막 알마비바 백작부인 로지나와 하녀 수잔나의 이중창 '저녁 바람이 부드럽게'(Che soave zeffiretto)는 백작부인의 말을 하녀 수잔나가 따라 하며 옮겨 적는 부분이어서 흔히 '편지 이중창'이라고 불리기도 한다.

1994년 영화 「쇼생크 탈출」에서 교도소 장면. 그곳에 도서관을 만들려던 죄수 앤드루 두플레인(팀 로빈스 역)은 기증받은 책 더미에서 오래된 LP 레코드 한 장을 발견하고, 케케묵은 전축에 올려놓고 튼다.

'Che soave zeffiretto'로 시작되는 소프라노 이중창은 곧 감옥을 정적으로 몰아넣고 모든 죄수의 귀를 점령한다. 그리고 관객의 귀와 영혼을 울린다. 결국 팀 로빈스는 모건 프리먼에게 다음과 같은 편지를 남기고 쇼생크 감옥 탈출에 성공한다.

"기억해요. 희망은 좋은 거죠. 모든 것 중 최고라고 할 수 있죠. 그리고 좋은 것은 절대 사라지지 않아요."

「아웃 오브 아프리카」

「K. 622 클라리넷 협주곡 제2악장 아다지오」는 1985년 광대한 아프리카를 배경으로 개성 강한 두 남녀의 사랑과 삶을 다룬 「아웃 오브 아프리카」에 주제곡으로 삽입되어 대히트되었다.

영화의 원작은 아이작 디네센(필명은 카렌 블릭센 피네케)의 소설 『아이작 디네센—이야기꾼의 삶』(Isak Dinesen: The Life of a Storyteller)이다. 시드니 폴락(Sydney Pollack) 감독, 메릴 스트리프(Meryl Streep), 로버트 레드퍼드(Rovert Redford)가 주연한 이 영화의 무대는 1900년대 초 아프리카다.

카렌 브릭슨(메릴 스트리프)은 아프리카 동부로 옮겨가 정략 결혼한 귀족 남편 클라우스 마리아 브란다우어과 함께 커피 농장을 세우는 덴마크 여자 역을 맡았다. 후에 그녀는 영국의 모험가 데니스 핀치 해턴(로버트 레드퍼드)을 만나 사랑에 빠진다. 상영 시간이 150분 정도되는 대작으로, 로케이션 촬영을 통해 케냐 고원지대의 풍경을 아름답게 포착했다. 아카데미상 11개 부문에 후보로 올라 작품상과 감독상 등 7개 부문에서 수상했다. 작곡자 존 배리는 음악상을 받았다.

벨기에의 디바로 통하는 다나 위너(Dana Winner)는 아름다운 목소리로 유럽권과 전 세계로 인지도를 넓혀가고 있었는데, 특히 「아웃 오브 아프리카」에 삽입된 「K. 622, 2악장 아다지오」의 멜로디에 가사를 붙여 부른 「Stay With Me Till The Morning」이라는 곡으로 사랑받았다.

모차르트는 삶과 죽음의 신비를 음악으로 표현했다

바르트는 모차르트에 대해 이런 말을 했다.

"아마 천사들이 하느님을 위해서는 바흐의 음악을 연주하고, 자신들끼리 즐길 때는 모차르트의 곡을 연주할 것입니다."

그리고 모차르트의 음악에 대해 다음과 같이 평가했다.

"모차르트는 대단히 웃음이 많았던 사람입니다. 그러나 그가 웃을 일이 많아서 웃었던 것은 결코 아닙니다. 단지 웃도록 허용되었고 웃을 수 있었기에 웃은 것이지 웃을 일이 있어서 웃는 것과는 다릅니다. 모차르트는 음악을 통해 어떤 것을 말하고 싶어 하지 않습니다. 단지 노래하고 연주하는 것입니다. 청중에게 아무것도 강요하지 않으며 어떤 결정이나 입장을 선택하라고 요구하지도 않습니다. 모차르트는 청중에게 자유를 줍니다."

필자는 모차르트와 그의 음악을 이렇게 정리한다.

"모차르트는 삶과 죽음의 신비를 음악으로 표현했다."

3. 모차르트에게서 배운 피터 드러커

연속과 변화

런던에서 레오폴트는 모차르트에게 작곡할 때 전통과 혁신 사이의 균형을 적절히 잡도록 가르쳤다. 귀족 시장이 줄어들자 레오폴트는 마케팅 전략을 바꾸어 목표 시장을 구세대 청중에서 신세대 청중으로 바꾸었다. 고객을 왕족과 귀족에서 부르주아 중산층, 가게 주인, 전문가 그룹, 각 분야의 장인 등으로 폭을 넓혔다.

모차르트가 천재라는 것을 보여주기 위해서는 창의력과 아방가르드적인 측면을 보여주어야 한다. 하지만 그렇게 하면 일반 대중은 너무 어렵다고 생각하여 연주회를 외면할 것이므로, 돈을 벌기 위해 기존의 음악(연속)을 들려주되 새로운 음악(변화)을 조금씩 혼합했다.

드러커는 "사회는 혁명이 아니라 연속과 변화를 통해 발전한다"라고 말했다.

모차르트와 베토벤

모차르트와 베토벤을 비교하자면 모차르트는 '고객이 듣고 싶은 음악'을 들려주었고, 베토벤은 '자신이 고객에게 들려주고 싶은 음악'을 작곡했다.

내 강점은 무엇인가?

1777년 10월 파리로 가던 중 모차르트가 아버지에게 보낸 편지에는 이렇게 쓰여 있다.

"사랑하는 아버지, 저는 시인이 아니기 때문에 단어와 구절을 예술적으로 배합하여 시를 쓸 수 없습니다. 화가도 아니므로 명암의 효과도 낼 줄 모릅니다. 또 무용가도 아니기에 손짓과 몸짓으로 제 생각과 감정을 표현할 줄도 모르고요. 하지만 음을 통해서는 제 생각과 감정을 표현할 수 있어요. 저는 작곡가이거든요."

이 편지를 보면 모차르트는 자신의 역할과 강점이 무엇인지, 다시 말해 '나는 누구인가?' 하는 것을 분명히 깨닫고 있었음을 알 수 있다.

당신은 어디에 속해야 하는지 알고 있는가?

1781년 5월 9일 콜로레도 대주교는 출근한 모차르트를 불러 다음과 같이 지시조로 말했다.

"잘츠부르크로 돌아가야겠네. 모차르트, 짐은 자네가 갖고 가게."

"전하, 저는 음악가이지 짐을 운반하는 하인이 아닙니다. 내일 사직서를 제출하겠습니다."

그 결과 모차르트는 콜로레도의 시종장 구둣발에 엉덩이를 채여 밖으로 쫓겨났다. 그때 모차르트가 콜로레도 대주교의 지시에 순종했다면 그는 행복했을지 모르지만 인류는 그의 음악을 듣지 못했을 것이다.

자기관리

자신이 어디에 속하는지, 기질은 어떤지, 어떤 종류의 사람인지에 대해 아는 사람은 드물다. 나는 다른 사람들과 함께 일하는 것이 좋은가? 나는 혼자 일하는 것이 좋은가? 내 가치관은 무엇인가? 나는 무슨 일에 몰입하는가? 내가 사회에 공헌하는 것은 무엇인가?

이런 질문들이 최고의 성취인을 만든다. 다빈치는 그가 스스로에게 질문했던 노트를 모두 보관하고 있었다. 모차르트 역시 그랬다. 모차르트는 음악 역사상 전혀 다른 악기들을 똑같이 잘 다룬 유일한 작곡가였다. 그는 위대한 피아니스트였을 뿐만 아니라 믿을 수 없을 정도로 훌륭한 바이올리니스트이기도 했다. 그런데도 모차르트는 한 가지 악기만 잘할 수 있다고 결정했다. 한 가지라도 잘하려면 하루에 서너 시간을 연습해야 하기 때문이다. 따라서 그는 바이올린을 포기했다. 그 증거로 모차르트의 비망록이 있다.

최고 성취인들은 "아니요"라고 할 때가 언제인지 알고 있었다. 그들은 무엇을 성취해야 하는지도, 어디에 속해야 하는지도 알고 있었다. 그것들이 그들을 최고 성취인으로 만든 비결이다. 우리들 모두 그것을 배워야만 한다.

그것은 어려운 일이 아니다. 다빈치와 모차르트가 한 것을 따라 하면 된다. 목표를 먼저 기록해두고 확인하는 것이다. 매번 중요한 것을 할 때마다 그것이 초래할 결과가 무엇일지 기록해두는 일이다. 그다음 시간이 지난 뒤 "이 결정으로 얻은 결과는 무엇인가?"라고 질문하는 것이다.

강점은 더욱 살리고, 약점은 내버려두라

신성로마제국의 한 시종이 요제프 2세 황제에게 모차르트의 사회생활이 문란하다고 이야기하자 요제프 2세 황제는 이렇게 말했다.

"전장으로 내보낼 장군이라면 나는 매일 한 명씩 발굴할 수 있어. 하지만 모차르트를 대체할 사람은 없어."

신학자 마르틴 부버(Martin Buber)는 이렇게 말했다.

"신은 인간을 누구나 생각할 수 있는 한도 안에서 잘못을 범할 수 있는 존재로 창조했다. 따라서 타인의 잘못에서 배우려고 해서는 안 된다. 타인의 훌륭한 행동에서 배우라."

드러커는 『21세기 지식경영』 등 여러 저서에서 부버의 말을 인용하여 "기업 또는 개인은 자신의 약점을 보완하기보다는 강점을 보강하는 것이 낫다"라고 주장했다. 사람은 어떤 일을 하는 데 필요한 특정 능력 없이는 그 일을 할 수 없다. 사람은 스스로의 능력을 넘어서는 일은 할 수 없는 법이다. 악보를 읽는 능력이 없는 사람은 음악을 가르칠 수 없고 법을 모르는 사람은 재판을 할 수 없으며 앞을 못 보는 사람은 그림을 그릴 수 없다. 사람은 오직 자신의 능력을 바탕으로 해서만 일을 할 수 있다. 사람은 단지 자신의 능력을, 즉 남보다 더 나은 강점을 발휘할 때만 무엇인가를 성취할 수 있다. 진정 선한 의미로 자신의 약점을 고치고 보완하는 데만 관심을 집중한다면, 결국 강점을 살려 성과를 올릴 기회를 놓치게 된다.

따라서 사람을 평가할 때는 먼저 한 개인이 무엇을 할 수 있는지를 파악해야 한다. 한 개인의 강점을 파악하고 그것을 인정할 수 있을 때만 다음과 같은 질문을 하는 것이 의미가 있다.

"목표달성 과정에 방해가 되는 약점들로, 그가 극복해야 할 것들은 무엇인가?"

일반적으로 사람들이 생각하는 것과 달리 약점 자체는 크게 문제가 되지 않는다. 필자는 드러커가 이런 아이디어를 모차르트의 행동에서 배운 것이라고 생각한다.

* 주요 교재: 『모차르트 읽는 CEO』, 『베토벤 읽는 CEO』

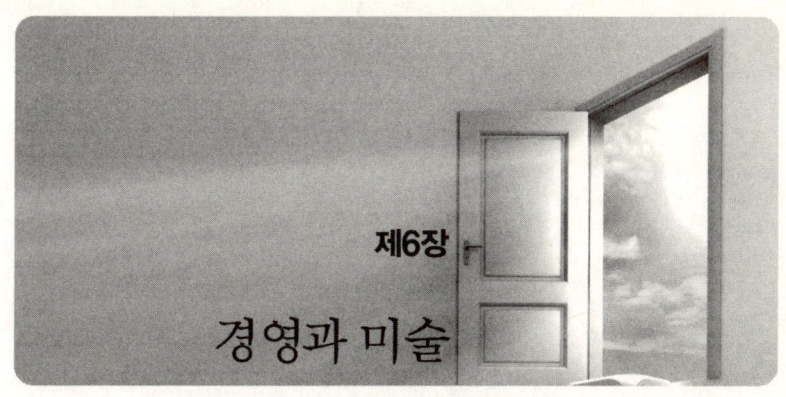

제6장

경영과 미술

중국화와 일본화, 무엇이 같고 무엇이 다른가

1. 피터 드러커와 일본화

중국인이 불편하게 느낀 일본적 미학은 무엇인가?

현대 경영학의 아버지로 불리는 드러커가 1975~1985년에 퍼모나 대학교에서 일본화 강의를 했다는 것은 잘 알려지지 않은 사실이다. 드러커가 일본화를 수집하게 된 계기는 우연이었다. 1934년 런던에서 금융기관에 근무하던 시절 베링턴 아케이드를 지나가는데 갑자기 소나기가 내렸다. 비를 피할 겸 영국의 미술작품을 보러 근처에 있는 로열 아카데미 미술관에 들어갔다. 그곳에서는 마침 일본화 순회전시가 열리고 있었고 드러커는 그때 처음으로 일본화를 보았다고 한다.

그 후 1940년대 초 제2차 세계대전이 한창일 때 드러커는 워싱턴에서 미 국방부의 고문으로 근무하면서 동양예술을 소장하고 있는 스미소니언박물관 부속 프리어 갤러리(Freer Gallery of Art)에 종종 들렀고 선 화가들의 상상력 넘치는 풍경화에 차츰 매료되기 시작했다. 하지만 그때까지도 드러커는 일본화를 수집하려는 생각도 없었고 미국에서 일본화를 수집할 방법도 없었다.

1950년대 패전국 일본은 미국을 배우기 위해 미국의 유명 경영학자들을, 예컨대 에드워드 데밍(Edwards Deming), 조지프 주란(Joseph M. Juran), 드러커 등을 일본으로 초빙했다. 1959년 드러커는 처음으로 일본을 방문하면서 일본화를 본격적으로 수집하기 시작했다. 그리고 드러커는 1975~1985년에 퍼모나대학교에서 동양미술을 강의했고, 이런 경험과 연구를 바탕으로 일본화 평론집 『붓의 노래』(Song of the Brush: from Sanso Collection)를 1979년 펴냈다. 하지만 이 책은 드러커의 저서 가운데 재판을 찍지 못한 유일한 책이다. 1994년 드러커는 로스앤젤레스 타임스 기자 수잔느 무쉬니크(Suzanne Muchnic)와 인터뷰하면서 이렇게 말했다.

"나는 일본화와 사랑에 빠졌지요. 사람은 왜 사랑에 빠지는지 설명하지 못해요. 어쨌든 나는 그렇게 되었어요."

드러커는 『붓의 노래』에서, 일본화는 본래 중국의 영향을 많이 받았으나 "일본화를 본 중국인은 무엇 때문에 불편하게 느낄까?"라는 주제로 글을 썼다.

"나는 내가 명명한 '일본적 미학'(Japanese aesthetics) 혹은 '위상수학적 접근방법'(topological approach)에 대해 분석하고자 한다. 우선 산소 컬렉션에 등장하는 거의 모든 풍경은 일본의 미학을 대표하는 것이라 할 수 있다. 가장 좋은 예는 운케이 에이(雲溪永怡, 16세기 초)가 그린 파묵 풍경화, 타노무라 치쿠덴(田能村竹田)이 그린 두 개의 풍경화다.

두 화가 모두 의도적으로 중국화를 추종했고 철저히 중국화에서 탈피했으며 독특한 일본화가로 생을 마감했다."

운케이가 그린 파묵 스타일은 운케이와 동시대 사람인 도요 셋슈(雪舟等楊)가 완성한 것으로, 분명 중국적인 셋슈 유파의 화가들이 주로 그린 그림이었다. 산소 컬렉션의 운케이 풍경화는 분명 중국이 주제다. 이것은 소상팔경(瀟湘八景) 가운데 하나를 보고 그린 것이다. 운케이는 그 당시로는 최근 유입된 전통적인 중국 주제를 중국식 기법을 사용하여 중국식 그림을 그리려고 했음이 분명하다.

운케이에서부터 250년이 지난 뒤 치쿠덴은 중국식 생활과 중국의 화가들에 매우 정통했고 중국의 기업과 중국의 미학, 그리고 중국의 특징에 대해 박식한 글을 남겼다. 치쿠덴의 두 그림에 있는 헌사는, 일본인들이 흠모하는 중국의 문인 화가와 학자의 정신을 칭송하고 있다.

그런데 운케이와 치쿠덴의 그림 앞에서 중국화 전문가나 중국 예술사가들은 매우 불편해할 것이다. 그들은 이렇게 말할 것이다.

"운케이의 그림에 나오는 언덕은 중국에 있는 것과 많이 닮았어. 치쿠덴의 그림에 나오는 바위는 중국의 화가들이 그린 것과 유사해. 붓질은 이런저런 기법이고. 물론 파묵은 중국의 화법을 닮았어. 게다가…… 그리고."

만약 그들이 솔직하다면 그들이 말하는 것은 이런 의미일 것이다.

"이건 분명 중국화는 아니야. 이것들은 나를 매우 불편하게 만들고 있어. 난 그 이유를 모르겠어. 나는 이런 그림을 곁에 두고 싶지는 않아."

중국화와 일본화, 무엇이 같고 무엇이 다른가?

중국화 전문가들은 이런 작품들을 중국화 옆에 두어야만 자신의 느낌을 이해하게 된다. 나는 그들이 중국화를 일본화와 혼동할 수 없다고 말하는 것은 아니다. 중국화와 일본화는 화법이 동일하고, 붓질이 동일하고, 먹도 동일하기 때문이다.

그러나 그림은 다르다. "무엇이 그림을 다르게 하는가?"라고 묻는다면 그것은 일본인들의 미적 감각이다. 일본화는 빈 공간의 지배를 받는다. 일본화 화폭은 많은 부분이 비어 있다는 것만을 의미하는 것이 아니다. 일본화의 빈 공간이 그림 자체를 구성하는 것이다.

이런 점은 대부분의 중국화가 추구하는 방식과는 다르지만 일본 미학의 기본이다. 예컨대 산소 컬렉션 가운데 (중국화를 배우지 않은) 오가타 코린(尾形光琳)의 작은 부채 그림 혹은 와타나베 카잔(渡辺崋山)의 말년 작품에 동일한 미의식이 나타나 있다.

기하학, 대수학, 위상수학

만약 일본의 미학을 서구의 그림이나 중국화와 비교하여 정의 내리라고 한다면 나는 서구 그림을 기본적으로 기하학적(geometric)이라고 정의하겠다. 근대 서구 그림은 1425년경 공간을 기하학에 종속시킨 투시적 원근법(linear perspective)의 재발견과 함께 시작했다는 것은 우연이 아니다.

그 반대로 중국화는 대수학적(algebraic)이다. 마치 조화가 중국의 윤리를 지배하듯이 중국화는 조화가 지배한다.

이와는 대조적으로 일본화는 위상수학적이다. 위상수학은 1700년경 발견된 수학의 한 분야로서 표면과 공간의 속성을 파악하려는 수학의 한 갈래다. 표면과 공간 속에서 형태와 선은 공간으로 정의되므로 쌍곡선처럼 직선과 곡선 사이에는 당연히 차이가 없다. 위상수학은 각도와 소용돌이 현상과 경계선을 취급한다. 위상수학은 공간에 무엇이 부과되었느냐가 아니라 공간이 무엇을 부담하느냐를 다룬다. 일본화가는 미학이라는 관점에서 보면 위상수학적이다. 일본화가는 공간(空間)을 먼저 본 후 선(線)을 본다. 선부터 시작하지 않는다는 것이다.

이렇게 드러커는 자신이 태어난 서양과, 자신이 사랑에 빠진 일본화를 비교하고 중국화와 일본화의 차이를 독특한 시각으로 결론내리고 있다. 그래서 나는 중국과 일본의 역사, 그리고 중국화와 일본화에 대해 좀 더 깊이 연구할 필요성을 느꼈다.

2. 중국의 역사와 전통 회화의 이해
— 고개지에서 해상화파까지

중국 고대의 회화

중국 회화의 기원은 신석기 시대 토기에 그려진 그림과 원시 시대의 주술적 측면을 지닌 암각화 같은 그림에서 시작한다. 하지만 회화적인 가치를 지닌 것은 전국시대(기원전 475~221, 韓, 魏, 趙, 齊의 네 개 신흥국과 秦, 楚, 燕의 세 구국을 전국 7웅이라고 한다)와 한나라(漢, 기원전 220~206) 때 그려진 장의용(葬儀用) 그림인 백화(帛畵, 비단 위에 그린 중국 고대 그림)에서 볼 수 있다.

한나라 시대에는 국가통치 이데올로기인 유교의 영향이 회화에도 미쳤는데 유력 가문의 사당은 효자, 열녀, 충신 등 유교적인 주제를 표현한 그림이나 화상석(畵像石)으로 장식했다. 그 대표적인 것이 동진(東晉) 시대 중국 고대의 화성(畵聖)이라 일컬어지는 고개지(顧愷之)의 「여사잠도권」인데 이는 「여사잠」이라는 문학작품을 그림으로 표현한 것이다. 「여사잠」은 진(秦)나라의 문인 장화(張華)가 지었다. 궁정의 여관들에게 훈계(訓戒)를 내리는 형식으로 모범이 될 만한 사적(事蹟)을 들어 후궁 부인의 윤리도덕을 설명한 일종의 이야기성 그림(narrative painting)이다.

220년 한나라가 멸망한 다음 해인 221년부터 중국이 재통일되는 589년까지 대분열기인 위진남북조(魏晉南北朝, 220~589, 위, 촉, 오 삼국 시대부터 晉의 중국 통일, 오호십육국 시대, 남북조 시대까지를 말함) 시대에는 도가(道家) 사상이 유행하여 난세를 피해 은거한 죽림칠현(竹林七賢)을 주제로 한 회화작품이 많이 제작되었다. 죽림칠현은 중국 위(魏)와 진(晉) 왕조 시절 완적(阮籍), 혜강(嵇康), 산도(山濤), 상수(向秀), 유령(劉伶), 완함(阮咸), 왕융(王戎)을 가리킨다. 이들은 정치권력에는 등을 돌리고 죽림에 모여 거문고와 술을 즐기며 청담을 주고받고 세월을 보낸 일곱 명의 선비다. 개인주의적 · 무정부주의적인 노장사상(老莊思想)이 그들의 근본 사상이었다.

그리고 5세기 전반 이후 돈황의 막고굴에 불교 벽화가 그려졌는데, 석가모니의 전생(前生)과 본생담(本生談)을 그린 불전도(佛傳圖)가 유행하였다.

참고로 한나라가 멸망한 뒤 중국 역사는 위촉오의 삼국 시대, 서진 시대, 동진 오호십육국 시대, 남북조 시대를 지나 수, 당, 송, 원, 명, 청으로 이어지는 통일왕조 시대를 맞게 된다.

산수화

동양의 회화이론은 화가 개인의 심미관이 잘 드러나는 이론이기 때문에 당대의 예술이념을 분명하게 밝히는 예술론이라 할 수 있다. 동양인의 회화에는 서양인의 그것과는 다른 내용과 방법이 있다. 이는 동양인이 삶을 대하는 태도와 마음이 서양인과는 다르기 때문이다. 우선 회화에서 드러나는 것만 보아도 동양은 산수화에 치중하고, 서양은 인물화에 치중했다. 물론 동양에 인물화가 없는 것도 서양에 풍경화가 없는 것도 아니다. 각각 그것이 중심 역할을 하지 못했다는 뜻이다. 바로 동서양인의 세계관과 우주관의 차이에서 유래하는 것이다.

군자(君子)가 산수를 사랑하는 까닭은 자신의 성품을 수양할 수 있는 산수에서 살고 싶기 때문이다. 산수화가이자 화론가인 곽희(郭熙)가 「임천고치」(林泉高致)에서 밝힌 대로 요산요수(樂山樂水)에 대한 군자의 욕구를 산수화를 통해 충족하였기 때문에 예술에 대한 동양인의 욕구가 산수화에서 비롯될 수밖에 없었던 것이다. 「임천고치」는 산수의 근본을 인식하는 방법을 바탕으로 산수화가의 마음가짐, 자연을 관조하는 방법, 산수화 기법 등을 설명한 산수화론이다. 예컨대 다음과 같은 지침이 들어 있다.

"산수를 그릴 때는 먼저 주봉(主峰)이라고 이름 붙일 만한 대산의 규모를 마음속에 간직해야 한다. 주봉이 먼저 정해졌으면 다음 차례로 먼 것, 작은 것, 큰 것의 순서로 그려야 한다."

"물이 흐르는 것은 산의 동맥이고 초목은 산의 머리칼이며 안개와 아지랑이는 표정으로 보았기 때문이다."

논란은 있지만 진정으로 독립적인 산수화가 출현한 것은 동진 시대에서 남조(南朝) 시대에 이르는 시기다. 이 시기의 문학 분야에서는 자연미를 표현한 산수시(山水詩)가 산수화(山水畵)와 서로 연관되어 출현했다. 시인이자 화가인 사령운(謝靈運), 사조(謝朓)가 바로 산수시인(山水詩人)이다.

화가이자 화론가로 대표적인 인물은 종병(宗炳)이다. 종병은 정부 관리가 되는 데 뜻을 두지 않고 자연풍경을 유람하고 감상하는 것을 즐긴 문인화가였다. 늙고 병들자 그는 자신이 유람했던 명산을 모두 그려서 방 안에 걸어두고 즐겼다고 한다. 종병의 「화산수서」(畵山水序)는 산수화론의 효시다. 오늘날 「화산수서」는 남아 있지만 그의 작품은 전해지지 않는다.

인격도야 수단으로서의 예술

예술이란 말에는 삶의 실천적 수단으로서 '기술'(art)이란 의미와 아울러 인격완성을 위한 교육적·윤리적 의미가 들어 있다. 예술의 참다운 의의는 그저 손끝의 재주만 보여주는 기술이나 기교의 수련에만 있었던 것이 아니라, 예술을 통해서 교양을 쌓고 인격을 도야하며 널리 인간을 이롭게 하는 것이다. 그러므로 인간은 예술을 통해서 인생의 즐거움을 얻을 수 있다. 공자(孔子)는 그런 뜻을 『논어』(論語)

「술이」(述而)편에 "도(道)에 뜻을 두고, 덕(德)을 근거로 삼으며, 인(仁)에 의지하면서 예(藝)를 즐긴다"(志於道, 據於德, 依於仁, 游於藝)라고 피력하였다. 물론 여기서 藝는 오늘날 예술의 의미와는 차이가 있다. 당시의 藝는 나무를 심고 기르는 원예의 의미나 기예, 재능의 의미로 많이 쓰였다. 공자가 말하는 藝는 육예(六藝), 즉 예악사어서수(禮樂射御書數)를 가리키는 것으로 해석된다. 예절과 음악, 활쏘기와 말 타기, 글쓰기와 수리학 등의 재능을 익히고 즐겨야 한다는 것이다. 공자가 살던 당시의 사회에서 적어도 군자라면 이 정도는 두루 능해야 한다는 뜻이다.

공자는 또 『논어』 「옹야」(雍也)편에서 "질이 형식보다 지나치면 거칠다 하고 형식이 내용보다 지나치면 겉치레라 하나 이 둘이 겸비되면 군자라 한다"(質勝文則野, 文勝質則史, 文質彬彬, 然後爲君子也)라고 했는데, 여기서 질(質)인 내용은 완전한 군자의 일면인 '꾸밈 없는 본바탕'을 가리키는 말이다. "그림 그리는 일은 흰 바탕을 칠한 후에 있는 격"(繪事後素)이라는 말로 비유해볼 수 있는데, 이는 '형식에 앞서 있는 본질'을 가리키는 것이라고 할 수 있다. 유학사상에서 인격을 완성하기 위해 덕과 인을 닦은 연후에야 예술 활동을 하는 것으로서 "덕을 이룬 사람은 윗자리에 있고 기예를 이룬 사람은 아랫자리에 있다"라는 것과 의미가 일치한다.

아름답게 조화되도록 하는 인간 정신은 중화(中和) 정신인데, 이것이 밖으로 표현되는 것이 인간 행위의 아름다움과 도덕적 내용을 포함한 예술이다. 동양의 예술은 정신성이 강조되면서도 깊고 그윽한 맛이 담긴 예술이라고 말한다. 즉 유현미(幽玄美)라는 특성이다. 이 유현미는 동양예술 중에서도 특히 산수화에서 느낄 수 있다. 산수화의 유현미를 향수하며 자연과 하나 되면서 사계절에 맞추어 생활하는 태도는 자연스럽고 멋진 삶의 태도다.

노자(老子)는 도를 체득하고 실행하기만 한다면 일체의 불합리한 현상들은 저절로 소멸하고 진선미(眞善美)의 세계 속에서 온 천하가 화평하게 되어 행복이 가득하다고 하였다. 장자(莊子)는 이러한 노자 의 무위자연을 계승하면서도 노자 사상에 내재된 숙명론적인 요소와 인생에 대한 무관심한 태도를 버리고 예술적 색채와 미학 내용을 풍 부하게 발전시켰다.

공자를 대표로 하는 유가(儒家)의 미학이 미(美)와 선(善)의 일치성 을 강조한다면 장자 미학이 강조하는 것은 미(美)와 진(眞)의 일치성이 다. 회화가 유교적인 생각에서 해방되려는 시기인 위진남북조 시대 에 산수화와 함께 출현한 노장사상의 하나인 청담(淸談)사상이 자리 를 잡게 되면서 미도 무위자연(無爲自然)의 도로 성립되었다.

그림을 보는 방식[視方式]

동양의 삶은 '도전과 극복'이라는 서양의 삶과는 달리 자연에 순 응하여 윤리적으로 덕과 예를 중시한다. '본다'(視)는 시각 작용도 독 특하게 형성되었다. 따라서 그에 걸맞은 조형예술관이 형성되었다.

동양의 조형예술에서는 경험적 시각(視覺)보다는 관념적 시각이 중요하다. 동양은 무위자연을 지향한 도교사상과 유교적 신분질서 이념의 지대한 영향을 받으며 정신지향성의 회화를 추구했다. 동양 의 회화에서 명암법이나 소실점에 의한 원근법이 배제된 이유도 이런 시각의 차원 문제 때문이다.

동양에서 부감시(俯瞰視) 기법, 즉 주로 위에서 아래로 비스듬하게 내려다보는 시점(視點)은 주산(主山)의 정상에서 군봉(群峰)을 내려다보는 형식, 또는 군봉의 관점에서 주산을 올려다보는 기법은 주종관계(主從關係)를 뚜렷이 하는 유교적 신분 질서 이념이 합치된 결과다.

원체파의 화가 곽희는 『임천고치』(林泉高致)에서 실제 산수를 방불하게 하는 그림 속의 산수를 통해 인격을 수양할 수 있음을 밝혔다. 그는 산수를 바라보는 시각을 분석하여 서양화의 원근투시법과는 다른 삼원법(三遠法)을 제시함으로써 화면공간의 심오함을 밝혔다. 삼원법은 산 밑에서 산 위를 올려다보는 시점인 고원법(高遠法), 산 앞에서 산 뒤를 굽어보는 시점인 심원법(深遠法), 가까운 산에서 멀리 있는 산을 바라보는 시점인 평원법(平遠法)을 일컫는다. 일반적으로 산수화에서 삼원법은 각각 나뉘어 사용되기보다는 한 화면에 병존하는 경우가 많다.

수당, 오대십국, 송나라 시대의 회화

중국은 위진남북조 시대의 혼란기를 지나 수나라와 당나라에 들어와서 인물화와 산수화가 발달했고 산수화는 독립적인 화목(畵目)으로 자리 잡았다. 당나라에서는 회화 제재와 표현 기교가 풍부해짐에 따라 회화의 대상에 명백한 구분이 생겼다. 인물, 산수, 말 탄 모습, 화조(花鳥)와 종교경(宗敎經)을 벽화로 그린 것 등 모두 점점 독립된 회화의 장르가 되었다. 또 공필중채(工筆重彩)와 찬란함을 요구하는 화풍도 이미 완성되었다. 공필(工筆)은 표현하려는 대상물을 어느 한구석이라도 소홀함이 없이 꼼꼼하고 정밀하게 그리는 것을 말하고, 중채(重彩)는 채색하는 기법을 말한다.

회화는 채색종류별로 채색화(彩色畵)와 수묵화(水墨畵)로 나뉜다. 전통채색화를 진채화(眞彩畵)라고 하는데 농채화(濃彩畵), 석채화(石彩畵), 중채화(重彩畵)라고도 한다. 그 반면 먹만으로 그리는 것을 수묵화라고 하며 기법에 따라 크게 농묵(濃墨), 담묵(淡墨), 발묵(潑墨), 파묵(破墨) 등으로 나뉜다. 수묵화는 특히 현란한 채색을 피하고 먹의 정신성(精神性)을 구현하기에 적합한 양식으로 예로부터 많은 문인과 선비가 즐겨 그렸다. 동양인의 미의식과 작가의 내면세계 뜻을 표현하는 사의(寫意)를 반영하기에 가장 적합한 것으로 알려져왔다. 문인과 선비는 교양과 여기(餘技)의 한 방편으로 수묵화를 자주 그렸으며, 화원(畵院)에서의 그림 같은 본격적이고 직업적인 회화로보다는 시(詩)와 서(書)를 조화해 문학성 짙은 화면을 이루어낸다.

먹은 원래 단일색이지만 중국인들은 먹색이 모든 색을 다 함유한 것으로 받아들였고 질료적(質料的) 성격으로 파악하기보다는 정신성이 강한 재료로 생각하였다. 따라서 먹만을 써서 그리는 수묵화는 채색화가 지닐 수 없는 담담한 맛과 운치를 구현하기에 좋은 양식이었다. 나중에 청나라 시대 화가 왕원기(王原祁)가 "먹 속에 색이 있고(墨中有色), 색 속에 먹이 있다(色中有墨)"라고 한 것도 그런 뜻이다.

특히 당태종(李世民)은 미술에 대한 공훈을 표창해 미술이 "교화를 이루고 인륜을 돕는다"(成敎化, 助人倫)라는 사회적 기능을 갖추길 요구했다. 당나라 시대에 인물화는 전성기를 이룬다. 인물화 분야에서는 염립본(閻立本), 장훤(張萱), 주방(周昉), 오도자(吳道子) 등이 활약했다.

특히 염립본의 화법은 고개지의 이선묘화(以線描畵, 선으로 그림 형태를 그리고 나서 채색하는 선묘화법)와 이형사신(以刑寫神, 형상으로서 정신을 표현한다)의 함의를 잘 표현하고 있다.

당시 산수화는 청색과 녹색을 주로 사용하는 청록산수화(青綠山水畵)가 주류였는데 당나라 시대 이사훈(李思訓)과 그의 아들 이소도(李昭道)가 이 분야에 크게 기여했다.

907년 당나라가 멸망하고 송나라가 다시 중원을 통일하는 60년간을 오대십국 시대(五代十國時代)라고 하는데 황하 유역을 중심으로 화북을 통치했던 5개 왕조(오대, 후량, 후당, 후진, 후한, 후주)와 화중·화남과 화북의 일부를 지배했던 여러 지방정권(십국, 오월, 민, 형남, 초. 오, 남당, 남한, 북한, 전촉, 후촉)이 흥망을 거듭한 정치적 격변기를 말한다.

대관산수화와 거비파, 그리고 동거파

오대십국 시대에서 남송 시대까지 정치적인 혼란이 거듭되었지만 중국 회화사적으로 볼 때 이 시기에도 산수화가 발달하였다. 산수화는 전경, 중경, 후경으로 공간을 3등분하여 공간적 깊이감을 표현하고 있다.

당나라 말기 무렵 전란을 피해 제18대 황제 희종(僖宗)과 함께 서촉(西蜀, 오늘날 사천성)으로 간 일단의 화가들이 매우 사실적인 작품을 그렸고 도석인물화(道釋人物畵)를 유행시켰는데 도석인물화는 신선이나 불교의 고승과 나한(羅漢) 등을 그린 그림으로 도석화(道釋畵)라고도 한다. 도석인물화는 일반적으로 종교상 숭배할 만한 인물의 모습이나 행장(行狀)을 그린 그림으로, 반은 종교적이고 반은 관상적이다.

도석화가 중에서도 관휴(貫休)와 석각(石恪)은 선종화를 유행시켰다.

이 시대 산수화에서는 그림 중앙에 거대한 산봉우리를 우뚝 세운 독특한 산수화가 등장하였다. 이런 그림은 마치 거대한 비석과 같다고 하여 거비파(巨碑派)로 불린다. 거비파 산수화는 산세가 험준한 지역의 풍경을 사실적으로 묘사했기 때문에 대관산수도(大觀山水圖)라고도 한다. 형호(荊浩), 관동(關仝, 형호에게서 배웠다), 이성(李成), 이종성(李宗成) 등이 거비파의 대표적인 화가들이다.

형호는 사람은 적게 묘사하고 배경인 산수를 크게 하여 초기 산수화가 인물의 배경 역할을 한 것에서 탈피하여 산수에 인물이 종속되는 양식의 산수화를 독립시켰다. 형호는 『필법기』(筆法記)에서 그림의 사실적 묘사를 강조했다. 그리하여 형호는 북방 산수화파의 원류가 되었다.

거비파와 달리 양자강 이남, 즉 강남의 전형적인 산세 모습인 낮은 산, 언덕, 그리고 안개와 구름이 잘 끼는 습윤한 기후를 그린 강남산수화(江南山水畫)가 등장하였다. 특히 동원(董源)은 마(麻)의 올을 풀어 빗어놓은 것처럼 같은 방향의 선을 되풀이하여 길게 긋는 피마준(披麻皴, 남종화를 대표하는 동양회화의 표현 기법) 기법과 담묵(淡墨)을 겹쳐서 사용하는 준법(皴法, 암석의 굴곡 등 주름을 그리는 화법)을 많이 사용하였다. 그 대표적인 그림이 「소상도」다. 동원의 제자 거연(巨然)은 스승의 화풍을 계승했는데 그들을 일컬어 동거파(董巨派)라고 한다.

형호의 회화론

형호의 『필법기』는 수묵산수화를 중심으로 그 기법을 분석한 이론서로, 회화를 창작할 때 기본적으로 갖추어야 할 요소인 화육요(畵六要)와 필(筆, 붓)의 올바른 사용법, 작품이 갖추어야 할 품격 등 회화에 필요한 다양한 방법적인 내용을 담았다. 형호 이전의 화론은 대부분 인물화에 관한 이론이었으므로 『필법기』는 순수한 산수화에 관한 이론으로서 미학적 내용까지 담고 있는 화론의 출발점이 된다.

"오도자의 산수는 필(筆)은 있어도 묵(墨)이 없고, 항용산인(項容山人)은 묵은 있어도 필이 없지만, 나는 일찍이 필과 묵의 두 가지 장점을 취득하여 일가(一家)의 체(體)를 이루었다."

형호는 이렇게 말했다. 그의 그림은 준법(皴法), 구도(構圖), 필의(筆意)가 풍부하면서도 자연스러워 막히는 것이 없었다. 형호는 『필법기』에서 "무릇 그림에는 여섯 가지 요소가 있는데(畵六要) 그것은 기(氣), 운(韻), 사(思), 경(景), 필(筆), 묵(墨)이다"라고 하여 사혁(謝赫)의 화육법(畵肉法) 가운데 기운생동(氣韻生動)을 각각 기와 운으로 따로 나누어 제시했으며, 화론상에서 처음으로 묵을 중요한 요소로 간주하여, 당 이래 나타나기 시작한 수묵산수화의 이론적 근거를 분명하게 하고자 했다. 형호는 필과 묵의 관계에서 필을 사용하여 의를 드러낸 필체에 묵의 훈담(暈淡)이 드리워지면 문(文)과 채(彩), 형(形)과 질(質)이 조화된 작품으로 형성될 수 있다는 내용을 창조의 요소로 밝힌 것이다.

형호는 또 붓을 사용하는 기법을 근육골기(筋, 肉, 骨, 氣)로 규정했고 붓자취가 끊겨 있으나 끊어지지 않은 듯이 보이는 것을 筋, 형체의 실체감을 이루는 것을 肉, 강하게 바르는 것을 骨, 붓 흔적에 잘못

됨이 없는 것을 氣라 했다.

형호는 또 화육요에 의거하여 이뤄진 작품의 평가근거로 품평론을 제시했다. 그 내용의 핵심은 신묘기교(神, 妙, 奇, 巧)다. 신(神)이란 인위적이지 않고 붓의 움직임에 따라 저절로 형상을 이루는 것이다. 묘(妙)는 생각이 천지를 경험하여 만물이 성정(性情)으로 분류됨을 알아 사물의 형상과 이치가 법칙에 합치되어 사물의 구별이 붓에서 고루 이루어진 것이다. 기(奇)는 붓의 자취를 함부로 하고 헤아리지 않아서 진경과 혹 어긋나거나 달라져 그 이치를 편벽되게 얻고 만 것이므로 이것은 필은 있으나 생각이 없는 것이다. 교(巧)는 사소한 아름다움을 갈고 꿰어 겉으로는 도에 합치된 듯해도 억지로 꾸며 그려 그 기상에서 더욱 멀어진 것이다. 이것은 본질이 부족하고 꾸밈이 많은 것이다.

형호의 화육요는 작가적인 방법론을 제시한 것으로 화가가 자신의 회화의 도달수준을 스스로 반성하고 점검해볼 수 있는 창작상의 지침이 될 뿐 아니라 작품을 감상하는 기준이 된다.

화조화

같은 무렵 황전(黃筌)은 극사실적인 화조화(花鳥畵)와 영묘화(翎毛畵, 새와 짐승 등을 소재로 그린 그림)로 인기가 높았다. 화조화는 문자 그대로 새나 꽃을 그린 화목(畵目)의 총칭이다. 화조화는 일명 영모화(翎毛畵)라고도 하는데 영모는 본래 새의 깃털이라는 뜻이지만 나중에 와서는 동물의 털도 영모에 포함되었다.

화조화는 화훼(花卉), 소과(蔬果), 초충(草蟲), 축수(畜獸), 어해(魚蟹),

인개(鱗介, 어류와 패류) 등 다양한 동식물 그림을 포함하는 넓은 의미다. 화조화는 사람의 성품을 닦는 양생 효과가 있다고 여겨왔다. 민간에서는 새, 물고기, 호랑이 같은 동물들은 인간을 보호하고 도와주는 벽사(辟邪)와 길상(吉祥)의 대상으로 여겨지면서 그림에 그 형상을 담아왔다. 이런 동물화 혹은 길상을 추구하는 다른 형식의 그림들을 병풍이나 장식그림 형식으로 민간 화공들이 반복적으로 그리고 대중에게 널리 보급하고 전해 내려오면서 오늘날 말하는 민화(民畵)가 되었다.

화조화를 기리는 기법으로는 기술적으로 수묵(水墨), 발묵(潑墨), 중채(重彩), 백묘(白描), 몰골(沒骨) 등 다양한 화법이 있지만 크게 공필(工筆)과 사의(寫意) 두 가지 방법으로 나뉜다. 화조화는 중국의 회화사가 장언원(張彦遠, 회화사의 시조로 통한다)이 쓴 『역대명화기』에서 처음으로 독립된 화목으로 분류되었다.

이후 오대십국 시대(907~960)에 이르러 화조화는 큰 발전을 이뤘으며 두 화풍으로 나눠지기에 이르는데 하나는 황전(黃筌) 부자를 대표로 구륵전채법(鉤勒塼彩法)이 특색인 황체(黃體)이고, 다른 하나는 서희(徐熙)를 대표로 수묵몰골법(水墨沒骨法)을 제창한 서체(徐體)다. 서희는 생몰연도가 불분명한데 중국 오대십국 시대 남당(南唐)의 화가로서 화조화에 뛰어났으며 화풍은 송나라의 색이나 먹의 농담과 넓이를 주조로 하는 서체의 시조가 되었다. 서체는 황전의 황체와 더불어 송나라 초기의 화조 화단을 양분하였다.

송나라 시대 대표적인 회화이론가인 곽약허(郭若虛)는 「도화견문지」(圖畵見聞誌)에서 "황전의 화풍은 부귀하고, 서희의 화풍은 야일(野

逸)하다"라고 평가했다. 정교한 묘사와 화려한 색채가 돋보이는 황체는 북송 시대 화원(畵院)에서 받아들여져 100년 동안 화단에 지속적인 영향을 미치면서 원체화(院體畵, 南宋院體畵風, 궁정 취향에 따라 화원을 중심으로 이룩된 직업화가들의 화풍을 말하며 궁정의 유행이 때에 따라 바뀌기 때문에 일정한 양식을 말하는 것은 아니다)로 발전하였다. 이것이 공필화(工筆畵, 남종화 계통의 수묵화와 대비되는 개념으로 북종화 계열에 속하는 그림)다. 북종화는 직업화가들이 외면적 표현에 치중하여 그린 기교적이고 장식적인 그림이다. 공필 화조화의 기법은 산수화에 비해 더욱 자세하고 세밀하며 그 표현 방식은 인물화보다도 다양하고 섬세하고 사실적이면서 장식적인 멋이 특징이다.

이와 반대로 담백하고 야일한 서체는 사의화(寫意畵) 형식으로 바뀌면서 문인화로 발전하게 되었다.

이곽파

송나라는 1127년 금나라에게 개봉(開封)에서 쫓겨나 남하한 후를 남송(南宋)이라 부르는데 약 150년간 지속된다. 역사에서는 송나라(960~1279) 전체와 구별하여 그 이전까지를 북송(北宋, 960~1126)이라 불렀다. 북송 시대에는 거비파가 더욱더 세력을 넓혔는데, 그중에서 곽희는 이성(李成)의 산수화를 배우고 여러 화풍을 종합하였다.

이성은 거비파 관동(關仝)을 스승으로 삼았으며 한림(寒林)의 경관을 그렸는데 특히 나무를 그리는 수법(樹法)은 한림해조묘(寒林蟹爪描)라고 한다. 그 뒤로 북종화풍의 한엄(寒嚴)한 성격은 오랫동안 영향을 미쳤고 평론가들은 산수화에서 이성의 위치는 종교 인물화에서 당나라 현종 시대의 화가 오도현(吳道玄)과 필적한다고 했다. 작품의 특징은 적막한 기상과 가없이 넓은 숲을 예리한 붓끝으로 깊고 정밀하게 그린 것이다.

곽희는 산수화를 그릴 때 특히 풍화작용으로 침식된 산세를 구름이나 안개가 피어오른 형상으로 표현하거나 산봉우리가 안개나 구름에 휘감겨 있는 모습을 그릴 때 운두준(雲頭皴)을 중시했다. 운두준은 산세를 사계의 변화에 민감하게 부합되도록 표현하여 바위를 마치 구름이 피어오르는 것처럼 그린 것이다. 또한 곽희는 게의 발톱처럼 뾰족하게 뻗은 소나무를 표현한 해조묘법(蟹爪描法)을 더욱더 개발·발전시켰다. 이성과 곽희의 양식을 따르는 화파를 이곽파(李郭派)라고 한다. 조선 시대 안견(安堅)이 그린 「몽유도원도」(1477)는 이곽파의 전형이다.

북송 시대의 궁정화가와 문인화가

북송은 건국 초기부터 한림도화원(寒林圖畵院)을 설립하여 궁정화가들을 육성했다. 따라서 북송 시대 화가는 거의 궁정화가들이었다. 그러나 11세기 말 궁정화가들의 객관적이고도 사실적인 화풍을 거부하고 회화의 가치는 화가 개인의 내면세계의 표현에 달려 있다는 화론을 주장하는 문인화론이 등장했다.

이런 화론을 주장한 중심인물은 문동(文同)과 소식(蘇軾)이었다. 문동은 대나무는 외형보다는 내 마음속의 대나무를 그려야 한다고 강조했다. 이성은 "붓이 가는 대로 그린다"(弄筆自適)라고 했고, 소식은 "마음이 가는 대로 그린다"(畵以適意)라고 말했다. 소식은 북송 시대의 시인이자 문장가, 학자, 정치가로서 흔히 소동파(蘇東坡)라고 하며 당송팔대가(唐宋八大家)의 한 사람으로 손꼽혔다.

당송팔대가는 당나라의 한유(韓愈), 유종원(柳宗元), 송나라의 구양수(歐陽修), 소순(蘇洵), 소식(蘇軾, 蘇東坡), 소철(蘇轍), 증공(曾鞏), 왕안석(王安石) 여덟 사람인데, 소순, 소식, 소철은 부자형제 사이로 삼소(三蘇)라 부른다.

미불(米芾)과 미우인(米友仁) 부자는 구름 낀 산의 모습을 옆으로 찍은 점, 즉 미점(米點)으로 표현했는데 그런 산수화를 그 후 미법산수화(米法山水畵)라 하고 문인화에 즐겨 사용했다. 조선 후기의 정선(鄭歚)은 금강산을 표현할 때 미점을 사용했다.

시서화 일체론, 시 속에 그림이 있고 그림 속에 시가 있다

회화가 꽃피었던 송나라 시대에는 소식 같은 문인들이 시와 회화 일치를 주장하여 동양의 시서화(詩書畵)가 예술 일원론적 특성을 드러냄으로써 시와 회화의 관계를 논하게 되었다.

휘종(徽宗, 송의 제8대 황제이지만 예술 방면으로 북송 최고의 한 사람이라고 손꼽힌다) 황제 시절에는 선화화원에서 시제(詩題)로 화원 인사를 뽑을 정도로 시와 회화는 가까웠다. 송나라 회화는 당나라 회화에 비해 정신적 경계에 더 비중을 두었으며 시적 정취를 중요시하게 되었다. 그리하여 당에는 시, 송에는 회화가 꽃피었다고 하여 당시송화(唐詩宋畵)라고 한 것이다.

소식은 "시와 그림은 본래 하나의 법칙이다"(詩畵本一律)라고 말하면서, "형(形)의 닮음으로만 그림을 논한다면 그 소견이 어린아이의 것과 같다고 할 것이며, 시를 쓸 때도 바로 이것이 시라고 우긴다면 그는 참된 시인이 아님을 알 수 있다"라고 하였다.

왕유는 당나라 전성기 사람으로, 일생 동안 불교를 숭배하고 화가이면서 시인인 문사(文士)였다. 그의 시는 객관적 묘사와 공간서술이 잘 표현되어 있다. 본래 좋은 시의 결구는 경영위치(經營位置)를 잘하는 데 있고, 제재를 연마하는 데서는 형상을 나타내는 것과 형상을 창조해내는 것이다. 언어란 표현하려는 그 대상이나 경물의 소리, 빛, 색, 모양을 융화해 그것을 적절하게 전달해야 한다. 그것이 바로 왕유의 시예술의 특징이었다. 다음은 왕유의 시 「산거추명」(山居秋暝)과 「산속에서」다.

밝은 달 소나무 사이로 비치고, 맑은 샘물 돌 위를 흐른다
(明月松間照, 清泉石上流)

산길엔 본래 비 없었지만, 푸르른 숲 기운이 옷깃을 적시네
(山路原無雨, 空翠濕人衣)

소식은 왕유의 시를 감상하고서 "왕유의 시 가운데 그림이 있고, 왕유의 그림 가운데 시가 있다"(味摩詰之詩, 詩中有畫, 觀摩詰之畫, 畫中有詩)라고 했다. 소식의 제발(提拔)은 회화사에서 왕유의 지위와 회화의 위치를 크게 높여놓았다. 그 뒤 고금의 시화를 풍미하는 사람들은 '시중유화 화중유시'가 하나의 모범적인 예술목표가 되었고 회화비평의 한 기준이 되었다. 소식 이전에 북송 시대 곽약허는 『도화견문지』에

서 "왕유는 산수 인물에 능하였다. 용필(用筆)이 아취가 느껴지고 웅장하며, 고금의 형식에 두루 능하였다"라고 하였다.

시적 정취가 느껴지는 회화작품 가운데 몇 작품을 예로 들어보면 곽희의 「조춘도」(早春圖)는 자연경색의 사계절 변화를 깊이 관찰하여 표현했을 뿐만 아니라 문인의 상상력과 창조력을 발휘하여 시정화의 (詩情畫意)를 담고 있다.

미불(米芾)은 소식과 같은 북송 사람으로 서정적이면서도 사의적인 수묵화를 제창한 시인이자 화가다. 미점산수를 창안하여 수묵횡점을 사용하였고 구름 끼고 비 내리는 경치를 서정적으로 표현하였으며 농담을 서로 겹쳐 습윤한 강남의 자욱해 보이는 경치를 잘 표현해냈다. 미불의 아들 미우인(米友仁)은 아버지의 기법을 이어받아 구름 낀 산을 잘 그려냈는데 수묵이 힘차고 형사(形似)에 구애받지 않았다.

작품 품평론

중국의 남북조 시대 인물화가 사혁은 회화 품평의 기준으로 화육법(畵六法)을 제시했는데 첫째는 기운생동(氣運生動), 둘째는 골법용필(骨法用筆), 셋째는 응물상형(應物象形), 넷째는 수류부채(隨類賦彩), 다섯째는 경영위치(經營位置), 여섯째는 전이모사(傳移模寫)다.

기운생동의 의미는 뜻과 정신을 중시하는 동양의 전통적 조형관에서 발생한 가치의식으로 일종의 착상이나 구상을 뜻하는 입의(立意)와 작가의 내재적인 세계를 표현하는 사의가 잘 살아 있어서 작가의 정신과 인품을 표현한 것을 말한다. 그림 평가에서 가장 중요하게 여기는 기준이다.

골법용필은 운필 방법에 관한 기준으로 대상의 골격을 파악하고 골격이 있는 필법을 사용해야 한다는 것이다. 응물상형은 대상의 객관적 모습에 근거한 정확한 묘사를 말한다. 수류부채는 사물에 대한 색채 표현이다. 응물상형이 물체의 형상 모방이라면 수류부채는 물체 본래의 색을 얼마나 잘 모방했는지를 말한다. 경영위치는 화면의 구도와 위치 설정, 주체와 객체의 위치가 서로 분명한 관계로 통일되어야 한다는 것을 말한다.

전이모사는 그림을 임모(臨模)하는 능력으로 선인들의 그림을 충실히 모사하여 그 장단을 찾고 배워야 비로소 자기 그림을 그릴 수 있다고 본 것이다. 전이모사는 모방으로 치부해버리면 아주 낮게 평가될 요소이지만, 유교적 보수성이 강한 사회에서 전이모사는 무척 중요한 기능이다. 창작에 앞서 선인들의 경험을 배워야 한다는 것과 현실 사물을 사생하는 것 두 가지 뜻으로 해석할 수 있다.

소경산수화

북송 말기인 1100년경 중국의 화풍에 큰 변화가 일어난다. 거창한 그림인 이른바 거비파의 대관산수화(大觀山水畵) 대신 삶의 주변에서 흔히 볼 수 있는 작은 경치를 담은 소경산수화(小景山水畵)가 등장했다. 예컨대 조영양(趙令穰)은 여름날 호숫가에 피어오르는 안개를 즐겨 그렸다. 그 후 왕선(王詵), 이공년(李公年)이 화면을 전체적으로 평행사선구도로 잡고 경물(景物)은 화면 한쪽으로 몰아넣고는 나머지 공간은 비워놓거나 안개로 처리하는 방법을 개발했다. 이후 이런 식의 평행사선구도는 남송대에 크게 유행했다.

송나라 예술의 특징 중 하나를 '예술의 생활화'라고 말한다. 시의 측면에서 논하면 시의 산문화 현상이 그것이며 평담미(平淡美)의 존중이 그것이다.

마하파

1127년 송나라는 금(金)나라에게 쫓겨 수도를 개봉에서 항주로 옮겨 남송 시대를 연다. 이당(李唐)은 북송의 마지막 궁정화가이자 남송 시대 최초의 궁정화가다. 이당은 처음에는 거비파를 따랐으나 화면 한쪽에 무게를 두는 일각(一角)구도 또는 변각(邊角)구도를 사용했고 산을 표현할 때 도끼로 찍어 내린 듯한 준법인 부벽준(斧劈皴)을 개발했다. 부벽준 기법과 일각구도는 그 뒤 마원(馬遠)과 하규(夏珪) 등에게 이어져 남송의 대표적인 화원 양식이 되었다. 마원과 하규를 따르는 화파를 마하파(馬夏派)라고 한다.

남송원체 화풍은 남송 시대 강남지방의 온화한 기후와 나지막한 산, 그리고 물이 많은 특이한 자연환경을 배경으로 그린 화원의 화풍을 말하는데 그중에서도 마하파 화풍이 전형적이다.

지금까지 설명한 여러 화파 중에서 동거파, 이곽파, 마하파를 중국 회화사의 3대 주류 화파라고 한다.

소상팔경도

남송 시대에는 화풍에 변화가 일어났을 뿐만 아니라 그림 소재에도 변화가 있었는데 하나는 소상팔경도(瀟湘八景圖)가 널리 유행한 것이고 다른 하나는 남송 시대 불교의 발전과 더불어 불화(佛畵)가 유행했다는 점이다. 선종화(禪宗畫)와 나한도(羅漢圖), 그리고 선승이나 큰 스님의 초상화를 비롯하여 인물화가 많이 제작되었다.

소상팔경(瀟湘八景)은 중국의 후난(湖南)성 동정호 남쪽 소수(瀟水)와 상강(湘江)이라는 두 강이 합류하는 곳에서 연출하는 경승 여덟 가지를 말한다.

1경(山市晴嵐 산시청람) 산간 마을의 맑은 기운이 감도는 풍경.

2경(煙寺暮鐘 연사모종) 연무에 쌓인 산사의 저녁 종소리.

3경(瀟湘夜雨 소상야우) 소상강에 밤비 내리는 풍경.

4경(遠浦歸帆 원포귀범) 멀리 포구로 돌아오는 돛단배들.

5경(平沙落雁 평사낙안) 모래밭에 내려앉는 기러기떼.

6경(洞庭秋月 동정추월) 동정호에 비치는 가을 달.

7경(漁村夕照 어촌석조) 저녁노을 물든 어촌 풍경.

8경(江天暮雪 강천모설) 저녁 때 강변에 눈 내리는 풍경.

소상팔경은 조선 시대 한반도 문화에도 큰 영향을 미쳤는데 『춘향전』, 『심청전』, 『흥부전』, 『수심가』, 『만복사저포기』(萬福寺樗蒲記) 같은 작품에 빠지지 않고 등장하며 김만중(金萬重)의 『구운몽』(九雲夢)은 아예 소상팔경을 소설 공간으로 설정했다. 판소리에서 소상팔경을 묘사하는 대목은 대략 아래와 같다.

소상강 들어가니…… 소상팔경이 눈앞에 펼쳐져 있어 찬찬히 둘러보니 물결이 아득한데 주루룩 주루룩 내리는 비…… (소상강 밤비)가 이 아니냐. 칠백 평 호수 맑은 물에 가을달이 돌아오니 하늘의 푸른빛이 물 위에 어리었다. 어부는 잠을 자고 소쩍새만 날

아드니 (동정호 가을 달)이 이 아니며, 오나라, 초나라 너른 물에 오고가는 장삿배는 순풍에 돛을 달아 북을 둥둥 울리면서, 어기야, 어기야, 어야 소리 하니 (먼 포구에 돌아오는 돛단배)가 이 아니냐. 강 언덕 두서너 집에 밥 짓는 연기 나고, 강 건너 절벽 위에 저녁노을 비쳐오니 (무산의 저녁노을)이 이 아니냐. ……푸른 물, 하얀 모래, 이끼 낀 양쪽 언덕에 시름을 못 이기어 날아오는 기러기는 갈대 하나 입에 물고 점점이 날아들며 끼룩끼룩 소리하니 (모래밭에 내려앉는 기러기)가 이 아니냐. ……새벽 종소리에 경쇠 소리 뎅뎅 섞여 나니 배타고 온 먼 길손의 깊이 든 잠 놀래 깨우고, 탁자 앞의 늙은 중은 아미타불 염불하니 (한산사 저녁 종)이 이 아닌가.

선화가

선승 목계(牧谿)와 옥간약분(玉澗若芬)은 뛰어난 선종화를 남겼다. 목계는 같은 쑤저우 출신인 남송의 승려로 무준사범(無準師範) 밑에서 선(禪)을 닦았고 송나라 말기에 정치적인 곤경에 빠지자 수도 저장성 임안 근처에 있는 사해 부근으로 가서 육통사(六通寺)를 세우고 오래도록 그곳에서 살았다. 목계는 당시 선문의 고승들과 교유하며 수묵화의 화승으로 이름이 높았다. 목계는 대부분의 중국 화가와 마찬가지로 다양한 주제, 이를테면 산수화, 도석 인물화, 화초, 정물 등과 정통적인 도상학적 주제를 다뤘다. 화풍은 남송대의 극명한 사실성과 강남에 전하는 수묵의 감각적인 시정이 훌륭히 조화된 것으로서 필치가 호방한데도 정적인 화취(畫趣)는 그의 선적(禪的) 인격을 표현하였다.

목계의 기법은 전통적인 기법이 아닌 독특한 화풍을 이루었으므로 중국의 화사(畵史)나 화론(畵論)에서는 그에 대한 언급이 없고 다만 1350년대 원나라 오태소(吳太素)의 『송재매보』(松齋梅譜)에만 잠깐 언급될 정도로 높이 평가받지 못하였다. 그러나 선(禪)을 주제로 한 그의 그림은 특히 일본에 많은 영향을 주어서 일본에서 수없이 복제되었다.

목계의 작품으로는 각각의 주제를 다룬 여러 작품이 남아 있으며 다양한 흥미와 화풍을 보여주고 있다. 가장 널리 알려진 그림은 「관음원학도」(觀音猿鶴圖)와 「육시도」(六枾圖)다. 「관음원학도」는 3매로 이어져 있는데, 하얀 옷을 입은 관음보살이 가운데 서 있고 양쪽에 원숭이와 한 마리 학이 그려져 있는 그림으로 모두 교토의 선종 사원 다이토쿠사에 있다. 원래 여덟 점으로 이루어진 「소상팔경도」는 네 점만 일본의 여러 곳에 나뉘어 보관되어 있다.

일본의 선종 승려며 중국식 수묵화가 모쿠안 레이엔(默庵靈淵)이 1333년쯤 중국으로 가서 여러 사찰을 여행하면서 목계의 기법으로 꽃, 새, 인물을 그렸다. 그는 목계의 절까지 찾아가 그 절의 주지에게서 목계의 낙관 두 개를 받았다는 설이 있기 때문에 일본에 있는 많은 그림이 정말로 목계의 작품인지는 매우 의심스럽다.

옥간약분은 붓의 작용과 먹의 운용을 융합하여 수묵화의 묘미를 극도로 발휘한 개성적인 작가였다. 저장성 임안의 천축사 서기(書記)가 되어 여러 곳을 돌아다닌 뒤 고향에 돌아와 경치가 좋은 곳에 정자를 지어 옥간(玉澗)이라고 하였으며 부용봉주(芙蓉峰主)라고도 하였다. 옥간약분은 은거하며 산수, 묵죽, 묵매(墨梅) 등을 비롯하여 서호

(西湖), 소상(瀟湘), 북산(北山)의 경치를 그렸다. 80세로 탈속적인 생애를 마쳤다고 사서(史書)에 전해져 온다. 안개를 떨치고 우뚝우뚝 솟은 산봉우리를 거친 필치로 묘사한, 웅대하고 시취가 넘치는「소상팔경도」도 그렸는데 현재는「동정추월」,「산시청만」,「원포귀범」세 점이 남아 있다.

원대 회화혁명

1271년 쿠빌라이칸(忽必烈)은 남송을 정복하고 원나라를 세웠다. 원나라의 지배자들은 정복과정에 저항한 중국인 사대부들을 남인(南人)이라 하여 철저하게 차별했다. 송나라까지 중국 회화는 궁정화가 혹은 직업화가가 주축이었으나 원나라 때부터는 문인들이 화단을 주도하게 되었다.

원나라 초기 회화의 주제는 망국, 은거, 복고, 야인, 저항, 마음속 풍경을 그리는 새로운 화풍이 진작되었다. 북송 말기부터 시서화(詩書畵)를 통합한 문인화가 정착되었다. 이런 식으로 새로운 회화 이론이 등장하는 현상을 '원대 회화혁명'이라고 한다.

이러한 상황에서 원대 회화는 두 가지 경향으로 발전하게 되었다. 하나는 복고주의, 즉 북송으로 돌아가려는 회귀북송운동(回歸北宋運動)인데 이 사상은 몽골족 지배 아래 있는 한민족 가운데 지성 있는 화가들이 복고의 신념을 가지고 옛 문화를 추구하는 경향이다. 다른 하나는 회화적 틀이나 형상에 구애받지 않고 산수화나 사군자화 사상을 자유롭게 표현하는 경향이다.

이제 그림은 '있는 그대로 사물을 닮게 그리는 것', 즉 형사(形似)

가 아니라 '내 마음속에 느끼는 것을 표현하는 것', 즉 사의(寫意)를 더 중요하게 여기게 되었다. 예를 들면 어부는 고기 잡는 사람이 아니라 은거자를 상징했다.

정사초(鄭思肖), 공개(龔開) 같은 화가는 뿌리 없는 난초와 뼈만 앙상한 말을 즐겨 그렸다. 임인발(任仁發)은 특히 말을 잘 그렸다. 고극공(高克恭)은 미법산수화를 계승했고 후에 동원(董源)과 이성(李成)을 배웠다. 또 금나라 문인 왕정균(王庭筠)의 묵죽(墨竹)을 배워 조맹부(趙孟頫)와 함께 원대 문인화의 선구자가 되었다. 왕정균은 원말 4대가로 불리던 황공망(黃公望), 오진(吳鎭), 예찬(倪瓚), 왕몽(王蒙)과 함께 당대의 대표적 화가로 꼽혔다. 예찬은 붓을 자유로이 하여 간략히 표현하는 것을 일필초초(逸筆草草)라고 했는데, 여기서 초초는 문인화의 '간략한 붓놀림'을 말한다.

조맹부는 송나라 황실의 후손으로 원나라 때 벼슬에 나가 관직이 한림학사(翰林學士), 영록대부(榮祿大夫)에 이르렀으며 죽은 뒤 위국공(魏國公)에 봉해졌다. 조맹부는 왕희지(王羲之)의 글씨를 깊이 연구하여 후대 서예에 큰 영향을 준 조체(趙體) 또는 송설체(松雪體)라 불리는 아름답고 세련된 자태의 독창적인 글씨를 만들어냈다. 송설체는 고려 말부터 조선 전반기까지 크게 유행했다. 안평대군이 쓴 「몽유도원도」의 발문은 조맹부의 송설체를 바탕으로 발전시킨 것이다. 조맹부는 화법도 독창적이어서 글씨를 쓰는 붓과 그림을 그리는 붓은 사용법이 같다는 이론을 세웠다. 조맹부는 '글씨와 그림은 본래 하나'라는 서화동원론(書畵同源論)과 '서예의 필법으로 그림을 그린다'는 서화일치론(書畵一致論)을 주장하여 시서화 삼절(三絶)의 문인화의 이론적 토대이자 이상(理想)이 되었다. 특히 조맹부가 운두준 바위와 해조묘법으로 그린 바위와 나무는 이곽파를 계승한 것이다. 그는 청록산수, 동거파, 이곽파 양식을 종합한 사람으로 평가받는다. 문인화가 주덕윤(朱德允), 조지백(曹知白)과 직업화가 성무(盛懋)는 조맹부의 화풍을 이어갔다.

조맹부의 스승이기도 한 전선(錢選)은 옛것을 추구하여 의도적으로 고졸한 표현을 했고 중국 귀족문화의 원형으로 간주되는 동진 시대의 대표적 인물인 왕희지와 도연명(陶淵明)을 주제로 한 그림을 즐겨 그렸다. 전선은 조맹부, 왕연(王淵), 진중인(陳仲仁) 등과 우싱파(吳興派)를 형성했고 그의 「도연명귀거래도」는 복고적인 산수화의 진수를 보여주고 있다.

조맹부의 혁신적인 그림에서 시작한 원대 회화혁명은 앞서 말한 황공망, 오진, 예찬 그리고 왕몽이 완성했다. 원말사대가는 동거파 양식을 기초로 사의성(寫意性) 높은 그림을 그렸으며 생계를 해결하기 위해 작품을 팔면서 장쑤 성, 저장성 등지에서 활동했다. 오진은 산봉우리를 묘사할 때 둥글둥글한 명반의 결정체 모양을 따서 주름을 잡은 반두준(礬頭皴) 준법을 자주 사용했고 조맹부의 외손자인 왕몽은 우모준(牛毛皴, 소의 털과 같이 짧고 가는 선으로 표현하는 준법)이라는 변화가 풍부한 필묵법을 사용하여 바위와 산의 동세(動勢)를 잘 표현했다. 왕몽의 우울하고도 불안한 기분이 드는 산수화는 원나라 말기의 혼란스러운 사회 모습을 우회적으로 표현한 것이다.

황공망과 예찬의 그림은 조선 말기 김정희(金正喜), 허련(許鍊), 장승업(張承業) 등에게 큰 영향을 주었다.

명나라 시대의 절파와 오파

1368년 명나라가 시작되었다. 지도자는 주원장(朱元璋)이었다. 그는 농부의 아들로 출가하여 탁발승(托鉢僧)이 되었고 1355년 드디어 비적(匪賊)이 이끄는 반란군의 지도자가 되었다. 주원장은 중국 동부 지역의 여러 읍과 성을 함락시킨 뒤 양자강 유역에 도달하여 그곳에서 사대부 출신 지식인들과 알게 되었다. 이들 가운데 일부가 주원장 봉기에 가세했고 주원장은 그들의 조언을 현명하게 받아들였으며 그들에게서 중국어, 중국사, 유교경전을 공부했다. 더욱 의미 깊은 일은 그가 통치 원칙을 배우고 군대조직과 함께 효과적인 지방행정제도를 만들었다는 것이다. 1368년 초 주원장은 마침내 스스로 명의 황제임을 선포하고 난징을 수도로 정했다.

송나라 지도자들은 과거 경험을 통해 무사계급이 중국에서 가장 위험한 계급이라고 생각하여 의도적으로 그 대립세력인 문신들을 장려했다. 그러나 주원장은 그 반대로 몽골족을 격퇴하고 난 뒤에는 문신들이 가장 위험한 계급이라고 느꼈다. 그럼에도 전통적인 중국 문화를 소생시키기 위해 유생계급을 복권했고 교육을 장려하고 관리를 양성하기 위해 의도적으로 학자들을 훈련했다. 동시에 학자들의 권세와 지위를 박탈하는 방법을 썼다.

명나라는 전반적으로 말해 정치사회적으로는 안정되었고 경제는 번영했지만 문화적으로는 그 이전 시대보다 크게 발달했다고 할 수는 없다. 그러나 명나라는 약 300년 동안 많은 화가가 다양한 작품을 남겼다.

명나라 시대는 송나라 시대의 한림도화원(寒林圖畵院) 같은 체계적인 제도는 없었으나 화가들을 일정 기간 황실로 불러들여 작업을 맡기곤 했다. 황실에 근무하는 동안 그들에게는 무관직 벼슬이 주어졌다. 명나라의 궁전회화를 원체화파(院體畵派)라고 했다.

명나라 시대에는 지역별로 화풍이 달랐는데, 하나는 남송의 수도 저장성 항저우와 푸젠 성을 중심으로 하는 절파(浙派)가 활동했고 절파에 속하는 화가들은 주로 직업화가로서 간혹 황실에 불려가 궁정화가로 활약했다. 따라서 원체화파는 절파와 유대가 강하다. 다른 하나는 쑤저우 지역을 중심으로 오파(吳派)가 활동했는데 이들은 주로 문인화가였다.

절파를 주도한 화가는 저장성 출신의 대진(戴進)이다. 대진은 명나라 전기의 대표적 직업화가 겸 궁정화가로서 북송 시대의 거비파, 남송 시대의 마하파를 결합하여 절파의 기초를 세웠다. 절파의 화풍은 평면적 화면에다 복잡한 화면 구성, 옆으로 무너져 내릴 듯한 산, 많은 등장인물, 폐쇄적인 공간이 특징이다. 절파화가 중 특히 오위(吳偉), 장로(張路), 장숭(蔣嵩) 등은 거칠고 대담한 화풍으로 광태사학파(狂態邪學派)로 불렸다. 이는 몹시 거칠고 강렬한 필묵을 사용해 그린 그림의 경향을 당시 문인화가들이 미치광이 같은 사학(邪學)이라고 비난하여 부른 데서 붙여진 이름이다. 17세기에 이러한 화풍이 우리나라에 수용되었는데 김명국(金明國)의 작품에서 볼 수 있다.

오파는 화풍으로는 동거파와 원말사대가를 계승했는데 문인의 정신세계와 감정을 잘 표현했다. 오파에 속하는 화가로는 심주(沈周)를 원조로 하고 그 문하의 문징명(文徵明)과 그의 아들 문팽(文彭), 문가(文嘉)와 조카 문백인(文伯仁), 그리고 제자 육치(陸治) 등이 활약했다.

문징명은 동거파에서 더 나아가 남송원체산수화(南宋院體山水畫)의 특징을 받아들여 색채를 사용하는 데 뛰어났다. 문징명과 같은 시기의 쑤저우에는 주신(周臣), 당인(唐寅), 그리고 구영(仇英)이 활동했다. 그들은 이전부터 그림의 성격이나 사회적 신분 등에서 절파(浙派)로부터 오파(吳派)에 이르는 추세의 중간적인 존재였으므로 원체파(院體派 또는 院派)라 불려왔지만, 문징명 일문(一門)의 화가들과 밀접한 교류가 있었으므로, 소주화단(蘇州畫壇)으로 분류된다.

오파는 명말에 이르러 송강(松江, 上海市 松江)으로 그 중심지를 옮기게 되어 송강파(松江派)라 불리게 되었다. 중심지를 쑤저우에서 송강으로 옮기게 된 것은 도시 간의 세력이 흥하고 쇠퇴하는 것과 관련이 있다. 쑤저우 시대의 조형성은 송강으로 옮기면서 점차 정형화하게 되는데 송강 출신인 동기창(董其昌)이라는 천재가 회화에 혁신을 이끌어낸 것 등이 복합적으로 작용한 결과다.

동기창의 문인화 우위론과 방고산수화

동기창은 명대의 예림백세지사(藝林百世之師)라 추앙받은 문인이자 서화에 능통한 예술가로 「화선실수필」(畫禪室隨筆), 「화지」(畫旨), 「화안」(畫眼), 「용대집」(容臺集) 등 많은 저서를 남긴 화론가다. 그는 시(詩), 문(文), 서(書), 화(畫)의 예술적 측면에도 정통하였으므로 그가 저술한 회화이론은 단순한 예술형식과 필묵의 기교만 기술한 것이 아닌 정통한 미학사상이라 볼 수 있다. 동기창은 자신의 많은 발문(跋文)과 제시(題詩), 그리고 옛 대가들의 작품을 평한 수많은 글과 회화작품에서 깊은 체험과 독특한 견해를 드러냈다. 그는 또한 뛰어난 고서화

감식안을 지닌 사람으로도 이름이 높았다.

당시 가장 유명한 미술전문가였던 동기창은 명나라 말기 가난한 사대부 집안에서 태어나 명나라 조정의 관직을 맡았으며, 매너리즘에 빠진 오파의 회화를 대신할 새로운 문인화를 제시했다. 동기창은 중국 화단에서 자신의 위치를 당나라의 왕유(王維), 오호십육국 시대의 동원과 거연, 북송의 미불과 미우인, 원말사대가, 명나라의 심주와 문징명으로 이어지는 계보의 적자로 보았다.

왕유는 중국 문화사의 황금기에 활동한 유명한 예술가이자 문인으로 시, 음악, 그림으로 표현되는 인문 교육의 귀감으로 널리 알려져 있다. 동기창은 그의 화론서에서 왕유를 남종화(南宗畵)의 시조로 규정했고 이백(李白), 두보(杜甫)와 함께 왕유를 당나라의 서정시 형식을 완성한 시인으로 손꼽았다.

동기창은 화가의 임무는 모름지기 옛 대가들의 작품을 창조적으로 모방하고 재해석하는 것이라고 역설하며, 그것들의 장점을 종합하여 방고산수화(倣古山水畵)를 개발했다. 따라서 동기창은 소식(소동파)의 사인화관(士人畵觀)과 하량준(何良俊)의 「행리가론」(行利家論) 등을 집대성하여 남북이종론(南北二宗論)과 문인화론을 제시하며 문인화 절대우위론을 주창했다. 이것은 다른 화파에 대하여 오파가 절대적 우위를 점하게 된 토대가 되었다. 동기창의 이론이 세상에 설득력을 발휘하면서 절파는 치명적으로 몰락하게 되었다.

동기창은 막시룡(莫是龍)이 처음 제시한 방법에 따라 중국화를 남종화와 북종화로 나누고 그 계보를 추적하여 두 갈래 전통을 분석하였다. 이를 분종설(分宗說)이라고 한다. 동기창의 남북종설은 중국 회화의 사상적 특성을 설명하는 표준 이론으로 회화의 기법과 사상을 구분하는 명칭이 되기도 하였다. 이 이론은 최초의 주창자와 분종설에 대한 찬반양론 등 화론과 화사에서 분분한 논쟁이 있었으며 중국 회화에서 회화예술이 쇠미하게 된 책임마저 이 분종설에 돌리기도 한다.

남종화는 순간적이고 직관적인 진리의 깨달음을 강조한 반면 북종화는 그러한 통찰력을 좀 더 점진적으로 터득하도록 가르쳤다고 주장했다. 남종화파에 속하는 화가들은 감수성이 예민한 시인과 문인화가들이었는데 이들은 그림의 기능이나 아름다움을 의식적으로 생각지 않고 직관적으로 그렸다. 그렇기 때문에 대중의 취향보다는 비슷한 감수성을 지닌 상류층 지식인들에게 더 호소력을 갖고 있었다. 북종화파는 직업화가들로서 자기 내면의 본질을 거의 나타내지 않고 즉각적인 시각적 호소력을 지닌 아름다운 화면을 창조하려고 애썼다.

남종화파가 추구한 학자적 이상 중심에는 서예가 있었다. 서예는 회화적 묘사를 전혀 개입하지 않고 운필(運筆)하는, 한 개인의 진정한 본질을 추상적으로 표현하는 것이다. 동기창의 서예는 조맹부와 문징명, 그리고 궁극적으로는 진(晉)과 당(唐)의 대가들의 뒤를 이었다. 조맹부와 문징명과 마찬가지로 동기창의 창작적 접근방식은 진지하고 잘 단련되어 있으며 학구적이고 체계적이다. 또 고대의 문화를 되살리려고 노력하는 과정에서 본보기로 삼은 서체의 겉모습을 맹목적으로 답습하기보다는 그 정신을 파악하고자 했다.

사왕오운

동기창이 확립한 문인화의 전형주의를 추구하여 문인화의 정통 화파로 인정받은 사람들을 소위 사왕오운(四王吳惲)이라고 하는데 이는 왕시민(王時敏), 왕감(王鑑), 왕원기(王原祁), 왕휘(王翬), 오력(吳歷), 그리고 운격(惲格, 惲壽平)의 약칭이다. 이들은 서로 긴밀한 사제관계나 친구관계로서 청대 화단에 큰 영향을 미쳤다.

명말 이후의 오파는 다음과 같이 분화한다. 전통파(正統派)는 사왕 오운이며 우산파(虞山派)는 사왕 가운데 왕휘(王翬)의 유파이고 누동파(婁東派)는 사왕 가운데 왕원기(王原祁)의 유파다. 소송파(蘇松派)는 조좌(趙左)의 유파, 화정파(華亭派)는 고정의(顧正誼)의 유파, 그리고 운간파(雲間派)는 심사충(沈士充)의 유파다. 이런 모든 유파가 전통을 모범으로 고수하여 창의성을 상실하는 지경에 이르렀는데 나중에는 새로 일어난 개성적인 화가들에게 밀려 주류 자리를 넘겨주게 된다.

청나라 시대의 정치·사회·문화

1616년 여진족 누르하치(努爾哈赤, 후금 재위 1616~1626)가 동북 지역에 금나라(흔히 '후금'이라 부름)를 세웠고 후에 세력을 강화하여 1636년 청으로 국호를 바꿨다. 이민족의 나라 청나라는 한족(漢族)의 중국 명나라뿐만 아니라 주변의 몽골, 위구르, 티베트를 모두 정복하여 역대 중국 왕조 중에서 가장 큰 영토를 이루게 되며 이민족으로서는 가장 오랫동안 중국을 지배하였다. 1912년 12대 황제 선통제(宣統帝)대에서 서구열강 세력 등의 영향으로 국력이 약해져 청나라는 멸망하고 중국 역사에서 2,000여 년 동안 이어졌던 제국의 시대가 막을 내리게 된다.

중국 역사에서 이 시기는 만주족에게 식민 지배를 당한 시대라고 할 수 있는데 청나라 초기에는 만주족에 의한 학살로 인구가 급감하기도 했고 피지배계층 한족들은 만주족의 풍습을 따르기를 거부하다 학살과 탄압을 당했다. 이로써 말기에 만주족의 중국 지배를 반대하는 멸만흥한(滅滿興漢) 운동이 일어났다.

비한족(非漢族) 지배자인 청나라는 방대한 한족 지배에 심혈을 기울였다. 따라서 중국의 전통문화와 여러 제도를 답습하고 한족의 협력을 얻어 지배체제를 확립하고자 하였다. 특히 한족의 지식인층을 회유하여 관심을 정치와 사회문제에서 다른 곳으로 돌리기 위해서 그들을 동원하여 대편찬사업을 추진하였다. 강희황제(康熙皇帝)의 『강희자전』(康熙字典), 옹정황제(雍正皇帝)의 『고금도서집성』(古今圖書集成), 건륭황제(乾隆皇帝)의 「사고전서」(四庫全書)는 그렇게 하여 생긴 것이다.

그 반면 청나라 조정은 반청적(反淸的)이라 판단한 사상에는 용서 없는 탄압을 가하여 이른바 문자의 옥(文字의 獄, 강희, 옹정, 건륭 시대에 집중적으로 나타난 필화 사건)이 일어났다. 실증주의에 입각한 실사구시 학풍인 고증학(考證學)은 이미 명대에 시작했지만 청조의 사상 탄압은 한인 학자를 고증학으로 더욱더 나아가게 하여 정치 문제로부터 도피시킨 것이다. 그러나 고증학은 일종의 과학적 · 객관적인 데다 서양 과학문명의 영향도 더해져 학문의 전 분야에 새로운 국면이 전개되었다.

달리 말해 고증학은 개인의 마음의 연구와 수양을 중심 문제로하여 주관적 · 직관적 방법론을 존중한 왕양명(王陽明)이 제창한 양명학 대신에, 문헌학·언어학을 중심으로 객관적 기준에 따라 실증적 증거를 밝히는 태도를 견지하며 발전한 유학의 한 분파를 가리킨다. 학문의 대상이 이와 같이 개인의 내면적 문제에서 외면적인 정치와 사회 문제로 전환하게 된 배후에는 명나라 말기의 정치적 혼미, 사회적 변동, 그리고 이민족 만주인의 중국 침입과 지배라는 국가와 민족의 위기적 사태가 있었다.

청나라 시대의 회화

미술 분야에서 청나라는 중국의 전통적 기법 외에 서양의 화법(畵法)을 받아들였다. 특히 이탈리아의 예수회 선교사 겸 화가 주세페 카스틸리오네(Giuseppe Castiglione, 郎世寧)는 밀라노 출생으로 1715년 청나라로 가서 궁중화가로 활동하였다.

청나라 초기 명나라 문인들은 만주족의 지배를 거부하고 유민으로 일생을 마치는 경우가 많았다. 그런 유민 출신 화가 중에 석도(石濤)와 팔대산인(八大山人)이 유명했다. 두 사람은 모두 명나라 황실의 후예로서 승려가 되었다. 석도는 화가의 개인감정과 사상을 중시하고 그림을 그리는 주체로서 자아를 강조하는 '일획론'(一劃論)이라는 화론을 주창했다. 석도는 후학에게 이렇게 말했다.

"상투성에는 심안(心眼)이 죽는다. 옛것을 모범으로 삼는 것은 필요하지만 절대적으로 옛것에 얽매여서는 안 된다. 옛것을 배워 그것을 변화시켜야 한다. 어떤 법도 만들지 마라."

석도와 관련된 일화가 하나 있다. 어느 날 제자가 석도에게 말했다.

"알고 계세요? 사람들이 스승님의 아호를 지었다는 사실을요."

"나에게 아호를?"

"스승님을 삼절(三絶)이라 부르지요. 시, 서, 화 세 가지에 모두 뛰어나다고요."

"아니, 그렇게 말해서는 안 되지. 혹여 삼치(三痴)라고 부르면 모를까. 시에 미치고, 그림에 미치고, 글씨에 미쳤으니 말이다."

그 말을 들은 제자가 끝말을 했다.

"제 생각에는 오늘부터 사절(四絶)이라 불러야 할 것 같습니다. 논절(論絶)을 더해야 하니까요."

팔대산인은 좀 더 기이한 생을 살았다. 그의 이름은 주답(朱耷)으로서 명나라 황실의 후손이다. 명나라가 망하자 주답은 머리를 깎고 중이 되었다. 그의 산수화에서 10세기 거장인 동원과 거연의 영향도 찾아볼 수 있다. 그는 대부분의 중국 화가와 달리 어떤 전통적인 범주에 넣기 힘들 만큼 성격이 강했고 절대적인 기인이면서 개성주의자였다.

청나라 회화의 화풍은 명나라 전통의 연속으로 당시에 비록 유파는 많았으나 보수파와 혁신파로 나뉜다. 보수파로는 앞서 말한 왕시민, 왕감, 왕휘, 왕원기, 오력, 운격 등 청초 사왕오운이라고 불린 육대가 위주의 전통이다. 혁신파로는 석도, 팔대산인, 석계(石谿, 髡殘), 점강(漸江, 弘仁) 등 명말사승(明末四僧)과 양주팔괴(揚州八怪)가 그들이다.

양주팔괴에 속하는 화가들은 중국 청나라 중기 상업도시 양주에서 활약한 화가 여덟 명이다. 그들의 공통적인 특색은 전통적인 화법이나 기교에 구애받지 않고 독창적으로 개성 있게 꽃과 인물을 즐겨 표현한다는 점이다. 대부분 관리의 길에는 들지 않고 시와 서화를 즐기며 자유인으로 지냈다.

남송 시대에 소상풍경이 유행했듯이 17세기에는 안후이 성의 황산(黃山)이 산수화 주제로 각광을 받았다. 점강과 매청(梅淸)이 대표적이다. 그들은 안후이파(安徽派) 혹은 신안파(新安派)라고 불렸다.

명나라가 청에 망하자 명 황실 출신의 많은 이들, 특히 금릉 출신이거나 그 지방에 숨어 지낸 선비들이 이(異)민족의 통치에 반발하여 심산유곡에 숨어 들어가 살면서 자신들의 꿋꿋한 지조를 회화로 표현하기에 이른다. 그 화풍은 각기 개성과 독창성에서 시대를 초월한 감이 있었다. 난징 일대에서 활약한 공현(龔賢), 번기(樊圻), 고잠(高岑), 추철(鄒喆), 오굉(吳宏), 호조(胡造), 엽흔(葉欣), 사손(謝蓀) 여덟 명의 화가들을 금릉팔가(金陵八家, Eight Masters of Nanking)라고 한다.

개성주의 화가들과 달리 전통을 고수하는 화가들로는 장쑤 성 타이창을 중심으로 활동한 소위 사왕으로 불리는 왕시민, 왕감, 왕원기, 그리고 왕휘가 있다. 이들은 동기창의 복고주의와 원말사대가 가운데 황공망의 작품을 즐겨 따라 그렸다. 그러나 왕휘는 동기창의 영향을 벗어나 거비파 산수화 전통을 이어나갔고 강희제의 강남지역 순회를 주제로 한 남순도권(南巡圖圈)을 그리는 등 청나라 궁정회화의 기초를 세웠다. 고기패(高其佩)는 손톱을 이용하여 그림을 그리는 지두법(指頭法)을 개발했다.

청나라 제6대 건륭황제는 어릴 때부터 제왕으로서 자질이 보였다고 한다. 문화와 예술에 관심이 많아 시와 서화를 즐겼고 각지의 시인과 화가들을 독려하였다. 황위에 올라 먼저 만주족과 한족 대신들의 갈등을 조정하며 내치를 다진 뒤 대규모 정복 사업과 문화 사업을 펼쳤다. 업적으로는 옹정제 때 마카오로 추방된 예수회 선교사들을 다시 불러들여 베이징에 서양식 건물을 짓도록 허락했고 특히 예수회 수도사인 카스틸리오네에게 서양식 궁전인 원명원의 개·보수를 감독하게 했다. 또한 화원제도를 부활했다.

양주팔괴

17세기 말부터 부유한 상인들의 취향에 부응하는 주제와 화려한 색채, 웅장한 구도의 그림 수요가 늘어났다. 대표적인 화가는 원강(袁江)이었다. 18세기에 일단의 직업화가와 생계로 그림을 그리는 문인들이 장쑤 성 양저우에 몰려와 활동하면서 민간회화를 발전시켰다. 그 가운데 유명한 금농(金農), 나빙(羅聘), 정섭(鄭燮), 이선(李鱓), 왕사신(汪士愼), 이방응(李方膺), 고봉한(高鳳翰), 황신(黃愼), 고상(高翔) 여덟 명을 양주팔괴라고 한다. 그들 외에 민정(閔貞)과 화암(華巖)을 포함하여 양주파(揚州派)라고 불렀다.

이들은 대부분 양저우 이외의 출신으로 장쑤 성에서 추진된 대운하의 수리(水利)와 소금거래에 기반을 둔 양저우의 호상(豪商)들에게서 경제적 원조를 받으려고 모여든 화가들로 독자적인 화풍과 화역(畫域)을 갖고 있었다. 예컨대 금농은 전각, 나빙은 귀신 그림, 정섭은 대나무 그림 등을 그리면서 당시 전형적인 문인화에서 벗어난 자유분방한 그림을 그렸다.

해상화파

청나라는 아편전쟁(1840~1842) 이후 상하이를 통상항구로 개방하였다. 상하이에는 각지에서 몰려든 화가들로 회화 활동의 중심지가 되었다. 그래서 해파(海派) 혹은 해상화파(海上畵派)라는 명칭이 생겼다. 그들은 전통의 기초 위에 파격적인 참신함과 자유로운 유파를 추구하여 개성이 분명했고 품학수양(品學修養)을 중시하였다. 또 민간 예술과 관계를 맺으면서 아속공상(雅俗共賞)의 경지를 이룩했고 외래 예술을 흡수하였다.

대표적인 화가는 조지겸(趙之謙), 허곡(虛谷), 임이, 오창석(吳昌碩), 황빈홍(黃賓虹), 진형각(陳衡恪) 등이 있다. 청말 이후에는 전통화법에만 만족하지 않고 널리 해외에서 전형을 구했는데, 이러한 경향은 미술전문학교 졸업생에게 많았다. 이들을 학교파(學校派)라고 부르는 사람도 있다. 해상화파를 끝으로 중국의 전통 회화는 막을 내리고 근대 회화 시대로 접어든다.

3. 일본의 역사와 전통 회화의 이해
   — 고구려 불화에서 우키요에까지

아스카 시대와 나라 시대

일본이 국호를 왜국(倭國)에서 일본(日本)으로 변경한 때는 아스카 시대(飛鳥時代, 538~710)다. 일본 역사의 시대구분에서 아스카 시대는 원래 미술사와 건축사에서 사용하기 시작한 말이다. 6세기 후반 오늘날 나라 현 다카이치 군 아스카에 궁전과 도시를 세웠다는 데서 유래한다. 일본이 백제에서 불교를 받아들인 것은 6세기 중엽이다. 백제 성왕이 일본 긴메이(欽明) 천황에게 538년(또는 552년)에 불상과 불경을 전했다고 한다.

호류지에는 7세기에서 8세기 초엽의 것이라고 추정되는 쇼도쿠 태자상(聖德太子像)이 있었는데 백제의 아좌태자(阿佐太子)가 그린 그림이라고 하며 일본 국보 중의 하나다. 『니혼쇼키』(日本書紀)에 따르면 아좌태자는 597년(위덕왕 44년) 4월에 일본으로 건너가 쇼도쿠 태자의 스승이 되었다. 그리고 일본 최고의 걸작품으로 전해지는 그의 초상화를 그렸다. 그것은 현재 일본의 궁내청에 소장되어 있다.

또 호류지의 금당벽화는 아스카 시대의 대표적인 작품이었는데 1949년 화재로 대부분 소실되었다. 그러나 남겨진 비천도(飛天圖)나 원도(原圖)에 충실한 모사(模寫)로 옛 면모를 감상할 수 있다. 벽화의 주제는 사면에 석가, 아미타, 미륵, 약사 4여래의 정토도(淨土圖)를 그렸다고 하는 설이 유력하다. 특히 서쪽의 「아미타정토도」는 고구려에서 건너간 담징(曇徵)의 작품이라고 한다.

따라서 초창기 일본 불교회화에서는 일본적인 요소보다 한반도의 회화양식 또는 당시 아시아 불교문화권의 국제적 회화양식을 반영한 그림들이 제작되었다. 일본 불교회화는 외래 영향을 수용하면서 점차 토착화되어갔다. 외래 미술문화를 수용하면서 이들을 일본화(日本化)하는 과정을 나중에 헤이안 시대 불교회화에서도 보게 된다.

가라에와 야마토에

일본은 한자·유교 문화권에 속해 있지만 섬나라라는 지리적·폐쇄적 환경으로 아시아대륙의 문화와는 다른 독자적인 문화를 가지게 되었다. 그러나 일본의 회화는 대륙에서 전해진 불교를 주제로 한 회화에서 싹텄다. 6세기 중엽에서 8세기까지 아스카 시대와 나라 시대의 회화는 어느 것이나 불교와 관계가 깊고 중국과 한국의 영향이 매우 컸다.

건축과 회화에서 기술적으로는 중국의 남북조, 수나라와 당나라, 고구려와 백제에서 건너간 화공이나 그 자손들에게 많이 의존했다. 불교가 융성하자 대륙의 건축과 회화가 더욱더 활발하게 이식되었으며 일본은 중국회화를 직접 모방하게 되었다.

이런 식으로 중국의 회화 특히 당나라에서 비롯된 일본의 장식회화를 가라에(唐繪, 漢畵)라고 한다. 가라에는 중국풍 그림으로서, 상상 속 풍경을 그리거나 중국의 전설과 설화를 그린 것이다. 가라에는 공식적이거나 종교적인 것에 국한되기는 했어도 12세기까지 존속했다. 그러나 7~8세기 무렵 회화로서 중국회화의 전통을 이어받은 뛰어난 가라에 유품은 현재 거의 찾아볼 수 없다. 그 뒤 일본 고유의 회화양식인 야마토에(大和繪, 倭繪)의 인기가 높았다.

헤이안 시대

나라 시대의 회화가 일반적으로 국제적·개방적 성격을 띠었다고 한다면 8세기 말부터 12세기 말까지 이어진 헤이안 시대(平安時代)의 회화는 일본적이고 폐쇄적인 성격을 띤다고 평가된다. 나라 시대에 뒤이어 수도를 헤이안, 즉 현재의 교토로 옮겨 헤이안 시대가 개막되었다. 헤이안 시대는 일본이 견당사(遣唐使, 당나라로 보내는 사절단)를 폐지한 894년을 경계로 전기(794~894)와 후기(895~1185)로 나뉜다.

804년 견당사를 따라갔던 사이초(最澄)와 구카이(空海)는 일본에 돌아와 새로운 불교 종파를 도입하고 사찰을 건립하였다. 805년 귀국한 사이초는 천태종을, 그 이듬해 귀국한 구카이는 진언종을 각각 들여왔다. 사이초와 구카이는 당나라에서 밀교화를 많이 가져왔는데 만다라도(曼荼羅圖)도 밀교회화의 하나다.

헤이안 시대 후기는 당시 세력 가문으로 부상한 귀족 후지와라(藤原)의 성(姓)을 따라 후지와라 시대라고도 한다. 894년 견당사 폐지는 일본이 문화적으로 자립할 수 있는 여건을 마련하는 계기가 되었다. 이때 일본 미술은 실제로 한반도와 중국의 미술과는 구별되는 독특한 양식을 형성하게 되었다. 이렇게 형성된 귀족 취향의 일본회화 양식을 앞서 말한 야마토에라고 한다. 이 양식은 일본회화의 고전(古典) 양식으로 자리 잡았고, 뒤에 일본이 다시 중국과 한반도의 문화적 영향을 받게 되는 가마쿠라 시대와 무로마치 시대 이후에도 일본적 요소로 강하게 남게 된다.

헤이안 시대 후기가 되면 두루마리그림, 즉 에마키(繪卷, 手卷, 橫卷)의 제작과 감상이 성행하게 되었다. 현존하는 가장 오래된 에마키는 735년에 그려졌다. 두루마리그림은 불투명한 색채를 여러 번 칠하고 그 과정에서 지워진 인물이나 건물의 윤곽선을 채색이 마른 다음 다시 선명하게 긋는데 이런 기법을 츠쿠리에(造り繪)라고 한다. 마치 분(扮)을 곱게 칠하여 화장한 모습과 같은 효과를 내는 야마토에의 독특한 기법이다.

헤이안 시대 후기인 9세기경에 그림을 관장하는 에도코로(繪所)가 설치되었다. 이로써 개성적인 화가들이 등장했으며 친근한 일본적 풍경과 풍속을 주제로 하는 야마토에가 본격적으로 발달했다. 문학 적으로나 종교적(불교적)으로나 어느 주제이든 간에 야마토에의 수법 으로 그렸다. 야마토에는 자연을 치밀하게 묘사하기보다는 선(線)과 한정된 안료(顔料)로 간략하게 표현하기 때문에 고도의 기교와 세련 된 조형감각이 필요했다.

헤이안 시대에는 물어문학(物語文學, narrative literature)을 소책자나 두 루마리그림으로 표현한 물어화(物語畵)를 제작했다. 그중에서 12세기 전반 여성작가 무라사키 시키부(紫式部)가 쓴 「겐지모노가타리」(源氏 物語)가 유명하다. 따라서 가장 유명한 에마키는 바로 「겐지모노가타 리」다. 이 시기에 서정성과 장식성을 특색으로 하는 온나에(女繪)와 설 화와 전설을 주제로 하는 오토코에(男繪)가 유행했다.

가마쿠라 시대

12세기 후반, 호겐(保元, 1156)과 헤이지(平治, 1159)의 내란은 후지와 라 시대에 세력을 키운 지방 호족인 타이라(平)와 미나모트(源) 가문 사이의 세력 다툼이었다. 타이라 가문은 세력을 장악한 뒤 후지와라 귀족들처럼 사치스러운 생활에 빠져 1187년 미나모토 요리토모(源賴 朝)에게 권력을 빼앗겼다.

일본의 무가(武家)정권인 막부(幕府, 바쿠후)의 창시자격인 요리토모 는 천황의 권위에 대항하여 중앙정부의 지방통제력을 약화시켰고

1192년 슈고(守護, 지방의 군사권과 경찰권)와 지토(地頭, 토지관리관)를 감독하는 쇼군(將軍) 칭호를 획득했다. 그 후 정식으로 가마쿠라 시대(鎌倉時代, 1185~1333)가 시작되었다. 이후 700년 동안 막부체제에 따라 봉건영주들이 일본을 다스리게 되었다.

가마쿠라(鎌倉) 지역에 막부를 세운 1185년부터 1333년까지를 가마쿠라 시대라고 하는데, 처음에는 요리토모(재위 1192~1199)가 실권을 잡았으나 막부의 실권이 곧 호조(北條) 가문으로 넘어갔다. 가마쿠라 시대는 헤이안 시대와 달리 무사계급이 실권을 잡자 귀족적인 분위기가 많이 사라졌다. 따라서 다시 힘과 운동감을 중시하는 미술 양식이 등장했다. 여기에다 중국 송나라의 건축, 조각, 회화 기법이 가미되어 다양한 작품이 등장했다. 그러나 헤이안 시대 후반부터 진척되어온 국풍화(國風化), 즉 일본 고유의 색채를 드러내는 경향이 가마쿠라 시대에도 계속되었다.

가마쿠라 시대의 불교는 불법의 논리와 이론적 완성을 추구하는 교종(敎宗) 대신에 인도의 28대 조사(祖師)이자 중국 선종(中國禪宗)의 1대 조사 달마(達磨)로 대표되는 선종의 도입이라는 새로운 요인과 아미타 신앙(서방정토신앙, 정토종)에 일어난 획기적인 변화로 특징지을 수 있다. 요컨대 선종은 좌선을 통해 깨달음을 얻는다는 것으로 일련종(日蓮宗), 조동종(曹洞宗), 임제종(臨濟宗) 세 파가 있다.

아미타 신앙은 가마쿠라 정토종의 시조인 호오넨(法然)과 그의 제자 신란(新鸞)이 더욱 단순화하고 대중화하였는데, 기도를 통한 절대적인 자아 복종을 그 목적으로 하였다. 스님들이 목탁 두드리며 소리내는 '나무아미타불 관세음보살'(南無阿彌陀佛 觀世音菩薩)에서 나무아미타불은 아미타불(阿彌陀佛)에 귀의한다는 의미다. 아미타불은 무량수불(無量壽佛) 또는 무량광불(無量光佛)로서 서방정토에 살며 인간의 구제에 진력하는 부처로 묘사된다.

가마쿠라 시대 회화에서 중국의 영향을 받은 것으로는 선승들의 초상화나 수묵산수화를 들 수 있다. 선종문화가 도입되자 니세에(似繪, 일본 헤이안 시대 말기에서 가마쿠라 시대에 걸쳐 발달한 야마토에 양식의 초상화) 형식의 초상화 외에 새로이 가라에 계통의 초상화가 그려졌다. 그것이 바로 고매한 승려의 초상화 진조(頂相, 선종 승려의 초상화)였다. 진조는 스승이 제자에게 전법을 인정하는 증거로서 자기 초상을 그리게 하고 그 그림을 제자에게 하사하였다. 예로부터 중국의 초상화에는 얼굴을 그려서 그 사람의 정신을 전한다는 전통이 있었다. 자칫하면 이상화·유형화되기 쉬웠던 일본의 인물화에서 진조 초상화는 혁명적인 것이었다.

가마쿠라 시대에는 특히 두루마리그림이 많이 제작되었다. 주제가 다양해지고 기록적 성격이 특색이다. 기법상으로는 색감이 밝아지고 세부처리가 치밀해졌으며 배경처리를 도안화하거나 초목(草木)을 이용하는 것 등은 후대에 널리 차용되어 일본미의 한 요소가 되었다. 전쟁을 생생히 기록한 것이나 한 종파의 교주 생애를 그린 것이 많다.

송나라의 영향은 가마쿠라 시대 전체에 걸치지만 가마쿠라 시대 후기가 되면 원나라의 수묵화(水墨畵) 기법이 선종을 매개로 일본에 정착하게 되었다. 수묵화는 일본의 자연풍토에 융합되어 풍부한 정취가 담긴 일본식 수묵화를 낳았다. 요컨대 일본회화는 중국의 그것을 모체로 하면서 일본적인 기법과 표현을 만들어내고 오랫동안 깊이를 더하면서 현대 일본화에 강하게 뿌리를 내렸다. 제2차 가라에의 융성을 볼 수 있다. 수묵화를 주로 하는 가라에는 채색본위의 가라에가 야마토에화한 것과는 근본적으로 다른 새로운 양식이다.

이 시대에 장병화(障屛畵)는 사계경물화(四季景物畵)의 전통을 이어갔다. 여기서 장병화는 병풍화(屛風畵)나 장지화(障子畵)를 말한다. 장지는 헤이안 시대의 후스마(襖, 일본의 건축에서 나무틀을 짜서 양면에 두꺼운 형겊이나 종이를 바른 문을 지칭한다)나 칸막이를 가리킨다.

무로마치 시대 회화

무로마치 시대(室町時代, 1336~1573)는 호조 가문을 누르고 정권을 잡은 아시카가 타카우지(足利尊氏) 쇼군의 성을 따라 아시카가 시대(足利時代)라고도 불린다. 이 시대는 교토가 정치의 중심 무대가 되었고 문화적으로는 가마쿠라 시대의 선종문화가 한층 더 세련되어갔다. 무로마치 시대에도 역시 무사정권 시대로서 엄격함과 격식이 요구되었다. 아시카가 쇼군들이 중국이나 한국과 외교를 적극 추진함으로써 대륙문화의 영향이 크게 나타났다. 중국에서 전래된 임제종 중심의 선종이 널리 성행하였다.

무로마치 시대는 크게 기타야마(北山) 문화시대와 히가시야마(東山) 문화시대로 나눈다. 전자는 1392~1467년으로 전통 귀족문화와 새로운 선종문화의 결합시대라고 할 수 있다. 후자는 1467~1573년으로 선종문화가 지방에까지 널리 퍼지고 지방의 다이묘(大名)들의 세력이 커져 서로 다투는 센고쿠 시대(戰國時代, 오닌의 난이 발생한 1467년부터 무로마치 시대 말기까지)를 말한다.

이 시기에는 중국(송나라와 원나라)과 한국(고려와 조선 초기) 수묵화의 영향으로 일본에서 수묵화가 본격적으로 발달하기 시작하였다. 그러나 일본 수묵화는 필치나 먹의 사용에서 중국과 한국의 수묵화와는 다른 특징을 보인다.

가마쿠라 시대 중국에서 이식된 수묵화를 중심으로 하는 송원화풍의 가라에는 14세기 무로마치 시대 초기 모쿠안 레이엔(默庵靈淵), 가오 닌가(可翁仁賀), 무토 슈이(無等周位)에게 계승되었다. 레이엔은 목계의 재래라고 불렸으며 도석인물화(道釋人物畵)를 잘 그렸다. 도석인물화는 도교와 불교 관계 인물화를 총칭하는 말로 도석화(道釋畵)라고도 한다. 여기에는 불교와 도교의 예배 대상인 여러 존상(尊像), 교리나 종교적 설화의 해설, 도사(道士)나 불교 조사(祖師)들의 화상(畵像)과 행적의 묘사 등이 포함된다.

무로마치 시대 수묵화는 처음에 선종사원을 중심으로 발달했으나 곧 당시 일본 화단에 폭넓게 수용되었다. 그러다가 대대로 쇼군집안의 예술고문 역할을 해오던 아미(阿彌) 가문의 화가들에 의해 좀색다른 형태로 발전하였다.

쇼고쿠지의 화승 다이코 죠세츠(大巧如拙)가 쇼군 좌우의 가리개에 사용하기 위해 그린 「표점도」(瓢鮎圖, 효넨즈) 이후 남송의 원체화(院體畵)를 모방한 새로운 산수표현 기법이 도입되었다. 대표적인 시화축 형식의 그림인 「표점도」의 주제는 입구가 작은 호리병으로 머리가 무척 큰 메기를 잡으려는 어부의 어리석음이다. 배경은 안개가 자욱한 공간감을 나타낸 남송 시대 마원(馬遠)의 산수화 양식을 따른 일각구도(一角構圖)를 보인다. 일각구도는 변각구도(邊角構圖)라고도 한다. 그림의 한쪽 부분에 중요한 경물(景物)을 근경(近景)으로 부각해 표현하는 구도법이다. 주로 자연의 어떤 경관을 부각하거나 여백의 비중을 크게 하여 넓은 공간을 암시한다. 이것은 서정적인 분위기를 연출할 때나 자연의 일부분을 잡아 요점을 간결하게 묘사할 때 활용한다. 중경(中景)과 원경(遠景)은 안개 속에 잠기듯이 처리하거나 물이나 하늘로 여백을 처리하거나 멀리 산의 실루엣만으로 처리하였는데 이것은 공간감각을 표현하는 것이다. 일각구도는 중국 남송 시대의 화원 화가 마원과 하규가 성립한 마하파 화풍의 전형적인 특징 가운데 하나다. 특히 마원과 하규가 완성했다고 하여 마일각(馬一角) 또는 마지일각(馬之一角)이라고도 한다.

이처럼 송대 수묵화 양식이 일본에서 차츰 나타나게 되었다. 다른 한편으로는 조선 초기 산수화도 일본미술에 영향을 미치게 되었다. 조선 수묵화와 무로마치 수묵화를 이어준 장본인은 쇼고쿠지의 또 다른 선승 화가 텐쇼 슈분(天章周文)이다. 그는 1423~1424년에 조선을 다녀간 것으로 알려졌는데 이 여행이 그의 수묵화에 결정적인 영향을 준 것으로 보인다. 슈분의 수묵화는 그다음 세대의 화가 셋슈 도요의 회화에 지대한 영향을 미쳤다. 승려 슈분은 어릴 적에 그림을 배우기 위하여 교토의 쇼고쿠지에 들어갔는데, 이 절은 그의 스승인 조세츠와 뒤에 그의 제자가 된 셋슈의 본거지였다. 슈분은 1403년경 직업화가가 되었으며, 나중에는 아시카가막부가 임명한 궁정화가로서 그림에 관한 일을 관장하였다. 슈분은 중국의 화법을 따르는 초기 수묵화가들과 철저한 일본식 화법으로 소재를 다루는 제자들로 이루어진 후기 수묵화가들 사이의 과도기적 단계를 대표하는 인물이다. 수묵화를 공식적인 회화양식으로 발전시키는 데 기여하였다.

　무로마치 시대 말기에는 일본인들의 생활상을 보여주는 풍속화가 등장하였고, 나가사키를 통해 들어온 포르투갈인의 영향으로 서양회화를 접하게 되어 일본회화의 세계는 더 다양해졌다. 포르투갈에 대한 쇄국령이 내려진 1639년 이전까지 나가사키 지역의 일본인 화가들은 명암법과 과학적 선원근법을 시도하고 있었다. 이렇게 그려진 그림은 남반에(南蠻繪, 남쪽 야만인들의 그림이라는 뜻으로 포르투갈 상인들이 남쪽에서 왔다고 생각했다)라고 불렸다. 대체로 항구에 입항한 외국 선박이나 군인, 예수회 선교사들의 모습을 그린 그림이었다. 그러나 포르투갈에 쇄국령을 내린 막부는 곧이어 외국풍 회화 소재들도 금지해 남반에 제작은 중단되었다.

카노파의 탄생

　같은 시기에 교토에서 어용화가(御用畵家) 오구리 소탄(小栗宗湛)의 뒤를 이어 이즈 지방 무사 집안에서 태어난 카노 마사노부(狩野正信)가 무로마치 막부 제8대 장군 아시카가 요시마사(足利義政)의 어용화가가 되었다. 마사노부는 가라에와 야마토에를 혼합하여 요시마사의 별장인 히가시야마 산장의 장병화, 초상화, 불화를 제작하면서 카노파의 시조가 되었다. 마사노부가 기초를 놓은 카노파는 그 뒤 4세기에 걸쳐 일본화단의 중심적인 존재로 자리 잡게 되었다. 마사노부는 세습 신분의 화가로서 작품 활동을 했으며 수묵화는 승려만이 그리는 것이라는 제약에 얽매이지 않았기 때문에 세속 신분의 화가로서 그림을 그릴 수 있었다.

요시마사는 쇼군으로서는 무능했지만 예술 발전을 위해서 후원을 했다. 은퇴한 뒤 교토 히가시야마에 유명한 긴카쿠사를 지었다. 이곳에서 그는 다도를 발전시켜 훌륭한 예술로 승화시켰으며 많은 저명한 예술가, 도예가, 노(能) 배우를 후원했다. 문화가 발달한 이 시대를 특히 히가시야마 시대(東山時代)라 하는데 이는 오늘날 일본 예술사에서 가장 위대한 시대로 평가되고 있다.

카노파는 무로마치 시대 후기에 시작하여 에도 시대까지 쇼군 가문의 어용화가가 되어 번영한 화파다. 카노파 회화는 중국 송·원나라의 그림과 무로마치 시대 중국화를 주요 원천으로 했다. 거기에 헤이안 시대의 중국 회화양식을 일본화해 일본적 정취가 물씬 풍기는 야마토에 전통을 합친 것으로 고전 지향이 농후했다. 당시 무사들은 보수성을 강화하고자 했던 카노파 회화를 바람직하다고 생각했다. 카노파의 그림은 피를 나눈 가문의 공방 형식의 제작, 화한절충(和漢折衷)의 화풍, 풍속화를 포함한 장병화 제작이 특징이다.

아즈치모모야마 시대

무로마치 시대를 잇는 아즈치모모야마 시대(安土桃山時代)는 오다 노부나가(織田信長)가 아시카가 막부를 쓰러뜨린 1573년부터 세키가하라 전투가 끝나고 도쿠가와 이에야쓰(德川家康)가 실권을 쥐게 되어 에도 막부가 설립되는 1603년까지를 말한다. 이 시대의 명칭은 오다 노부나가의 거성인 아즈치 성과 도요토미 히데요시의 거성인 후시미 성(훗날 성이 있던 구릉 지역의 이름을 따 모모야마 성이라고도 불림)의 이름을 따서 붙여졌다.

일본 역사에서는 무로마치 시대 후기 쇼군의 후계자 문제를 명분으로 지방 다이묘들이 1467년 교토에서 벌인 항쟁인 오닌의 난(應仁の亂)부터 이 시대를 합쳐서 센고쿠 시대(戰國時代)라고도 한다. 센고쿠 시대를 통일한 노부나가가 죽은 뒤 힘의 공백상태를 계승한 사람이 도요토미 히데요시(豊臣秀吉)다. 그는 오랜 기간 축적된 무인들의 과잉 전투력을 다른 곳으로 돌리기 위해 한반도를 침입함으로써 임진왜란을 일으켰다.

모모야마 시대는 35년 정도로 짧았기 때문에 별도의 문화가 크게 형성될 시간 여유가 없었으나, 종교적인 색채에서 벗어나 인간적인 측면이 강조된 것이 특징이다. 한편 쇼군이 영웅으로서 강조됨으로써 건축과 회화에서 장대함과 호화로움이 추구되었다. 그러나 다른 한편으로 서민들의 생활이 중시됨으로써 풍속화와 화조화도 동시에 발달했다. 이 시대에 일본은 전쟁에 견딜 수 있는 새로운 성을 쌓기 시작한 것도 놀라운 사실이다. 노부나가의 뒤를 이어 실력자로 부상한 히데요시는 오사카 성을 축조하도록 하였다. 이런 성은 종래 일본 건축과는 전혀 다른 거대한 석축 구조 위에 전각을 세운 것으로 이를 천수각이라고 한다.

모모야마 미술의 특징은 카노파 화가들이 그리는 장벽화(障壁畵, 쇼헤키가), 풍속화, 화조화 등에서 찾을 수 있다. 장벽화는 장병화(障屏畵)라고도 한다. 일본의 성이나 사찰 또는 귀족들의 대규모 주거건물의 내부를 나눌 때 사용한 미닫이문이나 병풍 등에 그린 그림이다. 장벽화는 넓은 실내 공간을 필요에 따라 크게 또는 작게 칸막이할 수 있는 일본 건축의 특수한 구조의 산물이다. 어두운 실내를 밝게 하기 위해서 주로 금박, 은박, 금니(金泥, 콜라겐을 섞은 金粉), 은니를 사용하였다. 장벽화는 밝고 화려한 색채를 두껍게 칠하는 특수한 장식기법을 사용하였으며 강한 필치에 금니를 섞은 선염의 수묵화 기법도 구사하였다. 장벽화는 주로 16세기에서 17세기의 모모야마 시대와 에도 시대에 크게 성행했다. 이를 주도한 화파가 카노파다.

장벽화가 발달한 이유는 카노파 화가들의 기량 덕분이기도 했지만 모모야마 시대의 시대적인 분위기도 큰 몫을 했다. 노부나가, 히데요시, 이에야스 등 시대의 패자들이 자신의 권력을 과시하기 위해 장엄한 성곽과 주거용 건물을 짓고 이것들을 장식할 시각적 효과가 높은 화풍과 주제를 담은 장벽화와 병풍을 대량으로 주문했기 때문이다. 금벽장벽화는 수묵화로 시작했지만 나중에는 반대로 수묵화가 금벽장벽화의 영향을 받는다.

모모야마 시대에 활동한 카노파 양식의 대표작가로 카노 에이토쿠(狩野永德)가 있다. 금박을 바탕으로 한 그의 작품들은 타의 추종을 불허했지만 작품은 그다지 많이 전해지지 않는다.

이 시기에 카노파 화가들 외에도 많은 화파의 많은 화가가 활동했다. 섬세하고 분위기 있는 표현을 했던 하세가와 도하쿠(長谷川等伯)는 하세가와파를 창시했다. 아름다운 화조화들을 많이 남긴 무인화가(武人畵家) 가이호 유쇼(海北友松)는 수묵으로 인물을 묘사할 때 남송시대 양해(梁楷)의 방법을 배워 이른바 감필법(減筆法 혹은 減筆體, 형식적인 면을 극도로 생략하고 붓놀림을 되도록 줄여 최소한의 선으로 함축적인 표현을 하는 화풍)을 잘 구사했다. 유쇼는 후쿠로진부츠(袋人物)라는 독특한 인물화를 창조했는데 이런 인물화를 후쿠로에(袋繪)라고 한다. 의상을 헐렁겁게 표현해서 마치 그림의 대상 인물이 큰 자루(포대기)를 매달고 있는 것처럼 보이기 때문이다.

운고쿠 토간(雲谷等顔)은 운고쿠파를 창시했다. 소가 초쿠안(曾我直庵)은 특히 가금류(家禽類)를 잘 그린 것으로 유명하고 그의 아들은 매 종류를 잘 그렸다. 초쿠안은 소가파(曾我派)의 시조다.

카노파 양식은 주제나 수묵기법 면에서 중국풍이지만 표현양식에서는 일본풍이었다. 대담한 붓놀림과 날카로운 테두리선은 중국 송나라의 미술양식과는 다르다. 병풍과 미닫이문에 그린 그림에서는 외양의 중요성과 단조로운 장식이 강조되었다.

카노파를 창시한 사람은 카노 가게노부(狩野景信)였지만 카노파의 공인된 시조는 그의 아들 마사노부였다. 그리고 카노파 양식을 정형화한 것은 마사노부의 아들 카노 모토노부(狩野元信)였다.

제2대 모토노부는 마사노부의 아들로서 아버지에 이어 아시카가 막부의 어용화가가 되었다. 그는 아시카가 가문이 선호하던 중국풍의 수묵화 기법을 계승했다. 모토노부는 아들을 셋 두었으나 첫째아들과 둘째아들이 일찍 사망하고 카노 나오노부(狩野直信)가 카노 쇼에이(狩野松榮)라는 이름으로 카노파 제3대 수장이 되었다.

제4대 수장 카노 에이토쿠(狩野永德)는 쇼에이의 아들로 본명은 카노 구니노부(狩野州信)였고 모모야마 시대의 병풍화 양식을 창시했다. 카노파의 미학적인 기준을 확립한 모토노부의 손자인 에이토쿠는 금박 바탕에 좀 더 밝은 색깔과 더욱 묵직한 검은 테두리선을 사용함으로써 카노파 양식을 더 무게 있고 화려하게 발전시켰다. 그는 도안을 단순화했기 때문에 자연에서 커다란 제재, 즉 새, 동물, 나무, 꽃, 바위 등을 즐겨 선택하여 이를 성이나 사원의 실내장식에 쓰이는 큰 병풍과 미닫이문에 그렸다. 에이토쿠는 「낙중낙외도」(洛中洛外圖)를 비롯하여 노부나가와 히데요시 등 당시 최고 권력자들이 건축한 성이나 저택 내부를 장식하는 그림을 그렸다. 그는 스케일이 크고 막힘없는 필체로 무력으로 천하를 통일한 노부나가나 히데요시와 잘 어울리는 그림을 그렸다.

카노파는 혈연으로 이어진 화파지만 카노파 내에는 비(非)카노 성인 화가들도 많았다. 그 가운데 구스미 모리카게(久隅守景)는 카노 타뉘의 수제자 네 명 중 한 사람이었다. 그러나 카노파의 틀에 박히고 경직된 화풍에 얽매이기를 거부한 뒤 유연하고 생동감 있는 독자적인 화풍을 개발했다는 이유로 스승에게 파문당했다

하나부사 잇초(英一蝶)는 본명이 다가 신코(多賀信香)로 당시 막부의 최고 관료로서 고비키초파의 시조 나오노부 문하에서 그림을 그렸다. 그러나 잇초는 카노화파의 정통 양식에서 벗어나 일상생활의 익살스러운 주제를 그렸다. 그는 미술학교를 열어 제자들을 양성하는 등 당시 예술계에서 적극적으로 활동했다. 하이쿠(俳句) 시인 마츠오 바쇼(松尾芭蕉)와 에노모토 기카쿠(榎本基角) 등과 교분을 나누었다.

에도 시대의 정치, 경제, 문화

265년간 지탱된 에도 시대(江戸時代 혹은 德川時代)의 회화 특징과 흐름을 한꺼번에 서술하기는 곤란하다. 에도 시대는 이에야스로부터 제7대 장군 도쿠가 이에쓰구(德川家継)까지를 전기로 나누고 제8대

도쿠가와 요시무네(德川吉宗)부터 제12대 도쿠가와 이에요시(德川家慶)까지를 중기로 나눈다. 그리고 제13대 도쿠가와 이에사다(德川家定)부터 막말 제15대 도쿠가와 요시노부(德川慶喜)까지를 말기로 본다.

다른 기준으로 보면 문화적으로는 에도 시대 전기를 1615년, 일본의 연호로 겐나 시대에서 1716년 쇼토쿠 시대가 끝나는 약 100년이라고 본다. 중기는 1716년 교호 시대부터 교화 시대가 끝나는 1804년까지로 약 90년간이다. 후기는 1804년 분카 시대부터 막말 게이오 시대까지 1867년 대정봉환을 선언한 때까지 약 60년간이다.

1603년 이에야스가 쇼군에 취임하고 자신의 영지인 에도에 막부를 열었다. 이로써 도쿠가와 막부가 탄생한다. 도요토미 정권이 붕괴된 뒤 정국의 혼란을 수습하기 위해 이에야스는 정국안정책을 실행했다. 그리고 무가제법도(武家諸法度), 금중병공가제법도(禁中並公家諸法度)를 제정하는 등 다이묘와 조정에 대해 철저한 법치체제를 열었다. 이로써 영지몰수로 다이묘 대부분이 모습을 감추고 전국의 중요 지방은 직할령으로 다이묘를 두지 않고 절묘한 분할통치책을 실시하여 265년 이상 계속된 장기안정 정치의 기초를 확립했다. 에도 시대는 천하태평이라는 일본어가 생겨날 정도로 상대적인 평화를 일본에 가져왔다.

일본에서 내전이 종식된 도쿠가와 시대부터 무사들의 사상적 기반이 선불교에서 유교로 전환되었다. 이때부터 무사들의 의식과 삶은 유교적 가치관과 철학의 영향을 받았다. 에도 시대 중기에 접어들어 무사세계가 평화 시대를 맞이하게 되자 무사들이 올바른 윤리관을 갖게 하기 위하여 문교정책을 시행하였다. 도쿠가와 막부는 정치적인 목적을 달성하기 위하여 주자학을 공식적인 정치이데올로기로 설정하였다. 그래서 무사들의 생활과 수련에는 그 이전에 유행한 선불교 사상과 새로 대두된 유교사상이 공존하게 된다.

에도 시대 농업생산력의 발전을 기초로 경제적인 번영을 보인 때가 겐로쿠 시대(元祿時代)다. 이 시대에는 문학과 미술 면이 크게 발달했다. 이하라 사이카쿠(井原西鶴)가 주도한 우키요조시(浮世草子) 문학, 바쇼의 하이쿠, 치카마츠 몬자에몬(近松門左衛門)의 인형극과 조루리(淨瑠璃), 그리고 히시가와 모로노부(菱川師宣)에 의해 우키요에가 탄생했다.

일본의 시문학이 와카(和歌, 일본 短歌)에서 렌가(連歌), 렌가에서 하이카이렌가(俳諧連歌), 하이카이(俳諧)에서 하이쿠에로 흐른 것은 귀족에서 서민으로 문학이 대중화되어갔다는 것을 의미한다. 하이카이의 대중화는 웃음과 재미를 강조한 나머지 시적 정신이 희박해지면서 비속화한다. 이것을 민중시로 승화시킨 사람이 바쇼다. 하이쿠는 5·7·5 운율을 지닌 지극히 짧은 형식의 시를 가리키며 우리나라의 시조와도 같은 정형시다. 하이쿠가 우리나라 시조와 다른 점은 하이쿠는 원래 두 사람 이상이 모여서 5·7·5와 7·7을 번갈아가며 읊음으로써 변화와 조화의 미를 즐기려는 일종의 문학적인 유희라는 점이다.

바쇼 사후 다시 비속화된 하이카이를 중흥시킨 것은 선화가이기도 한 요사 부손(與謝蕪村)과 고바야시 잇사(小林一茶)이다. 그들이 그린 하이쿠 그림을 하이가(俳畵)라고 한다. 잇사는 바쇼와 부손과 함께 하이쿠의 3대 가인으로 불리는 에도 시대 후기의 하이진(俳人) 혹은 하이카이시(俳諧師)였다.

에도 시대 초기 일본회화

일본회화사로 볼 때 에도 시대 초기는 회화분야에서 새로운 양식이 등장하는 시기다. 카노파가 금병장식화양식 대신에 수묵화를 도입하고 카노 탄뉴 중심으로 에도 카노파가 확립된다. 그뿐만 아니라 도사파(土佐派), 스미요시파(住吉派), 린파(琳派), 교토 카노파, 우키요에까지 기본적 양식이 확립된다. 따라서 이 시기는 일본회화의 신고전주의 시대다.

에도 시대 초기에는 에도 막부가 모모야마 건축을 완성하고 대규모 건물의 장벽화는 에도 카노파가 중심 역할을 했다.

스미요시파를 주도한 스미요시 구케이(住吉具慶)의 본명은 스미요시 히로즈미(柱吉廣澄)다. 도사파 출신인 구케이의 아버지 조케이(如慶)는 1662년부터 스미요시(柱吉)라는 이름을 썼다. 구케이는 스미요시파의 독자적인 화풍을 확립하고 도사파 화가들이 교토에서 활약한 것처럼 에도에서 야마토에를 전파하는 데 기여하였다.

린파 탄생에 커다란 영향을 준 화가는 혼아미 코에츠(本阿彌光悅)다. 고에츠는 무로마치 시대부터 도검의 감정, 연마, 보수 등을 가업으로 이어온 혼아미 가문 출신이다. 아미(阿彌)라는 성씨는 무로마치 시대 쇼군의 측근으로서 예능이나 문화의 자문관으로 종사하던 사람들이 자칭한 이름이다. 코에츠가 고활자본을 인쇄하는 화려한 종이를 제작했던 곳이 바로 다와라야 소타츠(俵屋宗達)가 지휘하는 이넨(伊年)이라는 다와라야 공방이었다. 린파는 다와라야의 천재성을 능가

하는 재능으로 린파의 번성을 가져온 오가타 코린(尾形光琳), 사카이 호이츠(酒井抱一) 등 25명의 대표적 작가를 배출했다. 이로써 17~18세기에 크게 흥성하였으며 주로 사원의 벽화나 병풍, 부채그림과 도자기, 칠기 등의 장식화 등을 다량으로 제작하였다.

린파와 오가타 코린

카노파에 비견되는 린파(琳派)는 처음에는 고에츠파, 고에츠코린파, 소타츠코린파로 불렸지만 현재는 린파로 불린다. 린파는 일본 화파들이 카노파처럼 대개 가전(家傳)되거나 스승에서 제자로 직접 이어졌던 것과 달리 후대의 천재적 개인에 의해 간접적으로 계승되었다.

린파는 17~18세기 일본의 전통 회화에 중국의 수묵화 기법을 조화해 독창적인 장식화를 발전시킨 화파다. 카노파와 함께 에도 시대에 활약한 최대 유파다. 금박이나 은박 또는 진하고 강한 색채(濃彩)로 장식적인 효과를 극대화하였다.

린파 화가들은 신분도 높고 자산도 많은 명문가 출신이었다. 그러나 린파의 시조격인 소타츠의 경우, 편지 한 통을 제외하면 이렇다 할 분명한 기록이 남아 있지 않다. 소타츠는 1630년 황실에서 뛰어난 화가나 의사에게 주는 명예로운 칭호인 호쿄를 받았다.

린파의 번성을 가져온 코린은 1701년 43세에 역시 명예로운 칭호 호쿄를 받았는데 그 뒤 그의 작품에는 '호쿄 코린'이라는 서명이 들어 있다. 코린이 종종 사용한 것은 물기 있는 색채가 채 마르기 전에 또 다른 색채를 유입해 자연적인 침윤(浸潤) 효과를 내는 타라시코미(溜込み) 기법이다. 코린은 59세에 세상을 떠났지만 제자들을 많이

배출하였다. 그 가운데 19세기 초에 활동한 그의 동생 오가타 겐잔(尾形乾山)이 있다. 그 후로도 와다나베 시코(渡邊始興), 후카에 로슈(深江蘆舟), 호이츠, 스즈키 키이치(鈴木其一), 이케다 고잔(池田孤邨), 카미사카 세카(神坂雪佳) 등이 활약했다.

린파의 장식화는 에도 시대의 정치적 안정과 경제적 번영의 산물로 당시 귀족과 무사계급의 호사스러운 취향에 부합하여 널리 환영받았다. 린파의 그림은 전통적인 헤이안 시대 이래 야마토에 전통을 19세기 이후 근·현대로 계승하는 징검다리 역할을 하며 근대 일본화 형성에 크게 기여했다.

일본의 문인화와 조선통신사

일본회화사에서도 중국 회화와 우리나라에서 말하는 문인화의 존재를 찾아볼 수 있다. 그러나 본래 문인화의 이상(理想)이나 양식과는 거리가 있다. 중국에서 문인화 이론이 처음 발달한 것은 북송 시대로 그 당시에는 사인지화(士人之畵)라고 하였다. 몽고족이 지배한 원대를 거치는 동안 은거하는 한족(漢族) 지식인이 많았기 때문에 반드시 사인(士人), 즉 사대부(士大夫)가 아닌 문인화가도 생겨났다. 따라서 명나라 동기창이 중국 회화의 계보를 남종화와 북종화로 나누었을 때는 남종화를 사인지화(士人之畵)라는 말 대신 문인지화(文人之畵)라는 용어를 쓰게 되었다.

일본의 남화(南畵, 南宗畵의 약자) 발달에 중요한 또 다른 요소는 조선통신사(通信使)를 수행했던 화가들의 그림이다. 1607년부터 1811년까지 모두 열두 차례에 걸쳐 조선통신사가 다녀갔다. 그 활동은 반드시 당시 유명한 화원들이 수행하였다. 이들은 일본인들의 그림 요구에 골머리를 앓을 지경이었다는 기록들이 남아 있을 만큼 인기가 있었다. 김명국(金明國), 함세휘(咸世輝), 최북(崔北), 이성린(李聖麟), 김유성(金有聲) 등 여러 화가가 통신사를 수행하고 일본에 그림을 남겼다.

에도 시대 중기의 회화

에도 시대 중기에는 교양인 무사계급을 중심으로 중국 취미와 더불어 유학이 크게 융성했다. 이런 배경 아래 발달한 것이 앞서 말한 남화(南畵, 난가)다. 이는 중국의 문인화를 기본으로 하는 회화 장르다. 남화의 기초를 확립한 사람은 한의사 집안 출신으로 한시와 서예로 유명한 기온 난카이(祇園南海), 야나기자와 기온(柳澤淇園), 사카키 하쿠센(彭城百川) 등이다.

부손은 오사카 태생으로 화가로 이름나기 이전에 먼저 하이쿠 시인으로 명성을 얻었다. 초기 작품에서는 카노파의 영향이 보이지만 1751년부터 3년 동안 교토의 선종 사원에 머물면서 중국 회화를 많이 보았을 것으로 추측된다. 교토를 잠시 떠났다가 1757년에 다시 정착하면서 수묵화에 전념하여 본격적인 남화 화가로서 작품을 많이 남겼다. 1771년 이케노 타이가(池大雅)와 같이 제작한 「십편십의도」(十便十宜圖)와 수묵화, 수묵담채를 사용한 산수화 등 많은 걸작을 남겼다.

타이가 이후 남화의 대가로는 우라가미 교쿠도(浦上玉堂)를 손꼽을 수 있다. 그는 그림뿐만 아니라 거문고를 잘 탄 것으로도 유명하다. 그 밖에 회화 이론서 저술로도 유명한 타니 분초(谷文晁), 타이가의 양식을 모방한 그림을 그리기도 한 다노무라 지쿠덴(田能村竹田)을 들 수 있다.

에도 시대 회화 가운데 서양화의 영향을 좀 더 적극적으로 수용한 화파는 마루야마 오쿄(圓山應擧)를 중심으로 한 마루야마 시조(圓山四條) 화파의 화가들이다. 사실적 사생(寫生)을 강조한 마루야마 시조파에는 오쿄와 그의 제자 나가사와 로제쓰(長澤蘆雪), 그리고 고슌(吳春)이라고도 불린 마쓰무라 겟케이(松村月溪)가 활약했다.

사물의 기상한 모습을 즐겨 그려서 교토 기상화파(寄想畵派)로 불리는 이토 자쿠쓰(伊藤若冲), 소가 소하쿠(曾我瀟白)가 있었다. 1700년대 나가사키에서 네덜란드와의 무역이 조금씩 확대되어가는 등 수입 금지 조처가 완화되자 다시 서양풍의 그림에 관심이 커졌다. 아키다 지방의 오다 나오타케(小田野直武)와 에도 지방의 시바 고칸(司馬江漢)은 이 시기에 서양화풍의 그림을 그린 대표적인 화가들로 그들의 작품에는 원근법과 입체감에 대한 호기심이 생생히 나타나 있다.

도시와 상업의 발달

일본은 17세기 이후 농업과 공업, 수산업 등에서 생산력이 급격히 향상되자 자연히 상업이 발달하고 인구가 몰려들어 도시가 성장하였다. 도시의 성장과 상업의 발달은 상공인들의 지위와 경제력의 향상으로 이어졌다. 이들은 전통적으로 문화의 중심에 있던 무사계급에 상응하는 영향력을 가지게 되었다. 에도 시대 미술을 대표하는 우키요에는 이러한 사회적 현상을 배경으로 탄생한 에도 시대 특유의 문화현상이라고 볼 수 있다.

에도(지금의 도쿄)는 새롭게 조성된 정치 도시였기 때문에 교토나

오사카에 비해 문화적 전통과 시설, 인적 자원이 매우 취약했다. 한편 전통적인 문화와 사상의 중심지였던 교토에 비해 에도는 새로운 것을 추구할 때 상대적으로 자유로웠다. 새로운 문화는 초닌이라는 상인 계급을 중심으로 형성되어갔다. 초닌에 의한 문화의 융성은 에도 시대 중기에 본격적으로 나타났는데 물질적인 문화와 유행, 오락과 여흥의 번성은 특히 가부키와 유곽과 결합되어 전개되었다. 유곽 근처에 가부키 극장들이 있었기 때문이다.

유곽 문화와 더불어 에도 시대 중기 중요한 사회현상으로 문자의 보급과 인쇄술의 발전에 다른 출판업의 성장을 들 수 있다. 출판의 발달은 목판 인쇄술의 발달에 따른 것이다. 이는 우키요에의 발달과 함께 다양한 소설과 안내책자, 삽화집을 대량으로 간행할 수 있는 길을 열었으며 이에 대한 대중의 수요는 그 어느 때보다 증가했다. 에도 시대의 중요한 미술 현상인 우키요에는 바로 이런 사회적 상황에서 등장했다.

우키요에

우키요(浮世)라는 단어가 처음으로 등장한 문헌은 앞서 말한 이하라 사이카쿠의 1686년 소설 「호색 일대 여자」(好色一代女子)다. 이러한 부류의 소설을 우키요조오시(浮世草子)라고 했다. 그 뒤 모자, 우산에도 우키요라는 접두어를 붙여 부르기도 할 만큼 상당히 널리 쓰이는 말이 되었다.

소설에 대한 대중적 관심은 겐로쿠 시대에 처음으로 텍스트 없이 판화만으로 이루어진 「겐지모노가타리」와 「이세모노가타리」의 제작을 낳게 하였고, 곧이어 히시가와 모로노부는 도쿄 유흥가 모습을 묘사한 「요시와라(吉原)의 정경」이라는 최초의 우키요에 판화를 제작하기에 이르렀다. 사계절의 풍속을 묘사한 사계회(四季繪) 또는 풍속 달력화를 그린 츠키나미에(月次繪) 등이 있으며 그 외에도 야외에서 즐기는 사람들을 그린 그림들이 선보였다.

에도 시대에 우키요에가 처음으로 등장한 시기는 1657년 3월에 발생한 메이레키 대화재부터 호우레키 연간인 1750년대였다. 이때는 주로 손으로 직접 그리거나 단색 목판으로 제작했다. 당시에는 그림책이나 풍속과 생활상을 주제로 한 대중소설 우키요조시(浮世草子)가 인기를 얻고 있었는데 이러한 소설에 삽화를 그린 대표적인 우키요에시(浮世繪師)가 모로노부였다. 그는 당시 대표적인 대중소설 작가 사이카쿠가 41세부터 집필한 「고쇼쿠이치타이오토코」(好色一代男)에 삽화를 그렸으며, 이는 현재 확인되는 가장 오래된 우키요에다.

에도 시대 후기의 사회변화와 회화의 흐름

에도 시대는 1603년부터 1867년 메이지 천황에게 정부권력을 반환한 다이세이 호칸(大政奉還)까지 265년간 지속되었다. 그동안 상품경제가 점차 발달함에 따라 토지의 생산물에 의존하는 농민과 무사의 생활이 어려워졌다. 상업 자본을 장악한 상공인의 세력이 강화되었으며 도시민인 초닌의 사회적 지위가 향상되었다. 그와 더불어 문화는 모든 국민에게 널리 보급되는 특징을 보인다.

건축은 호화로운 전사(殿舍) 건축인 니조성의 니노마루(二の丸殿舍), 본원사서원(本願寺書院)의 대면소, 장식적인 효과를 최대로 살린 권현

(權現) 형식의 영묘가 건축되었다. 조각에서는 간토에서 홋카이도에 이르는 예리한 조형 감각의 불상과 신상(神像), 후기에는 예각적 표현보다는 둥글고 여유로운 불상이 제작되었다.

서예는 모모야마 시대 말부터 에도 시대 초기의 고전 부흥에 따라 새로운 서풍이 이루어졌다. 그리고 공예분야에서는 염직이 자수보다 한층 더 세련되게 그림문양을 표현할 수 있는 호방염(糊防染) 수법에 의한 우선염(友禪染)이 고안되어 급속히 유행하였다. 도자에서는 자기가 출현하였고 도자기 표면에 채색그림을 그리기 시작하였다.

에도 시대 후기 회화 분야는 에도 시대 전기의 대표적 화가들인 산라쿠와 타뉘 등 카노파 화가들이 전대에 이어 화단에서 지배적인 지위에 있었다. 카노파 화가들이 점차 매너리즘에 빠지자 서민 출신의 소타츠가 전통적인 야마토에 수법에 서민적인 생활감정을 담아 독창적인 경지를 개척하였다. 이 무렵의 풍속화는 에도 시대 중기 이후 발전하는 우키요에 미인화와 결부되었다.

1802년 타니 분초(谷文晃)가 그린 「기무라 겐가도 상」(木村蒹葭堂像)은 이와 같은 시대 분위기를 잘 전달하는 귀중한 증언의 그림이다. 타니 분초의 역사적 역할은 18세기에 교토와 오사카 지역에서 융성한 문인화를 간토 에도(關東 江戸), 즉 에도를 중심으로 하는 간토 남화의 뿌리를 내리게 했다는 점에 있다. 분초는 남종화와 북종화뿐만 아니라 당시 새롭게 들어온 중국 강남지방의 절파(浙派) 산수화와 도사파, 카노파, 린파, 청나라 사실화가 심남빈(沈南蘋)의 사생화, 그리고 서양화에 이르기까지 모든 유파를 열심히 배워 화격(畵格)을 넓혔다. 또 다수의 문인을 거느리고 그 후의 간토 화단에 결정적인 영향을 미치게 된다. 분초는 일본 국내를 거의 빠짐없이 돌아다니면서 진경을 사생하였고 동시에 옛 고화의 모사(模寫)연구에도 노력을 게을리하지 않았다.

분초의 수많은 제자 중에서도 가장 걸출한 인물이 와타나베 카잔(渡辺華山)이다. 그는 하급무사의 자식으로 태어나 어릴 적부터 가정이 빈곤하여 가계를 도와주기 위해 화가의 길을 걷게 된다.

에도 카노파, 에도 린파, 복고 야마토에

남화가 특히 막부 말기에 크게 유행하였다고 해도 그것이 회화활동의 주류는 아니었다. 그밖에도 여러 파의 병존 시대에는 여러 회화의 흐름이 있었다.

19세기 전반의 시기에 에도 카노파 중 하나인 고비키초카노 화파의 8대 이센인 나가노부(伊川院榮信)와 9대 하루센인 오사노부(晴川院養信)가 에도에서 크게 활약했다. 1839년과 1845년 두 번에 걸친 에도성 조영사업은 오사노부를 중심으로 한 카노파 일문이 만든 것으로 그의 우수한 기량뿐만 아니라 공방의 통솔자로서 역할도 잘 증언하고 있다.

카노파와는 달리 고전으로 회귀하는 경향이 만들어낸 두 가지 중요한 흐름이 있었다. 에도 린파와 복고 야마토에가 그것이다. 남화가 명청회화까지 포함하여 오로지 중국의 문인화를 모범으로 한 것과 달리 에도 린파와 복고 야마토에는 일본 고래의 야먀토에와 린파의 뒤를 이어 그 전통을 새롭게 부흥시키고자 한 점에서 같다. 그 정신적 배경과 환경의 양자 사이에는 여전히 큰 거리가 있지만 표현상으로는 모두 아름다운 색채, 단정한 풍격, 탁월한 디자인을 특색으로 한다.

특징을 말한다면 타니 분초와 와다나베 카잔의 간토 남화가 그릴 대상의 객관성을 중시하여 사생을 중요시했고 교쿠도와 치쿠덴의 간사이 남화가 화가의 자기표출을 주안으로 하여 표현했다. 그러나 에도 린파와 복고 야마토에는 어느 쪽이든 작품 자체의 완성도와 세련미를 구하고자 하였다. 호이츠와 오가타 타메치카(岡田爲恭)의 작품에 어딘가 유미주의적인 향기가 감돌고 있는 것도 그 때문이라 생각한다.

복고 야마토에의 선구자는 다나카 도쓰겐(田中訥言)이다. 복고 야마토에는 너무 복고(復古)에 얽매여 고화(古畵)의 틀에서부터 새로운 것이 나올 수 없었다는 점은 있지만 당시 회화 상황에서는 하나의 혁신운동으로서 의미가 있다. 억제된 청결한 화풍은 에도 린파의 투명하고 차가운 표현과 일맥상통하는 것이 있다. 그것도 또한 근대를 향한 시대의 흐름 중 한 부분이라고 할 수 있다.

기인 센가이 기본

1790년 간행된 반 코우케이(伴蒿蹊)의 『근세기인전』(近世奇人傳)은 기인이라는 단어를 세상에 알리는 데 큰 역할을 했다. 이와 같은 시점에서 본다면 우라가미 교쿠도 같은 문인화가도 기인에 속한다고 하지만 이 시대를 대표하는 기인화가로서는 선승 센가이 기본(仙厓義梵)을 들 수 있다.

센가이 기본은 미노쿠니(美濃國)의 빈곤한 농가 출신으로 무사시

쿠니 나가타의 도우키(東輝) 암자에 은거하는 게쓰센 젠네(月船禪慧)에게서 인가(印可, 다도, 무술, 불도 등에서 스승이 제자의 실력이 수준 이상에 달한 것을 증명하는 일)를 받는다. 그 후 여러 나라를 행각하지만 1789년 40세 때 규슈 하카다의 쇼후쿠지 주지가 되고 62세에 은퇴했다. 이후 서거할 때까지 사찰 내 교하쿠인에 은거하면서 자유로운 생활을 했다. 센가이 기본의 화업이 시작된 것은 거의 50세부터로 특히 은거 이후의 일이다. 그의 선림회화(禪林繪畵)의 흐름에서는 임제종을 중흥한 하쿠인 에카쿠(白隱慧鶴)의 큰 영향을 느낄 수 있다.

호쿠사이와 히로시게

우키요에는 판화가 제작되면서 본격적으로 발달하게 되었다. 오쿠무라 마사노부(奧村政信)는 메가네에 취향의 우키요에를 그렸다. 이 시기에 우키요에 기법도 단에(丹繪), 베니에, 우루시에(漆繪), 초보단계의 채색인쇄인 베니즈리에로 발달했다. 1765년 하루노부가 니시키에를 창안했다. 니시키에는 일본식 그림 달력 에코요미(繪曆)를 제작하기 위해 우키요에 그림을 그리는 에시, 밑그림을 목판에 새기는 조사(彫師, 호리시, 조각가)와 목판에 물감을 얹어 찍어내는 접사(摺師, 스리시, 문지르는 사람, 인쇄사)의 도움으로 개발한 다색 인쇄 판화술이다. 그 후 우키요에는 제작과 유통을 책임지는 출판업자 한모토(版元)가 중심이 되어 에시, 호리시, 스리시 등이 한 팀이 되어 제작했다. 특히 원본을 그리는 사람을 한시타에시(版下繪師)라고 했다.

일본회화의 장점인 '형태의 단순화'를 최대한 살린 목판화는 대량 생산되어 널리 유통될 수 있었기 때문에 해외에 일본 미술을 알리는 데도 매우 큰 역할을 하였다. 이러한 미술이 발달할 수 있었던 것은 에도 시대에 상인계층의 부상이 가장 큰 원인이다.

에도 시대에는 기녀들이 모여 있는 곳과 가부키 극장이 밀집된 지역인 악소라는 거리가 있었다. 악소 안에서 사람들은 봉건적인 신분제도나 기존의 도덕률에 얽매이지 않고 행동할 수 있었다. 우키요에는 향락적인 인생관과 그 밑바닥에 있는 인간의 호색이나 잠재되어 있는 욕정, 그리고 이런 인간의 모습을 묘사했다. 에도의 서민들이 흥미를 느끼고 있던 유명한 기녀들이나 가부키 배우들, 스모선수들이 묘사 대상이 되었다. 이 시기에 등장한 거장 두 사람이 가츠시카 호쿠사이(葛飾北齊)와 안도 히로시게(安藤廣重)다. 우타가와 히로시게(歌川廣重)는 안도의 다른 이름이다. 호쿠사이와 히로시게 두 사람은 일본의 풍경을 낭만적이고도 감성적으로 표현했다.

호쿠사이가 회화수업을 본격적으로 시작한 것은 18세 때 가쓰가와 순쇼(勝川春章)에 입문하고부터였는데, 그 후 15년 동안 하루오(春郎)라는 이름으로 인물 판화를 그렸고 90세에 세상을 떠나기까지 거의 70년간 하루도 쉬지 않고 그림을 제작했다. 그는 일련의 자기수련과 화풍변모 과정을 거치고 1798년부터 네덜란드 풍경 판화의 경향을 강하게 보이는 순수 풍경화 시리즈를 출판하면서 비로소 호쿠사이라는 이름을 쓰기 시작하였다. 호쿠사이는 한때 카노파를 사사하기도 하였고 스미요시파와 린파의 화법도 배웠다. 거기에 서양화법까지 연구하여 독창적으로 자기 작품에 표현했다. 미인화에서 보이는 짙고 화려한 성적 표현, 독본(讀本) 삽화의 드라마틱한 박력, 풍경화에서의 탁월하고 혁신적인 화면구성, 그리고 풍부한 상상력과 정밀한 자연관찰은 호쿠사이의 특색이다. 1830년대 후지산(富士山)이라는 하나의 주제를 자유분방하게 변주한 「부악삼십육경」(富嶽三十六景) 마흔여섯 점은 우키요에 풍경화에 새로운 면을 열어줌과 동시에 회화사 전개에도 큰 영향을 미치게 된다.

이러한 작품이 19세기 후반에는 프랑스의 인상파, 후기인상파 화가들과 애호가에게 강한 충격을 주었고 자포니즘(Japonism) 유행의 중요한 원인이 되었다. 작곡가 드뷔시는 「부악삼십육경」 중 가나가와(神奈川) 충랑리(沖浪裏)를 애장하고 교향시 「바다」의 악보 표지디자인에 사용했다.

호쿠사이보다 한 세대 이상 젊은 히로시게는 호쿠사이 같은 기발함은 없어도 풍경화를 중심으로 활약하며 에도 시대 최후를 장식하는 명작들을 남겼다. 히로시게는 원래 막부 소방수의 자식으로 13세 때 집안의 대를 이어 소방수가 되지만 한편으로는 회화에도 뜻을 두고 우타가와 토요히로(歌川豊廣)에 입문해 우타가와 성(歌川姓)을 받는다. 히로시게는 초기에는 미인화와 야쿠샤에도 제작하지만 재능을 발휘하게 되는 것은 1831년 다색 인쇄 판화인 니시키에 「동도명소」(東都名所) 시리즈를 발표하고부터다. 그 뒤 히로시게는 에도와 교토, 도가이도와 키소가이도 등의 가도(街道)를 주제로 풍경화를 꾸준히 제작하였다. 특히 1833~1834년의 「도가이도오십삼차」(東海道五拾三次)는 숙박구역(宿場町)의 각각의 특색에 세태풍속 묘사를 교묘하게 얽히게 하고 거기에 비와 바람 등의 여러 기상조건, 빛과 대기도 표현하여 친근감 있게 표현했다. 그와 동시에 신선한 계절감에 넘치는 화면을 만들어 히로시게의 이름을 널리 세상에 알리는 기회가 된다. 그

선려한 색조와 대담한 구도는 19세기 후반 유럽 화단에 커다란 영향을 주게 된다.

*주요 교재:「붓의 노래」

제7장

기업의 목적

기업의 목적은 이익추구가 아니라 고객 만족이다

『경영의 실제』

드러커는 『경영의 실제』 머리말에서 이렇게 말했다. "『경영의 실제』는 경영학을 배우는 학생들, 경영자가 되고자 하는 젊은 사원들, 연륜이 쌓인 경영자들이 여전히 기초 서적으로 생각하는 책이다." 세계 최대 은행 중에 한 회장은 자신의 부하들에게 다음과 같이 말한다. "경영 관련 서적들 가운데 단 한 권을 골라 읽으려면, 바로 『경영의 실제』를 읽도록 해요."

이 책이 성공을 거둔 이유는 종합적이면서도 이해하기 쉽고, 읽기 쉽도록 균형을 유지하고 있기 때문이다. 그리고 경영현장의 실무자들과 기업뿐만 아니라 공공기관에서 경영자가 되려는 사람들이 선호하는 책이 된 것은 이런 균형감각 때문이다.

『경영의 실제』가 1954년 세상에 나오기 전에도 비록 많지는 않지만 경영관련 서적들이 저술되고 출판되었다. 그러나 『경영의 실제』

는 진정한 의미에서 최초의 '경영학' 책이다. 이 책은 경영을 하나의 전체로 조망한 최초의 책이자 경영을 하나의 독특한 기능으로 묘사하고자 한 최초의 책이다. 그리고 경영활동은 독특한 과업이고 경영자가 된다는 것은 구체적인 책임을 진다는 사실을 설명한 최초의 책이다. 이전에 나온 다른 모든 책은 경영자와 경영활동의 한 측면만 다루었다.

『경영의 실제』는 슘페터에게서 아이디어를 많이 얻었으며 조직이론에서 X이론은 타당하지 않다고 밝혔다.

경영자의 역할: 부(富)의 창출

기업의 본질은 경제적 성과를 향상하는 것이다. 경영자의 역할은 부를 창조하여 인간의 소비수준을 향상하는 것이다. 경영자의 리더십이 없으면 모든 '생산요소'는 단지 자원 자체로 머물 따름으로 결코 생산물이 될 수 없다.

자유경쟁 경제체제(competitive economy) 아래서는 경영자의 자질과 능력이 그 조직의 성공과 생존을 결정한다. 경영자의 자질과 능력이야말로 자유경쟁 경제체제 기업이 보유할 수 있는 유일한 효과우위이기 때문이다.

경영자는 자원을 생산적으로 변환해 부를 창조하는 사람이다. 따라서 경제발전의 기관차다. 스위프트의 다음과 같은 말은 부 창출의 의미를 잘 표현하고 있다.

"그전까지는 홑잎식물만 자라던 곳에 겹잎식물을 자라게 하는 자는, 그가 누구든 어떤 명상적 철학자나 형이상학적 체계의 창시자보다도 인류의 진보에 더 큰 공헌을 한 사람으로 대접받아야 한다."

반유물론

마르크스 등이 주장하는 유물론은 정신을 부정하고 물질적 원리만 주장하는 철학이다. 정신은 고도로 조직된 물질인 뇌의 소산이며 인식은 뇌에 의한 사물현상의 반영이라고 주장한다.

물질은 인간정신을 발전시키기 위하여 이용될 수 있으며, 당연히 이용되어야 한다는 신념은 인류 정신사에서 오래된 한 반대 축인 '유물론'과는 전혀 다른 것이다. 특히 마르크스는 종교는 아편이라고 주장했다.

경영자에 대한 정의

경영자란 누구인가? 이에 대해 두 가지 상식적인 답이 있었다.

첫째, 경영자란 높은 곳에 있는 높은 사람이다. 즉 '경영자'라는 용어는 '상사'라는 말을 약간 멋있게 부른 것에 지나지 않는다.

둘째, 다른 사람들의 업무를 지휘하는 사람, 다시 말해 "다른 사람들에게 각자 일을 하도록 하게 함으로써 자신의 업무를 완수하는 사람"(who does his work by getting other people to do theirs)이라는 슬로건에 적합하게 일하는 사람을 의미한다.

경영자란 하나의 기관(器官, organ)이다. 기관이라는 것은 그것이 수행하는 직능을 통해 설명되고 규정된다. 따라서 경영자의 현대적 정의는 다음과 같다.

"경영자는 하나의 경제적 기관이며 산업사회에 고유한 경제적 기관이다. 따라서 경영자의 모든 행동, 모든 의사결정, 모든 고려 사항은 경제적 차원으로서 경제적 차원에서 결정되어야 한다."

기업은 두 가지 경제 시스템, 즉 외부경제와 내부경제 시스템 속에 활동하고 있다. 내부경제가 이용할 수 있는 총액(다른 무엇보다도 종업원에 대한 임금이 주요 요소다)은 기업이 제품을 판매하여 외부경제에서 벌어들인 것으로 결정된다. 그 금액은 기업 외부에서 시장이 결정한다. 내부적으로 기업은 시장경제가 아니다.

경영자의 기능과 직무

경영자의 첫 번째 기능은 경제적 성과를 창출하는 것이다. 그리고 경영자의 직무는 첫째, 기업을 경영하는 직무(managing business), 둘째, 다른 경영자들을 관리하는 직무(managing managers), 셋째, 근로자 관리와 작업관리 직무(managing workers and managing work)로 나뉜다.

첫째, 기업을 경영한다는 것이 무엇인지, 그것을 수행하기 위해서 필요한 것은 무엇인지, 경영자가 해야 할 일은 무엇이며 경영자는 그것을 어떻게 수행해야 하는지에 대한 종합적인 저술은 1954년 이전에는 없었다. 그런 관점에서 쓴 최초의 책이 피터 드러커의 『경영의 실제』다. 드러커는 시어스의 사례를 들어 설명한다.

1) 시어스를 창업하기 위해서는 다섯 가지 독특한 분야에서 혁신을 추진할 필요가 있었다.

첫째, 체계적인 상품 계획(merchandising)이 필요했다.

둘째, 농부는 할 수 없는 대도시 쇼핑을 대신해줄 수 있는 우편주문 카탈로그가 필요했다.

셋째, 오랜 상관습인 '매수자의 위험 부담'을 '매주(賣主)의 위험 부담'으로 바꾸어야만 했다. 그것이 바로 "물건에 불만이 있을 때는 무조건 환불합니다"라는 시어스의 유명한 정책이다.

넷째, 대규모 주문을 싸고 빠르게 취급할 수 있는 방법을 찾아야만 했다. 우편주문 공장이 없이는 그런 사업은 물리적으로 불가능했다.

다섯째, 그런 사업을 운영할 인적 구조가 필요했다.

2) 시어스를 소규모 가게에서 명실상부한 기업으로 만든 것은 줄리어스 로젠월드(Julius Rosenwald)다. 로젠월드가 경영을 맡고 있던 시절 시어스는 공중관계를 중시하기 시작했다. 그리고 시어스의 모든 종업원은 그것을 매우 중요하게 생각했다.

3) 시어스의 두 번째 국면은 1920년대 중반 로버트 우드(Robert Wood)가 주도했다. 1920년대 중반 무렵 시어스의 최초 시장은 급격히 변하고 있었다. 로버트 우드 회장은 1954년 봄 시어스 회장 자리에서 물러났고, T. V. 하우저가 그 뒤를 이었다. 이것은 지금 새로운 문제와 새로운 기회를 맞고 있는 시어스가 한 시대를 마감한다는 것을 의미했다. 왜냐하면 한때 시어스의 시장을 변화시킨 바로 그 자동차가 시어스의 시장을 한 번 더 바꿀 참이었다.

대부분 미국 도시에서 운전은 불쾌한 것으로 여겨지며, 주차는 점점 더 어려워진다. 자동차는 쇼핑객을 도와주는 역할을 빠르게 잃어가고 있으며 오히려 쇼핑에 불편을 주고 있다.

시어스는 또다시 자신의 사업이 무엇인지, 자사 시장은 어디에 있는지, 그리고 어떤 혁신을 해야 하는지를 깊이 생각하지 않으면 안

될지 모른다. 그러나 최초로 유통혁명을 가져온 시어스는 할인점은 월마트에, 온라인 시장은 이베이(eBay)에게 빼앗기고 말았다. 끊임없는 혁신만이 선두주자를 선두주자로 머물게 해준다.

사업이란 무엇인가?

시어스 이야기에서 도출할 수 있는 첫 번째 결론은 "사업은 사람이 시작하고 경영한다"라는 것이다. 사업은 '강제적 힘'(forces)으로 운영되는 것이 아니다. 그 가운데 경제적 힘은 경영자가 할 수 있는 일이 무엇인지 한계와 기회를 창출한다.

시어스 이야기에서 도출할 수 있는 두 번째 결론은 "사업이란 이익의 관점으로만 규정되거나 설명될 수 없다"라는 점이다. 사업가들은 사업이 무엇이냐는 질문을 받으면 '이익을 창출하기 위한 조직'이라고 대답하곤 한다. 그리고 대부분 경제학자도 같은 대답을 할 확률이 높다. 하지만 이 대답은 잘못되었을 뿐만 아니라 질문과는 전혀 관련이 없는 대답이다.

'이익 최대화'(maximization of profits) 이론은 '싸게 사서 비싸게 판다'는 오래된 격언을 어렵게 표현한 것이다. 이 이론은 시어스가 회사를 어떻게 운영했는지를 적절히 설명해주는 것에 지나지 않는다.

이익과 수익성이 중요하지 않다는 것을 의미하는 것은 아니다. 수익성은 기업의 목표나 기업이 활동하는 목표가 아니라 그런 것을 제한하는 요소라는 것을 의미한다. 이익은 기업의 행동과 의사결정의 이유, 원인, 합리적 근거가 아니라 그것들이 타당한지를 검증하는 기준이다.

만약 기업인들 대신에 천사나 신부가 경영자의 의자에 앉아 있다 해도 (그들은 세속적 이익을 올리는 일에 관심이 전혀 없는데도) 그들 역시 수익성에 관심을 가진다. 그리고 그 점은 천사 같은 성품을 지닌 사람과는 전혀 비교할 수 없는, 소련의 국영기업을 운영하는 공산당 운영위원에게도 마찬가지로 적용된다. 왜냐하면 어떤 기업이라도 당면한 문제가 이익의 극대화는 아니라 해도 경제활동에 따른 위험을 보상하기에 충분한 정도의 이익을 달성해서 손실을 회피하는 것이기 때문이다.

이익 동기라는 것이 있는지도 매우 의심스럽다. 그것은 스미스를 비롯한 고전경제학들이 다르게는 설명할 수 없는 경제적 행동을 설명하기 위해 편의상 만든 개념이다. 사실 이익 동기 개념은 관련이 없는 것보다도 더 나쁘다. 그것은 해를 끼친다. 그것은 미국을 비롯한 자본주의 사회가 이익의 본질을 오해하게 된 주요 이유이고, 산업 사회에서 매우 위험한 질병 가운데 하나인 '반이익 정서'를 유발한 주요 이유다.

기업의 목적은 고객창조이고, 기업의 두 가지 기능은 마케팅과 혁신이다

기업의 목적이 무엇인가 하는 것에 대해서는 단 하나의 타당한 정의만 존재한다. 즉 '고객을 창조하는 것이다.'

시장은 창조주, 자연 혹은 경제적 힘이 만들어주는 것이 아니라 사업가가 만드는 것이다. 그러나 사업가가 기업가적 활동을 함으로서 욕구를 '유효 수요'(effective demand)로 만들 때 고객과 시장이 존재하게 된다. 기업이 광고, 판매활동 혹은 어떤 새로운 것을 발명하는 등 여러 활동을 해서 고객의 잠재적 욕구를 일깨울 때까지는 전혀 욕구가 없을 수도 있다. 그 어떤 경우라도 고객을 창조하는 것은 기업의 활동이다.

사업이 무엇인지를 결정하는 것도 고객이다. 왜냐하면 고객만이 어떤 재화나 서비스에 대가를 지불할 의사가 있기 때문이다.

마케팅을 기업의 중심적인 기능으로 파악하고 고객 창조를 경영자가 해야 할 구체적인 과업으로 인식한 인물은 사이러스 매코믹(Cyrus McCormick)이 최초다.

기업은 경제성장의 기관차다. 정태적 경제(static economy) 아래서 '기업'은 없다. 그런 경제에서는 심지어 '사업가'도 없다. 왜냐하면 정체 사회의 사업가는 중개인에 지나지 않고 '중개인'은 단지 자신이 한 일에 대한 보상을 수수료 형식으로만 받는 '브로커'에 지나지 않기 때문이다.

기업은 오직 확장하는 경제 아래서만 존재할 수 있다. 적어도 변화를 자연스러운 것으로 그리고 동시에 바람직한 것으로 취급하는 사회에서만 존재할 수 있다. 그리고 기업은 성장, 확대, 변화를 실천하는 구체적인 기관이다.

기업이 꾸준히 발전해야 하는 것은 필수적이다. 혁신은 기존의 제품을 더 낮은 가격에 판매하는 것을 의미할 수도 있다. 이것은 경제학자들이 가장 관심을 갖는 부분인데 그것은 경제학자가 자신이 갖고 있는 계량적 도구로 파악할 수 있는 유일한 것이라는 단순한 이유 때문이다.

혁신은 새로운 제품이나 더 나은 제품을 제공하는 것이다. 이 경우 가격은 더 높아질 수도 있다.

혁신은 편리한 기구를 새로 발명하거나 새로운 욕구를 창출하는 것이다. 그것은 기존의 제품에서 새로운 용도를 발견하는 경우일 수도 있다. 음식이 얼어붙는 것을 막도록 에스키모에게 냉장고를 판매하는 데 성공한 세일즈맨은 새로운 프로세스를 개발하거나 새로운 제품을 발명한 것만큼 큰일을 해낸 '혁신가'다.

혁신은 새로운 시장을 창출하는 것이다. 에스키모가 음식을 너무 차갑지 않게 보관할 수 있도록 냉장고를 판매하는 것은 새로운 시장을 발견한 것이다. 음식이 너무 얼지 않도록 하기 위해서이므로 냉장고를 판매하는 것은 사실상 새로운 제품을 만든 것이나 마찬가지다.

슘페터는 혁신을 1) 신제품 개발(독점), 2) 신시장 개척, 3) 신원재료 개발(알루미늄, 철강의 용도 다양화), 4) 신생산방식의 도입(자동화, 리엔지니어링), 5) 신조직방법 도입(리엔지니어링, 아웃소싱) 다섯 가지로 분류했다. 경제발전은 동태적 발전인데, 이것은 끊임없이 기존체제를 파괴하고 새 구조를 만들어내는 산업적 돌연변이 과정이다. 따라서 슘페터는 "혁신은 창조적 파괴다"라고 주장했다.

기업의 생산성 향상기능

기업은 고객창조라는 목적을 수행하기 위해 부를 창출하는 자원을 관리하지 않으면 안 된다. 기업은 자원들을 생산성 높게 활용하는 기능을 한다. 그것이 바로 기업의 경영관리 기능이다. 기업의 경제적 측면에서 보면 그것이 바로 생산성이다.

생산성은 전통적으로 투입 대 산출(input vs output)로 표시한다. 이것은 투입은 궁극적으로 육체적 노력 단위로 측정할 수 있다고 하는 기계론적 오류를 대변한다. 이런 주장을 한 가장 중요한 최후의 인물은 바로 마르크스였으며 이것이 마르크스 경제학을 영구적으로 무능력하게 만들어버렸다.

현대경제에서 생산성 증가는 결코 육체의 힘으로 달성되지 않는다. 사실 생산성 향상은 육체노동자가 달성할 수 없다. 증가된 생산성은 언제나 육체적 노력이 아닌 다른 방법을 사용한 결과이고 육체노동자를 대체하여 다른 것을 사용한 결과다. 그런 대체품 가운데 하나가 자본장비(capital equipment), 즉 기계 에너지다. 자동화기술이나 정보기술도 마찬가지다.

두뇌축적률

자본장비만큼이나 중요하지만 아직도 증명하지 못한 것이 있다. 숙련이든 미숙련이든 육체노동자를 교육을 받고 분석적·이론적으로 일하는 사람으로 대체함으로써 달성한 생산성 증가다. 다시 말해 '육체노동자'를 경영자와 기술자와 전문가로 대체하고, '일하기'(working) 대신에 '계획하기'(planning)로 바꾼 덕분에 생산성이 증가했다는 말이다.

인간의 동물적 에너지를 대체하기 위해서 기계를 설치하기 전에 이런 노동력을 먼저 대체해야만 한다는 것은 분명하다. 왜냐하면 어떤 사람이 기계 설치를 계획하고 그것을 디자인해야 하기 때문이다. 그것이 바로 개념적·이론적·분석적 작업이다.

계획하기, 디자인하기, 그리고 기계 설치 등은 '근육'을 '두뇌'로 대체함으로써 달성한 생산성 증가의 한 부분이다. 생산성 증가는 '더 열심히 일하기'(working harder)를 '더 현명하게 일하기'(working smarter)로, '근육'을 두뇌로, '땀'을 '지식'으로 대체함으로써 달성되었다.

사실 조금만 생각해보면 경제학자들이 주목하는 '자본축적률'(rate of capital formation)은 부차적인 요소라는 것을 알 수 있다. 경제개발에서 기본적인 요소는 '두뇌축적률'(brain formation)이다. 즉 한 국가가 상상력과 비전을 가진 사람들을 육성하는 비율, 교육을 받고 분석적 · 이론적 기술로 일하는 사람들을 생산하는 비율이다.

이익의 기능

사업의 본질이 무엇인지 토론할 때 일반적으로 출발점으로 삼게 되는 이익과 수익성의 기능은 무엇인가?

첫째, 이익은 원인이 아니다. 이익은 결과다. 그것은 기업이 마케팅과 혁신과 생산성에서 올린 성과를 보여주는 결과다. 이익은 동시에 그런 성과를 판단하는 검정 기준이다.

둘째, 이익은 위험을 보상하기 위한 것이다. 기업활동은, 그것이 하나의 활동이므로 미래에 초점을 맞춘다. 그리고 미래에 관해 한 가지 분명한 사실은 불확실성과 위험이다. '위험'(risk)이라는 말 자체가 원래 아라비아 말로 '사람이 필요한 하루의 빵을 장만한다'는 의미인 것은 우연의 일치가 아니다. 어떤 사업가든 그가 필요한 하루 이익을 벌기 위해서는 위험을 감수하지 않으면 안 된다.

셋째, 이익은 세금을 내기 위한 것이다.

넷째, 이익은 미래 사업을 확장하기 위한 자본을 준비하기 위해서 필요하다.

결론적으로 '기업을 경영한다는 것'이 무엇을 의미하는가? 기업을 경영한다는 것이 그 성격상 항상 기업가적이어야 한다는 사실은, 마케팅과 혁신을 활용해 고객을 창조하는 행위인 기업 행동을 분석함으로써 대답할 수 있다. 기업을 경영한다는 것은 관료주의적인 과업도, 관리만 하는 일거리도 아니며 심지어 의사결정만 하는 일자리도 아니다.

기업을 경영한다는 것은 적응적인 활동(도 중요하지만)이 아니라 창조적인 활동이라는 결론을 내릴 수 있다.

우리가 하는 사업은 무엇인가 — 그리고 무엇이어야 하는가?

"우리가 하는 사업은 무엇인가?"(What is our business?) 어떤 회사가 수행하는 사업이 무엇인가 하는 질문에 대답하는 것보다도 더 간단한 것은 없는 것처럼 보인다. 제철회사는 철강을 생산하고, 철도회사는 화물과 승객을 수송하고, 손해보험회사는 화재 위험이 있는 보험을 인수한다. 정말 이와 같은 질문은 너무도 간단하게 보인다.

그러나 "우리가 하는 사업은 무엇인가?" 하는 질문은 사실상 매우 어려운 질문이다. 그리고 그에 대한 대답은 분명하다고 할 수 없기 마련이다.

"우리가 하는 사업은 무엇인가?" 하는 질문에 대한 가장 최초의, 가장 성공한 대답은 시어도어 N. 베일(Theodore N. Vail) 회장이 AT&T에 대해 한 것이다. 그는 "AT&T가 하는 사업은 무엇인가?" 하는 질문에 "AT&T의 사업은 서비스다"라고 대답했다. 그렇게 대답한 이유는 다음과 같다.

첫째, 전화는 그 당시 자연 독점이었기 때문에 국유화하려는 움직임이 있었을 뿐만 아니라, 선진 공업국에서 전화 사업을 민간인이 운영한다는 것은 예외적인 것이었고, 그 사업이 존속하려면 지역사회의 지지가 필요했다는 사실을 우선 인식해야만 했다.

둘째, 지역사회의 지지는 선전활동이나 국유화는 '사회주의적'이라는 비난을 공박함으로써만 얻을 수 없다는 사실을 인식해야만 했다. 그것은 오직 고객 만족을 창조함으로써만 획득할 수 있었다. 이런 인식은 사업 정책을 근본적으로 혁신해야 한다는 것을 의미했다.

셋째, 그것은 모든 종업원이 철저히 서비스해야 한다는 생각을 끊임없이 주입하는 것을 의미했다. 그리고 그것을 일반 시민들에게 알려야 한다는 것을 의미했다. 수요가 있는 곳이면 그곳이 어디든 간에 회사가 서비스하고, 필요한 자본을 조달하고, 수익을 확보하는 것은 경영자의 과업이라고 가정하는 정책을 갖고 있어야 한다는 것을 의미했다.

넷째, 그것은 연구와 기술 우위를 강조한다는 것을 의미했다.

"우리가 하는 사업은 무엇인가?" 하는 것은 생산자가 결정하는 것이 아니라 소비자가 결정한다. 그것은 재화나 서비스를 구입한 소비자가, 즉 만족을 느낀 소비자가 결정한다. 따라서 이런 질문에 대한 대답은 오직 사업을 외부에서 들여다볼 때, 즉 고객과 시장의 관점에서 바라볼 때에만 가능하다. 이것은 경영자들이 쉽게 할 수 있는 것은 아니다. 그리고 경영자는 소비자 마음을 추측하려 해서는 안 되고 진솔한 대답을 소비자에게서 직접 찾기 위해 의식적으로 노력해야 한다.

"우리가 하는 사업이 과연 무엇인가?"를 파악하기 위해서는 세 단계로 나눌 수 있다. 첫 번째 단계는 '누가 고객인가?'를 파악하는 것이다.

1) 실질적인 고객과 잠재적 고객은 누구인가?

2) 그는 도대체 어디에 있는가?

3) 그의 구매 방법은 어떤가?

4) 그에게 어떻게 접근할 수 있는가?

두 번째 단계는 '고객은 무엇을 구입하는가?'를 파악하는 것이다. 캐딜락을 산 사람은 수송기기를 산 것인가, 사회적 위신을 산 것인가? 캐딜락은 쉐보레와 포드와 경쟁하는가, 다이아몬드나 밍크코트와 경쟁하는가?

'고객은 무엇을 구입하는가?'라는 질문을 하게 되면, 경영자들이 일반적으로 그들의 행동의 기초로 삼고 있는 시장 개념과 경쟁 개념이 적절하지 못하다는 사실을 알게 된다. 예컨대 주방용 가스스토브 제조업자는 자신을 오직 다른 가스스토브 제조업자와만 경쟁하는 것으로 간주했다. 그러나 가정주부, 즉 고객은 스토브를 구입하는 것이 아니다. 고객은 요리를 가장 쉽게 할 수 있는 방법을 사는 것이다. 그 것은 전기스토브, 가스스토브, 연탄스토브, 나무스토브 혹은 여러 가지 연료를 겸용하는 스토브일 수도 있다.

세 번째 단계는, '고객이 가치 있는 것으로 생각하는 것은 무엇인가? 어떤 제품을 구입할 때 그가 바라는 것은 무엇인가?'를 파악하는 것이다. 전통적 경제이론은 이 질문에 단 한마디로 대답했다. 가격이라고 말이다. 그러나 이것은 오해할 소지가 있다. 분명히 말하건대, 가격이 중요한 고려대상이 아닌 제품은 없다. 하지만 우선 '가격'이란 단순한 개념이 아니다. 가격은 오직 가치의 한 부분일 뿐이다. 고객이 가치 있는 것으로 생각하는 것을 부등식으로 표시하면, 만족 > 가치 > 가격 > 원가다.

지금까지의 모든 질문은 현재 상황에만 관심을 두고 있었다. 그러나 경영자는 또한 다음과 같이 질문해야만 한다. "앞으로 우리 사업은 어떻게 될 것인가?"(What should our business be?)

'앞으로 우리 사업은 어떻게 될 것인가?'라는 질문을 하게 되면 네 가지 사항을 파악해야 한다.

첫째, 시장 잠재력과 시장의 추세다.

둘째, 경제발전의 결과로, 유행과 기호의 변화로, 혹은 경쟁구도의 변화로 시장구조상 어떤 변화가 일어날 것으로 기대하는가? 그리고 '경쟁'은 항상 고객이 구입하는 재화나 서비스에 대해 고객이 인식하는 개념에 따라 규정해야 하며, 직접적 경쟁뿐만 아니라 간접적 경쟁도 항상 포함해야만 한다.

셋째, 어떤 혁신이 고객의 욕구를 변화시키고, 새로운 욕구를 형성하며, 과거의 것을 제거하고, 욕구를 만족시키는 새로운 방법을 제공하며, 고객이 생각하는 가치 개념을 변화시키고, 고객에게 더 큰 가치 만족을 제공하는 것이 가능하도록 할 것인가?

넷째, 고객의 다양한 욕구 가운데 오늘날 고객이 사용하는 재화나 서비스로는 적절하게 충족시키지 못하는 것은 무엇인가?

"우리의 사업은 무엇인가?" 하는 분석은 아직도 완전히 끝나지 않았다. 경영자는 다음과 같은 질문을 더 해야 한다. "우리가 하는 사업이 제대로 된 사업인가 혹은 우리 사업을 바꾸어야 하는가?"

기업의 목표는 다양하다

목표관리(management by objectives)와 관련하여 오늘날 가장 활발히 전개되고 있는 논의는 단 하나의 올바른 목표를 탐색하는 것에 집중되어 있다. 이런 탐색은 '현자의 돌'을 찾으려는 일만큼이나 비생산적인 행위만으로 그치지 않는다. 그것은 기업을 잘못된 방향으로 몰고 갈 것이 분명하다.

성과목표와 결과목표를 설정해야 할 분야는 여덟 가지다. 1) 시장점유율 목표 2) 혁신 목표 3) 생산성 목표 4) 물적 자원 및 화폐 자원 목표 5) 수익성 목표 6) 경영자의 성과와 육성 목표 7) 근로자의 성과와 태도 목표 8) 사회적 책임 목표

경영한다는 것은 다양한 욕구와 수많은 목표 사이에 균형을 맞추는 것을 의미한다. 그것은 판단을 필요로 한다. 단 하나의 목표를 찾는 것은 본질적으로 판단이 필요하지 않은 마법의 공식을 찾는 것과 같다.

핵심 분야의 목표는 다섯 가지 역할을 한다.

첫째, 사업과 관련된 전반적인 환경을 몇 가지 일반적인 선언문
    형식으로 구성하고 설명한다.

둘째, 그런 선언문을 실제 경험으로 검증한다.

셋째, 필요한 행동을 예측한다.

넷째, 의사결정을 하는 과정에서 그 결정들의 타당성을 평가한다.

다섯째, 실무에 종사하는 기업인들이 자신들의 경험을 분석할 수 있도록 하고, 그 결과 그들의 성과를 개선할 수 있도록 한다.

내일을 위해 오늘 내려야 할 의사결정은 무엇인가?(Today's Decisions for Tomorrow's Results)

"미래를 예측하는 가장 좋은 방법은 미래를 만드는 것이다." 경기를 예측하는 데는 세 가지 방법이 있는데 기업을 경영하는 데 이 모두가 유용하다.

첫 번째는 경기순환을 무시하는 방법(free decision)이다.

두 번째는 기초원리(bedrock)를 파악하고 따르는 방법이다. 경제적 조건을 추측하려고 시도하지 않는 대신, 이 방법은 인구변화, 소득변화, 인식변화 등 경제적 조건에 영향을 주는 기초원리를 파악하려고 노력한다.

세 번째는 추세분석(trend analysis)을 하는 방법이다. 기초원리 분석이 미래 사건의 '이유'(why)를 찾으려고 노력하는 것인 반면, 추세분석은 '앞으로 어떻게 될지'(how likely) 그리고 그것이 '얼마나 빠르게'(how fast) 그렇게 될지 질문하는 것이다.

미래를 대비하기 위해서는 미래 경영자를 육성하는 것이 진정 유일한 안전대책이다. 이것은 오늘의 경영자는 내일의 경영자를 체계적으로 양성하지 않으면 안 된다는 것을 뜻한다.

경영자를 관리하는 방법

조직의 질서, 조직구조, 동기부여, 그리고 리더십 같은 기업의 근본적인 문제들은 경영자를 관리함으로써 해결해야 한다. 경영자들은 기업의 기본적인 자원이자 가장 희소한 자원이기도 하다.

기업에 근무하는 경영자들은 독특한 자원인데, 그들은 다음과 같은 속성을 갖고 있다.

첫째, 대부분의 기업에서 가장 값비싼 자원이다. 해마다 꾸준히 가격이 올라간다.

둘째, 가장 빠른 속도로 가치가 떨어지는 자원이자 가장 꾸준하게 보충해줄 필요가 있는 자원이다.

셋째, 경영자 팀을 구성하는 데는 몇 년이 걸린다. 그러나 잠깐 동안의 실수로 쉽사리 무너질 수도 있다.

넷째, 경영자 개개인이 담당하는 자본투자 금액과 경영자들의 수는, 지난 50년 동안 증가해온 것과 같이 앞으로 꾸준히 증가할 것이다. 이런 것들과 함께 기업들은 앞으로 경영자들의 능력을 제고하지 않을 수 없게 될 것이다.

경영자는 존재 자체가 목적이 아니다. 그것은 기업의 한 기관이다. 그리고 그것은 여러 개인 경영자로 구성된다. 따라서 경영자를 관리하는 일(managing managers)에는 여섯 가지 과제가 있다.

첫 번째 과제는 '목표와 자기관리에 따른 경영'(management by objectives and self-control, 목표관리, MBO)을 하는 것이다. 개별 경영자의 비전이 기업의 목적과 동일한 방향으로 향하도록, 그리고 그들의 의지와 노력이 그 목적을 달성하는 데 집중하도록 하는 것이다.

두 번째 과제는 '경영자의 임무를 적절하게 구성'(proper structure of the manager's job)하는 것이다. 개별 경영자는 필요한 노력을 기울일 수 있어야 하고, 요구되는 결과를 산출할 수 있어야만 한다. 경영자의 임무는 성과를 최대로 낼 수 있도록 구성되어야만 한다. 그러므로 경영자를 관리하는 일에서 비록 경영자들은 개인들이기는 하지만 하나의 팀을 이루어 함께 일해야 하고, 그런 조직된 집단은 언제나 고유한 성격을 갖는다. 비록 팀을 구성하는 개인들, 그들의 비전들, 그들의 일하는 방식들, 그들 각자의 태도와 행동이 다르긴 하지만, 팀이라는 집단은 공통적인 성격을 갖는다는 말이다.

세 번째 과제는 '올바른 조직 정신을 창출'(right spirit in the organization)하는 것이다.

네 번째 과제로 기업에게는 '최고경영자와 이사회'(chief executive and board of directors) 모두 필요하다.

다섯 번째 과제로 기업은 '미래의 경영자를 양성'(provision for tomorrow's managers)해야만 한다. 기업은 자신의 존속과 성장을 위해 준비하지 않으면 안 된다.

마지막으로 필요한 과제는 '경영조직의 구조와 관련하여 건전한 원리'(sound structural principles of management organization)를 확립하는 것이다. 조직된 집단, 즉 조직체에는 그것에 적합한 조직구조가 필요하다.

목표관리

어떤 기업이든 진정한 의미의 팀을 구성하여 개개인의 노력을 공동의 노력으로 결합해야만 한다. 각 부문 경영자에게 부과된 부문 목표는 기업이 달성할 전체 목표에서 도출되어야 하며, 각 경영자가 산출한 결과는 그들이 기업의 성공에 기여한 공헌으로 평가해야 한다. 상급 경영자는 하급 경영자가 해야 할 공헌 그리고 기대되는 공헌이 무엇인지 알고 있어야 한다. 그리고 이런 관점에서 하급 경영자를 평가해야 한다.

목표관리(management by objectives)는 거기에 상응한 노력과 특별한 수단이 필요하다. 왜냐하면 기업의 경영자들은 그들의 노력을 일정한 공동의 목표를 향하여 자동으로 집중하지는 않기 때문이다.

기업은 본질상 다음과 같은 세 가지 측면에서 방향이 잘못될 개연성이 항상 존재한다. 경영자 개개인의 특수한 업무 분야 때문에, 경영계층 구조 때문에, 그리고 비전과 업무의 차이와 그 결과로 여러 다양한 경영 계층 사이에 단절현상이 발생한다.

중세 시대, 교회건물을 신축하는 어느 작업현장에서 세 석공이 열심히 돌을 자르고 깎고 가공하고 있었다. 누군가 그들에게 지금 무엇을 하느냐고 물었다.

첫 번째 석공은 "나는 생계를 유지하기 위해 돌을 가공하고 있습니다"라고 무뚝뚝하게 대답하였다.

두 번째 석공은 "나는 이 나라에서 제일가는 석공이 되고자 일을 하고 있습니다"라고 자부심 가득한 목소리로 대답하였다.

세 번째 사람은 "나는 사원을 짓고 있습니다"라고 신축 중인 교회 건물을 쳐다보면서 간단하게 대답하였다.

조직이라는 관점에서 '누가 경영자인가?' 하는 점을 검토해보자. 대다수 경영자는 두 번째 사람처럼 전문적인 일에만 관심을 기울인다. 사실 기업은 특수 기능을 담당하는 경영자(functional manager)의 숫자는 언제나 최소로 유지해야 하고, 회사를 종합적으로 운영하고 회사의 업적과 결과에 책임을 지는 '총괄' 경영자(general manager)를 가능한 한 많이 확보해야 한다.

경영자가 설정해야 할 목표는 도대체 무엇인가?

경영자가 설정해야 할 목표는 다음과 같다.

1) 사장에서 현장의 감독자 또는 사무책임자에 이르기까지, 각각의 경영자는 명확히 서술된 목표가 필요하다.

2) 부문별 목표는 기업 전체의 목표에서 도출되어야 한다. 모든 목표는 유형적인 기업 목표뿐만 아니라 경영자 조직과 육성, 근로자의 성과와 태도, 그리고 사회적 책임 등 무형적인 목표를 모두 포함하고 있어야 한다. 그렇지 않으면 목표는 근시안적이고 비현실적인 것이 되고 만다.

3) 목표는 단위부서가 산출해야 할 성과를 분명히 밝혀야 한다. 각각의 목표는 각각의 경영자가 공헌해야 할 사항을 명시해야 한다.

4) 단위 부서의 목표는 다른 부서들이 그들의 목표를 달성하는 데 협조해야 할 공헌들을 포함해야 한다. 이러한 이해가 있음으로써 각각의 기능과 전문분야에 종사하는 경영자와 전문가들에게 폭넓은 시각을 제공할 수 있고 부처이기주의와 파벌적 질투심을 예방할 수 있으며, 어떤 분야에 대한 지나친 편애를 방지한다.

5) 목표는 각각의 경영자가 자신의 부서가 목표를 달성하기 위해 다른 부서들에서 기대할 수 있는 공헌들도 분명하게 서술하고 있어

야 한다. 달리 말하면, 목표는 출발부터 팀워크와 팀의 성과를 강조하지 않으면 안 된다.

6) 각 부문이 고루 노력하도록 하려면 모든 계층과 모든 분야의 경영자 목표는 단기적·장기적 계획과 일치해야 한다.

7) 회사 전체의 목표, 그리고 각각의 부서 목표에 대한 상세한 설명서를 발표하고, 회사 내에서 공유해야 한다. 그래야만 자기가 하는 일이 무엇인지를 알게 되고, 그것을 통해서 전체 목표에 기여할 책임을 인식하기 때문이다. 그것이 바로 경영자의 정의다. 돌을 자르는 일을 해서 '사원을 건축하는 책임'을 지는 그 석공처럼 말이다.

8) 그렇게 함으로써 '위기의식에 기초한 관리'(management by crisis)와 '몰아붙이기식 관리'(management by drive)를 사전에 배제할 수 있다.

목표관리의 공헌과 경영철학

목표관리의 주요한 공헌 가운데 하나는 그것이 우리에게 '명령에 따르는 경영'(management by domination)을 '자기관리에 따른 경영'(management by self-control)으로 대체할 수 있도록 해준 것이다. 기업이 자기관리에 따른 경영을 수용한다는 것은 "의사결정 권한을 가능한 한 최일선 경영자에게 이양한다"는 말과 궤를 같이하는 것으로, '결과에 기초하여 보수를 지급한다'는 것과도 일맥상통한다.

목표관리와 자기관리에 바탕을 둔 경영은 경영철학(philosophy of management)이다.

1) 그것은 경영자의 임무가 무엇인가 하는 개념에서 출발한다.

2) 그것은 경영자 집단의 구체적 필요성을 분석하고 경영자 집단

이 직면하는 장애를 분석한다.

3) 그것은 인간의 행동, 태도, 동기부여를 기초로 한다.

4) 그것은 개별 경영자의 지위와 기능에 상관하지 않고 모든 경영자에게 적용되고, 기업 규모에 관계없이 모든 기업에 적용된다. 그것은 객관적인 욕구를 개개인의 목표로 전환해주기 때문에 성과달성을 보장한다.

경영자의 직무를 구성하는 내용은 무엇인가?

경영자가 수행할 직무들은 다음 요건을 갖추어야 한다.

1) 경영자의 직무(managerial job)는 기업의 목표를 달성하기 위해서 꼭 해야만 하는 과제들로 구성되어야 하고, 항상 실질적인 직무여야 한다.

2) 기업의 성공에 남들이 볼 수 있도록 기여하는, 그리고 가능하다면 분명히 측정할 수 있을 정도로 공헌하는 직무여야만 한다.

3) 경영자의 직무 범위(scope)와 권한(authority)은 가장 넓은 의미로 해석되어야만 한다. 말이나 글로 금지된 것이 아닌 모든 것은 경영자의 합법적 권한에 포함되는 것으로 간주해야만 한다.

4) 경영자는 자신의 직속 상사의 명령에 충실히 따르기보다는 성과 목표(objectives of performance)를 중심으로 경영하고 통제받아야 한다.

5) 경영자의 직무를 구성하는 요소들은 어떤 것인가, 그리고 그 각각은 무엇인가 하는 것은 그것들이 기업의 목표를 달성하기 위해서 경영자가 꼭 하지 않으면 안 되는 활동들인가, 그리고 꼭 필요한 공헌들인가 하는 것으로 결정해야만 한다.

6) 경영자라는 일자리가 존재하는 이유는 기업이 당면하는 과제가 그것을 필요로 하기 때문이다. 달리 이유가 없다. 경영자의 직무는 그 자체가 필요성의 산물이다. 따라서 경영자의 직무는 그에 따른 권한도 있고 또 책임도 져야 한다.

7) 경영자는 기업 전체의 최종 결과를 제시할 수 있어야만 하고, 더 나아가 "이 부분은 내가 공헌한 것입니다"라고 말할 수 있어야만 한다.

8) 세상에는 한 사람이 모두 감당하기에는 너무도 큰 과제들이 있지만 통합된 한정적인 몇몇 직무로 나누어줄 수도 없다. 그런 것들은 팀 과제로 조직되지 않으면 안 된다.

경영책임의 범위

경영자의 직무 범위는 어느 정도로 넓어야 하는지를 논의할 때면 교과서에서는 한 사람의 경영자는 겨우 몇몇 사람만 감독할 수 있다는 관점, 즉 소위 '감독의 한계 폭'(span of control)에 대한 논의로 시작한다.

그러나 만약 경영자가 자기 자신의 직무를 수행하는 데 필요한 객관적인 요건들에 기초하여 경영활동을 하고 그가 달성한 결과에 따라 성과를 측정 받는다면, 한 명의 부하에게 무엇을 하라고 지시하고는 그다음 그 부하가 제대로 일하는지 확인하는 그런 식의 감독은 하지 않아도 된다. 다시 말해 감독의 한계 폭은 없다는 말이다. 이론적으로 말해 감독자는 자기 자신에게 보고하는 부하들을 몇 명이라도 거느릴 수 있다. 감독의 한계 폭은 '경영책임의 한계 폭'(span of managerial responsibility)에 따라 정해져야 한다. 경영책임의 한계 폭이란 상사 한 명이 부하를 몇 명 지원해줄 수 있고 가르칠 수 있고 그들의 목표를 달성하도록 도와줄 수 있는지 그 부하들의 숫자를 의미하는 용어다. 이것은 진정한 의미의 한계를 말하는 것이지 항상 고정된 것은 아니다.

경영자의 권한

각각의 경영자가 수행하는 직무는 가능한 한 최대 영역과 권한을 가져야 한다는 것은 의사결정 권한은 가능한 한 하위 계층으로 위양되어야 한다는 원칙을, 그리고 의사결정들은 그것들이 적용되는 행동과 가능한 한 가까이서 내려져야 한다는 원칙을 다시 말하는 것에 지나지 않는다. 그러나 이런 필요성은 결과적으로 상부로부터의 권한위양이라는 전통적인 개념에서 급격히 이탈하는 것을 의미한다.

비유해서 말하면 최전선 경영자는 조직의 유전인자다. 다른 모든 상위 기관(器官)의 모습이 사전에 그려져 있는 유전인자며, 그것으로부터 다른 모든 기관이 생성된다. 최전선 경영자가 내릴 수 있고 내려야만 하는 의사결정에는 실질적으로 한계가 있다. 그리고 그것과 더불어 그가 권한과 책임을 가져야만 한다는 것은 정말로 명백하다.

포지티브 시스템에서 네거티브 시스템으로

"좀 더 높은 계층의 경영자에게 속한다고 특별히 규정되어 있지 않은 모든 권한은 현장 경영자에게 속한다."

이것은 시민권에 대해 다음과 같이 규정한 프러시아의 오래된 사상과는 정반대다.

"특별히 허용된 것이 아닌 한 모든 것은 금지된다."

달리 말해, 한 경영자가 그의 과업을 수행하는 도중에 결정할 수 있는 권한이 주어지지 않은 의사결정들은 언제나 명시적으로 규정되어 있어야만 한다. 그렇지 않은 다른 것들에 대해서는 그는 권한과 책임을 갖는다고 간주되어야만 한다.

경영자와 그의 상급자의 관계

그러면 한 경영자의 상급 경영자의 직무는 무엇인가? 그가 갖는 권한은 무엇인가? 그가 부담해야 할 책임은 무엇인가?

좀 더 높은 계층의 경영자와 낮은 계층의 경영자의 관계는 3차원이다.

첫째, 좀 더 낮은 계층에서 시작하여 좀 더 높은 계층의 경영자에게 향하는 관계

둘째, 기업의 모든 경영자 사이의 관계

셋째, 좀 더 높은 계층의 경영자에서 시작하여 좀 더 낮은 계층의 경영자로 향하는 관계가 있다. 그리고 이 세 관계는 모두 본질적으로는 책임이 바탕이 된다. 권리가 아니라 의무라는 말이다.

조직 정신

'조직 정신'(spirit of organization, 의미상으로는 조직문화로 번역할 수도 있으나 조직문화는 organizational culture라는 영어 용어가 있음)이 무엇인지를 잘 설명하는 두 가지 표어가 있다. 하나는 앤드류 카네기(Andrew Carnegie)의

묘비에 각인된 다음과 같은 비명이다.

"이곳에, 자신의 목표를 달성하기 위해 자신보다도 더 우수한 사람들을 부하로 선발하여 일을 시키는 방법을 알았던 한 사람이 묻혀 있다."(Here lies a man Who knew how to enlist In his service Better men than himself.)

다른 하나는 신체 장애인들에게 일자리를 적극적으로 찾도록 촉구하는 다음과 같은 표어다.

"중요한 것은 당신이 갖고 있는 능력이지 당신이 갖고 있지 않은 능력이 아니다."

평범한 사람이 비범한 일을 달성하는 것이 기업이다—칭찬은 무조건 좋은가?

'평범한 사람이 비범한 일을 할 수 있도록 만드는 것'이 곧 조직의 목적이다. 이것은 윌리엄 베버리지(William Henry Beveridge) 경이 즐겨 사용한 말이기도 하다. 조직은 천재에게 의존할 수 없다. 이 세상에 천재의 공급은 늘 부족하고 언제 공급될지 전혀 예측할 수도 없다. 그러나 평범한 사람들에게 자신의 능력 이상으로 일하도록 하고, 구성원들의 역량으로 그 무엇이라도 이끌어내고는 구성원들이 그것을 이용하여 더 많은, 더 큰 성과를 이루어내고 있는가 하는 것은 조직을 평가하는 기준이다.

우수한 성과에 대한 만족, 그리고 작업장에서의 여러 업무 사이의 적절한 조화를 바탕으로 하지 않는 '좋은 인간관계'는 실질적으로는 좋지 않은 인간관계이고 이것은 빈약한 조직 정신으로 이어진다. 『칭찬은 고래도 춤추게 한다』는 책이 유행한 적이 있다. 칭찬 대신 따끔한 충고도 필요하다.

경영조직에서 올바른 조직 정신이란, 결과적으로 생성된 에너지가 그것을 위해 투입한 노력의 합보다도 더 크다는 것을 의미한다. 인류 역사상 위대한 조직 정신을 발휘한 모든 조직은 나름의 실천강령(a code of practices)으로 그것을 달성해왔다. 예컨대 미국의 대법원이 변변치 못한 정치가들을 위대한 판사로 만드는 능력을 갖게 된 것도 그 때문이다. 미국 해병대 혹은 영국 해군의 그 유명한 단결심은 훈련으로 얻어진 것이다. 예수회가 세계에서 가장 성공적인 '스태프 조직'의 조직 정신을 갖게 된 것도 체계적이고도 규범적인 실천이 뒷받침되었기 때문이다.

올바른 조직 정신을 경영조직 전반에 심기 위해 실천해야 할 과제는 다섯 가지다.

1) 높은 수준의 성과달성이 필수적이다. 빈약하거나 평범한 성과를 너그럽게 용인해서는 안 된다. 그리고 포상은 성과를 기준으로 제공해야만 한다.

2) 각각의 경영 계층의 직무는 단지 그다음 계층으로 승진하기 위한 예비 단계 직무가 아니라 그 자체가 수행할 만한 가치가 있는 의미 있는 직무이어야만 한다.

3) 조직은 합리적이고도 공정한 승진 체계를 갖추고 있어야 한다.

4) 경영을 제대로 하려면 한 특정 경영자에게 결정적인 영향을 미치는 권한을 갖고 있는 자가 누구인지를 분명하게 명시한 '규정'이 있어야 한다. 그리고 그 특정 경영자는 자신을 변호하기 위해 더 높

은 경영 계층에 항의할 어떤 방법을 갖고 있어야만 한다.

5) 최고경영자는 한 사람을 경영자 직무에 임명할 때 성실성은 그 사람이 갖추어야 할 하나의 절대적 요건이며 그것은 사전에 갖추고 있어야만 하는 하나의 자격 요건이지 나중에 습득할 수 없는 것임을 밝혀두어야만 한다.

평가의 필요성: 안전한 중간노선의 위험 — 실수는 귀중한 자산이다

"당신은 여기서 아무리 열심히 일해보았자 부자가 될 리도 없겠지만, 그렇다고 해고당하는 일도 없을 거야"라는 말을 하는 경영자가 있는 회사만큼이나 철저하게 틀려먹은 회사도, 그리고 조직 정신이 철저하게 썩은 경우도 없다.

빈약하거나 평범한 성과를 끊임없이 내는 사람은 그 직무에서 이동시켜야만 한다는 것은, 회사는 종업원들을 무자비하게 해고시켜야 한다는 것을 뜻하는 것은 물론 아니다. 회사의 경영층은 오랫동안 회사에서 성실하게 근무해온 종업원에게 윤리적으로 커다란 책임감을 느끼고 있다.

경영자의 높은 목표와 높은 목표달성을 일관되게 강조하려면 목표수립 능력과 목표달성 능력 모두를 체계적으로 평가하지 않으면 안 된다. 평가에서 가장 큰 실수는 한 개인의 약점을, 즉 하지 못하는 일을 기초로 하여 그를 평가하는 것이다.

네가 천국에 들어오기 위해 축적한 성과가 무엇인가?

소(小)피트(영국의 유명한 정치가 피트Pitt 부자를 구분하여 아버지를 the Elder Pitt로, 아들을 the Younger Pitt로 구분하는데, 여기서는 후자임)의 일화다.

천당 문 열쇠를 갖고 있는 베드로가 "정치가인 당신이 이곳에 들어올 수 있는 자격이 있다고 생각한 이유가 도대체 무엇이오?"라고 물었다. 이에 소피트는 자신이 뇌물을 받지도, 첩을 두지도 그 외에도 자신이 하지 않은 많은 것을 일일이 열거했다. 하지만 베드로는 퉁명스럽게 말을 중단시키고는 "우리는 당신이 세상에서 하지 않은 일들에 대해서는 전혀 알 바 없소. 도대체 당신이 한 일이나 말하시오"라고 질책했다.

만약 어떤 종업원이 성과가 나빠서 '해고'될 수도 있다면 우수한 성과를 올린 사람은 당연히 '특별히 많은 보상'을 받을 수 있어야만 한다. 포상은 해당 경영자의 직무가 달성해야 하는 목표와 직접적으로 연계되어야만 한다.

금전적 보상은 뇌물이어서는 안 된다. 회사는 충성심을 돈으로 살 수는 없다. 충성심은 우러나오는 것이다.

경영자의 직위에 적합하지 않은 사람

누가 경영자가 되어야 하는지를 결정하기 어렵지만 경영자가 되어서는 안 되는 사람의 유형은 다음과 같다.

1) 그가 언행이 일치하는 성격인가 하는 것을 철저히 살펴야 한다. 리더십이 발휘되는 것은 성격을 통해서이고, 먼저 기준을 세워놓고 그다음에 그것을 실천하게 하는 것도 바로 성격이기 때문이다.

2) 어떤 사람의 인간에 대한 비전이 인간의 강점이 아니라 약점에 초점을 맞추고 있다면, 그 사람은 경영자 직위에 임명되어서는 절대 안 된다.

3) 다른 사람이 할 수 없는 일이 무엇인지는 항상 정확하게 알지만 그들이 할 수 있는 일은 무엇인지를 파악하지 못하는 사람은 그가 속한 조직의 정신을 훼손할 것이다.

4) 경영자는 현실적이어야 한다. 냉소적인 사람보다도 더 비현실적인 사람은 없다. 경영자는 냉소적이어서는 안 된다는 말이다.

5) 어떤 사람이 "무엇이 옳은가?"라는 질문보다도 "누가 옳은가?"라는 질문을 더 중요하게 여긴다면 그 역시 경영자 직위에 임명되어서는 안 된다. 직무가 요구하는 것보다도 개인의 이익을 더 중요시하는 것은 불법이며, 부패하게 마련이다. "누가 옳은가?"라고 질문하는 것은 부하들에게 정치적으로 행동하도록 하고, 안전한 행동만 하도록 부추기는 셈이다. 게다가 그것은 부하들에게 그들이 실수를 저질렀다는 사실을 알자마자 수정행동을 하도록 하기보다는 '은폐행위'를 하도록 부추긴다.

6) 지적 능력을 성실성보다 더 중요한 것으로 간주하는 사람을 경영자 직위에 임명해서는 안 된다. 그런 사람은 미성숙하기 때문이다.

7) 유능한 부하를 두려워하는 사람을 절대로 승진시켜서는 안 된다. 그런 사람은 실력이 부족하기 때문이다.

8) 자기 업무에 높은 성과표준을 적용하지 않는 사람을 경영자 직위에 임명해서는 안 된다. 그렇게 되면 구성원들이 업무수행을 귀찮아하게 되고 경영의 중요성을 무시하게 되기 때문이다.

어떤 회사의 조직 정신이 강력하다면 그것은 최고경영자의 정신이 위대하기 때문이다. 조직 정신이 쇠퇴하고 있다면, 그것은 마치 "나무는 꼭대기부터 시들어 죽는다"라는 속담과 같이 최고경영자가 부패하기 때문이다.

리더십이란 무엇인가? ─ 리더십은 행동이다

조직의 목적은 '평범한 사람이 비범한 일을 하도록 만드는 것'이다. 리더십은 적성이 맞아야 한다. 리더십은 또한 기본적인 태도를 필요로 한다. 그런데 기본적인 태도만큼이나 정의 내리기가 어려운 것도, 바꾸기가 어려운 것도 없다. 그러므로 리더십이야말로 조직 정신을 확립하는 고유한 열쇠라고 말하는 것은 결국 아무런 행동도 하지 않고 어떤 결과도 얻지 못하는 것을 의미한다.

그러나 한 개인의 적성, 개성 혹은 태도가 무엇이든지 실천적인 리더십은 비록 그것이 평범하고 지루한 것이라 해도 언제나 실천이 가능하다. 리더십 행동을 실천하는 일은 천재만이 할 수 있는 것이 아니다. 누구라도 적용만 하면 된다. 그것은 이론이라기보다는 실천이다.

그리고 올바른 리더십의 실천이란 그 무엇이든 경영계층에 속하는 사람들의 리더십 잠재력을 이끌어내고 인정하고 활용하는 지루한 일이다. 올바른 리더십의 실천은 또한 올바른 종류의 리더십을 발휘하기 위한 기초를 닦는 것이다. 리더십은 사람의 마음을 끄는 독특한 개성이 아니며 사람을 끌어들이는 매력적인 개성은 곧 선동가로 만들 수도 있으니 말이다. 올바른 리더십의 실천은 '동조자를 만들고 사람들에게 영향력을 행사하는 것'이 아니다. 그런 행동은 리더십이 아니라 처세술에 지나지 않는다.

어느 저축은행의 광고문, 즉 "부자가 되었으면 하는 소망이 당신을 부자로 만드는 것은 아닙니다. 사람을 부자로 만드는 것은 저축입니다"라는 말이 리더십에도 적용된다.

프란체스코수도회는 젊은 수도사에게 일을 시키기 위해 "산을 옮기는 것은 방 안에서 하는 기도가 아니라 땀과 곡괭이다"라고 가르친다.

조직구조를 만드는 방법(Building the Structure)

건강한 조직이 어떤 것인지 설명하기는 어렵다. 하지만 부실 조직의 증상(symptoms of malorganization)은 확인할 수 있다.

1) 부실 조직의 존재를 알려주는 증상 가운데 하나는 경영계층의 수가 증가하는 것이다. 이는 목적이 불분명하거나 목적을 혼동하거나 성과가 낮은 사람을 제거하는 데 실패했거나 과도하게 집중했거나 업무분석을 적절하게 하지 않았음을 나타낸다.

2) 조직에 문제가 생기면 조직 또한 스스로 '간접인원의 증대'를 촉구하는 압력이 나타난다. 자신들은 직무상 분명한 책임도 없이 상급경영자들의 직무를 도와주는 조정역, 상담역 혹은 '보좌관'을 채용하려는 압력이 나타난다는 말이다. 조직이 병들면 여러 업무를 조정하기 위한 수단이 필요하게 되고, 경영자들 사이에 커뮤니케이션이 잘되게 하는 수단이 필요하게 된다. 예컨대 조정위원회가 생기고, 끊임없이 회의가 열리고, 연락업무를 하는 사람이 등장한다.

3) 또 다른 증상은 필요한 정보나 아이디어를 가진 사람과 직접 만나는 대신에, 혹은 상황을 알아야 할 사람에게 직접 전달하는 대신에 '공식 업무 채널'을 통해서만 일하려는 경향이 나타난다. 이런 경향은 기능주의적 조직이론에서 특히 두드러지는데, 그 이유는 기능주의적 조직이론은 종업원들에게 회사보다도 자신들이 속해 있는 기능을 더 중요하게 생각하도록 하는 기능적 조직들의 풍조를 크게 악화시키기 때문이다. 그것은 사람들 사이를 갈라놓으며, 심지어 가장 분권화된 조직이라 해도 큰 절연체다. '공식 업무 채널'은 부실 조직의 한 증상일 뿐만 아니라 원인이다.

4) 마지막으로, 조직의 형태와 구조가 어떻든 간에 경영자들은 심각하고도 큰 타격을 주는 조직 장애가 발생하지 않도록 주의를 기울여야 한다. 그런 조직 장애 가운데 하나가 경영층의 연령구조가 한쪽으로 너무 치우치는 현상이다.

근로자관리와 작업관리: 평균을 지향해서는 안 된다

경제적 성과향상을 위한 가장 큰 기회는 직무수행 과정에 근로자들의 목표달성 능력(effectiveness, 흔히 효과성 혹은 유효성으로 번역하지만 사실은 목표관리라는 관점에서 드러커는 effectiveness를 '계획된 목표를 실제로 달성하는 능력'으로 썼다)을 얼마나 개선하느냐에 달려 있다는 것은 자명한 진리로 받아들여지고 있다. 기업이 성과를 올리고 있는가 하는 것은 결국 근로자들에게 성과를 올리게 하는 기업의 능력, 즉 근로자들이 일하도록 하는 능력에 달려 있다. 따라서 근로자관리(management of worker)와 작업관리(management of work)는 경영자의 기본적 기능 가운데 하나다.

토머스 J. 왓슨(Thomas J. Watson) 사장은 어느 날 한 여공이 기계 앞에 한가로이 앉아 있는 것을 목격했다. 왜 일을 하지 않느냐고 묻자 그녀는 다음과 같이 대답했다.

"저는 기계공을 기다리고 있어요. 그가 와서 새로운 작업을 할 수 있도록 공구들을 재조정해야 하니까요."

왓슨이 다시 물었다.

"직접 하면 안 되나요?"

그녀는 대답했다.

"물론 할 수 있지요. 그러나 내가 해서는 안 될 일이잖아요."

IBM의 두 번째 경영혁신 역시 반은 우연히 개발된 것으로 보인다. 몇 년 전 최초로 새로운 고기능 전자컴퓨터 중 하나가 개발되고 있었다. 이 기종에 대한 수요가 너무도 많아서 (혹은 기기 설계가 예상보다 상당히 늦어져서) 작업설계가 완전히 끝나기도 전에 생산이 시작되었다. 최종 마감작업은 설계자들이 감독자와 작업자들과 함께 생각하면서 생산현장에서 진행되었다. 그 결과 뛰어난 작업설계가 탄생했다. 생산작업은 훨씬 더 우수했고, 더 싸고, 더 빠르게 할 수 있었다. 그리고 각각의 작업자는 제품설계와 작업설계 과정에 참여한 결과 자신의 일을 훨씬 더 낫게, 더 많이 처리했다. 오늘날 IBM이 신제품을 출시하거나 기존의 제품을 대폭 교체할 때면 이때 경험한 교훈을 항상 적용하고 있다.

일꾼을 한 명 고용한다는 것은 조직으로서는 언제나 인간을 한 명 통째로 채용하는 것이다(Employing the Whole Man). IBM 이야기는 기업은 '개인의 팔 하나만 고용하는 것'(hire a hand)은 불가능하다는 것을 증명해주고 있다. 팔의 주인이 항상 뒤따라오니까 말이다. 한 인간과 그가 하는 일의 관계만큼이나 한 인간의 총체적 인격을 완전히 포괄하는 관계도 없다.

『구약성서』「창세기」에 기록된 것과 같이 일은 애당초 인간의 타고난 조건이 아니었다. 그러나 일은 그 뒤 곧 인간의 본질 조건에 포함되었다.

"너는 네 이마의 땀으로 네 빵을 먹게 되리라"라고 한 말씀은 하느님이 아담과 이브를 에덴동산 바깥으로 내치면서 준 벌이자 지상에서 그의 삶을 견딜 만하고도 의미 있게 만든 선물 겸 축복이었다.

미국의 생산성이 높은 원인을 탐구하려고 마셜 플랜의 지원을 받아 미국에 온 유럽의 기술자와 경영자 팀들이 쓴 보고서보다 더 나은 것도 없다. 그 팀들은 기계, 도구, 경영기법 등에서 원인을 찾으려고 기대했지만, 그런 것들은 미국의 생산성과는 별로 관계가 없으며 그것들은 참된 원인이 가져다준 결과라는 사실을 발견했다. 참된 원인은 경영자와 근로자의 기본적인 태도였다. "생산성은 태도의 문제다"(Productivity is an Attitude)라는 것은 그들이 만장일치로 내린 결론이었다. 달리 말해, 근로자의 산출고를 결정하는 것은 근로자의 동기부여에 달려 있다.

이것은 오늘날의 기업들에게 각별히 중요하다. 왜냐하면 산업근로자들에 대한 전통적인 동기부여의 한 방법인 공포는 현대 서구사회에서는 거의 사라졌기 때문이다. 공포가 사라진 것은 산업화를 통한 부(富)의 증대가 초래한 주요 결과였다. 공포는 너무도 강력하기 때문에 위기상태가 아니면 잘 먹혀들지 않는다.

인간은 더 나아지려고 노력한다. '평균적인 근로자'(average worker)를 위한 '평균적인 작업량'(average work load)을 찾으려고 노력하는 평범한 시도보다도 더 인간의 본성에 반하는 것은 없다.

근로자에 대한 기업의 요구사항: 근로자는 변화를 즐긴다

만약 우리가 기업과 근로자가 서로 요구하는 바가 무엇인가라는 것으로 문제의 방향을 돌린다면, 첫 번째 질문은 "기업은 일을 완수하려면 무엇을 요구해야 하는가?"이다.

이 질문에 대한 표준적인 대답은 '공정한 하루 임금에 대한 공정한 하루 노동'(a fair day's labor for a fair day's pay)이라는 광고 문구다. 이 광고 문구의 진정한 문제는 그것이 너무도 적고 잘못된 것을 요구한다는 점이다.

인간은 다른 모든 동물과는 달리 변신능력이 있지만 한계가 없는 것은 아니다.

첫째, 인간은 놀라울 정도로 빨리 배울 수가 있지만, 탈학습능력(unlearning capacity, 기존의 지식과 경험을 잊어버리거나 버리는 능력)은 훨씬 뒤떨어진다. 오늘날 우리는 학습능력(learning capacity)은 늙어가면서 감소하는 것이 아니라는 사실을 알고 있다.

둘째, 인간이 배우면 배울수록 점점 더 어려운 것이 기존의 지식을 버리는 일이다. 달리 말해, 인간이 배운 것을 쉽게 잊어버리지 못하도록 하는 장애물은 나이라기보다는 경험이고, 경험을 하면 할수록 새로운 것들을 쉽게 혹은 빠르게 배울 수 없게 한다.

셋째, 근로자들이 '버리는 능력'(ability to unlearn)과 '배우는 능력'

(ability to learn)을 향상하기 위해 훈련받을 필요성은 근로자의 기술과 지식수준이 높아지면서 점점 더 많아질 것이다.

(변화는 지적 프로세스일 뿐만 아니라 심리적 프로세스이기도 하다. 많은 심리학자가 단정하지만, 인간 본성이 변화를 거부한다는 것은 진실이 아니다. 반대로 새로운 것에 대해 인간보다도 더 욕심을 내는 것도 천지사방에는 없다.)

변화 준비

변화에 대해 인간이 심리적으로 준비하려면 몇 가지 조건이 필요하다.

첫째, 그 변화가 인간에게 합리적인 것으로 보여야만 한다. 인간은 심지어 자신이 추진한 가장 비합리적이고 가장 모순된 변화마저도 스스로 항상 합리적이라고 생각한다.

둘째, 변화는 개선으로 보여야만 한다. 그리고 변화는 인간이 편안하게 느끼는 심리적 표식들(예컨대 자신이 하는 일에 대한 이해, 동료 작업자들과의 관계, 기술을 보는 관점, 특정 직무수행에 대한 자부심과 사회적 안정감 등)을 제거해야 할 정도로 너무 빠르거나 충격적이어서는 안 된다.

셋째, 어떤 변화가 인간의 심리적 안정감을 분명하고도 눈에 띄게 강화하는 것이 아니면, 그 변화는 저항에 부딪히게 될 것이다. 인간은 죽음을 면치 못하며, 연약하고도 한계가 있는 동물이다. 그리고 인간의 안전은 항상 보장되어 있는 것도 아니다. 따라서 기업이 근로자에게 변화능력을 요구하려면 근로자가 변화에 적응할 수 있도록 적극적인 행동을 취해야만 한다.

기업에 대한 근로자의 요구사항

기업에 대한 근로자의 요구사항 또한 '공정한 하루 임금'이라는 구절에 잘못 정의 내려져 있다.

1) 근로자가 기업에 요구할 때, 그는 한 인간의 경제적 측면만이 아니라 인간 전체를 받아줄 것을 요구한다.

2) 그는 경제적 보상을 넘어 개인으로서, 인간으로서, 시민으로서 보상을 요구한다.

3) 근로자는 자신이 하는 일에서 그리고 작업하는 동안에 지위와 역할을 요구한다.

4) 승진에 대한 동등한 기회를 보장하는 공정성 약속을 요구한다.

5) 근로자는 자신이 하는 일이 의미 있는 것이기를, 그리고 진지한 것이기를 바란다.

6) 작업조직 방법과 관리방법으로는 높은 성과수준을 책정 받는 것, 높은 수준의 역량을 요구받는 것이다. 그리고 우수한 성과에 대한 경영자의 가시적 관심표명은 근로자가 기업에 요구하는 것 가운데 가장 중요한 것이고 근로자 관리에서도 역시 중요한 것이다.

기업은 '복지회사'(welfare corporation)가 되어서도 안 되고 한 개인 생활의 모든 국면을 돌보아주려고 시도해서도 안 된다. 근로자에게 절대적 충성을 요구하는 것은 절대적 책임을 약속하는 것만큼이나 허용할 수 없는 것이다.

이익에 대한 적대감

이익은 두 가지 의미를 갖고 있다. 기업에게 이익은 '존속을 위한 필수물'이다. 근로자에게 이익은 '다른 사람의 소득을 이전'받은 것이다.

수익성이 개인의 고용, 생계, 소득을 결정해야만 한다는 것은 개인이 다른 사람의 지배를 받아야 한다는 것을 의미한다. 그것은 비록 '착취'를 당하는 것은 아니지만 독단적인 판단에 몸을 내맡기는 셈이 된다.

이익에 대한 적대감은 비록 현대 좌파의 강령과 선동의 산물은 아니라 해도 현대 산업사회의 독특한 현상이라는 것은 일반적인 상식이다. 이보다 더 진실과 동떨어질 수 있는 것도 없다. 이익에 대한 반감은 수백 년 전 현대사회의 새벽녘으로 거슬러 올라간다.

'자본가적 착취자'와 '모리배'에 대한 유럽 근로자들의 혐오감의 뿌리는, 예컨대 15세기 플랑드르와 플로렌스 지방의 모직물 업자들이 취하는 폭리에 대한 지독한 적대감에서도 볼 수 있다. 그리고 현대 산업은 그런 적대감을 더 악화시킨 것이 아니라 매우 크게 완화시켰다. 산업화된 지역일수록 근로자들은 덜 급진적이고 경영자와 기업과 이익에 적대적인 감정을 덜 심하게 표출하는 것은 우연한 일이 아니다. 마르크스의 혁명이 성공한 곳은 오직 산업사회를 경험하지 못한 국가들이라는 점은 우연한 일이 아니다.

이익에 대한 근로자들의 적대감이 산업사회에 심각한 위협이라는 사실은 여전히 진실이다. 그러나 만약 국유화가 이익에 대한 적대감의 해소로 귀결되었다면 산업국유화의 강력한 지지 기반이 되었을 것이다. 제2차 세계대전 이후 영국과 프랑스가 산업국유화를 실시하자 근로자들이 국유기업의 이익에 대해 '자본가' 기업들의 이익에 대해서만큼이나 (어쩌면 더) 거부하고 분개했는데 이로써 이익에 대한 적대감이 사회주의의 꿈을 날려버린 진정한 결정타가 되었다.

기업은 적당한 이익을 바탕으로 운영해야만 한다. 이는 기업의 첫 번째 사회적 책임이자 기업 자체와 그 근로자에 대한 첫 번째 의무다. 그러므로 경영자는 근로자가 이익을, 비록 그들에게 유익한 것은 아닐지 몰라도 그들을 위해서도 필요불가결한 것으로 인식하게 하는 방법을 발견해야만 한다.

인사관리의 기원

일반적으로 이해하는 바와 같이 인사관리(Personnel Administration)라는 용어는 제1차 세계대전이 일어나면서 사용되기 시작하였다. 인사관리는 군수품을 생산하기 위해 엄청난 수의 신규 근로자를 선발하고 훈련하고 그들에게 급여를 지급하는 일을 하면서 성장했다. 제1차 세계대전이 끝난 지 35년이나 되었다. 그런데도 오늘날 우리가 인사관리에 대해 알고 있는 모든 것은 1920년대 초에 알고 있던 것뿐이고, 우리가 지금 실행하는 모든 것은 그 당시에도 실행되고 있었다. 다소 세련된 것은 있으나 거의 무시해도 될 정도다.

인사관리의 발전에, 특히 인간관계론의 발전에 엘튼 메이오(Elton Mayo)가 수행한 호손 실험연구(Hawthorne experiments, 1924년부터 1932년까지 네 단계로 나뉘어 진행되었다. 1928년 제3단계에서는 면접방식으로 감독방법과 작업환경 내의 불만사항이 성과에 미치는 영향을 조사했다. 물리적 환경조건보다는 경영자가 근로자와 그들의 일에 관심을 가지고 있다고 근로자들이 지각할 때 작업성과의 향상을 가져온다고 결론 내렸다)가 크게 공헌했다.

모든 인사관리자가 안고 있는 공통의 걱정거리는 자신들이 기업에 공헌하고 있다는 사실을 증명하지 못한다는 점이다. 인사관리 과제가 성과를 올리지 못하는 이유는 세 가지 기본적인 오해 때문이다.

첫째, 인사관리는 사람은 일하기를 원하지 않는다고 가정한다. 더글러스 맥그리거(Douglas McGregor)가 지적한 바와 같이, 인사관리는 '일을 사람들이 다른 것에서 만족을 얻기 위해 부득이 하지 않으면 안 되는 일종의 처벌'로 간주한다.

둘째, 인사관리는 근로자관리와 작업관리를 경영자가 수행할 직무의 한 부분이 아니라 인사관리 전문가의 직무로 취급한다. 모든 인사관리 부서가 사람을 관리하는 현업 경영자들을 교육할 필요성을 끊임없이 강조하고 있다는 것은 의문의 여지가 없다. 그러나 인사관리 업무의 예산과 인력과 노력의 90퍼센트가 인사관리 부서가 계획하고 만들고 운영하는 프로그램에 투입되고 있다.

셋째, 인사관리는 '소방수' 노릇을 하는 경향이 있으며 인사관리(personnel administration)라는 표현에서 '인사'(personnel)라는 말은 '골칫거리들'과 관련되어 있는 것으로 취급하는 경향이 있다. 인사관리가 그런 추세 때문에 생긴 것은 사실이다.

인간관계론자들의 통찰과 한계

인간관계론(human relations)은 인적 자원이 구체적인 자원이라는 사실을 인식하고 있다. 인간관계론은 이 사실을 기계적 인간관에 반대하여 강조하며 인간은 금전적 보상에 대해서만 자동으로 반응한다는 '자동 도박기형 인간관'에 반대한다.

인간관계론은 미국 경영자들에게 인적 자원은 일정한 철학과 방법론이 필요하다는 것을 인식시켰는데 이 점은 큰 공헌이었다. 인간관계론이 처음 개발되었을 때, 그것은 미국의 경영자들이 한 세기 동안 끼고 있던 눈가리개를 벗겨내는 큰 해방 세력 가운데 하나였다.

인간관계론자들은 "공포를 제거하라. 그러면 사람들은 저절로 일을 할 것이다"라고 주장하는 것처럼 보인다. 그러나 인간관계론자들은 적극적 동기부여 방법에 대해서는 일반원칙 외에는 아무것도 제시한 것이 없다. 인간관계론은 또한 작업에 적절히 초점을 맞추지 못하고 있다.

인간의 사회적 본성을 강조하고 있음에도 인간관계론은 조직된 집단(organized group)은 단순히 개인들의 연장이 아니라 권력이라는 현실적이고도 심각한 문제에 당면해 있다. 또 개성 차이로 생긴 갈등이 아니라 비전과 이해관계를 바탕으로 한 목적갈등에 휩싸이는 나름의 고유한 관계를 형성하고 있다는 사실을 받아들이길 거부한다. 달리 말해 조직된 집단에는 정치적 영역이 존재한다는 것을 거부한다. 이런 관점은 하버드대학교의 초기 인간관계론 학파의 모든 연구에 한결같이 포함되어 있듯이 노동조합에 대해 거의 광적으로 거부 의사를 나타내고 있다.

마지막으로, 인간관계론은 가부장주의(new Freudian paternalism), 경영자들의 행동을 합리화해주는 단순한 도구, 경영자가 수행하는 것이면 무엇이든 '옹호'해주는 수단으로 전락할 심각한 위험을 안고 있다.

이것이 우리가 인간관계론을 무시해야 한다는 것을 의미하는 것은 아니다. 반대로 인간관계론의 통찰은 인간조직을 관리하는 과제에서 주요한 토대가 된다.

과학적 관리법: 미국에서 가장 널리 실천되는 인적 자원관리 개념

과학적 관리법은 근로자관리와 작업관리라는 과제를 해결하기 위한 세 가지 접근방법(과학적 관리법, 인사관리, 인간관계론)으로는 가장 오래된 것이다.

미국기업의 근로자관리와 작업관리 과제에 실질적인 기초를 이루는 개념은 테일러 등이 연구한 과학적 관리법(Scientific Management)이다. 과학적 관리법은 작업 자체에 초점을 맞춘다. 과학적 관리법의 핵심은 작업에 대한 조직 연구이고 작업을 가장 간단한 요소들로 분석하고, 각각의 요소를 담당하는 근로자의 성과를 체계적으로 개선하는 것이다. 과학적 관리법은 기본적인 개념뿐만 아니라 쉽게 적용할 수 있는 도구와 기법을 모두 보유한다.

과학적 관리법은 근로자와 작업에 관한 체계적인 철학이다. 요컨대 과학적 관리법은 페더럴리스트 페이퍼{Federalist Papers, 1787~1788년 알렉산더 해밀턴(Alexander Hamilton, 미국 제헌회의의 뉴욕 대표, 초대 재무장관) 등 세 명이 미합중국 헌법의 비준과 연방제도의 강화를 주장하며 뉴욕신문에 발표한 77편의 논설} 이후 미국이 서구에 제공한 가장 오래된 공헌이자 강력한 공헌일는지도 모른다.

과학적 관리법에는 두 가지 맹점이 있는데 하나는 기술적 측면이고 다른 하나는 철학적 측면이다.

첫 번째 맹점은 우리가 작업을 분석할 때 그 작업을 구성하는 가장 단순한 동작(simplest motion)까지 분석해야 하기 때문에 우리는 가능하다면 그것을 개별 동작의 연속체(a series of individual motions)로 조직해야 한다는 믿음이다. 이것은 잘못된 논리다. 이것은 분석의 원리와 행동의 원리를 혼동하고 있다. 분리한다는 것과 통합한다는 것은 서로 다른 문제다.

작업은 분석된 대로 수행하는 것이 가장 잘 수행되는 것이라는 믿음 역시 잘못된 공학으로 귀결된다.

인적 자원은 오직 그가 맡은 직무가 여러 활동에 구애받지 않고 독립적으로 조직될 때, 다시 말해 작업을 할 때 개인의 구체적 특성을 통합하는 직무일 때 생산적으로 활용될 수 있을 것이다.

과학적 관리법의 두 번째 맹점은 '계획과 집행의 분리'다. 과학적 관리법은 이를 기본적인 신조 중 하나로 삼고 있다. 여기서도 건전한 분석원칙이 행동원칙과 혼동되고 있다. 그러나 더 나쁜 것은 계획과 집행을 분리하는 아이디어는 비밀스러운 지식 독점권을 가지고 그것을 손도 제대로 씻지 않은 농부들을 조종하는 데 사용할 권리를 받은 엘리트의 존재를 인정하는 의심스럽고도 위험한 철학적 사고를 반영한다.

계획은 집행과 다르다는 사실을 발견한 것은 테일러의 값진 통찰 가운데 하나다. 우리가 어떤 작업을 하기 전에 더 많이 계획하면 할수록 그 작업은 한층 더 쉬워지고 효과적이고 생산적일 것이라고 강조한 것은 테일러가 스톱워치를 이용하여 시간과 동작연구를 한 것보다 미국의 산업성장에 더 크게 공헌한 것이었다. 이 아이디어 위에 현대 경영학의 온갖 구조가 자리 잡고 있다. 오늘날 우리가 목표관리(management by objectives)의 의의를 진지하게 받아들일 수 있게 된 것은 테일러가 계획이 직무의 한 다른 구성 부분이라는 사실을 파악하고 그것의 중요성을 강조한 직접적인 결과다.

작업을 분석한 결과 계획과 집행을 분리한다고 해서 계획집단과 집행집단이 다른 두 종류의 사람들이어야 한다는 것으로 귀결되지는 않는다.

과학적 관리법은 한 시간당 최대 산출고를 생산하도록 직무를 조직할 수 있지만, 500시간 이상 최대 산출고를 생산하도록 조직하지는 못한다는 점이 과학적 관리법에 대한 오래된 비판이다. 과학적 관리법은 최대 산출고를 생산하기 위해 현재 직무를 조직하는 방법은 알지만 그것이 다음 작업을 맡고 있는 근로자의 산출고를 심각하게 훼손하면서 그렇게 한다는 사실은 훨씬 더 확실한 비판일는지도 모르겠다.

우리는 과학적 관리법의 근본적인 통찰은 보존해야만 한다. 마치 인간관계론의 통찰을 유지해야만 하는 것처럼 말이다.

최고수준의 성과를 올리기 위한 인간조직과 직무 설계

인간조직의 목표를 종업원 행복이나 근로자 만족 대신에 최고수준의 성과(peak performance)를 목표로 주장함으로써 경영자들은 인간관계론을 초월해야 한다. 인간조직(human organization)을 강조함으로써 전통적인 과학적 관리법 또한 넘어서야 한다.

개별 직무가 최대효율을 올릴 수 있도록 설계하는 과제는 '인간

조직이 최고수준의 성과'를 달성하기 위한 첫 번째 조건이라는 것은 진실이다. 이런 일을 하는 데 우리들이 겪는 곤경과 거듭되는 실패는 지식이 부족하기 때문이 아니라 기존의 지식을 수용하기를 거부하기 때문이라는 사실은 확실하다.

직무를 설계하는 일에서 우리는 지난 반세기 동안 기본동작 (elementary motion)을 찾느라 직무는 가능한 한 그런 하나의 동작에다 초점을 맞추어야 한다는 믿음 때문에 현실을 제대로 보지 못하고 있었다. IBM의 사례는 비슷한 수많은 경험 가운데 하나다.

이렇게 우리가 스스로 눈을 감게 된 한 가지 이유는 자동차 산업이 우리의 사고방식에 커다란 영향을 미쳤기 때문이다.

직무설계의 원칙은 두 가지다.

첫째, 기계적 작업을 설계하기 위한 원칙은 기계화원칙(mechanization)이다.

둘째, 인간이 담당할 직무를 설계하는 원칙은 통합원칙(integration)이다.

통합의 규칙

우리는 인간작업을 조직하는 방법을 알고 있는가? 통합의 의미가 무엇인지, 그 규칙은 무엇인지 알고 있는가? 비효과적인 통합과 효과적인 통합을 구분할 수 있는가? 달리 말해 최고수준의 성과를 올리기 위해 인간이 어떻게 일하는지 알고 있는가?

아마도 가장 좋은 모델은 외과의사 모델이 아닐까 한다.

외과의사가 하는 수술은 수술 대상 부위의 가장 작은 부분을 개별 동작으로 분해하는 일을 기초로 한다. 그러나 외과의 한 사람이 모든 수술을 한다.

직무 통합의 규칙 가운데 첫 번째가 작업분석 방법과 과학적 관리법을 적용하는 것이다.

두 번째 규칙은 작업 개선은 직무를 구성하는 개별 동작들이나 부품의 성과를 개선함으로써 가장 빠르게 이룰 수 있다는 것이다. 최종 성과를 개선하려는 체계적 노력은 그 구성부품을 개선하려는 노력 정도만큼만 효과를 낼 수 있다.

세 번째 규칙은 (여전히 과학적 관리법의 한 요소인데) 여러 동작이 수행되는 순서는 체계적으로 그리고 작업의 논리적 흐름에 적합하게 배치되어야 한다는 것이다. 이미 언급한 사례 가운데 하나로 되돌아가보자. 고도로 숙련된 기계공의 작업과 동일한 것으로 드러난 미숙련 흑인여성 작업자의 효율성은 무엇보다도 올바른 동작 순서를 가르쳐 준 명쾌한 작업지시서 덕분이었다.

마지막으로, IBM 이야기에서 보여주듯이 각각의 직무는 다소간의 도전감, 얼마간의 기술과 판단이 필요한 요소들을 포함하여 설계해야 한다.

완벽한 사례가 전화기 설치공의 경우다. 이 직무는 뚜렷이 구분되는 업무인 데다 통합작업이다. 이 직무는 높은 기술력이나 판단력이 필요하지 않다. 작업매뉴얼은 전화기 설치공이 부딪힐 수 있는 모든 상황을 실질적으로 설명하고 있다. 그러나 이 분야의 한 노장이 언젠가 말한 것처럼 '모든 전화기 설치 작업이 도전'으로 보일 만큼 많은 기술과 판단이 필요하다. 나는 전화기 설치공이 우리 집에 전화기를 설치하고 돌아간 뒤 통신회사가 나에게 전화를 걸어 내가 만족하는지를 물어보거나, 회사가 전화기 설치공을 감독하거나, 그가 하는 일을 점검할 필요가 있는지 들어본 적이 없다.

인사배치와 동기부여

작업을 수행하기 위해 인간조직을 설계하는 과제는 개인을 그가 가장 잘할 수 있는 직무에 배치하는 것을 의미한다.

근로자를 선발하기 위해 시간과 돈을 엄청 투입한다. 그러나 선발은 소극적 과정이다. 선발은 적합하지 않을 것 같은 사람들을 제거한다. 하지만 기업은 선발기준을 통과할 정도의 성과보다 더 큰 실적을 낼 사람들을 필요로 한다.

GM은 몇 년 전 현장감독자를 대상으로 "90일이 30년과 같은 때는 언제인가?"라는 제목으로 조사를 실시했다. 한 가지 밝혀진 사실은, 90일간 수습기간을 거치고 난 종업원은 그 자리에 30년간 눌러앉을 공산이 크다는 것이다. 따라서 한 개인을 첫 90일간 어디에 배치하는지를 결정함으로써 감독자는 실질적으로 그가 평생 할 일을 결정하는 셈이다.

근로자에게서 최고수준의 성과를 획득하려면 어떤 종류의 동기부여가 필요한가? 오늘날 미국기업이 일반적으로 하는 답은 '종업원 만족'(employee satisfaction)이다. 그러나 이것은 거의 의미 없는 개념이다.

책임지는 근로자(responsible worker)라는 목적을 달성하기 위해 우리가 시도할 수 있는 방법으로는 네 가지가 있다. 신중한 인사배치, 높은 성과표준 책정, 근로자가 자기통제를 할 수 있도록 정보를 제공하는 것, 근로자가 경영자적 비전(managerial vision)을 갖도록 경영참여 기회를 제공하는 것 등이다.

'평균적인' 근로자의 생산표준은 언제나 필연적으로 최소수준의 실적이 표준이 되고 만다. 그러므로 그 생산표준은 어쩔 수 없이 목표를 잘못 잡아준다. 그 생산표준은 심지어 표준 이상의 산출에 제공하기 위한 최소기준으로도 공표되어서는 안 된다. 왜냐하면 근로자는 그 표준을 여전히 정상으로 간주할 것이기 때문이다.

사람은 자신이 자랑할 만한 무엇을 했을 때 자신감이 생긴다. 공장공동체가 그런 역할을 할 수 있는가? 따라서 회사는 작업자에게 정보를 제공해야 한다.

경제적 차원의 문제들

프레더릭 허즈버그(Frederick I. Herzberg)는 인간에 대한 동기부여는 동기 자체를 제고하는 만족요인과 불만족을 제거하는 위생요인이 있다고 밝혔다. 또 금전적 보상은 만족을 적극적으로 제고하는 것이 아니라는 2요인이론(Two Factor Theory)을 발표했다.

'예측 가능한 임금 및 고용계획'을 실시하면 이익에 대한 뿌리 깊은 거부감을 극복할 수 있는 열쇠를 제공할는지도 모른다. 자유경제에서, 종업원들이 이익에 적대감을 갖는 것보다도 더 큰 위험은 없다. 지금까지 이 질병을 치료하기 위해 우리가 사용했던 처방들은 대부분 완화제에 지나지 않는다는 것이 드러났다.

이윤분배제(profit-sharing)가 확실한 해결책으로 보였다. 그러나 그것을 한 세기 이상 시도해보았으나 대기업의 경우에는 효과를 보지 못했다.

그것은 사실이지만, 근로자가 지금 회사의 주식을 10주 내지 25주, 혹은 100주 정도 갖고 있다고 해서 이익에 대한 그의 태도를 바꿀 것으로 믿는 것은 천진난만한 착각이다.

이익에 대한 근로자의 반감은 경제적인 이해보다도 훨씬 더 뿌리가 깊다. 그것은 자신의 개인적인 목적과 야망을 기업의 비인간적인 목적과 법률에 종속시켜야 하는 것에 대한 저항에 근거를 두고 있다. 종업원 소유 기업들 혹은 국유기업들 모두가 보여주듯, 심지어 전면적인 종업원 소유제(worker-ownership)마저도 그 해답이 아니다. 10년 혹은 20년 내에 미국의 공개기업 주식의 다수가 직접적·간접적으로 종업원들이, 연금기금들이, 투자기관들이, 그리고 생명보험 기금들이 소유할 것이라는 사실이 수익성 원칙에 대한 종업원의 반감을 바꾸어놓지는 못할 것이다.

그러나 일자리는 근로자가 기업에서 획득할 수 있는 그야말로 진정한 소유권이다. 이윤분배제와 종업원 지주제는 부차적인 것으로 그 자체는 매우 좋은 것이지만 중심적인 것은 아니다.

경영자의 과제 그리고 경영자의 과업(기본 활동들)과 특성

경영자는 두 가지 구체적인 과제를 수행하고 있다.

첫 번째 구체적인 과제는 기업에서 다른 어느 누구도 그런 과제를 수행하지 않는다. 오케스트라의 지휘자에 비유해보면 그의 노력과 비전과 리더십을 통해 그 자체는 전적으로 잡음에 지나지 않는 개별 악기들의 소리 모음들이 살아 있는 하나의 전체 음악이 된다. 그러나 지휘자는 작곡가의 악보를 갖고 있으며, 그는 해설자에 지나지 않는다. 경영자는 작곡가와 지휘자 역할을 모두 하고 있다.

경영자의 두 번째 구체적인 과제는, 의사결정과 행동을 할 때마다 당장에 필요한 사항과 장기적 미래에 필요한 사항들 사이에 조화를 이루는 것이다. 경영자가 두 가지 사항 가운데 하나라도 희생하면 그는 기업을 위태롭게 만들게 된다. 비유적으로 말하면, 경영자는 눈은 먼 산을 보더라도 코는 맷돌에 매어둔 소의 역할을 하지 않으면 안 된다.

모든 경영자는 경영이라는 말을 붙일 수도 없는 하찮은 일들을 많이 하고 있다. 아마도 그들은 대부분의 시간을 그런 일에다 소비할 것이다.

경영자가 수행할 과업으로서는 다섯 가지 기본 활동이 있다.

첫째, 경영자는 목표를 수립한다.

둘째, 경영자는 조직을 만든다.

셋째, 경영자는 동기부여를 하고 커뮤니케이션을 한다. 작업에 대해 인센티브와 보상을 지급함으로써 실천한다. 승진정책을 통해 실천한다. 그리고 경영자가 부하에게, 부하들이 경영자에게 쌍방향으로 끊임없는 커뮤니케이션을 통해 실천한다.

넷째, 경영자는 성과를 평가 측정한다. 경영자는 평가척도를 만든다.

다섯째, 경영자는 부하를 육성한다.

위의 다섯 가지 기본 활동은 모두 더 작은 활동단위들로 나눌 수 있다. 그것들 각각은 모두 한 권의 책으로도 논의를 계속할 수 있다. 달리 말해 경영자의 과업은 복잡하다는 말이다.

다섯 가지 기본 활동 모두 다른 특성과 조건이 필요하다.

1) 목표설정은 균형 문제가 제기된다. 기업의 결과와 우리가 일반적으로 믿고 있는 원칙의 실천 사이의 균형 말이다.

2) 조직을 만드는 과업 또한 분석능력을 필요로 한다.

3) 동기부여와 커뮤니케이션에 필요한 기술은 일차적으로 사회적인 기술이다. 그것은 분석능력 대신에 통합(integration)능력과 종합(synthesis)능력이 필요하다. 정의가 일차적이고 경제는 부차적이다. 그리고 성실성은 분석능력보다도 훨씬 더 중요하다.

4) 평가측정을 하는 데는 또다시 무엇보다도 분석능력이 필요하다. 하지만 평가측정은 자기통제를 가능하게 하기 위해 사용하는 것이지 사람을 외부에서 통제하기 위해서나 위에서 통제하기 위해, 다시 말해 부하를 지배하기 위해 사용해서는 안 된다는 것을 의미한다.

무엇이 경영자를 만드는가?

경영자는 하나의 특이한 자원과 함께 일을 한다. 사람 말이다. 한 개인에게 '일을 시킨다는 것'은 언제나 그 개인을 개발한다는 것을 의미한다. 무엇이 경영자를 만드는가?

1) 이에 대한 표준적 정의는, "만약 한 개인이 다른 사람들과 그들의 작업에 책임을 지고 있으면, 그는 경영자다"라는 것이다. 이 정의는 범위가 너무 좁다. 경영자의 첫 번째 책임은 상향적이다.

2) 다른 하나의 정의는, 비록 이것은 문장으로 표현되기보다는 대

체로 암시적이지만, (맡은 업무의) 중요성이 경영자를 규정한다는 것이다. 그러나 현대기업에서는 어느 한 근로집단이 다른 것들보다도 더 필수적이라고 할 수 없다. 기계를 다루는 작업자, 실험실이나 제도실에서 일하는 전문직 종업원도 경영자와 마찬가지로 기업의 기능으로서 필요하다. 이것이 바로 기업의 모든 구성원이 경영자적 비전을 가져야 하는 이유다. 기업 내의 여러 근로집단을 구분하는 것은 중요성이 아니라 기능이다.

3) 경영자에 대해 정의를 내리는 가장 흔한 개념은 직위와 급여다. 이 정의는 잘못된 것일 뿐만 아니라 파괴적이다. 요컨대 직위와 급여가 경영자를 정의하는 기준이라는 생각은 어제의 개인 기업가와 오늘날의 기업 경영자를 혼동하고 도출한 잘못된 결론에 지나지 않는다.

4) 누가 경영자인가 하는 정의는 오직 한 개인이 수행하는 기능과 그가 기여해야 할 공헌에 따라 규정될 수 있다. 그리고 경영자를 다른 사람들과 구분해주는 기능은 다른 무엇보다도 그가 수행하는 교육기능이다. 그가 특별히 기여해야 할 하나의 공헌은 다른 사람들에게 비전을 제공하고 업무수행 능력을 제공하는 것이다. 궁극적으로 경영자를 정의하는 기준은 그가 제시하는 비전과 그의 도덕적 책임이다.

이제 우리는 다음 질문에 대답할 수 있다. 경영자가 되려면 천재여야 하는가, 혹은 적어도 특별한 재능을 타고나야 하는가? 경영자 노릇은 기예로 하는가, 혹은 직감으로 하는가? 대답은 모두 '아니다'이다. 경영자가 무엇을 하는가는 체계적으로 분석할 수 있다. 경영자가 무엇을 할 수 있어야만 하는가는 배울 수 있다. 하지만 배울 수 없는 자질이 하나 있으며, 경영자가 사후에 획득할 수 없으므로 처음부터 갖고 있어야 할 조건이 하나 있다. 그것은 천재적 능력이 아니다. 바로 성실성이다.

의사결정 방법: 전술적 의사결정과 전략적 의사결정

경영자가 하는 일이 무엇이든 간에 그는 여러 의사결정을 함으로써 그 일을 수행한다. 의사결정은 아마도 일상적인 일처럼 결정될 것이다. 경영자는 자신이 의사결정을 하고 있다(making decisions)는 사실을 인식하지 못할 정도로 사소한 의사결정을 할 것이다. 혹은 의사결정 가운데는 기업의 미래 생존에 영향을 미칠 수도 있으며 몇 년 동안 체계적인 분석이 필요한 것들도 있을 것이다. 어쨌든 경영이란 항상 하나의 의사결정 과정이다.

의사결정의 중요성은 경영에서 일반적으로 인정된다. 하지만 많은 의사결정이 문제해결(problem-solving)에, 즉 해답을 제공하는 데 집중하는 경향이 있다. 그러나 그것은 초점을 잘못 맞추고 있는 것이다. 사실 경영 의사결정에서 가장 흔한 실수의 원인은 올바른 질문을 찾기보다는 올바른 해답을 얻는 것을 강조하는 데 있다.

매일 아침 두 비서 중 누구에게 아래층으로 내려가서 커피를 끓여 사무실로 가져오도록 시킬지 결정하는 일에는 다음과 같은 질문을 하면 된다. 일반적인 사회적·문화적 관습은 어떤가? 하지만 좀 더 복잡한 문제를 결정할 때는 사정이 다르다. 오전에 '커피 타임'을 가져야 하는가 하는 문제에는 두 가지 질문을 해야 할 것이다. '커피 타임'이 회사가 하는 일에 도움이 되느냐 손실이 되느냐, 즉 근무의 활력소라는 이점이 시간손실을 보상하고도 남는가? 손실이 이점보다 크다면, 단 몇 분간의 시간손실이 있다고 해서 습관을 중단하는 것이 가치 있는 일인가?

그런 전략적 의사결정 가운데는

1) 기업의 목표수립에 관한 모든 결정과 목표달성에 필요한 수단에 관한 결정이 포함된다.

2) 생산성에 영향을 미치는 모든 의사결정도 여기에 속한다.

3) 그런 의사결정들은 언제나 상황 전체를 바꾸는 것을 목적으로 한다.

4) 여기에는 또한 조직과 관련된 의사결정, 주요 자본지출 결정이 포함된다. 그러나 기업의 운영과 관련된 의사결정도 대부분 그 성격상으로는 전략적이다. 판매구역 결정, 판매원 훈련, 공장 배치, 원재료 재고관리, 예방보전, 급여전표 처리 등이 그 예다.

5) 전략적 의사결정은 그 범위와 복잡성과 중요성에 관계없이 문제해결 접근법을 취해서는 안 된다.

6) 본질적으로 문제의 성격이 경영 의사결정인 경우, 중요하고도 어려운 일은 올바른 해답을 찾는 것이 아니라 올바른 질문을 찾는 일이다. 왜냐하면 잘못된 질문에 대한 올바른 해답만큼 쓸모없는 것도 세상에 없기 때문이다.

7) 올바른 해답을 찾는 것만으로는 충분하지 않다. 더 중요하고 더 어려운 것은 결정한 행동경로(course of action)가 효과를 발휘하도록 하는 것이다. 경영자는 지식 그 자체에 관심을 갖는 것이 아니라 성

과에 관심을 갖는다. 그러므로 서류를 보관하는 캐비닛에 처박혀버리릴 올바른 해답만큼, 혹은 그것을 이용해 효과를 내야 하는 사람들이 침묵하면서 받아들이지 않는 해결책만큼 소용없는 것도 없다.

8) 전체 의사결정 프로세스에서 중요한 일 가운데 하나가 기업의 여러 부서와 다양한 경영층에서 내린 의사결정들이 서로 모순되지 않고, 기업 전체의 목표와 일치하도록 하는 것이다.

의사결정 과정

의사결정 과정은 분명하게 다섯 가지 단계로 구분된다.

1) 문제의 정의: 문제의 정의를 내리려면 경영자는 '결정적 요인' (critical factor)을 찾는 일부터 해야 한다. 결정적 요인이란 다른 요소들이 변하기 전에 이동하기 전에 행동하기 전에 먼저 바꾸어야만 하는 상황 요소(혹은 요소들)다.

"우리가 처한 상황에서 결정적 요인은 무엇인가?"라고 질문했을 때만, 문제에 대한 올바른 정의를 내릴 수 있었다.

때로는 두 가지 보충적인 접근방법을 사용해야 한다. 두 방법 모두 18세기 고전 물리학자들이 결정적 요인을 분리하기 위해 개발한 원칙이다. 즉 '가상운동'의 원칙(principle of virtual motion)을 적용하는 것이다. 한 가지 방법은 그 무엇이든 간에 아무것도 앞으로 변하거나 움직이지 않는다고 가정하고는 "그렇다면 앞으로 시간이 흐름에 따라 무슨 일이 일어날까?"라고 질문한다.

다른 한 가지 방법은 과거로 되돌아가서 다음과 같이 질문한다.

"이 문제가 처음 발생했을 때 어떤 작용을 했다면 혹은 안 했다면 현재 상황에 실질적으로 어떤 영향을 미쳤을까?"

문제의 정의를 내리기 위한 두 번째 조치는 문제 해결책 자체에 대해 조건을 결정하는 것이다. 문제 해결책이 추구하는 목표가 무엇인지 심사숙고해야 한다.

예컨대 사장을 선임하는 해결책이 달성하려는 첫 번째 목표는 회사에는 효과적인 최고경영자가 존재해야 한다는 것이다.

두 번째 목표는 원맨 독재자가 등장하는 것을 막아야 한다는 것이다.

세 번째 목표는 지도자 부재라는 통치권 공백기의 재발도 막아야 한다는 것이다. 그렇게 하려면 내일의 경영자를 양성해야 한다는 것이다.

실질적으로 규칙들은 의사결정을 내리는 기준이 되는 가치체계(value system)다. 예컨대 가치는 도덕적인 것이거나 문화적인 것이거나 회사의 목표이거나 회사 구조에 대한 원칙 등이다. 그것들이 모두 합해져 윤리체계(ethical system)가 형성된다.

경영자들은 종종, "당신이 대접받고 싶은 대로 다른 사람을 대접하라"라는 황금률을 행동규칙(rule of action)으로 생각하기도 한다. 하지만 그것은 틀렸다. 황금률은 어떤 행동을 해서는 안 되는지를 결정할 뿐이다.

받아들일 수 없는 행동경로를 제거하는 것 자체가 의사결정의 필수적 선행조건이다. 받아들일 수 없는 행동경로를 제거하지 않으면, 선택할 것들이 너무나 많기 때문에 행동능력(capacity to act)이 마비되고 말 것이다.

2) 문제의 분석: 올바른 질문 파악, 목표 설정, 규칙 결정 등이 모여 의사결정의 첫 단계를 구성한다. 그것들이 문제의 정의를 내린다. 다음 단계는 문제 분석이다. 문제의 종류를 분류하고, 여러 사실을 파악하는 단계다.

① 누가 의사결정을 해야 하는가?

② 그것을 결정할 때 누구와 상의해야 하는가?

③ 누구에게 정보를 주어야 하는가?

이 문제의 답을 알기 위해서는 문제의 종류를 분류할 필요가 있다. 문제의 종류를 미리 분류해두지 않으면 최종 의사결정의 목표달성 능력이 심각하게 훼손된다. 왜냐하면 의사결정 사항을 효과적으로 행동으로 옮기기 위해 누가 무엇을 해야 하는지를 제시해주는 것은 미리 분류해둔 문제의 종류들뿐이기 때문이다.

문제를 분류하는 원칙은 네 가지다.

첫째, 의사결정의 미래 기간(futurity of decision)이다.

둘째, 의사결정이 기업의 다른 활동분야와 기능에 미치는 영향(impact of decision)이다.

셋째, 의사결정 과정에서 고려해야 할 질적 요소들의 수(number of qualitative considerations)다.

넷째, 의사결정의 고유성 혹은 반복성(uniqueness or periodicity of decision)이다.

'사실들을 수집하라'(get the facts)는 것은 의사결정에 관한 대부분의 교과서에 나오는 첫 번째 계명이다. 하지만 먼저 문제를 정의하고 분류하기까지는 '사실들을 수집하라'는 계명은 수행할 수 없다. 그때까지는 아무도 사실들을 알 수 없다. 오직 자료(data)만 알 수 있을 뿐이다.

사실들을 수집할 때 경영자는 다음과 같이 질문해야 한다. 이 특정한 의사결정을 하는 데 내게 필요한 정보는 무엇인가? 경영자는 자신이 확보한 자료가 얼마나 적절하고 타당한지 판단해야 한다. 경영자는 자신에게 필요한 추가적 정보가 무엇인지 그리고 그것을 획득하기 위해 도대체 무엇을 해야 하는지 결정해야 한다.

이런 일들은 기계적으로 할 수 있는 것이 아니다. 정보 자체는 능숙하고 상상력에 기초한 분석능력을 요구한다.

의사결정을 내리는 경영자에게는 의사들이 즐겨하는 오래된 속담이 그대로 적용된다.

"진단을 최고로 잘하는 의사는 정확한 진단을 가장 많이 한 사람이 아니라, 빨리 진단한 뒤 만약 자신의 진단이 틀렸을 경우, 그것을 곧바로 수정할 수 있는 사람이다."

그러나 이런 일을 하려면, 경영자는 정보가 부족해서 추측하지 않으면 안 되는 곳이 어딘지를 인지해야만 한다. 경영자는 자신이 알 수 없는 것이 무엇인지 정의를 내려야만 한다.

3) 여러 해결책의 개발: 모든 문제에 대해 몇 가지 대안적 해결책을 개발해두는 것은 불변의 규칙으로 삼아야 한다. 그렇지 않으면 '이 것이냐 아니면 저것이냐' 하는 잘못된 함정에 빠질 위험이 있다. 가

장 일반적인 혼동은 진정 모순되는 것(true contradiction)과 대조되는 것(contrast)을 혼동하는 것이다. 여기서 진정 모순되는 것이란, 예컨대 초록색과 초록이 아닌 색과 같이 모든 가능성을 포함하는 개념이고, 대조되는 것이란, 예컨대 초록색과 빨간색과 같이 수많은 가능성 가운데 오직 두 개를 나열하는 것이다.

대안적 해결책들(alternative solutions)은 기존의 기본적인 가정들을 지각(知覺) 수준으로까지 끌어올려서 그것을 검토하고 타당성을 검증하도록 강요하는 유일한 수단이다.

대안적 해결책들은 요컨대 상상력을 동원하고 훈련할 수 있는 유일한 도구다. 대안적 해결책들은 '과학적 방법'(scientific method)의 진수다. 과학자가 관찰한 현상이 아무리 익숙하고 하잘것없는 것이라 할지라도 항상 대안적 설명을 탐색하는 것은 일급 과학자가 갖춰야 할 특성이다.

대안적 해결책들이 무엇인가 하는 것은 문제의 성격에 따라 달라질 것이다. 그러나 하나의 가능한 해결책은 언제나 생각할 수 있다. 아예 아무런 행동도 안 하는 것 말이다. 문제가 생기면 그때마다 꼭 행동해야 한다는 믿음은 그 자체가 순수한 미신일는지도 모른다.

4) 최적의 해결책 선택: 가능한 해결책 가운데 최선의 것을 선택하는 기준으로는 네 가지가 있다.

① 첫 번째 기준은 위험이다. 경영자는 해결책 각각의 위험을 기대수익과 비교해야 한다. 위험 없는 행동은 없으며, 심지어 아무런 행동을 하지 않는 경우도 마찬가지다.

② 두 번째 기준은 투입의 경제성이다. 여러 가능한 해결책 가운데 어느 것이 최소의 노력으로 최대의 결과를 제공할 것인가? 어느 것이 조직에 가장 적은 혼란을 초래하면서 필요한 변화를 추진할 수 있을까?

③ 세 번째 기준은 적시성(適時性)이다.

④ 네 번째 기준은 자원의 한계다. 그 한계를 미리 생각해두어야만 하는 가장 중요한 자원은 의사결정 사항을 직접 수행할 인적 자원들이다. 어떤 의사결정도 그것을 수행할 사람을 결정하는 것보다는 덜 중요하다.

5) 의사결정을 효과적으로 실천하기: 마지막으로 어떤 해결책을 선택하든지 그것은 행동으로 옮겨져 효과를 내야 한다.

오늘날 엄청나게 많은 시간을 들여 해결책을 받아들이도록 '판매'한다. 그러나 그것은 시간낭비다. 그것은 사람들이 '구입'하기만 하면 만사형통이라는 것을 의미한다. 그러나 구입하는 사람들이 그것을 자신들의 것으로 만들어야만 한다.

오퍼레이션 리서치(OR), IT 등은 중세의 상징논리학자, 예컨대 성 보나벤투라가 사용했던 도구들과 조금도 다르지 않다. 새로운 것이라고는 몇몇 수학적 기법과 논리적 기법이 추가된 것뿐이다.

동시에 경영자는 그의 기능과 직위가 무엇이든 간에, 전략적 의사결정을 점점 더 많이 수립해야 할 것이다. 그는 올바른 전술적 의사결정을 직관적으로 내리던 능력에는 점점 덜 의존하게 될 것이다.

전술적인 조정은 물론 언제나 필요하다. 그러나 그것들은 기본적 · 전략적 의사결정의 테두리 안에서 이루어져야 한다.

기술, 지식, 성과, 책임, 성실성 같은 경영자가 갖추어야 할 필요 사항들은 지난 반세기 동안 세대마다 두 배씩 늘어났다. 1920년대의 경우 최고경영자 중에서도 몇몇 선구자만이 겨우 인식하고 있었던 사실들을 오늘날 우리는 대학을 갓 졸업한 젊은이들도 수행할 수 있을 것으로 기대한다. 어제의 과감한 혁신들, 예컨대 시장조사, 생산계획, 인간관계론, 추세분석 등은 이제 상식이 되었다.

신기술 속에 사는 내일의 경영자는 다음의 일곱 가지 과제를 잘 수행해야 한다는 말로 요약할 수 있다.

① 목표에 따라 관리해야만 한다.

② 더 많은 위험을 더 장기적으로 감수해야만 한다. 앞으로 무슨 사태가 발생할지 자신이 예상하는 바를 미리 결정할 줄 알아야 하고, 그 사태가 예상대로 발생하거나 예상이 빗나가면 자신이 정해둔 후속 행동경로를 '통제'할 수 있어야만 한다.

③ 전략적 의사결정을 내릴 수 있어야만 한다.

④ 통합 팀을 구성할 줄 알아야만 한다.

⑤ 정보를 재빨리, 분명하게 전달할 줄 알아야만 한다. 사람들을 동기부여할 줄 알아야만 한다. 달리 말해 다른 경영자들과 전문가들 그리고 다른 모든 구성원의 책임감 있는 참여를 유도할 줄 알아야만 한다.

⑥ 전통적으로 경영자는 하나나 그 이상의 기능들을 몸에 익혀야 한다고 기대되었다. 그러나 그것만으로는 더 이상 충분하지 않을 것이다.

⑦ 전통적으로 경영자는 몇 가지 제품이나 한 가지 산업 정도는 알아야 한다고 기대되었다. 이것 또한 더 이상 충분하지 않을 것이다.

내일의 경영자는 자신을 낳아준 아버지보다 더 위대한 존재는 아닐 것이다. 그는 같은 능력을 갖고 있고 같은 약점 때문에 괴로워하고 같은 한계 속에 갇혀 있을 것이다. 성경, 아이스킬로스(Aeschylos, 그리스의 비극 시인), 셰익스피어, 소크라테스, 아퀴나스는 여전히 인간 지능의 최고수준을 보여주고 있다. 그렇다면 우리는 같은 사람들로 어떻게 그런 새로운 과제들을 성취할 수 있을까?

이에 대해서는 대답이 하나뿐이다. 과업을 단순하게 만드는 것 말이다. 앞으로 경영자는 '경영의 실천'(Practice of Management) 능력을 반드시 갖추어야만 한다.

만약 경영자가 개념, 유형, 원리를 기초로 경영해야 한다면, 시스템과 방법론을 적용해야 한다면, 그는 어떤 방식으로라도 그 직무에 적합하게 스스로 준비할 수 있다.

내일의 경영자는 하나가 아니라 실제로 두 가지를 준비해야 한다. 하나는 개인이 경영자가 되기 전에 배울 수 있는 것들이다. 젊을 때나 성장하면서 습득할 수 있는 것이다. 다른 하나는 개인이 경영자가 되고 나서 언젠가 배울 수 있는 것이다. 그것은 바로 성인교육이다.

세계에서 가장 오래된 엘리트 집단인 예수회(Jesuit Order)는 수도사들이 의학, 사회학, 기상학 같은 일반 학문을 연구하고 교리교육과 관리업무를 현장에서 다년간 경험하기 전까지는 고급 신학과 철학을 가르치지 않았다. 예수회는 어떤 수도사가 자신이 받은 고급 교육을 바탕으로 조직한 작업을 통해, 의미 있게 만든 작업을 통해, 그리고 평가하고 집중했던 작업을 통해 실질적인 경험을 쌓기 전까지는 최고급의 진정한 직업훈련도 '효과'를 보지 못한다는 것을 알고 있었다.

한 경영자가 교양교육이나 경영자를 위한 성인교육을 아무리 많이 받았다 해도, 무엇보다 결정적으로 영향을 줄 것은 교육도 기능도 아닐 것이다. 과거에도 그랬지만 미래에는 한층 더 그럴 텐데, 그것은 바로 성실성이다.

경영자의 사회적 책임

지금까지는 일차적으로 기업은 스스로 존재하고 스스로를 위해 존재하는 것으로 취급했다. 우리는 기업과 기업 외부의 관계를 강조해왔다. 고객과 시장에 대해, 노동조합에 대해, 사회에 대해, 그리고 사회에서 활동하는 경제적·기술적 기관들에 대해서 말이다. 그러나 그런 관계들은 한 척의 선박과 그것을 떠안고 항해를 가능하게 하는 바다와의 관계, 폭풍을 일으키고 선박을 파선시키는 바다와의 관계, 선박이 건너야 할 바다와의 관계처럼 보였다. 그러나 다른 한편으로 바다는 선박의 고향이라기보다는 차라리 늘 용납하지 않으며 변화가 많은 환경 같은 것으로 인식되었다.

그러나 사회는 기업의 환경으로만 그치지는 않는다. 심지어 자본의 집중도가 가장 심한 개인기업이라 해도 사회의 한 기관으로 사회적 기능과 책임(the responsibilities of management)을 수행하고 있다.

현대 산업은 우리가 과거부터 익히 알고 있던 그 어떤 것과도 전혀 다른 기본적인 자원들로 구성된 조직을 요구한다.

첫째, 현대 산업의 생산기간과 의사결정 대상 기간은 너무도 길기 때문에 경제활동 프로세스에서 주요 요소인 한 개인의 수명을 훨씬 넘어서까지 추진된다.

둘째, 물적 자원이든 인적 자원이든 여러 자원이 조금이나마 생산적인 존재가 되기라도 하려면 상당 기간 영속적으로 존재해야만 하는 하나의 조직에 투입되어야 한다.

셋째, 자원과 사람과 원재료 등을 대규모로 투입해야만 한다. 이것은 이런 자원을 영구적으로 투입하는 결정을 내리는 사람, 즉 경영자는 부하들에게 권한을 가진다는 것을 의미하며, 경영자들이 내린 결정은 사회에 지대한 영향을 미친다는 것을 뜻한다. 또 경영자들은 앞날의 경제와 사회, 그리고 그 속에서 오래도록 살아갈 개인들의 삶의 모습에 영향을 미칠 의사결정을 해야 한다는 것을 암시한다.

역사적으로 볼 때, 사회는 권력의 영구적인 집중을 항상 거부해왔으며 적어도 개인의 손에, 특히 경제적 목적으로 집중되는 것을 거부해왔다. 하지만 산업사회는 지금 현대 기업이 권력을 집중하는 것과 같이 기업에 권력을 집중하지 않으면 사회로서 존재하기가 불가능하다. 따라서 사회는 사회가 가장 용인하기 싫어했던 것, 즉 영속성 조건을 비록 '법인'(legal person)은 이론상으로나마 불멸의 존재가 될 수 있다는 점 말고도 기업에게 처음으로 허용하지 않을 수 없었다. 그리고 둘째로 기업의 필요에 부응하여 경영자에게 어느 정도 권한을 허용하지 않을 수 없었다.

사익과 공익, 그리고 경영자의 사회적 책임: 고용과 소득의 보장

이런 사실은 사유재산이 여태까지 부담해온 어떤 전통적인 책임 범위를 훨씬 넘어서는 책임뿐만 아니라 전혀 다른 종류의 책임을 기업과 경영자에게 안겨준다.

기업과 경영자가 부담하는 책임은 이제 다음과 같은 가정에 기초하여 성립될 수 없다는 것을 뜻한다.

1) 사유재산 소유자의 사익추구는 당연히 공익과 부합한다.

2) 사익과 공익은 분리될 수 있으며 서로 아무런 관련이 없다.

그 반대로 기업과 경영자는 다음과 같은 책임을 져야 한다.

1) 경영자는 공익에 부합하게 행동할 책임이 있다.

2) 경영자는 윤리적 행동기준에 적합하게 행동해야 한다.

3) 경영자는 사익추구와 사적 권한 행사가 공공의 이익과 개인의 자유를 침해할 우려가 있는 경우에는 언제나 그것의 추구와 행사를 자제해야 한다.

4) 현대 기업이 살아남으려면 가장 유능하고도 교육을 많이 받았을 뿐 아니라 가장 헌신적인 젊은이들을 기업에 끌어들일 능력이 있어야 한다. 그런 사람들을 끌어들이고 계속 있게 하려면 그들에게 경력기회를 제공한다거나 삶의 터전을 마련해준다거나 경제적으로 보수를 많이 준다는 것 등으로는 충분하지 않다. 기업은 그런 사람들에게 비전을 제공하고 자신이 사명을 실천한다는 느낌을 갖도록 해야 한다. 기업은 그런 사람들이 자신들이 속해 있는 지역사회와 사회에 대해 의미 있는 기여를 하고 싶은 욕구를 충족해줄 수 있어야 한다.

경영의 실천과 관련해 논의하는 경우, 심지어 소유구조가 가장 분산되지 않은 개인기업의 사회성과 공공성에서 발생하는 경영자의 기능과 책임을 도외시할 수 없다. 이에 더하여 기업 자체는 경영자에게 기업의 사회적 책임을 철저히 생각하도록 요구해야만 한다. 왜냐하면 국가의 공공정책과 법률은 기업의 행동과 활동의 범위를 규정하기 때문이다. 국가의 공공정책과 법률은 기업이 어떤 형태의 조직을 취할 수 있을지를 규정한다. 그것들은 마케팅, 가격결정, 특허 그리고 노동정책을 제시한다. 그것들은 기업이 자본을 끌어들이고 가격을 책정할 수 있는 능력을 제공한다.

현대사회에서 경영자의 책임은 기업 자체와 경영자의 공적 지위, 경영자의 성공과 사회적 위상을 위해서 중요할 뿐만 아니라 현대 경제와 사회제도의 미래, 그리고 자율적 기관으로서 기업의 생존을 위해서도 결정적으로 중요하다. 그러므로 경영자의 사회적 책임은 경영자의 모든 행동의 기초가 되어야만 한다. 기본적으로 경영자의 사회적 책임이란 경영자가 윤리적으로 행동해야 한다는 것을 뜻한다.

오늘날 경영자의 사회적 책임과 관련한 논의는, 최소한 미국에서는 경영자를 사회의 지도적 인사로 취급하면서 시작되었다. 그러나 경영자의 사회적 책임 문제는 하나의 사회적 기관인 기업에 대한 경영자의 책임이 무엇인가 하는 것에서 시작하는 것이 더 타당하다. 이 책임은 타협할 수 있거나 회피할 수 있는 것이 아니다. 기업이란 경영자가 맡고 있는 구체적인 신탁자산으로 다른 모든 것은 이 신탁관계에서 출발하기 때문이다.

경영자가 사회여론과 공공정책과 법률과 관련하여 기업에 대해 부담해야 할 첫 번째 책임은 사회가 기업에게 부담 지우는 그런 요구 사항을 달성하는 것이 기업의 목적 달성에 영향을 미칠 수도 있다는 점을 인식하는 것이다. 사회가 기업에게 부담 지우는 요구사항들을 기업의 행동자유권을 위협하는 조치들이라거나 규제조항들로 인식할 것이 아니라, 기업이 건전하게 성장하기 위한 기회로 삼거나, 적어도 기업으로서는 가장 적은 피해를 보면서도 그것들을 만족시키는 방법을 찾는 것이 경영자의 직무다.

간단히 말해, 경영자는 경영정책을 채택하고 의사결정을 할 때는 언제라도 다음과 같은 질문을 해야만 한다.

"동종업계의 다른 회사들이 모두 같은 행동을 할 경우 대중의 여론은 어떻게 돌아갈까? 그 경우 대중에게 미치는 영향은 무엇인가?"

따라서 기업의 규모와 관계없이 모든 기업은 만약 자사가 가기 쉬운 길만 가고, 이런 골치 아픈 문제들은 다른 기업들에게 맡겨두면 결과적으로 정부가 나서지 않을 수 없게 된다는 사실을 명심해야 한다.

기업의 의사결정이 초래하는 사회적 영향은 무엇인가?

이 질문을 통해 우리는 경영자가 내리는 의사결정이 사회에 미치는 영향은 '사회적 책임'만이 아니라 기업에 대해 져야 할 책임과도 불가피하게 뒤엉켜 있다는 사실을 확실히 인식해야만 한다. 그럼에도 여전히 경영자는 공공의 이익 자체를 침범하지 않을 책임을 지고 있다. 이것은 기업이 사회의 한 기관이며, 기업의 행동은 사회에 결정적인 영향을 미친다는 사실에 근거한다.

기업의 사회적 책임 가운데 첫 번째는 이익을 내는 것이고, 그다음은 성장하는 것이다. 요컨대 기업은 현대 사회의 여러 기관 가운데 새로운 부(富)를 창출하는 기관(wealth-creating organ)이며 부를 계속 생산하는 기관(wealth-producing organ)이다. 경영자는 경제활동에서 일어나는 위험을 보상할 수 있을 정도로 충분한 이익을 산출하여 부를 생산하는 자원을 감축하지 않고 유지해야만 한다. 그 외에도 경영자는 각종 경영자원이 가진 부의 창출역량과 생산능력을 향상하고, 그 결과 사회의 부를 증가시켜야만 한다.

「마태복음」 25장 14~27절에서, 여행을 떠난 주인이 돌아와 각자 받은 달란트를 활용하여 능력껏 이익을 많이 올린 종들은 칭찬하고 그것을 땅에 파묻었다가 그대로 가져온 종은 꾸짖으며 "내 돈을 취하는 자들에게나 맡겼다가 내가 돌아와서 내 원금과 이자를 받게 하였을 것이니라"라고 한 비유는 그런 의미다.

다원사회의 지도층으로서 경영자

자유사회의 한 시민은 여러 기관에 소속되어 있는 충성스러운 구성원이다. 누구도 자신만이 그 기관에 소속된 사람이라거나 구성원이 혼자뿐이라고 주장할 수 없다. 이런 식의 다원주의 개념이야말로 다원주의의 강점이자 우리가 자유를 누리는 기초이기도 하다. 만약 기업이 이런 개념을 망각한다면, 사회는 스스로 절대적인 힘을 가진 기관, 즉 강력한 국가를 만들고는 기업에게 보복하게 될 것이다.

오늘날 상당히 많은 기업이, 특히 미국의 대규모 기업들이 자사들이 고용하고 있는 경영관리자들에게 가부장적인 권위를 행사하고 그들에게 특별한 충성심을 요구하는 경향이 있는데, 이것은 사회적으로 무책임한 권리침해며 공공정책과 기업의 자기이익 모두의 관점에서 지지받을 수 없는 것이다. 기업은 자사에 속해 있는 개개인에 대해 가정, 가족, 종교, 인생, 운명이 아니며, 그런 것이 되기를 요구해서는 절대로 안 된다. 따라서 기업은 구성원 개인의 사생활이나 시민권을 절대로 간섭해서는 안 된다는 말이다. 한 개인이 기업에 종사하는 것은 자발적이고 취소 가능한 고용계약에 따른 것이지, 어떤 신비스러운 해소불능의 유대감 때문에 근무하는 것은 아니다.

'책임'을 논하는 사람은 누구라도 그 이면에는 '권한'을 인정한다. 책임과 권한 둘 가운데 하나는 다른 하나가 존재하지 않으면 존재할 수 없다. 따라서 한 특정 분야에 경영자가 책임을 져야 한다고 단언하려면, 문제가 되는 그 분야에 대해 경영자가 권한을 가져야만 한다. 자유사회의 경영자가 대학에 대해, 문화와 예술에 대해, 언론의 자유에 대해, 외교정책에 대해 권한을 가져야만 한다고 믿을 어떤 이유라도 있는가? 문제를 제기한다는 것은 그것의 해답을 찾으려고 시도하는 것이다. 요컨대 그런 권한은 용인될 수 없다.

사회의 한 지도층으로서 경영자가 수행하는 사회적 책임은 경영자가 합법적으로 권한을 요구할 수 있는 분야에 한정되어야만 한다.

'기업에게 좋은 것은 국가에도 좋다'는 GM 전 사장 찰스 윌슨(Charles Wilson)의 개념은 비록 이 주장이 실질적으로 미국경제의 대표적 초대형 기업에게는 타당한 말이기는 하지만, 이것을 기초로 출발하는 것은 옳지 않다. 왜냐하면 경영자의 역량이 그가 경영권한을 갖는 근거인 한, 그 권한이 사용될 수 있는 유일한 이유는 공익이기 때문이다. '기업에게 좋은 것'이라는 개념이나 '모든 기업에게 좋은 것'

이라는 개념은 적절하지 않다는 말이다.

하지만 사회 지도층의 한 사람으로 경영자가 부담해야 할 사회적 책임이 무엇인가 하는 논의에서 도출된 최후의 결론은 가장 중요하다. 즉 진실로 공익에 속하는 것은 그것이 무엇이든 간에 기업 자체에게도 이익이 되도록 만드는 것이 경영자의 사회적 책임이다.

사회 지도층으로 이 문제에 관심을 보이지 않는 것은 옳지 않다. 시어스는 "우리 회사는 모든 것을 국가를 부흥하게 하거나 번영을 촉진하는 방향으로 경영해야만 하고, 그 결과 기업을 강하게 만들고 또한 기업의 성과를 제고하도록 해야 한다"라고 했다. 경제적인 측면에서만 보면, '국가에 좋은 것은 시어스에게도 이익이 되도록 해야만 한다'는 것은 '기업에게 좋은 것은 국가에도 좋다'는 주장과 그다지 다르게 들리지 않을는지도 모른다. 그러나 그 정신, 본질, 책임 소재라는 측면에서는 전혀 다르다.

시어스의 사명선언서는 한 집단의 사적 이익과 공익은 이미 조화되어 있다는 의미를 담고 있지 않다. 그 반대로, 국가에 이로운 것을 기업에도 이롭게 만들기 위해서는 고된 작업과 훌륭한 경영기술, 높은 책임감과 커다란 비전이 요구된다. 그것은 완벽을 요구하는 것이다.

영국의 평론가 맨더빌은 새로운 상업시대의 정신을 다음과 같은 유명한 경구로 요약했다. "사적 이익의 추구는 공공의 이익으로 귀결된다." 다시 말해, 이기주의는 무의식적으로 그리고 자동으로 공공의 이익을 증진하게 된다는 말이다. 맨더빌이 옳았을지도 모른다. 스미스 이후 경제학자들은 이 말을 두고 결론을 보지 못한 채 계속 논쟁하고 있다.

맨더빌은 18세기 초에 '사악(私惡)은 공익(公益)'이라는 부제가 달린 『꿀벌의 우화』를 발간하였다. 이 책은 우화라는 형식을 빌려 당시 영국사회의 정치, 경제, 문화, 종교, 교육 등에 대하여 풍자하였을 뿐만 아니라 문명의 진보가 당시 사상적 풍토와는 달리 선(善)의 결과가 아니라 악(惡)의 결과라 하여 18세기 전반에 걸쳐 유럽 사회에 큰 반향을 일으켰다.

맨더빌은 사치와 쾌락에 대한 욕망이 소비를 진작해 경제활동에 지속적으로 자극을 주는 촉매제라고 주장하면서 악덕이 상업사회의 번영과 경제성장을 좌우하는 근원임을 밝혔다.

『꿀벌의 우화』에 등장하는 다음의 시(詩) 구절은 유명하다.

"다수 대중이 행하는 가장 나쁜 악덕이 공동선에 기여하고 있지 않은가?"

"악의 근원인 탐욕, 그 불쾌하고 유해한 악덕이 바로 낭비, 즉 고귀한 죄악을 유인하는 기여자라네. 사치가 수많은 빈자를 고용하며 구역질나는 자만심은 그보다 더 많은 자를 취업시키고 있네."

이 말이 옳으냐 그르냐는 중요하지 않다. 어쨌든 그런 신념 아래 만들어진 사회는 오래도록 지속될 수 없다. 훌륭하고 도덕적이며 지속적인 사회에서 공공의 이익은 항상 개인의 미덕에 기초를 두고 있기 때문이다. 어떤 지도층도 맨더빌의 개념을 받아들여서는 안 된다. 반대로 모든 지도층은 공공의 이익이 자신이 속한 집단의 이익을 결정한다고 주장할 수 있어야 한다. 이 명제는 리더십을 발휘해야 할 사람들이 자격을 갖출 수 있는 유일한 합법적인 근거다. 그것을 현실로 만드는 것이 지도자의 첫 번째 의무다.

19세기 사람들이 이 용어를 이해했던 것과 같이 (그리고 유럽에서는 지금도 많은 사람이 그렇게 이해하듯이) '자본주의'가 맨더빌의 원리를 바탕으로 만들어졌다는 사실은 자본주의가 물질적으로는 성공했다는 사실을 설명해주는 것인지도 모른다. 이것은 지난 100여 년 동안 서구 사회를 휩쓴 자본주의와 자본가에게 크게 반발한 이유를 분명하게 설명해주고 있다.

자본주의에 반대하는 세력들이 주장하는 경제원리는 논리적이지 않을 뿐만 아니라 때로는 유치하기 그지없다. 반자본주의 세력의 정치강령은 독재의 위협을 포함하고 있다. 그러나 이런 반론들도 자본주의를 비판하는 사람들을 설득하기에는 역부족이다. 그런 반론들은 자본주의에 대한 비판자들이나 일반 사람에게 대체로 적합한 논리로 보이지 않았다. 왜냐하면 자본주의와 자본가에 대한 반감은 도덕적이고도 윤리적인 것이기 때문이다. 자본주의가 비난을 받는 것은 그것이 비효율적이거나 방향이 잘못되었기 때문이 아니라 냉소적이기 때문이다. 그리고 사적 이익추구가 공공의 이익으로 귀결된다는 신념에 기초한 사회는, 그 논리가 아무리 타당하다 해도, 그 이익이 아무리 크다 해도 오래 지속될 수 없다.

오늘날 그 반대의 원리, 즉 공공의 이익추구가 기업의 사적 이익으로 귀결되도록 기업을 경영해야 한다고 주장하는 것은 가능하게 되었다. 그것이 비록 상식이 된 것은 아니더라도 말이다. 이 새로운 원칙을 일상의 경영활동 과정에서 실천하는 것이 그들의 책임이라고 주장하는 미국의 경영자들이 한층 더 많아지는 것이야말로 미국과 미국사회의 미래를 위해, 그리고 아마도 서구사회 전체의 미래를 위해 우리가 가장 바라는 것이다.

이 새로운 주장을 말로만 하지 말고 공고한 법칙으로 만드는 것이 경영자 자신을 위해, 기업을 위해, 미국의 건국이념을 위해, 미국사회를 위해, 그리고 미국인의 삶의 방식을 유지하기 위해 경영자가 할 수 있는 가장 중요한 책임이자 궁극적인 책임이다.

* 주요 교재: 『경영의 실제』, 『매니지먼트: 경영의 과업, 책임, 실제』

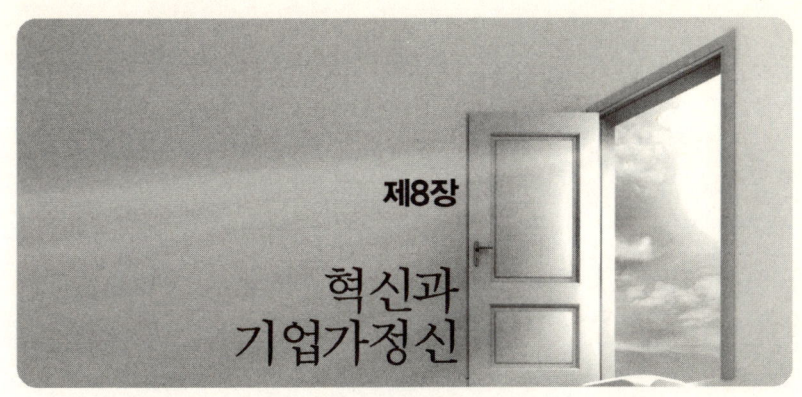

제8장

혁신과
기업가정신

고슴도치의 기업이론과 여우의 혁신전략

세계 역사에서 중요한 사실은 '로마는 천 년 동안 지속되었다'는 것이 아니다. 중요한 것은 천 년 로마도 멸망했다는 것이다.

　　기업의 역사에서 중요한 사실은 100년 기업이자 77년간 세계 최고 기업이었던 GM이 몰락했다는 사실이 아니다. 배워야 할 점은 GM도 파산했다는 것이다.

동물의 전략과 기업의 전략: 파충류와 포유류의 환경적응 전략

　　기업은 환경에 적응해야 하는 조직이다. 강한 기업이 살아남는 것이 아니라 살아남은 기업이 강한 기업이다. 환경적응이라는 관점에서 지상의 동물을 크게 파충류와 포유류 두 종류로 나눌 수 있다. 파충류와 포유류는 번식과 신진대사, 즉 종의 지속성과 생존방식이 근본적으로 다르다. 달리 말해 파충류와 포유류는 환경적응 전략이 근본적으로 다르다.

첫째, 번식 방법에서, 달리 말해 종의 지속이라는 차원에서 개구리를 비롯한 파충류는 알을 많이 낳으면 그중에서 몇 개라도 부화되고 살아남는다고 가정한다. 드러커는 파충류의 생존전략과 혁신 성공률을 다음과 같이 연관시킨다.

"'빛나는 아이디어들'의 실패율은 개구리 알의 폐사율만큼이나 높다. 아이디어들은 자연의 한 부분이고, 자연은 쓸모없는 것들이 넘쳐나는 곳이다. 연못마다 개구리 알이 넘쳐나듯이 아이디어도 부족하지 않다. 하나의 생존 가능한 최종 결과를 얻으려면 천 개의 아이디어를 품어야 한다. 천 개의 아이디어 가운데 어느 것이 살아남아서 성숙하게 될는지는 아무도 미리 알 수 없다."

그 반면 인간을 포함한 포유류는 종을 지속하기 위해 새끼를 적게 낳고 새끼가 독립할 때까지 상당 기간 잘 보살핀다. 최근 인구감소 현상이 선진국의 한 특징이 되고 있다. 그 이유는 유아사망률이 급속히 낮아지고 아이를 적게 낳아 아이의 미래를 위해 아이에게 더 많이 투자하려 하기 때문이다.

둘째, 신진대사 방법, 즉 생존방법이 다르다. 냉혈동물인 파충류는 환경에 민감하게 좌우되는 반면, 온혈동물인 포유류는 다소간 환경을 지배하고 자신의 운명을 통제할 능력이 있다.

불특정 다수의 잠재 고객에게 직접 광고물을 발송하거나 전화 또는 문자로 광고하는 기업들은 카탈로그나 메시지를 받은 사람 중 몇몇은 실제로 고객이 될 것이라고 기대한다. 그리고 제품이나 부품을 구입할 때도 입찰을 통해 다수 공급자에게서 공급받는 기업이 있고,

수십 개 업체에 공급요청서를 발송하거나 온라인 경매나 시장을 통해 공급받는 기업이 있다. 이런 식의 판매·구매 접근방식은 파충류의 전략이다.

그 반면 통합적 고객관리 시스템을 보유한 기업들은 고객 관리자, 마케팅 관리자, 공급 체인 관리자가 함께 일하면서 시장을 분석하고, 계층별 고객과 밀접한 관계를 유지하는 것에서부터 판매에 이르기까지 종합적으로 접근한다. 통합적 고객관리 시스템을 보유한 기업들은 고객에 대한 지식과 신뢰, 핵심 고객 내부의 변화를 관리할 수 있는 능력을 보유하고 경쟁자에게 진입장벽을 높인다. 그리고 잠재력 높은 고객들과의 밀접한 관계를 개발하고 이를 발전시킨다. 이런 식으로 기존의 거래관계를 지속하고 발전시키는 관계마케팅은 포유류의 전략이다.

물론 현실에서는 파충류의 전략과 포유류의 전략이 혼합되는 경우도 있다. 예컨대 델 컴퓨터는 일종의 카탈로그 비즈니스이지만, 카탈로그당 주문 성공률을 높이는 전략을 구사한다. 델은 규모가 큰 기업 고객과 거래하는 비율을 높이고, 수익성이 높은 고객에게는 양질의 서비스를 제공한다.

고슴도치와 여우: 짐 콜린스와 이사야 벌린

기업의 전략을 고슴도치와 여우의 생존전략에 비유하여 설명할 수 있다. 기원전 7세기 초 그리스의 시인이자 장군으로 호메로스의 서사시에서 탈피하여 객관적인 세계와 법칙을 자기 자신 속에 구현시킨 시인이라는 평가를 받고 있는 아르킬로코스(Archilochos)는 전쟁을 치르는 방법을 여우와 고슴도치에 비유하여 다음과 같이 말했다.

"여우는 많은 것을 알고 있지만, 고슴도치는 큰 것을 하나 알고 있다."

아르킬로코스는 여우는 다양하고 기발한 방법으로 침략자를 속이거나 공격하는 반면, 고슴도치는 다양하고 기발한 방법으로 덤벼드는 공격자에 대해 몸을 움츠리고 오로지 가시털 하나로 퇴치하려 한다고 비유한 것이다. 이것은 기업경영에서 '다양한 공격방법을 가진 여우'와 '한 가지 특별한 방어법을 가진 고슴도치'로 바꾸어도 된다.

짐 콜린스(Jim Collins)는 『좋은 기업을 넘어 위대한 기업으로』(Good To Great, 2002)에서 고슴도치 개념(Hedgehog Concept)을 적용했다. 여우가 오랫동안 기회를 엿보다가 고슴도치를 공격하지만 결국 이기는 것은 고슴도치다. 고슴도치는 평소에는 뛰어나 보이지 않지만 결정적인 순간에는 가시털을 이용하여 여우를 물리친다.

콜린스는 기업이 고슴도치가 되려면 첫째, 자신이 무엇에 진정으로 열정을 지니고 있는가, 둘째 자신이 세상에서 가장 잘할 수 있는 일이 무엇인가, 셋째 경제적 추진력을 가장 잘 확보하는 길이 무엇인가 하는 세 가지 개념을 이해해야 한다고 지적했다. 앞의 두 개념은 드러커의 개념으로 말하자면 사명(mission)과 집중(concentration)이다.

러시아 출신 영국의 보수주의 철학자 겸 역사학자 이사야 벌린(Isaiah Berlin)은 톨스토이의 역사관을 분석하면서 독특하게도 아르킬로코스의 '고슴도치와 여우의 우화'를 사용했다. 벌린은 『고슴도치와 여우』(The Hedgehog and the Fox: An Essay on Tolstoy's View of History, 1953)에서 인간을 크게 두 부류로 나누었다.

"여우는 많은 것을 알고 있지만, 고슴도치는 큰 것을 하나 알고 있다"라는 말은 상징적인 관점에서 해석할 때, 두 부류의 인간 유형의 차이를 뜻하는 것이다.

여우형 인간 부류는 다양한 목표와 전략과 전술을 추구하는 사람들이다. 목표들은 종종 서로 관계가 없으며 때로는 모순되는 것처럼 보이기도 한다. 이런 사람들은 적극적이고 행동지향적이며 생각의 방향을 확산하는 경향이 있으므로 생각이 산만하다. 또 다양한 경험을 바탕으로 대상의 본질을 간파한다.

고슴도치형 인간 부류는 모든 것을 하나의 핵심적인 비전과 원칙을 갖춘 일관된 시스템과 연관시킨다. 그들은 이런 시스템에 근거해서 모든 것을 이해하고 생각한다.

벌린은 인간 유형을 이런 식으로 구분할 수 있다면 도스토옙스키는 고슴도치형이고, 톨스토이는 여우형으로 분류할 수 있다고 했다. 달리 말해 여우형은 다재다능한 천재적인 작가이고, 고슴도치형은 사상가의 범주다. 두 전략은 각각 나름대로 장단점이 있기 때문에 '여우형 인간'과 '고슴도치형 인간' 중 어느 것이 더 나은지 따지는 것은 의미가 없다.

벌린은 톨스토이의 『전쟁과 평화』를 분석하고는, 결론적으로 톨스토이의 역사관이 지닌 비극의 원인을 톨스토이가 '여우형 작가'였는데도 스스로 '고슴도치형 작가'라고 인식한 데 있다고 진단했다. 이를 경영자와 기업에 비유하면 '공격형 여우 전략'을 사용해야 할 기업에 '방어형 고슴도치 경영자'가 전략을 수립한 상황이다.

마키아벨리의 여우와 사자

개인으로서, 경영자로서 세상을 살아가는 현명한 방법은 소위 상황이론이나 불측사태 대응계획(contingence plan)이랄까, 상황에 따라 고슴도치형과 여우형을 적절하게 섞어서 사용하는 것이다. 조직이나 개인은 커다란 이념, 비전과 원칙만 내세워 다른 아이디어를 제거할 것이 아니라 작은 변화도 민감하게 분석하고 대응해야 한다. 그것은 군주(통치자)는 '여우의 교활성'과 '사자의 용맹성'을 겸비해야 한다는 마키아벨리의 주장과 일치한다. 마키아벨리는 이렇게 말했다.

"군주는 여우와 사자를 겸비해야 한다. 사자는 스스로 함정을 막을 수 없고, 여우는 이리를 막을 수 없다. 따라서 함정의 단서를 알기 위해서는 여우가 되고, 이리를 도망가게 하기 위해서는 사자가 되지 않으면 안 된다."

고슴도치와 여우의 경쟁

여기서 고슴도치와 여우의 경쟁 사례로 자동차 산업에서는 포드자동차와 GM, 유통업의 경우는 시어스와 월마트의 경쟁을 다룬다.

선발주자들인 포드자동차와 시어스는 차츰 자신의 강점에 침잠(沈潛)하게 되어 고슴도치형 방어전략을 사용하고, 후발주자들은 온갖 다양한 방법으로 선발주자를 공격한다. 결국 선발주자는 시장우위를 내놓게 되지만, 그다음 선발주자가 된 GM 역시 고슴도치형으로 변하면서 쇠퇴한다는 역사적 사실을 보여준다.

포드자동차의 고슴도치 전략

1903년 포드는 목수, 변호사, 은행가, 회계사 등 11명의 주주에게서 자본금 10만 달러를 모으고는 미국에서 503번째 자동차 회사인 포드자동차를 자신의 집 정원에서 창업한 뒤 본격적으로 자동차 사업을 시작했다. 포드가 부족한 운영자금을 빌리러 은행을 찾았을 때 지점장은 창 밖으로 보이는 수많은 마차를 가리키며 포드에게 다음과 같이 말했다.

"마차가 저렇게 많은데, 그리고 미국에 502개나 되는 자동차 회사가 있는데 또 자동차 공장을 만든다고요?"

당시 미국정부에는 다행스럽게도 강력한 교통부가 없었다. 원래 정부 목적은 변화를 막거나 적어도 변화를 연기해 기존에 있는 조직이 피해를 보지 않도록 돌보아주는 것이었다. 따라서 만약 1900년 미국에 교통부가 있었다면 오늘날 교통부의 많은 퇴직 관료가 '마차용 말 재활원'이라는 월급을 많이 받는 정부 산하기관에서 근무하고 있을지도 모른다.

역사의 교훈과 시장조사라는 것을 믿지 않았던 포드는 이렇게 말했다.

"만약 1900년대에 운송시장을 시장조사했다면, 좀 더 빨리 달리는 평안하고 우아한 마차가 필요하다는 답을 들었을 것이다."

1903년 7월, 포드자동차는 2기통 엔진 모델 A를 개발하는 데 성공했다. 모델 A는 대당 원가 554달러에 생산하여 750달러에 판매되었다. 포드는 모델 A가 출시된 해에 1,695대를 판매하여 9만 8,851달러의 순이익을 남겼다. 포드는 그 후 모델 B, 모델 C 등 후속 모델을 차례차례 내놓았다.

1908년 마침내 모델 T를 탄생시킴으로써 미국이 자동차 왕국으로 발돋움하는 결정적인 계기를 마련했다. 포드 스스로 '모든 사람이 오랫동안 기다려온 바로 그 자동차'로 평가했던 모델 T는 탄생 이후 1927년 단종될 때까지 19년 동안 총 1,500만 7,033대가 팔려나가는 대중적 인기를 누렸다. 포드는 1927년까지 생산을 계속한 모델 T의 가격을 대당 850달러에서 290달러 수준으로 대폭 낮추며 자동차를 대중화했다. 자동차 가격은 처음에는 남성 근로자의 평균연봉보다 조금 낮은 수준이었지만, 1914년에는 생산원가가 줄고 평균임금이 상승함으로써 모델 T의 가격은 포드자동차 근로자 평균 연봉의 3분의 1 수준이 되었다.

포드의 기업가정신은 1913년 컨베이어벨트 생산방식의 탄생으로 이어졌고, 이로써 자동차 대량생산의 기틀이 마련되었다. 자동차 생산원가를 대폭 낮추고 가격도 파격적으로 내렸다. 포드가 "그것이 검은색인 한 고객은 어떤 색깔의 자동차도 구입할 수 있다"라고 한 것은 결코 농담이 아니었다. 그는 대량생산의 진수를 단일 제품을 대량생산하는 것으로 표현한 것이다. 물론 포드는 고객이 다양한 색깔의 자동차를 구입하게 하기가 쉽다는 것을 알고 있었다. 필요한 것은 페인트공에게 스프레이 장치를 한 개가 아니라 서너 개를 주기만 하면 되었다. 하지만 포드는 또한 자신이 다양한 제품을 약간이라도 출하하기만 하면 단일 제품은 곧 종말을 맞으리라는 것을 인식하고 있었는데, 그것은 옳은 판단이었다. 그런데 포드에게 단일 제품은 대량생산의 핵심이었다.

포드의 최대 강점은 검은색 단일 차종, 이동식 조립생산 방식, 그리고 대량생산을 통한 가격인하였다. 말하자면 한 가지 커다란 것에 집중하는 고슴도치 전략이었다.

GM의 여우전략

어떤 산업의 여러 공급자가 그 산업의 주요 고객들과 전적으로 연계되어 생산에 참여하는 경영개념인 '계열'(系列)은 일반적으로 일본 사람들이 발명한 것으로 알려졌다. 그러나 계열은 훨씬 그전에 발명된 것일 뿐만 아니라 그것도 미국의 발명품이다.

그것은 1910년경으로 거슬러 올라가는데, 그 공적은 자동차가 주요 산업으로 성장할 잠재력이 있음을 최초로 인식한 윌리엄 듀랜트(William C. Durant)에게 돌아가야만 한다. 뷰익과 같이 규모는 작지만 성공적인 자동차 제조회사들을 사들이고 합병하여 하나의 대규모 자동차 회사를 창설함으로써 GM을 만든 사람은 바로 듀랜트였다. 그 몇 년 뒤 듀랜트는 주요 공급자들을 GM과 연계할 필요가 있음을 인식했다.

듀랜트는 1897년 랜섬 올즈(Ransom Eli Olds)가 창업한 올즈모빌(Oldsmobile), 1902년 헨리 리랜드(Henry Martyn Leland)가 창업한 캐딜락 자동차(Cadillac Automobile), 1903년 데이비드 뷰익(David Dunbar Buick)이 세운 뷰익자동차(Buick Motor Company) 등을 인수하여 GM을 문자 그대로 종합 자동차 회사로 성장시키는 기초를 닦아놓았다.

그는 1920년 당시 미국 부품회사 가운데 자동차 보디제조회사로는 규모가 가장 큰 피셔 보디(Fisher Body)를 매입하는 것으로 합병을 멈추었다. GM은 인수와 합병을 통해 자동차를 만드는 데 필요한 모든 부품의 70퍼센트를 공급할 수 있는 제조회사들을 소유하게 되었다. 그리고 GM은 세계에서 비길 데 없이 계열화가 가장 잘된 대규모 회사가 되었다.

그러나 앨프리드 슬론(Alfred Sloan)이 나중에 "듀랜트는 큰 약점을 가진 위대한 사람이다. 창조할 줄은 알았지만 관리할 줄은 몰랐다"라고 평했던 것처럼 GM 설립자 듀랜트는 회사업무 전체를 초보적인 직원 한 사람의 도움만 받으며 혼자서 직접 처리했다.

GM도 1920년 불경기에 혼쭐이 났다. GM을 본격적인 궤도에 올려놓은 사람은 GM의 주식 37퍼센트를 사들인 뒤퐁화학의 대주주 피에르 뒤퐁(Pierre du Pont)이다. 뒤퐁은 당시 GM의 부품과 액세서리 파트를 맡고 있던 젊은 기술자 슬론을 발굴하여 GM의 조직 체계 전체를 바꿨다.

1923년 GM의 사장이 된 슬론은 전형적으로 조직을 중시했으며 그런 경영철학으로 유명해진 첫 번째 사람이기도 했다. 그는 자서전에 "내 특기는 경영이다"라고 썼다. 슬론은 회사의 전반적인 업무가 본질적으로 각각 다른 특성을 가지고 있기 때문에 하나의 통제 시스템으로는 관리하기가 어렵다고 생각했다. 슬론의 이러한 생각은 GM에서 처음으로 시도했던 사업부제 조직(divisional organization)의 배경이 되었다. 그 결과 슬론은 소속된 시장의 특성에 따라 전체 업무를 승용차, 트럭, 부품, 액세서리 네 독립 부서로 나누었다.

승용차 부서의 경우는 가격대별 시장을 유지하는 것이 업무의 중심축이었다. 부자들에게는 캐딜락을, 편안한 것을 원하면서도 신중

한 사람들에게는 올즈모빌을, 혈기방장한 사람들에게는 뷰익을, 돈은 없지만 자존심이 강한 사람들에게는 폰티악을, 서민들에게는 쉐보레를 권한다는 마케팅 전략이었다.

언제든지 소비자의 재무능력과 목적에 맞는 차를 공급한다는 판매 전략으로 GM은 평생 고객을 만들어낼 수 있었다. 그렇게 함으로써 경기순환에 뒤따르는 후유증도 약화시켜 나갔다. GM은 1920년대 후반의 호경기 때는 고급차 판매로 이익을 극대화한 반면, 1930년대의 불경기에는 값싼 차 쉐보레에 의존했다.

슬론은 행운아였다. 그는 포드와 듀랜트의 실패에서 배운 것이 많았다. 포드는 자동차 시장을 분할하는 마케팅 기법이나 경영 개념을 철저히 무시했다. 포드자동차의 조직 도표는 엉성하기 짝이 없었다. 포드는 조직 도표를 훔쳐보는 종업원은 그 자리에서 해고해 버리겠다는 경고까지 했다. 실제로 포드는 유능한 관리자들을 쫓아냈다. 1929년에 들어서자 포드의 시장점유율은 31퍼센트로 떨어지고 GM의 점유율은 반대로 17퍼센트에서 32.3퍼센트가 되었다.

시어스와 월마트

시어스는 19세기에서 20세기로 바뀔 무렵 미국의 농부들이 '별도의', '독특한' 시장을 형성하고 있다는 것을 알아차리고 등장한 회사다. '별도의 시장'(separate market)이라는 것은 기존의 유통채널이 실질적으로 접근하기가 불가능할 정도로 농부들이 고립되어 있었다는 것을 의미한다. '독특한 시장'(distinct market)이라는 것은 농부들의 구체적인 수요가 도시 소비자의 그것과는 다르다는 것을 의미한다.

제1차 세계대전이 끝날 무렵 시어스의 우편주문 카탈로그는 미국의 많은 농장에서는 성경을 제외하고는 유일한 책이 될 정도로 많이 보급되었다. 시어스는 제1차 세계대전 동안, 그리고 그 이후에도 줄곧 자신의 사명을 '미국 가정을 위한 주문상품의 구매자'로 규정했다. 그러나 1920년대 중반 시어스의 최초 시장, 즉 농부들은 급격히 변하고 있었다. 농부들은 더 이상 고립적으로 살지 않았다. 자동차가 등장하면서 농부들은 도시로 직접 나갈 수 있게 되었고 거기서 쇼핑을 할 수 있게 되었다. 더 이상 '별도의 시장'도 아니었다. 농부들은 이제 '독특한 시장'이 아니라 그들의 생활양식과 삶의 수준은 도시의 중산층의 그것과 닮아가고 있었다. 1928년, 전직 육군 병참장군 출신의 로버트 우드가 시어스 경영에 참여했다. 그는 일련의 전반적인 혁신을 추진했다. 다시 말해 신시장을 창출한 것이다.

첫째, 상품 공급업자를 찾고 그들에게서 상품을 구입하기 위해 구매기능을 보강했다.

둘째, 상품개발과 그 상품을 대량으로 생산할 수 있는 제조업자를 개발했다. 그것은 대부분 시어스가 자금을 투입하고 시어스의 경영자들이 떠맡아 했다.

셋째, 대량시장에 내놓을 제품들을 생산할 수 있는 수백 개 소규모 공급업자를 체계적으로 관리하는 일도 필요했다.

넷째, 시어스가 우편주문업에서 소매업, 즉 백화점으로 진출하는 것은 점포 관리자가 필요하다는 것을 의미했다. 우편주문 판매활동을 하는 동안 시어스는 소매 점포 경영에 필요한 관리자를 양성하지 못했기 때문이다. 제2차 세계대전이 발발할 무렵까지 대기업의 가장 큰 애로사항은 경영자의 부족이었다. 당연히 경영자 개발이 가장 체계적인 혁신분야였다. 1930년대 시어스의 정책은 지금 미국에서 진행되는 모든 경영자 개발 프로그램의 출발점이었다.

다섯째, 소매업 진출은 또한 조직구조에서도 급격한 혁신이 필요했다. 우편주문 판매를 위해서 고도로 집권화된 활동이 필요했다. 그것은 여태까지 시어스의 전통이었다. 그러나 2,000개가 넘는 소매점포를 3,218킬로미터나 떨어져 있는 본부가 운영할 수는 없었다. 그것들은 지역적으로 운영되지 않으면 안 되었다.

여섯째, 시어스는 점포의 위치, 건물, 그리고 점포의 물리적 환경에 맞추어 혁신을 추진해야만 했다. 소매점포에 대한 전반적인 개념을 바꿔야만 했다. 오늘날 인기를 끌고 있는 교외 쇼핑센터는 사실 시어스가 1930년대 개발한 개념과 방법을 모방한 것에 지나지 않는다.

소매업 진입에 토대가 된 기본적인 혁신은 1930년대 초에 이미 이루어졌다. 이것은 시어스가 대공황은 물론이고 제2차 세계대전 동안, 그리고 전후 호황기에 양적·이익적 측면으로도 남달리 성장할 수 있었던 이유를 설명해준다.

1990년대 시어스는 또다시 자신의 사업이 무엇인지, 시장은 어디에 있는지, 그리고 어떤 혁신을 해야 하는지를 깊이 생각하지 않으면 안 되었다. 그러나 최초로 유통혁명을 가져온 시어스는 오프라인 시장은 월마트, 온라인 시장은 이베이(eBay)에 빼앗기고 말았다. 끊임없는 혁신만이 선두주자를 선두주자로 머물게 하는 필요충분조건이다.

1992년 새로 부임한 CEO 아서 마르티네즈(Arthur Martinez)는 대규모 감원으로 시어스를 수렁에서 구해내려고 노력했다. 2001년 구조

조정이 마무리되자 시어스는 백화점 사업에서 손을 떼고 의류 사업에만 몰두하겠다는 의사를 발표했다.

한때 시어스와 자웅을 겨루었던 몽고메리 워드도 2000년 12월 3만 7,000명을 감원하면서 기업역사의 무대 뒤로 사라졌다. 그러나 그것으로 시어스 이야기가 끝난 것은 아니다. 한때 세계 최고 백화점이었던 시어스는 자신들이 보기에 수준이 한껏 낮은 저가 상품만 취급하는 월마트에 휘둘리다 결국 K마트에 인수되는 신세가 되었다.

1992년 월마트 창업자 샘 월튼이 타계했다. 그해 시어스는 39억 달러의 적자를 냈다. 역설적이게도 월튼이 1940년 미주리대학교를 졸업한 후 처음 취직한 곳이 바로 시어스였다.

1945년 월튼은 독립할 결심을 하고 아칸소 주에서 싸구려 상품을 파는 잡화상을 인수하면서 소매업에 진출했다. 그 직후 그는 잡화점 체인 벤 프랭클린(Ben Franklin)을 운영하는 지역 소매상과 계약을 맺었다. 월튼은 그 과정에서 상품 가격을 낮추면 판매가 늘어나 결국 이윤을 더 많이 남길 수 있다는 할인판매 전략과 인구 1만 명을 넘지 않는 소도시에서도 할인점의 사업성이 충분하다는 소도시 중심의 진입전략을 배웠다.

이를 바탕으로 월튼은 1962년 아칸소 주 덴톤빌에 본사를 두고 월마트의 첫 번째 점포를 출범시켰다. "우리는 싸게 팝니다", "고객의 만족을 보증합니다"라는 구호를 내건 월튼은 싸구려 잡화 체인점들이 대거 창고형 할인점으로 전환하던 변화의 시기를 예리하게 포착하고, 비용절감과 고객 만족 경영이라는 원칙으로 유통업에서 새로운 시장을 창출하기 위한 첫발을 내디딘 것이다.

월마트는 '고객이 원하는 것은 무엇이든지 저렴하게 살 수 있게 하는 정책', 즉 EDLP(every day low price) 정책을 앞세워 종합 유통업으로 변신해갔다. 시어스가 처음에 시골 농부를 대상으로 사업을 한 것처럼, 월마트도 덩치가 큰 경쟁업체들이 무시한 시골 지역만 공략해 정복했다. 월마트가 정복한 시골 지역의 인구는 대형 상점 두 곳이 필요하지 않을 만큼 적었기 때문에, 월마트는 이 지역을 선점함으로써 다른 대형업체들의 진출을 자동으로 차단했다.

월마트는 급속히 성장해나갔지만 한정된 지역만 목표로 삼았고, 이들 지역에 세운 지점들을 본사와 묶어 유통 네트워크를 만들었다. 이런 월마트의 전략은 거꾸로 규모의 경제를 달성할 수 있게 해주었다. 월마트는 가격을 인하해 시장에서 그 입지를 더욱 공고히 할 수 있게 되었다.

월마트는 많은 매장, 질 좋은 상품, 훌륭한 서비스를 무기로 미국 소비자들을 사로잡았고, 동종업계 제2위 업체인 홈 디포를 두 배 이상 앞질렀다. 월마트는 2004년 말 총인원 170만(해외 40만 포함), 점포 수 5,379개(해외 1,606개 포함), 매출 2,879억 달러, 순이익 102억 달러, 총자산 1,247억 달러, 시가총액 1,956억 달러로 세계 최대 기업이 되었다.

시어스는 100년이 넘는 회사이고, 한때 미국인의 삶의 질을 비약적으로 향상시킨 유통혁명의 선구자였으며, 수많은 경영혁신에 성공했고, 위대한 전문경영인을 배출했다. 시어스는 시장에 안주한 것은 아니지만 끊임없는 시장 변화에 적절히 대응하지 못함으로써 결국 (물론 여전히 매출액이 수백억 달러인 회사이지만 상대적으로는) 쇠락의 길로 들어서고 말았다.

한때 시어스는 모방자를 거느린 모델이었지만 지금은 기업이 끊임없이 혁신에 성공해야 한다는 것을 깨우쳐주는 반면교사가 되었다.

새로운 경쟁자는 어디서 나타날지 아무도 모른다

미국인의 삶의 질을 향상시킨 유통혁명의 선구자 시어스는 100년의 기업 역사를 이어오면서 수많은 경영혁신에 성공했고 위대한 전문경영인을 배출했다. 그러나 시어스는 한때 자사 종업원이었던 월튼이 세운 월마트에게 뒤지고 말았다. 시어스의 경쟁자는 국내에서 등장했다. 그러나 미국 자동차 산업은 도요타, 현대자동차 등 외국 기업들로부터 심각한 도전을 받고 있다. 최근 도요타는 품질저하로 내부적인 골머리를 앓고 있다.

경영컨설팅회사 액센추어는 타이거 우즈를 모델로 한 기업광고에서 타이거 우즈에게 골프를 배우는 젊은 여학생을 내세웠다. 그 광고의 캐치프레이즈는 다음과 같다.

"방심하지 마세요. 새로운 경쟁자는 어디서 나타날지 아무도 모릅니다."

2010년 1월, JAL(일본항공)이 정식으로 파산을 신청했다. 일본정부가 최근 10년간 네 번이나 구제금융을 지원했는데도 JAL은 끝내 회생하지 못했고, 2009년 말 결산에서 적자를 기록한 데 이어 2009년 9월 말 중간결산에서도 1,312억 엔에 달하는 순손실을 기록했다. 일본기업재생지원기구는 2013년까지 JAL을 정상화하겠다는 목표로 일본인들이 존경하는 이나모리 가즈오(稻盛和夫) 교세라 명예회장이

JAL 재건을 책임지고 있다.

　JAL이 파산한 이유는 역설적으로 JAL이 너무 좋은 회사였기 때문이다. JAL에서 30년간 근무한 뒤 퇴직한 사람이 받는 연금은 월 50만 엔 정도인데, 이는 기초연금, 후생연금, 기업연금식으로 연금을 3중으로 지급하기 때문이다. 퇴직종업원에게 이렇게 좋은 회사가 어디 있는가?

　JAL에는 주인이 없다. 그러나 JAL의 직종별 노동조합은 여덟 개나 된다. 일본정부는 1987년 민영화된 JAL의 주인 노릇을 계속했기 때문에 JAL 경영자들은 JAL이 도산할 것이라고 생각한 적이 없다. 그 반면 조종사, 객실 승무원, 지상 근무요원 등 직종별 노동조합들은 자신들의 이익 챙기기에 바빴다. 주인 없는 회사에 경쟁적인 노동조합들, 현직 종업원 기준으로 이렇게 좋은 회사가 어디 있는가?

고슴도치형 기업이론

　흔히 우리는 기업을 영구기업(going concern, 계속기업)이라고 한다. 즉 계속 생존하고 성장해야 한다는 말이다. 그것을 보장하는 것은 고객창조뿐이다. 따라서 "기업은 끊임없이 혁신해야 한다"는 것만으로 충분하지 않다. "기업은 끊임없이 '혁신에 성공'해야 한다."

　이 말은 새로운 시장의 창출도 중요하지만 그것으로 끝나지 않는다는 것이다. 기업은 한 번 잘못함으로써 무대에서 영원히 사라지고 만다. 기업사는 그런 이야기들로 가득 차 있다. 1960년대 필자가 어릴 때 살던 동네에서는 정미소나 목욕탕을 운영하는 아저씨가 부자 소리를 들었다. 1970년대에는 연탄 공장 주인의 목소리가 컸다. 1980

년대에는 그 자리를 섬유회사를 운영하는 사장들이 물려받았다. 1990년대 이후에는 자동차 부품이나 기계를 가공하는 기업이 부러움을 샀다.

지금 그 동네에는 정미소는 물론 연탄공장이 사라졌고, 섬유회사도 거의 없다. 품질이 나빴는가, 가격이 비쌌는가, 공해를 유발하여 지역주민과 충돌이 잦았는가? 그렇기도 하고 아니기도 하다. 한 가지 답은 고객이 사라졌고 경쟁이 불필요하게 되었다는 것이다. 업종을 바꾼 사람들은 그것이 어떤 산업이든 간에 여전히 경쟁하면서 부자나 사장 소리를 듣고 있을 것이다. 드러커의 기업이론은 고객이 떠나고 경쟁이 사라진 산업에서 경쟁이 치열한 산업으로 옮겨가는 방법을 제시한다.

2003년 코닥의 새로운 회장이 된 안토니오 페레즈(Antonio Perez)는 "필름 시대가 끝난 사실을 코닥만 몰랐다"라고 했다. 그 말을 드러커식으로 바꾸면 '코닥은 기업이론을 바꿀 시기를 놓쳤다'가 된다. 드러커는 2001년 클레어몬트대학교에서 한 강의에서 이렇게 말했다. "내 친구이기도 한 품질관리 선구자 데밍은 철저히 한물갔다. 품질관리는 공장의 생산 현장에서나 필요한 것이다. 새로운 품질관리는 디자인 단계에서 시작된다. 그것은 엔지니어와 제조현장의 기술자들이 서로 말도 하지 않고 끝없이 무시했던 대량생산 방식의 급격한 변화를 의미하는 것이다."

드러커의 기업이론의 구조는 변하지 않는다. 기업은 드러커의 기업이론을 적용함으로써 새로운 경쟁 프레임을 얻게 된다.

무엇을 해야 하는가?

드러커는 1995년 『미래의 결단』에서 다음과 같이 지적했다.

"요즘처럼 다양하고도 새로운 경영기법, 예를 들면 다운사이징, 아웃소싱, TQM, 경제적 부가가치 분석(economic value-added analysis), 벤치마킹, 리엔지니어링, 식스 시그마 등이 짧은 기간 집중적으로 선보인 적도 없었다. 이들 하나하나는 아주 강력한 기법이다. 그러나 이것들은 기존의 사업을 '어떻게 하면 더 잘할 수 있는가?'(know-how)에 관한 도구들이다.

어제까지만 해도 초일류였던 회사들, 예컨대 미국의 GM, IBM, 포드자동차, 제록스, 스웨덴의 에릭슨, 캐나다의 노텔, 일본의 소니 등이 곤경에 처했을 뿐 아니라, 간혹 거기서 헤어날 수 없는 위기에 빠진 것을 본다. 따라서 '기업이 무엇을 해야 하는가?'(know-what)에 관한 것이 점차 경영층, 특히 장기간 성공을 누려온 대기업의 경영층이 당면한 핵심적 도전이 되고 있다."

요컨대 드러커는 기업이 지금까지 하던 일을 '어떻게 하면 더 잘할 수 있는가?' 하는 생각에서 벗어나, 계속기업이 되기 위해서는 '기업이 무엇을 해야 하는가?'를 질문한 것이다.

모든 기업은 독자적인 기업이론을 갖고 있다

모든 위기의 근본 원인은 조직들이 지금까지 하던 일을 잘못 수행했기 때문이 아니다. 그릇된 일을 했기 때문은 더더욱 아니다. 사실은 대부분의 경우 옳은 일을 했지만 성과가 없었기 때문이다. GM과 JAL이 종업원에게 월급을 많이 주고 퇴직한 종업원과 그 가족에게까지 건강보험료를 지급한 것이 어떻게 잘못한 일인가? 그것은 오히려 공동체로서 모든 기업이 본받아야 할 일이 아닌가?

이렇게 명백한 모순을 어떻게 설명할 것인가? 그것은 조직의 설립과 운영에 관한 가정들(assumptions)이 더는 현실에 맞지 않기 때문이다. 조직에 관한 가정들은 어떤 조직의 행위를 규정짓고, 할 일과 해서는 안 되는 일을 결정하고, 조직이 원하는 바람직한 결과가 무엇인지를 규정해준다. 이런 가정들은 시장, 고객들과 경쟁자들, 그리고 그것들의 가치와 행동에 관한 것이다. 그것들은 기술과 그 역동성, 회사의 강점과 약점에 관한 것들이다. 이러한 가정들은 기업이 무엇으로 돈을 버느냐에 관한 것이다.

드러커는 어떤 회사들이 갖는 이런 가정들을 '기업이론'(business theory)이라고 한다. 기업이든 아니든 모든 조직은 조직의 존립근거로서 기업이론을 갖고 있다. 예컨대 1870년 최초의 겸업주의 은행인 도이체방크의 초대 행장이었던 게오르크 지멘스(Georg Siemens)는 명확한 기업이론을 갖고 있었다. 그는 당시만 해도 농업 중심이고 분열되었던 독일을 산업발전을 통해 통일하기 위해서는 기업가가 자본을 집중적으로 이용해야 한다는 생각을 했다(이는 박정희 대통령의 산업금융정책의 모델이기도 하다). 도이체방크는 창업한 지 20년도 안 되어 유럽 최고 금융기관이 되었으며, 두 차례에 걸친 세계대전과 대공황, 그리고 히틀러 시대를 겪고도 오늘날 여전히 최고 자리를 고수하고 있다.

기업이론은 세계적 대기업들의 성공뿐만 아니라 20세기 후반 미국 경제를 주름잡았던 GM이나 IBM, 시어스 같은 대규모 회사들의 쇠퇴와 정체 현상도 설명해준다. 세계적으로 규모가 크고 성공적이었던 조직들이 현재 각종 질병에 시달리는 이유는 그들의 기업이론이 더는 현실에 적합하지 않기 때문이다.

기업이론의 구성요소: 기업의 환경

드러커의 기업이론은 세 부분으로 구성되어 있다. 드러커의 기업이론의 첫 번째 구성요소는 '기업이 처한 환경에 대한 가정'으로서 사회와 그 구조, 시장, 고객, 경쟁자, 그리고 기술에 대한 가정들이다. 환경에 대한 가정들은 조직이 무엇으로 돈을 버는가를 규정한다. 따라서 기업의 환경은 특정 기업이 등장하거나 몰락하게 되는 배경이 된다. 결국 시어스와 포드자동차, 그리고 GM의 쇠퇴는 100년 전 그것들이 설립되었던 환경과 현재 환경의 차이와 그에 대한 부적응 때문이라고 할 수 있다. 기업을 '환경적응업'이라고 하는 이유도 여기에 있다.

기업의 사명

드러커의 기업이론의 두 번째 구성요소는 '기업의 구체적인 사명(mission)에 대한 가정'이다. 시어스는 제1차 세계대전은 물론 그 이후에도 줄곧 자신의 사명을 '미국 가정을 위한 주문상품의 구매 대행자'로 규정했다.

조직의 사명은 반드시 거창할 필요는 없다. GM은 훨씬 소박한 역할을 자처했는데, 슬론의 말을 빌리면 '지상에서 모터가 달린 수송기기의 선두주자'가 되는 것이었다. 사명에 대한 가정들은 조직이 중요시하는 결과가 무엇인지를 규정해준다. 다시 말하면, 사명에 대한 가정들은 조직이 사회와 경제 전반에 걸쳐 자신을 다른 조직들과 어떻게 차별화할지 제시해준다.

〈표 1〉 주요 기업의 사명

기업	사명
시어스	미국 가정을 위한 주문상품의 구매 대행자
AT&T	미국의 모든 가정과 기업에 전화 서비스를 보증하는 것
GM	지상에서 모터가 달린 수송기기의 선두주자

핵심역량

드러커의 기업이론의 세 번째 구성요소는 '기업의 사명을 달성하는 데 필요한 핵심역량에 대한 가정'이다. 예를 들면 1802년 창설된 미국 육군사관학교 웨스트포인트는 자신의 핵심역량을 '신뢰받을 수 있는 지도자를 배양하는 능력'이라고 규정했다.

1920년경, AT&T는 전화요금은 낮추면서도 서비스는 계속 향상할 수 있는 기술적 주도권을 회사의 핵심역량으로 규정했다. 포드자동차는 한 지붕 아래 대부분의 생산시설을 집적하고 이동 조립라인으로 값싼 자동차를 만드는 능력, GM은 M&A와 계열화를 통해 원가를 낮추고 분권조직으로 시장에 침투하는 능력, 그리고 도요타는 린생산방식을 핵심역량으로 규정했다.

1930년경, M&S는 자신의 핵심역량을 상품을 구입하는 능력 대신 '판매할 상품을 식별하고, 디자인하고, 개발하는 능력'으로 규정했다. 핵심역량에 대한 가정들은 조직이 주도권을 유지하기 위해서는 어느 부분에 집중해야 하는지를 규정한다.

〈표 2〉 주요 기업의 핵심역량

기업	핵심역량
웨스트포인트	신뢰받을 수 있는 지도자를 배양하는 능력
M&S	판매할 상품을 식별하고, 디자인하고, 개발하는 능력
AT&T	전화요금은 낮추면서도 서비스는 계속 향상할 수 있는 기술
포드자동차	이동 조립라인으로 값싼 자동차를 만드는 능력
GM	M&A와 계열화, 분권조직으로 시장에 침투하는 능력
도요타	카이젠과 린생산방식

기업이론 명세서

목적을 달성하는 기업이론(effective business theory)의 명세서는 네 가지 요소를 포함한다.

첫 번째 요소는 환경, 사명, 그리고 핵심역량에 대한 가정들이 현실과 부합해야 한다는 것이다.

영국 맨체스터 출신의 무일푼 젊은이 사이먼 마크스(Simon Marks)와 그의 세 처남이 1920년대 초 싸구려 제품을 취급하는 평범한 가게가 사회변화의 촉진자가 되어야 한다고 판단했을 무렵, 제1차 세계대전으로 영국의 사회구조는 근본적으로 흔들리고 있었다. M&S는 품질 좋고 모양 좋은 란제리, 블라우스, 스타킹 등의 신규 소비자를 창조하였는데, 이것들은 M&S를 성공시킨 최초의 제품군이었다. 이후 M&S는 새롭고도 전에 없던 개념인 핵심역량을 유지하는 브랜드를 체계적으로 개발하였다.

당시까지만 해도 유통업자의 핵심역량은 상품을 잘 구입하는 것이었다. 그러나 M&S는 고객을 잘 아는 사람은 생산업자가 아니라 유통업자라고 확신하였다. 그러므로 생산업자가 아니라 판매업자가 제품을 디자인하고 개발하고 그 제품을 자신이 원하는 디자인, 사양, 원가에 맞추어 생산해줄 제조업자를 물색해야만 한다고 생각했다. 판매업자에 대한 이러한 새로운 개념을 개발하고 전통적인 공급업체들을 설득하기까지는 5년에서 8년의 시간이 걸렸다. 공급업체들은 자신들이 유통업자의 '하청 제조업자'가 아니라 '독자적인 제조업자'라는 자부심이 대단했기 때문이다.

두 번째 요소는, 환경, 사명, 그리고 핵심역량에 대한 가정들이 상호 부합해야 한다는 것이다.

이것은 아마도 GM이 수십 년 동안 상승가도를 달리게 해준 가장 강력한 핵심역량이었을 것이다. 시장에 대한 가정들, 최적 생산과정에 대한 GM의 가정들은 완벽하게 서로 맞아떨어졌다. GM은 1920년대 중반, 그때까지는 없었던 새로운 개념인 핵심역량이 필요하다고 결정했다. GM은 생산과정에 대한 재무적 통제와 자본배분 이론이 필요하다는 것을 알았다. 그 결과, GM은 현대 원가회계와 최초의 합리적 자본배분 과정을 만들었다.

세 번째 요소는, 기업이론은 조직 전체에 걸쳐 알려지고 이해되어야만 한다는 것이다.

이것은 조직의 초창기에는 쉬운 일이다. 그러나 조직이 차츰 성공함에 따라 조직은 기업이론을 당연시하는 풍조가 생기게 되고, 점차 이를 인식하지 못하게 된다. 그런 다음 조직은 느슨해지게 되고, 지름길을 찾기 시작한다. 조직은 옳은 것보다는 편리한 것을 추구하기 시작한다. 조직은 생각하는 것을 멈춘다. 조직은 질문도 하지 않는다. 조직은 해답은 기억하지만 질문이 무엇인지는 잊어버린다. 기존의 기업이론은 '기업문화'가 되어 바뀌지 않는다. 그러나 문화는 원칙을 대신할 수는 없는데, 기업이론은 바로 원칙이다.

네 번째 요소는, 기업이론은 끊임없이 재검토되어야 한다는 것이다. 기업이론은 모세의 십계명처럼 돌에 새겨놓은 것이 아니다. 그것은 하나의 가설이다. 그것은 끊임없이 변하는 사회, 시장, 고객, 그리고 기술에 관한 가설이다. 그러므로 기업이론에는 변화능력 자체가 포함되어 있어야만 한다.

어떤 기업이론은 아주 강력하기 때문에 장기간 유효하다. 그러나 기업이론은 영원할 수 없을 뿐만 아니라, 오늘날과 같이 환경이 급변하는 시대에는 오래 버틸 수 없다. 결국 모든 기업이론은 낡고 따라서 효과가 없어진다. 이것이 바로 1920년대에 설립된 미국의 대기업들에 일어난 현상이다. GM과 AT&T에 이런 일이 일어났다. IBM에도 마찬가지였다. 이 현상은 오늘날 도이체방크의 겸업주의 이론에도 명백히 발생하였다.

어떤 조직의 기업이론이 쓸모없게 되면, 그 조직의 첫 번째 반응은 언제나 방어적이다. 사막의 타조처럼 머리를 모래 속에 처박고는 아무 일도 일어나지 않은 척하는 것이다. 다음 단계의 반응은, 1980

년대 초 GM이나 최근의 도이체방크처럼 미봉책을 쓰는 것이다. 기존의 기업이론이 쓸모없게 된 사실을 애써 외면한다거나 미봉책을 쓰는 것은 멸망으로 가는 지름길로 내닫는 것이다.

기업이론 진부화에 대한 예방책: 기업이론 진부화 시그널과 예방적 조치

문제를 조기에 진단하려면, 경영자들은 이상(異常) 징후에 주의를 기울이지 않으면 안 된다. 기업이론은 항상 조직이 소기의 목적을 달성하면서부터 진부해진다. 그래서 목적달성을 했다고 축하를 해주어야 하는 것은 아니다. 목적을 달성한 때는 새로운 사고를 시작할 시기다.

1950년 중반까지 AT&T는 미국의 모든 가정과 기업에 전화를 제공하겠다는 사명을 완수했다. 그때 일부 임원은 기업이론을 재평가할 시기라고 말했다. 예를 들면 지역통화 서비스를 성장하는 미래사업, 즉 장거리 통신과 국제 통신에서 분리하자고 말이다. 그러나 기업이론을 재검토하자는 주장은 주의를 끌지 못했고 몇 년 뒤 AT&T는 곤경에 빠지기 시작했으나 반트러스트법 때문에 간신히 회복하였다. 앞서 언급한 대로, AT&T는 자발적으로 지역통화 서비스를 분할하기를 거부했기 때문에 정부가 강제로 AT&T를 지역별로, 소규모의 베이비 벨 회사로 분할하였다.

빠른 성장은 조직이론에서 또 다른 확실한 위기의 조짐을 나타낸다. 어떤 조직이 비교적 짧은 기간에 두세 배로 성장했다는 것은 필연적으로 그 조직의 기업이론 범위를 벗어났다는 것을 암시한다. 실리콘 밸리조차도 회사 규모가 커져서 직원들이 이름표를 달고 다녀야 할 정도가 되면, 맥주잔을 들고 담소하는 것만으로는 이제 의사소통에 도움이 안 된다는 것을 깨닫게 되었다. 그런 빠른 성장은 회사의 가정들, 정책들, 관습들에 대해 한층 더 깊이 심사숙고하게 한다. 그때는 지속적인 성장은 고사하고 현재 상태를 유지하기 위해서라도 조직은 스스로 다시 환경, 사명, 핵심역량에 대해 의심해보아야 한다.

기업이론이 진부해지고 있다는 징후가 나타나면 기존의 기업이론, 즉 환경과 사명 그리고 핵심역량에 관한 가정이 새로운 현실을 정확하게 반영하고 있는지 다시 검토하고 다시 질문해보기 시작할 때다. 지금까지 우리 회사를 성장시켰지만 더는 유효하지 않은 역사적인 가정들을 재검토할 시점이다.

그러면 무엇을 해야 할 것인가? 첫째, 예방적 조치가 필요하다. 다시 말하면 조직 내에 기업이론을 체계적으로 감시하고 재검토할 수 있는 장치를 만들어야 한다. 조기진단이 필요하다는 말이다. 둘째, 쇠퇴하는 기업이론을 재조명하고 정책과 관습을 바꾸기 위한 효과적인 행동이 필요하고, 조직의 행동을 조직환경의 새로운 현실과 부합시켜야 하며, 사명에 대한 새로운 정의가 필요하고, 새로운 핵심역량을 개발하고 습득해야 한다.

기업이론 진부화에 대한 예방책은 두 가지가 있다. 이것들을 지속적으로 이용한다면, 이것들은 조직에 계속 경각심을 갖고 조직 자체뿐만 아니라 그 이론을 신속히 변화시키도록 한다.

체계적 폐기

첫 번째 예방적 조치를 드러커는 '체계적 폐기'라고 한다. 이것은 슘페터의 창조적 파괴(creative destruction)와 같은 개념이고, 마이클 해머가 리엔지니어링에서 불필요한 프로세스를 'obliterate'하라고 한 주장이나, 김위찬 등이 주장한 블루오션 전략의 ERRC 행동 프레임워크의 'eliminate'와 같은 것이다.

3년마다 기업은 모든 제품, 모든 서비스, 모든 정책 그리고 모든 유통망에 대해 다음과 같은 질문을 던져야 한다.

"만약 우리가 이미 이것을 채택하지 않았다면, 우리는 지금 이것을 채택할 것인가?"

이 질문은 이미 채택된 정책이나 관행에 의문을 제기함으로써, 조직 스스로 자신의 기업이론을 검토하게 한다. 그것은 조직에게 다음과 같이 질문한다.

"5년 전 우리가 시작했을 때는 그렇게도 유망하게 보이던 것(제품, 조직구조, 경영방식 등)이 이제는 왜 효과가 없는가? 그것은 우리가 실수했기 때문인가? 애초 잘못된 일을 했기 때문인가? 아니면 올바른 일임에도 효과가 없는 것인가?"

체계적이고도 의도적인 폐기가 없으면 조직은 자질구레한 일들에 치여 꼼짝할 수 없게 되고 만다. 그렇게 되면 조직은 절대 해서는 안 되는 일, 더 해서는 안 되는 일에 조직의 가장 소중한 자원을 낭비하게 될 것이다. 결과적으로 조직은 자원이 부족하게 될 것인데 특히 시장, 기술, 그리고 사회가 변할 때 발생하는 기회를 활용하는 데 필요한 유능한 인재가 부족하게 된다. 다시 말하면 조직은 그 기업이론이 낡아서 발생하는 기회에 건설적으로 대응할 수 없게 된다.

비고객에 대한 검토

두 번째 예방적 조치는 기업 밖에서 무엇이 일어나는지, 특히 '우리의 고객이 아닌 자들', 즉 '비고객'(noncustomer)을 관찰하는 것이다. 이것 역시 블루오션 전략에서 강조하고 있다. 과거에 현장배회주의 경영(management by wandering around, MBWA)이 유행한 적이 있다. 기업이 현장과 고객들에 대해 가능한 한 많이 파악하는 것이 중요하다. 그러나 근본적인 변화의 최초 징후가 그 조직 내에서 또는 고객들에게서 나타나는 예는 드물다. 거의 대부분 이들 징후는 자신의 고객이 아닌 자에게서 나타난다. 비고객들이 항상 고객들보다 수가 많은 법이다. 오늘날 거대 소매점 체인인 월마트는 미국 소비재 시장의 약 25퍼센트를 점유한다. 그것은 결국 시장의 75퍼센트는 고객이 아니라는 것을 의미한다.

사실 고객이 아닌 사람들의 중요성을 일깨우는 가장 좋은 예는 미국 백화점업계다. 20여 년 전 최대 호황을 누릴 때 백화점은 식품을 제외하고 미국 소매시장의 30퍼센트를 점유했다. 그들은 그들의 고객에 대해 끊임없이 묻고 연구하고 조사했다. 그러나 그들은 고객이 아닌 나머지 70퍼센트에 대해서는 관심을 두지 않았다. 그렇게 할 이유가 없었던 것이다. 그들의 기업이론은 "상품을 구입할 능력이 있는 거의 모든 사람은 백화점에서 구입한다"라고 가정하였다. 50년 전에는 그 가정이 현실과 부합했다. 그러나 베이비 붐 세대들이 나이가 들었을 무렵, 그 가설은 타당하지 않게 되었다. 베이비 붐 세대 인구구조의 주요 구성층, 즉 교육받은 맞벌이 가정의 주부들에게 쇼핑할 장소를 결정하는 것은 돈이 아니었다. 시간이 일차적으로 중요한 요소였다. 어른이 된 베이비 붐 세대 여성들은 그들의 시간을 백화점에서 쇼핑하는 데 소비할 수 없었다.

백화점들은 오직 자신의 고객들만 고려했기 때문에, 이러한 변화를 몇 년 전까지도 인식하지 못했다. 이를 깨달았을 때는 벌써 사업이 사양길로 접어들고 있었다. 베이비 붐 세대를 끌어들이기에는 너무 늦었던 것이다. 백화점들은 비록 고객지향이 중요하다는 사실은 잘 알았지만 그것으로 충분한 것은 아니라는 교훈을 비싼 대가를 치르고서야 깨달은 것이다.

피터 드러커의 일곱 가지 혁신 기회

새로운 시장을 찾기 위한 기회, 달리 말해 기업가적 기회를 찾기 위한 정보획득의 기초는 현상을 체계적으로 진단하는 것이다. 그것은 사회와 시장에서 일어나는 전형적인 변화들을 체계적으로 검토한다는 것을 의미한다. 구체적으로 말해, 드러커는 『혁신과 기업가정신』에서 혁신 기회를 일곱 가지 원천(seven sources of innovation opportunity)으로 분류하여 제시하고 있다.

새롭고도 다른 것을 할 수 있도록 항상 기회를 제공하는 것이 곧 변화다. 그러므로 체계적 경영혁신(systematic innovation)은 변화를 목표지향적·조직적으로 탐색하고, 그런 변화가 초래할 수 있는 경제적 혁신기회 혹은 사회적 혁신기회를 체계적으로 분석하는 활동이다. 일반적으로 그런 변화들은 이미 발생되어 왔거나 진행되고 있는 것들이다. 성공적인 경영혁신의 내용을 보면 압도적 다수가 변화를 활용한다.

분명 혁신 자체가 주요한 변화인 경우도 있다. 라이트 형제가 발명한 비행기가 그런 예다. 하지만 그런 것은 예외적인 것이다. 성공적인 혁신 가운데 대부분은 생각보다 훨씬 더 평범한데, 그것들은 변화를 활용한 결과이기 때문이다.

산업과 기업 내부의 변화

그 가운데 처음 네 가지는 영리기업이든 공공서비스 기관이든, 혹은 제조업이든 서비스 부문이든 간에 대상 기관 내부 또는 그것이 속한 산업 내부에 존재하는 것이다. 따라서 이 네 가지 원천은 일차적으로 제조업 혹은 서비스 부문에 근무하는 사람들의 눈에 띄게 된다. 그런 것들은 기본적으로 징후들이다. 그런 징후들은 이미 발생했거나 발생할 가능성이 있는 변화를 알려주는 매우 믿을 만한 지표들이다. 그런 네 가지 원천은 다음과 같다.

첫째, 예상하지 못했던 현상(the unexpected): 예상치 못했던 성공, 예상치 못했던 실패, 예상치 못했던 외부의 사건

둘째, 불일치 현상(incongruity)

셋째, 프로세스의 필요(process need)

넷째, 산업구조 혹은 시장구조의 변화(changes in industry structure or market structure)

기업 혹은 산업 외부의 변화

혁신기회를 탐색하기 위한 두 번째 부류의 원천은 세 가지가 있다. 이것은 기업 혹은 산업의 외부에서 발생하는 변화와 관련된다.

다섯째, 인구구조의 변화(changes in demographics)

여섯째, 사회적 인식, 분위기 그리고 의미의 변화(changes in perception, mood, and meaning)

일곱째, 새로운 지식의 등장(new knowledge): 과학 분야의 지식과 비과학 분야의 지식

새로운 시장을 발견하도록 하는 7가지 기회를 구분하는 경계선은 칼로 자르듯 명확한 것은 아니며, 그것들은 서로 중복되기도 한다. 그것들은 같은 건물에 부착되어 있지만 방향이 다른 일곱 개의 창문이라고 할 수 있다. 각각의 창문은 건물의 어느 쪽에 있는 창문에서도 볼 수 있는 몇몇 특성을 보여준다. 하지만 각각의 창문 중심에서 바라보는 시야는 독특하고 다르다.

일곱 가지 기회는 제각기 고유한 특성을 갖고 있기 때문에 서로 다른 분석이 필요하다. 그러나 그것들 가운데 어느 것이 다른 것들보다도 본질적으로 더욱 중요하다거나 생산성이 높다고 할 수 없다.

혁신은 새로운 부를 창출한다

혁신을 통해 새로운 시장을 찾는다는 것은 지중해에서 대서양으로 나아간 콜럼버스처럼 기업가정신을 발휘하는 과정이다. 기업가정신을 발휘하는 수단이 곧 경영혁신이다. 경영혁신은 기존의 자원(resources)이 부(富)를 창출하도록 새로운 능력을 부여하는 활동이다.

다시 말해 레드오션에 투입된 자원을 회수하여 새로운 시장에 투입하는 활동이다.

혁신 활동 자체가 새로운 부를 창출한다. 인간이 어떤 자연 그대로의 것에서 어떤 용도를 찾아내어 경제적 가치를 부여하기 전까지는 '자원'이라고 말할 그런 것은 아예 존재하지 않는다. 그때까지는 모든 식물은 잡초이고 모든 광석은 단지 하나의 돌덩어리일 뿐이다. 한 세기 전까지만 해도 원유도 보크사이트도 알루미늄 원광도 자원이 아니었다. 그것은 귀찮은 존재로 토양을 망치기만 했다.

페니실린 곰팡이와 컨테이너

페니실린 곰팡이도 한때는 자원이 아니라 병균일 뿐이었다. 세균학자들은 박테리아를 배양하는 과정에서 병균에 감염되지 않도록 온갖 주의를 다했다. 그 후 1920년대 런던의 의사였던 알렉산더 플레밍(Alexander Fleming)은 이 '페니실린 곰팡이'야말로 세균학자들이 찾던 박테리아를 죽이는 물질임을 확인했다. 그렇게 되자 페니실린 곰팡이는 가치 있는 자원이 되었다. 항생제 시장이라는 새로운 시장이 창출된 것이다.

기존의 자원이 가진 부를 창출하는 능력을 변화시키는 것이면 그 어떤 것도 혁신이다. 화물차의 본체를 바퀴에서 떼어내 화물선으로 옮기는 아이디어에는 새로운 기술이라고 할 만한 것이 별로 없다. 이런 '경영혁신'의 결과인 컨테이너 선박은 애당초 신기술에서 나온 것이 아니라 '화물선'을 '배'로 보는 대신 물건을 운반하는 도구로 인식하는, 다시 말해 항구에서 체류하는 시간을 가능한 한 단축하는 것이 가장 중요하다는 것을 의미하는 새로운 개념에서 나왔다. 그러나 이 평범한 경영혁신은 해운업의 생산성을 네 배나 증가시켰으며, 침체기에 빠진 해운업을 위기에서 벗어나게 했다. 컨테이너가 아니었다면 지난 40년 동안 역사상 그 어떤 주요 경제 활동보다도 더 빠르게 성장한 엄청난 무역 증대는 가능하지 않았을 것이다.

사회적 신시장

대중 교육을 실질적으로 가능하게 한 요인들은 많다. 사회가 전반적으로 교육의 가치를 이해하고 관심이 높아진 것, 사범학교에서 교사들을 체계적으로 훈련한 것, 그리고 교육학 이론의 발달 등이 그것이다. 그러나 이보다도 훨씬 더 중요한 것은 별것 아닌 것처럼 보이는 혁신, 즉 교과서의 등장이었다.

아마도 교과서는 17세기 중엽 최초로 라틴어 입문서를 고안하고 사용한 체코의 위대한 교육개혁자 요안 아모스 코메니우스(Johann Amos Comenius)의 발명품이 아닌가 생각한다. 교과서 없이는 아무리 좋은 교사라 해도 한꺼번에 한두 명 이상 가르칠 수 없지만 교과서가 있으면 수준이 낮은 교사도 30~35명의 머리에 다소나마 깨우침을 줄 수 있을 것이다.

요컨대 교과서는 교육시장에 새로운 시장을 창출한 것으로 사회적 기회라고 할 수 있다. 교과서에 뒤이어 기술발전을 이용하여 등장한 교육산업의 새로운 시장이 바로 사이버 교육이다.

이와 같은 예에서 알 수 있듯이 새로운 시장은 반드시 기술을 바탕으로 하는 것만은 아니며, 물질적인 것이어야 할 필요도 없다. 그 영향력이라는 측면에서 볼 때, 신문이나 보험 같은 사회적 신시장과 견줄 수 있는 것은 거의 없다.

혁신은 목표지향적 · 체계적 행동이다

사실 '혁신'은 기술적 용어라기보다는 하나의 경제적 용어이거나 사회적 용어다. 매우 거대한 것처럼 보이는 혁신이 자칫 기술적인 취미로 전락하고 마는 수도 있다. 반대로 맥도날드 체인점을 창설한 레이 크록(Ray Kroc)처럼 지적으로는 별달리 자부심을 느끼지 못하는 경영혁신이 나중에는 규모가 큰 고수익 사업체로 발전하는 수도 있다. 혁신은 두 가지 측면에서 정의할 수 있다.

첫째, 세가 기업가정신을 정의한 방식에 따라 혁신은 자원의 생산성에 변화를 가져오는 활동이라 공급 측면의 정의를 할 수 있다.

둘째, 현대 경제학자들이 좋아하는 방식대로, 혁신은 공급보다는 수요 측면을 강조하여, 소비자가 자원을 통해 얻는 가치와 만족을 바꾸는 활동이라고 규정할 수 있다.

두 가지 정의 중에서 어느 것이 더 적절한지는 이론적인 모델보다는 적용되는 구체적인 사례에 달려 있다고 할 것이다. 철광석을 원재료로 사용하는 종합제철공장 대신 고철을 원료로 작업하는 미니밀로 제철산업이 이동한 것은 공급 측면에서 더 잘 설명된다. 이 경우 생산원가는 실질적으로 더 낮아진다고 하더라도 최종제품, 최종용도 그리고 고객은 같다. 그리고 컨테이너 선박에도 공급 측면의 정의가 동일하게 적용된다.

그 반면 오디오 카세트나 비디오 카세트, MP3와 휴대전화는 기

술적인 혁신이지만 공급 측면보다는 소비자의 가치와 만족도라는 수
요 측면에서 더 잘 설명된다.

체계적 경영혁신

아직 우리는 혁신 이론을 모두 개발했다고 할 수 없을지도 모른
다. 그러나 우리는 사람들이 혁신기회를 언제, 어디서, 어떻게 체계
적으로 파악하는지에 대해서, 그리고 성공할 확률과 실패할 위험을
어떻게 판단하는지에 대해서 충분히 알고 있다.

성공한 기업가는 '뮤즈 여신이 그들에게 키스하고는 찬란한 아
이디어'를 줄 때까지 기다리지 않는다. 그들은 노력한다. 요컨대 그
들은 '한탕'을 노리지 않으며, '산업을 바꾸어놓을 혁신'을, '단번에
십억 달러 규모의 사업을 창출하는 혁신'을, 혹은 '하룻밤 만에 부자
가 되는 혁신'을 추구하지 않는다. 큰 사업을 단숨에 완성하려는 아
이디어를 갖고 출발하는 기업가는 틀림없이 실패할 것이다. 그런 기
업가는 잘못을 저지르기 쉽다.

20세기 초 발명은 '천재의 영감'에서 '체계적인 연구 활동'으로
바뀌었다. 원자탄을 개발한 맨해튼 프로젝트와 인간을 달에 보내는
아폴로 계획이 대표적인 성공사례다. 21세기 혁신은 우수한 최고경
영자가 갑자기 추진하는 것이 아니라 기업의 경영자들이 체계적으로
혁신을 실천하는 법을 배워야만 할 것이다.

신시장 탐색은 체계적으로 추진할 필요가 있다. 그것은 경영 원칙
에 맞게 제대로 추진되어야 한다. 기업가정신의 발휘는 무엇보다도
목표지향적 혁신(purposeful innovation)을 바탕으로 추진해야만 한다.

인류에 대한 공헌 목표

성공한 기업가는 그들의 개인적인 동기가 금전적이든 권력이든 호기심이든 혹은 명예나 다른 사람에게서 인정받기를 원하는 것이든 간에, 가치를 창조하고 인류사회에 공헌하기 위해 노력한다. 그들은 또한 목표를 높게 잡는다. 그들은 이미 있는 것을 단순히 개선하거나 변형하는 것으로 만족하지 않는다. 그들은 새롭고도 다른 가치와 새롭고도 다른 만족을 창출하려고 노력하고 '천연물질'을 '생산적 자원'으로 바꾸어놓으려고 노력한다. 혹은 기존의 자원을 새롭고도 더 나은 생산적인 모습으로 결합하려고 노력한다.

혁신가와 기업가는 태어나는 것이 아니다

기존의 회사는 기업가정신과 혁신을 수행하기 위해 어떻게 사람을 배치해야 하는가? 태어날 때부터 '기업가'라고 불러도 될 만한 사람이 있는가? 그런 사람들은 특별한 인종인가? 경험에 비추어 보면, 그것은 별 의미가 없다. 혁신가나 기업가로서 적합하지 않은 사람은 그런 종류의 일에는 대체로 나서지 않는다. 적성에 잘 맞지 않는 사람은 자신을 스스로 배제한다. 그렇지 않은 사람은 경영혁신 실무를 배울 수 있다.

경험에 따르면 다른 여러 과제를 수행해본 경영자는 기업가로서도 적절하게 업무를 수행한다. 성공적인 회사에는 어떤 특정한 사람이 개발업무를 잘할지 걱정하는 사람은 아무도 없다. 성격상 기질과 배경을 불문하고 누구나 마찬가지로 잘한다. 3M에서는 가능성이 있어 보이는 아이디어를 최고경영자에게 제안하는 젊은이는 그것을 직접 개발하도록 되어 있다.

성공한 기업가가 궁극적으로는 무엇을 할지 염려할 필요도 없다. 세상에는 새로운 일만 하기를 좋아하고 기존의 업무를 운영하기 싫어하는 사람도 있다. 대부분의 영국 가정이 유모를 들이고 있을 때 이야기다. 많은 경우 유모는 자신이 돌보는 아이들이 걷기와 말하기를 시작하는 단계에 들어서면, 달리 말해 이미 자신이 돌보아줄 만한 아이들이 아닌 경우 그 가정을 떠난다. 하지만 또 다른 많은 유모가 기꺼이 그런 가정에 머물면서 꽤나 철이 든 어린이들을 돌보는 데 큰 어려움을 느끼지 않는다.

기업가이기만을 바라는 사람은 처음부터 기존의 기업에서 근무하기를, 심지어 그런 회사에서 성공한 경험이 없다. 그리고 기존의 기업에서 기업가로서 잘하는 사람은 대체로 같은 조직에서 경영자로서 이미 그 실적을 증명한 사람이다. 따라서 그들은 이미 존재하는 것들을 혁신하는 것과 관리하는 것 모두를 잘할 수 있다고 가정하는 것이 합리적이다.

P&G와 3M에는 애초 프로젝트 매니저로서 경력을 시작하는 사람도 있고, 그들이 한 프로젝트를 성공적으로 완수한 다음에 새로운 프로젝트를 맡는 사람도 있다. 그러나 그런 회사에서 대부분의 고위 경영자는 '프로젝트 매니저'로 시작하여 '프로덕트 매니저'로, '마케트 매니저'로, 마지막으로 회사 전체 업무를 돌보는 고위 경영자로 승진했다. 그 점은 J&J와 시티뱅크도 마찬가지다.

기업가정신이 개성에 관한 문제라기보다는 행동과 정책과 실무 문제라는 사실을 가장 잘 증명하는 것은 대규모 회사에서 은퇴한 많은 사람이 기업가적인 삶을 자신들의 제2의 경력으로 삼는다는 점이다. 자신들의 경력을 대규모 회사에서 보낸 상급경영자들과 전문가들, 그리고 한 고용주 밑에서만 근무하지 않은 사람 가운데 많은 사람이 25~30년을 근무한 뒤 자신들이 할 수 있는 마지막 일거리라고 생각되는 직위에 오르고 나면 차츰 조기 퇴직을 한다.

50세 또는 55세쯤 된 중년은 은퇴 후 기업가가 된다. 어떤 사람들은 자신이 직접 창업하기도 한다. 어떤 사람들은, 특히 기술전문가는 새로운 소규모 벤처사업에 대해 컨설팅 업무를 한다. 또 다른 사람들은 새로운 소규모 회사의 상급경영자가 되기도 한다. 그리고 대다수는 그들이 새로 진출한 분야에서 성공적으로 행복하게 생활한다. 미국 은퇴 협회 기관지인 모던 머튜리티(Modern Maturity)는 그런 사람들에 관한 이야기로 넘치고, 그런 사람들을 찾는 구인 광고로 가득 차 있다.

"좋은 경영자는 항상 좋은 경영자다"라는 말이 있다. GE와 같이, 매출을 수백억 달러 올리는 회사에서 1억 달러 규모의 단위부문을 운영하던 사람이 지금은 500만 달러 규모의 의료 진단기기 벤처를 경영하고 있다. 물론 그는 GE에서 배운 개념을 적용하며 분석한다. 그런 식의 기업가적 인생전환은 어려운 것이 아니다.

공공서비스 기관들도 같은 교훈을 준다. 알렉산더 슈어(Alexander Schure)는 미국 역사상 가장 성공한 혁신가 가운데 한 사람이다. 그는 전기분야에서 성공적인 발명가로 출발했으며 자신의 이름으로 특허도 상당수 갖고 있다. 1955년 30대 초반의 그는 정부, 재단, 혹은 대기업의 지원도 없이, 단지 자신이 모집하려는 학생이 어떤 부류의 학생인지 그리고 그들에게 무엇을 어떻게 가르쳐야 하는지에 대한 아이디어만 가지고 뉴욕기술대학교(New York Institute of Technology)라는 사립대학을 설립했다.

위의 두 사례는 어떤 사람도 관료주의적 행정가이면서도 혁신가로서 뛰어난 실적을 쌓을 수 있다는 것을 입증하려는 것이 아니다. 그러나 그들이 보여준 경험은 두 가지 분야에 모두 적합한 특별한 '개성'을 타고나야 한다는 것은 아니라고 말해준다. 다만 배우려는 의도, 노력하려는 의지, 자기관리, 그리고 올바른 정책과 관행을 채택하고 적용하려는 의지가 필요하다는 것을 증명한다.

대학이나 학회가 주최하는 기업가정신에 관한 심포지엄에 참석해보면, 학자들이 발표하는 논문과 발언은 같은 주제에 대해서도 견해가 다르게 마련이다. 그러나 '기업가적 성격'(entrepreneurial personality)이란 무엇인가라는 주제에 대해서는 대체로 그것은 '위험추구 성향'으로 의견의 일치를 본다. 이것이 기업가는 타고난다는 일종의 특성이론(trait theory)이다. 그러나 그것은 틀렸다.

성공한 기업가는 모두 단 한 가지 측면에서 서로 같다. 그들은 모두 '위험 추구자가 아니다'라는 점이다. 그들은 부담해야 할 위험을 파악하려 애쓰고 될 수 있는 대로 위험을 최소화하려고 노력한다. 그렇지 않았으면 아무도 성공할 수 없었을 것이다.

기업가적 회사는 창업자의 개성이 아니라 시스템이 만든다

기업가정신에 대한 논의는 경영자, 특히 최고경영자의 성격과 태도에 초점을 맞추는 경향이 있다. 이런 견해를 가장 잘 표현한 것이 바로 로자베스 M. 칸터(Rosabeth M. Canter)의 『변화 관리자들』(1983)이다. 어떤 최고경영자도 사내에서 기업가정신을 훼손하거나 억누를 수 있다는 것은 두말할 나위가 없다. 그렇게 하는 방법은 너무도 쉽다. 모든 아이디어에 대해 "아니요"라고만 하고 그런 태도를 수년간 유지하기만 하면 된다. 그리고 그다음 새로운 아이디어를 제안한 사람은 포상을 받지 못하고 승진도 하지 못하고 재빨리 내쫓아버린다는 사실을 확실히 해두면 된다.

그러나 기업가정신에 관한 대부분의 책이 단정하거나 적어도 암시하는 것과 같이 최고경영자의 개성과 태도 자체만으로, 다시 말해 적절한 기업가적 정책과 관행 없이도 기업가적 회사를 창출하는지는 매우 의심스럽다.

창업주가 설립하고 직접 운영했지만 수명이 짧았던 회사들은 많이 있다. 갓 시작했거나 규모가 매우 작은 회사들을 제외하고는 최고경영자의 개성과 태도만으로 기업가적 회사를 만드는 것이 충분하지 않은 이유는 기업의 규모가 커졌기 때문이다. 중규모 기업만 되어도 자신들이 무엇을 해야 하는지를 아는 종업원이 필요하고, 그런 일을 하기를 바라는 사람, 의욕이 넘치는 사람, 그런 일을 할 수 있는 도구와 확신을 갖고 있는 사람이 많이 있어야 한다. 그렇지 않으면 말만 많을 뿐이고, 기업가정신은 최고경영자의 신년 인사말에나 포함되는 용어로 전락하고 만다.

창업자가 조직 내에 기업가적 경영관리 정책과 관행을 시스템으로 만들어두지 않는 한 창업자가 떠난 후에도 계속 기업가적 경영을 하는 회사는 거의 없다. 기업가정신이 부족한 회사는 소극적으로 되고, 기껏 길게 잡아도 몇 년 안에 쇠퇴하고 만다. 그리고 심지어 그런 회사들은 대체로 자신들이 보유해야 할 필수적인 자격, 즉 자신들을 돋보이게 했던 어떤 요소를 상실했다는 사실을 깨달았을 때는 너무 늦었다는 것조차 인식하지 못한다. 이런 것을 인식하기 위해 회사는 기업가적 업적을 측정해볼 필요가 있다.

회사의 조직구조 내부에 기업가적 경영관리 관행을 확립한 P&G, J&J, 그리고 M&S는 최고경영자나 경제상황의 변화에 관계없이 혁신가로서 기업가적 리더로서 계속해서 업계를 이끌고 갔다.

최고경영자란 타고난 천재가 아니라 노력하는 사람이다

전통적으로 기업들은 병든 조직을 구제해줄 기적의 경영자를, 예컨대 GE의 웰치, 닛산자동차의 카를로스 곤(Carlos Ghosn), 또는 거스 히딩크(Guss Hiddink) 같은 사람을 찾아왔다. 그러나 기업이론을 만들고 유지하고 재편하는 데는 그런 사람들을 모셔놓을 필요는 없다. 필요한 것은 천재가 아니라 고된 작업이니까 말이다. 그것이 바로 최고경영자가 월급을 받는 이유다.

사실 자신들이 근무하는 조직의 기업이론을 성공적으로 바꾼 최고경영자들은 상당히 많다. 머크(Merck)는 고수익을 보장하는 기적의 약품과 신물질의 연구개발에 집중함으로써 세계에서 가장 성공한 제약회사로 성장하였다. 그리고 고유 상표가 없는 일반 의약품과 의사의 처방 없이 팔 수 있는 의약품(OTC)을 취급하는 대형 유통업체를 인수함으로써 회사의 기업이론을 근본적으로 바꾸어놓았다. 머크는 눈에 띄게 잘 나가던 시절에, 즉 위기에 빠지기 전에 그렇게 하였다.

세계에서 가장 유명한 가전제품 제조업체 소니는 수년 전 회사의 기업이론을 바꾸었다. 소니의 노부유키 이데이(出井伸之)는 할리우드의 영화제작사를 인수했다. 그것을 기점으로 소프트웨어가 필요한 하드웨어 제조업체에서 하드웨어 시장을 창출하는 소프트웨어 제조업체 쪽으로 회사의 비중을 이동시켰다.

이런 유능한 경영자도 있지만, 자신이 근무하는 조직을 궁지로 몰아넣은 경영자도 많다. 우리는 유능한 경영자만이 진부한 기업이론을 재활성화해줄 것을 기대할 수 없으며, 마찬가지로 그들이 다른 종류의 심각한 문제점을 고쳐줄 때까지 기다릴 수 없다. 그리고 기적의 경영자들이라고 간주되는 이들에게 물어보면, 그들은 카리스마라든지 비전, 또 그런 일이라면 늘 빠지지 않는 초능력을 강력하게 거부한다.

그들은 현상의 진단과 분석에서 출발한다. 그들은 목적달성과 빠른 성장을 경험하고 나면 그때가 바로 기업이론에 대한 심각한 재조명이 필요한 시기라는 것을 인정한다. 그들은 예기치 못한 실패를 부하직원의 무능력이나 사고 따위로 무시해버리지 않고 그런 것들을 시스템 실패의 한 징후로 파악한다. 그들은 예기치 못한 성공을 자신의 업적으로 돌리지 않고 이를 기업이론의 가정들에 대한 도전으로 취급한다.

그들은 기업이론의 진부화를 퇴행성 질병으로, 진실로 생명을 위협하는 무서운 병으로 받아들인다. 그리고 그들은 외과의사의 증명된 원칙, 즉 효과적인 의사결정에 있어서 오래된 원칙을 알고 받아들인다. '퇴행성 질병은 꾸물거려서는 고칠 수 없다'는 것 말이다. 그

때는 단호하게 행동해야 한다. 즉시 수술해야만 한다.

위험의 최소화

성공한 혁신가의 모습은 멋있고 로맨틱하고 수퍼맨 같은 사람처럼 보인다. 그러나 어처구니없게도 그들의 실생활을 보면 대부분 그들은 낭만적인 인물이 아닐뿐더러 '위험'을 향해 돌진하기는커녕 현금흐름 분석표를 들여다보며 몇 시간 동안 꼼꼼히 따져보는 사람들과 훨씬 더 가깝다.

물론 혁신에는 위험이 따른다. 그러나 자동차를 몰고 슈퍼마켓에 가서 빵을 사기 위해 자동차 속으로 들어가는 것도 위험에 처할 수 있다. 본질적으로 모든 경제활동은 '큰 위험'을 동반하는 법이다. 그리고 어제의 것을 지키는 일은 혁신활동은 아니지만, 내일을 창조하는 일보다 위험이 훨씬 더 크다.

대부분의 혁신가는 그들이 위험의 내용을 파악하고 그것을 넘어서는 위험을 추구하지 않음으로써 성공한다. 그들은 혁신기회의 원천을 체계적으로 분석하고, 그다음 하나의 기회를 포착하고는 그것에 초점을 맞춘다. 혁신기회는 위험수준이 낮고 분명하게 파악할 수 있는 것도 있고, 위험수준이 매우 높은 것도 있다. 그러나 성공한 혁신가는 보수적이다. 또 그래야만 한다. 그들은 위험에 초점을 맞추지 않는다. 그들은 기회에 초점을 맞춘다. 혁신가들은 기회를 잡기 위해 밖으로 나가 고객, 즉 이용자를 관찰하고는 그들이 무엇을 기대하고 있는지, 무엇에 가치를 두는지, 무엇이 필요한지를 찾아낸다.

혁신은 간단해야 한다. 그것이 복잡한 것이라면 그것을 개선하거나 수정할 수 없다. 성공한 모든 혁신은 숨 막힐 정도로 간단하다. 어떤 혁신이 받을 수 있는 최대 찬사는 다음과 같다.

"이것은 틀림없어. 어쩌다 이런 생각을 진작 못했지?"

* 주요 교재: 「고슴도치 기업이론과 여우의 혁신전략」, 「혁신과 기업가정신」, 「변화리더의 조건」, 「창조하는 경영자」

제9장

지식생산성 향상
방법론

지식작업의 이해와 지식생산성 향상 방법론

지식근로자의 생산성 향상이 최고의 경쟁력이다

드러커는 『21세기 지식경영』(1999)에서 이렇게 말했다.

"20세기에 경영이 기여한 것 가운데 가장 중요하고 진실로 고유한 것은 제조분야에서 육체노동자의 생산성을 50배나 증가시킨 사실이다."

21세기에 경영이 수행해야 할 가장 중요한 기여는 마찬가지로 지식작업(knowledge work)과 지식근로자(knowledge worker)의 생산성을 향상시키는 것이다.

20세기의 회사가 보유한 가장 가치 있는 자산은 그 회사의 생산시설이었다. 21세기의 기관들이, 그것이 기업이든 기업이 아니든 간에, 가장 가치 있게 보유하는 자산은 그 기관의 지식근로자와 지식근로자의 생산성(knowledge worker productivity)일 것이다.

지식근로자의 생산성에 대한 연구는 이제 겨우 시작되었다. 지식근로자의 생산성에 대한 연구라는 관점에서 2000년의 우리는 한 세기 전인 1900년 육체노동자의 생산성이라는 관점에서 우리가 처해 있던 것과 거의 비슷한 위치에 서 있다. 그러나 우리는 육체노동자의 생산성에 대해 알고 있는 것보다 지식근로자의 생산성에 대해 훨씬 더 많이 안다. 심지어 해답도 많이 알고 있다. 그러나 아직 그 해답을 모르는 도전이 많다는 것을 알고 있으며, 그것에 대해 연구해야 할 필요가 있다는 것도 알고 있다.

지식사회의 출현과 지식작업의 조건

지식근로자들이 지식사회의 다수가 되지는 않을 것이다. 비록 많은 선진국에서는 그들이 인구와 노동력집단 중에서 가장 많을 것이다. 그리고 다른 집단들이 수적으로 앞선다 해도, 지식근로자들은 떠오르고 있는 지식사회의 특성, 리더십 그리고 사회적인 윤곽을 결정지을 집단이 될 것이다.

지식근로자들은 지식사회의 '지배계층'이 되지는 않을 것이다(여전히 육체노동자가 다수일는지도 모른다). 그러나 그들은 이미 그들이 살고 있는 사회의 '선도계층'이다. 지식근로자들은 그들의 특성, 사회적 지위, 가치관, 그리고 기대에서 역사상 선도적 위치를 차지했던 어떤 집단과도, 물론 지배적 위치를 누렸던 집단과는 말할 것도 없이 근본적으로 다르다.

지식근로자들은 처음에는 '정규적인 교육'으로 일, 직업 그리고 사회적 지위를 획득한다.

많은 지식작업은 수준 높은 '육체적' 기술을 요구하고, 상당한 작업을 손으로 직접 처리해야 한다. 신경외과 수술이 좋은 예다. 신경외과 의사의 수술능력은 정규 교육과 이론적 지식에 달려 있다. 게다가 손재주가 없이는 신경외과 의사로서 자격이 없다. 그러나 손재주가 아무리 발달했다 하더라도 아무나 신경외과 의사가 될 수는 없다. 지식작업이 요구하는 정규적인 교육은 정상적인 의학교육을 받아야만 얻을 수 있다. 그것은 도제제도로 얻을 수 없다.

지식작업에서 필요한 지식의 양과 종류는 직종에 따라 엄청나게 다를 것이다. 어떤 직종은 비교적 낮은 수준을 요구하는 반면 어떤 직종은 신경외과 의사의 종류만큼이나 복잡한 지식을 요구한다. 어떤 지식은 매우 초보적인 것이라 할지라도 정규 교육만이 제공할 수 있다. 문서처리는 그렇게 고급스러운 지식작업은 아니다. 그러나 그것은 오직 체계적인 학습, 즉 정규적인 학업을 해야만 획득할 수 있는 알파벳에 관한 지식—또는 한문에 대한 지식—에 기초한다.

이것의 첫 번째 함의는 교육이 지식사회의 중심이 될 것이며, 교육기관이 지식사회의 핵심 기관이 된다는 것이다.

교육의 품질

모든 사람에게 필요한 지식이란 무엇인가? 모든 사람에게 필요한 지식은 어떻게 구성되는가? 배우고 가르치는 데 '품질'이란 무엇인가? 이런 모든 질문은 필연적으로 지식사회의 중심적인 관심사가 될 것이며 중심적인 정치적 과제가 될 것이다.

지식사회에서는 분명히 점점 더 많은 지식이, 특히 최신 지식은 정상적인 학업 연령을 훨씬 지나서도 요구될 것이며 전통적인 학교에서는 취급하지 않는 교육과정에서 학습될 것이다.

이 사실에는 분명 위험이 내포되어 있다. 이러한 사회는 수행능력보다는 공식적인 학위를 강조하는 사회(학력사회 혹은 자격사회)로 쉽게 퇴보할 수 있다. 그것은 철저히 형식적인 유교적 권위주의에 쉽게 빠져들 수 있다. 특히 미국의 대학이 유일하게 받아들일 수 있는 위험이다. 다른 한편으로, 그것은 지금 당장 사용할 수 있는 '실용적' 지식을 과대평가하고, 기본원리와 지혜의 중요성을 과소평가하는 잘못을 한꺼번에 저지를 수도 있다.

새로운 계층 갈등과 새로운 성공 기회

지식근로자들이 지배하는 사회는 새로운 '계층 갈등'의 위험에 직면한다. 소수의 지식근로자 집단과 대부분 전통적인 방법으로 생활을 꾸려가는 사람들 사이의, 숙련을 요하든 요하지 않든 간에 육체노동과 서비스 노동을 하는 사람들 사이의 갈등 말이다. 지식작업의 생산성은 아직까지는 보잘것없지만, 지식사회의 '경제적' 도전이 될 것으로 예상된다.

모든 개별 국가의, 모든 개별 기업의, 사회의 모든 개별 기관의 경쟁적 지위는 지식작업의 생산성에 달려 있을 것이다. 지식이 필요하지 않은 서비스 근로자의 생산성은 차츰 지식사회의 사회적 도전이 될 것이다. 지식사회가 지식이 없는 사람들에게 충분한 소득과 함께 존엄성과 지위를 부여할 수 있는 능력은 지식이 없는 근로자의 생산성에 달려 있을 것이다.

역사상 이러한 도전에 직면한 사회는 없었다. 그러나 마찬가지로 지식사회의 기회 또한 새로운 것이다. 역사상 처음으로 지식사회에서는 모든 사람이 리더십에 접근할 수 있게 된다. 마찬가지로 지식은 이제 정해진 나이에 미리 정해진 교육을 받아야만 습득할 수 있는 것이 아니다. 많은 기술과 지식이 새로운 학습 기술을 바탕으로 습득될 수 있기 때문에 학습은 개인의—인생의 어떤 시점에서도 습득 가능한—도구가 될 것이다.

또 다른 함의는 지식을 습득하고 응용하는 데 개인, 조직, 산업, 국가의 정보는 점점 더 핵심적 경쟁요소가 될 것이다. 개인의 경력을 쌓고 소득을 향상할 기회를 얻기 위해, 개별조직의 성과와 심지어 생존을 위해서나 한 국가를 위해서도 말이다. 지식사회는 필연적으로 우리가 알고 있는 어떤 사회보다도 '훨씬 더 경쟁적'으로 될 것이다. 이유는 간단하다. 보편적으로 접근 가능한 지식을 갖고도 성과를 올리지 못하면 핑계 댈 것이 없기 때문이다.

'가난한' 국가는 없어질 것이다. 하지만 무식한 국가들은 있을 것이다. 그런 현상은 개별 회사, 개별 산업 그리고 어떤 종류의 개별 조직에서도 마찬가지일 것이다. 그것은 개인에게도 적용될 것이다. 사실 선진국은 20세기 초반과 비교하면—그전의 사회, 즉 18세기나 19세기의 사회와는 말할 것도 없이—개인에게는 이미 무한경쟁 사회가 되어버렸다. 그 당시 사람들은 대부분 타고난 '계층'을 떠나 사회적 신분을 높일 기회를 갖지 못했다. 대부분 아버지 직업을 이어받고 아버지가 살던 곳에서 살았다.

지식작업의 특성

어떤 지식작업은 꽤 한정적인 지식만을 요구한다. 예를 들면 X레이 기사, 임상실험실 보조원 또는 폐질환 검사요원 같은 준의료 종사자들이 그렇다. 다른 어떤 지식작업은 한층 진보된 이론적인 지식을 요구한다. 기업운영에 필요한 대부분의 지식작업, 예를 들면 시장조사, 생산계획, 생산시스템의 설계, 광고와 판촉, 구매 등에 관한 지식 말이다.

어떤 분야의 지식은 매우 범위가 넓다. 예를 들면 신경외과 수술이 그렇고, 대규모 병원, 크고 복잡한 대학 또는 다국적 기업의 경영 등 경영관리와 관계된 분야도 그렇다.

그 지식의 기반이 되는 것이 무엇이든 간에 응용되는 지식은 전문적인 것이다. 그것은 항상 구체적인 것이어서 다른 것에는 응용될 수 없다. 예를 들어 X레이 기사가 알아야만 하는 것 가운데 시장조사 또는 중세 역사를 강의하는 데 도움이 되는 것은 없다. 그러므로 지식사회의 중심적 노동력은 전문성이 매우 높은 사람들로 구성될 것이다. 사실 '만능인'이라는 표현은 잘못되었다. 점차 우리가 만능인이라고 부를 사람은 전문지식을 추가로 습득하는 방법을 배우고, 특히 어떤 종류의 작업을 하다가도 다른 직무를 수행하는 데 필요한 전문적 지식을 재빨리 습득하는 능력을 지닌 사람일 것이다. 이것 또한 새로운 것이다. 역사적으로 근로자들은 만능인들이었다. 그들은 해야만 하는 일들은 무엇이든 다했다.

그러나 지식근로자들은 그들의 지식이 초보적이든 최첨단이든 간에, 지식이 적든 많든 간에 분명히 전문적이어야 한다. 응용되는 지식은 전문적일 때만 효과적이다. 전문화가 되면 될수록 더욱더 효과적이다. 그것은 컴퓨터를 고치고 X레이 기계를 만지고 전투기 엔진을 수리하는 정비공에게도 해당된다. 그러나 그것은 유전공학 또는 천체물리학을 연구하거나 새로운 오페라를 초연하는 것과 같이 최첨단 지식을 요구하는 작업에도 똑같이 적용된다.

종업원사회

지식사회는 '종업원사회'다. 전통적인 사회, 즉 제조업과 제조업에 근무하는 블루칼라가 등장하기 전의 사회는 독립적인 구성원들로 이루어진 사회가 아니었다. 제퍼슨이 생각한 이상적인 공동체로서의 독립적인 소농장 사회, 즉 각자가 가족단위의 농장을 소유하고 부인과 자녀 이외에는 어떠한 도움도 받지 않고 경작하는 독립적인 소농장 사회는 결코 환상 이상의 것이 아니었다. 역사적으로 사람들은 대부분 서로 의존하며 살았다. 그러나 그들은 조직을 위하여 일하지 않았다. 그들은 '주인'을 위하여 일했다. 노예, 농노, 농장에 고용된 머슴으로서, 가내수공업의 도제와 직공으로서, 상인의 보조자 또는 판매원으로서, 자유가 있든 없든 간에 가정의 하인으로서 등 그 예는 많다. 블루칼라가 처음 생겼을 때 그들은 여전히 '주인'을 위해 일했다.

디킨스의 1854년 소설 『어려운 시절』에서 근로자들은 '기업의 소유주'를 위해 일했다. 그들은 '공장'을 위하여 일하지 않았다. 19세기 말에 이르러 개인적인 소유자보다는 공장 자체가 고용주가 되었다. 그리고 20세기가 되어서야 공장보다는 회사가 고용주가 되었다. 20세기에 들어와서야 '상사'(boss)가 '주인'(master)을 대체했으며, 상사 자신도 100명 중 99명은 종업원이었고, 그 자신 또한 한 사람의 상사를 모시고 있었다.

요컨대 지식근로자들은 상사를 모시는 종업원이기도 하면서 종업원을 거느리는 상사가 될 수 있다.

조직들의 사회

다양한 조직은 과거의 사회과학에는 알려져 있지 않았으며, 대체로 오늘날의 사회과학에도 그렇게 널리 알려져 있지 않다. 독일의 위대한 사회학자 페르디난트 퇴니에스(Ferdinand Tönnies)는 1887년에 저술한 『공동사회와 이익사회』(Gemeinschaft und Gesellschaft)에서 인간의 조직형태를 유기적이고 운명적인 지역공동체와 구조화되고 매우 강하게 사회적 통제를 받는 '이익사회'로 분류하였다. 퇴니에스는 '조직'에 대해서 언급한 적이 없다. 19세기 또는 20세기 초의 어떠한 사회학자도 조직에 대해서 언급하지 않았다.

그러나 조직은 공동체사회도 이익사회도 아니다. 비록 그것이 양쪽의 특징을 어느 정도씩 취한다고 해도 말이다. 조직의 구성원 자격은 운명이 아니다. 그것은 늘 자유로운 선택이다. 사람은 회사나 정부기관 또는 대학의 교수가 된다. 사람은 태어나면서부터 그렇게 되도록 결정된 것은 아니다. 그리고 사람은 언제나 전통적인 지역사회를 떠날 수 있고 다른 곳으로 이주할 수 있다. 전통적 사회 또한 이익사회는 아니다. 특히 그것은 구성원들은 총체적으로 돌보지 않으니까 말이다.

어떤 회사의 시장조사 책임자는 다른 대여섯 개나 되는 조직의 구성원이다. 그는 교회에도 나가고, 테니스 클럽의 회원일 수 있으며, 일주일에 다섯 시간은 지역의 비영리단체 자원봉사자로서, 예를 들어 걸스카우트의 지도자로서 시간을 보낸다. 바꾸어 말하면, 조직들은 진정한 의미의 집합체가 아니다. 그들은 도구, 즉 목표를 달성하는 수단이다.

이전에도 조직들은 존재했다. 17세기 이후에 생겨난 직업 군대는 '조직'이었다. 그것은 이익사회도 공동체사회도 아니었다.

현대의 대학은 1809년 베를린대학교가 생겨난 뒤 계속 설립되고 있는 조직이다. 교수들은 자유롭게 합류했고, 언제든지 떠날 수 있었다.

18세기에 프랑스에서 처음 생긴 뒤 차츰 유럽대륙 전체로 퍼졌으며, 마침내 19세기 후반에는 영국과 메이지 시대의 일본(미국에서는 1933년 또는 제2차 세계대전 전까지는 없었지만)으로 전파된 공무원 제도도 마찬가지다. 그러나 이러한 초기의 조직들은 예외로 여겨졌다.

현대적 의미로 최초의 조직은 (예외적이라기보다는 최초의 전형적인 조직은) 1870년에 생긴 현대적 기업이다. 이것이 오늘날 대부분의 사람이 '관리'라고 하면 생물체의 특정 기관(器官, organ)을 관리하는 것을 연상하여 '기업관리'를 떠올리는 이유다.

지식사회의 출현과 함께 사회는 조직들의 사회가 되었다. 조직에서 그리고 조직을 위해서 일하는 우리는 대부분 능력을 발휘하고 생계를 꾸리기 위하여 조직에 접근해야만 한다. 그것이 조직의 고용인이든 조직에 서비스를 제공하는 사람이든 간에, 예를 들어, 변호사든 화물운송업자든 간에 말이다. 그리고 조직에 대한 이러한 지원업무도 점점 더 별도의 조직체를 구성한다. 미국의 첫 번째 법률회사는 100여 년 전에 조직되었는데, 그때까지 변호사들은 개인적으로 활동했다. 유럽에서는 제2차 세계대전 후까지도 법률회사라고 할 만한 것이 없었다. 오늘날 법조계는 점점 대규모 파트너십 형태로 활동하고 있다. 지식사회는 조직의 사회로서 실질적으로 모든 개별적인 사회적 직무가 조직을 통해서 실행된다.

새로운 자본가가 된 종업원

지식근로자들은 대부분 그들의 근로생활을 전부는 아닐지라도 대부분 '종업원'으로서 소비할 것이다. 그러나 이 용어의 의미는 전통적으로 사용하던 것과는 다르다.

지식근로자들은 개인적으로는 생계를 직업에 의존한다. 그들은 임금 또는 급료를 받는다. 그들은 고용되어 있으며 해고될 수도 있다. 법적으로 각자는 '피고용자'다. 그러나 집단적으로 그들은 유일한 '자본가들'이다.

점점 더 그들은 연금기금이나 다른 여러 저축기관을 통하여 생산수단(과거의 생산수단인 토지, 노동, 자본 중에서 자본)을 소유한다. 전통적인 경제학에서는 임금기금과 자본기금 사이에는 분명한 차이가 있다. 그리고 산업사회의 거의 모든 사회학 이론은, 어떤 형태로든 이 둘의 관계에 기초를 두고 있다. 그것이 갈등관계이든 또는 필연적이고도 호혜적인 협동과 균형의 관계이든 간에 양자의 관계에 기초하고 있다. 지식사회에서는 이 두 가지가 하나로 통합된다. 연금기금은 이연

된 임금이며, 하나의 임금기금이다. 그것은 또한 자본의 유일한 원천은 아니지만 점점 더 지식사회가 공급하는 자본의 주된 원천이다.

마르크스가 예견하지 못한 것

요컨대 지식사회에서 종업원들, 즉 지식근로자들은 집단적으로 연금기금 등을 통해 생산 도구(자본, 주식, 채권)를 소유한다. 마르크스는 공장노동자들이 생산 도구를 소유하지 않으며 소유할 수도 없기 때문에 '소외'되어야만 한다는 위대한 통찰을 했다. 마르크스가 지적했듯이, 노동자들은 증기기관을 소유할 방법이 없었으며, 한 직장에서 다른 직장으로 옮길 때 그것을 가져갈 수 있는 방법도 없었다. 자본가가 증기기관을 소유하고 통제해야만 했다. 차츰 지식사회에서 진정한 투자는 기계나 도구에만 하는 것이 아니었다. 그것은 지식근로자에게(지식근로자의 두뇌에) 투자하는 것이다. 지식근로자가 없이는 아무리 최첨단의 정교한 기계도 비생산적이다(구글, 애플, MS 등을 생각해보라).

시장조사자들에게는 컴퓨터가 필요하다. 그러나 그것은 어딜 가더라도 가져갈 수 있는 값싼 도구가 되었다. 그리고 시장조사자의 진정한 '자본 장비'는 시장에 관한 지식, 통계학적 지식, 시장조사 결과를 사업전략에 응용하는 지식이다. 이러한 지식은 조사자들의 머리에 들어 있으며, 양도가 불가능한 독점적인 자산이다.

외과의사에게는 병원의 수술실과 비싼 장비들이 필요하다. 그러나 외과의사의 진정한 자본 투자는 12~15년의 훈련이며 그 지식은 이 병원에서 저 병원으로 옮길 때 가져가는 지식이다. 그러한 지식이 없이는 병원의 값비싼 수술실은 쓸모없는 쓰레기에 지나지 않는다.

이것은 지식근로자들이 외과의사와 같이 고급 지식을 소유했거나, 수습 회계사와 같이 비교적 단순하고 초보적인 지식을 소유했거나 마찬가지다. 어느 경우라도, 종업원이 생산적인지 아닌지를 결정하는 것은 조직이 제공하는 도구, 기계, 자본이라기보다는 지식투자다.

사실은 자본가에게 산업노동자가 필요했던 것보다 산업노동자에게 자본가가 무한정 더 필요했다. 이것은 마르크스의 주장, 즉 세상에는 늘 산업노동자들이 넘쳐나며, '산업예비군'의 존재는 임금이 생존수준 이상으로 올라가지 못하게 한다는 주장의 기초다(이것은 아마도 마르크스의 가장 어처구니없는 실수일 것이다).

마찬가지로 지식사회에서 가장 그럴듯하며 조직이 업무를 추진하는 데 필요한 가정은 지식근로자들이 자본가들을 필요로 하는 것보다도 자본가들이 한층 더 지식근로자를 필요로 한다는 것이다.

지식작업이 있다는 것을 널리 알려서 자질이 우수한 지식근로자를 채용하는 것은 조직의 임무다. 점점 더 그 관계는 상호의존적이 된다. 지식근로자는 조직이 필요로 하는 것을 배워야 하며, 조직도 지식근로자들이 기대하는 바를 배워야 한다.

지식조직의 모델: 교향악단

지식작업은 지식에 기초를 두기 때문에, 지식조직은 상사와 부하들로 이뤄진 것이 아니다. 빌 크리치가 명확하게 묘사했듯이, 전략공군기지 같은 군대조직마저도 지식조직이 되면서 대학조직을 닮는다. 비행기 유지보수 부대를 지휘하는 대령은 유지보수 작업을 하는 하사관의 동료다. 그는 하사관의 작업에 책임을 지지만 하사관보다 우월한 사람은 아니다. 전형적인 모델이 교향악단이다. 바이올린은 오케스트라에서 가장 중요한 악기라고 할 수 있다. 그러나 제1바이올린 주자가 하프 연주자보다 '우월한 사람'은 아니다. 그는 동료다. 그리고 하프가 연주할 부분은 하프 연주자의 몫이지 지휘자나 제1바이올린 주자가 그에게 위임한 것이 아니다.

중세에는 지식의 계급에 관하여 다툼이 끊임없었다. 철학이 지식의 '여왕'이라고 주장하면서 말이다. 지식사회는 그러한 가치없는 논쟁을 오래전에 포기하였다. 세상에는 서열이 높은 지식도 없고 서열이 낮은 지식도 없다. 어떤 환자가 발톱이 안으로 파고들어가서 통증을 느낀다고 하면 그 부분을 공부한 외과의사의 지식이 필요한 것이지 뇌수술을 담당하는 외과의사의 지식이 필요한 것은 아니다. 뇌수술을 담당하는 외과의사가 훨씬 오랜 기간 훈련을 받으며 훨씬 비싼 치료비를 받는다 할지라도 말이다.

이와는 반대로, 만일 어떤 경영자가 외국 지사에 배치된다면, 그에게 필요한 지식은 빠른 시간 내에 외국어를 습득하는 것이다. 비록 그것은 그 나라의 모든 사람이 두 살만 되면 아무런 노력 없이 능숙하게 하는 것이지만 말이다.

지식 사이에는 서열이 없다

지식사회의 지식은 실제로 응용될 때 지식이 되기 때문에 그 순서와 서열은 상황에 따라 결정되는 것이지 지식의 내용으로 결정되는 것이 아니다. 다르게 표현하면, 어떤 상황에서의 지식, 예를 들면

서울에 배치된 미국 회사의 중역이 가지고 있는 한국어에 관한 지식은 하나의 정보일 뿐이다. 이것 또한 새로운 것이다.

지식은 항상 붙박이 별처럼 보였다. 말하자면 지식의 우주에서 각자 고유한 위치를 점유하고 있는 별처럼 말이다. 말하자면 지식사회에서 지식은 도구다. 따라서 어떤 지식의 중요성과 서열은 수행해야 할 과제에 달려 있다.

현대 조직은 지식전문가(knowledge specialist)로 구성되어 있기 때문에 동등한 자들의 조직이며, 동료 또는 비슷한 사람들로 구성된 조직이다. 다른 지식보다 서열이 더 높은 지식은 없다. 지식의 서열은 그것이 공동의 과제에 기여하는 바에 따라 평가되는 것이지 어떤 고유한 우월성이나 열등함이 없다. 그러므로 현대 조직은 보스와 부하로 구성된 조직이 될 수 없다.

지식은 빠르게 진부해진다

새로운 지식이 등장하여 오래된 지식을 진부하게 만드는 것은 과학이나 기술뿐만은 아니다. 사회적 혁신(social innovation)은 때로 과학적 혁신(scientific innovation)보다 훨씬 더 중요하다.

19세기부터 성공적으로 존재해온 사회적 기관 중 하나인 상업은행이 전 세계적으로 위기를 맞게 된 것은 컴퓨터나 어떤 기술적인 변화 때문이 아니다. 그것은 오래되었지만 그저 미미한 존재인 비은행 금융기관들(nonbank financial institutions)이 상업어음을 이용하여 기업들에게 자금을 공급해주면서 200여 년 동안 은행이 독점했던, 그리고 은행의 가장 높은 수익사업 분야인 대출사업을 빼앗아갔기 때문이다.

지난 몇십 년 동안 발생한 가장 큰 변화는 의도적 혁신(purposeful innovation)이 가능하게 되었다는 것이다. 혁신은 가르칠 수 있고 배울 수 있는 조직된 원리라는 사실이다. 지금도 여전히 그렇게 믿고 있지만 지식에 근거한 빠른 변화는 기업사회에만 국한되는 것은 아니다.

제2차 세계대전 이후 50여 년 동안 미국의 군대보다 더 많이 변한 조직은 없다. 군대의 군복은 변함없이 그대로다. 계급의 호칭도 그대로다. 그러나 무기체계는 1991년 걸프전에서 극적으로 드러난 것과 같이 완전히 변해버렸다. 군대의 훈령과 군의 개념은 더욱더 변했다. 군복무 규정, 군대조직, 명령체계, 군대들과의 관계, 책임 등도 마찬가지다.

이와 유사하게, 지금부터 50년 이내에 학교와 대학들도 300여 년 전 인쇄된 교과서를 중심으로 지금까지 스스로 재조정하고 변해왔다고 생각하는 것보다 훨씬 더 대폭적으로 변할 것이라고 예측해도 틀리지 않을 것이다. 무엇이 이런 변화를 강요하는가? 그것은 부분적으로는 신기술, 예를 들면 컴퓨터와 비디오, 그리고 위성전파 기술 등이며, 부분적으로는 지식근로자들에게 조직적 학습이 평생 과제가 되는 지식사회의 특성이다. 그리고 인류가 어떻게 학습하는지에 대한 새로운 이론이 등장하여 그것을 강요하고 있다.

경영관리

중간 결론은 다음과 같다. 지식사회는 필연적으로 조직들의 사회이기 때문에, 지식사회의 중심적이고도 독특한 기관(器官)은 '경영관리'다. 우리가 처음 경영에 대해 언급하기 시작했을 때, 그 용어는

'기업경영'만을 의미했다. 이는 대규모 기업은 눈에 잘 띄는 첫 번째 새로운 조직이었기 때문이다.

그러나 우리는 지난 반세기 동안, 경영은 모든 조직에 독특한 기관이라는 것을 배웠다(의학적 표현으로, 조직체organization는 특유의 기능을 수행하는 다소 독립성을 지닌 신체의 부분, 즉 기관organ들로 이루어진다. 따라서 조직에서 경영의 기능을 인체의 기관에 비유한 표현임). 모든 조직에는 경영이 필요하다. 그들이 그 용어를 사용하든 사용하지 않든 말이다.

모든 경영자는 그들의 조직이 어떤 사업을 하든 관계없이 똑같은 일을 한다. 그들은 모두 여러 사람(각자 다른 지식을 소유한 사람들)을 끌어모아 협동하여 성과를 올려야 한다. 그들은 모두 인간의 강점을 이용하여 성과를 올리고 약점은 사용하지 않는다. 경영자는 모두 조직의 결과는 무엇인지를 생각해야 한다. 그러고 나서는 목적을 규정해야 한다. 그들은 모두 '기업이론'(제8강 참조)을 검토할 책임이 있다. 기업이론이란 조직이 성과를 내고 행동하는 데 근거가 되는 가정이다. 조직은 기업이론에 기초하여 어떤 일을 하지 않을지도 결정한다.

조직에는 전략을 수립하는 기관이 필요하다. 전략이란 조직이 성과를 달성하는 수단이다. 그들은 모두 조직의 가치관, 보상과 처벌체계, 그리고 조직의 정신과 문화를 규정해야 한다. 그런 모든 것 가운데서도 경영자는 작업과 규칙에 대한 경영의 지식을 갖춰야 하며, 조직 자체를 이해하고, 조직의 목적, 조직의 가치관, 조직환경과 시장, 그리고 핵심역량에 대한 지식을 갖춰야 한다.

'실천'(practice)으로서 경영은 매우 오래되었다. 그러나 '학문'으로서 경영은 겨우 50년밖에 되지 않았다. 그리고 지식경영은 20세기 후반에 시작되었다고 해도 지나치지 않다.

자본적 재산으로서 지식근로자

육체노동자 생산성과 지식근로자 생산성의 차이점 가운데, 각자가 경제학에 대해 갖고 있는 관점보다 더 크게 차이 나는 분야도 없다. 경제이론과 기업 실무는 대부분 육체노동자를 비용(cost)으로 간주한다. 지식근로자의 생산성을 올리려면 지식근로자를 자본적 재산(capital asset, 사전적 의미로는 일반적인 재산과 달리 정상적인 기업활동으로는 구입할 수도 팔 수도 없는 장기적 재산)으로 간주해야만 한다.

비용을 통제해야 하고 절감할 필요가 있다. 그 반면 재산은 증가하도록 만들 필요가 있다.

육체작업을 하는 종업원은 생산수단(means of production)을 보유하고 있지 않다. 그들은 종종 실제로 그렇듯이, 값진 경험을 많이 축적하고 있을지도 모른다. 그러나 그런 경험은 그들이 작업을 하는 장소에서만 값진 것이다. 그것은 휴대하기가 불가능하다.

그러나 지식근로자는 생산수단을 보유하고 있다. 그들의 두 귀 사이에 축적되어 있는 지식은 전적으로 휴대할 수 있는 것일 뿐만 아니라 엄청난 자본이다. 지식근로자는 생산수단을 보유하고 있기 때문에 이동성이 높다.

지식근로자에게 조직이 필요하기보다는 조직이 그들을 더 필요로 한다고 말한다면 그것은 대부분의 지식근로자에게는 진실이 아닐지도 모른다. 왜냐하면 대부분의 지식근로자에게는 자신과 조직이 서로 대등하게 필요로 한다는 것이 공생적 관계(symbiotic relationship)이기 때문이다. 그러나 현대 산업사회에서 육체노동자의 경우와 같이, 일자리가 지식근로자를 필요로 하는 것보다 지식근로자가 일자리를 더 필요로 한다고 주장한다면 이 역시 진실이 아니다.

경영자의 임무는 자신이 근무하고 있는 기관의 재산을 보존하는 것이다. 그렇다면 개별 지식근로자의 지식이 재산으로 되는 경우에 그것은 무엇을 의미하는가? 그리고 점점 더 그렇게 될 터이지만, 지식이 어떤 기관의 주요 재산이 되는 경우에 그것은 무엇을 의미하는 가? 그것이 인적 자원관리 정책이라는 점에서는 무엇을 의미하는 가? 생산성이 최고로 높은 지식근로자를 유인하고 보유하려면 무엇이 필요한가? 지식근로자의 생산성을 향상하기 위해서는 무엇이 필요하고 그들의 증가된 생산성을 조직의 성과 역량(performance capacity)으로 전환하기 위해서는 무엇이 필요한가?

지식근로자의 생산성을 결정하는 여섯 가지 주요 요소

지식근로자의 생산성을 결정하는 요소를 정리하면 다음과 같다.

첫째, 지식근로자의 생산성은 우리에게 다음과 같이 질문하도록 요구한다.

"과업이 무엇인가?"

둘째, 이 질문은 우리에게 지식근로자 자신의 생산성에 대한 책임을 개별 지식근로자 스스로에게 부과하도록 요구한다. 지식근로자는 자신을 스스로 관리해야만 한다. 그들은 자율성(autonomy)을 가져야만 한다.

셋째, 지속적인 혁신(continuing innovation)은 지식근로자의 작업, 과업 그리고 책임의 한 부분이어야 한다.

넷째, 지식작업은 지속적인 배움(continuous learning)을 지식근로자의 한 속성으로, 또한 지속적인 가르침(continuous teaching)도 마찬가지로 지식근로자의 한 속성으로 포함할 것을 요구한다.

다섯째, 지식근로자의 생산성은 산출량(quantity)의 문제만은 아니다. 적어도 일차적으로는 아니다. 품질(quality)도 마찬가지로 중요하다.

여섯째, 지식근로자의 생산성을 높이기 위해서는 지식근로자를 '비용'이 아니라 '자산'으로 인식하고 그렇게 취급해야 한다.

이러한 각각의 요구는 아마도 마지막 것은 예외로 하고, 육체노동자의 생산성을 증가시키는 데 필요한 것과는 정확하게 거의 정반대다.

지식작업의 생산성은 목표 품질을 세우는 것으로 시작한다

육체작업에서도 물론 품질은 중요하다. 그러나 육체작업에서 품질 부족은 제약요인이다. 어떤 최소수준의 품질 기준은 있어야만 한다. 20세기 통계이론을 육체작업에 적용한 TQM의 성과는 그런 최소 기준 아래로 떨어지는 제품을 골라내는 능력(비록 완전히 골라내는 것은 아니지만)이라고 할 수 있다.

그러나 대부분의 지식작업에서는 품질은 최소 기준도 아니고 제약요인도 아니다. 품질은 산출의 핵심이다. 교사의 성과를 판단하는 데는 그 교사의 수업시간에 학생이 몇 명 있는지는 묻지 않는다. 우리는 몇 명의 학생이 무엇을 배우는지 묻는다.

그것은 품질에 관한 질문이다. 의학연구소의 성과를 평가하는 데

늪, 그 연구소가 검사를 얼마나 많이 할 수 있느냐는 질문은 얼마나 많은 검사결과가 타당하고 신뢰성 있느냐는 질문에 비하면 분명히 2차적이다. 그리고 그것은 심지어 서류 정리를 하는 사무원의 작업에 대해서도 마찬가지다.

그러므로 지식작업의 생산성은 먼저 품질의 획득을 겨냥하지 않으면 안 된다. 그리고 최소수준의 품질이 아니라 최고 품질은 아니라 해도 적절한 수준의 품질을 겨냥해야 한다. 그런 뒤에야 다음과 같은 질문을 할 수 있다. "산출고, 즉 작업의 양은 어느 정도인가?"

그것은 지식근로자의 생산성을 올리는 과업을 작업의 양이 아니라 품질로 판단해야 한다는 것만을 의미하는 것이 아니다. 그것은 우리가 품질을 규정하는 법을 배워야 한다는 것을 의미한다.

과업은 무엇인가?

지식근로자의 생산성에 관한 중요한 질문 가운데 첫 번째는 "과업은 무엇인가?"다. 그것은 또한 육체노동자의 생산성에 관한 것과는 가장 크게 차이 나는 질문이다. 육체작업에서 핵심질문은 언제나 "작업은 어떻게 수행되어야 하는가?"다.

육체작업에서 과업은 언제나 주어진 것이다. 육체노동자의 생산성에 관해 연구하는 사람 가운데 어느 누구도 "육체노동자가 해야 할 작업이 무엇인가?"라고 질문해본 적이 없다. 그들의 유일한 질문은, "어떻게 하면 육체노동자가 주어진 직무를 가장 잘 수행할 수 있는가?"였다.

그 점은 테일러의 과학적 관리에서도, 시어스 로벅의 경영자들도,

조립공정을 최초로 설계한 포드자동차도 그랬으며, 데밍의 TQM 또한 예외가 아니었다.

그러나 지식작업에서 핵심 질문은 "과업은 무엇인가?"다. 이렇게 질문하는 하나의 이유는, 육체작업과 달리 지식작업은 근로자가 무엇을 해야 한다고 사전에 계획되지 않기 때문이다.

자동차 조립공정에서 바퀴를 조립하는 근로자는 조립공정에 섀시가 도착하고 이어서 바퀴가 도착하는 동시에 그것을 조립하도록 계획되어 있다.

씨앗을 뿌리기 위해 들판의 밭을 갈고 있는 농부는 전화를 받거나 회의에 참석하기 위해, 또는 글을 쓰기 위해 트럭에서 내려오는 일이 없다. 육체작업에서 무엇을 해야 할지는 항상 분명하다.

그러나 지식작업에서는 과업 자체가 근로자에게 무엇을 하라고 지시하지는 않는다. 병원에서의 응급상황을 예로 들면, 환자가 갑자기 혼수상태에 빠졌을 때의 간호사의 과업은 당연히 정해져 있다. 그러나 그렇지 않은 경우, 환자 침상 옆에서 시간을 보낼지 또는 서류를 작성하는 데 시간을 보낼지는 대부분 간호사가 결정한다.

불필요한 과업 제거

지식작업의 문제를 해결하는 데 필요한 첫 번째 요구사항은, 그 과업이 무엇인지를 찾아내고, 지식근로자를 어떤 과업에 집중시키고 나머지는 제거할 수 있도록 하기 위해 적어도 가능한 한 제거할 수 있는 데까지는 제거해야 한다는 것이다.

그러나 뒤이어 지식근로자 스스로 무엇이 과업인지 또는 과업이어야 하는지를 규정할 것을 요구한다. 그리고 지식근로자만이 스스로 그것을 할 수 있다.

그러므로 지식근로자의 생산성에 관한 연구는 지식근로자에게 다음과 같은 질문을 하면서 시작해야 한다.

"무엇이 당신의 과업인가?"

"그것은 무엇이어야만 하는가?"

"당신이 기여(또는 공헌)해야만 하는 것은 무엇인가?"

"당신의 과업을 수행하는 데 방해가 되는 것은 그리고 제거해야 할 것은 무엇인가?"

과업이 결정된 다음의 요구사항들

과업이 한번 규정되면, 그다음 요구사항은 곧 해결할 수가 있다. 그리고 지식근로자 스스로 해결할 수 있을 것이다. 그다음 요구사항은 다음과 같다.

"지식근로자 자신이 기여해야 할 것에 대한 책임이다. 품질과 수량이라는 관점에서, 그리고 시간과 비용이라는 관점에서 지식근로자가 책임져야 할 것이 무엇인지 결정하는 것이다. 지식근로자는 자율성을 가져야 하는데 그것은 책임이 따른다는 것을 의미한다.

지식근로자 직무의 한 부분으로 끊임없는 혁신을 포함시켜야만 한다. 지속적인 배움과 지속적인 가르침도 직무에 포함되어야 한다."

지식작업의 품질이란 무엇인가?

몇몇 지식작업, 특히 수준 높은 지식이 필요한 작업에서 우리는 이미 품질을 측정하고 있다. 예를 들면, 외과의사는 정규적으로 동료에 의해 지식작업의 품질이 측정되는데, 그 기준은 어렵고도 위험한 수술의 성공률, 예컨대 개복 외과수술 환자의 생존율, 정형외과 수술 환자의 완전 치유율로 측정된다.

그러나 지금까지는 지식작업의 품질 평가는 대부분 측정이라기보다는 판단에 의존하고 있다. 그 경우 주요한 문제는 품질 측정상의 어려움이 아니다. 그것은 과업이 무엇인지와 무엇이어야 하는지를 규정하기가 어렵다는 점이다. 그리고 더욱 구체적으로는 과업의 차이를 확연하게 밝히기가 어렵다는 점이다.

그러므로 지식작업의 품질에 대해 정의를 내리는 것, 그 정의를 지식근로자의 생산성에 적용하는 것은 크게 보아서는 과업을 규정하는 문제이기도 하다. 기업 활동의 '결과'가 무엇인가 하는 것과 마찬가지로, 그것은 어렵고도 위험부담이 따르며 항상 논란이 끊이지 않을 정의를 필요로 한다. 따라서 우리는 실질적으로 그것을 어떻게 하는지 알고 있다. 그렇지만 그런 질문은 대부분의 조직에 대해서는 전적으로 새로운 것이다. 그리고 대부분의 지식근로자에 대해서도 마찬가지다. 그 질문에 대답하기 위해서는 논쟁이 필요하고, 다른 여러 의견이 요구된다.

캐터필러 사례

지식근로자의 생산성을 향상하기 위해서는 거의 언제나 작업 그 자체가 구조조정되어야 하고, 작업 그 자체가 시스템의 한 부분으로 되어야만 할 것이다.

사례를 하나 들어보자. 거대하고 값비싼 흙파기 기계 같은 비싼 장비를 관리하는 업무가 있다. 전통적으로 그것은 기계를 만들고 판매하는 것과는 구분되고, 다른 활동으로 간주되었다.

그러나 이런 중장비의 세계 최대 생산업체인 미국의 캐터필러 (Caterpillar Company)는 "우리는 무엇 때문에 월급을 받는가?"라고 질문 했다. 대답은 다음과 같았다. "우리는 기계 때문에 월급을 받는 것이 아니다. 우리는 기계가 고객의 사업장소에서 제공하는 서비스 때문에 월급을 받는다. 그것은 기계가 늘 잘 가동되도록 유지하는 것을 의미한다. 왜냐하면 심지어 기계가 고장난 단 한 시간 동안에도 기계 자체보다 훨씬 더 많은 비용을 부담지을 수 있기 때문이다."

달리 말하면, "우리의 사업은 무엇인가?"에 대한 답은 "서비스" 였다. 그것은 그 뒤에 공장에 이르기까지 모든 활동을 철저히 구조조 정하도록 했다. 따라서 고객은 기계가 고장 나서 가동이 중단되는 일이 없음을 보장받을 수 있었고, 즉각적인 수리 또는 부품의 대체를 보장받았다. 그 결과 대개 기술자인 서비스 책임자는 진정한 의미의 '의사결정자'가 되었다.

성과를 통한 구성원의 태도변화를 유도한다

지식근로자의 생산성을 향상하기 위해서는 기본적인 태도 변화가 필요하다. 이 점은 육체노동자를 더욱 생산성 있게 하기 위해서는 육체노동자에게 과업을 수행하는 방법만 가르쳐주면 되는 것과는 상당히 다르다.

그리고 지식근로자의 생산성을 높이는 데 필요한 태도의 변화는 개별 지식근로자 측에서뿐만 아니라 조직 전체가 태도를 바꾸어야만 한다.

조직구성원의 태도를 변화시키기 위한 첫 번째 탐색적 단계는 조직 또는 일단의 지식근로자 가운데 수용 가능성이 있는 한 분야를 찾는 것이다. 예를 들어 어떤 병원의 정형외과 의사집단은 오래전부터 근본적 변화를 부르짖은 네 명의 의사들—연장자 한 명에 나머지 세 명은 젊은 의사—에게 그들의 아이디어를 먼저 실행하도록 의뢰했다. 그런 뒤에 범위가 좁은 영역에서 소규모 집단은 일관성 있게, 인내심을 가지고 비교적 오랜 기간 중단하지 않고 연구했다.

왜냐하면 첫 번째 시도하는 것들은 비록 대환영받을 일이라 해도 틀림없이 모든 종류의 예상치 못한 문제점에 부딪히기 때문이다. 조직 전체에는 아니더라도 새로운 작업방법을 더 넓은 영역에 적용되도록 하기 위해서는 소규모 지식근로자 집단의 생산성이 실질적으로 향상된 것을 확인해야 한다.

그리고 그때쯤이면 조직구성원들은 주요한 문제점들도 알게 될 것이다. 예를 들면 어디에서 저항이 예상되는지(예컨대 중간관리자 층에서), 새로운 작업이 완전히 효과를 내려면 과업에, 조직에, 측정에, 그리고 태도에 어떤 변화가 필요한지 등을 알게 된다.

탐색 단계를 건너뛰려고 노력하는 것은(항상 그런 압력을 받게 되는데) 잘못된 것은 널리 알려지고, 잘된 것은 숨겨진다는 것을 의미한다. 그것은 기업 전체에 나쁜 이미지를 줄 뿐이다. 그러나 탐색활동을 적절히 하게 되면, 우리는 지식근로자의 생산성을 한층 더 극적으로 개선할 수 있다.

지식근로자의 생산성은 21세기 최대의 경영도전이다. 선진국에서 그것은 국가 생존의 첫째가는 필수사항이다. 그들의 주도권과 생활수준을 유지하지 못하는 것은 물론이고, 다른 어떤 방법으로도 그들은 자신의 위치를 유지하는 것마저도 기대할 수 없다.

지난 100년 동안 세계의 지도자로 등장한 것은 육체노동자의 생산성을 향상시킨 국가와 기업들이었다. 미국이 처음으로, 그리고 일본과 독일이 그다음으로 그랬다. 지금부터 50년 뒤 세계 경제의 주도권은 지식근로자의 생산성을 가장 체계적으로, 가장 성공적으로 향상시킨 국가와 기업으로 이동할 것이다.

지식들이 생산성을 높이도록 작용하는 방식

지식사회의 지식이 생산적이기 위해서는 고도로 전문화되어야 한다는 것은 두 가지 새로운 요구가 있다는 것을 의미한다.

첫째, 지식근로자들은 '팀'에서 작업한다.

둘째, 지식근로자들은 '조직'에 고용되어야 한다. 만일 피고용자가 아니라면, 그들은 최소한 조직과 관련을 맺어야 한다.

오늘날 '팀'과 '팀워크'가 많이 언급되고 있다. 이러한 언급들은 대부분 잘못된 가정, 즉 우리들은 그전에 팀으로 일한 적이 없다는 가정에서 출발한다. 실제로 사람들은 늘 팀에서 일을 해왔다. 혼자서 효과적으로 일할 수 있는 사람은 거의 없다. 농부는 부인이 있어야 했고 농부의 부인은 남편이 있어야만 했다. 둘이서 팀처럼 일했다. 그리고 그들은 고용된 머슴과 팀처럼 일했다. 가내수공업자도 부인이 있었으며, 그들도 팀처럼 일했다. 남편은 생산을 담당했고 부인은 손님, 견습공, 사무실을 돌보았다. 그리고 그들은 견습공, 직공들과 함께 팀을 이루어 작업했다. 현재 논의되고 있는 것 또한 세상에는 오직 한 종류의 팀만이 있다는 것은 자명하다고 가정하고 있다. 실제로는 팀이 많다.

그러나 지금까지는 개별 작업자를 강조했지 팀을 강조하지 않았다. 지식작업이 효과를 내면 낼수록 그것은 한층 더 전문적이어야 하기 때문에 개인이 아니라 팀이 실질적인 작업 단위가 된다.

팀으로 일한다

팀으로 권유되고 있는 '재즈악단'은 한 종류의 팀일 뿐이다. 재즈악단의 팀워크는 실제적으로 숙달하기가 가장 어렵다. 이 팀은 수행능력을 얻는 데 가장 오랜 시간을 요구한다.

우리는 목적에 따라 다른 종류의 팀을 조직하고 사용하는 것을 배워야 한다. 이를 통해 팀을 '이해'하는 것을 배워야 한다. 그리고 이것은 지금까지 거의 관심을 기울이지 않았던 분야다. 여러 팀의 수행능력, 강점, 한계점, 다양한 팀 사이의 보완관계를 이해하는 것 등은 점차 인적 자원 관리에서 중심적인 관심사가 될 것이다.

지식근로자 개개인은 오늘날 실질적으로 아무도 배우지 못했던 것을 배워야 한다. 어떤 팀에서 다른 팀으로 옮겨가는 방법, 팀에 적응하는 방법, 팀에서 기대할 것은 무엇인가를 확인하고, 그다음에는 팀에 공헌할 것을 배워야 한다.

어떤 특정한 종류의 지식작업이 최대로 효과를 내는 데 필요한 팀을 찾아내는 능력, 그리고 그러한 팀을 조직하고 자신을 그 팀에 적응시키는 능력은 효과적인 지식근로자가 되기 위한 한층 더 필수적인 사항이 될 것이다. 지금까지 그것을 가르치거나 배우는 곳은 없었다(몇몇 연구실을 제외하고).

지금까지 어떤 종류의 조직에서도, 어떤 상황에 적합한 종류의 팀을 결정하고, 그것을 어떻게 조직하며, 그것을 어떻게 효과적으로 만들지를 결정하는 것이 당연히 그들의 직무라는 것을 이해하는 경영자는 별로 없었다. 우리는 심지어 팀의 종류, 특성, 명세서, 성과특성, 평가 등에 관한 연구의 초기 단계에도 와 있지 않다.

그러나 사실 모든 인간이 작업을 하는 데는 세 종류의 팀이 있다(펜실베이니아대학교 와튼 스쿨의 로버트 키델Robert W. Keidel 교수는 팀과 팀워크를 분석하고 설명하기 위해 대부분 스포츠를 대상으로 연구하였다. 1985년 11월호 INC의 "당신은 어떤 게임을 하고 있는가?"에서 그가 한 인터뷰 참조). 어떤 작업의 생산성을 높게 하려면, 그 작업 자체와 그 작업과정에 적합한 팀을 구성하여야만 한다.

야구 혹은 크리켓팀

첫 번째 종류의 팀은 야구와 크리켓을 예로 들 수 있다. 이것은 병원에서 환자를 돌보는 팀과 같은 종류다. 이런 팀에서 모든 구성원은 팀에서 운동하는 것이지, 팀처럼 운동하는 것은 아니다. 야구나 크리켓 운동에서 각각의 선수는 비워두어서는 안 되는 고정위치가 있다. 야구를 예로 들면 외야수는 서로 도와주지 않는다. 그들은 각자의 위치에 머무르고 있을 것이다.

"타석에 들어서면 당신은 완전히 혼자가 되는 거야?"라는 말은 야구하는 사람들에게 통하는 오래된 속담이다. 마찬가지로 마취의사는 외과의사나 외과 간호사의 보조를 받는 것은 아니다. 물론 그 반대도 마찬가지다.

이런 종류의 팀은 심각한 정신적 압박을 받지 않는다. 사실 사람들이 '팀을 구성한다'는 말을 할 때는 자기가 속한 이런 종류의 팀에서 나와야겠다는 뜻을 갖고 있을 때가 많다. 그리고 야구나 크리켓에서 모든 선수는 각각 무시할 수 없는 큰 힘을 갖고 있다. 왜냐하면 모든 선수는 고정위치와 그들만의 고유한 역할이 있고, 각 역할을 수행하는 것을 기준으로 성과점수가 측정되며 각자 역할에 필요한 훈련을 하기 때문이다. 야구나 크리켓이 수십 년 전부터 모든 선수에 대한 개인별 기록 통계를 갖고 있는 것은 우연한 일이 아니다. 병원의 수술팀도 같은 방식으로 운영된다.

반복적인 과업과 규칙이 잘 짜여 있는 작업이라는 면에서 야구팀이 가장 좋은 예다. 오늘날 대량생산 방식, 즉 물건을 생산하고 운반하는 작업은 이러한 것을 모델로 하여 조직되었고, 현대의 대량생산

방식이 성과를 낸 것은 이 모델을 따른 데 크게 덕을 본 것이다.

축구팀

두 번째 예는 축구팀이다. 이런 종류의 팀은 교향악단이 조직되는 팀 개념이고, 새벽 두시에 심장발작을 일으킨 환자 주변에 모인 병원팀의 모델이기도 하다.

이런 팀에서도 역시 모든 구성원은 고정위치가 있다. 교향악단의 튜바 연주자는 더블베이스가 연주할 부분은 연주하지 않는다. 그들은 튜바를 불어야 할 때만 연주한다. 병원 응급팀의 순환계 전문의는 아무리 급하다 해도 자신이 환자의 가슴을 절개하지는 않는다. 그러나 이런 팀에 소속된 구성원은 팀처럼 행동한다. 각자는 팀의 다른 분야의 구성원들과도 협조한다.

이런 팀에는 지휘자 또는 코치가 필요하다. 지휘자나 코치의 말은 곧 법이다. 이런 팀에는 동일한 '악보'가 필요하다. 팀이 잘하기 위해서는 끝없이 반복 연습을 해야 한다. 그러나 해야 할 일이 확실하고 팀이 잘 짜여 있다면, 야구팀과 달리 융통성이 많다. 이런 팀은 빠르게 움직일 수 있다.

복식 테니스팀

마지막으로 세 번째 예는 복식 테니스팀이다. 재즈캄보나 미국 대기업의 '사장단 회의'를 구성하는 4~5명으로 구성된 중역 팀, 그리고 독일의 임원회(Vorstand)도 그 예다. 이런 팀은 구성원 수가 적다. 대개 일곱 명에서 아홉 명이 최대 숫자다. 이런 팀에서 각자는 '고정

위치'가 아니라 '우선적인 위치'를 갖고 있다. 각자는 서로서로 보완해준다. 그리고 각자는 다른 구성원의 장점과 약점에 대해 스스로 조정한다. 복식테니스에서 후위는 네트에 바짝 다가선 전위의 장점과 약점을 감안하여 경기를 한다.

자기편 선수의 장단점에 대한 이런 조정—예를 들면 상대방 선수가 라켓으로 볼을 치자마자 백핸드가 약한 전위를 커버하기 위해 뛰어갈 수 있는—이 잘될 때 그 팀은 승리하게 된다.

이렇게 잘 조정된 팀이 가장 강한 팀이 된다. 이런 팀은 팀구성원의 강점을 이용하고 단점은 보완하기 때문에 팀구성원의 개별성과를 합한 것보다 팀의 성과는 더 크게 된다. 그러나 구성원에게는 엄청난 자기규제가 필요하다. 구성원들이 실질적으로 '팀'처럼 과업을 수행하기 위해서는 꽤 오랜 시간 함께 행동해야만 한다.

팀 종류별 특성

이런 세 종류의 팀은 서로 혼합될 수 없다. 같은 팀으로 같은 장소에서 같은 시간에 야구나 축구 혹은 크리켓이나 테니스를 할 수 없다. 교향악단이 재즈캄보가 연주하듯이 연주할 수는 없다. 앞의 세 팀은 순수하지 않으면 안 된다. 이것저것 다 할 수 있는 잡종이 될 수는 없다. 그리고 다른 팀으로 옮기는 것은 매우 어렵고도 고통스럽다. 이적은 장기간에 걸쳐 형성된 서로 좋아하는 인간관계를 끊어버린다. 주요한 작업의 내용이나 작업도구, 작업과정, 그리고 최종 생산제품의 변화는 팀의 변화를 요구한다. 특히 이 점은 정보 흐름의 변화와 관련하여서는 진실로 그렇다.

야구팀 같은 팀에서 선수들은 각자 상황에서 정보를 얻는다. 각자는 각자의 과업과 관련되는 적절한 정보를 얻으며, 팀 동료가 얻는 정보와는 관련이 없다. 교향악단이나 축구팀 같은 팀에서 정보는 악보나 코치에게서 나온다. 악보나 코치는 팀이 해야 할 것들을 정해준다. 복식 테니스팀에서는 선수들이 대개 서로서로 정보를 주고받는다.

최고경영자는 전문분야별 사장을 의미한다. 예를 들면 공장을 운영하는, 판매부문을 지휘하는, 재무부문을 책임지는 부문별 중역들의 '보고'를 받는 최고경영자가 있다. 사장실은 최고경영층을 복식 테니스팀 스타일로 만들기 위한 곳이다.

전통적으로 새로운 제품을 출하하는 작업은 야구팀 같은 조직이 수행했다. 예를 들면 디자인, 엔지니어링, 생산, 판매 등은 각각 자기가 할 일만 하고 다음 분야로 넘겨준다. 제약업, 화학산업 등 미국의 몇몇 주요한 산업에서는 오래전부터 축구팀 또는 교향악단 스타일의 팀으로 바뀌었다. 그러나 미국의 자동차 산업은 신제품 디자인과 출하를 하는 데는 야구팀 형태의 조직을 그대로 유지하였다. 그 결과 미국의 자동차 공업도시 디트로이트는 신제품을 출하하는 속도, 시장변화에 대한 적응성 양 측면에서 훨씬 뒤떨어졌다.

적절한 팀의 유형이 결정되고 팀이 짜였을 때만 지식근로자와 서비스근로자들의 생산성은 실질적으로 높아질 것이다. 적절한 팀 그 자체가 생산성을 보장하는 것은 아니다. 그러나 잘못 짜인 팀은 생산성을 파괴한다.

조직에 속해야 한다

지식근로자들은 필연적으로 전문가들이라는 사실의 두 번째 함의는 지식근로자가 조직에 속해야 한다는 것이다. 즉 조직의 구성원으로서 일할 필요성 말이다. 지식근로자들이 효과를 내는 데 필요한 기본적인 활동기간을 제공하고 지식근로자들의 전문적 지식을 성과로 전환할 수 있는 것은 조직뿐이다.

전문적인 지식 자체는 아무런 성과를 낼 수 없다. 외과의사는 진단서 없이는 효과적으로 수술할 수 없다. 진단이란 대체로 외과의사가 할 일이 아니며, 심지어 외과의사는 그럴 능력도 없다. 시장조사자들은 자료만을 만들어낸다. 자료를 정보로 바꾸는 것은(지적 행동에 적용하여 효과를 내는 것은 차치하고라도) 마케팅 담당자, 생산 담당자, 서비스 담당자들의 몫이다.

연구와 집필을 혼자서 하는 역사학자들은 매우 효과적일 수 있다. 그러나 학생을 교육하기 위해서는 다른 많은 전문가가 공헌해야만 한다. 문학, 수학 또는 다양한 역사를 전공한 사람들이 공헌해야 한다. 그리고 전문가가 공헌하기 위해서는 전문가는 조직에 접근할 수 있어야 한다.

그 접근은 컨설턴트도 가능하다. 그는 전문적인 서비스의 제공자다. 그러나 대부분의 지식근로자에게 그것은 조직의 종업원으로서다. 풀타임이든 파트타임이든 간에, 그리고 그것이 정부기관이든 병원이든 대학이든 기업이든 노동조합이든 다른 어떤 조직이든 간에 말이다.

지식사회에서 성과를 올리는 것은 개인이 아니다. 개인은 성과중심점(performance center)이라기보다는 비용중심점이다. 업무를 수행하는 것은 조직이다. 내과의사 개개인은 지식이 많다. 그러나 내과의사는 물리, 화학, 유전학 등 일련의 과학적 지식에서 제공되는 지식이 없이는 무능하게 될 것이다.

내과의사는 진단 전문가들이 제공하는 검사결과가 없이는 아무 일도 할 수 없다. 그것이 X레이든 초음파든, 혈액검사나 뇌파검사 결과든 간에 말이다. 그리고 내과의사는 병원이 제공하는 서비스가 없으면 아무 일도 못한다. 정맥주사를 놔주고, 중환자를 돌봐주는 등 그것이 없이는 완전한 회복이라고 할 수 없는 육체적 · 정신의학적 재활활동이 없이는 말이다. 심전도든 혈액검사든 자기공명촬영이든 또는 물리치료든 간에 이러한 서비스를 제공받기 위해서 내과의사들은 영구히 운영될 수 있도록 조직된 병원에, 즉 고도로 구조화된 기업에 고용되어야만 한다.

지식생산성 향상 방법론 요약

첫째, 지식생산성은 높은 목표를 겨누어야 한다. 지식 투자에 대한 생산성을 향상하기 위해서는 지식을 체계적 · 조직적으로 적용하지 않으면 안 된다. 지식이 목표에 도달하기 위한 각 단계는 작지만 점진적이어야 한다. 그러나 목표는 야심적이어야만 한다. 지식은 차별화하기 위해 적용했을 때만 생산성을 올린다. 지식이 결과를 산출하기 위해서는 높은 목표를 겨누어야 한다는 말이다.

둘째, 지식근로자의 과업은 고객 만족과 고객창조다. 물건을 생산하고 운반하는 육체작업에서 과업의 목적은 당연히 주어진 것으로 간주된다. 그러나 21세기에는 지식근로자의 창의성과 판단능력이 중요하고 이를 뒷받침할 조직분위기가 중요하다. 결론적으로 어떤 분야에 종사하는 지식근로자의 과업은, '만족시켜야 할 고객을 창조'하는 것이다. 고객을 만족시키기 위해서는 먼저 지식근로자 자신이 '만족'이란 무엇을 의미하는지 규정해야 한다.

지식작업과 서비스작업의 경우, 생산성 향상과 관련된 첫 번째 질문은 다음과 같아야 한다.

"과업은 무엇인가? 우리가 완수하려고 하려는 것은 무엇인가? 도대체 그 일을 왜 하는가?"

이런 질문으로 얻게 되는 가장 쉬운, 어쩌면 가장 큰 생산성 향상은 과업을 규정하는 것 자체, 특히 수행할 필요가 없는 과업을 제거함으로써 나온다.

셋째, 지식들끼리 연결하는 것이 비결이다. '연결이 비결이다'(only connect)라는 말은 영국의 소설가 에드워드 모건 포스터(Edward Morgan Forster)가 충고한 말이다. 그것이 바로 위대한 소설가의 비결이었다. 그것은 위대한 예술가의 비결일 뿐만 아니라 위대한 과학자의 비결이기도 하다. 연결할 수 있는 능력에 관한 한, 그들의 수준이란 천부적인 것으로서 우리들이 그들을 '천재'라고 하는 그런 신비스러운 능력일는지도 모른다.

대체로 말해, 기존의 지식들을 서로 연결해서 산출량을 올리는 것은 개인과 팀, 그리고 조직 전체가 배울 수 있다. 그리고 그것은 가르칠 수 있는 것이기도 하다. 따라서 앞으로 경영자에게는 통합적 사유, 학문과 지식의 통합을 의미하는 통섭(統攝) 능력이 한층 더 필요하다. 지식생산성을 향상하기 위해서는 이미 알려져 있는 것(정보, 지식, 자원, 자본)에서부터 산출량을 증가시켜야만 한다. 그것이 개인에 의해서 알려진 것이든 집단에 의해서 알려진 것이든 불문하고 말이다.

농업전문가에게서 농사를 훨씬 더 생산적으로 짓는 방법을 가르쳐주겠다는 제안을 받은 어느 농부는, "나는 벌써 지금보다 두 배나 잘할 수 있는 법을 알고 있어요"라며 그 제안을 거절해버렸다는 이야기가 있다. 우리는 대부분 활용하고 있는 것보다 몇 배나 더 많은 지식을 알고 있다. 달리 말해 우리들은 알고 있는 여러 지식을 모두, 제대로 활용하지 않고 있다는 말이다.

공구상자에는 사용하지 않는 공구들이 일부 있는 것처럼 우리들은 알고 있는 지식을 모두 이용하지 않고 있다. 우리들은 "내가 알고 있는 것이 무엇인가? 내가 배웠던 것이 무엇인가? 이 과업을 해결하는 데 무엇을 적용할 수 있는가?"라고 묻지 않는 경향이 있다. 배우고 가르치는 일에는 도구에 초점을 맞추어야만 한다. 도구의 용도는 최종 결과에, 과업에, 그리고 작업에 초점을 맞추어야 한다.

많은 경우 기존의 종업원들이 갖고 있는 지식들을 통합하여 해결할 수 있다. 검색엔진 구글(google)이 등장한 후 '나는 몰랐다'는 변명이 통하지 않게 되었다. 구글은 이제 회사 이름이 아니라 구글에서 찾아보라(google that)는 의미로 쓰인다.

넷째, 지식생산성을 높이는 것은 천재의 번뜩임이 아니라 고된 작업이다. 지식생산성을 높이기 위해서는 지식이 고도로 집중화되어야 한다. 개인에 의해서건 팀에 의해서건 간에, 지식을 향상하기 위해서는 목표와 노력이 있어야 한다. 그것은 '천재의 번뜩임'이 아니다. 그것은 고된 작업이다.

일본사람들이 잘하는 카이젠(改善)은 하나하나의 과정이 모두 작은 단계다. 여기서는 조금 변하고, 저기서는 조금 개선되고 하는 것이다. 그러나 최종목표는 단계별 개선을 거쳐 몇 년 후에는 완전히 다른 제품, 다른 제조 공정을 만들고 서비스를 제공하려는 것이다. 목표는 차별화(make a difference)하는 데 있다.

지식생산성에 영향을 미치는 요소들을 정리하면, 첫째는 시간이고 둘째는 제품 믹스(product mix), 셋째는 프로세스 믹스(process mix)다. 넷째, 생산성은 조직구조에 따라, 그리고 회사가 수행하는 다양한 활동끼리 조화되어지는지에 따라 결정적으로 영향을 받는다는 것이다.

모든 경영자가 모든 것을 다할 수는 없으며, 객관적으로 이익이 가장 많이 나는 그런 사업 분야가 있다고 해서 모든 회사가 당연히 진입해서도 안 된다. 각각의 경영자는 나름대로 특수한 능력이 있으며 한계도 있다. 그런 것을 뛰어넘으려고 시도하면, 그 사업이 본질적으로 아무리 이익이 많이 나는 것이라 해도 실패할 확률이 높다.

생산성에 대해 정의 내릴 때는 생산성에 영향을 미치는 모든 요소를 포괄하도록 해야 할 뿐만 아니라 그런 모든 요소를 고려하는 목표를 설정해야 한다.

* 주요 교재: 『21세기 지식경영』, 『자본주의 이후의 사회』

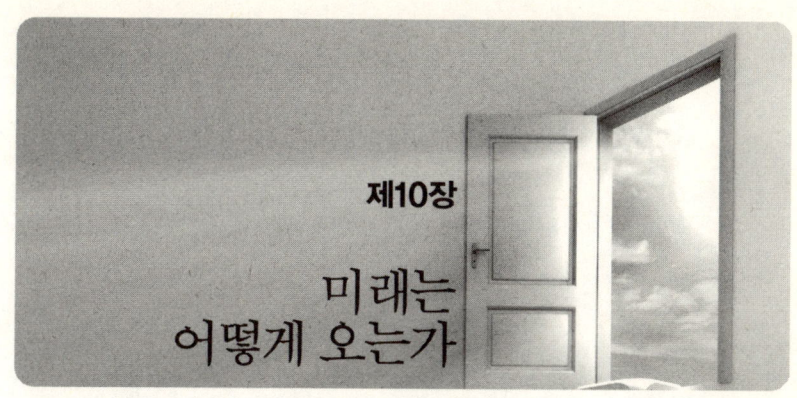

제10장

미래는
어떻게 오는가

이미 일어난 미래

그 어느 때보다도 지금 더 필요한 드러커

2009년 캘리포니아에서 개최된 '피터 드러커 탄생 100주년 기념주간 행사'(2009. 11. 2~11. 8)의 폐회식에서 클레어몬트대학원의 아이라 잭슨(Ira A. Jackson) 원장이 다음과 같은 말로 폐회사를 끝맺자, 참가자들은 큰 박수로 호응했다.

"전 세계적으로 재무적 · 정치적인 위기와 지식사회로의 불편한 이동이 계속되고 있는 오늘날, '목표를 달성하는 경영', '윤리적 리더십', 그리고 '사회적 책임'에 대한 드러커의 통찰이 지금처럼 필요한 때가 없었다. 간단히 말해 우리는 '드러커가 그 어느 때보다도 지금 더'(Drucker, now more than ever) 필요하다."

모두가 볼 수 있을 때까지 아무도 못 본 것을 미리 본 사람

캘리포니아 행사를 마치고 10일 후 오스트리아 빈에서 개최된 '피터 드러커 탄생 100주년 기념 행사'(2009. 11. 19~11. 20)에서 유럽 사회복지정책연구센터 사무총장 베른트 마린(Bernd Marin) 박사는「모두가 볼 수 있을 때까지 아무도 못 본 것을 미리 본 피터 드러커」(Seeing what nobody sees – until everyone can see it. Sehen was keiner sieht – bis alle es sehen)라는 제목의 소책자를 발표했다.

피터 드러커가 20세기 후반에 수행한 역할

드러커는『자본주의 이후의 사회』에서 테일러가 노동생산성을 향상해 인류의 물질적 소비수준을 높인 것을 강조하기 위해 다음과 같이 말했다.

"간혹 다윈, 마르크스, 프로이트는 현대 세계를 창조한 삼위일체로 인용되고 있다. 만약 이 세상에 정의라는 것이 있다면, 마르크스는 빼내고 테일러를 대신 집어넣어야만 한다."

드러커는 연방주의자 신문(Federalist's Paper) 이후 미국이 서구사회의 사유체계에 기여한 가장 지속적이고 가장 강력한 공헌으로 과학적 관리법을 인정했다. 훌륭한 경영은 기업부문뿐만 아니라 사회부문에도 중요하다는 사실을 강조했다. 대형 교회의 등장과 발전에도 기여했다. 드러커는 기업을 단순히 경제적 자원이 집적되어 있는 조직이 아니라 인간의 조직으로 취급했다. 그러나 기업이든 자원부문이든 간에 효율적인 조직이 되기 위해서는 분명한 목표와 성과측정이 필요하다고 강조했다.

사실 19세기 말 두 가지 사건이 세상을 보는 눈을 바꾸어놓았다. 뢴트겐은 X선을 발견하여 우리 몸속을 들여다볼 수 있도록 했고, 프로이트는 우리 의식 속에는 우리가 의식하지 못하는 무의식이 있음을 밝혀냈다. 그런 관점에서 1950년대 드러커는 토지와 자본과 노동 대신에 지식이 주요 생산요소라는 새로운 사실을 밝혀냈다. 드러커가 인류에 대해 수행한 역할은 바로 그것이다.

뢴트겐은 인간의 몸속을 볼 수 있도록 했고, 프로이트는 마음속을 들여다볼 수 있게 했으며, 드러커는 인간이 (토지, 노동, 자본 대신에) 자신이 가진 지식으로 재화와 서비스의 생산성을 높일 수 있음을 밝혔다.

왜 지금도 드러커인가?

하버드대학교가 출판하는 세계적인 경영 월간지 하버드 비즈니스 리뷰는 2009년 11월호를 '피터 드러커 탄생 100주년'을 기념하여 특집호로 꾸몄다. 하버드 비즈니스 리뷰는 '왜 지금도 드러커인가?' 만약 드러커가 오늘날과 같은 경제적 혼란기에 살아 있다면, '드러커는 무엇을 했을까?'라는 등의 질문을 타이틀 기사로 게재했다. 두 질문에 대한 대답은 다음과 같다.

"왜 지금도 드러커인가?"(Why Drucker now?)

"드러커의 유산이 지금도 계속 살아 있으니까"(Because Drucker's legacy lives on).

"드러커는 무엇을 했을까?"(What Drucker Would Do?)

"나는 이미 말했잖아"(I told you so).

전 세계의 기업과 정부와 시민사회의 많은 차세대 지도자가 경영은 인간을 위한 조직활동이자 인문예술이라는 드러커의 철학에 깊이 빠져 있다. 오늘날 우리 모두가 기억할 필요가 있는 드러커의 가르침은 무엇인가?

하버드 비즈니스 스쿨의 로자베스 모스 캔터(Rosabeth Moss Kanter) 교수와 모스크바 경영대학원의 앨런 캔트로(Alan M. Kantrow) 교수는 하버드 비즈니스 리뷰에 각각 논문을 기고했고, P&G의 앨런 조지 래플리(Alan George Lafley) 회장과 중국 하이얼전자의 짱루민 회장 등은 자신들이 전략을 수립할 때 드러커의 아이디어를 활용한 사례를 제시했다.

잉크는 켄 블랜차드(Ken Blanchard)와 콜린스가 캘리포니아에서 발표한 내용을 게재했는데, 블랜차드는 "나는 내가 한 일들을 진정 내가 처음 창안한 것으로 생각했으나 그것들은 대부분 드러커가 먼저 그의 저술에서 언급했다는 사실을 뒤늦게 알게 되었다"라고 술회했다. 콜린스는 "드러커는 CEO와 정부지도자와 주요 자선사업가의 귀를 갖고 있었다"라고 말했다.

로스앤젤레스 타임스는 드러커가 반기업정서의 원인, 기업의 사회적 책임, 리더십 등에 남긴 업적을 높이 평가하는 글을 실었다.

월스트리트 저널은 드러커를 가장 영향력 있는 20세기의 경영사상가로 손꼽았다. 파이낸셜 타임스는 "드러커만큼 경영 실천에 영향을 미친 사람은 없다. 드러커는 내가 연구하려는 분야에 몇 년 혹은 몇십 년 앞서 비슷한 내용에 대해 매우 깊이 연구했다"라는 미시건 대학교의 코임바토르 크리슈나라오 프라할라드(Coimbatore Krishnarao

Prahalad) 교수의 말을 인용했다.

영국의 이코노미스트는 드러커의 저술이 지금도 유용하다면서 드러커는 진정한 의미의 구루라고 썼으며, 2009년 11월 19일 장문의 글을 게재했다. "경영계는 이론파들과 실천파들로 나뉘어 있고 두 파는 공개적으로 서로 비판하고 있다. 하지만 2009년 두 파는 합심하여 현대 경영학의 아버지 혹은 세상에서 가장 위대한 경영사상가로 불리던 피터 드러커의 탄생 100주년을 기렸다."

시간의 검증을 거친 드러커의 기업경영 철학

로스앤젤레스 타임스는 2009년 12월 31일 "드러커의 혁신적인 가르침은 수십 년 전부터 나왔지만 오늘날에도 여전히 신선하다"라는 제목의 글에서 "올해는 피터 드러커의 탄생 100주년인데, 그의 아이디어가 오늘날 기업계에 어떻게 적용되는지 재검토하지 않고 넘어가는 것은 말도 안 된다. 드러커의 기업경영 철학과 기업의 사회적 역할은 오늘날에도 경영자들이 거듭하여 배우고 있다. 어떤 사람이 진정 선구자가 되려면 그의 선구적인 업적이 세대마다 도전받아야 하고 그것을 이겨내야 한다. 그런 한 사람이 바로 드러커인데, 기업경영에 대한 그의 가르침은 1939년 처음 책을 쓴 이래 일곱 세대나 지난 후에도 여전히 힘을 잃지 않고 있다"라고 요약했다.

이익은 비용이다

드러커는 이익을 중요시했지만 이익 최대화가 기업의 유일한 목표는 아니라고 지적했다. 이익은 기업이 부를 창출해 사회적 목적을 달성하기 위한 필요조건으로 보았다. 이익은 기업의 능력을 측정하는 기준이다. 이익은 기업활동을 계속하기 위한 도덕적 필수요건이자 기업활동을 계속하기 위한 순수한 비용이다.

따라서 경영자들은 세상에 (순수한) 이익이라는 것은 없다는 사실을 스스로 확신해야 할 뿐만 아니라 사회에 널리 알릴 필요가 있다. 기업에는 오직 비용만 있을 뿐이며, 기업을 운영하는 비용과 기업활동을 계속하는 비용, 노무비와 원재료비, 자본비용, 오늘의 일자리를 유지하고 내일의 일자리를 창출하고 미래에 지급할 연금비용만 있다.

이런 비용들을 세 가지로 분류하면 사업을 지속하기 위한 존속비용(cost of staying in business), 미래에 살아남기 위한 미래비용(cost of a future), 경제가 부(富)의 증식능력(wealth producing capacity)을 유지하도록 하기 위해, 그리고 무엇보다도 오늘날의 일자리를 그대로 유지하고 내일의 일자리를 창출하기 위한 비용이다.

21세기 우리는 모두 드러커리언이다

독일의 소설가 슈테판 츠바이크(Stefan Zweig)는 드러나지 않는 인간 내면의 의식을 중요시하면서 이런 말을 한 적이 있다.

"인류 역사에 결정적인 역할을 하는 것은 행동 그 자체가 아니라, 그 행동에 대한 인식과 그 행동의 영향이다."

그 반면 드러커는 결과를 중시했다. 츠바이크가 세상이 살 만한 것인지를 따져보는 데 고민했다면, 드러커는 세상을 살 만하도록 만들기 위해 노력했다. 드러커가 지식근로자의 자기관리를 강조한 것은 그런 뜻이다.

지식사회에서는 작업현장의 작업자와 지식근로자들은 자기 자신을 스스로 관리해야만 한다. 산업사회에서는 할 일이 미리 정해져 있거나 상사가 일거리를 결정한다. 그러나 지식사회에서는 지식근로자 자신이 최고로 기여할 수 있는 분야를 스스로 찾아가 자리를 잡아야 한다. 지식근로자는 자신을 개발하는 방법을 스스로 배워야 한다. 그들은 50여 년 동안 근로생활(working life)을 하면서 육체적으로는 젊고, 정신적으로는 활기를 유지하는 법을 배워야만 한다. 그들은 그들이 하는 것을 어떻게, 언제 바꿀지를 알아야만 한다.

과거 농업사회는 토지가 주요 생산요소였기 때문에 토지확보를 위한 전쟁을 했고, 시민혁명도 있었다. 산업사회 역시 기계파괴운동과 공산혁명 등 피를 흘리는 일이 많았다. 그러나 지식사회에서는 피를 흘리지 않는 조용한 경쟁이 진행되고 있다. 자신의 두 귀 사이에, 즉 머리에 든 지식을 응용하여 새로운 지식과 상품과 서비스를 생산하기 때문에 인간에게 고통을 안겨주지 않고 지식혁명이 진행되고 있다는 말이다. 그런 점에서 21세기를 사는 우리는 모두 드러커리언(Druckerian)이 되어야 한다.

드러커에서 드러커주의로

'드러커 탄생 100주년 기념' 두 행사에서 쏟아진 숱한 말 가운데 공분모 하나를 손꼽으라면 '공헌'이 아닌가 생각한다. "성공한 리더들이 갖는 공통적인 특성이 무엇인가?" 하는 질문을 놓고 대부분의 발표자는 "결국 좋은 인생은 다른 사람들의 복지를 위해 자신이 가장 잘 하는 일을 하는 것이고, 성취적인 인생이라는 자기 자신의 목적을 초월하는 목적을 가진 인생이다"라고 했다. 요컨대 앞으로 지식근로자는 '개인적인 성공을 넘어 보다 나은 사회를 위한 공헌'(from success to contribution)을 해야 한다는 것이었다.

다른 하나는 '드러커주의'를 확산하자는 것이었다. 마린은 이렇게 말했다. "지금 우리는 '드러커'라는 이름은 잊어도 되지만, 그것을 '드러커주의'로 승화시켜야 할 것이다." 내가 『지식근로자』, 『지식역사』, 『지식사회』라는 제목의 책을 펴낸 이유는 '드러커주의'를 우리나라에 보급하기 위해서였다.

앞으로 우리나라의 기업계와 학계와 비영리단체는 드러커에 대한 연구지평을 더욱 넓혀 그의 철학관, 역사관, 정치관, 사회관, 경제관, 인구론, 예술관, 문학관, 교육관, 비영리단체 운영방법, 개인적인 삶 등을 깊이 파고들어 '드러커를 넘어 드러커주의로'(from Drucker to Druckerism) 나아가야 할 것이다.

드러커리언의 역할: 기업이 사회에 끼치는 영향의 재발견

드러커는 "나는 예언하지 않는다. 다만 창문 밖을 내다보고 다른 사람들이 보지 않는 것을 전할 뿐이다"라고 했는데, 드러커의 관찰은 오늘날에도 여전히 유효하다. 파이낸셜 타임즈는 21세기에 드러커리언이 수행해야 할 과제(the Druckerian task)는 기업이 사회에 미치는 영향을 재발견하는 것이며, 그렇게 하기 위해서는 드러커의 통찰과 실용성이 담긴 질문들을 해야 한다고 결론 내렸다. 드러커의 생애를 통틀어 반복되고 보강된 드러커주의의 핵심 사상은 다섯 가지 주제로 요약할 수 있다.

첫째, 경영은 하나의 전문적 직업이고, 경영자는 그들의 일차적 과업이 조직의 장기적인 건강을 돌보는 것임을 기억해야 한다. 그것은 기업이라는 그들만의 벽을 넘어 사회적 책임을 부담해야 하고, 재무적인 부(富)뿐만 아니라 사회의 복지에 공헌하는 책임을 지는 것을 의미한다. 드러커는 개인의 성공추구를 넘어 공헌추구(pursuit of success with the pursuit of contribution)를 강조했다.

둘째, 지식근로자들은 감독할 수 없고 통제를 가할 수도 없다. 지식근로자들에게는 동기를 부여해야 한다. 지식근로자들은 개인적 이익보다는 한층 더 의미 있는 목적을 발견하지 않으면 안 된다. 만약 그들의 할 일이 오직 돈에 관한 것이라면, 이미 혜택을 받은 자가 가장 큰 몫을 차지하게 되어 사회의 각종 격차는 점점 더 확대될 것이다. 그것은 결국 자본주의 체제를 위협할 수도 있다.

셋째, 비영리조직은 좋은 사회, 즉 기업이 번창할 수 있는 자유로운 사회를 창출하는 데 필수적인 요소다. 시민사회는 정부가 해결하지 못한 시민의 인간적 필요 사항들을 보완하는 일을 자발적으로 수행한다.

넷째, 드러커는 혁명을 꿈꾸는 사람이 아니었다. 드러커는 다만 우리들이 갖고 있는 기존의 가정들(assumptions)에 끊임없이 도전하도록 촉구했다. 드러커는 지속성과 장기적 비전을 역설했다.

마지막으로 드러커주의의 행동강령은 스스로 자신의 인생 목표를 세우고 자기관리를 통해 그것을 달성하는 것이다.

드러커는 어떻게 했을까?

드러커가 내린 조기경보는 다음과 같다.

첫째는 '보너스 잔치 소동'이다.

둘째로 미국 자동차 회사들의 몰락을 예고하고 '창조적 파괴'를 강조했다.

셋째로 신흥시장과의 경쟁은 궁극적으로 글로벌 경제에서 미국의 우위성을 위협하게 될 것이라고 일찍이 경고했다.

넷째로 제3부문의 중요성을 예견했다. 드러커는 기업은, 화폐로 표시한 최종 보상이 얼마인가 하는 것을 넘어 존재하는 다른 여러 동기부여 방법을 비영리조직으로부터 배울 수 있다고 생각했다.

드러커가 살아 있다면 기업의 리더들에게 다음의 몇 가지 곤혹스러운 질문을 던졌을 것이다.

"당신의 사명은 무엇인가?"

"지금 하는 일을 언제 그만둘 것인가?"

"장기적인 목표달성 능력을 훼손하고 단기적인 효율성에만 집중하고 있는 곳은 어디인가?"

"사업의 목적은 무엇이어야 하며, 지도 원칙은 무엇인가?"

드러커는 산업사회의 한 지식인으로서 정보시대의 이동성과 급격한 변화를 헤쳐나갈 길을 제시한 사람이었다. 드러커는 사람을 조작이 필요한 기계로 보지 않았고, 권한을 부여해야 할 자산으로 보았다. 드러커의 성향은 맹목적으로 시장 합리성을 믿는 것이 아니라 목적을 이해하고 그것에 기초하여 목표를 수립한 뒤 '올바른 사고'를 하는 것이었다.

요컨대 드러커는 합리성(rationality)보다는 지향성(intentionality)에 더 역점을 두었다. 드러커가 합리성을 넘어 지향성에 더 역점을 둔다는 것은, 조직을 있는 그대로 보는 것이 아니라, "우리 사업은 무엇이며 앞으로 무엇이 되어야 하는가?"라는 지향성 질문을 통해 미래 모습을 형성하는 데 경영자의 지향적 의도를 구현해야 한다고 본 것이다.

드러커적 관점은 "사물이 변하고 있을 때, 목적의식과 한 묶음의 공통 가치는 사람들이 효과적으로 함께 일할 수 있도록 해준다"라는 것이었다. 만약 20세기가 좁은 분야의 전문성을 가진 지식근로자의 등장을 가능케 했다면, 21세기는 분야와 전문성을 가로질러 통합적 사고를 하고 협력할 줄 아는 리더를 필요로 할 것이다. 조정이 아니라 협력이 21세기 경영자의 과업이 될 것이란 말이다.

드러커는 (만약 지금도 살아 있다면) 자신이 태어난 후 1세기 동안 걸어온 길을 어떻게 평가했을까? 드러커는 결과를 열정적으로 강조하는 대변자였을 뿐만 아니라 프로세스를 가르치는 교사였다. 지금도 우리는 기지(旣知)의 사실로부터 미지(未知)의 사실을 추정하는 외삽법(外揷法)을 이용하여 드러커의 이론을 연장함으로써 현재의 문제와 미래의 도전에 대해 사고하는 방법을 이끌어낼 수 있다.

요컨대 "드러커는 어떻게 했을까?"(What Drucker would do?)라는 물음에 대해 다음과 같이 정리할 수 있을 것이다.

첫째, 드러커는 기업에 대한 신뢰를 복원하기 위해서는 최고경영자들이 우두커니 멈춰 있거나 정부로부터 과도하게 규제를 당하는 대신에, 자기규제적(self-regulating)인 사람이 되도록 강조했을 것이다. 왜냐하면 드러커는 정부나 기업에서 권력의 집중을 경계해왔기 때문이다.

둘째, 드러커는 자신들이 받는 보수에 최고 한계를 정하는 용기 있는 소수의 CEO를 칭찬했을 것이다.

셋째, 드러커는 공개 회사들의 임직원에게 프로페셔널리즘을 강조하고, 이사회가 정실주의 대신에 분명하고도 객관적인 평가도구와 방법을 도입하도록 권고했을 것이다.

넷째, 드러커는 건강과 교육을 증진하기 위해 지역사회의 여러 조직을 포함하여 전체 시스템을 검토했을 것이고, 그다음 정부, 기업, 그리고 시민사회가 상호 정보를 교환하며 협조하도록 권고했을 것이다.

다섯째, 지구온난화와 기타 환경 문제에 대처하기 위한 국제적 공조를 이끌어내어 공통의 목적을 규정하기 위해 정부 관리들에게 국가주권을 넘어 사고의 폭을 넓히도록 권유했을 것이다.

여섯째, 드러커는 국제적 분쟁지역의 긴장수준을 낮추기 위해, 부유한 국가의 정부는 미래의 기업을 설립할 수 있고 시민사회의 발전을 이끌어갈 능력이 있는 기업가들을 발굴하고 투자해야 한다고 강조했을 것이다.

일곱째, 비영리조직을 통해 희망과 번영을 위한 토대를 건설하기 위해 자발적 행동을 유인할 수 있는 사회기업가들의 혁신을 장려했을 것이다.

드러커의 저술을 읽어야 하는 이유

드러커의 저술을 읽어야 하는 이유는, 경영자는 드러커의 아이디어와 그것들을 형성한 그의 정신의 원리 모두에서 이득을 볼 수 있기 때문이다. 드러커의 많은 저술은 그 자체가 일차적으로 전문적 업적이다.

드러커의 저술이 인기가 있는 것은 경구(警句)로 가득 찼다거나, 기술적으로 뛰어난 통계 숫자가 많아서 그런 것이 아니다. 그것은 드러커의 생생한 아이디어와 지혜를 접하게 되면 귀가 번쩍 뜨이기 때문이다.

드러커의 통찰력은, 그가 파악하고 제시한 내용 자체보다는 그것을 도출한 사고방식에 더 큰 가치가 있다.

첫째, 드러커의 통찰에서 통합적 사고를 배울 수 있다. 드러커의 사고방식은 결정적으로 통합적 속성(integrative quality)에 기초한다. 우리는 경영자의 존재를 가능하게 한 전통과 다양한 구조로 구성된 역사적인 우주(historical universe)를 이해해야 하며, 경영자가 참여하는 규범과 가치로 구성된 문화적 우주(cultural universe)도 살펴보아야 한다.

둘째, 역사에 대한 통찰을 배울 수 있다. 드러커의 사고방식은 역사를 바탕으로 미래에 대한 통찰을 이끌어낸다. 심지어 가장 곤란한 문제에 봉착했을 때도 그런 통합적 사고(integrative thinking)는 드러커가 당면한 문제의 중심 가설들(key assumptions)이 무엇인지를 파악하고, 상호관계를 설정하도록 했으며, 그것들을 평가하도록 했다.

셋째, 기술의 역할을 배울 수 있다. 드러커는 1955년부터 1969년까지 기술역사협회의 회장을 지냈는데, 기술의 역사에 밝았고 기술적 함의를 잘 파악했다. 드러커는 통합적 사고로 기술이 현대 기업에 부과한 특수한 문제를 조명했다. 그는 산업발전의 역사에 대해 폭넓은 지식을 보유하고 있었으므로, 『기술, 경영, 그리고 사회』에서 "20세기 기술의 본질은 총체적으로, 즉 기술의 구조, 원가, 방법 그리고 개념적 토대가 근본적으로 변했다"라고 단언할 수 있었다.

넷째, 드러커의 폭넓은 비판적 시각은 전체론적 사고 프로세스(holistic process of thought)로 적절하게 드러난다. 전체론(holism)은 복잡한 체계의 전체를 단지 각 부분의 기능의 총합(總合)이 아니라 각 부분을 결정하는 통일체라고 보는 철학적 입장이다. 드러커의 전체론은 『단절의 시대』에서 가장 잘 드러나는데, 이 책에서 드러커는 현대 사회에서 일어나는 비진화적인 단절(nonevolutionary discontinuity)에 대해 논의한다.

드러커의 저술은 대체로 다섯 가지로 분류할 수 있다. 첫째, 사회사상과 정치사상서로서 대표적인 책이 『경제인의 종말』인데, 20세기 유럽에서 등장한 파시즘에 대해 놀라울 만큼 균형잡힌 분석을 했다.

둘째, 경영이라는 직업과 기업이라는 제도적 기관에 대한 분석서 『경영의 실제』와 『매니지먼트: 과업, 책임, 실천』, 『대변화시대의 경영』 등은 아마도 전문적인 학문분야로서 경영 연구에 드러커가 기여한 유명한 저술이다.

셋째, 오늘날 이미 보이는 미래(the future already visible in the present)의 윤곽에 대한 정보를 제공하는 저서로서 『단절의 시대』는 현대 세계의 토대를 이루는 것들을 근본적으로 바꾸는 것이 무엇인지를 확인하고 설명한다. 최근의 책으로는 『넥스트 소사이어티』와 『경영의 지배」를 들 수 있다.

넷째, 『창조하는 경영자』는 특정 사업과 관련된 업무수행을 위한 입문서인데, 실무적인 방법서 중 경제적 성과를 향상시키기 위한 전술에 초점을 맞추고 있고, 『자기경영노트』와 『경영혁신과 기업가정신』은 경영자가 자기 자신은 물론이고 함께 일하는 다른 사람들을 한층 더 목표달성 능력이 있는 경영자로 만들기 위한 방법을 제시하고 있다.

마지막으로 문학과 예술에 관한 저술이다. 두 권의 소설과 한 권의 일본예술 평론집, 그리고 드러커의 저술인생 60년을 관통하는 에센셜 시리즈로 『프로페셔널의 조건』, 『변화 리더의 조건』, 『이노베이터의 조건』이 있다.

18세기 위대한 인문주의자 새뮤얼 존슨(Samuel Johnson) 박사가 충분히 인식하고 있었던 것과 같이 책과 관련하여 진정 중요한 것은 책에 나오는 각각의 꽃을 따는 것이 아니라, "나무 둥치를 잡고 단단히 흔들면 모든 가지를 흔들 수 있다"라는 것이다. 드러커의 저술에 대해서도 정신의 원칙을 단단히 파악해야 한다.

도덕성

드러커의 초기 저술이나 최근의 자서전을 조금이라도 주의 깊게 읽은 독자라면 이탈리아의 파시즘과 독일의 국가사회주의가 던진 교훈이 드러커의 머릿속을 떠나지 않았음을 발견하지 않을 수 없을 것이다.

드러커는 우리가 가장 중요시하는 인간의 자유가 대규모 조직들

(large scale organizations)을 얼마나 잘 보호하느냐에 달려 있다고 믿는다. 대규모 조직 보호에 성공한다면, 그런 조직들은 지금 서구인들이 누리고 있는 것과 같은 인간적인 목표성취를 앞으로도 가능하도록 해줄 것이다. 대규모 조직들은 개인적 자유를 달성하기 위한 주요 무대를 제공하고, 자기규제를 통한 책임이라는 가설을 위한 토대를 제공한다.

만약 기업이라는 제도적 기관이 경제적 성과와 사회와 개인의 누적적인 요구를 충족시킬 수 없으면 우리는 아무도 혼란과 테러를 막을 수 없을 것이다. 따라서 드러커가 경영자의 개성과 그들이 부담하는 거대한 책임을 그토록 강조하는 것은 놀라운 일이 아니다.

피터 드러커의 선견력

엘리자베스 에더샤임(Elisabeth Edersheim)은 2006년 『피터 드러커의 마지막 통찰』에서 이렇게 말했다.

1927년, 드러커는 중유럽 경제사회 주간지 편집회의에 참석했을 때, 가장 두려워하는 것이 무엇인가 하는 질문을 받고서 이렇게 답변했다. "히틀러가 권력을 잡을까봐 두렵다." 그 말을 들은 사람들은 당시 히틀러가 선거에 철저히 참패하여 의기소침해 있을 때였기 때문에 코웃음쳤다. (히틀러가 1925년과 1927년 두 권으로 출간한 『나의 투쟁』은 선동 서적으로 초국수주의자, 반유대주의자, 반민주주의자, 반마르크스주의자, 군부 등 독일 내 불만세력들을 사로잡았다. 이를 독파한 드러커는 나치의 본질적 위험성을 간파했다고 한다.)

1942년, 드러커는 가장 중요한 공동체는 국가, 주(州) 혹은 지리적으로 실체가 규정되는 단위들이 아니라 (목적을 가진 인위적인) 조직들이 그 자리를 차지하게 되었고, 시장의 이해관계자들이 국가의 이해관계자들(nation stakeholders)만큼이나 결정적인 존재가 되었다고 서술했다. (오늘날 시장의 이해관계자들은 국가의 이해관계자들보다 규모가 훨씬 더 커졌다. GDP와 매출을 기준으로 세계 100대 경제 기관을 측정하면, 국가가 44개이고 기업이 56개다.)

1947년, 드러커는 "경영이 곧 리더십이다"라고 썼다. 지난 15년 동안 경영학 관련 분야에서 리더십보다도 더 큰 관심을 끈 주제는 단 하나도 없었다. 프랜시스 헤셀바인(Francis Hesselbein)은 리더투리더협회 이사회 의장으로서 역할을 수행하면서 이렇게 말했다. "나는 연설할 때마다 항상 드러커의 명언을 인용하는데, 어쩔 수 없이 그것은 내 연설에서 가장 중요한 요점이 되곤 했어요. 내가 말을 마치고 나면 사람들이 기억하는 것은 연설자인 내가 아니라 드러커의 명언이었어요."

1954년, 드러커는 출판사 사장에게 "경영을 하려면 전략이 필요해요"라고 말했다. 이에 대해 그 출판사 사장은 '전략'은 전쟁 용어이지 경영 용어가 아니므로 그런 말을 쓰면 독자들은 반발할 것이라고 대답했다. (1975년까지는, 전략에 관한 주제가 최고경영자들이 발표한 논문과 저술을 대부분 차지했다.)

1976년, 드러커는 『보이지 않는 혁명—어떻게 연금기금 혁명이 미국에서 일어났는가?』에서, 이미 현실이 된 것인데도 아무도 감지하지 못했고 눈에 보이지도 않았던 연금기금 사회주의(年金基金社會主義)가 미국에 조용히 도래했다고 선언했다.

1985년, 드러커는 시티그룹의 회장 월터 리스턴(Walter Wriston)에게 베를린 장벽이 무너질 것이라고 말했다. 리스턴은 만약 그것이 드러커가 아니라 다른 사람이 한 말이었다면 그 예언을 무시했을 것이라고 증언했다. (1989년 베를린 장벽이 무너지자 드러커는 웃으면서 이렇게 말했다. "그렇게 빨리 무너질 줄은 나도 몰랐지.")

1986년, 한 좌담회에서 드러커는 소련이 붕괴될 것이라고 말했다. 헨리 키신저(Henry Kissinger)는 "이번에는 드러커 교수님께서 틀렸어요"라고 응대했다. 1991년 미하일 고르바초프(Mikhail Gorbachev)가 소련 해체를 선언하는 연설을 하자, 드러커는 한 번 더 선견력 있는 경고를 했다. "이제 우리는 러시아의 자원과 경제에 대해 관심을 기울여야만 할 거야."

1990년, 대부분의 기업이 베를린 장벽의 붕괴가 무엇을 뜻하는지 몰라서 여전히 혼란을 겪고 있을 때 드러커는 초국적 세계에서도 기업이 생존하기 위해서는 기업들이 중심이 된 지역사회는 결정적으로 중요할 것이라고 썼다.

1992년, 드러커는 이렇게 썼다. '서구 역사' 혹은 '서구 문명'이라는 것은 이제 없다. 오직 세계 역사와 세계 문명이 있을 뿐이다. (1993년 『자본주의 이후의 사회』에 발표된 내용이다.)

1999년, 드러커는 인터넷 붐에 대해 "중요한 것은 (인터넷을 이용한) 정보 접근이 아니다. 중요한 것은 조직, 기업, 그리고 모든 부문이 그 결과로 어떻게 변할 것인가 하는 것이다."

드러커는 자신을 괴테의 『파우스트』(Faust, 1831)에 나오는 린체우스(Lynceus)와 동일시했다. 『파우스트』 마지막 장에서 악마 메피스토펠레스와 계약한 파우스트는 금지된 말을 중얼거린다. "멈춰라! 시간은 정말 아름다워."

파우스트가 정상에 도달하기 직전, 전망탑 꼭대기에서 망을 보던 린체우스는 큰 소리로 자기 자신을 소개한다. "보기 위해 태어났다는 것은 바깥을 내다보기만 하도록 운명지어졌다는 뜻이야."(Zum Sehen geboren, Zum Schauen bestellt.)

그리고 린체우스는 저 멀리서 무슨 일이 일어나는지, 여기에는 무엇이 닥쳐오고 있는지 알려주기 시작했다. 드러커는 자기 자신은 관찰자(observer)이지 참가자(participant)가 아니며 직접 참여하지 않기 때문에 한층 더 예리하게 관찰할 수 있었다고 했다. 세계가 당면한 것이 무엇인지, 그리고 희미하게 나타나고 있는 것이 무엇인지 관찰하고 보고하는 것이 드러커가 수행한 일이었다.

『성공하는 기업들의 여덟 가지 습관』의 저자 콜린스는 드러커의 선견력에 대해 다음과 같이 썼다. "드러커의 수많은 논문과 심원한 통찰력은 1930년대 전체주의의 기원에 관한 선견력 있는 논문으로 시작하는데, 그는 현대 세계가 어떻게 작동하는가에 대해 가장 의미심장하고도 일관성 있는 관점을 제공하는 기고가 가운데 하나로 손꼽히고 있다. 사회 전반에 걸쳐 스며든 '목표를 달성하는 경영'(effective management)은 자유세계를 지탱하게 하고, 독재자와 전체주의가 다시 등장하지 못하게 하는 단 하나의 대안인데, '목표를 달성하는 경영'의 확산이라는 점에서 드러커를 능가할 사람은 없다."

세계화와 식민지

현대사의 가장 중요한 사건 두 가지가 1873년이라는 '역사의 경계' 조금 전에 발생했다. 1857년 인도인 용병이 영국지배에 반항해서 일으킨 세포이 반란(Sepoy Mutiny)과 1867년 일본의 메이지 유신이 그것이다. 전자는 세계의 '세계화'를 결정지었고, 후자는 '비식민지화'를 결정지었다.

세포이 반란은 서구화를 저지하려는 자포자기적인 반항이었는데, 승승장구한 반란군이 패배 직전에 처한 지배자 영국을 내쫓은 다음 자신들이 새로이 건설해야 할 것이 없다는 것을 깨달았을 때 그것은 실패로 끝났다. 이 반란의 실패가 서양의 기술, 체제, 산업, 과학, 교육에 의한 세계제패를 가능케 했다. 서양화에 대한 저항은 세포이 반란 이후에도 계속되었다. 그 최대의 것은 43년 후인 1900년 중국에서 발생한 의화단 사건이다. 그리고 최근 이란의 호메이니 혁명도 그 하나다. 다만 세포이 반란 이후 그러한 저항들은 모두 실패할 운명을 가지고 있었다. 이란의 호메이니만 해도 원유를 수출해 외화를 획득하고 그 외화로 서양의 기술과 무기를 수입함으로써 비로소 서방 측과 싸울 수 있었을 뿐이다. 세포이 반란이 실패하자 서양 열강은 전 세계의 서구화가 가능하다는 확신을 가지게 되었다. 그리고 그로 말미암아 그들은 전 세계의 정치적 · 군사적 · 경제적 지배권을 장악하고 비서구 전체를 서양의 문명과 제국의 일부로 편입해야 하며 그렇게 할 수 있다는 결론을 내리게 되었다.

한편 일본은 미국의 매슈 페리(Matthew Calbraith Perry) 제독이 이끄는 흑선이 요코하마 앞바다에 닻을 내린 1853년 이후 10여 년에 걸쳐 망설이고 주저한 끝에 1868년 서구화를 받아들이기로 결심했다. 그와 동시에 일본은 서구화 과정과 서구화 이후 정치, 사회, 경제, 기술에 대한 지배권을 사수하기로 결의했다. 서양 열강이 홍수처럼 온 세계로 밀고 나가 승리의 함성을 올리고 있을 때 당시 유럽인들이 이런 일본의 결의를 거의 무의미한 것으로 무시해버린 것도 무리는 아니다. 그러나 결국 최후의 승리를 거둔 쪽은 일본이었다.

일본은 오히려 서구를 끌어들임으로써 서구의 지배에서 벗어났다. 일본은 서구를 아시아에서 추방하고 서구 식민지세력의 권위를 실추시키는 데 성공했다. 그 결과 서구는, 서구화된 비서구 세계, 즉 아시아와 아프리카에 대한 지배권을 포기하지 않을 수 없었다.

전체주의 정부의 등장

1894년, 프랑스 육군의 유대인 포병대위 알프레드 드레퓌스(Alfred Dreyfus)가 독일 간첩이라는 누명을 쓰고 유죄 판결을 받았다. 드레퓌스 사건을 계기로 전체주의는 크게 활개를 쳤다. 드레퓌스가 독일첩자라는 유죄판결을 받은 2년 후에 프랑스에서는 그가 누명을 썼다는 것은 주지의 사실이었다. 그러나 여론이 그의 명예회복을 허용하지 않았다. (드레퓌스의 명예는 10년 후에야 가까스로 회복되었다.) 그의 무죄는 "무죄냐 아니냐가 문제가 아니다. 중요한 것은 군의 권위다"라는 소리에 그만 덮여버리고 말았던 것이다. 물론 이와 같은 소리야말로 전체주의의 본질이다.

1973년 오일 쇼크와 사회에 의한 구원의 종말

1973년의 오일 쇼크도, 이와 거의 동시에 발생한 닉슨 대통령의 변동환율제 이행 결정도 역사적인 중대사건이라고 말할 수는 없다. 하지만 1968년에서 1973년에 이르는 기간은 사실은 1873년과 맞먹을 만한 역사의 경계였다. 1873년은 자유방임주의 시대의 끝이고 1973년은 정부가 진보를 뜻하던 시대의 끝이었다. 1973년은 1870년대에 형성된 사상과 정책이 지배하던 시대의 종언을 고한 해며, 미국 민주당 자유주의자, 사회민주주의자, 마르크스 사회주의자, 국가사회주의자의 사상과 정책에 종지부가 찍힌 해였다. 다시 말해 국가가 국민에게 한 약속을 지킬 수 없음을 드러낸 해였다.

18세기 계몽시대 이래 모든 나라에서 정치의 중심이 되고 원동력이 된 것은 '사회에 의한 구원'(the belief in salvation by society)이라는 사상이었다. 이것은 마르크스주의를 두드러지게 매력적인 것으로 만들었다. 그러나 이제 이것을 믿는 사람은 스탈린주의자뿐이다. 한편 최후의 식민지 제국 러시아가 식민지 해체라는 마지막 단계에 들어가 있다. 그 이후에 오는 것은 러시아도 아니요 제국도 아니다. 사회와 인간의 완성을 실현하는 항구적 사회, 다시 말해 '지상낙원'을 건설하는 사회라는 마르크스의 약속을 휴지로 만들어버린 것이다. 고르바초프나 덩샤오핑(鄧小平)의 후계자들이 공산당 독재를 유지하면서 그 한편으로 경제를 활성화하는 것은 가능할지도 모른다. 그러나 분명한 것은 '사회에 의한 구원'에 대한 믿음을 회복시킨다는 것은 공산주의든 다른 어떤 주의에 의해서든 불가능하다는 사실이다. 남아메리카의 일부 신학자를 제외하면 이미 누구도 집단적인 힘이 완전한 사회 또는 완전에 가까운 사회를 만들 수 있다고 생각하지는 않는다. 하물며 인간을 근본적으로 개조하여 새로운 아담을 만들 수 있다고 는 생각지 않는다.

중세 유럽을 지배한 것은 '신앙에 의한 구원'(salvation by faith) 사상 이었다. 그것은 16세기 종교개혁에 의해 다시 힘을 얻었다가 17세기 중엽에 힘을 상실했다. 확실히 오늘날까지도 각 종교는 저마다 유일 하게 바른 길을 설교하고 있다. 그러나 이미 17세기 중엽에 신앙은 개인 문제라는 것이 일반적으로 인정되기에 이르렀다. '신앙에 의한 구원'이 사라진 빈자리를 메운 것이 18세기 중엽에 출현한 '사회에 의한 구원', 즉 현세 정부에서 구현된 지상의 사회질서에 의한 구제 였다.

'사회에 의한 구원' 사상을 처음으로 제창한 사람은 프랑스의 루 소였다. 그 30년 후 이 사상을 정치사상으로 완성시킨 사람이 영국 의 제러미 벤담(Jeremy Bentham)이고, 더욱 과학적인 이론으로 체계화 한 사람이 철학자 헤겔과 사회학의 아버지 오귀스트 콩트(Auguste Comte)다. 그리고 헤겔과 콩트에서 태어난 것이 마르크스이고, 마르 크스주의적 유토피아는 그 최후의 모습이며 이상적 상태이기도 하 다. 마르크스의 자식들이 레닌, 히틀러, 마오쩌둥이다. 실제로 유럽 과 미국의 세계 제패는 기계, 자본, 무기가 탁월해서라기보다는 이 '사회에 의한 구원'의 약속에 의해서였다. 하지만 이젠 모든 것이 끝 났다.

'사회에 의한 구원'의 종언은 과거 200년 동안 가장 보편적인 꿈, 즉 대혁명(the Revolution, 여기서는 구체적으로 프랑스대혁명을 말함)의 신비가 끝났음을 뜻했다. 혁명은 대개 무능한 왕을 대신해서 폭력적인 왕이 등장할 뿐이다. 그것은 구세적인 대변화이자 구세주의 재림이었다. 이 구세적 환상을 처음에 품은 것이 프랑스혁명 때의 과격파였다. 그러나 그들의 이상적인 사회는 1794년의 공포정치와 그에 뒤이은 집정관에 의한 반혁명으로 무너졌다.

사회에 의한 구원을 추구한 정치의 종말과 지식근로자의 등장

델러노 루스벨트의 경제정책은 모두 실패했다. 그러나 그의 정권은 정치적·사회적으로는 미국 역사상 가장 빛나는 성공을 거두었다. 그가 노동자 대표를 정권 내부에 끌어들였기 때문에 경제계는 그를 좌익으로 보았다. 그러나 그는 그렇게 함으로써 노동조합이 독립된 정치세력으로서 힘을 가지고 행정부나 입법부를 지배하는 유럽 같은 사태를 피하는 데 성공했다.

루스벨트의 발언은 반기업적이었지만 정책 자체는 시종일관 구매력 향상에 의해 소비수요를 증대시키고, 이에 따라 기업의 이익을 낳게 하는 방향으로 나아갔다. 또 그는 농민의 이익을 강력하게 지지했지만 전임 대통령이 보호주의를 실천한 것에 반하여 경제적 회복에 덧붙여서 사회정의, 즉 정치개혁을 중심에 놓음으로써 사회에 희망을 안겨주었다.

미국이 대공황에서 경제적으로 회복하기 시작한 것은 1940년에서 1941년에 걸쳐 전시경제에 돌입한 후부터다. 그러나 사회적·정치적으로 서방세계 중에서 미국만이 루스벨트 대통령 취임 후 불과 1년에서 1년 반 사이에 대공황의 상처에서 재기하여 전진하기 시작했다. 그리하여 벌써 1935년에는 은행의 폐쇄, 절망적인 실업, 농업과 농촌을 황폐화한 한발과 모래폭풍에도 미국은 자신감에 넘치고 세계의 지도자임을 자처하기에 이르렀다. 루스벨트의 뉴딜 사상은 트루먼의 뒤를 이은 아이젠하워에 의해 절정에 이르렀다.

이제 루스벨트식 가부장 국가도 종말을 맞았다. 1984년 대통령 선거에 출마한 월터 먼데일(Walter Mondale, 카터 대통령 시절 부통령)은 인격, 식견, 경험 그 어느 면으로나 미국 역사상 최고의 대통령 후보였다. 그러나 그만큼 대패를 맞본 대통령 후보도 미국 역사상 드물다. 그 원인은 루스벨트식의 미국을 재현하려고 한 데 있었다. 그 사실이 그를 여지없이 시대착오적인 존재로 만들어버렸다. 당시 50세 미만인 사람 중 그가 무슨 소리를 하는지 이해한 사람은 거의 없었다.

19세기에는 서로 대립하는 두 가지 사회모델이 있었다. 하나는 토지 16헥타르와 노새 한 마리를 가진 농민, 소상인, 장인 등 독립된 개인으로 이루어지는 사회가 오리라고 예언했다. 모두가 평등하고 모두가 권력이나 부를 가지지 않고 모두가 절대적 빈곤자가 아니고 남에게 의존하지도 않는다는 사회모델이다. 그런 이상을 가장 명확하게 제시한 사람이 제퍼슨이다.

다른 하나는 완전히 반이상적(反理想的)인 사회상, 즉 한결같이 가난하고 착취당하고 종속적인 존재인 수많은 프롤레타리아가 극소수의 착취하는 자본가에게 완전히 지배되는 사회상이 제시되었다. 이 것은 마르크스가 가장 명확하게 묘사했다. 그러나 이 예언도 현실화되지는 않았다.

현실은 제퍼슨도 마르크스도, 그리고 1950년 혹은 1960년 이전에는 그 누구도 상상하지 못한 것이 되어 있었다. 즉 '지식근로자'의 사회다. 지식근로자는 착취자도 피착취자도 아니다. 더욱이 개개인은 자본가도 아니지만 총체적으로는 연금기금, 신탁, 저축 등을 통해 생산수단을 소유하고 있다. 그들은 부하인 동시에 상사이기도 하다. 완전히 독립된 존재인 동시에 남에게 의존하는 존재다. 그들은 이동의 자유가 있다. 그러나 자기 자신이 어떤 의미 있는 존재이려면 어떤 사회적 기관의 종업원이어야 한다.

지식사회는 사회적인 이동성이 너무 높기 때문에 뿌리가 없는 사회가 될 염려가 있다. 게다가 '노동자 계급'도 남아 있다. 농촌이나 소도시의 사회적 유대도 붕괴되어 가고 있다. 그리하여 지식근로자의 시야는 좁아진다. 지식사회에는 어디까지나 자유스러운 선택에 의한, 그러나 사람과 사람의 유대가 되는 지역사회가 불가결하다. 지식사회에는 개인이 봉사를 통해 주인 역할을 할 수 있는 장(場)이 필요하다. 그리고 지식사회에는 수동적 자유만이 주어진 장, 즉 명령은 받지 않지만 내버려져 있을 뿐이라는 뜻에서 자유만이 주어진 장이 아니라, 개인이 사회에 적극적으로 참여해 제각기 책임을 질 수 있는 장이 필요한 것이다.

소련의 해체와 탈유럽화를 예측하다

페레스트로이카(Perestroika)는 '위로부터의 혁명'이고 그런 종류의 혁명이 성공한 것은 역사상 매우 드문 일이다. 사실 페레스트로이카는 18세기 계몽 전제군주, 즉 오스트리아의 요제프 2세(Joseph II) 황제가 실시한 유럽 최후의 '위로부터의 혁명'과 꼭 닮았다. 현명한 황제였던 요제프 2세는 쇠퇴하는 오스트리아 제국의 방향전환과 부흥을 꾀했으나 완전한 실패로 끝났다. 그러나 실제로 역사에는 영속적인 성과를 거둔 '위로부터의 혁명'이 둘 있었다. 모두 러시아사에서 있었다. 하나는 러시아 국가를 세운 이반 뇌제(Ivan IV, Ivan the Terrible)에 의한 혁명이고, 다른 하나는 막무가내로 서구화를 실현한 표트르 대제(Peter I the Great, Pyotr I)에 의한 혁명이다. 따라서 고르바초프의 페레스트로이카가 성공할 가능성을 덮어놓고 부정할 수는 없다. 핵심적인 문제는 민족주의와 반식민지주의의 고조로 말미암은 '러시아 제국' 분열 위기다. 1917년 레닌이 모든 민족에 대해 문화와 교육의 완전한 자치를 약속함으로써 황제의 정예연대의 하나인 라트비아 저격연대(Latvia Sharpshooter)의 지지를 받게 되었던 것이다. 그 지지가 없었다면 10월혁명이 성공했을지는 알 수 없다.

유럽권 러시아의 급격한 노령화와 인구감소로 소련은 점점 더 비유럽인에게 의존하지 않을 수 없게 된다. 이미 유럽권 농촌은 노동인구 부족에 시달리고 있다. 노령화가 진행되고 있을 뿐만 아니라 유능한 인간은 속속 농촌을 떠나고 있다. 소련이 군사력을 유지하려면 아시아인을 많이 징병해야 한다. 그러나 역사상 아시아인이 러시아인 지휘 아래 싸운 예는 없다. 아프가니스탄에서도 그런 예를 보지 못했다. 따라서 소련은 병력을 대폭 삭감하든지 군대에 대한 지배권을 반(反)러시아적인 아시아인에게 넘겨주는 위험을 무릅쓰든지 양자택일하지 않을 수 없게 된다.

소련 내 아시아인의 문자해독률은 모국어에 관한 한 100퍼센트다. 그런데 이들 가운데 러시아어로 읽고 쓸 줄 아는 자는 전체의 3분의 1에 불과하다. 소련군에는 비유럽인 지휘관은 사실상 한 명도 없다. 경제계에도 없다. 소련 과학아카데미에도 없다. 중앙위원회나 정치국 등 공산당의 최고기구에 한두 명이 있을 뿐이다. 이런 상태가 오래 계속될 리가 없다.

1989년 『새로운 현실』이 출판되고 2년이 채 안 된 1991년 12월 30일 소련은 공식적으로 해체되었고, 과거 소련을 구성하던 15개 공화국은 독립국가연합체 CIS(Commonwealth of Independent States)를 형성했다.

기술과 교육 그리고 지식이란 무엇인가?

중세의 대학을 바꾸어놓은 것은 르네상스가 아니었다. 그것은 바로 인쇄된 교과서였다. 15~16세기에는 인쇄된 교과서가 학교교사들의 배척의 대상이었다. 인쇄된 교과서가 결정적으로 승리한 것은 17세기에 들어서였다. 그것은 인쇄된 교과서를 사용하여 예수회나 코메니우스가 근대적인 학교를 세웠을 때였다.

서양에서 학습열을 일으키게 한 결정적인 사건은 르네상스, 즉 '고대의 재발견'이 아니었다. 애당초 고대가 상실된 적은 없었다. 학습열을 불러일으킨 것은 인쇄된 교과서라는 당시의 신기술이었던 것이다. 컴퓨터는 인쇄된 교본보다 사용자에게 훨씬 친절하다. 특히 아이들에게 친절하다. 컴퓨터에는 무한한 인내력이 있다. 아무리 틀려도 몇 번이고 되풀이할 수 있다. 컴퓨터는 학생이 명령하는 대로 움직인다.

15세기에 인쇄된 교과서가 등장했을 때 지식의 전달방법과 더불어 내용도 곧 크게 변하게 되었다. 학문의 세계에서는 인쇄된 것을 지식으로 정의한다. 그러나 그런 것은 지식이 아니다. 단지 자료에 지나지 않는다. 지식이란 정보다. 뭔가를 혹은 누군가를 바꿀 수 있는 정보다. 다시 말해 지식이란 인간 행동의 기초가 되고, 개인이나 사회적 기관으로 하여금 어떤 성과를 거둘 수 있는 행동을 가능케 하여 뭔가를 혹은 누군가를 바꿀 수 있는 것을 말한다. 그리하여 지식이란 뭔가를 바꾸는 것이라고 널리 인식되는 것만으로도 변화를 만들어낼 수 있다. 그리고 널리 이해되지 않으면 지식이라고 할 수 없다. 독자는 있다. 그들은 지식에 굶주려 있으며 기다리고 있다.

사회적 혁신은 기술적 혁신과 마찬가지로 기업가적이며 중대하다. 사실 산업혁명에서의 사회적 혁신, 예컨대 근대적 군대, 공무원 제도, 우편 제도, 상업은행 등이 사회에 미치는 영향은 철도나 증기선의 발달이 가져온 영향과 마찬가지로 큰 것이었다.

아마 도시는 노동의 중심지가 아니라 정보의 중심지가 될 것이다. 말하자면 뉴스나 데이터나 음악 등 정보의 발진기지가 될 것이다. 대학은 학생이 들랑거리는 장소가 아니라 정보를 전달하는 지식 센터가 될 것이다.

미래는 지금 만들어라

드러커는 통찰력 있는 많은 글을 쓰면서 자신이 사용한 분석 프레임 혹은 미래를 전망하는 기본적 얼개를 제시했다. 우선 역사를 '연속과 변화'라는 관점에서 분석했고, 수백 년마다 한 번씩 일어나는 '역사의 경계'라는 개념을 도입했다. 그리고 '지식'이 역사 변동의 원동력이라는 관점에서 역사 발전을 세 단계로 구분했다.

드러커의 말 가운데 미국의 CEO들이 빈번하게 인용하는 것 중 하나가 "미래를 예측하는 가장 좋은 방법은 그 미래를 만들어버리는 것이다"(The best way to predict the future is invent/create it)다. 1964년 드러커는 『창조하는 경영자』(원제 Managing for Results: Economic Tasks and Risk-Taking Decisions) 제11장 "미래는 지금 만들어라"(Making the future today)에서 주로 기업경영과 관련된 미래에 대해 분석하는 방법을 처음으로 제시했다.

미래에 관해 우리는 두 가지만 알고 있다.

첫째, 미래는 알 수 없다.

둘째, 미래는 지금 존재하는 것과도, 그리고 우리가 지금 기대하는 것과도 다를 것이다. 이런 명제들은 특별히 새로운 것도, 놀라운 것도 아니다. 그러나 그것들은 중대한 의미를 품고 있다.

첫째, 오늘날의 행동과 노력을 기초로 '미래사건'의 예측을 시도하는 것은 헛수고에 불과하다. 우리가 기대할 수 있는 최선의 것은, '이미 발생하여 돌이킬 수 없는 사건들이 미래에 어떤 영향을 줄지' 추론해보는 것이다.

둘째, 그러나 정확히 말해 미래는 다르고, 예측할 수 없다는 이유 때문에 예상치 못한 것, 그리고 예측하지 못한 것들이 일어나도록 하는 것은 가능하다. 미래가 현실로 나타나도록 시도하는 것은 위험하다. 그러나 그것은 합리적인 행동이다. 그것은 따뜻한 가정을 믿는 것, '무엇이 분명 일어나야 한다'거나 또는 무엇이 '가장 확률이 높다'거나 하는 식의 예언을 따르는 것보다 훨씬 덜 위험하다.

지난 10~20년 동안, 기업은 '미래를 만드는 작업'을 체계적으로 연구할 필요성을 인정했다. 그러나 기업의 장기계획은 위험과 불확실성을 제거하려는 목표를 세우지는 않는다. 그리고 세울 수도 없다. 그것은 수명이 유한한 인간에게 허용된 것이 아니다. 인간이 시도할 수 있는 것은 오직 관련된 위험을 파악하고, 때로는 의도적으로 그런 위험을 만들고, 불확실성을 활용하는 것뿐이다. 미래를 만들기 위해 노력하는 목적은 내일 무엇을 해야 할지를 결정하려는 것이 아니라 (기업이 계속 생존하고 번영하는) 내일이 있다는 것을 보장받기 위해 오늘 무엇을 해야 할지 결정하는 것이다.

알려지지 않은 그리고 알 수도 없는 현재의 자원을 미래에 의도적으로 투입하는 것이 세가 말한 기업가의 고유한 기능이다. 세는 18세기 프랑스의 위대한 경제학자로 1800년경에 기업가라는 용어를 만들었다. 그는 비생산적 과거(예컨대 한계 토지)에 묶여 있는 자본을 끄집어내어 그것을 남다른 미래를 만들기 위해 위험을 무릅쓰고 투자하는 사람을 설명하기 위해 이 용어를 사용했다. 무역에 초점을 맞춘 스미스 같은 영국의 경제학자들은 효율성을 경제의 중심 기능으로 보았다. 그러나 세가 위험을 추구하고 오늘과 내일 사이의 불연속을 이용하는 것은 부를 증가시키는 경제활동이라고 강조한 것은 옳은 일이었다.

지금 우리는 (세가 말한 미래에 투자하는) 그런 작업을 체계적으로 추진하는 방법과 그런 작업의 방향을 잡고 통제하는 방법을 천천히 배우고 있다. 우선 상호보완적이지만 두 가지 다른 접근방법이 있다는 사실을 인식하고 출발해야 한다.

첫째, 경제와 사회에서 단절 현상이 최초로 관찰되는 시점과 그로써 초래된 영향이 확실히 드러나는 시점의 시간적 차이를 파악하고 활용하는 것이다. 우리는 이를 '이미 일어난 미래에 대한 예상' (anticipation of a future that has already happened)이라 명명해도 좋을 것이다.

둘째, 다가올 미래의 방향과 모습을 결정할 새로운 이상적인 미래를 '아직 현실로 나타나지 않은 미래'(unborn future)에 투영하는 것이다. 우리는 이를 '미래가 실현되도록 하기'(making the future happen)로 명명해도 좋을 것이다.

이미 일어난 미래는 잠재적 기회다

주요한 사회적·경제적·문화적 사건들이 발생한 뒤 그 사건들의 영향이 뚜렷해지기까지는 시간차가 발생한다. 출산율의 급등락은 그 후 15년 또는 20년 동안 가용 노동력 규모에 별 영향을 미치지 않을 것이다. 그러나 변화는 이미 일어났다. 예컨대 파괴적 전쟁, 기근 또는 전염병 등 대재난만이 그것이 미칠 내일의 영향을 막을 수 있을 것이다. 이런 것들은 '이미 일어난 미래'이므로 기회로 활용할 수 있다. 그러므로 그것은 '잠재적 기회'라고 부를 수 있을 것이다.

하지만 이미 일어난 미래가 제공하는 잠재력은 현재의 기업 내부에서 일어난 것이 아니다. 그것은 외부에서 발생한 것이다. 그것은 사회, 지식, 문화, 경제구조에서 발생한 변화다. 게다가 그것은 추세 (또는 동향)라기보다는 주요한 변화이고 원형(原型, pattern)을 바꾸지 않는 부분적 변형이 아니라 원형의 파괴다. 물론 그런 변화를 예상하고 자원을 투입하는 것은 상당히 불확실하고 큰 위험을 감수해야 한다. 그러나 위험은 한정적이다. 우리는 그 영향이 진정 얼마나 빨리 확산될지 알 수 없다. 하지만 그것이 일어날 것이라는 점은 확언할 수 있다. 그리고 우리는 그것을 실제로 활용할 수 있을 정도로 묘사할 수 있다.

출산율 변화가 노동력에 주는 영향에 대해 우리가 예상할 수 없는 일들이 매우 많다. 예컨대 여성인구의 몇 퍼센트가 경제활동에 참가할지, 오늘날 젊은이 중 몇 퍼센트가 14~16세의 의무교육을 마친 후에도 학업을 계속할지, 미래 직업은 어떤 것일지, 그리고 일자리는 얼마나 많을지 등의 예가 많다. 그러나 다음과 같은 것은 확실히 말할 수 있다. "우리나라 인구가 5,000만 명인데 인구증가율이 1퍼센트라면 50만 명이 지금부터 20년 혹은 25년 후 우리나라가 보유할 노동력의 최대 숫자다. 왜냐하면 그때 노동력의 일원이 되려면 지금은 세상에 출생했어야 하니까 말이다." 마찬가지로 다음과 같은 말도 확실히 할 수 있다. "지난 세대에 남미가 농촌사회에서 도시사회로 변했다는 것은 사실이다. 그리고 그런 사실은 장기간 영향을 미칠 것이다."

어떤 분야의 기본적 지식이 지금부터 10년 또는 15년 뒤 우리에게 실제로 유용하게 쓰이려면 그 지식은 지금 존재하고 있어야만 한다. 주요한 문화적 변화 역시 꽤 오랫동안 영향력을 발휘한다. 그것은 가장 사소하지만 전파력이 가장 큰 문화적 변화에서는 각별한 진실이다. 즉 의식의 변화 말이다. 저개발국들이 급속한 경제발전에 스스로 성공할 수 있을 것이라고 결코 단정할 수 없다. 그 반대로, 소수 국가들만 성공할 가능성이 있고, 게다가 성공한다 해도 이들 국가는 어려운 시기를 거쳐야 하고 심각한 위기를 겪게 될 것이 분명하다.

그러나 남미, 아시아, 아프리카의 주민들이 경제발전의 가능성을 알게 되었다는 것, 그리고 그들이 경제발전과 그 성과에 관심을 갖는다는 것은 사실이다. 이들 국가들이 제 힘으로는 공업화에 성공하지 못할지도 모른다. 그러나 그들은 적어도 역사에서 전례가 없을 정도로 긴 기간 공업발전에 우선순위를 둘 것이다. 그리고 그간의 어려운 시기는 공업발전의 가능성과 필요성에 대한 그들의 의식을 더욱 강화하는 계기가 될는지도 모른다.

이미 일어난 미래는 어디서 어떻게 파악하는가?

'이미 일어난 미래'를 만드는 변화들은 다음과 같은 여섯 가지 체계적 탐색연구로 파악할 수 있다.

검토해야 할 첫 번째 분야는 항상 인구통계다. 인구변화는 가장 기초적이다. 노동력 측면에 대해서도, 시장에 대해서도, 사회적 압력으로도, 그리고 경제적 기회라는 점에서도 그렇다. 인구변화는 일단 사건들이 발생하고 나면 정상적인 진행 궤도에서부터 이탈시키기가 가장 어려운 사건들이다.

두 번째 분야는 지식분야다. 그러나 지식분야에 대한 탐색은 기업과 관련한 기존의 지식분야에만 국한해서는 안 된다. 기업의 미래를 검토할 때, 우리는 미래 기업의 모습은 다를 것이라고 가정한다. 그리고 다른 형태의 기업이 등장할 것으로 우리가 예상할 수 있는 주요 분야 가운데 하나는, 기업의 고유한 우수성을 확립할 수 있는 지식자원 분야다. 지식분야에서 아직까지는 커다란 영향력을 발휘하고 있지는 않지만 어떤 근본적인 변화가 일어났음을 발견했을 때는 다음과 같이 질문해야만 한다. "이 지식의 변화에서 우리가 기대해야만 하는 그리고 기대할 수 있는 기회가 있는가?"

세 번째로 경영자는 '이미 일어난 미래'를 탐색하기 위해 다른 산업, 다른 국가, 그리고 다른 시장을 둘러보고 다음과 같이 질문해야만 한다. "그곳에서 일어난 사건 중 우리의 산업, 우리나라, 그리고 우리의 시장에 새로운 패턴을 수립할 수 있는 것이 있는가?"

1950년대 초 일본의 모든 전자제품 제조업체들은 일본사람들의 소득이 너무 낮아서 텔레비전을 구입할 수 없고 농부들은 값비싼 것은 아무것도 구입할 수 없을 것으로 가정했다. 그것은 상당히 합리적이었다. 그러므로 대부분의 일본회사는 값싼 텔레비전을 한정적으로만 생산할 계획을 세웠다. 규모가 작은 무명의 한 회사만이 다른 나라에서 어떤 일이 일어났는지를 조사하여 이 가정의 타당성 여부를 확인하려 했다. 이 회사는 저소득 계층에서는 텔레비전을 분명 일상적인 비품으로 간주하지 않는다는 것을 확인했지만 텔레비전이 가격에 상관없이 그들에게 상당한 만족을 제공한다는 사실도 확인했다. 사실 어느 나라에서든 가난한 사람들이 가장 열성적인 텔레비전의 소비자였다. 따라서 그 일본회사는 경쟁자들보다 화면이 더 크고 값도 더 비싼 텔레비전을 생산했다. 그리고 일본의 농부를 상대로 판매 캠페인을 집중적으로 벌였다. 그로부터 10년 뒤, 일본의 저소득층 도시 가구의 3분의 2가, 일본 시골 가정의 반 이상이 텔레비전을 보유하게 되었다. 주로 규격이 더 크고 값도 더 비싼 것이었다. 그 회사가 바로 마쓰시타 고노스케가 경영하는 '내셔널전기회사'였다.

네 번째 분야는 산업구조다. 기업은 항상 "산업구조상 주요 변화를 예고할 어떤 것이 일어나고 있는가?"라고 질문해보아야 한다. 그런 변화 가운데 하나가 지금 전 세계 공업국가에서 진행되고 있는 원재료 혁명이다. 이것은 별도의 원재료들의 흐름을 구분해주던 전통적인 경계를 없애거나 불분명하게 하고 있다.

겨우 한 세대 전만 하더라도 원재료 흐름(materials stream)은 처음부터 끝까지 별도로 연결되었다. 예를 들면 종이는 목재로 만들 수 있는 중요한 가공 원재료였다. 다시 말해 종이는 나무로 만들지 않으면 안 된다. 다른 주요 원재료들도 사정은 마찬가지다. 이런 원재료로 만드는 완제품은 대부분 구체적이고 고유한 최종용도가 있었다. 바꾸어 말해, 대부분 원재료가 최종용도를 결정했고 최종용도를 보면 대부분 그 원재료가 무엇인지 알 수 있었다.

그러나 오늘날 거의 모든 원재료 흐름은 처음부터 끝까지 연결된 것이 아니라 상황에 따라 변경된다. 나무는 종이 말고도 상당히 많은 최종 제품의 원재료가 된다. 반대로 종이와 용도가 같은 제품을 만드는 데 처음 사용하는 원재료로써 나무가 아닌 다른 많은 것을 사용할 수 있다. 최종용도와 관련하여 원재료는 또한 보완재라기보다는 대체재가 되었다. 종이는 의류의 중요한 원재료가 되는 정도에까지 이르렀다. 출발 원재료가 다른 것이어서 다른 제품으로 보이지만 최종용도는 동일하게 사용할 수 있는 중복 분야는 매우 많다(예컨대 나무로 만든 종이와 석유로 만든 섬유가 의복이라는 분야에서 중복 사용된다).

다섯 번째 탐색 분야는 회사 내부다. 회사 내부에서도 일반적으로 근본적이고 돌이킬 수 없는 변화인데도 아직은 그 영향이 완연하게 밝혀지지 않은 사건의 실마리를 찾을 수 있다.

여기서 두 개의 서로 관련된 다음 질문들을 꼭 해야만 한다. "일반적으로 인정된 예측이 단언하는 것 가운데 지금부터 10년, 15년, 그리고 20년 후에 일어날 것은 무엇인가? 그것은 이미 실제로 일어난 것인가?" 대부분 사람들은 자신이 이미 본 것들만 상상할 수 있다. 따라서 만약 어떤 예측이 광범하게 인정되고 있다면 그것은 미래를 예측한 것이 아니라 실제로는 최근의 사건들에 대한 보고서라는 개연성이 매우 높다. 미국 기업사에는 이런 접근방식으로 생산성을 향상한 유명한 사례가 있다.

1910년 전후인 포드가 성공할 초기 시절, 최초의 예측은 자동차 산업의 성장은 대중교통 수단으로 이어질 것으로 나타났다. 그러나 그 당시 대부분 사람들은 여전히 그것은 30년 정도 더 기다려야 할 것으로 생각했다. 당시 소규모 자동차 제조업자였던 듀랜트는 다음과 같이 질문했다. "그것은 이미 일어난 사실이 아닌가?" 그가 이 질문을 하자마자 그 답은 곧 분명해졌다. 그것은 "이미 일어났지만, 본격적인 영향은 아직 나타나지 않았다"라는 것이었다. 일반 대중의 인식은 자동차를 부자들의 장난감에서 대중교통 수단으로 요구하도록 바꾸었던 것이다. 그것은 대형 자동차 회사가 필요하다는 것을 의미했다. 이런 통찰력을 바탕으로 듀랜트는 GM을 구상했고, 더 나아가 수많은 소규모 자동차 회사와 부품 회사를 합병하여 그것이 제공한 새로운 시장과 기회를 이용할 수 있는 대기업으로 만들었다.

따라서 ('이미 일어난 미래'를 만드는 변화들을 찾기 위한 체계적 탐색연구에서) 마지막으로는 다음과 같은 질문을 해야 한다. "사회와 경제, 시장과 고객, 지식과 기술에 대한 우리들의 가정은 무엇인가? 그것들은 여전히 타당한가?"

영국의 중산층과 중하층 가정주부들이 식품구매와 식사습관에서 고집스럽게 보수적이라는 사실은 잘 알려져 있다. 하지만 그 이전 10년 혹은 15년 전에 설립된 영국의 두 회사는 1940년대 후반 다음과 같은 질문을 했다. "그 가정은 여전히 타당한가?" 그 대답은 "아니요"라는 것이 즉각 분명해졌다. 전쟁 중 그리고 전후에 식품이 부족해지자 보수적이던 영국의 가정주부들이 새로운 식품과 식품유통 구조에 대해 알려고 했고 새로운 것들을 사용해보려는 생각도 한 것이다.

미래를 만들 책임 ― 달란트의 비유

경영자는 자신에게 주어진 달란트(「마태복음」 25:14~30)도 제대로 발휘하지 못하는 태만한 관리인 이상이 되려면, 미래를 만드는 책임을 져야만 한다. 어떤 기업을 단지 우수한 기업이 아니라 위대한 기업으로 만들어주는 것, 그리고 어떤 경영자를 단지 중역실을 지키는 사람이 아니라 진정 새로운 사업을 일으키는 사람으로 만들어주는 것은 '미래가 실현되도록 하는 책임', 다시 말해 영리 조직의 최후의 경제적 과업을 의식적으로 책임지고 그것을 해결하려는 의사가 있는지에 달려 있다.

선진국은 집단적으로 자살하고 있다

드러커는 '이미 일어난 미래' 아이디어를 더욱 확장하여 1997년 하버드 비즈니스 리뷰 9~10월 호에 「앞을 보자, 현재의 의미가 무엇인가: 이미 일어난 미래」(Looking Ahead, the Implication of the Present: The

Future That Has Already Happened)라는 글을 발표했다.

"인생살이와 관련된 것에 대해, 그것이 종교적이든 사회적이든 경제적이든 그리고 기업이든 간에 미래를 예측하려고 노력하는 것은 부질없는 일인데, 수십 년이나 앞을 내다본다는 것은 더더욱 말 할 것도 없다. 그러나 이미 일어난 어쩔 수 없는 주요 사건을 확인하는 것, 그리고 그것 때문에 다음 10년 또는 20년 안에 무엇이 일어날지 파악하는 것은 가능한 일일 뿐만 아니라 해볼 만한 가치도 있는 작업이다. 다른 말로 표현하면, '이미 일어난 미래'를 확인하고 준비하는 작업은 가능하다는 말이다.

앞으로 20년 내, 기업에 치명적인 영향을 미칠 주요 요소는 돌발적인 전쟁, 흑사병 같은 돌림병, 혜성과의 충돌 등을 제외하면 경제도 아니고 기술도 아니다. 그것은 인구구조의 변화일 것이다. 기업활동에 영향을 미칠 가장 중요한 요소는 지난 40여 년 동안 늘 걱정해 왔던 것과는 달리, '세계의 인구가 너무 많다'는 사실이 아닐 것이다. 그것은 오히려 선진국, 다시 말해 일본, 유럽 각국 그리고 북미에서 인구가 점점 더 '줄어든다'는 사실일 것이다. 선진국은 지금 국민이 집단적으로 자살하고 있는 것이나 마찬가지다.

주민들은 지역사회를 유지하는 데 필요한 만큼 아이를 출산하지 않는데, 그 이유는 꽤 일리가 있다. 젊은이들은 늘어나는 노년 인구와 비근로인구를 부양하는 데 들어가는 점증하는 비용을 더 이상 감당할 수 없다. 그들이 늘어나는 비용을 감당하기 위해서는, 자신들에게 의존해 살고 있는 다른 한쪽의 비용을 어쩔 수 없이 잘라내야만 한다. 그것이 바로 자식을 덜 낳거나 아예 무자식 상팔자라는 생각을 하게 하는 이유다.

물론 출산율이 다시 올라갈 수도 있겠지만, 어떤 선진국가에서도 새로운 베이비 붐이 일어날 것 같은 기미는 전혀 보이지 않는다. 그러나 설령 하룻밤 사이에 1950년대 미국에서 경험한 것과 같은 출산율 3퍼센트의 베이비 붐을 맞게 된다 해도, 그 아이들이 충분히 교육을 받고 생산성 높은 어른이 되기까지는 25년이나 걸릴 것이다. 다른 말로 표현하면, 앞으로 25년간 선진국의 인구 감소현상은 이미 일어난 현상이다. 따라서 그것은 사회적·경제적으로 다음과 같은 의미를 갖는다.

모든 선진국에서 실질적으로 은퇴연령(사람들이 전혀 일을 하지 않는 연령)이 건강한 사람의 경우, 75세까지 올라갈 것이고 은퇴연령에 도달한 사람들이 그 사회에서 다수를 차지하게 된다.

이제 경제성장은 사람들을 더 많이 일터로 내보내는 것만으로는 달성할 수 없고, 생산요소를 더 많이 투입하는 것이 과거만큼 산출을 증가시키지도 않는다. 또 수요 증가로 경제성장을 유발할 수 없다. 경제성장은 선진국이 아직도 경쟁우위를 갖고 있는 어떤 (앞으로도 몇십 년 동안 지속적으로 이용할 수 있어 보이는) 생산요소의 생산성을 급격히 증가시키고 꾸준히 유지함으로써만 가능하다. 다시 말해 지식작업의 생산성과 지식근로자의 생산성 향상으로 말이다.

앞으로 세계를 경제적으로 지배하는 단 하나의 국가는 존재하지 않을 것이다. 어떤 선진국도 그런 지배적 역할을 수행할 만큼 충분한 인구기반을 갖고 있지 않기 때문이다. 어떤 나라도 어떤 산업도 혹은 어떤 기업도 장기적인 경쟁우위를 갖지 못할 것이다. 그 이유는 자금도 기술도 그렇게 오랜 기간 늘어나는 인구자원의 불균형을 보충할 수 없기 때문이다.

지식생산성이 결정적 요소다

지식은 다른 모든 자원과는 다른 점이 있다. 지식은 그 자체로 끊임없이 진부해지는 속성이 있기 때문에, 비록 오늘날에는 첨단지식이라 하더라도 내일이면 한물간 것이 되고 만다. 그리고 지식이 중요한 이유는 그 변화가 빠르고 중심의 이동이 갑작스럽다는 데 있다. 예를 들면 건강산업 분야의 중심은 약력학에서 유전학으로 이동했고 컴퓨터 산업의 중심은 PC에서 인터넷으로 이동했다.

지식생산성과 지식근로자의 생산성은 세계경제에서 단 하나의 유일한 경쟁요소는 아닐지도 모른다. 그러나 그것은 적어도 선진국의 모든 산업분야에서 결정적인 요소가 될 것이 분명하다. 이런 예측이 실제로 일어날 확률이 매우 높기 때문에, 이것은 기업에 대해 그리고 경영자에 대해 상당히 중요한 의의를 갖는다.

첫 번째(그리고 그다음과도 연결되는) 의의는 세계경제는 앞으로도 매우 불투명하고 경쟁이 치열한 것이며, 문제해결에 필요한 지식의 본질과 내용이 모두 끊임없이, 그리고 예측 불가능한 방향으로 변하게 됨에 따라 세계경제는 갑작스러운 이동을 맞게 될 수도 있다.

기업과 경영자에게 필요한 정보는 급속도로 변하게 될 공산이 크다. 우리는 지난 몇 년 동안 전통적인 정보를 개선하는 데 집중해왔다. 전통적 정보란 전적으로 거의 '조직 내부'에서 발생하는 정보다. 예를 들면 회계학은 전통적인 정보시스템이면서 아직도 대부분의 경영자가 의존하는 정보 가운데 하나로 기업 내에서 발생한 활동을 숫자로 기록하는 것이다. 최근 일어나고 있는 회계학의 변화와 개선은 모두(활동기준 원가activity based accounting, 경영자 업적성과표the executive score card, 경제적 부가가치 분석EVA 등) 여전히 회사 내부의 활동에 대해 더 나은 정보를 제공하려는 것이다.

거의 모든 새로운 정보시스템이 제공하는 자료들도 그 목적은 같다. 사실상 어떤 조직이 수집하는 자료 가운데 대략 90퍼센트 또는 그 이상이 내부활동에 관한 정보다. 성과를 내는 전략은 '조직의 외부'에서 발생하는 어떤 사건과 조건에 대한 정보를 점점 더 필요로 할 것이다. 예를 들면 우리 회사와 거래하지 않는 비고객(non customer), 어떤 기업 또는 경쟁자가 현재 사용하지 않는 기술, 현재 진입하지 않은 시장 등이다. 이런 정보를 확보함으로써 기업은 자신이 갖고 있는 지식자원(knowledge resources)을 최고의 성과를 올리기 위해 배분할 방법을 결정하게 된다. 이런 정보들이 있어야 기업은 세계 경제에서, 그리고 지식 그 자체의 본질과 내용에서 갑작스러운 이동이 일어날 때 발생하는 새로운 변화와 도전을 준비할 수 있다. 외부 정보를 수집하고 분석하기 위한 적절한 방법을 개발하는 것은 앞으로 기업과 정보전문가가 해결해야 할 주요한 도전이 될 것이다.

지식은 자원을 이동시킨다

지식은 자원을 이동시킨다. 지식근로자는 제조업의 육체노동자와 달리 생산수단을 스스로 갖고 있다. 지식근로자들은 필요한 지식이 머릿속에 있기 때문에 생산수단과 함께 이동할 수 있다. 동시에 조직이 요구하는 지식의 내용은 끊임없이 변할 것으로 보인다. 그 결과 선진국에서는 점점 더 많은 핵심적인 노동력(그리고 그들 가운데 최고 보수를 받는 노동력)이 차츰 전통적인 의미로 '관리될 수 없는'(cannot be managed) 사람들로 구성될 것이다.

많은 경우 심지어 그들은 그들이 종사하는 조직의 종업원이 아닐 것이다. 오히려 하청계약자, 전문가, 경영컨설턴트, 임시직, 조인트 벤처 참가자 등일 것이다. 이런 사람들은 자신들에게 보수를 지급하는 조직에 의해서보다는 그들이 갖고 있는 지식을 근거로 자신들의 정체성을 확인하게 되는 경우가 점점 더 많아질 것이다.

이런 모든 것이 암묵적으로 의미하는 것은 '조직'(organization)의 의미 그 자체의 변화다. 100여 년 이상 미국의 모건과 록펠러, 독일의 지멘스, 프랑스의 앙리 페이욜(Henry Fayol), GM의 슬론을 거쳐 최근 유행하는 팀조직에서 보는 바와 같이 경영자와 학자들이 기업에 대해 단 하나의 '가장 적합한 조직'(one right organization)을 찾으려고 노력해왔다.

더 이상 그런 것은 있을 수 없다. 세상에는 다만 '여러 가지 조직'뿐이다. 석유·정유회사의 공장건물, 대성당, 그리고 교외 별장이 모두 '건물'이라고 불리지만 내용은 서로 엄청나게 다른 것처럼 말이다. 선진국의 여러 조직(그리고 기업조직 외에도)은 구체적인 과업, 기간, 그리고 장소(또는 문화)에 적합하게 구성되어야만 할 것이다.

기업과 경영자에 대한 전망

2002년 드러커는 미래의 전망을 담은 『넥스트 소사이어티』를 발표했다. 특히 제4부 '다음 사회'는 영국 이코노미스트의 의뢰로 쓴 것으로, 기업과 경영자에 대한 전망을 담고 있다.

다음 사회의 산업구조는 지금과 다르다. 우리는 20세기 내내 지난 1,000년 동안 사회를 지탱했던 부문, 즉 농업이 급격히 쇠퇴하는 것을 보았다. 제조업도 같은 경로를 따라가고 있다. 제2차 세계대전 이후 제조업 생산품의 가격은 꾸준히 하락했다. 그 반면 주요 지식 제품은 인플레를 감안하더라도 세 배나 증가했다.

제조업 근로자들은 수가 적으면 적을수록 정치적으로 한층 더 단결하여 영향력을 발휘하고 있다. 블루칼라 노동자들은 임금만 줄어든 것이 아니라 그들에게 한층 더 중요한 사회적 지위를 상실하고 있다. 세계화 반대자들은 일자리가 줄어드는 것을 의미하는 세계화를 반대하는 것이다.

1930년대 드러커는 산업혁명으로 야기된 커다란 불평등이 엄청난 절망감을 초래하여 전체주의 비슷한 것이 대두될 수도 있다고 걱정했다. 불행히도 그의 염려는 적중했다. 오늘날 경영자들이 종업원들을 마구잡이로 해고하면서도 정작 자신들은 막대한 소득을 올리는 것은 사회적으로도, 도덕적으로도 용서받지 못할 일이라고 드러커는 역설한다.

다음 사회의 인구구조 역시 지금과는 매우 다를 것이다. 노인인구는 급속도로 증가하고 젊은 인구는 급감한다. 따라서 어느 선진국이든 예외 없이 가장 빨리 성장하는 산업은 이미 교육을 많이 받은 성인들에 대한 계속교육 산업이 될 것이다. 인구구조가 변화한 결과, 이민은 분명 한층 더 뜨거운 이슈가 되었다. 그러므로 앞으로 세계는 노인들과 함께 사는 법, 그리고 필요하지만 받아들이고 싶지 않은 이민 문제를 해결하는 법을 배워야 한다.

다음 사회는 지식이 핵심 자원이 될 것이고, 지식근로자가 노동력 가운데 지배적 집단이 될 것이다. 지식사회의 주요 특성은 다음과 같을 것이다.

첫째, 국경이 없다. 왜냐하면 지식은 돈보다 훨씬 더 쉽사리 돌아다니기 때문이다.

둘째, 상승 이동이 쉬워진다. 누구나 손쉽게 정규교육을 받을 수 있기 때문이다.

셋째, 성공뿐만 아니라 실패할 확률도 높다. 지식근로자는 '생산수단', 즉 어떤 직무 수행에 필요한 지식을 획득할 수 있기 때문에 성공할 수 있지만, 그렇다고 해서 모두 승리할 수는 없기 때문이다.

이런 세 가지 특성이 상승 작용하여 지식사회를 고도 경쟁 사회로 만들 터인데 그 점은 조직에게도, 그리고 개인에게도 마찬가지일 것이다. 지식사회로 상승 이동하려면 높은 대가를 치러야 한다. 치열한 경쟁 도중에 느끼는 심리적 압박과 정신적 상처 말이다. 세상에는 패배자가 있는 경우에만 승리자가 있는 법이다. 따라서 지식근로자는 자신의 비근로생활과 제2의 인생도 미리 계획해야 할 것이다. 지식근로자들은 아직 젊었을 때 자신만을 위한 비경쟁적인 인생과 공동체를, 그리고 어느 정도 외부에 대한 관심사를 개발할 필요가 있다. 외부의 관심사는 그들이 인간적으로 사회에 공헌하고 성취할 기회를 제공해줄 것이다.

넷째, 집합적으로 볼 때 지식근로자들은 새로운 자본가들이다. 그들은 연금기금 또는 투자신탁기금의 투자 지분으로 많은 대기업의 주주가 되었다.

다섯째, 지식근로자들은 자신들의 서비스를 구입하는 고용주와 동등한 사람으로, 다시 말해 스스로 '종업원'이 아니라 '전문가'로 인식하고 있다. 지식사회는 상사와 부하의 사회가 아니라 고참자와 신참자로 구성된 사회다. 이런 가정 아래, 드러커는 두 가지 질문에 대해 답을 구하려 한다.

첫째, 다음 사회를 대비하기 위해 지금 경영자들이 해야만 하는 것은 무엇인가?

둘째, 아직은 우리가 알지 못하지만, 분명 앞으로 다가올 다른 큰 변화들은 무엇인가?

1870년경 기업이 발명된 이후 대부분의 기간에 다음과 같은 다섯 가지 기본 명제가 적용되었다.

첫째, 기업은 '주인'이고, 종업원은 '하인'이다.

둘째, 대다수 종업원은 기업에서 하루 종일 일하고, 그들이 받는 급료는 그들의 유일한 수입원이다. 그들은 그것으로 삶을 꾸려간다.

셋째, 어떤 제품을 생산하는 가장 효율적인 방법은, 그 제품을 만드는 데 필요한 활동 가운데 가능한 한 많은 부분을 경영자 한 사람의 관리범위 아래 통합하는 것이다. 이 명제를 뒷받침하는 이론이 바로 로널드 코스(Ronald Coase)가 제기한 '거래비용 이론'이다(이 이론으로 그는 1991년도 노벨 경제학상을 수상했다).

넷째, 공급업자와 제조업체는 시장 지배력을 갖고 있다.

다섯째, 어느 특정한 기술은 하나의 산업에만 적용된다. 모든 제품과 서비스는 고유한 적용분야가 있으며, 각각의 적용분야에는 그것에 적합한 고유한 제품, 물질, 그리고 기술이 있다는 것이다. 따라서 맥주와 우유는 병에만 넣어 판매되었고, 자동차의 보디는 강철로만 제작되었으며, 기업의 운전자본은 상업은행의 상업대출로만 조달되었다.

이런 가정들은 1870년경 이후부터 100년간은 유지되어 왔으나 1970년경부터는 그 모든 가정이 하나같이 뒤집어졌다. 지금 다섯 가지 기본 명제는 다음과 같다.

첫째, 생산수단은 지식이고, 그것은 지식근로자들이 소유하고 있으며, 쉽사리 휴대할 수 있다. 바로 이 점이 지식근로자를 동등한 동반자 혹은 파트너로 만들어준다.

둘째, 조직에 근무하는 사람 가운데 점점 더 많은 사람이 전일제 근무 종업원이 아니라 시간제, 임시직, 컨설턴트 혹은 용역 계약자로서 근무할 것이다. 그들은 자신들이 일하는 조직의 종업원들이 아니라, 예컨대 인력파견 회사의 종업원들일 것이다.

셋째, 거래비용(커뮤니케이션 비용)이 격감하고 있다. 기업이 최대한의 통합을 추구해야 한다는 명제는 지금 거의 완벽하게 파기되었다. 한 기업이 주요한 과업을 모두 수행하기에 충분할 정도로 많은 지식을 보유하는 것 역시 어려워지고 있다.

넷째, 오늘날 고객은 정보를 갖고 있다. 정보를 갖고 있는 사람은 그 누구든 권력을 갖고 있다. 따라서 권력은 고객에게로 이동하고 있다. 그것은 제조업체는 판매자로서 역할을 마감하고 그 대신 고객을 위한 구매 대행자가 될 것이라는 것을 의미한다.

다섯째, 이제는 특정산업에 고유한 기술들이란 별로 없다. 어떤 산업에 필요한 지식은 그 산업에 종사하는 사람들이 익숙하지 않은 전혀 다른 몇몇 기술로부터 나온다.

기업은 살아남을 것인가?

물론 이럭저럭 살아남을 것이다. 법률적으로도 재무적으로도 새로운 기업은 오늘날의 법인 기업과 매우 비슷할는지도 모른다. 그러나 미래에는 모든 기업이 채택해야 할 하나의 단일 모델 대신에, 선택 가능한 다양한 모델이 존재할 것이다. 슘페터의 명제인 '역동적 불균형'과 '창조적 파괴', 그리고 경제적 변화 중개인으로서 신기술에 대한 관심이 크게 증가하고 있는데, 그것은 지금까지의 경제이론과는 정면으로 배치된다.

최고경영자의 모델도 마찬가지로 단 하나가 아니라 다양한 모델이 등장할 것이다. 지난 20년 동안, 대기업 경영의 성공은 모든 찬사를 독차지했다. 그것이 바로 GE의 웰치, 인텔의 앤디 그로브(Andy Grove), 시티그룹의 샌포드 웨일(Sanford Weill) 등과 같은 '수퍼맨 CEO'가 각광을 받은 이유다. 하지만 기업은 자사를 경영해줄 수퍼맨만 찾고 있을 수가 없다. 수퍼맨 공급은 예측 불가능하고 또한 매우 한정되어 있다.

오늘날 대규모 조직의 우두머리 자리를 천재가 차지해야 한다는 것이야말로 최고경영자가 위기에 빠져 있다는 것을 여실히 증명하는 것이다. 앞으로 CEO의 직무는 매우 복잡한 조직인 오페라단을 운영하는 일과 많이 닮을 것 같다. 스타에 해당하는 주역급 가수에게는 오페라단장이 명령을 내릴 수가 없다. 조연급 가수들이 있고, 반주를 맡는 오케스트라가 있고, 그리고 무대 뒤에서 일하는 사람들도 있다. 게다가 청중도 있다. 각 집단은 전혀 성격이 다르다. 오케스트라 지휘자와 각 집단은 같은 악보를 갖고 있다. 오페라단 경영을 맡고 있는 CEO는 각각의 집단이 결과를 생산하는 일에 집중하도록 해야만 한다. 이 점이 바로 미래 CEO의 직무를 이해하기 위한 핵심이다.

대기업은 혁신하는 법을 배워야만 한다. 그렇지 않으면 생존하지 못한다. 그것은 자신을 재창조하는 것을 의미한다. 오늘날 대기업들은 전략적 제휴와 합작투자를 통해 성장하고 있다. 그럼에도 대기업들은 전략적 제휴를 운영하는 방법을 잘 모르고 있다. 대기업들은 명령을 내리는 일에 익숙해 있고, 파트너들과 협력하는 일에는 익숙하지 않다. 전략적 제휴 또는 합작투자의 경우, 다음과 같은 질문부터 하지 않으면 안 된다. "우리의 파트너들은 무엇을 원하는가? 우리들의 공유가치와 공유목적은 무엇인가?"

벤처 창업가들은 기업이 어느 정도 성장한 뒤에도 "내가 하고 싶은 일은 무엇인가? 나의 역할은 무엇인가?"라고 질문한다. 이것은 잘못된 질문이다. 만약 그런 질문을 한다면 반드시 자기 자신도, 사업도 망치고 만다. 다음과 같이 질문해야 한다. "이 단계에서 회사에게 필요한 것은 무엇인가?" "내가 그런 일을 할 능력을 갖추고 있는가?"이다. 회사가 요구하는 것을 먼저 파악해야 한다.

어느 나라나 리더십이 부족하다고 외치고 있다. 그러나 그것은 잘못된 외침이다. 16세기 말 민족국가와 현대식 정부가 등장한 것은 전례 없는 성공적인 혁신 가운데 하나였다. 그 후 200년도 채 안 되어 전 지구는 민족국가들로 가득 찼으니까 말이다. 하지만 지금은 새로운 사고가 필요한 때다. 막을 내린 20세기는 정부와 기업 모두 폭발적으로 성장한 시대였다. 특히 선진국에서는 더 그랬다. 그와 마찬가지로 21세기에 무엇보다도 필요한 것은 새로운 지배적인 사회환경, 즉 도시에 새로운 공동체를 만들어줄 비영리 사회부문 조직들이 폭발적으로 성장해야 한다는 것이다.

이런 모든 것을 감안할 때 가장 큰 변화는 아직도 우리들 앞에 그 증후를 나타내지 않고 있음이 거의 확실하다. 우리는 또한 2030년의 사회가 오늘날의 사회와는 매우 다를 것이고, 요즘 베스트셀러를 기록하고 있는 미래학자들이 예측한 것과는 거의 닮은 점이 없을 것이라는 점도 확신할 수 있다. 그것은 정보기술에 지배받지 않을 뿐만 아니라 심지어 정보기술에 의해 그 모습이 결정되지도 않을 것이다. 정보기술은 중요하지만, 그것은 다만 몇몇 중요한 새로운 기술 가운데 하나일 뿐이다. 다음 사회의 중심적인 특징들은 그전의 새로운 사회와 마찬가지로 새로운 기관, 새로운 이론, 이데올로기, 그리고 새로운 문제로 구성될 것이다.

예측? 그런 것은 없다. 지금까지 말한 것은 '이미 일어난 미래'가 넌지시 제공하는 암시다.

*주요 교재: 「이미 일어난 미래」, 「새로운 현실」

도시공동체와 비영리부문

정부도 기업도 돌보지 않는 사회 문제를 어떻게 해결할 것인가

도시의 문명화가 중요하다

도시를 문명화하는 과제는 모든 나라에서, 특히 미국, 영국, 일본 같은 선진국에서는 점점 더 국가의 최우선 과제가 될 것이다. 지구촌의 주요한 도시들, 그 혼란스러운 정글은 무엇보다도 새로운 공동체를 요구한다. 그 공동체는 정부도 기업도 제공하지 못한다. 그것은 비정부 기관(non-government organization), 비기업(non corporate organization), 비영리 단체(non profit organization)가 해결해야 할 과제다.

제1차 세계대전이 발발하기 몇 년 전 드러커가 세상에 태어났을 때는 5퍼센트 미만이 도시에 거주하며 일했다. 도시란 아직도 예외적인 것이었다. 80여 년 전이라 해도 유목생활을 하는 사람은 극히 소수였다. 대부분 농부들처럼 정착생활을 했다. 도시란 여전히 우주의 작은 오아시스에 지나지 않았다. 그리고 심지어 영국이나 벨기에

와 같이 그 당시 공업적으로 가장 발달해 있고 최고도로 도시화된 국가에서도 시골 인구가 여전히 많았다.

제2차 세계대전 말경, 미국 인구의 4분의 1은 아직도 시골에서 살았고, 일본에서도 전체 인구의 5분의 3이 농업에 종사하며 살았다. 그러나 오늘날 두 나라를 비롯한 모든 선진국의 농촌 인구는 5퍼센트 미만으로 줄어들었고, 계속 줄어들고 있다. 마찬가지로 모든 선진국에서 도시가 성장하는 것은 공통적인 현상이다. 농업이 주산업인 중국과 인도에서도 도시는 성장하는 반면 농촌은 인구가 감소하거나 유지하는 수준에 머무르고 있다. 인도와 중국을 비롯한 모든 개발도상국에서는 도시에 일거리도 주거지도 없으면서 농촌에 살고 있는 사람들이 도시로 이동하기 위해 안간힘을 쓰고 있다.

이러한 대규모 인구 이동의 유일한 전례는 우리의 먼 조상들이 한곳에 정착하여 목축업자나 농부가 되었던 1만여 년 전 그때뿐이었다. 그러나 그 당시 인구 이동은 수천 년에 걸쳐 서서히 일어났다. 지금 일어나고 있는 인구 이동은 시작된 지 100년이 채 안 된다. 그것에 대해서는 역사적인 선례가 없다. 일차적으로 도시화된 사회를 관리하는 정책도 기관들도 더욱이 성공 사례도 거의 없다.

이런 새로운 도시적 인간 사회가 생존하고 건강하게 유지되기 위해서는 도시 속에 공동체를 개발하는 일이 중요하다. 공동체란 그것이 가족이든 종교든 사회계층이든 인도의 카스트 같은 계급이든 간에 하나의 현실이다. 농촌사회에는 이동성이 거의 없으며, 그곳에 있는 것이라고는 거의가 쇠퇴하는 것뿐이다.

농촌 촌락공동체는 강압적이다

농경시대의 그리스 사회는 몇천 년 동안 동경의 대상이었는데 서구사회에서 특히 그랬다. 기원전 6세기경 그리스 최초의 위대한 시인 헤시오도스가 쓴 『노동과 나날』은 농부의 생활을 낭만적으로 묘사했다. 기원전 1세기경 로마의 시인 베르길리우스가 우리에게 남겨준 아름다운 시 『권농가』도 마찬가지다. 예로부터 시골의 공동체는 목가적으로 묘사되고 있다.

현실은 언제나 어느 정도 차이가 나게 마련이다. 왜냐하면 농촌사회의 공동체란 강제적이고 강압적이기 때문이다.

최근의 예를 하나 들면, 드러커와 그의 가족은 겨우 50여 년 전인 1940년대 말 시골 버몬트에서 살았다. 그 당시 미국에서 가장 인기 있는 인물은 벨 전화회사의 광고에 나오는 시골 마을의 전화 교환수였다. 그녀는 날마다 나오는 벨사의 광고 문안처럼 공동체를 한데 묶어주고 봉사하고 언제나 남을 도와줄 준비가 되어 있었다. 그러나 현실은 다소 차이가 있었다. 시골 버몬트에서는 그때까지도 수동으로 전화를 연결해주었기 때문에 공동체에 대한 봉사정신에 가득 찬 멋진 교환수가 나오리라는 기대와는 달리 수화기를 들어도 신호음은 떨어지지 않았다. 그러나 1947년인지 1948년인지 확실치 않지만, 자동 전화기가 시골 버몬트에 가설되자 거리는 환호성으로 뒤덮였고 마을은 축제로 들떴다. 물론 전화 교환수들은 언제나 제자리를 지키고 있었다. 그러나 그 당시, 예를 들면 아이가 열이 많이 나서 소아과 의사인 윌슨 박사를 연결해달라고 부탁하면, 교환수는 "윌슨 박사와는 접촉할 수 없습니다. 박사는 지금 외출 중입니다"라거나 "박사를 만날 필요가 없어요. 아이는 선생님이 생각하는 것만큼 그렇게 아프지 않으니까 아침까지 기다려 보세요. 그때까지 열이 계속 오르는지 지켜보면서 말이에요" 하는 것이었다. 이처럼 그 당시 공동체는 강압적이라기보다는 침략적이었다.

도시의 공기는 사람을 자유롭게 한다

이것이 바로 몇천 년 동안, 시골 사람들이 도시로 탈출하고 싶어 했던 이유다. '도시의 공기는 당신을 자유롭게 한다'는 것은 11세기 또는 12세기경의 독일 속담이다. 왜냐하면 시골을 탈출하여 도시 성곽 안에 살도록 허가를 받으면 그는 자유인이 되고 시민이 되었다. 그리고 지금 우리 또한 도시에 대해 이상적인 모습을 상상하고 있다. 그러나 그것은 시골생활에 대해 이상적인 모습을 상상하는 것과 마찬가지로 비현실적이다.

도시를 매력적으로 만든 바로 그 이유가 도시를 무정부적으로 만들었다. 도시생활의 익명성 그리고 강압적·강제적 공동체의 부재가 그것이다. 도시는 진정 문화의 중심이었다. 그곳에서 예술가는 작업을 했고 번창했다. 학자들도 마찬가지였다. 정확하게 말해 그곳에는 공동체라는 것이 없었기 때문에 상승 이동 기회를 제공하였다. 그러나 전문 직업인, 예술가, 학자, 부자, 그리고 장인 조합의 숙련된 기술자로 구성된 사회의 얇은 상층부 아래는 도덕적·사회적 혼란이 있었고 매매춘, 강도, 무법이 판을 쳤다.

100여 년 전까지만 해도 어떤 도시도 도시의 인구를 유지할 방법을 알지 못했다. 도시란 각종 질병과 유행병의 희생물이 되곤 했다.

19세기까지는 그 당시 기준으로 현대적 상하수도 시설을 갖추고 예방접종을 실시하는 도시라 해도, 도시 인구의 평균 수명이 시골의 평균 수명에 이르지 못했다. 그 점은 카이사르가 통치하던 로마, 동로마제국의 비잔틴, 메디치 가문의 플로렌스, 루이 14세 시대의 파리(알렉상드르 뒤마가 쓴 19세기 베스트셀러 소설 『삼총사』에서 화려하게 묘사된 그 파리에서도), 그리고 디킨스가 그린 런던도 예외가 아니었다. 도시에는 화려한 '고급문화'가 있었다. 그러나 그것은 냄새 나고 더러운 늪의 얇은 표피에 지나지 않았다. 그리고 1880년경까지는 이 세상의 어떤 도시도 점잖은 여인이 비록 낮시간이라 해도 시간에 구애받지 않고 혼자 나다닐 생각을 감히 할 수 없었다. 밤이면 집안이라 해도 안전하지 않았다. 심지어 국회의원이라 해도 밤이면 귀갓길에 살인을 일삼는 강도들에게 습격을 당하거나 목숨을 빼앗기는 경우도 있었다(1870년대 앤소니 트롤로페의 몇몇 베스트셀러 소설에 등장하는 중요 사건들과 같이 말이다).

도시는 강제적·강압적 공동체로부터 자유를 제공했다는 바로 그 이유 때문에 매력적이었다. 그러나 도시는 어떤 형태의 공동체도 제공하지 못했다는 그 이유 때문에 파괴적이기도 했다.

하지만 인간에게는 공동체가 필요하다. 만약 건설적인 공동체가 형성될 수 없다면, 그 자리에는 파괴적이고 살인적인 공동체가 자리잡을 것이다. 빅토리아 여왕 시절 영국의 갱단이나 현대 미국사회에 광범위한 사회망을 형성하고 있는 마피아들처럼 말이다(이 지구상의 모든 대도시에서 차츰 늘어나고 있는 갱단도 마찬가지다).

인간에게 공동체가 필요하다는 사실을 최초로 지적한 사람은 퇴니에스다. 그는 1887년에 사회과학의 명저인 『공동사회와 이익사회』에서 자신의 견해를 갈파했다. 그러나 퇴니에스가 100여 년 전 여전히 유지되기를 바랐던 그 전통적 농촌사회의 '유기적' 공동체는 사라지고 말았다. 그것도 그냥이 아니라 영원히 사라졌다. 그러므로 오늘날의 과제는 도시 공동체를 창조하는 것이라 할 수 있다. 그것은 과거 존재하지 않았던 그 무엇인 것이다. 전통적인 역사적 공동체와는 달리 도시 공동체는 자유롭고 자원봉사적일 필요가 있다. 그러나 도시 공동체는 도시 속의 개인에게 성취감을 느낄 기회, 공헌할 기회, 그리고 중요한 사람으로 취급받을 기회를 제공해야 한다.

제1차 세계대전 이후, 더 확실하게는 제2차 세계대전 이래 대다수 국가는 민주주의 국가든 사회주의 국가든 간에 정부는 '사회 프로그램'을 통해 도시 사회의 공동체가 요구하는 것을 공급해야 했고 또한 할 수 있다고 믿었다. 하지만 지금 우리는 그것이 대부분 망상이었다는 것을 알고 있다. 지난 50여 년 동안의 경험에 비추어볼 때, 사회 프로그램은 대체로 성공하지 못했다. 분명 사회 프로그램은 전통적인 공동체가 사라진 뒤에 생긴 공백을 메워주지 못했다. 그 필요성은 분명했다. 그리고 돈도 투입되었다(많은 국가에서 엄청나게 쏟아부었다). 그러나 어디에서도 그 결과는 미미했다.

기업은 공동체를 제공할 수 없다

사적 부문이, 즉 기업이 그 필요성을 충족시킬 수 없다는 것 또한 분명하다. 나는 한때 실제로 기업이 그것을 할 수 있고 또한 하리라고 생각한 적이 있었다. 50여 년도 더 전인 1943년에 펴낸 책 『산업인의 미래』에서 그 당시 드러커는 '자주 경영 공장 공동체', 즉 새로운 사회조직인 대규모 기업 조직 내에서의 공동체를 제안했다. 그러나 그것은 일본에서만 실행되었다. 지금은 일본에서마저도 그것이 해답이 아니고, 해결책이 아니라는 것이 분명해졌다.

우선 어떤 기업도 실질적으로 안전을 제공할 수가 없다. 일본의 '종신고용'은 위험한 망상이었음이 빠르게 증명되고 있다. 그리고 무엇보다도, 종신고용과 그것이 추구하는 자주 경영 공장 공동체는 지식사회적인 현실과는 부합하지 않는다. 사적 부문은 삶의 방법을 해결하는 것이라기보다는 점점 더 생계 수단을 위한 방법이 되어왔다. 사적 부문은 물질적 성공과 개인적 성취감을 제공할 것이고 그렇게 해야만 한다. 그러나 기업은 분명히 공동체가 아니라 110년 전 퇴니에스가 명명한 '이익사회'다.

오직 사회부문의 기관, 즉 비정부기관, 비기업, 비영리 단체들만이 우리들에게 지금 필요한 공동체를 창출할 수 있다. 그것은 점점더 선진 사회를 지배하게 될 시민들, 특히 고도로 교육을 받은 지식 근로자들을 위한 공동체다. 비영리단체만이 우리들에게 필요한 다양한 공동체를 제공할 수 있다. 교회에서 전문 직업인 단체까지, 무주택자를 돌보아주는 지역사회 단체에서 헬스클럽까지 말이다. 비영리 단체는 또한 도시의 제2차적인 필요성을 만족시켜줄 수 있는 유일한 기관이다. 도시는 그 구성원들, 특히 21세기 사회의 지배적인 사회 집단이 될 교육받은 전문가들이 시민 정신을 발휘할 장소를 제공한다. 비영리 사회조직만이 자원봉사 기회를 제공할 수 있고, 그 결과 개인에게 다음과 같은 두 가지를 모두 제공할 수가 있다. 즉 개인이 주도권을 잡고 무엇을 행할 수 있는 터전 그리고 그들이 남다른 성과를 발휘할 수 있는 터전을 제공한다.

막을 내린 20세기는 정부와 기업 모두 폭발적으로 성장한 시대였다. 특히 선진국에서는 더 그랬다. 21세기에 무엇보다도 필요한 것은 새로운 지배적 사회환경, 즉 도시에 공동체를 만들어줄 비영리 사회조직들이 폭발적으로 성장하는 것이다.

비영리단체를 강화하는 것은 국가에게도 유익하다

미국은 새로운 사회적 우선과제(social priority)를 요구한다. 비영리조직의 생산성을 세 배로 높이고, 개인소득 가운데 기부금으로 헌금하는 비율(지금은 3퍼센트에 조금 미달된다)을 두 배로 늘려야 한다. 그렇지 않으면 미국은 몇 년 뒤 사회적 대립에 직면하게 될 것이다.

누가 책임자든 간에 연방정부, 주정부 그리고 지방정부는 예산을 급격히 축소해야 한다. 더욱이 정부는 사회적 문제를 해결할 수 없다는 것이 증명되었다. 사실상 우리가 아는 모든 성공은 비영리기관들이 달성한 것이다.

사람들의 건강상태가 훨씬 나아지고 수명이 더 길어진 것은 미국심장협회와 미국정신건강협회 등과 같은 비영리기관들이 기획하고 추진했으며, 연구자금을 대부분 지원받았기 때문이다. 각종 중독환자의 재활은 익명의 금주단체, 구세군, 선한 사마리아인(the Samaritans) 같은 비영리기관에서 수행되고 있다. 도심의 소수민족 아동들이 가장 많이 다니고 있는 학교는 가톨릭 교구가 운영하거나 몇몇 도시재건 활동 단체가 지원하는 곳들이다. 사담 후세인(Saddam Hussein)에게 쫓겨난 쿠르드족에게 음식과 천막을 제공한 첫 번째 집단은 미국의 비영리기관인 국제구조위원회(International Rescue Committee, IRC)였다.

많은 감동적인 성공 스토리는 소규모의 지역적 조직들이 달성한 것이다. 하나의 예로 미시건 주 로열오크 시 디트로이트 외곽 공업지역에 있는 주슨센터(Judson Center)는 흑인 여성들과 그 가족들이 복지수당을 받지 않아도 살 수 있도록 했다. 또 중장애 아동들을 수용기관에서 훈련시켜 사회에 적응할 수 있도록 했다.

주슨센터는 복지수당을 받는 여성들을 신중히 선발한 뒤 그들을 훈련시켜 적당한 급료를 받으면서 두세 명의 장애아 또는 정서가 불안한 아이들을 집에서 키울 수 있도록 한다. 복지수당을 받는 여성들의 재활 비율은 100퍼센트에 가까운데, 그녀들 가운데 많은 이는 5년 전후가 되면 재활근로자로 고용된다. 돌보지 않았으면 평생을 감옥에서 보냈을지도 모를 소년범들의 재활비율은 대략 50퍼센트다. 그 아이들은 모두 희망이 없다고 포기한 상태였다.

비영리기관들은 정부가 성과도 없이 써버린 것보다 훨씬 적은 돈을 들이고도 큰 성과를 냈다. 뉴욕 가톨릭 교구가 운영하는 학교(이 학교 학생의 70퍼센트는 늘 출석하고, 길거리를 배회하지 않으며 높은 문자해독률을 보이고 좋은 기술을 터득한 후 졸업한다)의 학생 1인당 소요비용은 뉴욕 시가 운영하는 성과가 시원찮은 학교의 반 정도가 된다.

플로리다에서 가석방되어 구세군에 인도된 초범의 3분의 2는 '영원히' 재생의 길을 걷는다. 적어도 6년 가까이 어떤 범죄로도 기소되지 않았다. 그들이 감옥으로 갔다면 3분의 2는 습관성 범죄자가 되었을 것이다. 그뿐만 아니라 죄수에게 드는 연간 비용은 구세군이 돌보는 비용의 최소한 두 배나 된다.

주슨센터는 미시건 주에 복지수당을 받는 여성 한 사람당 연간 10만 달러를 절감시켜준다. 그 3분의 1은 복지수당이고 나머지 3분의 2는 아이들을 보호시설에 맡기는 비용이다. 비록 사립대학에 다니는 거의 모든 대학생이 이런저런 재정적 지원을 받기는 하지만, 그들의 부모는 여전히 아이들을 공립학교에 보내는 학부모보다 학비를 더 많이 낸다. 그러나 공립학교 학생을 교육하는 데 드는 비용은 실질적으로 비영리 사립교육기관의 학생에게 드는 비용보다 더 많다 (어떤 주에서는 두 배나 된다). 그 차액은 납세자가 부담하는 셈이다.

비영리기관들은 미국의 사회부문이 될 잠재력을 갖고 있다. 이것은 정부, 즉 공공부문과 기업, 민간부문에도 중요하다. 구조체계도 이미 갖추어져 있다. 지금 약 90만 개의 비영리기관이 있고, 대부분은 그들의 지역사회 문제들 가까이에 있다. 그 가운데 약 3만 개는 1990년(가장 최근 발표된 통계다)에 설립되었다. 이들은 모두 각각 지역사회에 내재해 있는 하나의 문제를 해결하려 한다. 즉 소수민족 아이들을 가르치는 교사나 지역병원의 환자를 돕는 자원봉사자로 일하거나 이민자들이 영주권을 취득하는 것을 돕는다.

20여 년 전 미국의 중산층은 일정한 돈을 내는 것으로 자신의 사회적 의무를 다한다고 생각했으나, 점차 적극적으로 봉사활동을 펴고 있다. 통계자료에 따르면 미국에는 9,000만 명이(성인 두 사람 가운데 하나) 비영리기관에서 일주일에 평균 세 시간씩 자원봉사자로 활동한다. 비영리기관은 미국에서 가장 큰 '고용주'가 되었다.

자원봉사자는 자선활동을 하는 것이 아니라 경력을 쌓고 있다

이런 자원봉사자들은 차츰 자신들의 일을 자선으로 보지 않는다. 그들은 그것을 급료를 받는 일과 같은 경력을 쌓는 것으로 본다. 그리고 그 일을 하기 위해 훈련을 받았다는 것을 강조하고 결과와 성과에 책임을 지며, 비영리기관의 전문직 또는 관리직(여전히 무료봉사이지만)으로 승진할 기회를 갖게 된다. 무엇보다도 자원봉사 활동을 성취를 위해, 효과를 내기 위해, 자아 충실감을 느끼기 위해, 진정 의미 있는 시민정신을 발휘하기 위해 접근하는 것으로 간주한다. 그리고 이런 이유 때문에 채워져야 할 지위들보다는 능력이 요구되는 자원봉사 일자리에 대한 수요가 항상 더 많다.

일부 관측자들(예를 들면 미국 대규모 비영리기관 전국연합회 회장인 오코넬 Brian O'connell)은 10년 이내 미국 성인의 3분의 2는(약 1억 2,000만 명) 일주일에 다섯 시간씩 비영리기관의 자원봉사자로 활동하기를 원할 것으로 추정한다. 이는 비영리활동에 필요한 남녀인력이 두 배로 증가한다는 것을 의미한다.

그리고 비영리기관은 매우 혁신적으로 변하고 있다. 몇 년 전에 드러커는 친구 몇 명과 '드러커 비영리경영재단'을 설립했다. 그때 그들은 최초의 공공활동으로 '비영리기관의 성과에 대해 한층 새로운 면'을 창출한 혁신에 2만 5,000달러를 수여할 계획을 수립했다. 그들은 지원자가 40명 정도 될 것으로 예상했다. 그러나 무려 809건이나 접수되었고, 그들은 대부분 상을 받을 만했다.

상은 주슨센터로 돌아갔다. 그러나 많은 경우 대규모 비영리기관도 소규모와 마찬가지로 혁신적이었다. 수십억 달러의 수입을 올리는 미국가족협회(밀워키에 본부가 있다)는 포춘 500대 기업보다 규모가 더 컸다. 이 협회는 아마도 미국에서 적십자 다음으로 큰 비영리기관일 것이다. 이 협회는 그러한 엄청난 성장을 부분적으로는 대규모 고용주의, 예를 들면 GM 같은 대기업에서 일하는 종업원 가족의 문제(약물중독 또는 사춘기 아동의 정서불안 등)를 해결하는 데 협조함으로써 달성했다.

비영리기관의 잠재력이 현실이 되기 위해서는 다음 세 가지가 필요하다.

첫째, 평균적인 비영리기관이라 하더라도 관리를 최고로 잘하는 기관만큼 스스로 관리하지 않으면 안 된다. 대부분의 사람은 여전히 좋은 의도와 순수한 마음가짐만 있으면 된다고 믿고 있다. 그들은 아직도 성과와 결과에 스스로 책임을 져야 한다고 생각하지 않는다. 기업이 훨씬 더 잘, 훨씬 싸게 할 수 있는, 즉 문제도 되지 않는 일이나 활동에 많은 사람이 매달려 헛수고를 하고 있다.

둘째, 비영리기관들은 자금조달 방법을 배워야 한다. 미국의 일반 대중은 쩨쩨하지 않았다. 비영리기관 종사자들이 자주 하는 말, 즉 '동정심 부족'에 대한 증거는 없다. 사실 최근 몇 년 동안 헌금은 급격히 증가해왔다. 개인소득의 2.5~2.9퍼센트로 말이다. 불행히도 많은 비영리기관은 돈을 끌어모으기 위해서는 아직도 '필요성'을 외치고 다녀야 한다고 믿고 있다. 그러나 미국의 일반 대중은 '결과'를 보고 돈을 준다. 사람들은 더 이상 '자선'에 돈을 주는 것이 아니라 자선을 '사들이고' 있다.

우리들 대부분이 매주 우편으로 받게 되는 자선기관에 대한 헌금

호소문 가운데 수표를 끊어 보내고 싶은 마음이 들게 하는 곳은 그 결과가 무엇인지를 자세하게 설명해놓은 곳뿐이다.

비영리기관들은 필요한 추가 자금을 근본적으로 개인들에 의존한다. 늘 그래왔던 것과 같이 말이다. 정부의 보조도 받고(이것은 주로 청구서 형태로 지급될 것이다), 기업체에서 기부금이 들어온다 해도 그것들을 모두 합해보았자 필요한 금액의 일부만 충당할 수 있을 뿐이다.

셋째, 정부의 자세와 관료주의도 변해야 한다. 부시 대통령은 재임 중에 비영리기관의 중요성을 '수천 군데를 비추는 빛'으로 강력하게 주장했다. 만약 부시 대통령이 자기가 한 말을 진실로 믿는다면, 그는 납세자들이 비영리기관에 기부한 현금 1달러당 1달러 10센트씩 소득공제를 해준다고 제안했어야만 하였다. 그렇게 된다면 비영리기관의 자금문제는 당장 해결되었을 것이다. 그것은 또한 오래지 않아 정부의 재정적자를 줄일 수 있었을 것이다. 왜냐하면 잘 운영되는 비영리기관은 정부기관이 지출하는 돈보다 최소한 두 배의 성과를 내기 때문이다. 이미 활용되고 있는 수업료 청구제도는 공립학교의 예산을 절감해주고 있는데, 학생이 사립학교로 옮김에 따라 학생 1인당 지출금액이 줄어들기 때문이다.

그러나 이러한 정책 대신에 미국의 국세청은 비영리기관에 대한 기부행위를 통제하고 있다. 그리고 규모가 큰 주의 세금징수원들도 같은 노릇을 하고 있다. 이러한 조치들은 '세금을 포탈할 수 있는 구멍'을 막기 위한 것이다. 사실은 국세청이나 세금징수원 모두 한푼도 더 거두어들이지 못했으며, 그렇게 할 수 있을 것 같지도 않다.

정부 조치의 진정한 동기는 비영리기관에 대한 관료주의적 적대감이다. 이는 과거 공산주의 국가에서 시장과 사기업에 대한 관료주의적 적대감과 크게 다르지 않다. 비영리기관의 성공은 관료주의의 권력을 잠식하고 관료주의적 사상을 거부한다. 한층 더 심하게 말하면, 관료주의는 비영리기관이 정부가 실패한 곳에서 성공하고 있다는 사실을 인정할 수가 없다. 그러므로 필요한 것은 비영리기관을 사회문제를 해결하는 국가의 최일선 기관으로 인정하는 것이다.

  드러커는 1969년에 발표한 『단절의 시대』에서 처음으로 '민영화'를 제안했다. 물론 지금의 민영화는 사회주의적 관료주의에 의해 잘못 길들여진 현대경제를 살리는 치료약으로 널리 인정되고 있다. 지금 우리는 '비영리화'는 복지국가적 관료주의에 잘못 관리되어온 현대사회를 구출해낼 방법일 수도 있다는 것을 배울 필요가 있다.

* 주요 교재: 『미래의 공동체』, 『이미 일어난 미래』

KI신서 4137

미래는 어떻게 오는가

1판 1쇄 인쇄 2012년 8월 1일
1판 1쇄 발행 2012년 8월 7일

지은이 이재규
펴낸이 김영곤 **펴낸곳** (주)북이십일 21세기북스
부사장 임병주 **MC기획2실장** 안현주
기획팀장 변지영 **기획** 조영갑 김은경 이지혜 조영실
편집 백은숙 **디자인 표지** twoes **본문** 노승우
마케팅영업본부장 최창규 **마케팅** 김현섭 김현유 강서영 **영업** 이경희 정병철
출판등록 2000년 5월 6일 제10-1965호
주소 (우413-756) 경기도 파주시 문발동 파주출판단지 518-3
대표전화 031-955-2100 **팩스** 031-955-2151 **이메일** book21@book21.co.kr
홈페이지 www.book21.com **트위터** @21cbook **블로그** b.book21.com

ⓒ 이재규, 2012

ISBN 978-89-509-3894-9 03320
책값은 뒤표지에 있습니다.